KURZLEHRBÜCHER
FÜR DAS JURISTISCHE STUDIUM

GÜNTHER BEITZKE, FAMILIENRECHT

FAMILIENRECHT

EIN STUDIENBUCH

VON

Dr. Dr. h. c. mult. GÜNTHER BEITZKE

EM. O. PROFESSOR AN DER UNIVERSITÄT
BONN

24., überarbeitete Auflage

C. H. BECK'SCHE VERLAGSBUCHHANDLUNG
MÜNCHEN 1985

CIP-Kurztitelaufnahme der Deutschen Bibliothek

Beitzke, Günther:
Familienrecht : e. Studienbuch / von Günther Beitzke. –
24., überarb. Aufl. – München : Beck, 1985.
(Juristische Kurz-Lehrbücher)
ISBN 3 406 30629 2

ISBN 3 406 30629 2

Druck der C. H. Beck'schen Buchdruckerei Nördlingen

Vorwort

Die vorliegende kurze Darstellung des Familienrechts ist zu einer Zeit entstanden, als es an einem dem neuesten Stand der Gesetzgebung entsprechenden Lernbehelf für Studierende fehlte. Inzwischen sind zahlreiche neue Darstellungen des Familienrechts erschienen. Auch gegenüber großen Lehrbüchern hofft das Studienbuch seinen Platz zu behaupten, obwohl es in erster Linie auf Grundzüge abstellt und daher auf Vollständigkeit des Stoffes und der Nachweisungen aus Schrifttum und Judikatur ebenso verzichten muß wie auf eingehendere Auseinandersetzung mit Meinungen anderer. Es ist aber Wert darauf gelegt worden, mit der Darstellung des geltenden Rechts auch seine Entwicklung seit dem Inkrafttreten des BGB und insbesondere seit 1945 deutlich werden zu lassen.

Die Fortentwicklung des neuen Ehescheidungsrechts durch Schrifttum und Judikatur und andere Neuerungen haben zu einer teilweisen Neubearbeitung des Buches genötigt. Einzelne Abschnitte wurden neu gefaßt; vieles wurde vervollständigt. Die hiermit vorgelegte, überarbeitete und ergänzte Auflage ist Anfang November 1984 zum Druck gegangen. Danach erschienene Veröffentlichungen konnten zwar stellenweise noch zitiert, aber nicht mehr eingehender verarbeitet werden, insbesondere nicht das ausführliche Buch von Hepting über Ehevereinbarungen. Auf viele neuerdings besonders umstrittene Einzelheiten des Unterhaltsrechts und Versorgungsausgleichs konnte nicht eingegangen werden, sollte der Charakter des Kurzlehrbuchs nicht gesprengt werden.

Die Darstellung bemüht sich, mehr zu geben als ein auf klare Wiedergabe des Gesetzesinhalts beschränkter Grundriß; sie will mit knappen Worten auch in die Probleme des Familienrechts und der heute besonders stark erörterten Reformen einführen. Ferner soll die Darstellung nicht nur ein Wiederholungsbuch für den Studenten sein; sie versucht vielmehr, den Studenten bei der selbständigen Durcharbeitung des Stoffes anzuleiten und zu fördern. Schon die Gedrängtheit mancher Formulierung wird den Studenten zu sorgfältigem Lesen nötigen. Ferner ist die Darstellung durch Beispiele erläutert; auch die Zitate aus der Rechtsprechung dienen nicht nur dazu, die Darstellung des Verfassers zu stützen und zu belegen; sie sind vielmehr sorgfältig so ausgewählt, daß ihre Lektüre eine Ergänzung und Vertiefung der knappen Darstellung des Studienbuches bedeutet; die zitierten Entscheidungen sollen also auch gelesen werden; bei besonders wichtigen Entscheidungen wird der Leser ausdrücklich durch Worte wie: ,,lies dazu BGHZ ..." zum Nachlesen aufgefordert. Die Schrifttumshinweise sind gegenüber früher vermehrt worden. Gleichwohl mögen die Zitate aus dem Schrifttum manchem etwas willkürlich erscheinen. Doch gehört ein vollständiges Schrifttumsverzeichnis nicht in eine so kurzgefaßte Darstellung; ein solches Verzeichnis ist in jedem großen Lehrbuch oder Kommentar zu finden. Hier war entsprechend der pädagogischen Absicht der Darstellung nur dasjenige aufzuführen, was zur Erweiterung und Vertiefung der Kenntnisse auf einzelnen Gebieten für den Studenten in erster Linie in Frage kommt; daher sind nur einzelne Hauptwerke oder besonders wichtige Aufsätze angeführt. Bei den Zitaten aus der Judikatur wurde grundsätzlich die Amtliche Sammlung des Bundesgerichtshofs verwendet; Abdrucke in Zeitschriften wurden unter anderem da und insoweit zitiert, als die Entscheidungen nicht (oder noch nicht) in der amtlichen Sammlung erschienen waren. Die Zitate wurden vor allem so ausgewählt, daß die ausführlichste oder die das Wesentliche am eindrücklichsten herausstellende oder die mit einer Besprechung versehene Entscheidung den Vorrang erhielt. Mehrfachzitate wurden vermieden, um die Darstellung nicht zu überlasten. Möge die Darstellung in dieser Form der studierenden Jugend nützlich sein!

Wenn auch der pädagogische Zweck des Buches im Vordergrund steht, so hofft das Buch doch zugleich mit der Herausarbeitung von Grundgedanken und Zusammenhängen, mit Kritik des Gesetzes und selbständiger Stellungnahme zu Streit- und Zweifelsfragen dem Praktiker nützlich sein zu können. Für zahlreiche wertvolle Hinweise habe ich aufmerksamen Lesern zu danken.

Günther Beitzke

Inhaltsverzeichnis

Abkürzungsverzeichnis

AcP	Archiv für die civilistische Praxis
a. F.	alter Fassung
ALR	Allgemeines Landrecht
AnfG	Anfechtungsgesetz
Anh.	Anhang
Art.	Artikel
AusfVO	Ausführungsverordnung
AV d. RJM	Allgemeine Verfügung des Reichsjustizministers
AVG	Angestelltenversicherungsgesetz
BAföG	Bundesausbildungsförderungsgesetz
bayer.	bayerisch
BayObLG	Bayerisches Oberstes Landesgericht
BB	Der Betriebsberater
BBG	Bundesbeamtengesetz
Begr.	Begründung
Betr.	Der Betrieb
BeurkG	Beurkundungsgesetz vom 28. 8. 1969
BFH	Bundesfinanzhof
BGB	Bürgerliches Gesetzbuch
BGBl	Bundesgesetzblatt
BGesBl	Bundesgesundheitsblatt
BGH	Bundesgerichtshof
BGHStr.	Entscheidungen des Bundesgerichtshofs in Strafsachen
BGHZ	Entscheidungen des Bundesgerichtshofs in Zivilsachen
BMJ	Bundesministerium der Justiz
BRAGO	Bundesgebührenordnung für Rechtsanwälte
BRD	Bundesrepublik Deutschland
BSG	Bundessozialgericht
BSHG	Bundessozialhilfegesetz
BVerfG	Bundesverfassungsgericht
BVerwG	Bundesverwaltungsgericht
BZ	Britische Zone
can.	canon
CC	Code civil
DAV	Der Amtsvormund
DB	Der Betrieb
DDR	Deutsche Demokratische Republik
DFG	Deutsche freiwillige Gerichtsbarkeit
DGVZ	Deutsche Gerichtsvollzieher-Zeitung
DJ	Deutsche Justiz
DNotZ	Deutsche Notar-Zeitschrift
DÖV	Die öffentliche Verwaltung
DRiZ	Deutsche Richterzeitung
DRV	Deutsche Rentenversicherung
DRZ	Deutsche Rechts-Zeitschrift
DtRwiss.	Deutsche Rechtswissenschaft
DVO	Durchführungsverordnung

E.	Entscheidungen
EG	Einführungsgesetz
EGBGB	Einführungsgesetz zum Bürgerlichen Gesetzbuch
EheG	Ehegesetz
EheNÄndG	Gesetz zur Änderung des Ehenamens vom 27. 3. 79
1. EheRG	Erstes Gesetz zur Reform des Ehe- und Familienrechts vom 14. 6. 1976
EheVO	Verordnung über Eheschließung und Eheauflösung (DDR)
EinkStG	Einkommensteuergesetz
FamRÄndG	Familienrechtsänderungsgesetz vom 11. 8. 1961
FamRZ	Ehe und Familie (Zeitschrift)
FGB	Familiengesetzbuch der DDR vom 20. 12. 1965
FGG	Gesetz über die Angelegenheiten der freiwilligen Gerichtsbarkeit
G oder Ges.	Gesetz
GBO	Grundbuchordnung
GewO	Gewerbeordnung
GG	Grundgesetz
GleichberG	Gesetz über die Gleichberechtigung von Mann und Frau auf dem Gebiete des bürgerlichen Rechts
Gruchot	Gruchots Beiträge zur Erläuterung des Deutschen Rechts
GVG	Gerichtsverfassungsgesetz
HEZ	Höchstrichterliche Entscheidungen in Zivilsachen
HGB	Handelsgesetzbuch
HRR	Höchstrichterliche Rechtsprechung
JA	Juristische Arbeitsblätter
JBl.	Justizblatt
JFG	Jahrbuch der Entscheidungen in Sachen der freiwilligen Gerichtsbarkeit
JGG	Jugendgerichtsgesetz
JR	Juristische Rundschau
JuS	Juristische Schulung
JW	Juristische Wochenschrift
JWG	Jugendwohlfahrtsgesetz
JZ	Juristenzeitung
KG	Kammergericht
KGJ	Jahrbuch der Entscheidungen des Kammergerichts
KO	Konkursordnung
KTS	Konkurs-, Treuhand- und Schiedsgerichtswesen
LM	Lindenmaier-Möhring, Nachschlagewerk des Bundesgerichtshofs in Zivilsachen
MBliV	Ministerialblatt für die innere Verwaltung
MDR	Monatsschrift für Deutsches Recht
MedR	Medizinrecht
NamÄndG	Gesetz über die Änderung von Familiennamen und Vornamen vom 5. 1. 1938
NdsRpfl.	Niedersächsische Rechtspflege
n. F.	neuer Fassung
NichtehelG	Gesetz über die rechtliche Stellung der nichtehelichen Kinder vom 19. 8. 1969

NJ . . . . Neue Justiz
NJW . . . . Neue Juristische Wochenschrift

OG . . . . Oberstes Gericht (DDR)
OGH . . . . Oberster Gerichtshof
OGZ . . . . Entscheidungen des Obersten Gerichts der DDR in Zivilsachen
OLG . . . . Oberlandesgericht
OLGZ . . . . Entscheidungen der Oberlandesgerichte in Zivilsachen
OVG . . . . Oberverwaltungsgericht
OWiG . . . . Gesetz über Ordnungswidrigkeiten i. d. F. vom 2. 1. 1975 (BGBl. I 80)
ÖaBGB . . . . Österreichisches Allgemeines BGB

Pr. . . . . Preußisch
PStG . . . . Personenstandsgesetz
PStG-AVO . . . . Ausführungsverordnung zum Personenstandsgesetz

RabelsZ . . . . Rabels Zeitschrift für ausländisches und internationales Privatrecht
RAG . . . . Reichsarbeitsgericht
RAO . . . . Reichsabgabenordnung
Recht . . . . Das Recht, Monatsschrift
REG . . . . Reichserbhofgesetz
RegEntw . . . . Regierungsentwurf
RegUVO . . . . Regelunterhalts-Verordnung
RFH . . . . Entscheidungen des Reichsfinanzhofs
RG . . . . Reichsgericht
RGBl. . . . . Reichsgesetzblatt
RGStr. . . . . Entscheidungen des Reichsgerichts in Strafsachen
RGZ . . . . Entscheidungen des Reichsgerichts in Zivilsachen
RKEG . . . . Reichsgesetz über die religiöse Kindererziehung
RMdI . . . . Reichsminister des Innern
Rpfleger . . . . Der Rechtspfleger
RpflG . . . . Rechtspflegergesetz vom 5. 11. 1969
ROW . . . . Recht in Ost und West
Rspr. . . . . Rechtsprechung
RVO . . . . Reichsversicherungsordnung

SA . . . . Seufferts Archiv
SchlHA . . . . Schleswig-Holsteinische Anzeigen
Schw. ZGB . . . . Schweizerisches Zivilgesetzbuch
SGB . . . . Sozialgesetzbuch
SGb . . . . Die Sozialgerichtsbarkeit (Zeitschrift)
SGG . . . . Sozialgerichtsgesetz
SJZ . . . . Süddeutsche Juristenzeitung
StAZ . . . . Das Standesamt (Zeitschrift für Standesamtswesen)
StGB . . . . Strafgesetzbuch
StPO . . . . Strafprozeßordnung
str. . . . . streitig

UÄndG . . . . Gesetz zur Änderung unterhaltsrechtlicher, verfahrensrechtlicher und anderer Vorschriften (BRats-Drucks. 501/84 v. 26. 10. 1984)
UrhG . . . . Urheberrechtsgesetz vom 9. 9. 1967

VAHRG . . . . Gesetz zur Regelung von Härten im Versorgungsausgleich
Verf. . . . . Verfassung
VerschG . . . . Verschollenheitsgesetz
VersR . . . . Versicherungsrecht (Zeitschrift)
VG . . . . Verwaltungsgericht
VO . . . . Verordnung
VOBl. . . . . Verordnungsblatt
VVG . . . . Versicherungsvertragsgesetz
VWGO . . . . Verwaltungsgerichtsordnung

Warn. . . . . Warneyer, Rechtsprechung des Reichsgerichts auf dem Gebiet des Zivilrechts
Weim. Verf. . . . . Weimarer Verfassung
WM. . . . . Wertpapier-Mitteilungen
WPstVO . . . . Personenstandsverordnung für die Wehrmacht

ZAk . . . . Zeitschrift der Akademie für Deutsches Recht
ZblJR . . . . Zentralblatt für Jugendrecht und Jugendwohlfahrt
ZGR . . . . Zeitschrift für Unternehmens- und Gesellschaftsrecht
ZHR . . . . Zeitschrift für das gesamte Handelsrecht und Wirtschaftsrecht
ZJBl. . . . . Zentraljustizblatt
ZPO . . . . Zivilprozeßordnung
ZRP . . . . Zeitschrift für Rechtspolitik
ZVG . . . . Gesetz über die Zwangsversteigerung und die Zwangsverwaltung
ZZP. . . . . Zeitschrift für Zivilprozeß

Paragraphenangaben ohne Zusatz des Gesetzes beziehen sich auf das BGB.

Einleitung

§ 1. Vom Wesen des Familienrechts

I. Die Familie als soziales Phänomen ist älter als der Staat und scheint eine gewisse Regelung naturgegeben in sich zu tragen. Trotzdem beweisen Geschichte und Rechtsvergleichung, daß die positive Ausgestaltung des Familienrechts sehr verschiedenartig ausfallen kann. Mehr als andere Rechtsgebiete trägt das Familienrecht eine ausgesprochene eigene Prägung, je nach dem sozialen Stand und der kulturellen Entwicklung des einzelnen Volkes.

1. Geschichtlich zeigt die Familie in älteren Kulturen die Form einer umfassenden Genossenschaft, die kraft ihrer patriarchalischen Organisation einem Herrschaftsverband nahekommt (Sippe, gens). Je mehr die Staatsgewalt erstarkt, desto mehr geht diese weitgreifende Bedeutung der Familie zurück. Das zeigt sich sowohl in der Funktion der Familie im ganzen öffentlichen Leben als auch insbesondere auf dem Gebiet der vormundschaftlichen Befugnisse. Doch hat sich im Rahmen des Feudalsystems z. B. in der juristischen Persönlichkeit hochadeliger Familien ein Rest der umfassenden Bedeutung der alten Familie lange erhalten. Auch die in einzelnen geschichtlichen Epochen stärkere Hervorkehrung individualistischer Gedankengänge ist der patriarchalischen Ausgestaltung größerer Familienverbände abträglich. Unsere moderne arbeitsteilige Wirtschaft hat die Tendenz zur Kleinfamilie bestärkt. Die Funktion der Familie als Produktionsgemeinschaft hat sich nur teilweise in Landwirtschaft und Handwerk erhalten. Geblieben ist die Konsumgemeinschaft. Ein Teil der Erziehungs- und Fürsorgefunktion der Familie ist an den Staat übergegangen, ein Teil ersatzlos verloren (daher Halbstarken- und Altenprobleme!). Ja, vom Rückgang der Bedeutung der Familie bei erstarkender Staatsgewalt bis zur Auflösung der Familie bei freier Eheschließung und Scheidung wie Überlassung der Kindererziehung an den Staat führt eine durchgehende Linie.

2. Individualistische Denkweise ist auch schon früh für unser heutiges Familienrecht wichtig geworden. Aus dem römischen Recht wurde vor allem die Vorstellung übernommen, daß die Eheschließung allein von dem Willen der beiden Brautleute abhängig sein müsse. Sie ist besonders durch die Kirche ins deutsche Recht eingedrungen und hat mitgeholfen, die Kaufehe zu verdrängen, schon lange vor der eigentlichen Rezeption des römischen Rechts. Besonders das Aufklärungs-Zeitalter hat individualistische Gedankengänge neu belebt und damit z. B. die einverständliche Ehescheidung gefördert.

3. Das persönliche Eherecht ist vom 10. Jahrhundert an von der Kirche als ihr ureigenstes Gebiet geregelt und gepflegt worden. Eine Änderung tritt darin erst ein, als die Reformation die Sakramentsnatur der Ehe leugnet und insbesondere im Zeitalter der Aufklärung eine Regelung des Eherechts durch den Staat gefordert wird. So nehmen die allmählich häufigeren und umfassenderen Kodifikationen des Privatrechts das Eherecht auf. Mit der Einführung der vor dem Standesbeamten geschlossenen „Zivilehe“ durch den Code civil wird auch der Trauungsakt der Kirche genommen. Diese hat trotzdem ihren Anspruch auf Regelung des Eherechts aufrechterhalten (vgl. den Codex iuris canonici von 1917 can. 1012ff.) und gelegentlich sogar den Anspruch auf Ausübung der Ehegerichtsbarkeit durchgesetzt. Der moderne, tolerante und konfessionsneutrale (GG Art. 3 III, 4) Staat kann sich indessen schon um der Rechtseinheit und der Gleichbehandlung aller Bürger willen die Regelung so wichtiger Fragen wie der des

Eherechts nicht entgleiten lassen. So geht das BGB nach mannigfachen Kämpfen den Weg eines Kompromisses. Zwar hat es die 1875 durch das Reichspersonenstandsgesetz eingeführte obligatorische Ziviltrauung beibehalten, aber im „Kaiserparagraphen" (§ 1588) bestimmt, daß die kirchlichen Verpflichtungen in Ansehung der Ehe unberührt bleiben. So sind kirchliches und staatliches Eherecht, jedes für seinen Bereich, nebeneinander maßgebend. Die folgende Darstellung beschränkt sich auf das staatliche Recht.

Diese Trennung von staatlichem und kirchlichem Recht besteht nicht überall. Wo z. B. fest gefügte religiöse Systeme die staatliche Rechtsordnung beherrschen und durchdringen (Mohammedanismus), kann der Staat weitgehend auf eine eigene Regelung verzichten. Wo der Staat eine bestimmte Religion als vorherrschend voraussetzen kann (Lateinamerika), nimmt er vielfach auf kirchliches Recht Bezug oder läuft seine eigene Gesetzgebung der kirchlichen parallel. Führt der Staat das Kirchenregiment selbst (Protestantismus), so erleichtert dies die Überleitung kirchlichen Rechts in staatliches. Die Lösung des Staates von konfessionellen Grundlagen, Toleranz gegenüber verschiedenen Religionen oder Totalitätsanspruch führen zur eigenen, vom kirchlichen Recht unterschiedlichen Familiengesetzgebung.

Schrifttum: *Buchholz,* Eherecht zwischen Staat und Kirche, 1981.

II. Das Familienrecht des BGB umfaßt das Eherecht, das Verwandtschaftsrecht und das Vormundschaftsrecht. Der Zusammenhang dieser drei Gebiete geht zurück auf die Schutzgewalt (Munt, manus) des Familienhaupts, welche sich auf die Ehefrau, Kinder und andere Verwandte und seinem Schutz unterstellte Personen erstreckte. Dieser Zusammenhang geht heute bei Zerfall des patriarchalischen Familienrechtssystems immer mehr verloren; andererseits ist der soziologische Zusammenhang von Ehe und Verwandtschaft, insbes. Kindschaft, gewahrt; die Vormundschaft soll in erster Linie fehlende elterliche Fürsorge ersetzen. Die gemeinsame Behandlung der drei Materien ist also nach wie vor gerechtfertigt.

Die systematische Einreihung des Familienrechts als 4. Buch hinter Schuldrecht und Sachenrecht geht auf die Pandektenrechtswissenschaft zurück. Sie bringt eine sachwidrige und anderen Gesetzbüchern fremde Trennung des Familienrechts vom allgemeinen Personenrecht.

1. Dem BGB fehlt eine echte Familienverfassung. Es geht nicht von der Einheit der Familie und der Stellung der Familienmitglieder als Angehöriger einer Gemeinschaft (vgl. Art. 159 SchwZGB) aus, sondern von den Familienmitgliedern als Einzelindividuen, die sich auf rechtlich gleicher Ebene gegenüberstehen. So sucht es die subjektiven Rechte der Familienmitglieder gegeneinander abzustecken und zu sichern. Diese individualrechtliche Sicht geht mit auf die Philosophie des Aufklärungszeitalters zurück (contrat social!) und vernachlässigt zu stark den sozialrechtlichen Charakter des Familienrechts (darüber u. a. unten Ziff. 2) und seine Natur als Status-Recht. Dabei geht es in erster Linie um die *personenrechtlichen* Beziehungen vom Ehemann zur Ehefrau, von den Eltern zu den Kindern. Doch ergeben sich aus der Rechtsstellung innerhalb der Familie auch mannigfache *vermögensrechtliche* Folgen wie Unterhaltspflichten

und Vermögensbeziehungen aus der Verwaltung von Kindesvermögen oder dem ehelichen Güterrecht.

Die Beziehungen zwischen den Familienmitgliedern sind demnach – trotz übergeordneter Funktionen von Eltern und Vormund gegenüber Kindern und Mündeln – im Sinne der herkömmlichen Einteilung des Rechts dem *Privatrecht* zuzuzählen. Doch hat das Familienrecht auch öffentlich-rechtliche Seiten, so in der Mitwirkung des Standesbeamten bei der Eheschließung; von Verwaltungsbehörden und Gerichten bei der Erteilung von Ehedispensen, Namensregelungen und Staatsangehörigkeitsfragen; in der gerichtlichen Nichtigerklärung, Aufhebung und Scheidung der Ehe, Ehelicherklärung, Verfügung einer Adoption und ihrer Wiederauflösung; in der Aufsicht über elterliche Sorge und Vormundschaft bis zur Anordnung der Fürsorgeerziehung.

2. Ehe und Familie genießen als Institutionen verfassungsmäßigen Schutz (Art. 6 GG; Art. 38 Verf. der DDR sowie die meisten deutschen Länderverfassungen; davor Art. 119 Weim. Verf.). GG Art. 6 ist dabei nicht nur Abwehrrecht gegen den Staat und Programmsatz, sondern als geltendes Recht Institutsgarantie und wertentscheidende Grundsatznorm, welche auf Auslegung geltender Gesetze, gesetzgeberisches und Verwaltungs-Ermessen Einfluß nimmt (vgl. dazu BVerfG 6, 55 u. JZ 1967, 489); Art. 6 ist darüber hinaus Schutznorm für die einzelne Ehe. Das GG gewährleistet damit freilich nur einen nicht näher abgegrenzten Kernbereich der Ehe, so daß es allzuweit gezogene Folgerungen aus Art. 6 GG nicht gestattet. Eher als positive Folgerungen (bestimmte Förderungen der Familie, z. B. Zulassung freimütigen Briefverkehrs eines Strafgefangenen mit seiner Ehefrau, BVerfGE 35, 35) lassen sich negative aus Art. 6 GG ableiten; so etwa das Verbot, jemanden wegen seiner Position als Familienmitglied zu benachteiligen, z. B. Ehegatten nachhaltiger zu besteuern als alleinstehende Personen (z. B. BVerfGE 6, 55; 12, 194; 13, 290; 15, 328 usw.), Halbfamilien von den Vorteilen des selbst kinderlosen Ehepaaren zukommenden steuerlichen Splittingverfahrens auszuschließen (BVerfG NJW 1983, 271) oder Kindern einer Ehefrau eine Waisenrente zu versagen, die Kindern einer Witwe oder geschiedenen Frau zusteht (BVerfGE 17, 38ff.), einen Arbeitnehmer-Ehegatten von der selbständigen Sozialversicherung auszuschließen (BVerfGE 18, 257) oder in der gemischt-nationalen Ehe den ausländischen Ehegatten auszuweisen (BVerfGE 35, 384).

Eine besondere Funktion entfaltet Art. 6 GG in der verfassungsgerichtlichen Kontrolle von Familienrechtsformen. So verfielen namentlich etliche Bestimmungen der Scheidungsrechtsreform von 1976 verfassungsgerichtlicher Beanstandung: z. B. die Begrenzung einer Härteklausel auf die Dauer von fünfjährigem Getrenntleben (NJW 1981, 108) oder eine zu weit gehende Unterhaltsbestimmung (§ 1579 II, NJW 1981, 1771), ferner einzelne Auswirkungen des Versorgungsausgleichs (NJW 1980, 694). Im Kindschaftsrecht wurde die Regelung, daß nach Auflösung der Ehe das Sorgerecht nur einem Ehegatten zugeteilt werden könne, als mit Art. 6 GG unvereinbar erachtet

(BVerfG 1983, 101), dagegen die Zulässigkeit vormundschaftsgerichtlicher Eingriffe ins elterliche Erziehungsrecht auch schon bei objektiver, unverschuldeter Erziehungsuntauglichkeit der Eltern mit Recht bestätigt (FamRZ 1982, 567).

Aus dem GG wird auch die Pflicht des Staates abgeleitet, werdendes Leben selbst vor der Mutter zu schützen, woraus sich dann Grenzen für die Zulassung des Schwangerschaftsabbruchs ergeben (BVerfGE 39, 1). Das Recht der Eheschließung mit einem frei gewählten Partner ist mit Art. 6 GG (BVerfGE 29, 175 u. NJW 1971, 1509) und auch in Art. 12 der europäischen Konvention über die Menschenrechte (BGBl. 1952 II 685) gewährleistet. Der Schutz von Ehe und Familie ist auch Gegenstand von Übereinkommen bei den Vereinten Nationen; vgl. Art. 17, 18, 23, 24 des internationalen Pakts vom 19. 12. 1966 über bürgerliche und politische Rechte (BGBl. 1973 II 1933ff.) und Art. 10, 13 des internationalen Pakts vom 19. 12. 1966 über wirtschaftliche, soziale und kulturelle Rechte (BGBl. 1973 II 1969ff.). Ferner sind Ehe und Familie durch Strafbestimmungen (StGB §§ 169ff.) geschützt.

Schrifttum: *Schwab,* Zur Geschichte des verfassungsrechtlichen Schutzes von Ehe und Familie, Fschr. Bosch 1976, 893; *Gernhuber,* Ehe und Familie als Begriffe des Rechts, FamRZ 1981, 721ff.; *Lecheler,* Der Schutz der Familie, FamRZ 1979, 1; *Görlich,* Das Gebot staatlicher Familienfürsorge im Steuerrecht, NJW 1979, 1575; *Giesen,* Ehe und Familie in der Ordnung des Grundgesetzes, JZ 1982, 817ff.

Nicht zweifelsfrei ist der Familienbegriff des Art. 6 GG. Umfaßt sind sicherlich auch Eltern mit Adoptivkindern, Stiefkindern und Pflegekindern, soweit es um Außenwirkungen geht, nicht um das Verhältnis zu den natürlichen Blutsverwandten außerhalb der engeren, zusammenlebenden Familiengemeinschaft. Fraglicher ist der Schutz von Halbfamilien. Doch wird nicht nur der getrennt lebende oder geschiedene Elternteil mit den seiner Sorge anvertrauten Kindern, sondern auch die nichteheliche Mutter mit ihrem Kind einzubeziehen sein (BVerfG 8, 210; 25, 167), auch der mit seinem Kind zusammenlebende nichteheliche Vater (str.).

3. Das staatliche Interesse an der Familie als der wichtigsten Zelle des sozialen Organismus äußert sich besonders darin, daß das Familienrecht vielfach *zwingendes* Recht ist. Nur die Begründung der Familie durch Ehe geht auf Privatwillkür zurück, steht aber auch unter strengen sachlichen Voraussetzungen und Formvorschriften. Im übrigen wird man in die Familie hineingeboren. Die Aufnahme in die Familie durch Adoption ist eine Ausnahme. Eine Annahme an Eltern oder Geschwister Statt gibt es nicht; ebensowenig ein freiwilliges Ausscheiden aus der Familie oder einen Ausschluß wegen familienwidrigen Verhaltens.

In letzterem Falle kann nur eine Beschränkung des Unterhaltsanspruchs (§ 1611) oder eine Entziehung des erbrechtlichen Pflichtteils (§§ 2333ff.) die Folge sein.

Auch die *Ausgestaltung* der familienrechtlichen Dauerrechtsverhältnisse ist im grundsätzlichen zwingend *typisiert.* Es gibt insoweit keine vertragliche Abänderbarkeit des Inhalts der Ehe als monogame Verbindung oder der Stellung der Eltern gegenüber dem Kind. Nur hinsichtlich ihrer Rollen in der Ehe (Erwerb und Haushaltsführung, § 1356), Einzelheiten der ehelichen Lebensführung, Unterhalt und Ehegüterrecht können vertragliche Abmachungen die Beziehungen der Gatten näher ausgestalten, und auch das nur in einem gesetzlich gezogenen Rahmen. Im übrigen hängen Rechte und Pflichten mit der Stellung des einzelnen als Glied der Familie zusammen; die Rechte sind daher durchweg höchstpersönlich und nicht übertragbar. Da die Rechte meist mit Pflichten verbunden erscheinen, sind sie auch unverzichtbar. Zwingende Regeln des Familienrechts dienen nicht nur der Aufrechterhaltung des ohnehin sehr weitgespannten institutionellen, von Art. 6 GG gezogenen Rahmens von Ehe und Familie, sondern auch dem Schutz der einzelnen Familienmitglieder. Ob die Regeln des zwingenden Rechts und die mangels privatautonomer Regelungen eingreifenden „Normalregelungen" des Gesetzesrechts immer widerspruchsfrei und sachgerecht getroffen sind, ist freilich ein anderes Problem. Absolut richtiges Recht gibt es ebensowenig wie ein allgemein gültiges Naturrecht. Auch Familienrecht ist zeit-, gesellschafts- und kulturgebunden. Nicht nur über Folgerichtigkeit und ethische Grundprinzipien mag es grundverschiedene Meinungen geben – und auch ein um ein wirklich gutes Familienrecht ringender Gesetzgeber kann irren. Dem an das Gesetz gebundenen Richter bleiben freilich Korrekturmöglichkeiten im Rahmen der vom Gesetz verwendeten unbestimmten Rechtsbegriffe.

Denn es vermag die Rechtsordnung das Familienleben *nur im grundsätzlichen* zu regeln. Sie muß die Familie als eine vorgegebene Form sozialen Lebens und eine innerfamiliäre Autonomie anerkennen. Die Ausgestaltung im einzelnen entzieht sich einer strengen Normierung; sie ist weitgehend von Tradition und Sitte sowie den in der Familie wirkenden Persönlichkeiten abhängig. So streng und zwingend das Familienrecht im grundsätzlichen ist, so sehr hütet es sich vor kleinlichen Eingriffen in die schwer faßbaren Vorgänge des täglichen Zusammenlebens. So ist sowohl die Notwendigkeit, Ansprüche wegen drohender Verjährung geltend zu machen (§§ 194 II, 204), als auch die Zwangsvollstreckung im internen Bereich der Familie stark zurückgedrängt. Das Gesetz beschränkt sich vielmehr weitgehend darauf, zu bestimmen, was zu geschehen hat, wenn die Ordnung der Familie gestört oder zerfallen ist. Auch hier bleibt die Regelung notwendig allgemein gehalten und arbeitet mit unbestimmten Rechtsbegriffen („Scheitern der Ehe", „unzumutbare Härte", „grobe Unbilligkeit", „Gefährdung des Kindeswohls", „mißbräuchliche Ausübung der elterlichen Sorge", „die zur Abwendung der Gefahr erforderlichen Maßregeln treffen" usw.), bestimmt die Rechtsfolgen weitgehend nach Billigkeit (z. B. §§ 1360a IV,

1383, 1579, 1649 usw.). Die normative Regelung gibt daher ein unvollständiges Bild vom Familienrecht, welches sich erst im Dezisionismus konkretisiert.

Schrifttum: *Hamel,* Von den Grenzen profaner Gesetzgebung in Ehesachen AcP 153, 481; *Geiger,* Die Bewertung der Familie in der Verfassung und in der gesellschaftlichen Wirklichkeit, FamRZ 1973, 225; *Ramm,* Grundgesetz und Eherecht, 1972, sowie FamRZ 1973, 722; *Diederichsen,* Richtiges Familienrecht, Fschr. Larenz (1983) 127.

4. Angesichts der sozialen Bedeutung der Familie erfordert die *Rechtssicherheit,* daß die Familienverhältnisse klar und leicht erkennbar sind. Daher unterliegen familienrechtliche Rechtsgeschäfte wie Eheschließung, Einwilligung in die Adoption, Eheverträge usw. strengen Formvorschriften und sind – ebenso wie namensgestaltende Erklärungen – durchweg bedingungsfeindlich. Ihrem Wesen nach sind solche Rechtsgeschäfte höchstpersönlich und können nur in beschränktem Maße durch Vertreter geschlossen werden. Die Auflösung familienrechtlicher Rechtsverhältnisse erfolgt weitgehend durch gerichtliche Entscheidung (Aufhebung und Scheidung der Ehe, Aufhebung des Güterstandes und der Adoption, Entziehung der Personensorge usw.).

Die Regeln des Allgemeinen Teils des BGB sind im Familienrecht als Statusrecht nur beschränkt anwendbar.

Das gilt insbesondere fürs Eherecht; so bedarf es zur Eheschließung neben der Geschäftsfähigkeit einer besonderen Ehemündigkeit; die Folgen der fehlenden Geschäftsfähigkeit, der mangelnden Form, von Willensmängeln und unzulässigem Inhalt der Willenserklärung sind abweichend geregelt. Beim Verlöbnis wird die Anfechtung durch den Rücktritt verdrängt. Mit 14 Jahren hat der Minderjährige schon eine partielle Geschäftsfähigkeit (z. B. freie Religionsbestimmung; Beschwerderecht nach § 59 FGG; Mitwirkung bei Legitimation und Adoption, §§ 1729, 1746). Bei Vertretung wirkt im Familienrecht das Geschäft gelegentlich für und gegen den Vertretenen, auch wenn nicht in seinem Namen gehandelt war (z. B. § 1357).

Schrifttum: *Beitzke,* Personenrechtliche Rechtsgeschäfte Fschr. Flume 317; *Beitzke,* Bestandskraft personenrechtlicher Rechtsgeschäfte, Fschr. Mühl 1981, S. 103 ff.

III. In den großen europäischen Kodifikationen wie auch im BGB hatte das Familienrecht seinen überkommenen patriarchalischen Charakter noch bewahrt. Demgegenüber hat die Frauen-Emanzipation, die Mitarbeit der Frau im Berufsleben und in maßgeblichen staatlichen Stellungen, zur Forderung nach einer Gleichberechtigung der Geschlechter im Familienrecht geführt, die in Art. 119 der Weimarer Verfassung zum Programmsatz, in Art. 3 des Bonner GG und Art. 7 der Verf. der DDR vom 7. 10. 1949 sowie in Art. 20 u. 38 II der Verf. der DDR vom 6. 4. 1968 zum geltenden Recht erhoben worden ist. Wenn das BGB alle Entscheidungen in Fragen des gemeinsamen ehelichen Lebens wie in der Erziehung der Kinder und der Verwaltung des Familienvermögens in die Hand des Mannes legte, so entsprach es dieser Forderung nicht, obwohl schon unter seiner Geltung die Ehe kein Herrschaftsverhältnis des Mannes war, sondern ein Gemeinschaftsverhältnis, in dem der Mann seine Entscheidungen nur nach Beratung mit der Frau treffen durfte. Andererseits kann die Gleichberechtigung angesichts der naturgegebenen verschiedenartigen Funktionen von Mann und Frau nie unbedingte Gleichheit der Rechtsstellung bedeuten. Es ist unmöglich, mit dem Wortlaut von GG Art. 3 ein absolutes Differenzierungsverbot anzunehmen, wenn man naturnotwendig auf die biologischen Unterschiede Rücksicht nehmen, ja sie allenfalls sogar auszugleichen suchen muß. Die Gleichheit kann keine mechanische, sondern muß eine organische sein, die auf der Gleichwertigkeit (nicht Gleichheit) von Mann und Frau beruht. Sie darf auch die Einheit der Familie nicht antasten (vgl. Art. 6 Bonner GG und die Garantien der Familie in den Landesverf.) und muß daher auch übertriebenen individualistischen Bestrebungen entgegentreten. Es gilt heute nach Verwerfung der „Herrschaftsehe" wie der „individualistischen Ehe" die Gleichberechtigung der Geschlechter in einer genossenschaftlichen Ehe zu verwirklichen.

Das *Schrifttum* ist unübersehbar. Vgl. daraus: *Arnold,* Angewandte Gleichberechtigung im Familienrecht, 1954; *Beitzke-Hübner,* DRZ Beiheft 14; *Beitzke* bei *Neumann-Nipperdey-Scheuner,* Die Grundrechte Bd. II 1955 S. 199ff.; Beschlüsse des 38. Dt. Juristentages, MDR 50, 479; Verhandlungen des 38. Dt. Juristentages 1951; Verhandlungen des Dt. Notartages 1952; Denkschrift des Bundesjustizministeriums *(Hagemeyer)* in 3 Teilen; *Bosch,* Die Gleichberechtigung von Mann und Frau, Sonderheft aus „Der Deutsche Rechtspfleger" 1954; *Dölle* in Festgabe f. E. *Kaufmann* S. 19; *Knöpfel,* Die Gleichberechtigung von Mann und Frau, NJW 1960, 553ff.; *Scheffler,* Ehe und Familie, bei *Neumann-Nipperdey-Scheuner,* Die Grundrechte Bd. IV 1960 S. 245ff. Weitere Schrifttumsangaben in den genannten Schriften, FamRZ 1954, 10ff. und laufend. *Bydlinski,* Der Gleichheitssatz im österreichischen Privatrecht 1962; *Giesen,* Gleichberechtigungspostulat und Familienschutz im Erwerbsleben, Fschr. Bosch 1976, 309.

Das Gleichberechtigungsgesetz v. 18. 6. 1957 hat – ohne die Reformprobleme völlig zu erledigen – einen ersten wichtigen Schritt in dieser Richtung getan. Das Familienrechtsänderungsgesetz vom 11. 8. 1961 hat das begonnene Reformwerk weitergeführt. Das 1. Eherechtsreformgesetz vom 14. 6. 1976 (BGBl. I 1421) sucht im Recht der ehelichen Lebensgemeinschaft und im Scheidungsrecht die Gleichberechtigung nachhaltiger zu verwirklichen.

Schrifttum: *Massfeller-Reinicke,* Das Gleichberechtigungsgesetz 1958; *Krüger-Breetzke-Nowak,* Gleichberechtigungsgesetz 1958; *Reinicke-Schwarzhaupt,* Die Gleichberechtigung von Mann und Frau 1957; *Boehmer,* Die Teilreform des Familienrechts 1962. Wegen des Schrifttums zur Scheidungsrechtsreform vgl. bei § 19.

IV. Die Erziehung der Kinder ist nach verfassungsmäßigen Grundsätzen in erster Linie in die Hand der Familie gelegt. Der Staat beeinflußt sie nicht nur durch das Schulwesen (GG Art. 7), sondern überwacht auch die elterliche Erziehung, um bei groben Fehlgriffen einzuschreiten. Abgesehen davon ist aber das Elternrecht ein gegen den Staat gerichtetes Grundrecht; es ist unter Berücksichtigung der eigenen Menschenwürde des Kindes und seines Rechts auf Entfaltung seiner Persönlichkeit auszuüben. Die Grundrechte des Kindes richten sich nicht gegen die Eltern, sondern gegen den Staat und werden insoweit von den Eltern wahrgenommen. Es dient das pflichtgebundene und unveräußerliche Elternrecht der Heranziehung des Kindes zur eigenverantwortlichen Persönlichkeit, die keine vorzeitige „Grundrechtsmündigkeit" genießt, dessen Menschenwürde und Grundrecht auf freie Entfaltung der Persönlichkeit zunächst von den Eltern wahrgenommen und nur über das Wächteramt des Staates hinsichtlich der elterlichen Erziehung geschützt werden (BVerfG NJW 1968, 2233). Für die nichtehelichen Kinder fordern Art. 121 Weim. Verf. und Art. 6 GG gleiche Entwicklungsmöglichkeiten wie für eheliche. Das kann keine völlige rechtliche Gleichstellung mit ehelichen Kindern bedeuten; eine solche wäre eine Entwertung der Familie und würde der Tatsache nicht gerecht, daß die nichtehelichen Kinder regelmäßig unter anderen soziologischen Voraussetzungen aufwachsen als eheliche. Das GG fordert vor allem Gleichstellung im öffentlichen Leben. Danach blieb freilich eine Verbesserung auch ihrer familienrechtlichen Stellung unerläßlich. Alle seit 1919 schwebenden Reformen der unbefriedigenden Regelung des BGB waren infolge widerstreitender politischer Einflüsse zunächst nicht zum Abschluß gekommen. In der DDR ist die durch Art. 33 Verf. von 1949 und § 17 Ges. vom 27. 9. 1950 begonnene Neuregelung im Sinne einer Gleichstellung mit dem ehelichen Kind durch das FGB von 1965 zu Ende geführt worden. In der Bundesrepublik hat das Gesetz vom 19. 8. 1969 über die rechtliche Stellung der nichtehelichen Kinder deren bürgerlich-rechtliche Rechtsstellung neu geregelt (vgl. unten §§ 21 II, 23, 25).

V. Große Bedeutung hat die Familie auch als wirtschaftliche Einheit, als Unterhalts- und Konsumgemeinschaft. Als solche ist sie Gegenstand staatlicher Förderung durch soziale Staffelung von Tarifen und Steuern, Kinder- und Familienzulagen bei Lohn und Gehalt (vgl. Kindergeldges. v. 21. 1. 1982 – BGBl. I 13), Gebührenermäßigungen für Kinderreiche, Familienfürsorge in Beamten- und Anstellungsverhältnissen, in der Sozialversicherung, der Kriegsopferversorgung und im Sozialrecht, Bevorzugung Kinderreicher bei der Wohnraumvermittlung. Als Verband zu gemeinschaftlicher Beschaffung und Verwendung der Versorgungsgüter war sie zeitweise auch im Wirtschaftsrecht anerkannt durch Zuteilung von Wirtschaftsgütern nicht nach Personen, sondern nach Haushaltungen.

VI. Von besonderer Bedeutung für die Verwirklichung des Familienrechts ist das gerichtliche Verfahrensrecht. Hier waren bei uns teils Gerichte im Streitverfahren der ZPO mit Beginn der Prozesse in verschiedenen Instanzen [Amtsgerichte bzw. Landgerichte], teils Gerichte im Verfahren der freiwilligen Gerichtsbarkeit zuständig; ja sogar alternative Zuständigkeit zwischen Strafgericht und Vormundschaftsgericht kam vor!

Manche Verfahren hatten weitere (abgespaltene) Verfahren zur Folge: so die Ehescheidung den Unterhaltsprozeß und die güterrechtliche Auseinandersetzung. Größere Einheitlichkeit und Verbesserung der Verfahren wurde schon länger angestrebt und – im Anschluß an Vorbilder in den USA und Japan – ein *Familiengericht* gefordert, bei dem man alle einschlägigen Verfahren zusammenfassen kann. Auch die Zuziehung von Laienrichtern und von Sachverständigen (Medizinern, Psychologen) wurde erwogen.

Schrifttum: *Erdsiek* NJW 1961, 1006ff.; *Habscheid* FamRZ 1955, 153; *Röhl* NJW 1957, 12 und JZ 1957, 100; *Tappe* FamRZ 1956, 15; *Suzuki*, RabelsZ 19 (1954) 104; *Brox* FamRZ 1963, 105; *Luther* FamRZ 1963, 387 u. 552; *Habscheid*, Juristen-Jahrbuch Bd. 5 S. 50ff.; *Huhn*, FamRZ 1962, 314 (weitere Angaben bei *Müller-Freienfels*, Ehe und Recht S. 304ff.); *Habscheid*, Familiengerichte? FamRZ 1975, 567.

Das 1. EheRG von 1976 führte ab 1. 7. 1977 *Familiengerichte* als Abteilungen der Amtsgerichte für Familiensachen ein (GVG §§ 23b, 23c n. F.). Sie sind keine selbständigen, besonderen Gerichte, sondern bleiben ein nur mit besonderen Aufgaben betrauter Teil der ordentlichen Gerichtsbarkeit. Sie sind insbes. für Ehesachen (ZPO §§ 606ff.) einschließlich aller Folgeregelungen (ZPO § 621) wie Unterhalt unter Ehegatten und im Verhältnis zu ihren ehelichen Kindern, Streitigkeiten über Güterrecht und Versorgungsausgleich, Regelung der elterlichen Sorge und des Verkehrsrechts zuständig; es können ihnen auch Vormundschaftssachen zugewiesen werden. Die Aufgaben der Familiengerichte werden lediglich von Einzelrichtern wahrgenommen. Die Neuregelung von Zuständigkeiten und Verfahren hat – auch abgesehen von übergangsrechtlichen Fragen – zu vielen Zweifels- und Streitfragen geführt. Die Zuständigkeiten von Familiengericht und Vormundschaftsgericht berühren sich engstens und sind nicht vollauf überzeugend gegeneinander abgegrenzt.

Schrifttum: Lehrbücher und Kommentare zur ZPO. Einführend *Brüggemann*, Familiengerichtsbarkeit FamRZ 1977, 1 u. 582; *Diederichsen*, Die Einführung der Familiengerichte, NJW 1977, 601 sowie: Entwicklung und Funktion des Familienprozeßrechts ZZP 91, 397; *Göppinger*, NJW 1977, 1041; *Behne*, NJW 1977, 1625; *Grasshof*, FamRZ 1978, 323; *Kissel*, NJW 1977, 1034; *Walter*, Das neue Verfahren in Ehe- und anderen Familiensachen, FamRZ 1979, 204, 259, 396, 663; *Weychardt* ZblJR 1980, 69; *Walter*, Neuer Prozeß in Familiensachen 1980; *Bosch*, FamRZ 1980, 1; *Salgo*, Soll die Zuständigkeit des Familiengerichts erweitert werden, FamRZ 1984, 221.

§ 2. Quellen und Schrifttum

I. Quellen des materiellen Familienrechts

Die wichtigste Rechtsquelle für das geltende Familienrecht ist das *vierte Buch des BGB*. Seine Gestaltung geht insbesondere auf Gottlieb Plank zurück. Die nüchtern-sachliche Formulierung ist menschlich wenig ansprechend und daher auch nicht volkstümlich geworden; Modernisierungen wie z. B. anläßlich der Scheidungsrechtsreform von 1976 sind stilistisch in erheblichen Teilen nicht besser.

Landesrecht spielt daneben kaum mehr eine Rolle.

Das *internationale Familienrecht* ist geregelt in Art. 13ff. EGBGB, § 15a EheG sowie in verschiedenen Staatsverträgen, insbes. den Haager Eheschließungsabkommen vom 12. 6. 1902 und dem Ehewirkungsabkommen vom 17. 7. 1905 sowie mehreren internationalen Unterhaltsabkommen und dem Haager Übereinkommen über Minderjährigenschutz vom 5. 10. 1961 (BGBl. 1971 II 219).

Nach dem ersten Weltkrieg ergingen im Anschluß an die Programmsätze der Weimarer Verfassung das *Jugendwohlfahrtsgesetz vom 9. 7. 1922* (wiederholt geändert, jetzt Fassung vom 25. 4. 1977) und das Gesetz über die *religiöse Kindererziehung vom 15. 7. 1921*. Die geplanten Änderungen des Eherechts und des Rechts der unehelichen Kinder kamen zunächst nicht zustande.

Die aus der nationalsozialistischen Zeit (1933–1945) stammenden Reformgesetze sind heute nahezu durchweg durch andere Vorschriften ersetzt. Die längsten Fortwirkungen zeitigte das Ehegesetz v. 6. 7. 1938; es ersetzte die Eheanfechtung durch die Aufhebungsklage und suchte den Scheidungsprozeß durch Reform des Unterhaltsrechts und der Verteilung der Kinder zu entgiften, regelte auch die Scheidungsgründe neu.

Das Ehegesetz des Alliierten Kontrollrats vom 20. 2. 1946 behielt nach Beseitigung nationalsozialistischer Bestimmungen wesentliche Neuerungen des auf alten Vorarbeiten beruhenden Gesetzes von 1938 bei, kehrte nur in einigen Punkten zum Recht des BGB zurück und versuchte eine Weiterentwicklung des Scheidungsrechts durch Berücksichtigung der Interessen der Kinder. Mit Gesetz vom 21. 4. 1947 ist in das EheG von 1946 ein § 15a über die Eheschließung von Ausländern in Deutschland eingefügt worden; einzelne Vorschriften sind durch das FamRÄndG v. 11. 8. 1961 geändert; das Scheidungsrecht des EheG ist durch das 1. EheRG mit Wirkung vom 1. 7. 1977 ab ersetzt; im übrigen gilt der erste Teil des EheG des Alliierten Kontrollrats in der Fassung des 1. EheRG, für die bis zum 30. 6. 1977 geschiedenen Ehen das Scheidungsfolgenrecht des KRG trotz Art. 3 und 6 GG grundsätzlich weiter, da nach Art. 1 Überleitungsvertrag Kontrollratsrecht nur in einem besonderen Verfahren geändert oder außer Kraft gesetzt werden kann. Art. 1 des Überleitungsvertrages (BGBl 1954 II 157) hat (was oft übersehen wird) trotz Wiederbeseitigung von GG Art. 142a den Vorrang vor GG Art. 3 und 6 (BVerfGE 36, 147ff., 169–173; dagegen ausdrücklich LSG Niedersachsen JZ 1975, 743). Die Praxis suchte – namentlich im nachehelichen Unterhaltsrecht – mit „verfassungskonformer Auslegung" des Kontrollratsrechts zu helfen (BSG NJW 1968, 1541; nicht unbedenklich). Die Frage verliert mit der allmählichen Ersetzung des Kontrollratsrechts durch Recht der BRD (namentlich das 1. EheRG) an Bedeutung. Die Ersetzung und Änderung der noch verbliebenen Bestimmungen des EheG und die Wiedereingliederung auch dieses Teils des Eherechts ins BGB wird durch den Entwurf zu einem 2. EheRG vorbereitet.

Durch § 79 EheG von 1946 waren die *Durchführungsverordnungen zum EheG von 1938 aufrechterhalten,* soweit sie nicht mit dem neuen EheG in Widerspruch standen. Durch Art. 9 des FamRÄndG v. 11. 8. 1961 sind aber die meisten Vorschriften förmlich außer Kraft gesetzt (soweit sie nicht schon ohnehin gegenstandslos geworden waren). Es gelten heute nur noch die §§ 13, 15, 18 Satz 1, 19 I, 87 I der 1. DVO vom 27. 7. 1938 und die 6. DVO vom 21. 10. 1944 (betr. Ehewohnung und Hausrat).

In der brit. Zone gelten anstelle der 1. DVO die §§ 13, 17 Satz 1, 18 Ausf. VO z. EheG v. 12. 7. 1948 (VOBl.BZ S. 210).

Eine Anzahl von neueren Einzelgesetzen, teils der Länder, teils einer Zone oder des Bundes dient der Regelung einzelner Kriegsfolgen; so die Vorschriften über Heilung formnichtiger Ehen, die freien Ehen rassisch und politisch Verfolgter wie auch über die nachträgliche Eheschließung (vgl. darüber unten § 7) und die Folgen der Verschollenheit (vgl. unten §§ 8, 9).

Neue Entwicklungen im Familienrecht hatten mit den neuen deutschen Verfassungen eingesetzt. Das Gleichberechtigungsprinzip des Art. 3 GG ist zufolge Art. 117 GG erst seit 1. 4. 1953 in den Westzonen geltendes Recht. Das der Gleichberechtigung widersprechende Recht ist – abgesehen von der oben genannten Ausnahme einzelner Vorschriften des EheG – außer Kraft. Teils ist es zunächst ersatzlos entfallen; teils mußte man da, wo Bestimmungen wegen des Zusammenhangs mit übrigen Teilen der Rechtsordnung nicht fortfallen konnten, sie zu für Mann und Frau gleichmäßig geltenden Rechtssätzen ausgestalten. Die Praxis hat sich anfänglich dagegen aufgelehnt, das neue Recht „finden" oder „schöpfen" zu müssen, und die unmittelbare Geltung von Art. 3 GG zu bestreiten versucht. Aber BGHZ 10, 266 u. 11 Anh. 35ff. sowie das Bundesverfassungsgericht (E 3, 255) haben sich mit Recht für die Sofortgeltung von Art. 3 GG ausgesprochen (vgl. Art. 1 III GG). Das Gleichberechtigungsgesetz v. 18. 6. 1957 (BGBl. I 609) war bemüht, das frühere Recht dem Art. 3 GG anzupassen und hat erhebliche Teile des Ehepersonenrechts wie des Ehegüterrechts und des Rechts der ehelichen Kinder neu gestaltet.

Durch Urteil des Bundesverfassungsgerichts vom 29. 7. 1959 (NJW 1959, 1483 und FamRZ 1959, 416) wurden die §§ 1628 und 1629 Abs. I BGB in der Fassung des Gleichberechtigungsgesetzes mit Gesetzeskraft (BGBl. 1959 I 633) für nichtig erklärt, weil sie mit Art. 3 GG in Widerspruch standen.

Sodann hat das Familienrechtsänderungsgesetz v. 11. 8. 1961 die Ehelichkeitsanfechtung und Legitimation weitgehend neu geregelt und das Unehelichenrecht, Vormundschaftsrecht sowie Eheschließungsrecht in Einzelpunkten reformiert. Zugleich ist das Jugendwohlfahrtsgesetz erheblich umgestaltet worden. Das Adoptionsrecht ist durch Ges. v. 2. 7. 1976 (BGBl. I 1749) mit Wirkung vom 1. 1. 1977 an neu geregelt.

Die Stellung der nichtehelichen Kinder ist mit Gesetz vom 19. 8. 1969, in Kraft ab 1. 7. 1970 grundlegend neu geregelt worden, um den Verfassungsauftrag von GG Art. 6 V zu erfüllen.

Die langerörterte Reform wurde durch einen Referentenentwurf des Bundesjustizministeriums (Mai 1966) und einen Regierungsentwurf (Sept. 1967) nebst Entwurf eines verfahrensrechtlichen EG (Juni 1968) vorbereitet. Angesichts dessen, daß inzwischen fast 20 Jahre seit Inkrafttreten des GG verstrichen waren, setzten sich zahlreiche Stimmen dafür ein, den Verfassungsauftrag zur Änderung des bisher geltenden Rechts ohne den Gesetzgeber zu aktualisieren. Indessen war GG Art. 6 V nach vorherrschender Ansicht nur ein Programmsatz (BVerwG NJW 1961, 699) und wäre angesichts seiner geringen Bestimmtheit durch die Praxis im bürgerlichen Recht schwer zu aktualisieren gewesen. Doch entschied das Bundesverfassungsgericht (FamRZ 1969, 200), daß die dem Gesetzgeber gelassene angemessene Frist mit Ende der Sommer 1969 auslaufenden Legislaturperiode verstreiche. Nicht zuletzt unter diesem Druck kam das Gesetz im Kompromißwege zustande.

Die umstrittene Scheidungsrechtsreform ist mit Gesetz vom 14. 6. 1976 (BGBl. I 1421) verabschiedet worden. Das Gesetz weicht vom Entwurf (BT-Drucks. 7/650) in vielem ab. Es ist mit der Mehrzahl seiner Bestimmungen erst seit 1. 7. 1977 in Kraft. Namensrechtliche Bestimmungen sind am 1. 7. 1976 in Kraft getreten, die Beseitigung einiger Eheverbote am Tage nach der Verkündung des Gesetzes. Ein Entwurf zur Änderung einiger von der Rechtsprechung beanstandeter Bestimmungen der Scheidungsrechtsreform ist im Gesetzgebungsverfahren (UÄndG, BRats-Drucks. 501/84 vom 26. 10. 1984).

Schrifttum *zur Entstehung des 1. EheRG: Vogel,* FamRZ 1976, 481; *Hillermeier,* FamRZ 1976, 577; *Böhmer* JR 1977, 45; *Bosch,* Weitere Reformen im Familienrecht der Bundesrepublik Deutschland? FamRZ 1982, 862; *Eyrich,* Wende im nachehelichen Unterhaltsrecht? FamRZ 1984, 941; *Bosch,* Neues Ehegatten-Unterhaltsrecht in der Bundesrepublik Deutschland? FamRZ 1984, 1165.

Das Recht der elterlichen Sorge ist mit Ges. vom 24. 7. 1979 (BGBl. I 1061) neu geregelt worden, um dem Persönlichkeitsschutz des Kindes (GG Art. 1, 2) besser gerecht zu werden (vgl. dazu Beschlußempfehlung und Bericht des Rechtsausschusses BT-Drucks. 8/2788); näher dazu unten § 21 II.

II. Schrifttum

Zur grundlegenden Unterrichtung über das Wesen von Ehe und Familie muß auf das soziologische, völkerkundliche, rechtsphilosophische, psychologische und medizinische Schrifttum verwiesen werden. Über die gegenwärtige familiensoziologische Situation in der Bundesrepublik unterrichtet teilweise der dritte Familienbericht der Bundesregierung v. 20. 8. 1979 (Dt. Bundestag Drucksachen 8/3120 u. 3121).

Die derzeit geltenden gesetzlichen Bestimmungen des BGB sind in den *Kommentaren zum BGB* von *Erman, Jauernig, Palandt, Reichsgerichtsräten und Bundesrichtern* (RGRK), *Soergel-Siebert, Staudinger* und dem Münchener Kommentar sowie dem „Alternativkommentar" erläutert. Vgl. ferner *Massfeller-Boehmer-Coester,* Das gesamte Familienrecht (Loseblatt).

Kommentare zum Ehegesetz von 1946 von: *Gerold,* Ehegesetz, 1950; *v. Godin,* Ehegesetz, 2. Aufl. 1950; *Hoffmann-Stephan,* Ehegesetz, 2. Aufl. 1968. Ferner Erläuterungen in den oben genannten BGB-Kommentaren.

Kommentare zum Gleichberechtigungsgesetz: *Massfeller-Reinicke,* 1958; *Krüger-Breetzke-Nowak,* 1958.

Kommentar zum Nichtehelichengesetz von *Odersky,* 4. Aufl. 1978.

Kommentare zum 1. EheRG von *Rolland,* 2. Aufl. 1982: *Ambrock,* Ehe und Ehescheidung, 1977.

Lehrbücher und Grundrisse: Gernhuber, Lehrbuch des Familienrechts, 3. Aufl. 1980; *Henrich,* Familienrecht, 3. Aufl. 1980; *Finger,* Familienrecht mit familiensoziologischen und familienpolitischen Schwerpunkten 1979; *W. Schlüter,* BGB-Familienrecht (Schwerpunkte) 1979; *D. Reuter,* Einführung in das Familienrecht 1980; *U. John,* Grundzüge des Familienrechts 2. Aufl. 1984; *D. Schwab,* Familienrecht 3. Aufl. 1984; *Heckel,* Einführung in das Ehe- und Familienrecht, 1981; *Diederichsen,* Familienrecht (Schaeffers Grundriß) 1984.

Lernbehelfe: Sturm, Wahlfach Familien- und Erbrecht, Einführung mit Examinatorium (Uni-Tachenbücher 1043); *Beitzke,* Familienrecht (Prüfe Dein Wissen), 8. Aufl. 1981; *Thalmann,* Praktikum des Familienrechts, 1984; *Holzhauer,* Familien- und Erbrecht, Freiwillige Gerichtsbarkeit, 1984.

Monographien: *Müller-Freienfels,* Ehe und Recht 1963. *Bergerfurth,* Das Eherecht, 7. Aufl. 1984; *Heinsohn-Knieper,* Theorie des Familienrechts, 1974; *Kissel,* Ehe und Ehescheidung, 1977; *Otto,* Personale Freiheit und soziale Bindung, 1978; *Gernhuber,* Neues Familienrecht, 1977; *Firsching,* Handbuch der Rechtspraxis, Familienrecht, 4. Aufl. 1978.

Rechtsvergleichung: *Dölle,* Familienrecht 2 Bde. 1964/65; *Bergmann,* Internationales Ehe- und Kindschaftsrecht 3. Aufl. ab 1952. *Boschan,* Europäisches Familienrecht, 5. Aufl. 1972; *Leske-Löwenfeld,* Rechtsverfolgung im internationalen Verkehr Bd. I, Das Eherecht der europäischen und außereuropäischen Staaten (ab 1963); *Neuhaus,* Ehe und Kindschaft in rechtsvergleichender Sicht, 1979; *Dopfel-Buchhofer,* Unterhaltsrecht in Europa, 1983.

Zeitschriften: Ehe und Familie im privaten und öffentlichen Recht (Zeitschrift für das gesamte Familienrecht – FamRZ); Das Standesamt (Zeitschrift für Standesamtswesen, Personenstandsrecht, Ehe- und Kindschaftsrecht, Staatsangehörigkeitsrecht – StAZ); Zentralblatt für Jugendrecht und Jugendwohlfahrt (ZblJR); Der Amtsvormund (DAV).

III. Verfahrensrecht

Verfahrensrechtlich wird das BGB ergänzt durch die §§ 606 ff. ZPO und das Gesetz über die Angelegenheiten der *freiwilligen Gerichtsbarkeit* v. 17. 5. 1898. Für die Beurkundung personenrechtlicher Vorgänge ist das *Personenstandsgesetz* v. 3. 11. 1937 in der Fassung v. 8. 8. 1957 mit zahlreichen Änderungen, zuletzt durch Art. 9 des 1. EheRG, der AVO v. 12. 8. 1957 und der Dienstanweisung (Neufassung 1978) maßgebend; es ist an die Stelle des älteren Gesetzes von 1875 getreten.

Schrifttum: Zum Verfahrensrecht ist auf die Lehrbücher und Kommentare zur ZPO, zum FGG, zum PStG (vgl. unten § 4) und zum JWG (vgl. unten § 34) zu verweisen.

IV. In der **DDR** ist zufolge der Verf. vom 7. 10. 1949 die Gleichberechtigung von Mann und Frau und die Gleichstellung des unehelichen Kindes mit dem ehelichen sofort geltendes Recht geworden. Das Ges. über Mutter- und Kinderschutz vom 27. 9. 1950 hat das zum Teil näher geregelt; im übrigen hat die Judikatur die Gleichberechtigung mit einem Sinngehalt erfüllt, welcher von dem der BRD geltenden Recht abweicht; vgl. jetzt Art. 20 u. 38 II der Verf. v. 6. 4. 1968. Zufolge der Moskauer Vereinbarungen vom September 1955 wurde das Besatzungsrecht der sowjetischen Zone beseitigt. Der gesetzlose Zustand im Eherecht führte zum Erlaß der EheVO v. 24. 11. 1955. Das Adoptionsrecht wurde durch VO v. 29. 11. 1956 abweichend vom BGB neu geregelt. Am 1. 4. 1966 ist das neue Familiengesetzbuch der DDR v. 20. 12. 1965 (GBl. DDR 1966 I 1) in Kraft getreten.

Schrifttum: Begründung zum neuen FGB in NJ 1966, 1 ff. Erläuterungen des neuen FGB in Aufsätzen von *Thürmer, Musiolik* und *Schlicht* ROW 1966, 52–56. *Raiser*, Sozialistisches Familienrecht JZ 1966, 423; *Wassermeyer*, Die Entwicklung des Kindschaftsrechts in Mitteldeutschland, 1965; *Brintzinger*, Das Namensrecht der SBZ, StAZ 1967, 229; v. *Friesen-Heller*, Das Familienrecht in Mitteldeutschland, 1967. *Grandtke* u. a. m. Familienrecht, Lehrbuch 1976; Kommentar 1970; *Grandtke* bei *Leske-Loewenfeld*, Das Eherecht der europäischen und außereuropäischen Staaten, Lfg. 8, 1970; *Grandtke-Gysi-Orth-Rieger*, Zur Wirksamkeit des Familienrechts, NJ 1976, 346; *Pawlowski*, Entwicklungen und Entwicklungstendenzen im Ehe- und Familienrecht in der Bundesrepublik Deutschland und in der DDR, DRiZ 1976, 101; *Schlicht*, Familie und Familienverfassung im Recht der DDR, 1970; *Wirsing*, Das eheliche Güterrecht der DDR 1973; *Arnold*, Art und Umfang der elterlichen Rechte in der DDR, 1975; *Bernhardt*, Das Recht des unehelichen Kindes und dessen Neuregelung in beiden Teilen Deutschlands, 1962.

In der DDR sind durch VO v. 21. 12. 1948 mit DVO die familienrechtlichen Streitigkeiten in die Zuständigkeit der Amtsgerichte übergegangen. Durch VO v. 7. 12. 1956 ist das Eheverfahren im Anschluß an die EheVO reformiert worden. Eine VO v. 17. 2. 1966 (GBl. DDR 1966 II 171) paßt das gerichtliche Verfahren in Familiensachen dem neuen Familiengesetzbuch an (vgl. dazu Schlicht ROW 1966, 141); dazu Beschluß des Präsidiums des OG der DDR zur einheitlichen Anwendung der Familien-Verfahrensordnung v. 7. 6. 1972 (NJ Beilage 3/72 zu Heft 13). Zur Zivilprozeßordnung von 1976 vgl. *Schiwy-Wetzke*, Außenwirtschaftsdienst 1978, 368. Die Angelegenheiten der Freiwilligen Gerichtsbarkeit als Vormundschaftssachen sind durch VO v. 15. 10. 1952 von den Gerichten auf die Räte der Kreise übertragen.

Das Personenstandswesen ist mit Ges. v. 16. 11. 1956, neu gefaßt am 13. 10. 1966, und jetzt mit Ges. v. 4. 12. 1981 (GBl. I 421) und den Durchführungbest. vom gleichen Tage (a. a. O. 425) neu geregelt worden. Das JWG ist durch die JugendhilfeVO v. 3. 3. 1966 ersetzt.

§ 3. Familie, Verwandtschaft, Schwägerschaft

I. Einen gesetzlichen Begriff der **Familie** kennt das BGB in seiner ursprünglichen Fassung nicht. Man versteht im allgemeinen darunter die Gesamtheit der durch Ehe und Verwandtschaft miteinander verbundenen Personen. Der Kreis dieser Personen läßt sich jedoch beliebig weit ziehen. Im engsten Sinn versteht man unter Familie nur die Ehegatten mit ihren Kindern; so jetzt auch §§ 1355, 1360. Diese „Kleinfamilie" allein ist in Art. 6 GG geschützt (Näheres oben § 1 II 2), mag sie auch nach Wegfall eines Ehepartners nur noch eine „Halbfamilie" sein. Doch wird man im System des heutigen Adoptionsrechts (Volladoption) auch Ehegatten mit einem Adoptivkind als Familie im Sinne des BGB und GG zu werten haben. Vom Begriff der Kleinfamilie geht § 1 III JWG ursprünglich nicht in jederlei Hinsicht aus (dazu Zöller FamRZ 1978, 4), auch wenn der Begriff sich im Lauf des Bestehens des Gesetzes inhaltlich teilweise gewandelt haben mag. So hat das BVerfG es für verfassungsrechtlich unbedenklich erklärt, daß die ihre Enkelkinder erziehenden Großeltern nicht die im JWG für Eltern vorgesehenen Hilfen erhalten. Verfahrensrechtlich sind „Familiensachen" im Sinne von § 23 b GVG nur Verfahren zwischen Gliedern der Kleinfamilie.

1. Dieser enge Familienbegriff ist ein Ergebnis unserer heutigen Gesellschafts- und Wirtschaftsordnung. Solange in älterer Zeit der Familie und Sippe eine größere Bedeutung im Staatsleben zukam, war der Begriff der Familie auch ein weiterer, sowohl im alten deutschen als auch im römischen Recht. In letzterem wurden alle Personen gemeinsamer Abstammung unter dem Begriff der Kognaten zusammengefaßt, alle Personen, die unter derselben elterlichen Gewalt standen, unter dem Begriff der Agnaten. Der Gesichtspunkt der einheitlichen Schutzgewalt (Munt, manus) ist uns heute für den Begriff der Familie entschwunden. Er lebt aber noch in der „Hausgemeinschaft" weiter.

2. Zur **Hausgemeinschaft** können auch familienfremde Personen wie Hausangestellte, Handlungsgehilfen und Lehrlinge gehören.

Reste der alten Munt kommen in der Hausgemeinschaft noch bei den Schutzpflichten gemäß § 617 BGB, § 62 II HGB zum Ausdruck, ähnlich wie in der Disziplinargewalt gegenüber Seeleuten auf dem Schiff.

Die Hausgemeinschaft ist rechtlich in mehrfacher Hinsicht bedeutsam. Kinder, die innerhalb der Hausgemeinschaft leben, sind den Eltern zu Dienstleistungen verpflichtet (§ 1619); volljährige Kinder im Haushalt bleiben diesem vermögensrechtlich verbunden (§ 1620; vgl. unten § 25 IV). Familienangehörige der Hausgemeinschaft haben den Anspruch auf den Dreißigsten (§ 1969), und eine großzügige Judikatur rechnet dann auch die unverehelichte Lebensgefährtin zu den „Familienangehörigen" (NJW 1983, 1566). Schadensersatzansprüche gegen haushaltsangehörige Familienmitglieder gehen nicht auf Versicherungsunternehmen über (§ 67 VVG); auch § 1542 RVO ist insoweit eingeschränkt (BGHZ 41, 79 u. NJW 1979, 983); so selbst bei Eheschließung erst nach Schadenseintritt (BGH NJW 1976, 1152 u. 1977, 108); doch gelten diese Privilegien nicht für in freier Lebensgemeinschaft miteinander verbundene Personen. Für Hemmung der Verjährung von Ansprüchen zwischen Personen, die in Hausgemeinschaft miteinander leben, wird mit guten Gründen eingetreten (Spiro Fschr. Bosch 975). Diebstahl gegenüber Personen, mit denen man in häuslicher Gemeinschaft lebt, wird nur auf Antrag verfolgt (StGB § 247).

3. Weiter als der Begriff der Familie ist auch der Begriff der **Angehörigen.** Zu diesen zählen z. B. auch Pflegeeltern oder Stiefeltern. Im übrigen ist der Begriff der Angehörigen in einzelnen Gesetzen verschieden weit gefaßt; vgl. z. B. §§ 530, 556a, 569a, 1579 I 2, 1969 BGB, §§ 11, 35, 247 StGB (dessen familienrechtliche Begriffe zufolge Art. 33 EGBGB von denen des BGB unabhängig sind; BGHStr. 7, 383), § 2 Abs. V HeimarbeitsG v. 14. 3. 1951 und § 2 FeuerbestattungsG v. 15. 5. 1934, § 10 Steuer-AnpassungsG v. 16. 10. 1934; enger §§ 60, 83 UrhG u. § 22 KunstUrhG; auch VVG § 67 II.

Fraglich kann sein, inwieweit der Partner einer nichtehelichen Lebensgemeinschaft zu den „Angehörigen" im Sinne dieser Vorschriften zu zählen wäre. Für VVG § 67 II wurde die Frage wohl mit Recht verneint (FamRZ 1980, 17; lies dazu auch BGH NJW 1980, 1468).

II. Verwandtschaft beruht nach § 1589 auf der *Abstammung*. Unmittelbare Abstammung ist Verwandtschaft in *gerader Linie* (Großvater–Vater–Sohn). Personen mit einem gemeinsamen Vorfahren sind in der *Seitenlinie* verwandt (z. B. Geschwister oder Vettern; Onkel und Neffe), dabei ist es gleichgültig, ob ein oder mehrere Vorfahren gemeinsam sind (auch vollbürtige und halbbürtige Geschwister sind gleichmäßig in der Seitenlinie miteinander verwandt). Das durch Adoption begründete Verhältnis wird in vielfacher Hinsicht, und je nach dem Adoptionsfall in unterschiedlichem Maß, der Blutsverwandtschaft gleichgestellt (vgl. dazu §§ 1754, 1770, EheG §§ 4, 7).

Die Nähe der Verwandtschaft wird nach *Graden* bemessen. Der Grad der Verwandtschaft bestimmt sich im BGB (römisch-rechtlich) nach der *Zahl der vermittelnden Geburten,* während das germanische Recht organisch nach Ordnungen (vgl. §§ 1924 ff.) zählte und das kanonische Recht nur nach Generationen – also nur auf der einen Seite des Stammbaums – zählt.

So sind Geschwister nach BGB im 2. Grade, nach kanonischer Zählung im 1. Grade verwandt; erbrechtlich gehören sie zur gleichen Erbenordnung. Onkel und Neffe sind nach BGB im 3. Grade verwandt, Vetter und Base im 4. Grad; kanonisch sind beide im 2. Grad verwandt. Stiefkinder sind mit dem Stiefvater oder der Stiefmutter überhaupt nicht verwandt, da hier kein Abstammungsverhältnis vorliegt.

Ob die Verwandtschaft durch einen Mann oder eine Frau vermittelt wird (Schwertmagen oder Spindelmagen), ist heute gleichgültig.

Verwandtschaft im Rechtssinne besteht auch bei *Adoption* mindestens zwischen dem Annehmenden und dem Angenommenen und seinen Abkömmlingen (§ 1770), bei der Adoption Minderjähriger auch im Verhältnis zu den Verwandten des (oder der) Annehmenden (§ 1754). Sie besteht auch im Verhältnis eines nichtehelichen Kindes zu seinem Vater. Die frühere, lediglich dem rechtstechnischen Zweck einer Sonderregelung des Unehelichenrechts dienende Bestimmung des § 1589 II, daß das uneheliche Kind mit seinem Vater nicht als verwandt gelte, ist beseitigt.

Die Fiktion, daß das nichteheliche Kind mit seinem Erzeuger nicht verwandt sei, wurde nicht einmal für das bürgerliche Recht durchgehalten (vgl. EheG § 4). Sie galt nach fester Judikatur nicht im Strafrecht (BGHStr. 7, 245) und war im Verfahrensrecht nicht unbedenklich (vgl. BGH NJW 1956, 1286).

Rechtsfolgen der Verwandtschaft sind in erster Linie Eheverbote (§ 4 EheG), Unterhaltspflichten (§§ 1601 ff.; vgl. dazu unten § 24) und Erbrecht (§§ 1924 ff., wo freilich zusätzlich nach Erbenordnungen gezählt wird), ferner besondere Berücksichtigung bei der Vormundschaft.

So sind beide Eltern (§ 1899) allenfalls zum Vormund berufen; bei Auswahl eines Vormundes haben Verwandte stets den Vorrang (§ 1779 II). Vor Entscheidungen des Vormundschaftsgerichts sollen Verwandte des Mündels angehört werden (§ 1847).

Verwandtschaft hat Milderungen im Strafrecht zur Folge (§§ 247, 257 StGB), ergibt Zeugnisverweigerungsrechte (§§ 383, 408 ZPO, §§ 52, 55, 63, 72 StPO) und führt zum Ausschluß vom Richteramt (§§ 41, 49 ZPO, §§ 22, 31 StPO, § 6 FGG;

§ 54 VwGO); sie macht auch unfähig zur Mitwirkung bei Beurkundungen (BeurkG §§ 3, 6).

Vermögensverfügungen gegenüber Verwandten unterliegen in besonderer Weise der Gläubigeranfechtung (§§ 31, 40 KO; § 3 AnfG).

Die *Grade* der Verwandtschaft werden wesentlich, wo es darum geht, Rechtsfolgen für bestimmte Verwandte abzustecken: so sind im Unterhaltsrecht die näheren Verwandten vor den entfernteren verpflichtet und berechtigt (§§ 1606, 1609); so werden Zeugnisverweigerungsrechte im Zivilprozeß (ZPO § 383) und Strafprozeß (StPO § 52) nach Verwandtschaftsgraden abgestuft.

Die Rechtsfolgen der Verwandtschaft sind nicht nur nach Graden verschieden; sie gehen bei Verwandten in *gerader Linie* vielfach weiter als bei Verwandten in der *Seitenlinie.* So bestehen Unterhaltspflichten nur zwischen Verwandten in gerader Linie, nicht auch zwischen Verwandten in der Seitenlinie (näheres unten § 24 I 1), nicht einmal zwischen Geschwistern, wo Unterhaltsleistung nur sittliche Pflicht sein kann (keine Rückforderung des Unterhalts, §§ 534, 814). Verwandte in der Seitenlinie erben erst ab der zweiten Erbenordnung (§ 1925); Geschwistern des Verstorbenen steht kein Pflichtteilsrecht zu (§ 2303). Andererseits sind Gesetz und Praxis um Förderung geschwisterlichen Zusammenhalts bemüht: z. B. kann bei Scheidung der Eltern ihr Zusammenbleiben in gemeinsamer Erziehung bei einem Elternteil ein gewichtiger Gesichtspunkt des Kinderwohls (§ 1671) sein; mehrere Geschwister können einen gemeinsamen Vormund haben (§ 1775); Hinzuadoption von Geschwistern ist heute – im Gegensatz zu früher – ausdrücklich zugelassen (vgl. §§ 1745, 1772, unten § 33).

III. Schwägerschaft ist die Beziehung zwischen einem Ehegatten und den Verwandten des anderen Ehegatten (§ 1590). Man unterscheidet Schwägerschaft in gerader Linie und in der Seitenlinie. Der Grad der Schwägerschaft bestimmt sich nach dem Grad der vermittelnden Verwandtschaft.

Der Mann ist mit dem Vater der Frau in gerader Linie verschwägert, und zwar im 1. Grade; ebenso mit dem erstehelichen oder nicht von ihm abstammenden nichtehelichen Kind der Frau (Stiefkind). Mit dem Bruder der Frau ist er im 2. Grad der Seitenlinie verschwägert. Keine Schwägerschaft besteht dagegen zwischen den Geschwistern des einen Ehegatten und denen des anderen Ehegatten, im Volksmund oft als Schwippschwägerschaft bezeichnet.

Keine Schwägerschaft wird durch eine *nichtige Ehe* begründet; doch gilt bis zur Nichtigerklärung der Ehe die Schwägerschaft als bestehend (§ 23 EheG).

Die Schwägerschaft dauert bürgerlich-rechtlich auch über die Auflösung der Ehe hinaus an (§ 1590 II). Aber das gilt nur für die schon während der Ehe begründeten Schwägerschaften; neue Schwägerschaften können nach Auflösung der Ehe nicht mehr begründet werden.

Z. B. wird nach Scheidung der Ehe kein Ehegatte mit den zweitehelichen Kindern des anderen Gatten verschwägert. – Ob strafrechtlich Schwägerschaft mit Auflösung der Ehe endet, ist streitig (vgl. JZ 1959, 119 u. 129).

Die **Bedeutung der Schwägerschaft** ist weit geringer als die der Verwandtschaft. Es gibt *keinen Unterhaltsanspruch* und *kein Erbrecht*. Wohl aber besteht zwischen Verschwägerten ein Eheverbot (§ 4 EheG); Zeugnisverweigerungsrechte für Verschwägerte und Anfechtungsmöglichkeiten für die Gläubiger sind wie bei Verwandtschaft gegeben. Im Vormundschaftsrecht genießen Verschwägerte einen geringeren Vorrang als Verwandte.

Verschwägerte sind nie zum Vormund berufen, aber bevorzugt zum Vormund zu bestellen (§ 1779 II 3). Vor Entscheidungen des Vormundschaftsgerichts sollen auch sie gehört werden (§ 1847), kommen aber hier meist weniger zum Zuge als Verwandte.

Das BGB kennt in seiner ursprünglichen Fassung *keinerlei Unterhaltspflichten* zwischen Verschwägerten: nicht zwischen Schwiegereltern und Schwiegerkindern, nicht zwischen Stiefeltern und Stiefkind (BGH NJW 1969, 2007). Das ist als reformbedürftig erkannt (lies *Boehmer*, Die Rechtsstellung des Stiefkindes 1941 S. 9, 16–24, FamRZ 55, 125 u. 1961, 41; *Frank*, Grenzen der Adoption, 1978, 29ff.). Ein entsprechender § 1360c des Reg.Entw. zum GleichberG wurde aber vom Bundestag gestrichen. Allerdings haftet bei Gütergemeinschaft kraft ehelichen Güterrechts ein das Gesamtgut verwaltender Ehegatte für Unterhaltsschulden des anderen (§§ 1437 II, 1459 II). Doch haftet trotz eines praktischen Bedürfnisses (vor allem im Falle hohen eigenen Einkommens) der andere nicht für Unterhaltsschulden des das Gesamtgut verwaltenden Ehegatten.

Eine ähnliche Haftung wie bei Gütergemeinschaft galt im alten gesetzlichen Güterstand (§§ 1386, 1388 a. F.). Doch gibt es keine solche Haftung bei Gütertrennung oder Zugewinngemeinschaft. Bei letzterer ist allerdings nach § 1371 IV eine Unterhaltspflicht gegenüber Stiefkindern als Ersatz für entgangenes Erbe vorgesehen (vgl. dazu unten § 13 III 5). Ferner wird auch für Stiefkinder sogen. „Kindergeld" gezahlt (Ges. v. 21. 1. 1982). Ein Unterhaltsanspruch für Verschwägerte und insbes. ein Stiefkind ergibt sich auch nicht mittelbar daraus, daß ein Ehegatte etwa verpflichtet wäre, dem anderen im Rahmen des Unterhalts so viel zur Verfügung zu stellen, daß er daraus bedürftige Verwandte unterstützen könnte (vgl. § 1360). Gegenüber dem Stiefkind kann sich eine Unterhaltspflicht daraus ergeben, daß Unterhalt dem Kind oder dessen Elternteil bei Aufnahme des Kindes in den Haushalt versprochen wurde. Doch ist nicht jede Aufnahme in den Haushalt ein solches Unterhaltsversprechen und gilt im Zweifel auch nur für die Dauer der Aufnahme in den Haushalt; es liegt auch nicht in der Einbenennung (§ 1618); ein solches Versprechen kann auch nicht – entgegen der Entscheidung des Gesetzes, welches die Unterhaltspflicht ablehnt – einfach unterstellt werden.

IV. Ehegatten sind im Sinne des BGB weder verwandt noch verschwägert. Ihr Verhältnis zueinander ist besonders geregelt.

§ 4. Personenstandsrecht

Schrifttum: *Rietdorf*, Die geschichtliche Entwicklung des Personenstandswesens, 1958; *Schütz*, 100 Jahre Standesämter in Deutschland, 1977; Kommentare zum PStG von 1958: *Koehler-Massfeller* 1958; *Massfeller-Hoffmann;* 3 Bde. Loseblattausg. *Simader* 2. Aufl. 1976; *Pfeiffer-Strickert*, Personenstandsgesetz, 1961. *Neuffer-Menikheim*, Standesamtsführung, 1971. *Thomsen*, System des Personenstandsrechts 1962. *Gundrum*, Die Praxis des Standesbeamten, 1967. *Gundrum-Braasch*, Standesamt und Standesamtsaufsicht, 1972. *Massfeller-Hoffmann*, Die Führung der Personenstandsbücher in Musterbeispielen. 7. Aufl. ab 1978 Loseblattausg. Zum Personenstandsrecht in der DDR vgl. das neue PStG v. 4. 12. 1981 Gbl. I 421.

Zum *Beweis des Familienstandes,* in welchem man lebt, der Geburt und Abstammung, der Eheschließung und Verwandtschaft sowie des Todes und weiterer personen- und familienrechtlich wichtiger Vorgänge dienen die *Personenstandsbücher*, welche von den Standesbeamten auf den Standesämtern geführt werden (PStG § 1). Die Führung der Personenstandsbücher ist *staatliche Verwaltung*.

I. Standesamt und Aufsichtsbehörden

1. Die Aufgabe der Führung der Personenstandsbücher ist vom Staat den *Gemeinden* übertragen, welche diese Aufgabe nach staatlichen Weisungen zu erfüllen haben und einer Dienstaufsicht des Staates unterliegen (PStG § 51). Organisation und Dienstaufsicht sind Ländersache. Im allgemeinen bildet jede Gemeinde einen Standesamtsbezirk (PStG § 52); doch können auch mehrere Gemeinden zu einem Standesamtsbezirk zusammengeschlossen werden.

2. *Standesbeamte* werden nach Landesrecht (PStG § 70a) im allgemeinen von den Gemeinden bestellt (PStG § 53). Sie können nur in ihrem eigenen Sprengel wirksam amtieren (Ausnahme PStG § 56); Amtshandlungen, welche sie außerhalb ihres Sprengels vornehmen, gelten als nicht von einem Standesbeamten vorgenommen. Die richtige Führung der Personenstandsbücher ist eine dem Standesbeamten in erster Linie dem Staat gegenüber obliegende Pflicht (BVerfGE 29, 174), aber auch zugleich Pflicht gegenüber unmittelbar betroffenen Dritten. Für Amtspflichtverletzungen hat der Standesbeamte nach § 839 BGB einzustehen.

Die Haftung trifft zufolge GG Art. 34 zunächst die Anstellungskörperschaft (Gemeinde), vgl. OLG Tübingen StAZ 1952, 256. In einzelnen Ländern hat aber der Staat den Gemeinden diese Haftung abgenommen, weil es um die Erfüllung staatlicher Aufgaben geht (vgl. Preuß. StaatshaftungsGes. v. 1. 8. 1909 § 4; Braunschw. Ges. v. 28. 7. 1910; Bremen, Ges. v. 19. 3. 1921).

3. Lehnt der Standesbeamte eine Amtshandlung ab, so kann nicht nur Dienstaufsichtsbeschwerde erhoben, sondern auch das *Amtsgericht* angerufen werden, welches den Standesbeamten zu einer Amtshandlung anhalten kann (PStG § 45).

Das Amtsgericht entscheidet im Verfahren und mit dem Rechtsmittelzug des FGG. Zuständig ist – um diese Verfahren bei einem darauf spezialisierten Amtsgericht zu konzentrieren – das Amtsgericht am Sitz des Landgerichts, in dessen Bezirk der Standesbeamte seinen Sitz hat, dessen Verfügung angefochten werden soll. Das Amtsgericht entscheidet insoweit mit den Funktionen eines Verwaltungsgerichts; eine Anrufung der Verwaltungsgerichtsbarkeit ist daneben ausgeschlossen. Besonderheiten des Verfahrens bestehen darin, daß auch der Standesbeamte selbst (nicht aber die Aufsichtsbehörde; KG StAZ 1969, 39) das Amtsgericht anrufen kann und die Aufsichtsbehörde ein Beschwerderecht hat (PStG § 49). Wird der Standesbeamte zu einer Amtshandlung angewiesen, so ist das Rechtsmittel die sofortige Beschwerde, sonst die einfache Beschwerde.

4. Die *Aufgabe* der Standesbeamten besteht nicht nur in der *Führung der Personenstandsbücher;* der Standesbeamte wirkt bei der *Eheschließung* mit (darüber unten § 7 II); er ist auch für die *Entgegennahme namensrechtlicher Erklärungen* zuständig (§§ 1355, 1617, 1618, 1720); ein Vaterschaftsanerkenntnis (§ 1600 a) kann auch er – neben Rechtspfleger, Notar und Jugendamt – beurkunden und die Zustimmungserklärung des Kindes dazu entgegennehmen (§ 1600 c), um die so festgestellte Vaterschaft ins Geburtenbuch einzutragen (PStG §§ 29, 29 a).

II. Die Personenstandsbücher

Der Standesbeamte führt ein *Geburtenbuch*, ein *Sterbebuch*, ein *Heiratsbuch* und ein *Familienbuch*.

Das PStG von 1875 kannte noch kein Familienbuch. Es wurde erst 1937 eingeführt, um den Zusammenhang der Familienverhältnisse deutlich zu machen. Es trat damals an die Stelle des Heiratsregisters und enthielt alle Eintragungen über die Eheleute und ihre Kinder, bis die Kinder verstarben oder für sie selbst ein Familienbuch angelegt wurde. Die Neufassung des PStG von 1957 führte das Heiratsbuch wieder ein und läßt noch daneben das Familienbuch führen, welches nunmehr beweglich gestaltet ist und nicht mehr wie bisher am Ort der Eheschließung, sondern am jeweiligen Wohnsitz der Eheleute (notfalls des Mannes und evtl. der Ehefrau allein) geführt wird (PStG § 13).

1. Zum *Geburtenbuch* ist die Geburt eines Kindes binnen einer Woche mündlich anzuzeigen, und zwar sind der Reihe nach zur Anzeige verpflichtet: der eheliche Vater, die Hebamme, der Arzt, sonstige Zeugen der Geburt, in letzter Linie die Mutter selbst, sobald sie dazu imstande ist (PStG §§ 16, 17). Dabei sind die Vornamen des Kindes anzugeben; notfalls sind sie innerhalb eines Monats nachzumelden (PStG § 22).

Bei Geburten in Krankenanstalten und dergl. trifft die Anzeigepflicht den Leiter der Anstalt, und die Anzeige kann schriftlich erstattet werden (PStG §§ 18, 19). Besondere Vorschriften regeln die Eintragungen von Zwillings- und Mehrgeburten, Totgeburten, Findelkindern usw. (PStG §§ 23–28).

In das Geburtenbuch wird außer Namen, Beruf, akademischen Graden (BGHZ 38, 380), Wohnort (und bei Einverständnis auch Religion) der Eltern und den Personalien des Anzeigenden über das Kind eingetragen: Ort, Tag und Stunde der Geburt, Geschlecht und Vornamen (PStG § 21). Spätere Veränderungen des Personenstandes, auch des Namens, insbesondere Vaterschaftsanerkennung, Legitimation und Adoption werden mit Randvermerken nachgetragen (PStG §§ 29–31 a).

Auch Änderungen des Geschlechts können beigeschrieben werden, so bei irreversiblem Transsexualismus (BVerfG FamRZ 1979, 25; BGHZ 74, 20). Vgl. dazu das Ges. v. 10. 9. 1980 (BGBl I 1654). Das darin vorgesehene Mindestalter von 25 Jahren ist verfassungswidrig (BVerfG StAZ 1982, 170), sofern die geschlechtsumwandelnde Operation schon vor Erreichen dieses Alters stattgefunden hatte. Die Änderung des Geschlechts nötigt auch zur Änderung des Vornamens, den der Volljährige sich nunmehr selbst geben darf.

2. Zum *Sterbebuch* ist der Tod eines Menschen spätestens am nächsten Werktage mündlich anzuzeigen, und zwar in erster Linie vom Familienhaupt, dann dem Wohnungsinhaber oder sonstigen Zeugen (PStG §§ 32, 33).

Bei Sterbefällen in Krankenanstalten ist wiederum der Leiter der Anstalt zur Anzeige verpflichtet; auch kann die Anzeige schriftlich erstattet werden (PStG § 34).

In das Sterbebuch werden Name, Vorname, Beruf und Wohnort, Religion, Geburtstag und Geburtsort, Todestag und Todesstunde des Verstorbenen sowie Vorname und Familienname seines Ehegatten und die Personalien des Anzeigenden eingetragen (PStG § 37).

3. In das *Heiratsbuch* wird jede Eheschließung im Beisein der Eheleute und der Zeugen eingetragen und von ihnen unterschrieben. Dabei werden außer den Personalien der Eheleute und der Zeugen die Erklärungen der Eheleute über die Eheschließung und der Ausspruch des Standesbeamten, daß sie nunmehr rechtmäßig verbundene Eheleute seien, eingetragen (PStG §§ 9, 11).

Ein Randvermerk wird im Heiratsbuch beigeschrieben, wenn die Ehe für nichtig erklärt, aufgehoben oder geschieden ist. Ob die Voraussetzungen für die Erteilung eines Rechtskraftvermerks auf der dem Standesbeamten vorgelegten Urteilsausfertigung vorgelegen haben, hat der Standesbeamte nicht nachzuprüfen (OLG Hamm, FamRZ 1982, 508).

4. Im *Familienbuch* werden die Personalien der Eheleute einschließlich Religion und Staatsangehörigkeit eingetragen, dazu Namen und Wohnort der Eltern, und zwar im Anschluß an die Eheschließung. Später werden alle Veränderungen des Personenstandes (insbes. Lösung der Ehe und Tod), auch Änderungen von Namen, Religion und Staatsangehörigkeit nachgetragen; endlich werden die Kinder und die Veränderungen ihres Personenstandes eingetragen (PStG §§ 12–15).

5. Die ordnungsmäßige Führung der Personenstandsbücher kann nicht auf Grund der Anzeigen allein erfolgen. Sie setzt voraus, daß Meldebehörden die Veränderungen des Wohnsitzes (§ 21 II AVO), Gerichte und Verwaltungsbehörden Entscheidungen über den Personenstand und den Namen (§ 23 AVO), die Standesbeamten sich gegenseitig ihre Beurkundungen mitteilen (§§ 33–43 AVO). Die Eintragungen in die Personenstandsbücher und die erforderlichen Mitteilungen sind bis in alle Einzelheiten genau geregelt, letztlich in der aufgrund von § 70 PStG erlassenen Dienstanweisung. Hervorzuheben ist folgendes:

a) Der Standesbeamte muß allenfalls die *Richtigkeit* einer ihm gemachten Anzeige *nachprüfen* (PStG §§ 20, 36). Eine abgeschlossene Eintragung kann der Standesbeamte nur in Ausnahmefällen selbst *berichtigen,* nämlich bei offensichtlichen Schreibfehlern, Eintragungen im Familienbuch nach vorgängiger Berichtigung von Geburts-, Heirats- oder Sterbebuch, und einzelne nebensächliche Angaben auf Grund öffentlicher Urkunden oder sonstiger Ermittlungen. Sonstige Berichtigungen sind nur auf *Anordnung des Amtsgerichts* möglich (§§ 46–48), welches im selben Verfahren wie bei Verweigerung einer Amtshandlung entscheidet.

b) Für eine Reihe von Eintragungen bestehen *Sonderzuständigkeiten.* So wird für Todeserklärungen und Feststellungen der Todeszeit ein besonderes Buch beim Standesamt I in Berlin-West geführt (PStG § 40), welches auch eine Hilfszuständigkeit für Auslandsdeutsche hat (PStG § 41). Für Sterbefälle von Häftlingen in ehemaligen Konzentrationslagern ist das Sonderstandesamt in Arolsen zuständig (PStG §§ 43aff.).

c) Der Standesbeamte ist für seine Eintragungen vielfach *an gerichtliche Entscheidungen gebunden:* einmal an die Entscheidungen des ihm übergeordneten Amtsgerichts (PStG §§ 45ff.), ferner an alle Entscheidungen, welche den Personenstand umgestalten (z. B. Befreiung vom Ehealter oder Eheverbot, Ehenichtigerklärung, Eheaufhebung, Ehescheidung, Feststellung der Nichtehelichkeit eines Kindes, Legitimation, Adoption, Aufhebung der Adoption) oder ihn bindend feststellen (Bestehen oder Nichtbestehen der Ehe oder eines Kindschaftsverhältnisses). Auch an *Verwaltungsentscheidungen* besteht eine Bindung; nicht nur da, wo sie von der vorgeordneten Verwaltungsbehörde kommen (vgl. etwa PStG § 41 II; dazu KG OLGZ 80, 144), sondern auch da, wo eine Verwaltungsbehörde mit allgemein bindender Wirkung entscheidet (§ 8 NamensänderungsGes. v. 5. 1. 1938; Vereinbarkeit mit GG Art. 92 insoweit zweifelhaft) oder den Personenstand umgestaltet wie etwa bei der Anerkennung einer freien Ehe (Ges. v. 23. 6. 1950), oder der Anerkennung ausländischer Entscheidungen in Ehesachen (Art. 7 Ges. v. 11. 8. 1961).

d) Zur Vermeidung des Verlustes der sehr wichtigen Eintragungen über den Personenstand werden bei der Verwaltungsbehörde *Zweitbücher* aufbewahrt, welche der Standesbeamte jährlich dorthin abliefert (PStG §§ 44ff.). Notfalls tritt das Zweitbuch an die Stelle des Erstbuchs. Auch Neuanlage verlorener Bücher ist möglich.

c) Die Eintragungen über die *Religionszugehörigkeit* erfolgen wegen GG Art. 140, WeimVerf. Art. 136 III außer im Sterbebuch nur mit Einverständnis der Betroffenen, Eintragungen über die *Staatsangehörigkeit* nur, wenn sie nachgewiesen ist (PStG §§ 11, 12, 14, 21, 37).

III. Beweiskraft der Personenstandsbücher

Die *Personenstandsbücher* und die auf ihrer Grundlage gefertigten *Personenstandsurkunden* (PStG §§ 60, 66) beweisen bei ordnungsmäßiger Führung der Bücher Geburt, Eheschließung und Tod einschließlich der dabei gemachten näheren Angaben. Der *Gegenbeweis* ist aber *zugelassen;* bei Differenzen zwischen Personenstandsbuch und einer Urkunde hat das Personenstandsbuch die stärkere Beweiskraft, weil erst auf seiner Grundlage die Urkunden gefertigt werden.

Die Beweiskraft der Eintragungen ist dabei unterschiedlich. Vermerke über die Staatsangehörigkeit nehmen an der Beweiskraft nicht teil, obwohl sie nur gemacht werden, wenn die Staatsangehörigkeit nachgewiesen ist (PStG §§ 12, 14, 60 I 2). Die Eintragungen im Familienbuch, welche zum Teil nur auf der Grundlage anderer Personenstandsbücher erfolgen, haben eine schwächere Wirkung als die Eintragungen in den anderen Büchern; sie können schon durch die anderen Bücher widerlegt werden. Im übrigen sind alle Beweisarten für den Gegenbeweis gegenüber den Büchern zugelassen. Die Beweiskraft der Personenstandsbücher wird in gewissem Grade durch die Strafbestimmung für Personenstandsfälschung (StGB § 169) gesichert.

1. Die Personenstandsbücher können *eingesehen* werden, und zwar von Behörden (einschl. Kirchengemeinden) und von denjenigen Personen, auf welche sie sich beziehen, ohne weiteres; von anderen nur bei Glaubhaftmachung eines rechtlichen Interesses (PStG § 61), welches vor allem dann gegeben ist, wenn eine Behörde die Vorlage der Urkunde verlangt.

Bei nichtehelichen oder für ehelich erklärten Kindern kann auf Antrag des Kindes (der durch den gesetzlichen Vertreter des Kindes gestellt wird) ein Sperrvermerk im Geburtenbuch mit der Wirkung eingetragen werden, daß Einsicht oder eine Personenstandsurkunde aus dem Buch nur Behörden, Eltern oder Großeltern, dem gesetzlichen Vertreter des Kindes oder dem sechzehn gewordenen Kind selbst erteilt werden darf. Das dient dazu, die nichteheliche Geburt nicht jedem Beliebigen bekannt werden zu lassen. Bei der Adoption gelten entsprechende Beschränkungen automatisch, um das Einleben des Kindes in seine neue Familie zu erleichtern und den Zusammenhang mit der Familie, aus welcher es stammt, nicht unnötig hervorzuheben, die Trennung von dieser Familie zu vervollständigen (§ 1758).

2. Auf Grund der Personenstandsbücher werden *Personenstandsurkunden* ausgefertigt, und zwar für die Personen, welche ein Recht auf Einsicht der Bücher haben. Als Personenstandsurkunden kommen in Betracht: beglaubigte Abschriften aus den Büchern, förmliche Geburts-, Heirats- und Sterbeurkunden, Abstammungsurkunden, gekürzte Geburtsscheine sowie Auszüge aus dem Familienbuch (PStG § 61 a).

Die Personenstandsurkunden werden nach dem neuesten Stand ausgefertigt. In dem Auszug aus dem Familienbuch werden allerdings auf Antrag Angaben über die Kinder weggelassen (PStG § 65 a). Berichtigungen werden aus den Urkunden nicht mehr als solche ersichtlich, ebensowenig die Legitimation oder die Tatsache, daß ein nichteheliches Kind vor Anfechtung der Ehelichkeit scheinbar ehelich war (PStG § 65). Nur die beglaubigten Abschriften, Abstammungsurkunden und vollständige Auszüge aus dem Familienbuch lassen solche Vorgänge vollauf erkennen.

Aus dem Buch für Todeserklärungen werden nur beglaubigte Abschriften erteilt, und das auch ohne Glaubhaftmachung eines rechtlichen Interesses (PStG § 61 b).

Eherecht

§ 5. Verlöbnis

Schrifttum: *Stutz,* Die Rechtsnatur des Verlöbnisses, 1900. *Thönnissen,* Grundfragen des Verlöbnisrechts, 1964. *Canaris,* Das Verlöbnis als gesetzliches Rechtsverhältnis, AcP 165, 1ff. *Nitschke,* § 1300 BGB und das Gebot der Gleichberechtigung von Mann und Frau, FamRZ 1968, 424. *Göppinger,* Rückforderung von Geschenken durch früheren Verlobten, JuS 1968, 405. *Carsten,* Zur Neuregelung des Verlöbnisrechts, StAZ 1973, 81. *Ott,* Verfassungskonforme Auslegung des § 1300 BGB, MDR 1973, 104; *Montanari,* Verlobung und Verlöbnisbruch, 1974; *Beitzke,* Zur rechtlichen Qualifikation der Verlöbnisfolgen, Festschr. Ficker 1967 S. 78; *Strätz,* Der Verlobungskuß und seine Folgen, 1979; Das Verlöbnis als ehevorbereitendes Rechtsverhältnis, JurA 1984, 449.

Unter Verlöbnis versteht man sowohl das der Eheschließung regelmäßig vorausgehende gegenseitige Versprechen von Mann und Frau, die Ehe miteinander einzugehen, als auch das durch dies Versprechen begründete Dauerrechtsverhältnis des Brautstandes.

Schon im alten deutschen Recht wurde bei der Kaufehe der Kaufvertrag von der Übergabe der Frau in die Munt des Mannes streng geschieden. Ebenso unterschied das spätere kirchliche Recht zwischen sponsalia de futuro und de praesenti. Das kanonische Recht führte die Formfreiheit des Verlöbnisses ein und behielt sie bis 1907 – ebenso wie die Klage auf Eheschließung – bei.

Das BGB hat Verlöbnisfragen nur bruchstückhaft geregelt. Nachdem die ZPO schon längst eine Zwangsvollstreckung hinsichtlich der Eheschließung ausgeschlossen hatte (§ 888), erklärt das BGB (1900!) auch eine Klage auf Eheschließung als ausgeschlossen und die Vereinbarung einer Vertragstrafe für unwirksam (§ 1297). Andererseits gewährt es Schadensersatzansprüche (§§ 1298ff.) für den Fall des Rücktritts vom Verlöbnis. Bei dieser Sachlage ist das rechtliche Wesen des Verlöbnisses umstritten. Eine Meinung qualifiziert das Verlöbnis als *Vertrag.* Eine andere sieht im Verlöbnis nur eine Erscheinung des sozialen Lebens *(Tatsächlichkeitstheorie),* legt das Schwergewicht auf den Zustand des Verlobtseins und leugnet eine Rechtspflicht zur Eheschließung, leitet die Ersatzpflichten bei Verlöbnisbruch aus allgemeinen Gesichtspunkten, wie z. B. enttäuschtem Vertrauen, ab. Beide Grundpositionen werden in vielfältigen Variationen vertreten und nehmen jeweils für sich in Anspruch, zu den sachgerechteren Lösungen zu führen.

Über die Tatsächlichkeitstheorie lies *Lehmann,* Familienrecht, 1. Aufl. S. 25, und *Siebert, Dt. Rwiss.* 1936, 206 sowie *Canaris* a. a. O.

Hinter dem Theorienstreit stehen Wertungsfragen: wieweit die persönliche Bindung durch eine Ehezusage gehen darf. Das BGB geht offenbar noch von einer weitgehenden rechtlichen Bindung aus; heutigem Verständnis ist das fragwürdig geworden. Gleichwohl kann auf eine rechtliche Regelung des Verlöbnisses kaum ganz verzichtet werden, da etliche Rechtswirkungen vom wirksamen Verlöbnis abhängen (vgl. unten II Ende). Auch läßt sich im Fall einer Auflösung des Verlöbnisses ein Bedürfnis nach Entschädigung für in Erwartung der Ehe getroffene Dispositionen nicht verleugnen. Da es im BGB an einer deliktischen Generalklausel fehlt, deliktische Ansprüche auch nicht ausreichend erschienen, bringen §§ 1298ff. eine Sonderregelung, die uns heue in mancherlei Hinsicht zu weitgehend erscheint.

Die Vorschläge der Eherechtskommission beim BMJ (1972 S. 41) sehen einen begrenzten Aufwendungsersatzanspruch vor. Dem folgt der Entwurf zu einem 2. EheRG (1982). Schadensersatz wegen verschuldeter Verlöbnisauflösung soll der Beseitigung des Verschuldensprinzips im Ehescheidungsrecht durch das 1. EheRG nicht entsprechen. Aber die Reformlösung überzeugt insofern nicht, als Ersatz nur zur Hälfte geleistet werden soll, obwohl Vertrauenshaftung als Rechtfertigung eines Ersatzanspruchs jedenfalls denkbar ist und das Vertrauen entscheidend von einer Seite genährt und dann enttäuscht worden sein kann.

Nach der geltenden Fassung des BGB kommt die rechtliche Wertung nicht daran vorbei, daß das Verlöbnis durch eine Einigung begründet wird, die dem allgemeinen Vertragsbegriff entspricht, mag sie auch im einzelnen besonderen Regeln unterliegen. Aber das Wesen des Verlöbnisses erschöpft sich nicht in diesem Vertrag, sondern besteht in einem an der künftigen Eheschließung ausgerichteten Dauerrechtsverhältnis.

I. Die **Begründung** des Verlöbnisses erfolgt durch einen *formfreien Vertrag*. Das ernsthafte Eheversprechen scheidet das Verlöbnis von der Liebschaft; Ringwechsel, öffentliche Anzeige und dergl. sind nicht wesentlich; sie folgen regelmäßig dem gegebenen Eheversprechen erst nach. Der Vertrag ist *personenrechtlicher Natur* und folgt eigenen Grundsätzen.

1. Es handelt sich um ein *höchstpersönliches Rechtsgeschäft;* Stellvertretung ist ausgeschlossen. Eltern können ihre Kinder nicht wirksam verloben.

2. Der Abschluß des Verlöbnisses erfordert *Geschäftsfähigkeit.* Die Verlobung des Geschäftsunfähigen ist nichtig. Die Verlobung des beschränkt Geschäftsfähigen bedarf der Zustimmung des gesetzlichen Vertreters (str.).

Die Tatsächlichkeitstheorie und eine Theorie vom „familienrechtlichen" Vertrag (*H. Lehmann,* 3. Aufl. S. 25ff.; *Boehmer,* JZ 1961, 267; *Schnitzerling,* ZBlJR 1960, 291) wollen bloße Einsicht in das Wesen des Verlöbnisses genügen lassen. Das ist ein unhandlicher Gesichtspunkt, weil die Feststellung dieser Einsicht schwierig ist. Diese Meinungen sind mit dem Gesetz nicht im Einklang, weil das Verlöbnis zur Ehe verpflichtet und auch zur Eheschließung volle Geschäftsfähigkeit oder Zustimmung des gesetzlichen Vertreters verlangt wird. Wollte man aber für das Verlöbnis geringere Anforderungen stellen, so würde man der Bedeutung des Verlöbnisses nicht gerecht und leichtfertigen oder übereilten Entschlüssen Vorschub leisten. Der Hauptgrund für diese Ansichten liegt darin, daß man glaubt, nur so die verlassene minderjährige Braut durch Gewährung der Ansprüche aus Verlöbnisbruch (§§ 1298–1300) schützen zu können. Indessen sind heutzutage nach Herabsetzung des Volljährigkeitsalters auf 18 Jahre Verlöbnisse Minderjähriger seltener als früher und muß diese Meinung folgerichtig dazu führen, daß auch Minderjährige (insbes. wenn sie nach RG 98, 15 ohne Zustimmung des gesetzlichen Vertreters vom Verlöbnis zurücktreten können) mit Ersatzpflichten belastet werden, was der Systematik unseres Gesetzes (§§ 104ff.) widerspricht. Widersprüchlich ist es, wenn Strätz einerseits die Verlöbnisfolgen für gesetzliche erklärt, andererseits die Schadensersatzhaftung eines Minderjährigen damit ausschließen will, der Partner des Minderjährigen gehe ja nicht davon aus, daß der Minderjährige die Verantwortung für zwecklos werdende Vorbereitungen auf die Ehe übernehmen „wolle" (Rückgriff auf Rechtsgeschäft). Auch bedarf es nicht des Abgehens vom Erfordernis der Geschäftsfähigkeit, um die minderjährige Braut zu schützen. Zwar läßt sich das Verlöbnis nicht analog EheG § 30 als schwebend wirksam behandeln, da die Eheschließung des Geschäftsbeschränkten zufolge der Prüfung der Ehevoraussetzungen durch den Standesbeamten eine besondere Ausnahme ist. Aber abgesehen von deliktischen Ansprüchen ist schon nach § 109 II ein Volljähriger dem Minderjährigen gegenüber gebunden, wenn er – wie beim Verlöbnis regelmäßig – die Minderjährigkeit des anderen kennt (wenn Flume, Allg. Teil Bd. 2 S. 212, dem Volljährigen auch ohne solche Kenntnis gegenüber dem Minderjährigen für gebunden hält, geht er m. E. ohne zwingende Notwendigkeit vom Gesetz ab und schafft bei dem gerade auf Gegenseitigkeit abgestellten Verlöbnis unnötig ein negotium claudicans). Schon die Bindung an den schwebend unwirksamen Vertrag genügt, um im Falle grundlosen Rücktritts die Schadensersatzpflicht hervorzurufen. Notfalls mag (was nach der Theorie von den Doppelwirkungen möglich ist), der gesetzliche Vertreter nachträglich das gebrochene Verlöbnis genehmigen, um der verlassenen Minderjährigen Ersatzansprüche zu verschaffen. Hat allerdings der gesetzliche Vertreter die Genehmigung des Verlöbnisses verweigert, so ist das Verlöbnis damit nichtig geworden, und Ersatzansprüche entfallen. Halten der Minderjährige und sein Partner gleichwohl am Verlöbnis fest, so kann in der Bestätigung eine Neuvornahme der Verlobung erblickt werden (§ 141), was dem gesetzlichen Vertreter im Falle des Verlöbnisbruchs immer wieder die Möglichkeit sichert, mit Genehmigung Ersatzansprüche zu schaffen. Beim Geschäftsunfähigen mag man hinsichtlich nichtvermögensrechtlichen Schadens erwägen, inwieweit er wegen Verletzung des Persönlichkeitsrechts gewährt werden kann (vgl. dazu BGHZ 26, 349 und *Nörr*, AcP 158, 13).

Ist ein Verlobter oder sind beide Verlobte minderjährig, so kann gleichwohl – wie auch sonst bei fehlerhaften, aber faktisch durchgeführten Dauerrechtsverhältnissen – ein Rechtsverhältnis mit minderen Rechtswirkungen entstehen. Liegt dann zwar kein vollwirksames Verlöbnis mit den Schadensersatzpflichten aus § 1298 vor, so kann doch wegen der persönlichen Verbindung ein Zeugnisverweigerungsrecht im Zivil- und Strafprozeß gegeben sein. Lies dazu RGStr. 38, 243. Doch kann auch das Strafrecht ein sittlich mißbilligtes Verlöbnis noch Verheirateter nicht gelten lassen (BayObLG NJW 1983, 831). Andererseits wird man kaum bei zivilrechtlich gültigem Verlöbnis das Zeugnisverweigerungsrecht verneinen können, ebenso wie sich das Strafrecht nicht ohne weiteres über ein zivilrechtlich gültiges Verlöbnis hinwegsetzen kann (bedenklich BGHStr. 3, 215 u. RGStr. 75, 290).

3. *Willensmängel.* Ein geheimer Vorbehalt ist unwirksam (§ 116; RGZ 149, 143). Das simulierte Verlöbnis (z. B. zur Erlangung eines Zeugnisverweigerungsrechts) ist nichtig (§ 117). Die Scherzerklärung (§ 118) ist nichtig, verpflichtet aber zum Schadensersatz (§ 122). Eine Anfechtung nach §§ 119, 123 BGB ist ausgeschlossen; sie wird hier durch die Sonderregelung des Rücktritts verdrängt.

Die h. M. läßt die Anfechtung zu, will aber die Ersatzansprüche des § 122 nur im Rahmen des § 1298 geben. Sie gibt damit zu, daß hier die Rücktrittsregelung die angemessene ist. Dann müssen aber folgerichtig auch *alle* Ansprüche aus § 1298 gegeben sein, also auch für die dort geschützten Dritten. Damit geht aber die Anfechtung in den Rücktritt über.

An Stelle der Anfechtung ist auch immer der Rücktritt möglich. Falsch ist aber die beliebte Formulierung (RG JW 1936, 863), alle Anfechtungsgründe seien *wichtige* Gründe zum Rücktritt. Das gilt nur bei § 123. Das Anfechtungsrecht wegen Irrtums – ob dieser verschuldet war oder nicht – gibt nur eine einfache Rücktrittsmöglichkeit.

Die Ersatzpflicht des § 122 ist ihrem Umfang nach aus §§ 1298, 1300 zu bestimmen. Denn sie kann nicht weiter gehen als im Falle des Verlöbnisbruchs. Andrerseits sind auch im Rahmen des „negativen Interesses" alle die im Falle des Verlöbnisbruchs geschützten Personen und Interessen mitgeschützt.

4. Ein Verlöbnis unter einer *Bedingung* ist zulässig.

Das gilt von aufschiebender wie von auflösender Bedingung. Die auflösende Bedingung ist ein *gemeinsam* vereinbarter Auflösungsgrund und darf daher nicht in einen suspensiv bedingten (nur vom Willen *einer* Partei abhängigen) *Rücktritt* umgedeutet werden.

5. Das Verlöbnis ist an der künftigen Ehe ausgerichtet und darum bei Vorliegen von unbehebbaren Eheverboten nichtig (§§ 134, 138, 306); doch kann Schadensersatz analog § 307 und im Umfang der §§ 1298ff. geschuldet sein. Ist das Eheverbot dispensabel (EheG §§ 4, 7), so ist das Verlöbnis angesichts der grundsätzlichen Erteilung der Befreiungen als auflösend bedingt anzusehen; bei auch anders als durch Dispens überwindbaren Eheverboten (EheG §§ 8–9) ist ein Verlöbnis trotz noch unbehobenen Eheverbots wirksam.

6. Ein Verlöbnis bei noch bestehender Ehe ist regelmäßig nichtig (§ 138; vgl. RGZ 170, 72), wenn beide Parteien von der bestehenden Ehe wissen. Unter denselben Voraussetzungen ist auch eine zweite Verlobung bei noch bestehender erster nichtig (RGZ 105, 245), zumal die zweite Verlobung – solange sie nicht dem Partner der ersten Verlobung mitgeteilt ist, keine Auflösung der ersten Verlobung bedeutet. Wer aber von Verlöbnis oder Ehe des anderen Partners zunächst nichts weiß, handelt nicht sittenwidrig und hat deshalb die Ersatzansprüche der §§ 1298ff. sowohl wenn der andere das Verlöbnis löst wie auch wenn er nach Kenntnisnahme von den Bindungen des anderen Teils selbst zurücktritt.

II. Wirkungen

1. Das Verlöbnis begründet eine *Rechtspflicht zur Eingehung der Ehe.* Das wird vielfach bestritten. Aber die fehlende Erzwingbarkeit steht einer Rechtspflicht nicht entgegen. Der verfassungsrechtlichen Eheschließungsfreiheit ist damit Genüge getan, daß man vom Verlöbnis zurücktreten kann, wenn auch allenfalls um den Preis einer Schadensersatzpflicht. Der „Rücktritt" als Mittel der Lösung des Verlöbnisses weist deutlich auf die Beseitigung einer Rechtspflicht hin, die nicht nur dazu verpflichtet, alles der künftigen Eheschließung Hinderliche zu unterlassen, sondern sie auch zu fördern (zB den notwendigen Antrag auf Befreiung von einem Eheverbot zu stellen). Grundloser Rücktritt verpflichtet zu Scha-

densersatz (§ 1298); das wäre ohne Annahme einer Rechtspflicht kaum zu erklären. Dem fehlenden Erfüllungszwang entspricht die Beschränkung der Schadensersatzpflicht auf Vertrauensschaden.

Die Schadensersatzpflicht kann nicht hinreichend durch Vertrauenshaftung, einen Hinweis auf § 122 BGB und das venire contra factum proprium erklärt werden. § 122 setzt auch eine bindende Erklärung voraus, die man wieder beseitigt.

2. Entsprechend der Doppelnatur des Verlöbnisses bestehen neben der Pflicht zur Eheschließung auch noch gegenseitige Pflichten während des Brautstandes, insbes. zu gegenseitiger Hilfe. So kann im Einzelfall die Pflicht bestehen, den Selbstmord des Verlobten zu hindern (BGHStr. FamRZ 55, 136). Auch hat der Brautstand eine Reihe weiterer Wirkungen:

Die Verlobten können bereits einen Ehevertrag schließen (§ 1408); für Erbverträge (§§ 2274–2276) und Erbverzichtsverträge (§ 2347) bestehen Erleichterungen. Der Verlobte ist „Angehöriger" im Sinne der §§ 11, 35, 247 StGB und hat Zeugnisverweigerungsrechte nach §§ 383, 408 ZPO, §§ 52, 76 StPO und § 15 FGG und in anderen Verfahren. Ein Erbrecht oder Pflichtteilsrecht gibt es nicht. Unterhaltszahlung ist hier keine Rechtspflicht, kann aber sittliche Pflicht sein (§§ 534, 814). Brautkinder sind nichtehelich; sie können durch Legitimation ehelich werden; der Vater kann ihnen seinen Namen erteilen (§ 1618). Es kann ihnen auch nach Tod des Vaters im Wege der Namensänderung der Name des Vaters verliehen werden (vgl. Allgem. Verwaltungsvorschrift der Bundesregierung zum Gesetz über die Änderung von Familiennamen und Vornamen vom 11. 8. 1980, BAnz. Nr. 153 a = StAZ 1980, 291). Schließlich kann das Brautkind auch noch nach Tod eines Elternteils für ehelich erklärt werden (§§ 1740 a ff.).

III. Beendigung

Das Verlöbnis endigt durch Eheschließung, einverständliche Aufhebung, Tod eines Verlobten oder sonstiges Unmöglichwerden der Eheschließung sowie durch einseitig erklärten *Rücktritt.* Dieser hat Doppelwirkung: er beseitigt die Verpflichtung zur Eheschließung (eigentliche Rücktrittswirkung) und beendigt das Dauerrechtsverhältnis des Brautstandes (Kündigungswirkung). Der Rücktritt erfolgt als bedingungsfeindliches Gestaltungsgeschäft durch einseitige, empfangsbedürftige Willenserklärung.

Auch ohne ausdrückliche Rücktrittserklärung entfallen die strafrechtlichen Privilegierungen (StGB §§ 35, 247) und das Zeugnisverweigerungsrecht für denjenigen Verlobten, welcher die Absicht der Eheschließung bereits aufgegeben hat (BGHStr. 3, 215).

Der Rücktritt ist ein höchstpersönliches Rechtsgeschäft und kann nicht vom gesetzlichen Vertreter erklärt werden. Der Minderjährige soll nicht gegen seinen Willen gebunden bleiben und kann (ebenso wie er die Scheidung selbständig betreiben darf, ZPO § 607 n. F.) auch ohne Zustimmung des gesetzlichen Vertreters zurücktreten (RGZ 98, 15), selbst wenn ihn das mit Schadensersatzpflichten belastet.

Die Rücktrittsmöglichkeit gewährleistet die individuelle Eheschließungsfreiheit. Der Rücktritt ist, auch wenn grundlos erklärt, immer wirksam. Aber er kann zu Schadensersatz verpflichten.

1. Wer ohne wichtigen Grund zurücktritt, oder wer einen wichtigen Grund für den Partner oder für sich selbst schuldhaft herbeiführt, muß den

Partner für in Erwartung der Ehe gemachte Aufwendungen entschädigen. „Wichtiger" Grund ist jeder, der die Eheschließung erkennbar unzumutbar macht (§§ 1298, 1299). In Betracht kommen ebensosehr Untreue des Partners wie schwere Erkrankung. Wer einen wichtigen Rücktrittsgrund behauptet, ist dafür beweispflichtig.

Beispiel: A. hat sich mit der siebzehnjährigen B. verlobt, verläßt sie aber alsbald wieder, weil er glaubt, sich in ihr getäuscht zu haben und mit ihr nicht glücklich werden zu können. A. schuldet Schadenersatz. Er war bei der ihm bekannten Minderjährigkeit der B. an das Verlöbnis gebunden. Der Rücktrittsgrund ist kein „wichtiger" im Sinne des Gesetzes, zumal er unkontrollierbar ist; jeder würde sich sonst darauf berufen, so daß jede Bindungswirkung des Verlöbnisses entfiele. Gerade die Frage, ob man mit dem anderen Partner zusammenpaßt, ist *vor* dem Verlöbnis zu prüfen! Auch eine Anfechtung wegen Irrtums über eine Charaktereigenschaft der B. würde, wenn man sie zuließe, über § 122 zum Schadensersatz führen. A. hat der B. den Verdienstausfall zu ersetzen, welche B. durch Aufgabe ihrer Stellung am bisherigen Wohnort erlitt.

Ob auch der Selbstmord dem Rücktritt gleich zu behandeln ist, mag zweifelhaft sein (bejahend RGZ 39, 190); es kann Fälle geben, wo er vorzugsweise verübt wird um sich der bevorstehenden Heirat zu entziehen, daher schuldhaftes Zuwiderhandeln gegen die Eheschließungsabsicht darstellt und deshalb Entschädigung des auf die Eheschließungsabsicht Vertrauenden rechtfertigt. Auch Heirat eines Dritten ohne vorherige Auflösung des ersten Verlöbnisses verpflichtet zu Schadensersatz.

2. Haben beide Verlobten je einen wichtigen Grund zum Rücktritt, so kann nicht entscheiden, wer den Rücktritt zuerst erklärte. Immer bleibt derjenige, der einen wichtigen Rücktrittsgrund verschuldet hatte, dem anderen ersatzpflichtig (str.). Haben beide Verlobte wichtige Rücktrittsgründe verschuldet, wird Schadensteilung nach § 254 erwogen; in diesem Zusammenhang kann wesentlich werden, wer zuerst einen Rücktrittsgrund verschuldet hat. Solche Abwägungen nach Prioritäten oder nach Gewicht von Rücktrittsgründen und Verschulden vermeidet die Ansicht, welche jedem auch nur Mitschuldigen Schadensersatzansprüche versagt.

3. So wie jedem Zerwürfnis eine „Verzeihung" folgen kann, mag man auch einverständlich den Rücktritt aus der Welt schaffen. Ob darin nur eine erneute Verlobung liegt, oder auch Ausschluß aller Folgen des vorausgegangenen Rücktritts, ist Auslegungsfrage im Einzelfall.

4. Auch wer aus wichtigem Grund zurücktritt, kann schadensersatzpflichtig sein; nicht nur, wenn er den wichtigen Grund selbst verschuldet hat, sondern auch wenn er verspätet zurücktritt, etwa erst am Hochzeitstage (Rücktritt „zur Unzeit", vgl. §§ 627 II, 671 II, 723 II analog).

5. Für den *Schadensersatz* gilt folgendes:

a) Es ist angesichts der Unerzwingbarkeit der Eheschließung nur das negative Interesse zu ersetzen, und nur in Höhe der nun überflüssig gewordenen *angemessenen* Aufwendungen (Aussteuer, Hochzeitskleid; auch geleistete Dienste) und eingegangenen Verbindlichkeiten sowie Schäden durch Aufgeben oder Veränderung der Berufsstellung, Wohnsitzverlegung usw.; dagegen sind nicht ersatzfähig Gesundheitsschäden oder Unkosten für gemeinsame Lebensführung schon während der Verlobungszeit, mag auch die Judikatur in Einzelfällen die Rechtsfigur der Innengesellschaft für die vermögensrechtliche Auseinandersetzung unter vormals Verlobten verwenden.

b) Nicht nur dem anderen Verlobten, auch dessen Eltern oder Personen, die an ihrer Stelle handelten, ist Schadensersatz zu leisten; hier nur für Aufwendungen und eingegangene Verbindlichkeiten. Es ist dies einer der wenigen Fälle, wo das Gesetz bei der Schadensregelung auch Drittinteressen berücksichtigt (vgl. §§ 618 III, 845). Das Verlöbnis entfaltet insofern Schutzwirkungen für Dritte! Das Gesetz ist dabei offenbar stark von der früher bestehenden elterlichen Verpflichtung zur Gewährung einer Aussteuer an die Tochter bestimmt und insoweit jedenfalls überholt.

c) Auch immaterieller Schaden ist zu ersetzen (§ 1300). Der Anspruch darauf steht einer unbescholtenen Braut wegen der geminderten Heiratsaussichten zu, wenn sie dem Verlobten die Beiwohnung gestattet hatte. Intime Beziehungen zu einem anderen Mann als dem Verlobten vor der Verlobung müssen, vor allem wenn sie nicht einem breiteren Personenkreis bekannt wurden, keine Bescholtenheit begründen, wohl aber kann es häufiger Partnerwechsel. Den Anspruch kann auch eine Witwe haben, denn Unbescholtenheit ist nicht Unberührtheit, sondern Reinheit der geschlechtlichen Ehre. Der Verführer darf wegen seiner Verführung nicht die Bescholtenheit der Braut behaupten (RGZ 170, 72; str.). Der Anspruch auf dies sogenannte „Kranzgeld“ ist höchstpersönlich; seine Geltendmachung soll der freien Entschließung der Braut überlassen bleiben; nur wenn er rechtshängig oder vertraglich anerkannt wurde, ist er abtretbar, pfändbar und verpfändbar. Er entfällt nicht etwa dadurch, daß die verlassene Braut sich später anderweitig verheiratet (FamRZ 1957, 175).

Die Weitergeltung des § 1300 ist umstritten. Das OG der DDR behandelte ihn schon früh als entfallen (NJ 1952, 451); das FGB kennt eine solche Vorschrift nicht. In den Westzonen hat sich die h. M. (vgl. BGHZ 62, 282 u. 28, 382; OLG Köln MDR 1968, 585; OLG Düsseldorf FamRZ 1972, 463; vgl. dagegen OLG Hamburg FamRZ 1972, 461) für die Weitergeltung ausgesprochen. BVerfGE 32, 296 hat die Entscheidung über § 1300 als vorkonstitutionelles Recht abgelehnt. Wenn auch vieles für die Beseitigung von § 1300 BGB spricht, so dürfte sie doch nicht zwingend aus Art. 3 GG folgen. Als ein die Anwendung des § 1300 auch heute noch rechtfertigender Fall wird genannt, daß die Braut dem Bräutigam den Verkehr gewährte, ohne – im Einverständnis mit ihm – Schutzmittel anzuwenden, und nun die Erwartung der Ehe vom Verlobten schuldhaft enttäuscht wird, die Braut mit dem Kind allein gelassen ist. Im übrigen mag man bei einer Reform des § 1300 BGB bedenken, ob nicht eine Schadensersatzpflicht wegen Verletzung des Persönlichkeitsrechts (in diesem Sinne legt OLG Nürnberg FamRZ 1972, 463 die Vorschrift aus) und der hier mögliche Ersatz immateriellen Schadens (BGHZ 26, 349) schon eine ausreichende Regelung des Problems darstellen (vgl. dazu Art. 93 Schweizer ZGB).

d) Neben dem Anspruch aus § 1298 kann ein Schadensersatzanspruch aus §§ 823, 825, 826 bestehen. Doch neigt die Rechtsprechung bedenklicherweise ebenso wie bei der Verletzung ehelicher Treuepflichten (unten § 11 III 3) dazu, die Deliktsansprüche auszuschließen (vgl. z. B. OLG Düsseldorf FamRZ 62, 429).

6. Bei jeder Beendigung des Verlöbnisses ohne Eheschließung, doch im Zweifel nicht auch bei Tod eines Verlobten, können die gegenseitigen Geschenke nach Bereicherungsrecht wegen Zweckverfehlung zurückgefordert werden (§ 1301). Bei verschuldetem Rücktritt kann der Rechtsgedanke des § 815 der Rückforderung entgegenstehen (BGHZ 45, 262 mit Besprechung Göppinger JuS 1968, 405). Die Praxis gewährt die Rückforderung der Geschenke auch bei nachträglich als nichtig erkannter Verlobung (BGH FamRZ 1969, 474).

7. Die Ansprüche aus der Auflösung des Verlöbnisses – nicht auch die aus §§ 823 ff. – verjähren in zwei Jahren seit der Auflösung des Verlöbnisses (§ 1302).

§ 6. Vom Wesen der Ehe

Schrifttum: *Schwind*, Ehe und Recht, Fschr. Bosch S. 919; *Schwab*, Zur Geschichte des verfassungsrechtlichen Schutzes von Ehe und Familie, Fschr. Bosch S. 893; *Greiff*, Die Ordnung der Ehe, 1977; *Gernhuber*, Die geordnete Ehe, FamRZ 1979, 193; ders., Eherecht und Ehetypen, 1981; *Pawlowski*, Die Ehe als Problem des staatlichen Rechts, Fschr. Coing 1982, 637; *Schmidt-Relenberg*, Wandlungen des Eheverständnisses, 4. Dt. Familiengerichtstag 1981; *Schwind*, Verrechtlichung und Entrechtlichung der Ehe, FamRZ 1982, 1053; *Pawlowski*, Die „Bürgerliche Ehe" als Organisation, 1983.

I. Rechtlicher Rahmen

Die Ehe ist die rechtlich anerkannte Verbindung von Mann und Frau zu *dauernder Lebensgemeinschaft* (§ 1353). Als soziale Verhaltensform hat sie in verschiedenen Kulturen und historischen Perioden einen unterschiedlichen, von religiösen und sittlichen Vorstellungen mit geprägten Inhalt gewonnen. Unser heutiges Eherecht beruht auf der abendländischen Kulturentwicklung. Das Grundgesetz hat ihm einen unserer pluralistischen Gesellschaft Rechnung tragenden weiten Rahmen gesteckt.

Zahlreiche „Ehelehren" suchen das Wesen der Ehe zu erläutern. Kirchlichen Lehren entstammt die Vorstellung von der Ehe als einer (göttlich gestifteten) Institution. Dem stehen andere, die Freiheit der Lebensgestaltung betonende „individualistische" Ehelehren gegenüber, die die im Verhältnis der Partner füreinander übernommene Verantwortung wie auch die für die Kinder, oder die Bedeutung der Ehe als Grundzelle für den sozialen, den Staat mit tragenden Organismus vernachlässigen. Wenigstens in dem vom Staat gesteckten Rahmen ist die Ehe – bei aller Berücksichtigung ihrer von den Individualitäten der Partner geprägten Einzelausgestaltung – Institution. Bei aller den Eheleuten gewährten Freiheit der Ausgestaltung ihrer Ehe baut die Rechtsordnung notwendig auch auf einem Minimalkonsens über den Inhalt der Ehe auf.

1. Die Ehe setzt *Geschlechtsverschiedenheit* der Partner voraus.

Eine Lebensgemeinschaft von Homosexuellen oder Lesbierinnen entspräche nicht dem Ehebegriff unserer Gesetze; sie kann auch nicht durch Erklärungen vor dem Standesbeamten dazu erhoben werden; der Standesbeamte müßte die Beteiligten abweisen.

2. Die Ehe ist in unserem Recht Lebensgemeinschaft mit nur einem Partner (*Monogamie*, im Gegensatz zur polygamen Ehe in anderen Kulturen, etwa in mohammedanischen Rechten).

3. Die Ehe kommt durch eine formgebundene vertragliche Einigung zustande und ist ein Dauerrechtsverhältnis personenrechtlicher Natur. Sie bedeutet Gemeinschaft des Sexuallebens und sonstigen Zusammenlebens; sie ist das engste Gemeinschaftsverhältnis überhaupt. Die staatliche Rechtsordnung gewährleistet – freilich mit den Einschränkungen der gesetzlich geregelten Ehevoraussetzungen und Eheverbote – die Eheschließungsfreiheit (d. h. Abschlußfreiheit, betr. das „Ob" und „Mit-wem" der Eheschließung) und gibt den Ehegatten im übrigen Gestaltungsfreiheit, insbes. die Möglichkeit, ihre Ehe nach Bekenntnis oder Weltanschauung, Beruf und Liebhabereien beliebig zu führen. In unserer pluralistischen Gesellschaft ist kein bestimmtes Ehemodell festgelegt; die Ehegatten haben ihre Rolle in der Ehe im gegenseitigen Einvernehmen zu regeln (§ 1356), können also ihre Eheführung beliebig organisieren. Damit hat sich der Staat heute gegenüber früheren Regelungen des Eherechts durch Kirche oder Staat weitgehend aus näherer Reglementierung zurückgezogen; das kommt auch in der heutigen Erleichterung der Ehescheidung gegenüber früher zum Ausdruck. Aber es wäre verfehlt, daraus etwa auf eine totale „Entrechtlichung" der Ehe zu schließen. Die Ehe hat gesetzlich festgelegte (§§ 1353ff) personale und vermögensrechtliche Verpflichtungen (Unterhalt!) zur Folge. Zwar werden rein personale Pflichten angesichts des Fehlens rechtlicher Zwangsmittel zu ihrer unmittelbaren Durchsetzung heute vielfach geleugnet. Aber daß sie bestehen, zeigt sich an vielfältigen Erscheinungen: etwa an der Verpflichtung, sich zum Wohle des Kindes über die Ausübung elterlicher Erziehungs- und Sorgerechte zu einigen (§§ 1627ff), und an den auch an die Verletzung personaler Pflichten anknüpfenden Folgen im Scheidungsrecht.

4. Die Ehe erhält die Anerkennung der Rechtsordnung durch die *feierliche Form ihres Abschlusses.* Mit Verwendung dieser feierlichen Form erlangt das eheliche Verhältnis einen gesetzlich festgelegten und im Grundsätzlichen vertraglich nicht abänderbaren Inhalt, ohne Rücksicht auf den etwa abweichenden Willen der Parteien. Form und Inhalt des Eheschlusses können damit in einen gewissen Gegensatz geraten. Die Absicht dauernder Lebensgemeinschaft wird mit allen gesetzlichen Folgen der Ehe nur dann ausgestattet, wenn die staatliche Eheschließungsform gewahrt ist. Andererseits führt die Wahrung der Eheschließungsform auch dann zu einer Ehe im Sinne des staatlichen Rechts, wenn die Absicht dauernder Lebensgemeinschaft gar nicht bestanden hat, zumal diese Absicht bei der Eheschließung schwer kontrollierbar ist. Die Verpflichtung zu ständiger ehelicher Lebensgemeinschaft macht Abreden der Parteien über Getrenntleben, Erlaubnis intimer Beziehungen zu anderen

Personen und dergleichen unverbindlich. Die Eheschließung selbst bleibt wirksam, auch wenn derartige unverbindliche Abreden im Zusammenhang mit ihr getroffen waren. Selbst wenn die Ehe ausschließlich oder vorwiegend zum Zwecke der Erlangung des Familiennamens des Partners geschlossen war, bleibt sie trotz des darin liegenden Mißbrauchs der Institution der Ehe wirksam. Richtigerweise sollten alle nicht auf dauernde Lebensgemeinschaft abzielende ,,Ehen", z. B. zur Erlangung von Asylrecht, einer anderen Staatsangehörigkeit, eines anderen Namens, von Steuervorteilen oder einer Witwenpension nichtig sein. Aber schon um des einmal erfolgten Gebrauchs der feierlichen Eheschließungsform willen werden hier die Ehepartner an der Ehe festgehalten, obgleich der Wert solcher Ehen ihre Bedenklichkeit nie aufzuwiegen vermag. Dasselbe gilt bei einem dem Gegner bekannten Erklärungsvorbehalt (anders § 116) oder einer nicht ernst gemeinten Erklärung (anders § 118). Das EheG 1938 hatte eine Möglichkeit der Nichtigerklärung von Namens- und Staatangehörigkeitsehen vorgesehen, das Kontrollrats-EheG nur die der Namensehe aufrechterhalten; das 1. EheRG hat auch letztere beseitigt. Das kann aber nicht als allgemeine Freigabe der Eheschließungsform zu beliebigen Zwecken gedeutet werden. Beseitigung der Nichtigerklärung schließt nicht aus, daß mißbräuchliche Eheschließungen tunlichst von vornherein verhindert, d. h. vom Standesbeamten abgelehnt werden. Im übrigen mag die relativ leichte Scheidbarkeit nach einem Trennungsjahr manche mißbräuchliche Ehe aus dem Bild der Gesellschaft relativ schnell wieder verschwinden lassen und mögen finanzielle Folgen der Scheidung (Unterhaltspflichten und Versorgungsausgleich) von allzugroßem Mißbrauch der Eheschließungsform abhalten.

Die Ablehnung der Eheschließung bei Mißbrauchsverdacht durch Asylanten gestatten z. B. BayObLG FamRZ 1984, 1014 u. OLG Stuttgart StAZ 1984, 99 (mit weiteren Nachweisen über die Judikatur).

5. Die *Fortpflanzung* ist kein notwendiger Zweck der Ehe (anders ALR II 1 § 1), obwohl sie mit dem Wesen der Ehe aufs engste verbunden ist. Eine Abrede der Ehegatten, keine Kinder zeugen zu wollen, wäre als gegen das Wesen der Ehe verstoßend unverbindlich. Der Irrtum eines Ehegatten über die Fortpflanzungsfähigkeit des anderen Ehegatten berechtigt zur Eheaufhebungsklage (§ 32 EheG). Aber eine Ehescheidung wegen vorzeitiger Unfruchtbarkeit eines Gatten (vgl. § 53 EheG von 1938) gibt es nicht mehr. Auch fortpflanzungsunfähige, insbesondere ältere Personen, können eine wirksame Ehe schließen. Auch ohne Fortpflanzung hat sich im Zusammenhalt der Gatten die Ehe zu bewähren.

6. Wesensgemäß ist die Ehe eine Gemeinschaft auf *Lebensdauer;* es gibt keine Ehe auf Zeit (§ 1353 I n. F.). Der Gesetzgeber hat das, was früher selbstverständlich war, heute ausdrücklich hervorzuheben für notwendig erachtet. Doch schließt das nicht aus, daß die zunächst auf Le-

bensdauer geschlossene Ehe aus triftigen Gründen doch schon vorher gelöst wird: wenn sich erweist, daß sie nicht geschlossen werden durfte oder wenn sie infolge Zerrüttung des ehelichen Verhältnisses inhaltlos wird. Die Scheidbarkeit der Ehe ist kein Widerspruch zu dem Grundsatz, daß die Ehe eine Gemeinschaft auf Lebensdauer ist, sondern als gesetzliche und faktische Ausnahme recht eigentlich seine Bestätigung; auch andere Dauerverhältnisse sind aus wichtigem Grunde lösbar.

Die Ehe wird demnach nicht nur durch den Tod eines Gatten gelöst, sondern bei fehlerhafter Eingehung durch Nichtigerklärung (§§ 16ff. EheG) oder Aufhebung (§§ 28ff. EheG), bei Scheitern durch Scheidung (§§ 1564ff.), und schließlich durch Wiederverheiratung nach unrichtiger Todeserklärung (§ 38 II EheG).

7. *Schutzwirkungen* entfaltet die Ehe für die Eheleute in mannigfacher Hinsicht. Mit der Eheschließung übernehmen die Eheleute gegenseitig Verantwortung füreinander. Das äußert sich nicht nur in einer allgemeinen Hilfspflicht, sondern vor allem in der gegenseitigen Pflicht, zum Familienunterhalt beizutragen, die sich auch bei Getrenntleben und nach Auflösung der Ehe in einer Unterhaltspflicht, ja im Versorgungsausgleich fortsetzen kann. Die Haushaltsführung wird durch ein gegenseitiges Vertretungsrecht (§ 1357) erleichtert. Das gesetzliche Güterrecht läßt den nicht oder minder verdienenden Ehegatten am Zugewinn des anderen teilhaben. Steuerlich können die Ehegatten die Vorteile gemeinsamer Veranlagung und des Splittingtarifs bei der Einkommensteuer nutzen. In der Sozialversicherung werden Familienmitglieder an der Krankenversicherung des Verdieners beteiligt und bekommt der überlebende Ehegatte die Witwer- oder Witwenrente. Auch hat der Ehegatte ein gesetzliches Erbrecht und Pflichtteilsrecht, auch ein Recht auf einen erbrechtlichen „Voraus"; er kann auch das Mietverhältnis des Verstorbenen fortsetzen (§§ 569a u. b), usw. Vor allem gewährleistet die Ehe den Ehegatten ein gemeinsames Sorgerecht an ihren Kindern. Alle diese Vorteile entfallen bei freien Lebensgemeinschaften.

II. Freie Lebensgemeinschaften („Ehen ohne Trauschein")

Schrifttum: *Kunigk,* Die Lebensgemeinschaft, 1978; *Landwehr,* Die nichteheliche Lebensgemeinschaft 1978; *Roth-Stielow,* JR 1978, 233; *Evans-v. Krbek,* JR 1979, 236; *Brühl,* FamRZ 1978, 859; *Meier-Scherling* DRiZ 1979, 296; *Battes* ZHR 143 (1979) 385; *Gotthardt* FamRZ 1980, 17; *Strätz* FamRZ 1980, 301 u. 434; *Müller-Freienfels* ZfevEthik 1980, 55 u. in „Familie im Wandel" 1980, 57; *Bartsch* JR 1979, 364; *Derleder* NJW 1980, 545; *Simon* JuS 1980, 252; *Schwerdtner* JR 1981, 226; *Finger* JZ 1981, 497; *Schwab,* FamRZ 1981, 1151; *Scholz,* Die nichteheliche Lebensgemeinschaft in der Praxis, 1982; ferner ZRP 1981, 225 u. NJW 1982, 1070; *Lipp* JuS 1982, 17; *Heinz* FamRZ 1982, 763; *Stürner* FamRZ 1982, 775; *Diederichsen* NJW 1983, 1017; *Struck* ZRP 1983, 215; *Schlüter,* Die nichteheliche Lebensgemeinschaft, 1981; *von Münch,* Zusammenleben ohne Trauschein, 1982; *de Witt/Huffmann,* Nichteheliche Lebensgemeinschaft, 1983; *Battes,* Nichteheliches Zusammenleben im Zivilrecht, 1983.

Sie sind heute in vielen Rechtsordnungen eine verbreitete Erscheinung. Die Ursachen unverehelichten Zusammenlebens sind vielfältig: Bestehen eines Eheverbots, Angst vor zu enger Bindung, Wunsch der Ablösung von der Lebensform der Eltern, Furcht vor Verlust bestimmter Vorteile (Pension, Rente, Stipendien). Ebenso sind die Typen des Zusammenlebens verschieden, zumal sie als ,,Wohngemeinschaft" vorübergehender Natur sein können, häufig aber auch auf Dauer angelegt. Mit einer rechtlich einheitlichen Regelung sind sie nicht zu erfassen. Den Schutz von Art. 6 GG genießen sie nicht; das BGB regelt sie nicht, läßt sie aber mit seinen allgemeinen Vorschriften auch nicht schutzlos, obwohl Analogien zum Verlöbnis- und Eherecht gerade wegen der von den Beteiligten gewünschten tunlichsten Bindungslosigkeit nicht gezogen werden können. Die meisten Fragen wirft die Auseinandersetzung bei Auflösung der Lebensgemeinschaft auf.

1. Eine gegenseitige *Unterhaltspflicht* gibt es nicht, auch nicht nach dem Auseinanderbrechen der Verbindung – es sei denn, die Beteiligten hätten darüber einen Vertrag geschlossen, was selten genug der Fall sein wird. Eine *Innengesellschaft* kann zwar genausogut wie unter Verheirateten bestehen (BGH FamRZ 1965, 368), wird aber selten genug vorliegen.

Allein im gemeinsamen Wirtschaften sieht die Judikatur – entgegen Anregungen im Schrifttum – noch kein Gesellschaftsverhältnis. Auch der Umstand allein, daß ein Partner dem anderen bei dessen Vermögensbildung durch Arbeit oder sonstige Zuwendungen hilft, soll dafür nicht ausreichen (BGH NJW 1983, 2375); erst bei nicht unerheblicher Mitarbeit im Geschäft und Zurverfügungstellung von Geschäftsräumen (BGHZ 84, 388) soll die entsprechende Anwendung von Gesellschaftsrecht in Betracht kommen, aber nur Abfindung in Geld nach § 730 geschuldet sein. Andererseits soll ein Ausgleich nach Gesellschaftsrecht eher möglich sein, als unter Eheleuten, weil zwischen unverheirateten Lebensgefährten ein Ausgleich nach Ehegüterrecht nicht in Betracht komme (kritisch dazu Frank, FamRZ 1983, 541).

Gemeinsame Anschaffungen (Hausrat) können zu Miteigentum erfolgen, doch gibt es keine Vermutung dafür (str.), und im Falle einer Auseinandersetzung muß Eigentum bewiesen werden, soweit nicht Alleinbesitz (§ 1006) eine Vermutung dafür ergibt. Einen ,,Güterstand" gibt es nicht. Gütertrennung ist der Grundsatz; daher gibt es auch keinen Zugewinnausgleich. Haftung für die Schulden des anderen gibt es nur aus besonderen Verpflichtungsgründen (Vertretung, Bürgschaft, vereinbarte Gesamtschuld z. B. bei der Miete); § 1357 BGB ist unanwendbar. Zum Schutz der Gläubiger mag allenfalls § 1362 analog angewendet werden (Brox FamRZ 1981, 1125).

Bei Auseinanderbrechen der Gemeinschaft gibt es keinen Anspruch auf Entgelt für häusliche oder berufliche Mitarbeit, es sei denn ein Arbeitsverhältnis vereinbart und auch mit Abführung der Lohnsteuer und Sozialversicherungsbeiträge durchgeführt worden. Es gibt auch keinen Anspruch auf Beteiligung an den während des Zusammenlebens erworbenen Versorgungsrechten des anderen (OLG Saarbrücken NJW 1979, 2050), noch einen Anspruch auf Rückgabe von Geschenken (es sei denn wegen „groben Undanks"; § 530). Auch Bereicherungsansprüche wegen gewährten Unterhalts oder Mitarbeit dürften auszuscheiden haben; alles ist regelmäßig zum Zweck gemeinsamen Wirtschaftens erbracht und insoweit nicht ohne Rechtsgrund. Bei gemeinsamem Wirtschaften sollen nach BGHZ 77, 55 dem die Schulden Tilgenden auch keine Rückgriffsrechte nach § 425 II gegen den anderen zustehen; doch wird man von diesem Satz eine Ausnahme für den Fall machen müssen, daß Schulden getilgt wurden, die nicht das gemeinsame Wirtschaften, sondern allein die Rechtssphäre des Partners betrafen.

2. Die *faktische Unterhaltsleistung* an den Partner führt nicht zur Einkommensversteuerung wie bei Ehegatten und auch nicht zum Abzug als „außergewöhnliche" Belastung nach § 33a EStG. Umgekehrt wird aber dem Empfänger von Unterhalt dieses „faktische" Einkommen als bedarfsmindernd bei Sozialhilfeleistungen angerechnet (BSHG §§ 122, 16). Ebenso mag es naheliegen, dem geschiedenen Ehegatten, der mit einem Dritten zusammenlebt, den von diesem empfangenen Unterhalt anzurechnen (so z. B. OLG Köln FamRZ 1978, 252). Der BGH rechnet dem mit einem Dritten zusammenlebenden geschiedenen Ehegatten (NJW 1980, 1688) als Einkommen den Wert derjenigen Leistungen an, die er für den Dritten erbringt. Das Bundesverwaltungsgericht versagt einem Beamtenanwärter für die von ihm unterhaltene Lebensgefährtin den Verheiratetenzuschlag (BVerwG NJW 1982, 2885); die sozialgerichtliche Rechtsprechung versagt der „Lebensgefährtin" die Witwenrente.

3. *Gemeinsame Kinder* sind nichtehelich; das Sorgerecht steht der Mutter zu; doch kann sie den Vater an der faktischen Ausübung der Sorge beteiligen. Bei Auseinanderbrechen der Lebensgemeinschaft mag eher als sonst dem Vater ein Recht zum Umgang mit dem Kind nach § 1711 gewährt werden.

4. Schwierigkeiten macht oft das *Verhältnis zu Dritten:* ob der Mieter berechtigt ist, nach Mietabschluß den „Lebensgefährten" in die Wohnung aufzunehmen (§ 549), und ob dieser nach Tod des Mieters das Mietverhältnis fortsetzen kann (§ 569). Die Entscheidung des BGH, daß der aus einem dinglichen Wohnrecht Berechtigte die „Partnerin" in die Wohnung aufnehmen dürfe (FamRZ 1982, 774), hat wegen des persönlichen Charakters dieses Wohnrechts Widerspruch gefunden (*Stürner* in der Anm. aaO.; *Scheld,* Rechtspfl. 1983, 2 u. *Heinz* FamRZ 1982, 763).

5. Auch *Schadensersatzfragen* greifen in das Recht der freien Lebensgemeinschaften über: bei Tötung oder Verletzung des Partners dürften Ansprüche aus §§ 844, 845 ausgeschlossen sein. Andererseits ist der Rückgriff des Sachversicherers gegen den schadenstiftenden Partner (VVG § 67 II) fragwürdig.

6. Während es heutiger Auffassung nicht entspricht, freie Lebensge-

meinschaften als „unsittlich“ anzusehen, kann die Beurteilung sich ändern, wenn einer der Partner noch anderweitig verheiratet ist. Hier können Schenkungen bedenklich sein, welche Mitglieder der ehelichen Familie benachteiligen (§ 1375 II 1), auch Testamente mögen gelegentlich bedenklich werden; doch sind meist die Mitglieder der ehelichen Familie durch Pflichtteilsansprüche (§§ 2303 ff) ausreichend geschützt.

§ 7. Form der Eheschließung

Schrifttum: *Hübner,* Eheschließung und allgemeine Wirkungen der Ehe als dogmatisches Problem, FamRZ 1962, 1. *Schwind,* Die Ehe im Spannungsfeld zwischen zwingendem und nachgiebigem Recht, RabelsZ 37 (1973) 217. *Henrich,* Nichtehe und nichtige Ehe, RabelsZ 37 (1973) 230. *Neuhaus,* Zur Reform des deutschen formellen Eheschließungsrechts, FamRZ 1972, 291. *Böhmer,* Die Neuregelung des Eheschließungsrechts StAZ 1975, 5. *Meyer-Teschendorf,* Standesamtliche Eheschließung und Grundgesetz, StAZ 1982, 325.

I. Obligatorische Zivilehe

1. Die Ehe muß vor dem *Standesbeamten* geschlossen werden (§ 11 EheG). Die kirchliche Trauung hat keine bürgerlich-rechtlichen Wirkungen. Es gilt das Prinzip der „obligatorischen Zivilehe“.

In altgermanischer Zeit steht der Erwerb der Munt über die Frau durch Vertrag mit der Sippe im Vordergrund. Die daneben erforderliche Einigung der Brautleute gewinnt aber allmählich stärker an Bedeutung; sie tritt besonders bei der muntlosen Entführungsehe hervor. In christlicher Zeit wird die Einigung der Brautleute entscheidend. Es folgt die Teilnahme am Gottesdienst, dann Einsegnung der Ehe durch den Geistlichen vor der Kirchentür und schließlich in der Kirche. Dabei bedeutete die kirchliche Handlung zunächst nur die Einsegnung der durch den übereinstimmenden Willen der Brautleute zustande gekommenen Ehen (consensus facit nuptias). Um aber den vielen Unklarheiten durch heimliche Ehen zu begegnen, mußte seit dem Tridentinischen Konzil die Eheschließung vor dem zuständigen Pfarrer und zwei Zeugen stattfinden, wobei aber die passive Assistenz des Pfarrers genügte. Erst das evangelische Kirchenrecht entwickelte die Eheschließung vom Vertrag der Brautleute zum Zusammenspruch der Brautleute durch den Geistlichen. Neben der kirchlichen Trauung zeigte sich ein Bedürfnis für eine staatliche Eheschließung zunächst für Angehörige anderer Bekenntnisse, z. B. Dissidenten und Juden; sie wurde geschaffen als sogenannte Notzivilehe. Mit Übernahme der Ehegesetzgebung durch den Staat wurde vielfach auch die staatliche Eheschließung neben der kirchlichen allgemein zugelassen (fakultative Zivilehe; z. B. heute in England und Schweden); 1792 führte Frankreich, 1875 Deutschland (nach einzelnen vorangegangenen Gesetzen in Frankfurt, Baden und Preußen) im Zusammenhang mit Bismarcks Kulturkampfgesetzgebung die obligatorische Zivilehe ein. Nur wenige Staaten sehen von einer feierlichen Eheschließungsform ab; aber auch wo man die einfache Willensübereinstimmung der Ehegatten genügen läßt, wird meist wenigstens eine Registrierung verlangt.

Die kirchliche Eheschließung wird oft neben der staatlichen vorgenommen. Sie darf aber nicht vorher erfolgen (§ 67 PStG).

Das Prinzip der obligatorischen Zivilehe ist heute wieder sehr umstritten. Es wird seine Unvereinbarkeit mit dem Bonner GG (insbes. Art. 2 u. 4) behauptet. Vom Standpunkt des BGB aus (§ 1588!), welches die bürgerlich-rechtliche Einrichtung der Ehe vom kirchlichen Bereich völlig trennt, kann das nicht zugegeben werden; erst recht nicht angesichts des Art. 140 GG, welcher das kirchenpolitische System der Weimarer Verf. übernommen hat, unter welchem die obligatorische Zivilehe nach durchaus h. M. verfassungsmäßig war; daran ändert auch der Sinnwandel, den das frühere kirchenpolitische System und die Religionsfreiheit im Rahmen des GG erfahren haben, nichts (BVerfGE 29, 175). Ob rechtspolitisch die Rückkehr zu unterschiedlichen Eheformen wünschenswert ist, erscheint zweifelhaft. Art. 6 GG stünde anderen Eheschließungsformen nicht entgegen, solange diese nicht zugleich der Ehe einen den Rahmen der vorgegebenen Institutsgarantie sprengenden anderen Inhalt geben sollen.

Schrifttum: *Sohm,* Das Recht der Eheschließung 1875; *Bosch,* Neue Rechtsordnung in Ehe und Familie 1954; *Mörsdorf,* Der hohe Preis der zivilen Ehe, FamRZ 1954, 123; *Dombois-Schumann,* Weltliche und kirchliche Eheschließung 1953; *Dombois,* Familienrechtsreform 1955; *Neuhaus,* Staatliche und kirchliche Eheschließung, FamRZ 1955, 305; *Conrad,* Zur Einführung der Zwangszivilehe in Preußen und im Reich (1874/75), Festschr. f. *H. Lehmann,* 1956 S. 113; *Siegfried,* Die Eheschließung vor nichtstaatlichen Stellen im System der fakultativen Zivilehe 1958.

2. Wurde die Ehe nicht vor einem Standesbeamten geschlossen (z. B. nur vor einem Geistlichen oder Notar), so liegt keine gültige Ehe vor, vielmehr eine „*Nichtehe*". Doch kann die Ehe ausnahmsweise wirksam sein, wenn jemand das Amt des Standesbeamten öffentlich ausübte und die Ehe ins Heiratsbuch eintrug, was wohl nur bei einer öffentlich-rechtlich unwirksamen Bestellung eines Standesbeamten oder bei Amtshandlungen eines Standesbeamten in einem fremden Amtsbezirk vorkommen dürfte. Hier hat die Eintragung ins Heiratsbuch heilende Wirkung (§ 11 II EheG).

Mißlich ist die manchmal erst nach vielen Jahren ehelichen Zusammenlebens erfolgende Feststellung des Vorliegens einer Nichtehe (vgl. z. B. AG Pinneberg FamRZ 1978, 893). In Schrifttum und Judikatur machen sich Tendenzen bemerkbar, die Nichtehe namentlich bei gutem Glauben der Parteien zu überspielen: z. B. VerwG Berlin FamRZ 1955, 70; OLG Hamburg StAZ 1982, 10 für eine 1946 in Stettin nur vor einem Priester geschlossene Ehe; BSG FamRZ 1978, 587 u. 1977, 636 (vgl. auch unten § 11 I), oder ihr doch teilweise Wirkungen wie einer gültigen Ehe zuzuerkennen (BVerfG NJW 1983, 511).

3. Der Grundsatz, daß die Ehe vor dem Standesbeamten geschlossen werden muß, gilt an sich für alle innerhalb Deutschlands geschlossenen Ehen (Art. 13 III EGBGB). Nach § 15 a EheG kann aber, wenn *keiner der Verlobten die deutsche Staatsangehörigkeit besitzt* (z. B. Gastarbeiter!), die Ehe auch vor einer von der Regierung des Staates eines der Verlobten ordnungsgemäß ermächtigten Person (Diplomat, Konsul oder sonstiger Vertreter, auch vom Staat ausdrücklich zu Eheschließungen im Ausland ermächtigter – BGHZ 43, 214 – Geistlicher aus Staaten, in welchen die kirchliche Trauung Grundsatz ist, wie z. B. Griechenland und Spanien) geschlossen werden. Doch soll eine Eintragung der Ehe auch in das deutsche Familienbuch erfolgen.

4. Eine Reihe von Ehen konnte infolge der Kriegs- und Nachkriegsverhältnisse nicht ordnungsgemäß geschlossen werden. Solche etwa nur kirchlich oder vor einem Lagerältesten geschlossenen Ehen konnten – in eng begrenztem Rahmen – durch Eintragung

in das Hauptstandesregister Hamburg rückwirkend geheilt werden (Näheres s. BundesG vom 2. 12. 1950; Berlin Ges. vom 28. 6. 1951; dazu *Dölle*, DRZ 49, 401). In der DDR gelten diese Ehen freilich als nicht bestehend (OLG Gera, NJ 50, 66). War rassisch oder politisch Verfolgten eine ordnungsgemäße Eheschließung unmöglich, so konnte nicht nur die Eheschließung nachgeholt werden, sondern es konnten die Wirkungen der Eheschließung durch Anordnung der Landesjustizverwaltung auf einen früheren Zeitpunkt zurückerstreckt werden. Hat der Tod eines Verlobten die Eheschließung verhindert, so konnte durch Anordnung der Landesjustizverwaltung der freien Verbindung die Wirkung einer Ehe beigelegt werden (BundesG vom 23. 6. 1950 mit Änderung vom 3. 7. 1956, dem schon gleichartige Gesetze in der amerik. Besatzungszone und Berlin vorangegangen waren; für Berlin Ges. vom 30. 11. 1950). Hier wird nicht mit Verwaltungsakt nachträglich die fehlende Form der Eheschließung ersetzt; vielmehr werden durch Verwaltungsakt Ehewirkungen angeordnet, ähnlich wie im Schuldrecht durch Verwaltungsakt Vertragswirkungen; nur entsprechen im Eherecht die angeordneten Wirkungen dem Willen beider Beteiligten (dazu BVerwG FamRZ 1963, 359), im Schuldrecht beim diktierten Vertrag dagegen regelmäßig nicht. Die rückwirkende Anordnung von Ehewirkungen erstreckt sich nicht auf das Ehegüterrecht; aber sie bedeutet bei vorverstorbenem Partner die Gewährung eines Erbrechts – und damit zugleich eine Schmälerung der sonstigen Erben. Die Rechtsprechung gestattet aber den zurückgesetzten Erben nicht, den Verwaltungsakt anzugreifen (BVerwG NJW 1958, 725; bedenklich! Vgl. auch *Bernhardt* JZ 1963, 305); nur unmittelbar Betroffene können nach §§ 23ff. EGGVG vorgehen. Solche Ehen können, auch wenn sie erschlichen sind, nicht für nichtig erklärt werden; es kann höchstens die Landesjustizverwaltung ihren Verwaltungsakt zurücknehmen (BGH, MDR 57, 218; BVerwG NJW 1962, 930; *Bettermann*, FamRZ 1957, 151; *Küster*, JZ 1957, 244; *Guggumos*, NJW 1957, 530; *Tannert*, JZ 1960, 592).

II. Verfahren

1. *Zuständig* zur Mitwirkung bei der Eheschließung ist der Standesbeamte am Wohnsitz jedes der Verlobten (EheG § 15), so daß die Verlobten die Wahl haben. Auch kann der zuständige Standesbeamte einen anderen Standesbeamten zur Eheschließung ermächtigen. Die vor dem unzuständigen Standesbeamten geschlossene Ehe ist gleichwohl gültig.

Der Standesbeamte hat vor der Eheschließung zu prüfen, ob diese *zulässig* ist. Er prüft insbes. Ehevoraussetzungen und Eheverbote. Dazu läßt er sich von den Verlobten urkundliche Nachweise vorlegen (§ 5 PStG, §§ 10ff. PStG-AVO). Bei Ausländern hat der Standesbeamte ein Zeugnis ihres Heimatstaates über die Zulässigkeit der Eheschließung zu fordern (*Ehefähigkeitszeugnis*, § 10 EheG); doch kann der Oberlandesgerichtspräsident davon befreien. Für Deutsche, die im Ausland heiraten wollen, stellt der deutsche Standesbeamte derartige Zeugnisse aus (§ 69b PStG).

2. Der Eheschließung soll ein *Aufgebot* vorausgehen (§ 12 EheG). Es dient dazu, dem Standesbeamten unbekannt gebliebene Ehehindernisse festzustellen, und wird nur erlassen, wenn der Standesbeamte nicht schon auf Grund der urkundlichen Nachprüfungen die Eheschließung abgelehnt hat. Das Aufgebot wird am Sitz des das Aufgebot anordnenden Beamten eine Woche lang öffentlich ausgehängt (§ 3 PStG; § 12 AVO). Ist das Aufgebot unterblieben, so ist die gleichwohl geschlossene Ehe gültig.

Das Aufgebot erfüllt seinen Zweck nur sehr unvollkommen; nur in kleinen Gemeinden, nicht aber in der Großstadt, wird es wirklich gelesen und bekannt und kann zur

Ermittlung von Eheverboten dienen. Die Abschaffung des Aufgebots wird erwogen; doch hat sich die Bundesrepublik mit Ratifizierung des UN-Übereinkommens über die Erklärung des Ehewillens (BGBl. 1969 II 161) zur Beibehaltung verpflichtet (str.). Der Entwurf zu einem 2. EheRG sieht nur noch eine spätestens vier Wochen vor der Eheschließung vorzunehmende Anmeldung der Eheschließungsabsicht vor.

Da das Aufgebot ohnehin nur auf einer Sollvorschrift beruht, kann bei lebensgefährlicher Erkrankung eines Verlobten vom Aufgebot abgesehen werden. Ferner kann der Standesbeamte vom Aufgebot überhaupt befreien.

Das Aufgebot behält 6 Monate lang seine Kraft; soll die Eheschließung später erfolgen, so ist ein neues Aufgebot erforderlich.

Weigert sich der Standesbeamte, das Aufgebot zu erlassen und Termin zur Eheschließung anzuberaumen, zB weil er die Ehevoraussetzungen nicht für dargetan, ein Eheverbot für gegeben hält oder annimmt, es sei eine „Scheinehe" beabsichtigt, so können die Parteien das Amtsgericht anrufen (PStG § 45; vgl. oben § 4 I 3).

3. Die Eheschließung erfolgt dadurch, daß beide Verlobten *vor dem Standesbeamten erklären,* die Ehe miteinander eingehen zu wollen (§ 13 EheG). Damit ist die Ehe ein vor dem Standesbeamten geschlossener Vertrag der Brautleute.

In der DDR (FGB § 6) sind die Eheschließungserklärungen an den Standesbeamten zu richten. Darin kommt zum Ausdruck, daß die Ehegatten sich nicht nur untereinander binden, sondern auch dem Staat gegenüber verpflichten.

Die Mitwirkung des Standesbeamten ist eine passive. Allerdings muß er zur Mitwirkung bereit sein, damit die Ehe wirksam ist. Hört der Standesbeamte die Eheschließungserklärungen nur gezwungenermaßen an, so kommt keine wirksame Ehe zustande („Nichtehe"); vgl. dazu *Gundrum* StAZ 1975, 52.

Allerdings soll die Eheschließung in feierlicher Form erfolgen (§ 14 EheG, § 8 PStG) indem der Standesbeamte die Verlobten fragt, ob sie die Ehe miteinander eingehen wollen. Nach Bejahung soll er aussprechen, daß sie nunmehr kraft Gesetzes rechtmäßig verbundene Eheleute seien und die Ehe ins Heiratsbuch eintragen (PStG § 9). Doch ist das alles nicht wesentlich. Verstöße hiergegen berühren die Gültigkeit der Ehe nicht. Es genügt, wenn die Brautleute auch ohne diesbezügliche Frage des Standesbeamten erklären, die Ehe miteinander eingehen zu wollen. Der Ausspruch des Standesbeamten, daß die Brautleute nunmehr rechtmäßig verbundene Eheleute seien, ist nicht etwa ein konstitutiver Staatsakt (wie noch nach dem PStG von 1875), sondern rein deklaratorisch. Maßgebend ist allein die erklärte Einigung der Brautleute. Stirbt daraufhin einer von ihnen oder der Standesbeamte, bevor die erfolgte Verbindung vom Standesbeamten förmlich festgestellt oder bevor die Ehe ins Heiratsbuch eingetragen wurde, so ist die Ehe gleichwohl wirksam geschlossen. Auch bei Eheschließung vor dem Nichtstandesbeamten (EheG § 11 II) ist die Eintragung ins Heiratsbuch nicht konstitutiv, sondern nur ergänzendes Tatbestandsmerkmal zu den notwendigen Erklärungen der Brautleute.

Der ganze Vorgang soll in Gegenwart von zwei Zeugen erfolgen. Doch ist auch das nur eine Sollvorschrift; die ohne Zeugen erfolgte Eheschließung ist wirksam. Als Zeugen sind auch nahe Verwandte zugelassen; gerade sie sind regelmäßig beteiligt. Dagegen soll nicht Zeuge sein, wer minderjährig ist (§ 15 PStG-AVO).

4. Beide Verlobte müssen die Eheschließungserklärungen vor dem Standesbeamten *persönlich und gleichzeitig* abgeben (§ 13 EheG). Ob die Verlobten sich vor dem Standesbeamten ihres richtigen Namens bedient haben, bleibt gleichgültig. Die Ehe kommt zwischen den Anwesenden zustande, welche sich gegenseitig die Eheschließungserklärungen abgeben, und nicht an den Standesbeamten. Ob der Standesbeamte ge-

täuscht und die Eintragung im Heiratsbuch unrichtig wurde, ist nicht entscheidend. Wurde ein Verlobter durch die falsche Namensführung des Partners getäuscht, so ist die Ehe gültig, aber aufhebbar (EheG § 33, selten § 32; nur bei Unterschiebung eines ganz anderen Partners § 31 I 2).

a) Stellvertretung ist ausgeschlossen, sowohl Stellvertretung im Willen wie auch in der Erklärung. Demgegenüber lassen das kanonische Recht und ihm folgende Rechtsordnungen einen ,,Stellvertreter in der Erklärung" beim Trauungsakt zu, welcher mit einer inhaltlich fixierten Vollmacht das Jawort für den Verlobten abgibt. Die Übertragung dieser Rechtsfigur in unser Eherecht scheitert aber am eindeutigen Wortlaut von § 13 EheG. Eine offene Stellvertretung wird der Standesbeamte nicht zulassen. Gibt jemand als ,,verdeckter" Stellvertreter unter dem Namen des Vertretenen die Eheschließungserklärung für diesen ab, und wollte der andere Partner den Vertretenen heiraten, so kommt die Ehe mit dem Vertretenen zustande, kann aber für nichtig erklärt werden (EheG § 17). Wollte der Partner aber den aufgetretenen Vertreter heiraten, so wird mangels Aufdeckung der Vertretung (§ 164 II) die Ehe mit diesem geschlossen, ohne daß dieser sich von der nicht für ihn selbst geschlossenen Ehe lösen könnte (vgl. *Beitzke*, Eheschließung unter falschem Namen, Festschrift Dölle 1963, 229; *Dostmann*, Heirat unter falschem Namen, Diss. Köln 1974).

b) Von dem Erfordernis der beiderseitigen gleichzeitigen Anwesenheit beider Verlobten ist während des letzten Krieges eine Ausnahme gemacht worden durch §§ 13ff. WPstVO. Danach konnte der Mann die erforderliche Erklärung vor dem Bataillonskommandeur, die Braut die Erklärung nach Eingang der ersteren vor dem Standesbeamten abgeben (sogenannte Ferntrauung). Eine Möglichkeit zu einer derartigen Trauung besteht heute nicht mehr; die bis zum 28. 2. 1946 so geschlossenen Ehen bleiben aber gültig (KG, FamRZ 1957, 52). In der brit. Zone ist die Gültigkeit der bis 31. 1. 1949 so geschlossenen Ehen anerkannt (VO vom 5. 1. 1949).

c) Auf Grund eines vertraulichen Runderlasses des RMdI vom 15. 6. 1943, der sich auf eine Ermächtigung Hitlers stützte, sind auch Ehen zwischen schon gefallenen Wehrmachtsangehörigen und ihren Bräuten geschlossen worden, wenn die ernstliche Eheschließungsabsicht des Gefallenen nachgewiesen werden konnte. Diese *nachträgliche Eheschließung* diente vor allem dazu, den Bräuten Gefallener die Stellung einer Witwe (Versorgungsbezüge) und etwaigen Kindern die Stellung ehelicher Kinder zu verschaffen.

Die Gültigkeit dieser nachträglichen Eheschließungen wurde streitig (vgl. z. B. OLG Dresden, DRZ 1948, 214 einerseits und KG, HEZ 1, 30, andererseits). Ist zwar der Ministerialerlaß keine ausreichende Grundlage gewesen, um das Eherecht zu ändern, so wird doch in der Handhabung des Erlasses die Bildung von Gewohnheitsrecht erblickt. Auch das mag zweifelhaft sein. Doch wäre es bedenklich, die so zahlreich gutgläubig erworbenen Rechtslagen wieder zu zerstören. So sind einzelne Wirkungen der Eheschließung – aber ohne Erbrecht der Frau – anerkannt durch das BundesG vom 29. 3. 1951 (BGBl. I 215; für West-Berlin vgl. Ges. vom 10. 1. 1952).

Die Möglichkeit nachträglicher Eheschließungen wurde beseitigt durch § 79 EheG 1946 (OVG Hamburg, StAZ 1952, 80).

Lies zu der Frage: *Boehmer*, AcP 150, 235ff.; *Dölle*, Die nachträgliche Eheschließung, DRZ 1947, 40 u. JZ 1951, 291; *Küster*, SJZ 1947, 89; *Schätzel*, DRZ 1947, 214; *Zweigert*, DRZ 1948, 113.

5. Die Eheschließungserklärungen beider Verlobten müssen aus Rechtssicherheitsgründen unbedingt und unbefristet sein (§ 13 EheG).

Fragwürdig ist es m. E., Eheschließungen zu beschränkten Zwecken (Kindeslegitimation, Erlangung von Asylrecht, Namen oder Staatsangehörigkeit), bei denen die Beteiligten sich alsbald wieder scheiden lassen wollen, als ,,befristet" im Sinne von § 13 EheG anzusehen (so aber BayObLG FamRZ 1982, 603). Denn die Absicht, sich alsbald wieder scheiden lassen zu wollen, ist m. E. nicht Bestandteil der Eheschließungserklärungen, zumal die Eheschließung um ihrer Folgen willen zunächst voll gewollt ist. Eine feste Frist ist auch nicht immer vorgesehen, zumal etwa Asylverfahren oder Einbürgerung längere Zeit in Anspruch nehmen können. Von auflösender Bedingung kann auch nicht die Rede sein, weil die Ehe nicht von selbst entfallen, sondern förmlich geschieden werden soll! Im übrigen würde eine auflösende Bedingung gegen den Grundsatz der Lebenslänglichkeit der Ehe verstoßen, ebenso wie eine auflösende Befristung; beide würden mit dem System der Ehescheidung unvereinbar sein.

6. Sind die Eheschließungserklärungen nicht persönlich, bei gleichzeitiger Anwesenheit, unbedingt und unbefristet abgegeben, so ist die Ehe nichtig (§ 17 EheG), kann aber durch fünfjähriges eheliches Zusammenleben geheilt werden.

Die gelegentlich (z. B. von *Ramm* JZ 1963, 52 und *Gernhuber* § 11 II 8) vertretene Ansicht, angesichts der Unzulässigkeit von Bedingung und Befristung seien diese Modalitäten als nicht erklärt, die Eheschließung als unbedingt und unbefristet anzusehen, ist schon aus allgemeinen Gründen abzulehnen. Eine solche Ansicht widerspricht dem Parteiwillen, da das unbedingte Geschäft ein Mehr gegenüber dem bedingten wäre; die Vergewaltigung des Parteiwillens, dem mehr unterstellt wird, als er zum Inhalt hat, ist ein Verstoß gegen die verfassungsrechtlich gewährleistete Eheschließungsfreiheit. Jene Ansicht entspricht auch nicht dem Aufbau unseres Gesetzes, welches diese Dinge ebenso wie die Zulässigkeit der Stellvertretung systematisch falsch zur Form zählt und damit EheG § 17 unterwirft. Im übrigen werden bedingte und befristete Eheschließungserklärungen in der Praxis kaum vorkommen, da der Standesbeamte sich weigern wird, sie entgegenzunehmen und zu beurkunden.

7. Im Hinblick auf die namensrechtlichen Folgen der Ehe (§ 1355) soll der Standesbeamte die Verlobten vor der Eheschließung befragen, ob sie eine Erklärung über den künftigen Ehenamen abgeben wollen (EheG § 13 a); denn die Ehegatten können sowohl den Geburtsnamen des Mannes als auch den der Frau zum Ehenamen wählen. Die Befragung wird regelmäßig bereits bei der Aufgebotsverhandlung erfolgen; endgültig wird die namensrechtliche Erklärung erst bei der Eheschließung abgegeben. Treffen die Ehegatten keine Bestimmung, so ist Ehename der Geburtsname des Mannes; so selbst, wenn der Standesbeamte etwa versäumt haben sollte, die Verlobten zu befragen und diese sich des Rechts zu einer namensrechtlichen Erklärung gar nicht bewußt waren.

III. *Statistisches:* Die Zahl der Eheschließungen betrug für das Gebiet der Bundesrepublik 1938: 374654 (9,4 je 1000 Einwohner), 1950: 516282 (10,8 je 1000), 1959: 483285 (9,2 je 1000), 1968: 444011 (7,4 je 1000); 1974 nur noch 6,1 Ehen je 1000 Einwohner; 1979 nur noch 5,6 Ehen je 1000 Einwohner; 1983 noch 369628! Bedenkt man, daß die Zahl der Eheschließungen unter den im Inland lebenden Ausländern höher ist, als unter Deutschen, wirken die Zahlen noch beunruhigender.

§ 8. Ehefähigkeit

Schrifttum: *Lange*, Fragen des Eheschließungsrechts, AcP 145, 129 ff. *Loeffler-Kowalewski*, Ehemündigkeit und Volljährigkeit, 1961. *Becker*, Volljährigkeits- und Ehemündigkeitserklärungen, MDR 1963, 965. *Luther*, Ehemündigkeit, Volljährigkeit, Strafmündigkeit, 1961. *Göppinger* in FamRZ 1959, 367; 1960, 253; 1961, 463. Zur Reform des Volljährigkeits- und Ehemündigkeitsalters vgl. *Becker* FamRZ 1969, 116 und *Luther* FamRZ 1969, 113; *Schwab* JZ 1970, 745 u. AcP 172, 266; *Lücken* FamRZ 1971, 285; *Beitzke* AcP 172, 240; *Schnitzerling*, StAZ 1971, 173; *Bosch*, FamRZ 1973, 489 u. 1974, 169; *Bosch* Fschr. Schiedermair 1976, 51; *Bökelmann*, Zur Ehemündigkeit nach neuem Recht, StAZ 1975, 321; *Bienwald*, Zur Herabsetzung des Volljährigkeitsalters und zur Neuregelung der Ehemündigkeit, NJW 1975, 957.

Die Eingehung der Ehe erfordert eine vom allgemeinen Vertragsrecht abweichende besondere Geschäftsfähigkeit, die *Ehefähigkeit;* bei ihr ist ein *Mindestalter* (§ 1 EheG) wesentlich, das seit dem Ges. v. 31. Juli 1974 (BGBl. I 1713, in Kraft seit 1. 1. 1975) für beide Verlobte dem Volljährigkeitsalter von 18 Jahren entspricht; darüber hinaus ist *allgemeine Geschäftsfähigkeit* nötig.

I. Heiratsalter

1. Die Ehe soll nicht vor Eintritt der Volljährigkeit eingegangen werden (§ 1 EheG). Die unter Verstoß gegen diese Vorschrift eingegangene Ehe ist gleichwohl gültig, wenn die Einwilligung des gesetzlichen Vertreters (§ 107) vorlag; fehlt es an dieser, ist die Ehe aufhebbar (§ 30 EheG).

2. Das Vormundschaftsgericht kann auf Antrag eines noch nicht Volljährigen diesem *Befreiung vom Erfordernis der Volljährigkeit* erteilen, vorausgesetzt, daß er das 16. Lebensjahr vollendet hat und der künftige Partner volljährig ist. Denn wenigstens einer der künftigen Ehegatten muß vermögensrechtlich selbständig sein und die für die eheliche Lebensführung notwendigen Geschäfte selbständig schließen können.

Diese Neuregelung setzt das Heiratsalter wie auch die Befreiungsmöglichkeit für Bräutigam und Braut gleichmäßig fest. Die früher gegebene Möglichkeit, auch einer Braut unter 16 Jahren die Ehe zu gestatten, ist beseitigt; auch von der Braut wird eine besonders gereifte eigene Einsicht in das Wesen der Ehe und die Richtigkeit der Partnerwahl verlangt; ferner soll sie nicht um der Ehe willen ihre Ausbildung vorzeitig abbrechen. Andererseits wird (gegenüber früher) um dieser Ziele willen der Braut im Alter zwischen 16 und 18 Jahren die Eheschließung durch das Erfordernis vormundschaftsgerichtlicher Erlaubnis erschwert, obwohl nach bisherigen Erfahrungen jährlich zwischen 24000 und 30000 junge Mädchen dieses Alters geheiratet haben. Für den Mann, der nach bisherigem Recht für die Eheschließung stets volljährig sein mußte, ist das Eheschließungsalter von 21 Jahren (bzw. mit Volljährigkeitserklärung und Befreiung vom Alterserfordernis 18 Jahren) auf 18 (bzw. 16) Jahre herabgesetzt.

Häufig wird Anlaß zum Antrag auf Befreiung vom Erfordernis der Volljährigkeit für die Eheschließung der Umstand sein, daß ein Kind erwartet wird. Hier ist besonders sorgfältig zu prüfen, ob die Eheschließung angebracht ist. Die Belange des Minderjährigen sind ebenso zu prüfen wie die des Kindes. Die Persönlichkeitsentwicklung des Minderjährigen und seine Ausbildung dürfen durch die Ehe nicht gefährdet werden. Frühehen werden erfahrungsgemäß besonders häufig geschieden. Da Kinder aus geschiedenen Ehen häufig sozial stärker gefährdet sind als nichteheliche Kinder, ist auch für das erwartete Kind die Heirat der Eltern nicht notwendig die beste Lösung.

Zuständig für die Befreiung vom Erfordernis des Heiratsalters ist der Vormundschaftsrichter (§§ 43, 36 FGG; § 14 Nr. 18 RpflG). Er muß bei Befreiung des Minderjährigen auch die Verhältnisse des volljährigen Partners und die Beziehungen beider Partner zueinander überprüfen. Die Befreiung ist nicht etwa eine generelle „Ehemündigkeitserklärung", sondern eine Befreiung für eine ganz bestimmte einzelne Ehe. Bei etwaigem Wechsel des Partners müßte die Befreiung vom Erfordernis des Heiratsalters neu beantragt werden.

II. Geschäftsfähigkeit

1. Wer *geschäftsunfähig* ist oder vorübergehend geistesgestört, kann eine Ehe nicht wirksam eingehen; die Ehe wäre *nichtig*. Sie kann aber nach Fortfall der Geschäftsunfähigkeit oder Geistesstörung formlos, durch konkludente Handlung, bestätigt werden; sie gilt dann als von Anfang an wirksam (abweichend von § 141!). War nur beschränkte Geschäftsfähigkeit erlangt, so bedarf die Bestätigung der Einwilligung des gesetzlichen Vertreters (§§ 2, 18, 30 EheG).

2. Wer in der Geschäftsfähigkeit beschränkt ist, bedarf der Einwilligung des gesetzlichen Vertreters; fehlende Einwilligung macht die Ehe aufhebbar (EheG §§ 3, 30). Hier kommen nicht nur die Fälle beschränkter Geschäftsfähigkeit nach § 114 in Betracht, sondern vor allem die *Eheschließungen Minderjähriger*, denen nach EheG § 1 Abs. II Befreiung vom Erfordernis des Volljährigkeitsalters erteilt worden ist. Minderjährige bedürfen aber außer der Einwilligung des gesetzlichen Vertreters auch noch der Einwilligung eines sonst noch Personensorgeberechtigten; doch ist das Fehlen der letzteren Einwilligung auf die Gültigkeit der Ehe ohne Einfluß.

Beispiele: Ein Minderjähriger bedarf grundsätzlich der Einwilligung beider Eltern, weil nach § 1626 regelmäßig beide Eltern gemeinsam vertretungsberechtigt sind; fehlende Einwilligung auch nur eines vertretungsberechtigten Elternteils macht die Ehe aufhebbar. Ist ein Elternteil nach § 114 in der Geschäftsfähigkeit beschränkt, so ist er nach § 1673 zwar nicht vertretungsberechtigt, wohl aber sorgeberechtigt; der Standesbeamte darf ohne dessen Einwilligung nicht trauen; aber das Fehlen der Einwilligung berührt den Bestand der Ehe nicht. Fehlt der minderjährigen nichtehelichen Tochter die Einwilligung der Mutter (§ 1705), so ist die Ehe aufhebbar. Ist die Personensorge einem Elternteil allein übertragen (§§ 1671, 1672), so kommt es nur auf dessen Einwilligung an. War der Minderjährige schon einmal verheiratet, so ist nur die Einwilligung des gesetzlichen Vertreters erforderlich (§ 1633), nicht auch die sonst personensorgeberechtigter Personen.

3. Die Einwilligungen des gesetzlichen Vertreters und der sorgeberechtigten Personen sind höchstpersönlich. Sie können an sich formlos erteilt werden, müssen aber dem Standesbeamten nachgewiesen, d. h. bei ihm zu Protokoll erklärt oder in beglaubigter Urkunde vorgelegt werden. Der mangelnde Nachweis beeinträchtigt die Gültigkeit der Ehe nicht, wenn die Einwilligung formlos erteilt war und die Ehe gleichwohl geschlossen wurde. Die Einwilligungen sind bis zur Eheschließung widerrufbar, aber wie die Eheschließungserklärungen aus Gründen der Rechtsklarheit und Rechtssicherheit bedingungsfeindlich; auch die (vom Standesbeamten kontrollierbare) Bedingung einer bestimmten Namenswahl (§ 1355) muß wegen der Höchstpersönlichkeit der ehelichen Namenswahl (vgl. unten § 12 I) als unzulässig angesehen werden. Eine unter einer Bedingung erklärte Einwilligung ist unwirksam. Dagegen kann eine Befristung zugelassen werden, zumal der Standesbeamte aus ihr entnehmen kann, ab wann die Einwilligung gültig oder ungültig wird.

Die verweigerte Einwilligung kann auf Antrag des Verlobten, der die Einwilligung benötigt, durchs Vormundschaftsgericht ersetzt werden (§ 3 III EheG), sowohl wenn beide Eltern sich nicht einigen und nur einer seine Einwilligung verweigert wie auch dann, wenn beide Eltern ihre Zustimmung versagen. Dieses wird eingreifen, wenn die Einwilligung nicht zum Wohl des Geschäftsbeschränkten, sondern aus unsachlichen Motiven verweigert wird.

Das Recht der Eltern, in die Eheschließung des minderjährigen Kindes einzuwilligen, folgt heute – im Gegensatz zur ursprünglichen Regelung des BGB – nach EheG ausschließlich aus dem elterlichen Sorgerecht (BGHZ 21, 340). Folgerecht dürfen die Eltern die Einwilligung nur aus Gründen des Kindeswohls, nicht auch wegen sonstiger Belange der Familie verweigern (anders der BGH). Die Heirat mit einem Angehörigen einer anderen Konfession *kann* im Einzelfall ein „triftiger Grund" zur Versagung der Einwilligung sein, so daß das Vormundschaftsgericht gegebenenfalls die elterliche Einwilligung nicht ersetzen darf.

Haben Eltern pflichtwidrig einer Ehe zugestimmt, die sie hätten verhindern sollen, so kann dies Anlaß zur Entziehung des Sorgerechts (§ 1666) sein. Aber die erteilte Zustimmung bleibt davon unberührt. Die schon geschlossene Ehe bleibt trotz pflichtwidriger Zustimmung wirksam; die noch nicht geschlossene Ehe kann nur dadurch verhindert werden, daß der einzusetzende Vormund oder Pfleger die erteilte Zustimmung vorher widerruft (§ 183).

4. Ist die Ehe eines Geschäftsbeschränkten wegen fehlender Einwilligung des gesetzlichen Vertreters aufhebbar, so kann sie gleichwohl noch rückwirkend geheilt werden, wenn eine nachträgliche Genehmigung erfolgt oder der Ehegatte selbst die Ehe nach Fortfall der Geschäftsbeschränkung formlos bestätigt (§ 30 EheG).

Auch hier kann die Genehmigung durch das Vormundschaftsgericht ersetzt werden, aber abweichend von § 3 EheG auf Antrag jedes von beiden Gatten.

Die Aufhebungsklage steht nur dem Geschäftsbeschränkten oder seinem gesetzlichen Vertreter zu; der andere Gatte ist – anders als nach § 109 – stets gebunden.

§ 9. Willensmängel

Schrifttum: *Otto*, Personale Freiheit und soziale Bindung, 1978, S. 208ff; *Finger*, Die Eheaufhebung und das neue Scheidungsrecht NJW 1981, 1534; *Beitzke*. Libera debent esse matrimonia, FamRZ 1981, 1122.

Für die Wirkungen der Willensmängel bei der Eheschließung enthält das Eherecht auf Grund seiner langen eigenständigen Entwicklung von den allgemeinen Grundsätzen abweichende Regeln. Schon nach BGB konnten Willensmängel nur mit einer Anfechtungsklage geltend gemacht werden. Das EheG hat anstelle dessen die nur ex nunc wirkende Eheaufhebungsklage gesetzt.

Im Recht der DDR sind Sondervorschriften für Willensmängel bei der Eheschließung beseitigt. Selbst die durch Drohung erpreßte Ehe kann höchstens geschieden werden.

I. Allgemeines

Entgegen §§ 116ff. sind im Eherecht *bekannter Vorbehalt* und *mangelnde Ernstlichkeit* bedeutungslos; sie beeinträchtigen die Gültigkeit der Ehe nicht. Auch die nur zum *Schein* eingegangene Ehe ist wirksam (entgegen § 117).

Beispiel: Wird für einen Film eine Eheschließung vor einem richtigen Standesbeamten aufgenommen, so würde die von den Schauspielern vor diesem „gespielte" Eheschließung zu einer wirksamen Ehe führen, würde es nicht auch an einer echten Bereitschaft des Standesbeamten zur Anhörung der Eheschließungserklärung fehlen (vgl. oben § 7 II 3).

Für *Irrtum, Täuschung und Drohung* gelten den §§ 119, 123 ähnliche, aber auf die besonderen Verhältnisse des Eherechts zugeschnittene Regeln (§§ 31ff. EheG). Derart fehlerhafte Ehen sind *aufhebbar,* sofern die Ehe nicht nach Entdeckung des Irrtums oder der Täuschung bzw. nach Aufhören der Zwangslage formlos bestätigt wird.

II. Irrtum

1. Die Ehe ist aufhebbar wegen *irriger Abgabe der Eheschließungserklärung* oder wegen *Irrtums über den Inhalt der Erklärung* oder *Irrtums in der Person des anderen Ehegatten* (§ 31 EheG). In allen diesen Fällen gilt der Irrtum grundsätzlich als erheblich, auch wenn er vom Irrenden selbst verschuldet war.

Praktische Fälle sind aber selten. Denkbar ist, daß jemand, der nur die kirchliche Trauung kennt, die standesamtliche Trauung für eine Verlobung hält. Oder jemand verspricht sich in der Erregung und sagt „ja" statt „nein". Irrtum über die Person des anderen Gatten kann vorkommen bei der Eheschließung von Blinden oder bei zwei sich gleichenden Zwillingsgeschwistern.

2. Die Ehe ist aufhebbar wegen *Irrtums über persönliche Eigenschaften* des anderen Gatten (EheG § 32). Hierzu zählen vor allem körperliche Eigenschaften wie Alter, Krankheit, Beiwohnungs- und Zeugungsunfähigkeit, Transsexualismus, ferner geistige Eigenschaften wie Intelligenz und Charakter, Psychopathie und Geisteskrankheiten (BGH NJW 1972, 1131). Keine persönliche Eigenschaften eines Gatten sind äußere Beziehungen und rechtliche Verhältnisse wie Religion, Stand, Vermögen, Staatsangehörigkeit, Vorbestraftheit, Verhältnisse der Eltern; hier ist Aufhebung der Ehe nur im Fall der arglistigen Täuschung möglich; doch können z. B. auch Vorbestraftheit oder der Betrieb eines anstößigen Gewerbes Schlüsse auf Charakterfehler zulassen.

Mehrfach taucht die Frage auf, ob die Abstammung eines Kindes von einem bestimmten Mann als „persönliche Eigenschaft" der Mutter gewertet werden kann, besonders wenn die Mutter dem künftigen Ehemann versichert, das Kind könne nur von ihm stammen. Während der Schwangerschaft mag man noch von einer persönlichen Eigenschaft der Mutter sprechen können; ist das Kind bereits vor der Ehe geboren, kann m. E. (entgegen OLG Hamm, FamRZ 1984, 1015) von einem Irrtum über eine persönliche Eigenschaft der Frau nicht mehr gesprochen werden. Eine Eheaufhebung ist dann nur im Fall der Täuschung möglich (vgl. unten III).

Der Irrtum berechtigt nur dann zur Aufhebung der Ehe, wenn er für die Eheschließung *kausal* war, die Ehe ohne ihn nicht zustande gekommen wäre. Ferner muß der Irrtum *objektiv erheblich* sein; Kenntnis der Sachlage müßte bei verständiger Würdigung des Wesens der Ehe nach den Lebensverhältnissen der Parteien (BGHZ 25, 66) von der Eingehung der Ehe abgehalten haben. Endlich muß die Aufhebung der Ehe auch *sittlich gerechtfertigt* sein, und zwar im Hinblick auf die bisherige Gestaltung des ehelichen Lebens. Ein nach längerer glücklicher Ehe entdeckter Irrtum darf nur dann zur Eheaufhebung führen, wenn die Entdeckung des Irrtums als solche die eheliche Harmonie ernsthaft gefährdet, nicht aber darf der Irrtum zum Vorwand für eine aus anderen Gründen gewünschte Eheauflösung benützt werden.

Ebenso wie bei § 119 sind auch im Eherecht Schrifttum und Rechtsprechung darum bemüht, die Fälle des beachtenswerten Irrtums von den übrigen Irrtumsfällen abzugrenzen. Bis heute ist das nicht befriedigend gelungen. § 37 EheG von 1938 hatte die Aufhebung der Ehe zugelassen bei Irrtum über alle „die Person des anderen Ehegatten betreffenden Umstände". Damit waren die Fälle des beachtlichen Irrtums wohl zu weit ausgedehnt, trotz des Erfordernisses, daß der Irrtum auch objektiv erheblich sein müsse. In der Praxis ist die Eheaufhebung wegen Irrtums in vielen Fällen nur ein Vorwand für eine aus anderen Gründen gewünschte Eheauflösung. Die Aufhebungsklage wird oft nur erhoben, um der Scheidungsklage des anderen Teils zuvorzukommen (§ 18 1. DVO zum EheG). Besser wäre es, wie es das EheG von 1946 gegenüber dem EheG von 1938 tat, die Eheaufhebung wegen Irrtums stärker zu beschränken. Der Entwurf zum 2. EheRG will die Eheaufhebung wegen Irrtums völlig beseitigen. Richtig ist zwar, daß viele in der älteren Praxis behandelte Irrtumsfälle Irrtümer betreffen, die uns heute nicht objektiv erheblich erscheinen. Andererseits führt die gänzliche Ausschaltung der Aufhebbarkeit wegen Irrtums möglicherweise zu Härten (vgl. den FamRZ 1981, 770 erörterten Fall der Unkenntnis von der Anlage zu einer später zum Ausbruch kommenden Geisteskrankheit). Die Irrtumsfälle mit dem heutigen Scheidungsrecht zu bewältigen erscheint im Hinblick auf die Folgeregelungen nicht sachgerecht, da die Folgen der Eheaufhebung andere sein sollten als die auf einer späteren Fehlentwicklung der Ehe beruhenden Scheidung (vgl. dazu unten § 11 IV).

Beispiele: A. begehrt Aufhebung der Ehe, weil er festgestellt hat, daß seine Frau falsche Zähne trägt. Zwar ist Zahnlosigkeit eine körperliche Eigenschaft; aber bei verständiger Würdigung des Wesens der Ehe brauchte das nicht von der Eheschließung abzuhalten. Das Aufhebungsverlangen ist unbegründet. – B. begehrt Aufhebung der Ehe, weil er erfährt, daß der Vater der Frau zu Freiheitsstrafe verurteilt war. Es handelt sich um äußere Verhältnisse, zudem nicht beim Ehegatten selbst. Das Aufhebungsverlangen könnte nur dann begründet sein, wenn die Frau eine verbrecherische Veranlagung ererbt hätte.

III. Täuschung

Arglistige Täuschung berechtigt zur Eheaufhebung, wenn sie irgendwelche für die Eheschließung erheblichen Umstände betrifft, mag es sich um persönliche Eigenschaften des anderen Gatten oder um äußere Verhältnisse handeln (§ 33 EheG). Die Möglichkeiten zur Eheaufhebung sind also weitergehend als beim Irrtum. Die arglistige Täuschung muß ferner für die Eheschließung *kausal* gewesen sein. Es muß sich auch um eine Täuschung über objektiv erhebliche Umstände handeln. Daß eine Täuschung über Vermögensverhältnisse nach dem sittlichen Wesen der Ehe unerheblich ist, wird durch eine ausdrückliche Gesetzesbestimmung klargestellt; dagegen wäre z. B. eine Täuschung über eine bestehende Schwangerschaft oder deren Urheber erheblich; BGHZ 80, 235 gibt für diesen Fall sogar einen Schadensersatzanspruch. Daß die Eheaufhebung auch nach der bisherigen Gestaltung des ehelichen Lebens sittlich gerechtfertigt sein müsse, wird bei der arglistigen Täuschung vom Gesetz nicht ausdrücklich verlangt. Arglistige Täuschung rechtfertigt – auch bei bisher glücklicher Ehe – grundsätzlich die Eheaufhebung. Doch hat die Rspr. (BGHZ 5, 186) dies weitgehende Aufhebungsrecht mit § 242 eingeschränkt.

Die Täuschung kann durch Vorspiegelungen wie auch durch Verschweigen erfolgen. Doch besteht keine Pflicht der Verlobten, lückenlos über alle erdenklichen Umstände zu berichten. Die Täuschung durch einen Dritten (Heiratsvermittler!) ist nur dann erheblich, wenn sie mit Wissen des anderen Ehepartners begangen wurde.

IV. Drohung

Die *widerrechtliche Drohung* ist Eheaufhebungsgrund, wenn sie für das Zustandekommen der Ehe kausal war. Von wem die Drohung ausging, ist gleichgültig; auch die Drohung eines Dritten, z. B. des Schwiegervaters, berechtigt zur Aufhebungsklage. Es bedarf auch nicht der Prüfung, ob die Eheaufhebung mit Rücksicht auf die bisherige Gestaltung des ehelichen Lebens sittlich gerechtfertigt ist. Ebenso wie bei der arglistigen Täuschung kann auch eine glückliche Ehe zerstört werden; widerrechtliche Drohung ist immer Aufhebungsgrund (EheG § 34).

Zweifelhaft kann sein, wann eine Drohung widerrechtlich ist. Die Widerrechtlichkeit kann sich schon aus dem angedrohten Übel als solchem ergeben (z. B. angedrohter Mord). Doch auch die Drohung mit einer erlaubten Handlung (z. B. Strafanzeige) kann widerrechtlich sein, wenn kein gerechtfertigter Zusammenhang mit der Eheschließung besteht; denn die Eheschließung soll keinesfalls erzwungen werden (vgl. § 1297). Aber nicht jede Drohung zur Herbeiführung einer Eheschließung ist widerrechtlich (vgl. BGHZ 2, 296 ff.), jedenfalls nicht die Drohung mit den Schadensersatzansprüchen aus § 1298. Ob der Drohende sich der Widerrechtlichkeit seiner Drohung bewußt war, muß – entgegen BGHZ 25, 217 – für das Eheaufhebungsrecht des Bedrohten belanglos sein.

Fraglich ist, ob der Standesbeamte das Aufgebot oder die Entgegennahme der Eheschließungserklärungen verweigern darf, wenn er weiß, daß ein Beteiligter unter dem Einfluß einer widerrechtlichen Drohung steht. Zwar enthalten die §§ 31 ff. EheG keine vom Standesbeamten zu beachtenden Eheverbote; andrerseits darf der Standesbeamte keine Beihilfe zu strafbarer Nötigung (StGB § 240) leisten.

V. Unrichtige Todeserklärung

Ein Sonderfall des zur Aufhebungsklage berechtigenden Irrtums liegt vor, wenn nach *Todeserklärung* eines Gatten der andere wieder *geheiratet* hat und sich nun herausstellt, daß der für tot Erklärte noch lebt (§§ 38ff. EheG). Hier kann der Ehegatte, der über den Fortbestand seiner alten Ehe im Irrtum war, die Aufhebung der neuen Ehe begehren, aber nur um den früheren Ehegatten wieder zu heiraten (§ 39 EheG).

Kannten beide Gatten der neuen Ehe die Unrichtigkeit der Todeserklärung, so bleibt die erste Ehe gültig; die zweite Ehe ist wegen Bigamie nichtig (§ 5 EheG). War wenigstens ein Gatte der neuen Ehe hinsichtlich der Todeserklärung gutgläubig, so gilt die erste Ehe als mit Schließung der neuen Ehe aufgelöst; die neue Ehe ist gültig. Die erste Ehe bleibt selbst dann aufgelöst, wenn die zweite etwa vor Rückkehr des Ehegatten erster Ehe aufgelöst wurde; die erste Ehe lebt nicht von selbst wieder auf. Dabei bleibt es auch, wenn der Ehegatte des für tot Erklärten hinsichtlich der Todeserklärung bösgläubig war. Nur bei seiner Gutgläubigkeit liegt ein zur Klage auf Aufhebung der zweiten Ehe berechtigender Irrtum vor.

Die Regelung ist für den zurückgekehrten, für tot erklärten Gatten hart; doch muß er sich angesichts seiner langen Abwesenheit damit abfinden; er kann die Wiederherstellung der alten Ehe nicht erzwingen. Der nur an der zweiten Ehe beteiligte Gatte hat, mag die Lage für ihn auch peinlich sein, kein Interesse an der Aufhebung seiner Ehe (vgl. aber § 33 EheG!). So mag der Gatte beider Ehen entscheiden, an welcher Ehe ihm mehr liegt.

Die Regelung der §§ 38, 39 EheG setzt eine *rechtskräftige* Todeserklärung voraus; doch gilt sie angesichts zahlreicher vorgekommener verfrühter Eheschließungen ausnahmsweise für vor Rechtskraft geschlossene Ehen; sie gilt ferner auch bei bloßen Beschlüssen über Feststellung der Todeszeit (Näheres Art. 3 Ges. vom 15. 1. 1951), nicht aber bei sonstiger irriger Annahme des Todes (etwa: falscher Sterbeurkunde); so h. M. (lies auch *Schrodt,* JR 1951, 43 und *Zeitler,* JR 1951, 425).

In der DDR wird mit der Todeserklärung stets die erste Ehe aufgelöst; es können nur beide Ehegatten der ersten Ehe gemeinsam auf Scheidung der zweiten Ehe klagen. Mit Rechtskraft der Scheidung wird die erste Ehe wieder hergestellt (§§ 37, 38 FGB). Diese Regelung ist rechtspolitisch insofern besser, als sie sicherer gewährleistet, daß die zweite Ehe um der Wiederherstellung der ersten willen und nicht aus anderen Gründen – unter Vorschieben der unrichtigen Todeserklärung – gelöst wird.

Schrifttum: *Schubart,* Die Ehe vermeintlich Toter, 1948; *Völker,* SJZ 1949, 71; *Volkmar,* SJZ 1949, 321; *Schrodt,* JR 1951, 43; *Zeitler,* JR 1951, 425.

§ 10. Eheverbote

Schrifttum: *Ramm,* Eheverbot und Ehenichtigkeit, JZ 63, 47 u. 81; *Lüke,* Die Eheverbote wegen Schwägerschaft und wegen Ehebruchs, NJW 1962, 2177; *Katholnigg,* Der Einfluß des Art. 6 Abs. I GG auf die Eheverbote wegen Schwägerschaft, Geschlechtsgemeinschaft und Ehebruchs, FamRZ 1964, 123.

Nur dem Zustandekommen nach ist die Ehe Rechtsgeschäft und demgemäß von allgemeinen oder spezialisierten Rechtsgeschäftsvoraussetzungen abhängig. Nach ihrem sozialen Ziel kann sie noch von weiteren Voraussetzungen abhängig und in bestimmten Fällen verboten sein. Die

Eheverbote sichern insbesondere den exogamen und monogamen Charakter entsprechend allgemeinen sittlichen Vorstellungen; teils sind die Eheverbote von überkommenen religiösen Vorstellungen mitbestimmt. Andrerseits wird heute ein Grundrecht der Eheschließungsfreiheit angenommen (BVerfGE 29, 166 u. NJW 1971, 1509; BVerwG FamRZ 1962, 303). Aber GG Art. 2 wird durch das Sittengesetz und die Verfassung (GG Art. 6!) eingeschränkt. GG Art. 6 schützt die durch die Eheverbote in ihrem Wesen sachlich umgrenzte Institution der Ehe und gibt selbst keine schrankenlose Eheschließungsfreiheit (str.). Ebensowenig stehen der ein Eheschließungsrecht gewährleistende Art. 12 der Europäischen Menschenrechtskonvention oder die einschlägigen UN-Konventionen (oben § 1 II 2) den das Wesen der Ehe umgrenzenden Eheverboten entgegen; Art. 12 will lediglich eine Diskriminierung bestimmter Personen oder Personengruppen bei der Eheschließung verhindern; er nimmt auch ausdrücklich auf das einzelstaatliche Recht Bezug.

Selbst Strafhaft darf nicht ohne Weiteres die Eheschließung verhindern (dazu BVerfGE 33, 1 u. 13 sowie StrafvollzugsG v. 16. 3. 1976).

I. Das kanonische Recht hat – nicht zuletzt wegen der Unscheidbarkeit der Ehe – besonders eingehend die Lehre von den *Ehehindernissen* entwickelt, worunter zeitweilig alle die Eheschließung beeinträchtigenden Fehler verstanden wurden. Noch das PStG von 1957 bedient sich einer solchen Terminologie. Die heutige Dogmatik hat Formfehler, Ehefähigkeit und Willensmängel verselbständigt und faßt die verbleibenden Ehehindernisse als Eheverbote. Gleichwohl findet sich im EheG § 10 unter den Eheverboten noch eine Vorschrift, welche lediglich den Beweis der Zulässigkeit der Eheschließung betrifft.

Das kanonische Recht hat verschiedene Unterteilungen der Ehehindernisse entwickelt, von denen einige für das geltende Recht bedeutungslos sind (z. B. absolute und relative, öffentliche und geheime Hindernisse); andere sind bedeutsam geblieben. So ist zu unterscheiden zwischen *aufschiebenden Eheverboten*, welche zwar die Eheschließung hindern sollen, die Gültigkeit der gleichwohl geschlossenen Ehe aber unberührt lassen, und *trennenden Eheverboten*, welche die Gültigkeit der Ehe beeinträchtigen. Entsprechend der kanonischen Einteilung in Ehehindernisse göttlichen und menschlichen Rechts, wobei von den letzteren allein Befreiung bewilligt werden kann, ist heute noch zwischen Eheverboten zu unterscheiden, von denen Befreiung gewährt werden kann, und denen, wo dies nicht zulässig ist. Das protestantische Kirchenrecht hat innerhalb der trennenden Ehehindernisse noch öffentliche und private unterschieden, je nach Gestaltung des Akkusationsrechts. Dem entspricht heute unsere Unterscheidung von Nichtigkeits- und Aufhebungsklage (im BGB noch Anfechtungsklage). Da die Aufhebungsklage nur bei mangelnder Geschäftsfähigkeit und bei Willensmängeln gegeben ist, sind die im folgenden zu behandelnden trennenden Eheverbote sämtliche „öffentliche". Der Entwurf zu einem 2. EheRG will nur noch eine Nichtigkeitsklage vorsehen, in der auch die Aufhebungsklage aufgehen soll – eine nützliche Rationalisierung.

Die Zahl der Ehehindernisse war im kanonischen Recht außerordentlich groß. Von ihnen sind insbesondere die rein konfessionellen Ehehindernisse der empfangenen Weihen, des Keuschheitsgelübdes, der Religionsverschiedenheit usw. im staatlichen Recht entfallen, aber auch das aus dem Wesen der Ehe abgeleitete Ehehindernis der Impotenz.

II. Eheverbote des heutigen Rechts

Das geltende Recht folgt einer modernen Tendenz, die Eheverbote tunlichst zu verringern. Namentlich in östlichen Rechten ist die Zahl der Eheverbote zum Teil noch geringer als im deutschen Recht. Auch der Entwurf zum 2. EheRG strebt eine weitere Verringerung der Eheverbote an. Nach EheG sind nur die Eheverbote wegen Verwandtschaft oder schon bestehender Ehe absolute Verbote. Die übrigen Verbote sind teils nur aufschiebend, d. h. vom Standesbeamten zu beachten, bei gleichwohl geschlossener Ehe aber ohne Einfluß auf die Gültigkeit der Ehe; teils kann von den Eheverboten Befreiung erteilt werden. Die Befreiungen haben sich vom ursprünglichen Gnadenakt zunächst zum gesetzlich gebundenen Verwaltungsakt und schließlich zum Akt der fürsorgenden Gerichtsbarkeit entwickelt. Sie werden heute teils vom Vormundschaftsgericht erteilt, teils vom Standesbeamten durch Verwaltungsakt, aber unter Kontrolle im gerichtlichen Verfahren.

1. *Eheverbote wegen Verwandtschaft* und Schwägerschaft (EheG § 4) beruhen nicht auf erbpflegerischen Erwägungen, sondern auf uralten sittlichen Vorstellungen.

a) Das Eheverbot wegen *Verwandtschaft* besteht heute nur zwischen Verwandten in gerader Linie und voll- oder halbbürtigen Geschwistern. Es entspricht insoweit der Strafbarkeit des Beischlafs zwischen nahen Verwandten (Blutschande; StGB § 173 n. F.). Das Eheverbot besteht als Verbot wegen Blutsverwandtschaft auch dann weiter, wenn die Verwandtschaft im Rechtssinne durch Adoption seitens eines Dritten nach § 1755 n. F. als erloschen gilt (EheG § 4 n. F.). Eine Befreiung von diesem Eheverbot gibt es nicht. Die dagegen verstoßende Ehe ist unheilbar nichtig (§ 21 EheG).

Das kanonische Recht hatte einst die Verwandtenehe bis zum 7. Grad verboten, und verbietet sie heute bis zum 4. Grad. Nach staatlichem Recht sind heute Ehen naher Verwandter, z. B. von Vetter und Cousine (anders einst § 65 ö. aBGB) oder von Onkel und Nichte (anders PrALR II 1 § 8; Art. 163 CC; Art. 100 Schw. ZGB) zulässig. Als eine die Ehe hindernde Verwandtschaft gilt auch die nichteheliche Abstammung. Verboten ist daher z. B. die Ehe zwischen Vater und nichtehelicher Tochter, und zwar entgegen dem Wortlaut von § 1600a auch dann, wenn die nichteheliche Abstammung nicht förmlich festgestellt ist, und jedenfalls stets dann, wenn eine förmliche Feststellung vorliegt, mag diese (wie z. B. bei unrichtiger Vaterschaftsanerkennung) unrichtig, aber nicht förmlich beseitigt sein. Entsprechendes gilt auch für Verwandtschaft in der Seitenlinie, etwa eine Ehe zwischen dem ehelichen Sohn und der nichtehelichen Tochter des gleichen Vaters.

b) Verboten ist die Ehe zwischen *Verschwägerten* in gerader Linie, also z. B. Schwiegervater und Schwiegertochter, Stiefvater und Stieftochter. Grund dafür sind nicht nur alte sittliche Vorstellungen, sondern auch die Widernatürlichkeit der etwa entstehenden Verwandtschaftsbeziehungen, wenn aus der die Schwägerschaft begründenden Ehe Kinder hervorgegangen waren. Das Eheverbot ist mit GG Art. 6 und 2 unbedenklich vereinbar (BVerwG NJW 61, 893 und OLG Hamburg FamRZ 1970, 27). Die gegen das Verbot verstoßende Ehe ist nichtig. Aber von dem Eheverbot kann befreit werden; nachträgliche Befreiung heilt eine nichtige Ehe rückwirkend (§ 21 EheG).

Verschwägerung in der Seitenlinie ist in unserem Eherecht kein Ehehindernis mehr: man darf also die verwitwete Schwägerin heiraten.

Die Befreiung vom Eheverbot (z. B. für die Ehe des Stiefvaters mit der Stieftochter), früher Justizverwaltungsakt, wird nunmehr im Wege der freiwilligen Gerichtsbarkeit vom Vormundschaftsgericht erteilt (Richtersache nach § 14 Ziff. 18 RpflG). Zuständig ist jedes Gericht am gewöhnlichen Aufenthalt eines Verlobten, notfalls das Amtsgericht Berlin-Schöneberg oder ein von diesem bezeichnetes Gericht (FGG § 44a). Die Befreiung soll versagt werden, wenn wichtige Gründe der Eingehung der Ehe entgegenstehen. Versagung der Befreiung ist also die Ausnahme. Der Gesetzgeber bemüht hier zur Erfassung einzelner anstößiger Ehen die gesetzgeberische Technik des Verbots mit Erlaubnisvorbehalt, wo dem erstrebten Ergebnis nach eine Erlaubnis mit Verbotsvorbehalt angebrachter wäre; aber anders käme man nicht zur Erfassung vom Gesetzgeber für verbotswürdig gehaltener Fälle. Versagungsgrund ist insbes. die offenkundige Störung des Familiengefüges, insbes. bei Heirat des lange im Haushalt aufgezogenen Stiefkindes. Die Befreiung vom Eheverbot ist unanfechtbar und kann auch vom Gericht selbst nicht mehr geändert werden; gegen die Versagung ist die Beschwerde des FGG gegeben.

Wenn in der Befreiungspraxis heute gelegentlich eine Individualbewertung und darin eine Verletzung des Gleichheitssatzes gesehen wird, so übergeht diese Auffassung, daß die Befreiungspraxis nicht in Abwägung der Person der Verlobten, sondern im Hinblick auf den Schutz der Institution der Ehe geübt werden muß. Bedenklich ist freilich wegen GG Art. 20 die mangelnde Präzisierung der Befreiungsgesichtspunkte.

In der DDR ist das Eheverbot der Schwägerschaft entfallen; in der BRD wird seine Beseitigung im Entwurf zum 2. EheRG vorgesehen.

c) Verboten war nach § 4 EheG auch die Ehe zwischen Personen, von denen die eine mit Vorfahren oder Abkömmlingen der anderen *Geschlechtsgemeinschaft* gepflogen hat (sogen. „illegitime Schwägerschaft“). Das Eheverbot ist schwer beweisbar und selbst im kanonischen Recht auf Fälle offenkundigen Konkubinats und der nichtigen Ehe beschränkt (can. 1093). BVerfGE 36, 147ff. hat das *Eheverbot für verfassungswidrig* erachtet, sah sich aber außerstande, EheG § 4 als Kontrollratsrecht insoweit für nichtig zu erklären (vgl. dazu oben § 2 I). *Durch das 1. EheRG ist* das Eheverbot mit *sofortiger Wirkung beseitigt.*

d) Die Eheverbote des § 4 EheG erfassen zunächst nur die Blutsverwandtschaft und durch sie begründete Schwägerschaft. Bei der *Adoption* entsteht ein künstliches Verwandtschaftsverhältnis, das aber in dem Rahmen, in welchem das Kind in die Familie des oder der Annehmenden integriert wird (§§ 1754, 1770, 1772 n. F.) für die Eheverbote des EheG § 4 der Blutsverwandtschaft gleichgestellt wird (EheG § 7), freilich nur so lange, als das Annahmeverhältnis besteht. Doch ist hier Befreiung vom Eheverbot der Verwandtschaft in der Seitenlinie ebenso wie Befreiung vom Eheverbot der Schwägerschaft zulässig.

Mit Befreiung können also Adoptivgeschwister einander heiraten; ebenso könnte der Mann die Adoptivtochter seiner geschiedenen Frau heiraten (vorausgesetzt, er ist nicht selbst deren Erzeuger!).

Im übrigen ist das Eheverbot Sollvorschrift und damit nur aufschiebend; die entgegen dem Verbot geschlossene Ehe bleibt wirksam, das mit ihr unvereinbare Adoptionsverhältnis erlischt (§ 1766 n. F.).

2. *Eheverbote im Zusammenhang mit einer anderen Ehe:*

a) Verboten ist die *Doppelehe* (§ 5 EheG); sie ist unheilbar nichtig (§ 20 EheG) und strafbar (§ 171 StGB): „Ehehindernis des bestehenden Ehebandes."

Das Eheverbot ist allen westlichen Kulturrechten gemeinsam; die Ehe ist heute monogam. Befreiung vom Eheverbot gibt es nicht. Sie wurde früher zeitweise in Österreich bei von Tisch und Bett geschiedenen Ehen katholischer Gatten erteilt, was zu dem erst mit dem EheG von 1938 geordneten Wirrwarr der Dispensehen führte.

Schrifttum: *Lenhoff,* Auflösung der Ehe und Wiederverheiratung, 1926; Österr. VerfGH, JW 1927, 2876 und Amtsblatt der Österr. Justizverw. 28, 71ff.

Das Eheverbot steht der Wiederholung (Bestätigung) ein und derselben Ehe nicht entgegen (1. DVO § 13). Es gilt ferner nicht, wenn ein Gatte einer früheren Ehe für tot erklärt wurde und diese Todeserklärung sich als unrichtig erweist, sofern bei der neuen Ehe wenigstens ein Ehegatte gutgläubig ist (EheG § 38).

Doppelehen sind – insbes. nach Inkrafttreten des 1. EheRG – mehrfach vorgekommen, wenn nach unrichtiger Bescheinigung der Rechtskraft eines Scheidungsurteils eine neue Ehe geschlossen wurde. Die Heilung solcher Doppelehen mit nachträglichem Eintritt der Rechtskraft des Scheidungsurteils ist vorgesehen in Ziff. 16 des Ges. über die Prozeßkostenhilfe (!) v. 13. 6. 1980.

Wird ein rechtskräftiges Urteil auf Nichtigerklärung, Aufhebung oder Scheidung der Ehe infolge Wiedereinsetzung in den vorigen Stand (BGHZ 8, 284 und NJW 1959, 45) oder im Wiederaufnahmeverfahren (dazu *Beitzke,* SJZ 1949, 553) beseitigt, so ist die alte Ehe nie gelöst worden; eine neue Ehe ist nichtig, auch wenn die Ehegatten beide gutgläubig waren (str.; vgl. *Bruns,* JZ 1959, 172 und *Zeuner,* MDR 1960, 85ff.).

Beispiele: A., der vorgibt, als Ostflüchtling alle Papiere verloren zu haben, gelingt es, eine zweite Ehe zu schließen. Nach einem Jahr wird seine erste Ehe auf Betreiben seiner ersten Ehefrau wegen Formmangels (§ 17 EheG) für nichtig erklärt. Infolge der Rückwirkung des Nichtigkeitsurteils ist jetzt die zweite Ehe von Anfang an wirksam! In der Regel ist die nichtige erste Ehe nur aufschiebendes Eheverbot für die zweite Ehe.

Im Film „Der Weg ins Freie" täuscht die Ehefrau einen Selbstmord vor. Obwohl die Leiche nicht gefunden wurde, wird eine Sterbeurkunde ausgestellt, und der Ehemann heiratet zum zweitenmal. Als die Frau erster Ehe bei ihrer Rückkehr die glückliche neue Ehe sieht, begeht sie wirklich Selbstmord. Die zweite Ehe war eine nichtige Ehe und bleibt das nach h. M. auch nach Auflösung der ersten Ehe. Erneute Schließung der zweiten Ehe heilt nach h. M. nur für die Zukunft, sollte aber – entgegen der h. M. – die Nichtigkeitsklage für die Vergangenheit ausschließen.

b) Der *Ehebruch* war nach EheG § 6 ein Hindernis für die Ehe zwischen Personen, welche die Ehe miteinander gebrochen hatten, vorausgesetzt, daß der Ehebruch im Scheidungsurteil festgestellt war. Dieses dem kanonischen Recht entstammende Eheverbot konnte im Ergebnis weder Ehebrüche eindämmen noch schließlich die Heirat der Ehebrecher verhindern, weil oft genug der Ehebruch im Scheidungsprozeß gegen „Schweigegeld" nicht zur Sprache kam. Schon Luther nannte dies Eheverbot einen „rigor stultitiae". Es wurde schließlich durch eine großzügige Befreiungspraxis unterhöhlt. Seine Verfassungsmäßigkeit war angezweifelt (vgl. zuletzt *Müller-Freienfels* JZ 1974, 305 mit Nachweisen). So ist das *Eheverbot durch das 1. EheRG mit sofortiger Wirkung beseitigt.* Es wäre ohnehin mit der Beseitigung des Verschuldensprinzips im Scheidungsrecht hinfällig geworden. Selbst früher unzulässig geschlossene Ehen können heute nicht mehr für nichtig erklärt werden (EheG § 22 a. F. ist beseitigt!); schwebende Verfahren gelten als in der Hauptsache erledigt.

c) Das Eheverbot der *Wartezeit* verbietet einer Frau, vor Ablauf von 10 Monaten nach Auflösung einer früheren Ehe wieder zu heiraten (§ 8 EheG). Das Eheverbot ist nur aufschiebend; die dagegen verstoßende Ehe ist wirksam.

Das Eheverbot der Wartezeit beruht nicht auf sittlichen Erwägungen (Trauerzeit), sondern dient der Klärung der Abstammungsverhältnisse der Kinder. Daher ist Befreiung vom Eheverbot durch den Standesbeamten möglich. Sie soll nach § 14 AusfVO PStG nur versagt werden, wenn dem Standesbeamten bekannt ist, daß die Frau von ihrem früheren Mann schwanger ist. Diese Vorschrift ist unbefriedigend. Sofern der Standesbeamte überhaupt etwas von der Schwangerschaft erfährt, wird er sich mit der Versicherung begnügen müssen, das Kind stamme nicht vom ersten Mann. Diese Versicherung kann falsch sein. Folgerichtig müßte die Eheschließung auch versagt werden, wenn das zu erwartende Kind weder vom früheren, noch vom neuen Mann stammt. Selbst wenn das Kind vom neuen Mann stammt, führt die Vorschrift evtl. zu einer bevorzugten Legitimierung von Ehebruchskindern – eine nicht in jeder Hinsicht erfreuliche Folgerung. In der DDR ist das Eheverbot beseitigt; in der BRD wird seine Beseitigung mit Recht im Entwurf zum 2. EheRG vorgesehen. Wiederheirat von Witwen ist ohnehin selten, wenn sie noch vom ersten Mann schwanger sind; verfehlterweise macht das Gesetz nichteinmal eine Ausnahme vom Eheverbot für ältere, nicht mehr gebärfähige Witwen. Eine echte Aufgabe hätte das Eheverbot höchstens nach Scheidung; aber da ist die Frau selten noch vom früheren Mann schwanger; daher mag die Ehelichkeitsvermutung des § 1600 eine für die Abstammung der Kinder ausreichende Regelung darstellen.

Schrifttum: *Mayer-Maly,* Trauerzeit und Wiederheirat, Festschr. Franz Arnold 1962, 313; *Scholl,* Das Eheverbot der Wartezeit, Diss. Bonn 1971.

3. Wer nach *Todeserklärung* seines Gatten eine neue Ehe eingegangen ist und nach Feststellung der Unrichtigkeit der Todeserklärung die neue Ehe zur Aufhebung gebracht hat, kann nur den ersten, einst für tot erklärten Gatten wieder heiraten (§ 39 EheG). Die Ehe mit einer anderen Person ist unzulässig; wird sie gleichwohl geschlossen, so ist sie wirksam (vgl. § 16 EheG, str.).

Das Eheverbot führt zu Schwierigkeiten, wenn man die zweite Ehe zur Wiederherstellung der ersten hat aufheben lassen, es dann aber nicht zur Wiederherstellung der ersten Ehe kommt. BayObLG NJW 1961, 1725 sieht daher bei anderweitiger Wiederheirat des Gatten der ersten Ehe vom Eheverbot ab.

4. Wer ein Kind hat, für dessen Vermögen er zu sorgen hat oder das unter seiner Vormundschaft steht, oder wer mit einem minderjährigen oder bevormundeten Abkömmling in fortgesetzter Gütergemeinschaft lebt, darf eine neue Ehe erst schließen, wenn er durch ein *Zeugnis des Vormundschaftsgerichts* nachgewiesen hat, daß er alle Pflichten hinsichtlich dieser Vermögensverwaltung erfüllt, insbesondere bei gemeinsamen Vermögen eine Auseinandersetzung herbeigeführt hat (§ 9 EheG; §§ 1683, 1845), oder daß ihm solche Pflichten nicht obliegen (Negativattest). Das Verbot trifft nicht nur Witwer und Witwe, Geschiedene und Vormund, sondern auch die mit der elterlichen Sorge versehene nichteheliche Mutter (§ 1705). Die gegen das Verbot verstoßende Ehe ist wirksam, kann aber Entziehung der Vermögensverwaltung zur Folge haben

(§§ 1683, 1886); das Kind oder Mündel soll vor vermögensrechtlichen Nachteilen geschützt werden. Rechtspolitisch ist das Eheverbot angreifbar, weil es nicht dem Schutz der Ehe überhaupt oder der bevorstehenden Ehe dient. Zum Schutz der Kinder aus einer früheren Verbindung müssen die vormundschaftsgerichtlichen Aufsichtsmaßnahmen genügen. In der DDR ist das Eheverbot beseitigt.

5. Für Nichtdeutsche bestimmt ihr Personalstatut (EGBGB Art. 13, 29), welche Eheverbote etwa bestehen. Der Standesbeamte hat sich über das Nichtbestehen von Eheverboten durch ein vom Heimatstaat ausgestelltes Ehefähigkeitszeugnis zu vergewissern. Das Fehlen dieses Zeugnisses hindert die Ehe; EheG § 10 knüpft an das Fehlen des richtigen Beweismittels für die Zulässigkeit der Ehe eines Ausländers ein deutsches Eheverbot. Doch kann der Präsident des Oberlandesgerichts, in dessen Bezirk die Ehe geschlossen werden soll, von diesem Erfordernis befreien. Er soll die Befreiung regelmäßig nur Staatenlosen oder Angehörigen solcher Staaten erteilen, welche keine Ehefähigkeitszeugnisse ausstellen; in anderen Fällen nur ausnahmsweise. Die Befreiung entbindet nur von einem sonst nötigen Beweisverfahren, nicht von Eheverboten des maßgebenden ausländischen Rechts, und muß bei deren Vorliegen verweigert werden; der Standesbeamte ist an die Befreiung nicht gebunden (BGHZ 46, 87ff.). Da die Befreiung entsprechend dem Aufgebot der Klärung des Fehlens von Eheverboten dient, hat sie wie dieses nur 6 Monate Gültigkeit. Gegen die Versagung der Befreiung ist ein Antrag auf gerichtliche Entscheidung bei einem oberlandesgerichtlichen Senat (§§ 23ff. EGGVG) möglich (BGHZ 41, 136).

6. Weitere Eheverbote bestehen nicht (vgl. aber noch § 2 EheG u. dazu oben § 8 II 1). Die im früheren Recht gegebenen Ehehindernisse der Standesungleichheit und der mangelnden Zustimmung des Gutsherren sind längst entfallen. Ebenso ist heute das Eheverbot wegen fehlender dienstlicher Genehmigung bei Beamten oder Soldaten entfallen; das Erfordernis einer dienstlichen Genehmigung beeinträchtigt den gültigen Abschluß einer Ehe nicht (lies Henrichs, FamRZ 1956, 175). Verschiedene *Staatsangehörigkeit der Ehegatten* ist kein Ehehindernis; die Voraussetzungen einer derartigen Ehe bestimmen sich nach Art. 13 EGBGB, § 10 EheG. Die eine Bestätigung von Ehefähigkeitszeugnissen durch die Verwaltungsbehörde fordernde und damit die Verhinderung von Staatsangehörigkeits-Mischehen ermöglichende 3. DVO zum EheG ist schon zufolge § 79 EheG nicht mehr in Kraft, dann mit Art. 9 Ziff. 14 FamRÄndG ausdrücklich aufgehoben.

7. Die 1935 eingeführten *rassischen und eugenischen Ehehindernisse* sind durch § 79 EheG aufgehoben. Gleichwohl besteht ein unleugbares Bedürfnis danach, kranke und erbgeschädigte Nachkommenschaft zu verhüten. Dem dienen mittelbar die Beschränkungen in der Eheschließung für nicht voll geschäftsfähige Personen, so insbesondere bei Geisteskranken und Geistesschwachen (§§ 1, 3 EheG). Ferner ist nach § 5 Ges. zur Bekämpfung der Geschlechtskrankheiten der Beischlaf eines Geschlechtskranken strafbar. Nach § 6 a. a. O. macht sich auch strafbar, wer die Ehe schließt, ohne dem anderen Gatten von einer vorhandenen Geschlechtskrankheit Mitteilung zu machen. Die gleichwohl geschlossene Ehe ist aber wirksam! Die Verhütung geschädigter Nachkommenschaft ist demnach weitgehend vom Verantwortungsbewußtsein der Eheleute abhängig. Das erfordert eine gründliche Aufklärung über ansteckende und vererbliche Krankheiten. So erfolgte zeitweise in einigen Ländern vor der Eheschließung ein besonderer Hinweis auf ansteckende Krankheiten (vgl. z.B. VO vom 19. 2. 1946 in der Mark Brandenburg, VOBl. S. 214; Ges. Nr. 347 vom 14. 3. 1949 Württemberg-Baden betr. Vorlegung von Gesundheitszeugnissen; aufgehoben durch Ges. v. 21. 9. 1953); in anderen Ländern ist eine Zeitlang weiter die im Ehegesundheitsgesetz vorgesehene Eheunbedenklichkeitsbescheinigung verlangt worden, obwohl es dazu an einer gesetzlichen Grundlage fehlte. Das Gesetz ist mit Art. 9 FamRÄndGes. 1961 nochmals förmlich aufgehoben worden.

§ 11. Fehlerhafte Ehe

Schrifttum: *Henle,* Nichtehe, 1915; *Thiesing,* Wirkung nichtiger Ehen, 1907; *Ramm,* Eheaufhebung oder Eheanfechtung, Festschr. v. Hippel 1967, 313ff. *Beitzke,* Vermögensrechtliche Folgen fehlerhafter Ehen, Festschr. Knur (1972) 39ff.; *Henrich,* Nichtehe und nichtige Ehe, RabelsZ 37 (1973) 230ff.; *Thomas,* Formlose Ehen, 1973; *Neuhaus,* Heilung von Nichtehen, Fschr. Schwind 1978, 222; *D. Schwab,* Aspekte des Eheaufhebungsverfahrens nach der Eherechtsreform, Fschr. Beitzke 1979, 357.

Eine Ehe kann aus verschiedenen Gründen fehlerhaft sein: es kann gegen Formvorschriften und gegen Eheverbote verstoßen sein: es kann an der Ehefähigkeit fehlen, und es können Willensmängel vorliegen. Diese Fehler können wieder verschiedene Folgen haben: die Ehe kann trotz des Fehlers wirksam sein; der Fehler kann zur Folge haben, daß überhaupt keine Ehe entstanden ist („Nichtehe"), daß die Ehe „nichtig" oder aufhebbar ist.

Mit der Unterscheidung von gültiger Ehe, Nichtehe, nichtiger Ehe und aufhebbarer Ehe weicht das Eherecht von den sonstigen Wirksamkeitskategorien bei Rechtsgeschäften (Gültigkeit – Nichtigkeit – Anfechtbarkeit) wesentlich ab. Das hat verschiedene Gründe. Die Anfechtung ist zur Vermeidung ihrer Rückwirkung durch die Aufhebung der Ehe ersetzt. Im übrigen muß im öffentlichen Interesse über die Gültigkeit von Ehen Klarheit bestehen; darum kann eine Ehe nicht einfach nichtig oder anfechtbar sein; es bedarf vielmehr einer Klarstellung der Nichtigkeit durch gerichtliches Urteil überall da, wo schon wegen formgerechter Eheschließung der Schein einer wirksamen Ehe vorliegt. Dagegen ist das Nichtigkeitsurteil entbehrlich, wo auch nicht der Schein einer Ehe vorliegt, wie bei der nicht vor dem Standesbeamten geschlossenen Ehe. Hier kann es ohne weiteres an jeder Rechtswirkung fehlen: Nichtehe).

I. Eine **Nichtehe** liegt vor, wenn die Eheschließung nicht vor einem Standesbeamten stattfand (§ 11 EheG).

Nach dem EheG liegt eine Nichtehe auch dann vor, wenn es an übereinstimmenden Willensklärungen von Mann und Frau fehlt (§ 13 EheG) oder die Ehe zwischen Personen gleichen Geschlechts geschlossen ist. Das ist insofern nicht ganz unbedenklich, als auch hier infolge Beurkundung einer Ehe ein Rechtsschein vorliegen kann, der durch Nichtigkeitsurteil zu zerstören wäre; seine Zerstörung kann aber durch Berichtigung des Heiratsbuchs oder Klage auf Feststellung des Nichtbestehens der Ehe erfolgen. Im allgemeinen fehlt es bei der Nichtehe an jeglichen Rechtswirkungen. Gleichwohl hat die Judikatur gelegentlich bei Formmängeln nach längerem Zusammenleben von Mann und Frau davon abgesehen, Nichtexistenz der Ehe anzunehmen, oder hat die Berufung auf Nichtbestehen der Ehe als rechtsmißbräuchlich angesehen (vgl. Neuhaus a. a. O. u. oben § 7 I 2). Streng aber wieder BSG NJW 1981, 2655, das bei einer Nichtehe die Witwenrente versagt, selbst wenn nach ausländischem Recht eine gültige Ehe zustandegekommen war; doch aufgehoben vom BVerfG (JZ 1983, 257 mit Bespr. *Müller-Freienfels* JZ aaO S. 230).

II. Eine **fehlerhafte, aber wirksame Ehe** liegt vor, wenn nur gegen *Sollvorschriften* in der *Form* der Eheschließung verstoßen wurde (Zuständigkeit des Standesbeamten, Aufgebot, Zuziehung von Zeugen, Ausspruch des Standesbeamten über die vollzogene Verbindung, Eintragung ins Familienbuch, §§ 12, 14, 15 EheG), wenn es an der *Ehemündigkeit* (§ 1

EheG) oder der Zustimmung einer nur sorge-, aber nicht vertretungsberechtigten Person (EheG § 3) fehlte; oder wenn gegen *aufschiebende Eheverbote* verstoßen wurde (Adoption, Wartezeit, Auseinandersetzungszeugnis, Wiederheirat nach Todeserklärung; §§ 8–9, 39 EheG).

III. Eine „nichtige Ehe" liegt nur in den vom Gesetz ausdrücklich genannten Fällen vor (§ 16 EheG): bei schwerem Formmangel (§ 17 EheG), Geschäftsunfähigkeit (§ 18 EheG) und Verstoß gegen trennende Eheverbote (§§ 20, 21 EheG).

Die „nichtige Ehe" ist in Wahrheit eine zunächst wirksame, aber *vernichtbare* Ehe. Die Vernichtung erfolgt durch ein im Prozeßwege zu erlangendes Nichtigkeitsurteil.

1. Die *Nichtigkeitsklage* können beide Ehegatten – auch bösgläubige – erheben, bei Doppelehe auch der Gatte der früheren Ehe, und in allen Fällen der Staatsanwalt (§ 24 EheG), niemals aber ein Dritter (anders noch § 1329 BGB).

Daß auch ein bösgläubiger Ehegatte – unter Berufung auf das selbst begangene Unrecht! – die Nichtigkeitsklage erheben darf, liegt daran, daß er damit ja den Zustand wieder herbeiführt, der im öffentlichen Interesse bestehen soll: Beseitigung der Doppelehe (BGHZ 37, 51). Dies schließt aber nicht aus, daß im Einzelfall die Ehenichtigkeitsklage eines Bösgläubigen Rechtsmißbrauch sein kann (lies BGHZ 30, 140 und dazu *Boehemer,* NJW 1959, 2185 sowie *Müller-Freienfels,* JZ 1959, 635). Die Klage muß dann als unzulässig abgewiesen werden; das Urteil hat nicht die Wirkungen des § 636a ZPO. Anstelle des abgewiesenen bösgläubigen Ehegatten kann immer noch der Staatsanwalt die Ehenichtigkeitsklage erheben. Seine Klage gilt nie als rechtsmißbräuchlich (BGH NJW 1975, 872).

Die Klage wird von einem Ehegatten gegen den anderen gerichtet, vom Staatsanwalt oder dem Gatten einer früheren Ehe gegen beide Gatten (§ 632 ZPO).

Der Staatsanwalt soll das öffentliche Interesse wahren. Ob er die Nichtigkeitsklage erheben will, liegt in seinem Ermessen (str.). Vorausgesetzt ist, daß er von der nichtigen Ehe überhaupt Kenntnis erhält, wofür nur bei Blutschande und Bigamie (Doppelehe) infolge der Strafbarkeit einige Wahrscheinlichkeit besteht. Das Klagerecht des Staatsanwalts auch bei bloßer Geschäftsunfähigkeit eines der Eheschließenden ist von den Rechtsgeschäftskategorien des BGB her gesehen ebenso systemfremd wie überflüssig. Im übrigen ist die Ausübung des Klagerechts des Staatsanwalts mindestens da fragwürdig, wo das EheG noch die Möglichkeit einer Heilung der nichtigen Ehe bewußt offen läßt. Der Entwurf zum 2. EheRG will den Staatsanwalt durch die höhere Verwaltungsbehörde ersetzen.

Ist die Ehe aufgelöst, sei es durch Tod oder Scheidung, so kann nur noch der Staatsanwalt die Nichtigkeitsklage erheben. Da indessen die Wirkungen der Nichtigerklärung der Ehe nur im Vermögensrecht auf die Vergangenheit zurückgreifen, an der vermögensrechtlichen Auseinandersetzung der Ehegatten aber kaum ein öffentliches Interesse besteht, dürfte dies Recht des Staatsanwalts selten praktische Bedeutung haben.

Für die Nichtigkeitsklage gelten die besonderen Vorschriften des *Eheverfahrens* (§§ 606, 631 ff. n. F. ZPO). Der Staatsanwalt ist stets zur Beteiligung am Verfahren berechtigt (§ 634 ZPO). Es ist die materielle Wahrheit zu erforschen (§§ 617, 616 n. F. ZPO). Ein Anerkenntnis- oder Versäumnisurteil gegen den Beklagten ist unzulässig (§§ 617, 612 n. F.

ZPO). Die Sondervorschriften für das Scheidungsverfahren (ZPO §§ 622–630), namentlich über den zwingenden Verbund mit Folgesachen (ZPO § 623), gelten trotz weitgehender Parallelschaltung von Nichtigkeitsfolgen mit Scheidungsfolgen für das Ehenichtigkeitsverfahren nicht (BGH FamRZ 1982, 586). Das Urteil wirkt für und gegen jedermann (§ 636a ZPO).

Das Nichtigkeitsurteil ist rechtsgestaltend. Nach dem Wortlaut von § 23 EheG, daß die Nichtigkeit „nicht geltend gemacht" werden könne, solange die Ehe nicht durch gerichtliches Urteil für nichtig erklärt sei, könnte es scheinen, als sei das Urteil nur feststellend und decke nur die schon vorhandene Nichtigkeit auf. Indessen ist diese Ausdrucksweise des Gesetzes nicht bindend.

Für ein Gestaltungsurteil spricht entscheidend, daß nach dem Tod beider Gatten die Nichtigkeitsklage nicht mehr erhoben werden kann (§ 24 II EheG), die Ehe also endgültig wirksam bleibt. Ferner treten bei Nichtigkeitserklärung der Ehe Scheidungsfolgen ein (§ 26 EheG), nur auf besonderes Verlangen eines Ehegatten Nichtigkeitsfolgen. Auch die rückwirkende Heilung fehlerhafter Ehen, insbesondere bei fünfjährigem ehelichem Zusammenleben nach schwerem Formmangel (BGH FamRZ 1983, 450), bei Bestätigung der Ehe eines Geschäftsunfähigen oder nachträglicher Befreiung von Eheverboten läßt sich ungezwungener als Fortfall des Gestaltungsrechts zur Vernichtung der Ehe auffassen.

2. Nichtige Ehen können als gültige Ehen bestehen bleiben, entweder weil das Recht zur Nichtigkeitsklage entfällt oder weil die Nichtigkeitsklage nicht erhoben wird. Es sind zwei Arten nichtiger Ehen zu unterscheiden:

a) Die Doppelehe und die blutschänderische Ehe sind grundsätzlich unheilbar nichtig (§§ 20, 21 EheG). Auch sie bleiben aber als gültige Ehen bestehen, wenn keine Nichtigkeitsklage erhoben wird.

Das Ausbleiben einer Nichtigkeitsklage kann dazu führen, daß nach dem Tod eines Gatten aus einer bigamischen Ehe möglicherweise zwei Gatten des doppelt Verheirateten ein gesetzliches Erbrecht haben (lies dazu *Lange*, AcP Bd. 145 S. 165 und *Ferid* FamRZ 1963, 410 mit 1964, 184 für die Zugewinngemeinschaft). Auch die Überschneidung zweier Güterstände des doppelt Verheirateten kann zu Schwierigkeiten führen. So wird von BGH NJW 1980, 1462 es für möglich gehalten, daß beide Ehefrauen Ansprüche auf Zugewinnausgleich haben! Hier wäre allenfalls daran zu denken, nach der Dauer des Zusammenlebens mit dem einen oder anderen Ehegatten den Zugewinnausgleich zu teilen. Wenn dieser aber nach dem BGH von der Dauer des tatsächlichen Zusammenlebens unabhängig ist, sollte die erste Ehefrau Vorrang vor der zweiten haben (vgl. dazu auch *Beitzke* Fschr. Knur S. 51; kritisch auch *Görgens* JR 1981, 117). Zur Aufteilung der Witwenrente vgl. BSG FamRZ 1978, 587 u. NJW 1981, 1576.

Zur Erhebung der Klage besteht kein gerechtfertigter Anlaß mehr, wenn die Voraussetzungen der Doppelehe durch Auflösung der ersten Ehe entfallen sind (str.; vgl. BGH FamRZ 1964, 418 gegen *Beitzke* MDR 1952, 388 und *Boehmer* NJW 1959, 2189 sowie LG Frankfurt NJW 1976, 1096). Der hier vertretene Grundsatz ist inzwischen gesetzlich anerkannt in der Regelung einer Heilung von vor Rechtskraft eines Ehescheidungs-

oder Eheaufhebungsurteils geschlossenen neuen Ehe, wenn die Rechtskraft nachträglich eintritt (vgl. Ziff. 16 Ges. über die Prozeßkostenhilfe v. 13. 6. 1980).

b) Die Ehe unter Verschwägerten kann durch nachträgliche Befreiung vom Eheverbot geheilt werden (EheG § 21 II); damit entfällt nicht nur das Gestaltungsrecht zur Vernichtung der Ehe; die Ehe gilt sogar als von Anfang an wirksam. Entsprechendes gilt für die Ehe des Geschäftsunfähigen im Falle der nachträglichen Bestätigung (EheG § 18 II) und für die mit Stellvertretung, Bedingung oder ohne gleichzeitige Anwesenheit beider Partner geschlossene Ehe (EheG § 17), sofern die Ehegatten fünf Jahre, oder im Falle früheren Versterbens eines von Ihnen bis zum Tode mindestens drei Jahre als Ehegatten gelebt haben, ohne daß die Nichtigkeitsklage erhoben worden wäre.

3. Da nach § 23 EheG vor rechtskräftiger Nichtigerklärung die Ehenichtigkeit nicht geltend gemacht werden darf, hat die „heilbare" nichtige Ehe bis zum Urteil die vollen Wirkungen einer fehlerfreien Ehe. Doch darf schon ab Klageerhebung auf entsprechende Anordnung des Prozeßgerichts hin (§ 620 ZPO) die Herstellung des ehelichen Lebens verweigert werden. Die unheilbar nichtige Ehe dagegen ist nur eine Ehe mit beschränkten Rechtswirkungen; insbesondere kann bei der blutschänderischen und bigamischen Ehe die Herstellung der ehelichen Lebensgemeinschaft nicht verlangt werden; bei der Verwandtenehe würde dies auf fortlaufende strafbare Handlungen hinauslaufen, bei der bigamischen Ehe zu Kollisionen mit der ersten Ehe.

Die h. M. erklärt das mit § 1353 II; ein derartiger Anspruch sei ein Mißbrauch. Aber es ist wohl ein Widerspruch, der unheilbar nichtigen Ehe zunächst alle Wirkungen einer fehlerfreien Ehe zuzuschreiben, um das Gesagte dann mit dem Mißbrauchsverbot wieder einzuschränken. Die richtige Erklärung ist darin zu finden, daß auch sonst häufig fehlerhafte, aber durchgeführte Dauerrechtsverhältnisse beschränktere Rechtswirkungen als fehlerfreie zur Folge haben.

Spezielle Schwierigkeiten bereitet die Bigamie, deren mindestens provisorische Gültigkeit Kollisionen zwischen Rechten und Pflichten des doppelt Verheirateten und seiner Partner hervorrufen kann. Daß der Gatte erster Ehe auf seinen Rechten auch ohne Nichtigerklärung der zweiten Ehe bestehen kann, sollte sicher sein; dann muß aber gegebenenfalls die erste ordnungsmäßige Ehe der fehlerhaften zweiten vorgehen, unterhaltsrechtlich und güterrechtlich – was dann zu einer nur eingeschränkten Wirksamkeit der zweiten Ehe führt. Das 1. EheRG sieht lediglich vor, daß einem Ehegatten, der bei Eheschließung die Nichtigkeit gekannt hat, Unterhalt und Versorgungsausgleich nicht zustehen, soweit diese Ansprüche entsprechende Ansprüche des Ehegatten erster Ehe beeinträchtigen würden (EheG § 26 III n. F.). Daran, daß auch die Halbteilung einer in der zweiten Ehe vereinbarten Gütergemeinschaft die güterrechtliche Position des ersten Ehegatten beeinträchtigen könnte, ist offenbar nicht gedacht! Schwerlich lösbar ist der Konflikt von Recht und Pflicht des doppelt verheirateten Ehegatten, ständig zwei (einander ausschließende) Familiennamen zu führen.

4. Die *rechtskräftige Nichtigkeitserklärung* vernichtet die Ehe grundsätzlich mit *Rückwirkung;* doch ist die Rückwirkung nur beschränkt durchführbar. Viele personenrechtliche Wirkungen der Ehe bleiben für die Vergangenheit bestehen und ändern sich nur für die Zukunft. Vermögensrechtlich treten rückwirkende Nichtigkeitsfolgen nur dann ein, wenn ein gutgläubiger Ehegatte Eintritt der Nichtigkeitsfolgen verlangt; im übrigen wird die Ehe nur für die Zukunft aufgelöst (§ 26 n. F. EheG). Es muß bezweifelt werden, daß angesichts dieser im wesentlichen für die Zukunft wirkenden Auflösung der Ehe die Bezeichnung „Nichtigkeit" überhaupt angebracht ist.

Im einzelnen gilt folgendes:

a) Die eheliche Lebensgemeinschaft hat Bestand gehabt; entsprechend hat jeder Ehegatte den Familiennamen (möglicherweise Name des anderen, § 1355) geführt. Erst mit der Nichtigerklärung gewinnt man den früheren Namen wieder. Eine Bestrafung der Frau, welche den Mannesnamen führte, wegen falscher Namensführung (§ 111 OWiG) ist ausgeschlossen, selbst wenn sie die Nichtigkeit der Ehe kannte. Eine automatisch mit der Eheschließung erworbene Staatsangehörigkeit erlischt. Beide Ehegatten verlieren das gesetzliche Ehegattenerbrecht, allenfalls auch die gegenseitigen Unterhaltsansprüche (vgl. dazu unter c).

b) Die Kinder sind und bleiben in allen Fällen ehelich (§§ 1591, 1719); sie dürfen unter dem Fehler der Ehe nicht über Gebühr leiden. Die Stellung der Kinder gleicht von der Rechtskraft des Nichtigkeitsurteils an der im Falle der Scheidung (§ 1671 VI). Auch das Zeugnisverweigerungsrecht der Ehegatten (§§ 383, 384, 408 ZPO, §§ 52, 55, 76 StPO) und der Ausschluß vom Richteramt (§ 41 ZPO, § 22 StPO, § 6 FGG) bleiben nach Nichtigerklärung der Ehe bestehen.

c) Kannten beide Ehegatten bei Eingehung der Ehe deren Nichtigkeit, so müssen sie sich, da sie gleichwohl geheiratet haben, vermögensrechtlich auch wie Ehegatten behandeln lassen; Auseinandersetzung (einschließlich Zugewinnausgleich und Versorgungsausgleich) und Unterhalt wie bei Ehescheidung sind angemessen. Erst recht muß diese Lösung gelten, wenn beide Ehegatten die Ehe für gültig hielten. Anders nur, wenn ein Ehegatte gutgläubig war, der andere aber die Nichtigkeit gekannt hatte. Hier soll der gutgläubige Ehegatte gegenüber dem anderen durch eine innerhalb von 6 Monaten nach Rechtskraft der Ehenichtigkeitserklärung abzugebende Erklärung die Scheidungsfolgen für die Zukunft ausschließen können. Das bedeutet, daß er dem anderen weder Unterhalt noch Versorgungsausgleich schuldet – aber seinerseits Entsprechendes nun auch nicht verlangen kann. Für den güterrechtlichen Ausgleich bleibt es bei den allgemeinen Vorschriften. Der Zugewinnausgleichsanspruch (dessen grundsätzlicher Bestand freilich streitig ist; vgl. *Schwab* a. a. O.) kann allenfalls mit der allgemeinen Unbilligkeitsklausel des § 1381 abgewehrt werden; bei Gütergemeinschaft kann nach § 1478 ohnehin jeder Ehegatte das Eingebrachte zurückverlangen. Mangels vermögensrechtlicher Rückwirkung der Ehenichtigerklärung werden Rechte Dritter nicht berührt, außer allenfalls nach bigamischer Ehe solche des ersteheIichen Gatten (vgl. dazu oben 3 am Ende).

d) Für die bis 30. 6. 1977 für nichtig erklärten Ehen gilt noch die bisherige Regelung, daß bei beiderseitiger Bösgläubigkeit volle Nichtigkeitsfolgen auch vermögensrechtlich eintreten, bei beiderseitiger Gutgläubigkeit jeder Ehegatte statt Scheidungsfolgen Ehenichtigkeitsfolgen verlangen kann. Da von der rückwirkenden Ehenichtigkeit auch Dritte betroffen werden könnten (§ 1357 und Güterrecht), werden sie bei Gutgläubigkeit nach EheG § 27 a. F. geschützt, können aber auch stets die richtige Rechtslage für sich in Anspruch nehmen.

IV. Aufhebbare Ehe. Die Ehe ist aufhebbar, wenn sie ohne Zustimmung des gesetzlichen Vertreters geschlossen wurde (§ 30 EheG), bei Irrtum, Täuschung und Drohung (§§ 31–34 EheG), und wenn im Falle der Wiederheirat nach Todeserklärung eines Ehegatten sich herausstellt, daß dieser noch lebt und der andere Ehegatte, der eine neue Ehe einging, dies nicht wußte (§ 39 EheG).

Die Aufhebung der Ehe erfolgt durch rechtskräftiges *gerichtliches Urteil* (§ 29 EheG). Die *Wirkungen* der Eheaufhebung entsprechen denen der Ehescheidung. Die Ehe wird also nicht wie bei der Nichtigerklärung teilweise rückwirkend, sondern erst vom Aufhebungsurteil an aufgelöst (§ 37 EheG).

Die Eheaufhebungsklage ist erst durch das EheG von 1938 eingeführt worden. Nach BGB war in den entsprechenden Fällen die Ehe anfechtbar und wurde im Klagewege rückwirkend für nichtig erklärt. Die Einführung der Aufhebungsklage beruht auf einem Abscheu vor der Rückwirkung der Nichtigerklärung. Nachdem das 1. EheRG von 1976 auch bei Verstoß gegen Eheverbote weitgehend von Ehenichtigkeitsfolgen absieht, führt es diese Regelung erst recht bei der Eheaufhebung durch. Angesichts des Fortfalls einer Anlehnung an Eheaufhebungsschuld und Scheidungsschuld ist diese Neuregelung besser als die der EheG von 1938 u. 1946; vollauf befriedigend ist sie indessen auch nicht (vgl. dazu *Beitzke* Fschr. Knur 1972, 39ff.).

Ähnlich wie bei der Ehenichtigkeit macht das 1. EheRG eine Ausnahme von den Scheidungsfolgen gegenüber einem ,,bösgläubigen" Ehegatten. Hatte er fehlende Genehmigung des gesetzlichen Vertreters oder Irrtum des anderen Partners bei der Eheschließung gekannt oder gar Täuschung oder Drohung selbst verübt oder gekannt, so kann der andere ihm gegenüber die vermögensrechtlichen Scheidungsfolgen für die Zukunft durch eine innerhalb von 6 Monaten nach der Rechtskraft des Aufhebungsurteils abzugebende Erklärung ausschließen (EheG § 37 II n. F.). Das bedeutet, daß der ,,bösgläubige" Ehegatte Unterhaltsansprüche und Versorgungsausgleich einbüßt, aber auch der andere von ihm in dieser Hinsicht nichts verlangen kann. Eine solche Erklärung kann nicht abgeben, wer selbst die mangelnde Zustimmung des gesetzlichen Vertreters gekannt hatte. Dies ist mit den sonstigen Wertungen unseres Minderjährigenschutzes nicht in Einklang; auch das Recht eines schuldhaft Irrenden, dem anderen Teil die Scheidungsfolgenansprüche zu nehmen, ist rechtspolitisch angreifbar.

Auch ist es rechtspolitisch angreifbar, daß der BGH die beteiligten Eheleute auf die in den eherechtlichen Bestimmungen vorgesehenen Ansprüche beschränkt und deliktische Ansprüche zwischen ihnen ausschließt (BGHZ 48, 82). Etwas offener ist die Haltung des BGH offenbar heute, wo er für den Fall arglistiger Täuschung oder Drohung Deliktsansprüche immerhin offen läßt (BGHZ 80, 239).

1. Die aufhebbare Ehe wird *geheilt* und vollwirksam, wenn der gesetzliche Vertreter die Ehe des beschränkt Geschäftsfähigen *genehmigt* oder der Ehegatte selbst nach Erlangung voller Geschäftsfähigkeit, nach Aufdeckung von Irrtum oder Täuschung bzw. bei Drohung nach Ende der Zwangslage die Ehe *bestätigt.* Die Bestätigung kann formlos, auch durch konkludente Handlung erfolgen, ist aber eine Geschäftsfähigkeit erfordernde Rechtshandlung (arg. §§ 18, 30 EheG; str.), welche entgegen § 141 Rückwirkung hat.

Die Bestätigung setzt voraus, daß der Bestätigende sein Aufhebungsrecht und dessen Gründe vollen Umfangs kennt (RGZ 104, 54) und erfordert, daß er erkennbar für dauernd an der Ehe festhalten will. Ein vorläufiges weiteres Zusammenleben, um zu versuchen, ob man die Enttäuschung überwindet, ist noch keine Bestätigung der Ehe (RG, DJ 1940, 486).

Im Fall der Wiederheirat nach Todeserklärung des anderen Ehegatten sieht das EheG im Gegensatz zu § 1350 BGB aF. keine Bestätigung der zweiten Ehe vor, falls die Todeserklärung sich als unrichtig erweist. Die schwierige Entscheidung zwischen beiden Ehen des Wiederverheirateten soll nicht durch formlose Bestätigung der zweiten Ehe, sondern nur durch förmliche Aufhebungsklage oder den hier wohl möglichen ausdrücklichen Verzicht auf die Klage getroffen werden (OLG Oldenburg, FamRZ 1958, 322; str.); doch sollte zur Verhütung übereilter Entschlüsse ein solcher Verzicht nicht vor Ablauf der sonst gegebenen einjährigen Klagefrist möglich sein.

2. Ferner wird die aufhebbare Ehe vollwirksam, wenn die *Klagefrist* von einem Jahr versäumt wird (§ 35 EheG; § 19 der 1. DVO).

Die Klagefrist beginnt mit dem Zeitpunkt, in dem bei Aufhebbarkeit wegen Geschäftsbeschränktheit der gesetzliche Vertreter von der Eheschließung erfährt bzw. der Ehegatte unbeschränkt geschäftsfähig wird, in dem Irrtum und Täuschung entdeckt werden oder bei Drohung die Zwangslage aufhört. Zur Entdeckung von Irrtum und Täuschung gehört die Erkenntnis von ihrer vollen Tragweite (RG, DR 1942, 841). Die Aufhebung kann während der ganzen Dauer der Ehe begehrt werden, auch wenn der Irrtum oder die Täuschung erst nach 40 Jahren entdeckt wird! Das ist im Grundsatz gerechtfertigt. Ein Ausgleich ergibt sich daraus, daß beim Irrtum über Eigenschaften die bisherige Gestaltung des ehelichen Lebens berücksichtigt werden muß (§ 32 EheG); bei Erklärungsirrtum, arglistiger Täuschung und Drohung ist diese Erwägung freilich ausgeschlossen (§§ 31, 33, 34 EheG); es sind absolute Aufhebungsgründe; doch mildert die Rspr. mit § 242 (BGHZ 5, 186). Das Eheaufhebungsrecht erlischt also auch durch Bewährung der Ehe.

Bei Aufhebungsklage wegen Geschäftsbeschränktheit läuft die Frist zunächst nur für den gesetzlichen Vertreter; läßt er sie ungenutzt verstreichen, so ist die Klagemöglichkeit auch für den Ehegatten selbst erloschen. Ist bei Erlangung voller Geschäftsfähigkeit die Frist noch nicht abgelaufen, so läuft für den Ehegatten noch die Restfrist.

In den übrigen Fällen kann ein geschäftsbeschränkter Ehegatte selbständig die Aufhebungsklage erheben (§ 607 n. F. ZPO).

Hat ein Geschäftsunfähiger keinen gesetzlichen Vertreter oder versäumt dieser die Klagerhebung oder ist ein Gatte durch unabwendbaren Zufall an der Klagerhebung verhindert, so steht jedenfalls eine Klagefrist von 6 Monaten seit Wiederaufleben der Klagemöglichkeit zur Verfügung (§§ 35 III u. IV, 36 EheG).

3. Auch für die *Aufhebungsklage* gelten die besonderen Regeln des *Eheverfahrens* (§§ 606 ff. ZPO). Klageberechtigt ist stets nur ein Ehegatte oder sein gesetzlicher Vertreter, z. B. der Irrende, der Getäuschte, der Bedrohte, der Wiederverheiratete, der gesetzliche Vertreter (beide Eltern, auch wenn nur ein Elternteil bei der Zustimmung zur Eheschließung übergangen worden war!) oder der Vormund des beschränkt Geschäftsfähigen, nicht aber auch der andere Ehegatte oder der Staatsanwalt.

Es ist die materielle Wahrheit zu erforschen (§ 617 ZPO). Doch soll grundsätzlich die bestehende Ehe geschützt werden. Staatsanwalt und Gericht dürfen darum die Klage stützende Tatsachen nur im Einverständnis mit dem Kläger vorbringen und untersuchen (§ 616 n. F. II ZPO). Die Aufhebungsklage kann mit einer Klage auf Herstellung des ehelichen Lebens oder mit einer Scheidungsklage (häufig Scheidungswiderklage!) verbunden werden (§ 610 n. F.). Gleichwohl gelten die für das Scheidungsverfahren bestehenden Sondervorschriften (ZPO §§ 622–630) für die Aufhebungsklage nicht, insbes. nicht der zwingende Verbund mit Folgesachen (ZPO § 623).

§ 12. Eheliche Lebensgemeinschaft

Schrifttum: *Mitteis,* Die Ehe in der Rechtsprechung des Reichsgerichts, Festgabe für das RG Bd. III, 1928, S. 180ff.; *Marchtaler,* Das Recht auf eheliche Lebensgemeinschaft und sein Schutz, 1932; *Streck,* Generalklausel und unbestimmter Rechtsbegriff im Recht der allgemeinen Ehewirkungen, 1970; *Gernhuber,* Eherecht und Ehetypen, 1981; *Pawlowski,* Die „Bürgerliche Ehe" als Organisation, 1983; *Hepting,* Ehevereinbarungen, 1984.

Zum GleichberG: Brühl, FamRZ 1957, 277; *Finke,* MDR 1957, 449; *Schwarzhaupt,* FamRZ 1957, 33; *Gernhuber,* Das eheliche Vermögensrecht und die Verpflichtung zur ehelichen Lebensgemeinschaft, FamRZ 59, 465. *Stöcker,* Zur Kritik des Familienvermögensrechts NJW 1972, 553. *Ramm,* Der Funktionswandel der Ehe und das Recht, JZ 1975, 505.

Zum 1. EheRG: Diederichsen, Die allgemeinen Ehewirkungen nach dem 1. EheRG und Ehevereinbarungen NJW 1977, 217; *Lücke,* Fschr. *Bosch,* 1976, 627 u. AcP 78, 178; *Wacke,* FamRZ 1977, 505; *Holzhauer,* JZ 1977, 729; *Ambrock,* JR 1978, 1; *Bosch,* FamRZ 1977, 569; *Kurr,* FamRZ 1978, 1; *Gernhuber,* FamRZ 1979, 193.

Die gesetzliche Regelung der ehelichen Lebensgemeinschaft ist heute durch die Gleichberechtigung der Geschlechter bestimmt (GG Art. 3). Von einem Bestimmungsrecht des Mannes (einst § 1354) ist nicht mehr die Rede. Auch eine besondere Rollenverteilung (Erwerb einerseits, Haushaltsführung andererseits) sieht das Gesetz nicht vor, sondern überläßt den Ehegatten die freie Ausgestaltung ihrer Ehe. Art. 3 GG, das GleichberG und das 1. EheRG suchen damit dem seit Schaffung des BGB eingetretenen soziologischen Wandlungen gerecht zu werden. Nicht nur das gegenseitige (interne) Verhältnis der Ehegatten zueinander ist variabel; auch die äußeren Zeichen der Organisation wie Ehename, Staatsangehörigkeit, Wohnsitz sind nicht ausschließlich zwingenden Rechts.

I. Familienname

Die durch die Ehe begründete Lebensgemeinschaft der Ehegatten, die Einheit der Familie findet nach außen ihren sichtbaren Ausdruck darin, daß die Familie einen *gemeinsamen Namen* (Ehenamen) führt (§ 1355); eine solche Regelung ist verfassungsmäßig (BVerfG NJW 1964, 291). Ob die traditionelle Regelung des § 1355 a. F., daß Familienname der Mannesname ist, den Erfordernissen von GG Art. 3 und 6 genügte, war streitig und wurde zunehmend verneint. Das 1. EheRG sieht daher vor, daß die Ehegatten den gemeinsamen Familiennamen bei der Eheschließung *durch Erklärung gegenüber dem Standesbeamten bestimmen* sollen. Als Ehenamen können die Ehegatten *den Geburtsnamen des Mannes oder den Geburtsnamen der Frau* bestimmen (§ 1355 II n. F.); treffen die Ehegatten keine Bestimmung, so ist Ehename der Geburtsname des Mannes. Die Namenswahl kann als höchstpersönlich auch vom geschäftsbeschränkten Eheschließenden selbständig vorgenommen werden. Willensmängel können nachträglich nicht mehr berücksichtigt werden; dies Opfer muß der Rechtsklarheit in Personenstandsfragen gebracht werden.

Die Namenswahl ist für die Dauer der Ehe unwiderruflich. Eine Korrektur ist nur über die öffentlichrechtliche Namensänderung möglich, muß aber von beiden Ehegatten gemeinsam beantragt werden (BVerwG NJW 1983, 1133). Der Ehename überdauert auch bei kinderloser Ehe die Ehe selbst. Doch hat bei Auflösung der Ehe durch Tod oder Scheidung jeder Ehegatte das Recht, durch öffentlich beglaubigte Erklärung gegenüber dem Standesbeamten zu seinem Geburtsnamen oder dem bei Eingehung der Ehe geführten Namen zurückzukehren (§ 1355 IV n. F.).

Eine Möglichkeit, den Frauennamen zum Familiennamen auch schon für vor dem 1. EheRG geschlossene Ehen zu machen, ist im 1. EheRG nicht vorgesehen. BVerfG FamRZ 1978, 667 sieht darin einen Verstoß gegen GG Art. 3 II und hat den Gesetzgeber für verpflichtet erklärt, Maßnahmen für eine nachträgliche Namenswahl in den zwischen dem 1. 4. 1953 und 30. 6. 1976 geschlossenen Ehen vorzusehen. Mit Ges. v. 27. 3. 1979 wurde vorgesehen, daß auch Ehegatten, die die Ehe vor dem 1. 7. 1976 geschlossen haben, bis 30. 6. 1980 durch gemeinsame öffentlich beglaubigte Erklärung gegenüber dem zuständigen Standesbeamten erklären können, daß sie den Geburtsnamen der Frau als Ehenamen führen wollen – es sei denn, die Ehe wurde bereits aufgelöst oder für nichtig erklärt.

1. Im Namensrecht ist vollständige „Gleichberechtigung" schwer durchführbar, zumal es hier nicht um die individuellen Interessen der Ehegatten, sondern um den Familiennamen als öffentlich-rechtliche Einrichtung geht. Jeden Ehegatten den bisherigen Familiennamen weiterführen zu lassen, würde der Einheit der Familie widersprechen. Den Ehegatten die Wahl des gemeinsamen Familiennamens zu überlassen, harmoniert nicht ganz mit der öffentlich-rechtlichen Seite des Namens, ist aber offenbar der einzige Weg zu einer beiden Ehegatten gleiche Chancen bietenden Lösung. Der Erwerb des Mannesnamens war für die Frau übrigens ebensosehr Last wie Privileg, dem kein gleiches Recht für den Mann gegenüberstand. Die Weitergeltung der Vorschrift, daß die Frau den Familiennamen des Mannes erwirbt, war unter den Verwaltungsgerichten streitig (vgl. z. B. OVG Hamburg, JZ 1956, 172 gegen VG Frankfurt, FamRZ 1955, 361). Der BGH (NJW 1957, 1413 und FamRZ 1957, 363) und das BVerwG (NJW 1960, 449) hielten diese Regelung mit Art. 3 GG für vereinbar (bedenklich). Das GleichberG hatte der Frau erlaubt, ihrem Mädchennamen den Namen des Mannes hinzuzufügen und damit einen Doppelnamen zu führen; ein Recht auf den Doppelnamen der Frau stand dem Mann nicht zu.

2. Nach dem EheRG von 1976 kann jetzt jeder Ehegatte, dessen Geburtsname nicht Ehename geworden ist, zu einem beliebigen Zeitpunkt durch öffentlich beglaubigte Erklärung gegenüber dem Standesbeamten *dem Ehenamen seinen Geburtsnamen* oder den zur Zeit der Eheschließung geführten Namen (den Namen aus einer früheren Ehe) *voranstellen;* so auch die Ehefrau, die nach bisher geltendem Recht ihren Mädchennamen dem Familiennamen des Mannes angefügt hatte. Damit wird den Persönlichkeitsinteressen und den Interessen an einer gewissen Namenskontinuität bei demjenigen Ehegatten Rechnung getragen, dessen Name bei der Eheschließung zurücktritt. Die wünschenswerte Namenseinheit in der Familie wird damit wieder beeinträchtigt. Denn der Doppelname bleibt Privileg dieses einen Ehegatten; der andere hat am Doppelnamen nicht teil; auch geht der Doppelname nicht auf die Kinder über (§§ 1616, 1617 I n. F.). Da die Voranstellung des eigenen Namens nur

Privileg desjenigen Ehegatten ist, dessen Geburtsname nicht Familienname geworden ist, Rechte Dritter damit nicht begründet werden, kann die einschlägige Erklärung auch wegen Willensmängeln angefochten werden. Wiederablegen des Begleitnamens zum Ehenamen durch Namensänderung im Verwaltungswege bleibt freilich auch möglich. Vgl. dazu die oben § 5 II 2 genannten Richtlinien.

3. Vereinbarungen über künftige Namenswahl sind zwar bindend (arg. RGZ 86, 176), machen aber eine entgegen der Vereinbarung an den Standesbeamten abgegebene Erklärung nicht unwirksam (vgl. auch § 137).

4. Jeder Ehegatte kann auch noch nach der Eheschließung den Mißbrauch seines Geburtsnamens verfolgen (RG, JW 1925, 363). Er kann ebenso dem Mißbrauch des neuen Familiennamens entgegentreten (§ 12), so z. B. die Ehefrau wenn der Ehemann eine Freundin als seine Frau ausgibt und ihr seinen und der Ehefrau Namen beilegt (RGZ 108, 230).

Schrifttum: *H. Krüger,* Der Name der Frau im bürgerlichen Recht AcP 156, 232; *Ramm* FamRZ 1962, 281 u. 1963, 337; *Graf v. Bernstorff* FamRZ 1963, 110 u. 340 sowie 1971 131; *Scheffler,* MDR 1951, 136; *Voigt,* FamRZ 1972, 187; von *Buch,* JZ 1974, 445; *Diederichsen,* NJW 1976, 1169; *Ruthe,* FamRZ 1976, 409; *Lüke,* Fschr. Bosch 627.

II. Staatsangehörigkeit

Ehemann und Ehefrau können verschiedene Staatsangehörigkeiten haben; die Staatsangehörigkeit der Frau ist von der ihres Mannes unabhängig; §§ 6 u. 17 des Ges. v. 22. 7. 1913 sind durch Art. 3 GG insoweit aufgehoben. Eine Ausländerin wird durch Eheschließung mit einem deutschen Mann nicht deutsche Staatsangehörige. Das Ziel einer staatsangehörigkeitsrechtlichen Einheit der Familie wird aber auf der Basis der Gleichberechtigung der Geschlechter dadurch gefördert, daß der Ehegatte eines oder einer Deutschen auf Antrag eingebürgert werden soll, wenn er die bisherige Staatsangehörigkeit verliert oder aufgibt und gewährleistet ist, daß er sich in die deutschen Lebensverhältnisse einordnet. Diese Einbürgerung ist auch noch bis zu einem Jahr nach Eheauflösung möglich, wenn der Antragsteller für ein aus der Ehe hervorgegangenes Kind deutscher Staatsangehörigkeit sorgeberechtigt ist.

Eine Deutsche verliert ihre Staatsangehörigkeit nicht, wenn sie einen Ausländer heiratet, selbst dann nicht, wenn sie nach dem Heimatrecht ihres Mannes dessen Staatsangehörigkeit automatisch erwirbt. Eine Ehefrau kann ohne Zustimmung des Mannes Anträge auf Einbürgerung oder auf Entlassung aus der deutschen Staatsangehörigkeit stellen; eine Änderung der Staatsangehörigkeit des Mannes berührt die ihrige nicht.

Das im Ges. v. 22. 7. 1913 verfolgte Ziel der automatischen staatsangehörigkeitsrechtlichen Einheit der Familie ist aufgegeben. Das entspricht der Tendenz zahlreicher anderer Rechte. Art. 16 GG hatte zunächst die deutsche Frau ihre Staatsangehörigkeit bei der Eheschließung dann nicht verlieren lassen, wenn sie die ausländische Staatsangehörigkeit des Mannes nicht erwarb und mit der Staatenlosigkeit nicht einverstanden war. Art. 16 GG ist insoweit seit dem 1. 4. 1953 durch volles Inkrafttreten von Art. 3 GG gegenstandslos geworden (lies dazu BGHZ 19, 266). Eine Neuregelung des Erwerbs der deutschen Staatsangehörigkeit durch ausländische Ehefrauen deutscher Männer war mit Ges. v. 19. 8. 1957 erfolgt (BGBl. I 1251). Aber diese einseitig zugunsten von Frauen geschaffene Regelung war dem Vorwurf eines Verstoßes gegen GG Art. 3 ausgesetzt. Daher trat mit 1. 1. 1970 die für Männer und Frauen gleiche Einbürgerungsregelung an die Stelle (Ges. v. 8. 9. 1969, BGBl. I 1581).

III. Pflicht zur ehelichen Lebensgemeinschaft

Das durch die Eheschließung begründete familienrechtliche Verhältnis gibt jedem Gatten das Recht, vom anderen *Herstellung der ehelichen Lebensgemeinschaft* zu verlangen (§ 1353). Die Pflicht zur ehelichen Lebensgemeinschaft ist unabdingbar. Ein Vertrag über ihre Einschränkung oder ihren Ausschluß wäre nichtig (RG, DJ 1941, 712). Aber die Pflicht ist als personenrechtliche ohne Sanktion; ihre Verletzung hat nicht einmal Folgen im Ehescheidungsrecht; der Gesetzgeber resigniert, wo nichts unmittelbar erzwungen, und wo nur in Randgebieten (etwa vermögensrechtlich) einiges geordnet werden kann. Im übrigen bleibt die Ausgestaltung des ehelichen Lebens im einzelnen der autonomen Entscheidung beider Ehegatten überlassen.

1. Die Pflicht zur ehelichen Lebensgemeinschaft ist in vier Fällen ausgeschlossen:

a) wenn und soweit das Verlangen danach einen Mißbrauch darstellen würde (§ 1353 II);

Beispiele: Der Mann ist wegen eines Verbrechens ins Ausland geflüchtet; der Mann gefährdet durch sittliche Verfehlungen das Wohl der Kinder (RGZ 155, 294); die Frau vernachlässigt gröblichst die Hauswirtschaft; es ist keine geeignete Ehewohnung zu beschaffen. Dagegen kann selbst ansteckende Krankheit eines Gatten gerade zur Aufrechterhaltung des gemeinsamen Lebens zwecks Pflege des erkrankten Gatten verpflichten. Auch *einzelne* eheliche Pflichten können entfallen, z. B. die Pflicht zur Geschlechtsgemeinschaft bei Erkrankung;

b) für den Ehegatten, dessen Ehe gescheitert ist (§ 1353 II mit § 1565);

c) wenn für die Dauer eines Eheprozesses das Gericht das Getrenntleben gestattet hat (§ 620 n. F. ZPO);

d) bei blutschänderischer oder bigamischer Ehe (vgl. o. § 11 III 3).

Fortfall der Verpflichtung zur ehelichen Lebensgemeinschaft hat das Recht zum Getrenntleben (vgl. unten VII) mit zum Inhalt. Auf Feststellung dieses Rechts kann im Rahmen des Eheverfahrens (ZPO §§ 606ff.) geklagt werden, zumal das Getrenntleben im Rahmen des Eheverfahrens auch einstweilig geregelt werden kann (ZPO § 620 Ziff. 5); nötig und sinnvoll ist ein solches Verfahren heute kaum noch, da das Gesetz Folgen nur noch an das Faktum des Getrenntlebens, nicht aber an ein Recht dazu anknüpft. Nur in einzelnen Zusammenhängen des Scheidungsrechts kann es mittelbar noch eine Rolle spielen, ob ein Recht zum Getrenntleben bestanden hat (§§ 1565 II, 1568, 1579, 1587c).

2. Was zur Herstellung der ehelichen Lebensgemeinschaft (§ 1353) gehört, sagt das Gesetz nicht näher; es verweist damit auf die Sitte. Jedenfalls gehören dazu: Treue, Achtung und Rücksichtnahme, Geschlechtsgemeinschaft, Teilnahme an den Interessen des anderen, Sorge für die gemeinschaftlichen Kinder (nicht notwendig auch die einseitigen Kinder des anderen Ehegatten) und Sorge für Person und Vermögen des anderen Ehegatten (Zusammenwirken bei steuerlicher Zusammenveranlagung, BGH NJW 1977, 378). Auch häusliche Gemeinschaft gehört zum ehelichen Leben, soweit sie angesichts der beruflichen Pflichten beider Gatten und der Wohnverhältnisse irgend möglich ist, mag sie sich auch notgedrungen zeitweise auf Feiertage und Urlaubszeit beschränken. Die Gestaltung kann im einzelnen verschieden sein, je nach Alter, Beruf, sozialer und wirtschaftlicher Lage und Vereinbarung der Gatten.

Die strafrechtliche Judikatur hat herausgearbeitet, daß eine Verpflichtung bestehe, den anderen Ehegatten vom Selbstmord (BGHSt. 2, 150) oder strafbaren Handlungen abzuhalten (BGH, NJW 1954, 1818 u. FamRZ 1956, 81; *Geilen*, Garantenpflichten aus ehelicher oder eheähnlicher Gemeinschaft, FamRZ 1961, 147). Bei tätlichen Auseinandersetzungen unter Ehegatten ist Notwehr nur begrenzter zulässig als gegenüber Dritten (BGH NJW 1975, 62).

a) Über die **Ausgestaltung** des gemeinschaftlichen ehelichen Lebens haben *beide Ehegatten gemeinschaftlich zu bestimmen;* sie müssen sich darüber einigen. Soweit eine Einigung nicht zustande kommt, ist höchstens eine Vermittlung Dritter (z. B. der vielfach eingerichteten Eheberatungsstellen), nicht aber eine autoritative Entscheidung des Gerichts möglich (vgl. dagegen Art. 169 Schw. ZGB). Mangels Einigung kann aber nicht jede Maßnahme gehemmt sein; häufig ist irgendeine Entscheidung dringlich. Daher muß mangels Einigung jeder Ehegatte befugt sein, diejenigen Maßnahmen zu treffen, welche dem wohlverstandenen Interesse beider Ehegatten entsprechen und daher ehegemäß sind. Wo mehrere gleichwertige Möglichkeiten zur Verfügung stehen und die Wahl zwischen ihnen nur noch eine Geschmacksfrage ist, darf eine solche einseitige Entscheidung freilich nur getroffen werden, wenn sie besonders dringlich ist.

Die Rechtsnatur von Abreden der Ehegatten über die Ausgestaltung des ehelichen Lebens weckt Zweifel. Beschluß liegt näher als Vertrag. Aber Sonderregeln gegenüber allgemeinen Rechtsgeschäftsgrundsätzen müssen auch hier gelten. Beschränkte Geschäftsfähigkeit genügt. Änderung der Lebensumstände gibt nicht nur das Recht, eine Neuregelung zu verlangen, sondern – je nach den Lebensumständen der Ehegatten in gerade ihrer Ehe – auch das Recht zu einseitiger Kündigung der bisherigen Abrede, ja allenfalls zu einseitigem sachgerechten Handeln mangels rechtzeitiger Verständigung mit dem anderen Ehegatten. Im übrigen erfolgt die Ausgestaltung des ehelichen Lebens vielfach durch faktisches übereinstimmendes Verhalten, ohne daß bei den Eheleuten ein förmliches rechtsgeschäftliches Erklärungsbewußtsein festzustellen wäre. Das eheliche Einvernehmen über die gemeinsame Lebensführung ist ein fortwährender, sich wechselnden Situationen anpassender Integrationsprozeß.

Schrifttum: *Reinhart,* Zur Festlegung persönlicher Ehewirkungen durch Rechtsgeschäft, JZ 1983, 184; *Giesen,* Allgemeine Ehewirkungen gemäß §§ 1353, 1356 BGB im Spiegel der Rechtsprechung, JR 1983, 39; *Hepting,* Ehevereinbarungen, 1984.

§ 1354 BGB hatte noch ein einseitiges Entscheidungsrecht des Mannes vorgesehen. Die Praxis hatte dies aber schon dahin gemildert, daß der Mann nicht willkürlich, sondern nur unter Berücksichtigung der Interessen der Frau und der Familie und nach Beratung mit der Frau entscheiden dürfe (RGZ 84, 47 u. 124, 56). Angesichts seines patriarchalischen Gehalts ist § 1354 heute als mit Art. 3 GG unverträglich beseitigt. Andrerseits dürfte Art. 3 GG nicht vereinbarten Funktionsteilungen, entgegenstehen. In der DDR ist § 1354 BGB ersetzt durch § 14 Ges. v. 27. 9. 1950, dann § 9 FGB, welcher gemeinsame Entscheidungen durch beide Eheleute vorsieht. In der Bundesrepublik spricht das Gesetz nur in § 1356 hinsichtlich der Haushaltsführung und § 1627 (Kindererziehung) vom gegenseitigen Einvernehmen der Ehegatten!

b) Der ehelichen Lebensgemeinschaft entspricht grundsätzlich ein *gemeinschaftlicher Wohnsitz* beider Ehegatten. Wo dieser Wohnsitz begründet wird, hängt von der Einigung beider Ehegatten ab. Der Wohnsitz befindet sich da, wo das gemeinschaftliche eheliche Leben verwirklicht wird; es tut dem gemeinschaftlichen Wohnsitz keinen Abbruch, wenn ein Ehegatte beruflich auswärts tätig ist, selbst wenn dieser am Berufsort einen weiteren Wohnsitz begründet hat. Ein Recht, den gemeinsamen Wohnsitz einseitig aufzugeben, besteht nur, wenn die Pflicht zur Herstellung der ehelichen Lebensgemeinschaft aufgehoben ist. Gleichwohl besteht für jeden Ehegatten die Möglichkeit, jederzeit einen selbständigen Wohnsitz zu begründen. Solche Wohnsitzbegründung ist wirksam, auch wenn sie ehewidrig ist. Die frühere automatische Bindung der Ehefrau an den Wohnsitz des Mannes (§ 10 BGB) ist durch Art. 3 GG beseitigt. Sogar ein minderjähriger Ehegatte kann selbständig einen Wohnsitz begründen (§ 8).

c) Die gemeinschaftliche Bestimmung beider Ehegatten beschränkt sich auf gemeinschaftliche eheliche Angelegenheiten. Daneben bleibt jedem Ehegatten die Möglichkeit, über *rein persönliche Angelegenheiten* allein zu entscheiden, soweit er damit nicht die eheliche Lebensgemeinschaft beeinträchtigt. So darf jeder Ehegatte über sein religiöses Bekenntnis, Bekleidung, Lektüre, Rauchen und andere Genußmittel für sich allein entscheiden, muß aber dabei auf den anderen Partner Rücksicht nehmen. Konversion zu einem anderen Bekenntnis befreit nicht von den Pflichten gegenüber der Familie (lies dazu BGHZ 33, 145 u. 38, 317 mit BVerfG, NJW 1964, 1174).

Dem entspricht es, daß jeder Partner auch seine Vermögensangelegenheiten selber regeln darf, soweit der Lebensunterhalt gedeckt ist und er sich nicht durch einen Güterrechtsvertrag gebunden hat. Die Frau ist schon nach BGB weder in ihrer Verpflichtungsfähigkeit, noch auch in der Prozeßfähigkeit beschränkt; sie hat heute grundsätzlich auch die volle Verfügungsbefugnis über ihr Vermögen. Ist ein Ehegatte bei

Eheschließung noch minderjährig, so bleibt die bisherige elterliche Vermögensverwaltung und gesetzliche Vertretung bestehen (§ 1633); ein Ehegatte wird nicht kraft Eheschließung allgemein oder begrenzt auf Vermögensangelegenheiten gesetzlicher Vertreter des anderen. Nur im Rahmen der Deckung des angemessenen Lebensbedarfs kann jeder Ehegatte den anderen mitverpflichten (§ 1357).

d) Jedem der Ehegatten steht grundsätzlich ein gleiches Recht zur *freien Berufswahl* zu. Aber die Ehegatten müssen sich bei Eingehung der Ehe wie auch in deren weiterem Verlauf darüber einigen, wie sie ihr künftiges eheliches Leben gestalten wollen und wie für den Lebensunterhalt gesorgt werden soll. Sie können sich ebensogut darauf einigen, daß jeder seinen Beruf ausübt, wie auch darauf, daß der Mann den Unterhalt in Geld verdient, die Frau zum Unterhalt durch Haushaltsführung und Sorge für die Kinder beiträgt (oder auch umgekehrt). Doch kann das Wahlrecht der Ehegatten durch äußere Zwänge mit beeinflußt sein: ist z. B. der Mann erwerbsunfähig oder aus äußeren Gründen erwerbslos, muß notfalls die Frau einen Beruf ausüben. Bei Wahl und Ausübung des Berufs hat jeder Ehegatte auf die Belange des anderen und der Familie (Kinder!) Rücksicht zu nehmen (§ 1356 II n. F.).

Entgegen der gesetzlich gewährten Freiheit, die Art der Eheführung näher auszugestalten, erklärt Ramm (JZ 1968, 41 u. 90ff.) die „Doppelverdienerehe" für allein verfassungsmäßig; die Ehefrau soll nur von der Schwangerschaft bis zur Schulpflicht eines Kindes die Hausfrauenehe wählen dürfen. Weder die Entstehungsgeschichte noch die Systematik von GG Art. 3 fordern aber ein solches Ergebnis, noch wird es der „tatsächlichen Situation" gerecht. Gerade eine freiheitliche Gesellschaftsordnung muß den Ehegatten freie Wahl in der Ausgestaltung ihrer Ehe lassen, und damit auch die Wahl der „Hausfrauenehe" außerhalb des von Ramm gesteckten Rahmens.

Im Schrifttum wird vielfach zwischen „Hausfrauenehe", „Doppelverdienerehe" und „Zuverdienerehe" unterschieden. Diese Typisierung ist einseitig und zu sehr nur vom Beitrag zum Lebensunterhalt her gesehen; sie erschöpft die Möglichkeiten der Ausgestaltung einer Ehe nicht. Es kann auch Ehen geben, in welcher ein Ehegatte sich ohne Erwerbsabsicht einer künstlerischen Tätigkeit oder der Wohlfahrtspflege widmet und die Hausarbeit zwischen den Ehegatten geteilt wird oder gar dem erwerbstätigen Ehegatten allein zur Last fällt.

Die von den Ehegatten bei Eheschließung getroffene Wahl kann nicht willkürlich geändert werden. Der Mann kann nicht einfach den Broterwerb aufgeben, um seinerseits den Haushalt zu führen, die Frau nicht ohne Zustimmung des Mannes die Haushaltsführung aufgeben, um nunmehr einen Beruf zu ergreifen, oder einer der Partner seine Berufstätigkeit plötzlich ohne Notwendigkeit an einen auswärtigen Ort verlegen, so daß ein gemeinschaftliches eheliches Leben nicht mehr möglich ist.

Die Ehegatten sind einander verpflichtet, mit Berufsausübung oder Haushaltsführung zu den Lasten des gemeinschaftlichen ehelichen Lebens beizutragen. Nach außen hin bleiben aber diese ehelichen Pflichten ohne Wirkung. Übernimmt ein Ehegatte eine Tätigkeit, welche mit den ehelichen Pflichten nicht verträglich ist, so ist der so geschlossene Dienstvertrag wirksam. Der andere Ehegatte kann nur Wiederaufgabe dieser Tätigkeit verlangen, nicht aber seinerseits solche Verträge kündigen. Das früher in § 1358 BGB vorgesehene Recht des Mannes, Dienstverträge der Frau zu kündigen, ist zufolge Art. 3 GG entfallen.

e) Die Ehegatten haben die *Haushaltsführung* im gegenseitigen Einvernehmen zu regeln (§ 1356). Ist die Haushaltsführung einem der Ehegatten überlassen, so leitet dieser den Haushalt in eigener Verantwortung. Diese Regelung kommt vorzugsweise der Hausfrau zugute; die frühere Auffassung, daß sie im Haushalt dem Mann als Haushaltungsvorstand untergeordnet, ihm gegenüber zu ,,Dienstleistungen" verpflichtet und Dritten gegenüber dessen Verrichtungsgehilfin sei, ist heute überwunden. Im Schadensersatzrecht ergibt sich daraus die Folgerung, daß bei Verletzung oder Tötung der Ehefrau der Ehemann keine Ansprüche aus § 845 (BGHZ 50, 304; 38, 55), sondern nur allenfalls aus § 844 wegen Fortfalls des von der Frau bisher geleisteten Unterhaltsbeitrages haben kann (BGHZ 86, 372 u. 77, 160), auf die er sich auch noch den Wegfall seiner Unterhaltspflicht gegenüber der Ehefrau anrechnen lassen muß (BGHZ 56, 389 u. NJW 1979, 1501). Schadensersatzansprüche wegen Beeinträchtigung ihrer Arbeitskraft stehen der Frau auch insoweit alleine zu, als es um ihre Mitarbeit im Beruf des Mannes geht (BGHZ 59, 172).

Schrifttum: *Fenn,* FamRZ 1968, 291; *Kilian,* AcP 1969, 443; *Kropholler,* FamRZ 1969, 241; *Schlund* JR 1979, 465; *Schacht* FamRZ 1980, 465; *Moritz,* VersR 1981, 1101; *Gotthardt* FamRZ 1981, 728; *Eckelmann, Nehls u. Schäfer,* Die Berechnung des Schadensersatzes bei Ausfall von Geldunterhalt nach Unfalltod des Ehemanns/Vaters, NJW 1984, 945.

f) Aus der Pflicht zur ehelichen Lebensgemeinschaft ergibt sich für beide Ehegatten die Pflicht, sich je nach den sozialen Verhältnissen, in denen die Ehegatten leben, und der von den Eheleuten selbst gewählten Art der Lebensführung, im Beruf und Haushalt gegenseitig behilflich zu sein. Die *Mitarbeit* ist im Grundsatz unentgeltlich (str.; lies für die Zeit vor dem 1. EheRG Gernhuber FamRZ 58, 243); sie ist in erster Linie Beitrag zum Familienunterhalt (§ 1360) und daher bei Abwägung der beiderseitigen Unterhaltspflichten zu berücksichtigen. Im übrigen ist die Frage der Entgeltlichkeit der innerfamiliären Autonomie der Ehegatten überlassen. Doch im Verhältnis zu Dritten kann zufolge ZPO § 850h für eheliche Mitarbeit ein Entgelt als geschuldet gelten (vgl. Fenn, AcP 167, 148 u. BGH JZ 1977, 607). Mitarbeit wird ferner im Rahmen des ehelichen Güterrechts durch Zugewinnausgleich bzw. Beteiligung an der Gütergemeinschaft abgegolten – mag zwar der güterrechtliche Ausgleich auch noch andere Zwecke (Versorgung) verfolgen.

Das BGB hatte in § 1356 eine Mitarbeits-Verpflichtung nur für die Frau festgestellt. Es ging dabei davon aus, daß der Mann die Familie unterhalten müsse, die Frau aber durch Haushaltsführung und sonstige Mithilfe ihren Beitrag zum Lebensunterhalt erbringen müsse. Diese Bestimmung war einseitig auf die ,,Hausfrauenehe" ausgerichtet und entsprach in ihrer engen Fassung nicht der Vielfalt der sozialen Lagen in den einzelnen Ehen; sie war mit Art. 3 GG nicht vereinbar. Das Gesetz sprach nur von Mitarbeit in Haushalt oder Geschäft. Aber auch sonst war die Frau verpflichtet, dem Mann in seinem Beruf behilflich zu sein, z. B. in der Landwirtschaft oder als Schreibhilfe. Eine entsprechende Pflicht war für den Mann nicht festgelegt, obwohl häufig die Ehefrau einen Beruf betreibt und der Mann nicht. Hier konnte man eine Pflicht zur

Mitarbeit des Mannes aus § 1353 folgern (str.; a. M. früher RAG DR 1944, 90), jedenfalls wenn der Mann ohne Beruf und Einkommen war und den Unterhalt von der Ehefrau bezog. Das GleichberGes. hatte mit Recht eine Mitarbeitspflicht des Mannes im Beruf der Frau festgelegt. Eine Mitarbeitspflicht im Haushalt war nicht genannt, konnte sich aber unter Umständen aus § 1353 ergeben (BGH, JZ 1960, 371). Das 1. EheRG hat auf eine ausdrückliche Normierung der Mitarbeitspflicht verzichtet; sie ist aber nach wie vor aus §§ 1353, 1360 zu folgern (BGH JZ 1977, 607). Die Frage ist freilich streitig. Wer in erster Linie auf die Verabredungen der Ehegatten über ihre eheliche Lebensführung abstellt (vgl. etwa *Gernhuber*, FamRZ 1979, 193), muß für alle nicht bedachten Situationen (etwa: was geschieht bei Erkrankung eines Ehegatten?) mit ergänzender Auslegung der Vereinbarungen der Eheleute helfen. Indessen hieße das, § 1353 nahezu zur Funktionslosigkeit degradieren. Vielmehr sind Lücken nicht nur aus konkreten Verabredungen der Ehegatten zu füllen, sondern auch aus den allgemeinen sozialen Wertungen darüber, was die konkrete Situation in einer solchen Ehe erfordert. Ohne eine in § 1353 enthaltene allgemeine Hilfspflicht ist m. E. nicht auszukommen. Daß ihr Inhalt und Umfang weitgehend zur Disposition der Ehegatten steht, schließt sie nicht aus.

Mitarbeit ist aber nur im Rahmen des Vereinbarten oder des nach den konkreten Umständen der einzelnen Ehe Üblichen zu leisten. Wird darüber hinaus mitgearbeitet, so kann für die gesteigerte Mitarbeit (nicht schon für jede über geringfügige Hilfeleistungen hinausgehende; so BGHZ 46, 385; str.) Entgelt verlangt werden. Die Rechtsgrundlage dafür ist streitig: § 812, ein familienrechtlicher Ausgleichsanspruch aus § 1353, Arbeitsverhältnis oder Gesellschaftsvertrag, im Scheidungsfalle gar Ansprüche aus Wegfall der Geschäftsgrundlage. Der BGH betont zu Recht mit Entschiedenheit, daß in erster Linie immer der sachgerechte Vermögensausgleich zwischen Ehegatten im ehelichen Güterrecht zu suchen sei (BGHZ 65, 322 u. 82, 227). Nur wo dieses keine passende Lösung bietet, kommen andere Ausgleichsansprüche in Betracht, wie zB bei Gütertrennung (BGHZ 84, 361). Fehlt es an besonderen Abreden, so befriedigt ein familienrechtlicher Ausgleichsanspruch besser als ein Bereicherungsanspruch. Die Praxis bevorzugte längere Zeit da, wo sie das Bedürfnis nach einem zusätzlichen vermögensrechtlichen Ausgleich bejahte, die Annahme eines Gesellschaftsverhältnisses. Es kommt als sogen. „Innengesellschaft" insb. da in Betracht, wo andere Werte als nur persönliche Mitarbeit eingebracht wurden.

Das eigentliche Problem eines Ausgleichsanspruchs ist weniger die Rechtsgrundlage als die Frage, wann der Rahmen der „üblichen" Mitarbeit überschritten wird. Diese Frage kann durch besondere Abmachungen der Ehegatten geklärt werden. Insbesondere kann auch Mitarbeit gegen Entgelt vereinbart werden. In diesem Rahmen werden Arbeitsverhältnis und Gesellschaft bedeutsam.

Fraglich ist aber, inwieweit ein Arbeitsverhältnis zwischen den Ehegatten vereinbart werden kann (was z. B. wegen Pfändungsschutz und Konkursvorrecht von Lohnansprüchen ebenso wesentlich sein kann wie für steuerliche Vorteile, z. B. Pensionsrückstellungen – BVerfGE 29, 104 – oder für die nach BVerfGE 18, 257 zulässige selbständige Sozialversicherung der Ehefrau). Nach einer Ansicht soll ein Arbeitsverhältnis mit seiner Über- und Unterordnung dem Wesen der Ehe so widersprechen, daß es zwischen Ehegatten ausgeschlossen ist (*Nikisch;* BGH, BB 1961, 397). Nach einer anderen Ansicht soll ein Arbeitsverhältnis möglich sein, soweit die Arbeit über Mitarbeit hinausgeht, nach einer weiteren Ansicht auch im Rahmen einer bloßen Mitarbeit (BVerfGE 13, 311). Richtiger Ansicht nach kann auch ein Ehegatte sich für bestimmte Arbeitsleistungen dem anderen wie ein Arbeitnehmer unterordnen, und für solche Fälle erkennt die steuerrechtliche Judikatur bei Nachweis der genauen Arbeitsvertragsvereinbarungen auch gelegentlich das Arbeitsverhältnis an (z. B. BFH, BB 1958, 148; BVerfG NJW 1962, 442 u. FamRZ 1963, 419). Doch werden solche echten Unterordnungsverhältnisse nicht häufig sein. Im übrigen kann das Arbeitsverhältnis nicht nur für die über bloße Mitarbeit hinausgehende Arbeit vereinbart werden. Da die Ehegatten ihre Lebensführung und damit auch die Mitarbeit im einzelnen näher ausgestalten können, so kann auch Mitarbeit zugunsten eines Arbeitsverhältnisses reduziert werden. Im übrigen wird unter Ehegatten im Scheidungsfall häufig ein Arbeitsverhältnis behauptet, um daraus nachträglich finanzielle Ansprüche abzuleiten. Bei Annahme eines Arbeitsverhältnisses ist dann Vorsicht geboten!

Ein Gesellschaftsvertrag mag der Partnerschaft von Ehegatten eher entsprechen; sein Abschluß darf freilich nicht unterstellt werden (RGZ 158, 381). Die Rechtsprechung greift aber gerne auf ihn zurück, um bei Gütertrennung und Fehlen einer Zugewinnbeteiligung dem im Geschäft des anderen Ehegatten Mitarbeitenden zu helfen (lies BGHZ 8, 249 u. 31, 197 und BGH, FamRZ 1973, 181). Indessen wird der „stillschweigend" abgeschlossene Vertrag auch ohne Rücksicht auf das Vorhandensein eines Erklärungsbewußtseins bei den Ehegatten angenommen und ist dann eine reine Fiktion, um neben dem maßgeblichen ehelichen Güterrecht einen der Judikatur erwünscht erscheinenden Vermögensausgleich herbeizuführen (lies dazu BGHZ 47, 157). Die Rspr. des BGH ist inzwischen unter Bevorzugung eines güterrechtlichen Ausgleichs zurückhaltender bei der Annahme von Gesellschaftsverhältnissen geworden. Sie verlangt für die Gesellschaft einen über das eheliche Zusammenleben hinausgehenden Zweck wie etwa die gemeinsame Errichtung von Mietwohnungen (BGH NJW 1974, 2278), verneint sie bei Geld und Mitarbeit für die freiberufliche Praxis des anderen Ehegatten (BGH NJW 1974, 2045) und bei beiderseitigen Beiträgen für ein Familienwohnheim (BGH NJW 1974, 1554 einerseits u. BGHZ 84, 361 andererseits). Dagegen wird der Anspruch auf vorzeitige Rückzahlung eines dem Ehegatten für sein Geschäft gegebenen Darlehens auf Wegfall der Geschäftsgrundlage gestützt (BGH DB 1974, 1957).

Schrifttum: *Müller-Freienfels,* Die Gesellschaft zwischen Ehegatten, Eranion für Maridakis 1963, 357ff., Festschr. Nial 1966, 404–452 und Festschr. Nipperdey 1965 Bd. I S. 625ff; *Gernhuber* FamRZ 1958, 243 und 1959, 465; *Fenn* FamRZ 1968, 291; *Schwab,* Die Mitarbeitspflicht der Ehegatten nach § 1356 Abs. 2, JZ 1970, 1; *Fenn,* Die Mitarbeit in den Diensten Familienangehöriger, 1970; AcP 172, 366ff. u. DB 1974, 1062 u. 1112; *Lieb,* Die Ehegattenmitarbeit im Spannungsfeld zwischen Rechtsgeschäft, Bereicherungsausgleich und Innengesellschaft 1970; *Burkhardt,* Der Ausgleich für die Mitarbeit eines Ehegatten im Beruf oder Geschäft des anderen, 1970; *Klunzinger,* Mitarbeit im Familienverband FamRZ 1972, 70; *Henrich,* Schuldrechtliche Ausgleichsansprüche zwischen Ehegatten in der Rechtsprechung des Bundesgerichtshofes, FamRZ 1975, 533ff.; *Maiberg,* Ehegatten-Innengesellschaften nach der Rechtsprechung des Bundesgerichtshofs, DB 1975, 385; *Johannsen,* Vermögensrechtliche Auseinandersetzung unter Ehegatten nach Auflösung der Ehe bei Gütertrennung, WM 1978, 502.

Im Rahmen der ehelichen Mitarbeit kann ein Ehegatte Erfüllungsgehilfe des anderen, ja auch im Einzelfall sein Verrichtungsgehilfe sein. Erst recht können entsprechende Haftungssituationen da eintreten, wo die Mitarbeitspflicht durch ein Arbeits- oder Gesellschaftsverhältnis teilweise abgelöst ist oder im Rahmen eines solchen Verhältnisses gesteigerte Mitarbeit geleistet wird.

g) Die Pflicht zur ehelichen Lebensgemeinschaft umschließt auch die Verpflichtung, den anderen Gatten die Wohnung (lies BGHZ 71, 216 mit 67, 221) und alle Haushaltsgegenstände mitbenutzen zu lassen, ohne Rücksicht auf das eigene Eigentumsrecht daran (BGHZ 12, 380 entgegen RGZ 87, 56, aber noch ein besonderes Leiheverhältnis annehmend). Beide Ehegatten haben ein Recht zum Mitbesitz (BGHZ 71, 222). Die Pflicht, dem anderen Ehegatten Mitbesitz und Mitgebrauch zu gewähren, ist so stark, daß auch bei Getrenntleben dem anderen Ehegatten die notwendigen Haushaltsgegenstände ohne Rücksicht auf das Eigentumsrecht daran zur Verfügung gestellt werden müssen, soweit er ihrer zur Führung eines abgesonderten Haushalts bedarf und die Überlassung der Billigkeit entspricht (§ 1361a). Die Praxis regelt dementsprechend sogar die Benützung der Ehewohnung zum Zweck des Getrenntlebens! Die Pflicht zur Gewährung des Mitgebrauchs zeitigt auch noch nach Auflösung der Ehe ihre Nachwirkungen. So kann der Richter Wohnung und Hausrat unter den Ehegatten nach Nichtigerklärung, Aufhebung oder Scheidung der Ehe angemessen verteilen, auch wieder ohne Rücksicht auf das bisherige Eigentum (6. DVO z. EheG).

Am Hausrat sind die Ehegatten also regelmäßig Mitbesitzer, wobei der mitbesitzende Nichteigentümer dem Eigentümer den Besitz vermittelt; der Eigentümer ist einerseits unmittelbarer Besitzer, andererseits auch mittelbarer; so schon kraft Gesetzes und ohne nähere Vereinbarung. Bei dieser Sachlage kann das Eigentum an Hausrat von einem Ehegatten auf den anderen kraft bloßer Vereinbarung nach § 930 übertragen werden (BGHZ 73, 253ff.).

Schrifttum: *A. Schulz*, Ehewohnung und Hausrat in der ungestörten Ehe, 1982.

3. Bei Verletzung der Pflicht zur ehelichen Lebensgemeinschaft kann auf *Herstellung des ehelichen Lebens* geklagt werden; das Verfahren hat aber geringe praktische Bedeutung, zumal das Urteil – entsprechend den personalen Pflichten aus der Ehe – nicht vollstreckt werden kann (§ 888 II ZPO); es dient nur dazu, den anderen Gatten nachdrücklich auf seine Pflichten hinzuweisen. Ein Rechtsschutzinteresse für die Klage ist nicht etwa schon wegen fehlender Vollstreckungsmöglichkeit auszuschließen; es dürfte aber bei der bloß ,,moralischen" Wirkung des Urteils nach dem heutigen Stand unseres Eherechts selten genug vorliegen.

Der Prozeß ist Ehesache nach §§ 606ff. ZPO; Erforschung der materiellen Wahrheit (§§ 616ff.). Der Klageantrag ist nicht allgemein auf Herstellung des ehelichen Lebens zu richten (unglücklich daher BGH MDR 1957, 540), sondern speziell auf Erfüllung der einzelnen vernachlässigten Pflicht, z.B. auf Herstellung der häuslichen Gemeinschaft, auf Mitarbeit im Geschäft, auf Wartung der Kinder, auf Unterlassung allabendlichen Ausgangs, der Überwachung durch einen Detektiv usw.

Früher diente die Klage auf Herstellung des ehelichen Lebens der Vorbereitung der Ehescheidung wegen böslicher Verlassung; seit Beseitigung dieses Scheidungsgrundes hat die Klage an praktischer Bedeutung verloren. Heute wird eher umgekehrt eine Klage auf Feststellung des Rechts zum Getrenntleben erhoben, wenn dieses Recht zwischen den Eheleuten streitig ist. Aber dann kann die Klage auf Feststellung des Rechts zum Getrenntleben nur darauf gestützt werden, daß das Verlangen nach Herstellung der ehelichen Lebensgemeinschaft ein Mißbrauch wäre (§ 1353 II) oder die Ehe gescheitert ist. Aber auch dieses Urteil ist nicht erforderlich, um die Rechtsfolgen des Getrenntlebens geltend zu machen.

a) Eine Klage auf Unterlassung von Ehebruch und Ehewidrigkeiten lehnte RGZ 151, 159 wegen des in der Ehe unzulässigen Zwanges (§ 888 ZPO) schlechthin ab. Richtiger Ansicht nach ist eine solche Klage gegen den anderen Ehegatten zuzulassen; sie gehört aber als Klage auf Herstellung der ehelichen Lebensgemeinschaft ins Eheverfahren; der BGH (LM § 823 Af Nr. 1b) läßt sie im allgemeinen Prozeßverfahren und – entgegen ZPO § 888 – sogar die Zwangsvollstreckung zu!

Für die Zulassung der Klage spricht ein dringendes praktisches Bedürfnis angesichts der gesunkenen Ehemoral und der Fälle, in denen ein Ehegatte einen neuen Partner in die eheliche Wohnung mitnimmt. Mit Besitzschutz ist hier angesichts § 866 nicht ausreichend zu helfen. § 888 ZPO schließt nur die Zwangsvollstreckung, nicht aber die Klage aus; die Scheu, mit gerichtlichen Mitteln ins eheliche Leben einzugreifen, darf nicht zur Schutzlosigkeit des betrogenen Gatten führen. Schwerlich läßt sich (so *Ramm*, NJW 1967, 1793) die Ehestörungsklage damit ablehnen, daß sie die sittliche Freiheit beeinträchtige; es gibt für Ehegatten keine sittliche Freiheit zum Ehebruch, für Dritte keine sittliche Freiheit zum Einbruch in fremde Ehen. Gelegentlich läßt die Praxis Klagen gegen den anderen Ehegatten auch als deliktische Unterlassungsklagen wegen der über den Ehebruch hinausgehenden besonderen Ehrenkränkungen zu (vgl. statt Vieler OLG Schleswig, JR 1951, 629). Aber bei der Ehrenkränkung einsetzen, heißt an Randerscheinungen kurieren. Nicht anders stünde es, wollte man den Eheschutz über den allgemeinen Persönlichkeitsschutz erreichen. Die Unterlassungsklage ist schon aus § 1353 heraus gerechtfertigt; die Annahme eines deliktisch verletzbaren absoluten Rechts an der Person des anderen Ehegatten (Kant) ist unserem Rechtsdenken heute fremd, und es bedarf ihrer im Verhältnis der Ehegatten zueinander nicht. Eingriffe in die Persönlichkeitssphäre im Zusammenhang mit Eheverfehlungen sind durchweg in erster Linie Eingriffe in das eheliche Verhältnis. Auch ist die Behandlung solcher Klagen als deliktische im ordentlichen Prozeß ohne den besonderen Schutz des Eheverfahrens m. E. untunlich. Der im Eheverfahren zu verfolgende Anspruch aus § 1353 steht m. E. im Verhältnis der Spezialität zu anderen Rechtsbehelfen (str.).

b) Besonders umstritten ist, ob eine Klage auf Unterlassung von Ehestörungen gegen Dritte gegeben ist. BGHZ 6, 360 und dem folgend BGHZ 34, 80 bejahen die Frage – entgegen dem RG – mit Einschränkungen. M. E. sind solche Klagen in vollem Umfang zulässig.

Das RG hat (DJ 1941, 738) solche Klagen u. a. deshalb abgewiesen, weil der strafrechtliche Schutz (§§ 172 a. F., 185 StGB) ausreiche. Aber auf anderen Gebieten wird die Unterlassungsklage längst neben dem Strafschutz gewährt (RGZ 116, 151; 156, 377). Die Unterlassungsklage ist nicht nur aus einem deliktischen Sachverhalt heraus zu begründen, sondern analog § 1004 BGB aus absolutem Recht. Man muß in der einzelnen Ehe und dem durch sie begründeten Personenstand eine auch gegenüber Dritten wirkende Rechtsposition sehen. Es geht dabei um eine durch das Verhältnis zum anderen Ehegatten begründete, über das Persönlichkeitsrecht des einzelnen hinausgehende Sonderposition. Ihre (streitige) Absolutheit entspricht der absoluten Außenwirkung der elterlichen Sorge (vgl. § 1632). Fragwürdig ist es daher schon, das Notwehrrecht des betrogenen Ehegatten einschränken zu wollen (vgl. etwa OLG Köln NJW 1975, 2344). Bedenken gegen eine Dritte betreffende Unterlassungsklage könnten sich aber daraus ergeben, daß hier mittelbar in die ehelichen Verhältnisse eingegriffen wird. Ist jedoch die Unterlassungsklage schon gegen den Ehegatten zulässig, so muß sie erst recht gegen den Dritten zulässig sein. Allerdings würde die Klage gegen den Dritten im gewöhnlichen Zivilprozeß geführt und aus dem Urteil die Vollstreckung möglich sein. M. E. läßt es sich sehr wohl vertreten, einen Dritten zwangsweise fernzuhalten; es bleibt genug, was die Ehegatten miteinander abzumachen haben. Natürlich darf die Klage nicht dazu dienen, dem Ehegatten aus Eifersucht jeden Verkehr mit Dritten zu nehmen. Aber wenn der BGH die Klage auf Eingriffe in den ,,räumlich-gegenständlichen Bereich" der Ehe einschränkt, so ist das zu eng (str.). Immerhin ist die Möglichkeit der Unterlassungsklage in diesem Rahmen weithin anerkannt, wenn auch die Begründungen unterschiedlich sind. Der quasinegatorische Anspruch aus einem, den Kernbereich der Ehe umfassenden, freilich auch auf ihn beschränkten absoluten Recht überzeugt m. E. noch am ehesten. Für den begrenzten ,,räumlich-gegenständlichen Bereich" der Ehe (insbes. die Ehewohnung) wird von Pawlowski und Smid die Begründung in einem gesamthänderischen Besitz der Ehegatten an der Wohnung gesehen, den im Krisenfall einer der Ehegatten als Wahrer der Rechte der ,,Organisation" Ehe alleine verteidigen dürfe. Wenn BGHZ 6, 360 die Klage nur der Ehefrau und nicht dem Ehemann gewährt, so ist das mit Art. 3 GG unvereinbar. Für die Zulassung der Ehestörungsklage spricht schließlich Art. 6 GG, welcher nicht nur Programmsatz, sondern Grundsatznorm ist (BVerfG 6, 55). Art. 6 GG mit seinem schwer konkretisierbaren Inhalt ist aber nicht unmittelbar Schutzgesetz i. S. von 823 II.

Schrifttum: *Padrutt,* Die Ehestörungsklage, 1954; *Boehmer,* FamRZ 1955, 7 u. 1957, 196; JZ 1953, 74 mit weiteren Nachweisen; *Berg* und *Schwab,* JuS 1961, 137ff.; *Fabricius* AcP 160, 316; *E. von Hippel* NJW 1965, 664. *Jayme,* Die Familie im Recht der unerlaubten Handlungen, 1971. *Struck,* JZ 1976, 160; *Smid,* Zur Dogmatik der Klage auf den Schutz des „räumlich-gegenständlichen Bereichs" der Ehe, 1982, sowie JuS 1984, 101.

c) Ob auch Schadensersatzansprüche wegen Ehestörung erhoben werden können, ist ungemein streitig (ablehnend z. B. BGHZ 23, 215 u. 279; 26, 217). Richtiger Ansicht nach ist die Frage zu bejahen. Auch wenn der gesamte Eheschutz in erster Linie ideeller Interessen wegen erfolgt, so hindert das nicht, daß auch die Vermögensinteressen mit geschützt sind. Es besteht nicht nur ein praktisches Bedürfnis für den Schadensersatz; die finanziellen Folgen der Ehestörung sind ein – leider! – auch unentbehrlicher Behelf zur Hebung der Ehemoral (vgl. dazu auch unten § 22 II 4). Die Schadensersatzansprüche gegen den anderen Ehegatten (lies OLG Karlsruhe FamRZ 1961, 375) sind m. E. ebensogut möglich, wie gegen Dritte. Es sprechen keine hinreichenden Gründe dafür, daß das BGB Schadensersatzansprüche zwischen Eheleuten ausschließen wollte; der Haftungsmaßstab des § 1359 wäre sonst kaum verständlich. Wenn man mit Schadensersatzpflichten mittelbar zur Eheschließung angehalten werden kann (§ 1298), scheint es viel weniger bedenklich, an die Verletzung der einmal übernommenen Verpflichtungen Schadensersatzpflichten anzuknüpfen. Zur Schonung Dritter besteht erst recht kein Anlaß.

Problematisch ist freilich der Umfang der geschützten Interessen und damit der Ersatzansprüche. Angesichts der Scheidbarkeit der Ehe und der besonders geregelten Scheidungsfolgen ist das Bestandsinteresse nicht weiter als dort vorgesehen geschützt. Sonderansprüche wegen des Verlusts des Familienunterhalts (vgl. dazu BGHZ 48, 82), der Mitarbeit des anderen Ehegatten, der güterrechtlichen Beteiligungs- und Zugewinnchancen oder anderer Erwerbsaussichten können über das im Rahmen des Scheidungsrechts und Ehegüterrechts hinaus Geregelte auch gegen Drittstörer nicht geltend gemacht werden. Wohl aber sind besondere Schäden anderer Art (ein Ehegatte verliert wegen der skandalösen Verhaltensweise des anderen seine Stellung), Kosten der Anfechtung der Ehelichkeit eines Ehebruchskindes (hier im Ergebnis, freilich mit unterhaltsrechtlicher Begründung, zustimmend BGHZ 57, 229) und des vorläufigen Unterhalts dieses Kindes (zustimmend jetzt BGHZ 80, 245 für den Fall der Täuschung über die Abstammung des Kindes), sowie Gesundheitsschäden (so schon RGZ 85, 335) zu ersetzen (im einzelnen str.).

Die Ansicht des BGH, daß man gegen Dritte selbst dann keinen Schadensersatz geltend machen könne, wenn man durch dessen ehebrecherisches Verhalten schweren Gesundheitsschaden erlitten hat (MDR 57, 407), ist schon im Ergebnis schwer tragbar. Die Ausschaltung von Schadensersatz bei Ehebruch, weil die Verletzung der Familie nicht mit vermögensrechtlichen Mitteln geahndet werden könne, führt zu der unhaltbaren Folgerung, daß auch die einem Notzuchtverbrechen zum Opfer gefallene Ehefrau wegen der Ansteckung mit einer Geschlechtskrankheit keinen Schadensersatz erhalten dürfte! Will man aber – wie der BGH – eine solche Folgerung nicht ziehen, so bedarf es einer genauen Begrenzung, wo die Schadensersatzpflicht zwischen Ehegatten aufhört. Will der BGH (was zu billigen ist) einer „Kommerzialisierung" der Ehe entgegentreten, so ist dazu der Ausschluß des Ersatzes nachgewiesener Körperschäden nicht erforderlich, der Ausschluß von Schmerzensgeld genügend. Aber auch nur der Ausschluß von Schmerzensgeld wegen des Ehebruchs als solchen, nicht auch wegen eines zusätzlichen Gesundheitsschadens, wäre vertretbar. Im übrigen steht die genannte Tendenz des BGH in seltsamem Gegensatz zu der sonst contra legem eingeleiteten Kommerzialisierung der Persönlichkeitsrechte durch Gewährung von Schmerzensgeld bei ihrer Verletzung. Man muß m. E. das vor allem beachten, um der Tendenz entgegenzutreten, Schadensersatz wegen Ehestörung aus Verletzung von Persönlichkeitsrechten abzuleiten; dies würde nach dem vorliegenden Stande der Judikatur m. E. zur Gewährung von Schmerzensgeld wegen des Ehebruchs als solchen führen. Trotz Annahme einer Verletzung von Persönlichkeitsrechten wird der Schadensersatzanspruch abgelehnt in BGH NJW 1973, 991; dazu Löwisch JZ 1973, 669.

IV. Unterhaltspflicht

1. Das BGB hatte die Unterhaltspflicht (§ 1360 a. F.) für Mann und Frau ungleich geregelt. Der Mann hatte grundsätzlich selbst die vermögende oder berufstätige Frau zu unterhalten, während die Frau dem Mann nur bei seiner Bedürftigkeit unterhaltspflichtig war. Allerdings wurde die Frau durch die damals gesetzlich ausdrücklich geregelte Mitarbeitspflicht (§ 1356 II a. F.) mittelbar genötigt, den Unterhalt mitzuverdienen. Ferner schuf das Ehegüterrecht einen Ausgleich für die ungleiche Belastung der Ehegatten, indem es die Tragung des ehelichen Aufwandes regelte. Dieser fiel bei den Gütergemeinschaften dem Gesamtgut zur Last (§§ 1458, 1529, 1549 a. F.); beim gesetzlichen Güterstand erhielt der Mann die Vermögenseinkünfte der Frau (§ 1383), notfalls einen Beitrag aus deren sonstigen Einkünften (§ 1371, a. F.). Auch bei der Gütertrennung hatte die Frau einen Beitrag zum ehelichen Aufwand zu leisten (§ 1427 a. F.).

2. Seit dem 1. 4. 1953 haben *beide* Ehegatten gemeinsam durch ihre Arbeit und mit ihrem Vermögen *die Familie* angemessen zu unterhalten (§ 1360 S. 1 i. d. F. des GleichberG und des 1. EheRG).

Mit der Regelung des „Familienunterhalts" ersetzt § 1360 die früheren Bestimmungen güterrechtlicher Natur über den „ehelichen Aufwand". Ebenso wie diese läßt § 1360 den Unterhaltsanspruch der Kinder gegen die Eltern (§§ 1601 ff.) unberührt. Aber nach § 1360a kann jeder Ehegatte vom anderen einen Beitrag auch zum Unterhalt der Kinder verlangen, und zwar im eigenen Namen (vgl. für die Zeit nach Scheidungsantrag auch § 1629 III n. F.), so daß nicht nur durch die Unterhaltsansprüche der Kinder gegen die Eltern, sondern durch die Ansprüche der Eltern gegeneinander mit für die Kinder gesorgt wird.

Im Hinblick darauf, daß jeder Ehegatte zwar das Recht haben soll, einen eigenen Beruf auszuüben, sich vereinbarungsgemäß aber auch auf die Haushaltsführung beschränken darf, kann der Ehegatte, dem die Haushaltsführung überlassen ist (meist die Ehefrau), seinen Beitrag zum Familienunterhalt in erster Linie dadurch leisten, daß er die Pflicht zur

Haushaltsführung erfüllt; die Anrechnung der Haushaltsführung auf den von ihr geschuldeten Unterhaltsbeitrag erfüllt das Gebot des GG Art. 3 II (BVerfG NJW 1963, 1723 u. 1727). Der den Haushalt führende Ehegatte hat aber je nach den Verhältnissen der Ehegatten auch Beiträge aus seinem Einkommen zu leisten, so selbst wenn er erwerbstätig ist, ohne dem Partner gegenüber dazu verpflichtet zu sein (BGH FamRZ 1967, 380).

a) Die Ehegatten sind nicht genötigt, rechnerisch gleich hohe Beträge beizusteuern; jeder beteiligt sich nach Maßgabe seines Vermögens und seiner Erwerbsfähigkeit. Der kriegsverletzte Mann ist möglicherweise mit auf die Erwerbstätigkeit seiner Frau angewiesen; die kränkliche Ehefrau wird nicht einmal die Hausarbeit allein leisten, der Mann vielmehr entweder die Hausarbeit selber leisten oder von seinem Einkommen eine Hausgehilfin bezahlen müssen. Wer Vermögen hat, wird – solange sein Berufseinkommen nicht hinreicht – mindestens die regelmäßigen Vermögenseinkünfte, notfalls auch den Stamm des Vermögens für den Unterhalt heranziehen müssen.

b) Leistet die Frau ihren Beitrag zum ehelichen Unterhalt in Form der Haushaltsführung, muß der Mann das für den Unterhalt erforderliche Geld allein aufbringen – insoweit bleibt die Unterhaltspflicht der früher im BGB a. F. geregelten gleich. Soweit die Ehefrau berufstätig ist, braucht sie nicht daneben noch die gesamte Hausarbeit allein zu leisten; sie muß dann aber von ihren Einkünften einen angemessenen Betrag für den ehelichen Aufwand beisteuern.

3. Die gegenseitige Unterhaltspflicht der Ehegatten ist nur so lange eine primäre, als die Ehegatten ihren eigenen angemessenen Unterhalt nicht gefährden (§ 1608). Tritt dieser Fall ein, so kann jeder Ehegatte den anderen darauf verweisen, zunächst die unterhaltspflichtigen Verwandten in Anspruch zu nehmen. Erst wenn von diesen nichts zu erlangen ist, müssen Ehegatten auch unter Gefährdung des eigenen angemessenen Unterhalts mit dem anderen Ehegatten alles teilen.

Umgekehrt geht der Unterhaltsanspruch des Ehegatten dem aller Verwandten vor, steht nur dem minderjähriger unverheirateter Kinder gleich (§ 1609; § 850d ZPO).

4. Die Unterhaltspflicht *erlischt* mit dem Tode eines Gatten (§ 1615). Wird die Ehe in anderer Weise aufgelöst, z. B. durch Nichtigerklärung, Aufhebung oder Scheidung, so gelten besondere Regeln (§§ 26, 37 EheG; §§ 1569ff).

Im übrigen gelten einige *allgemeine Regeln* des Unterhaltsrechts; in praeteritum non vivitur (§ 1613); kein Verzicht auf den Unterhalt möglich, keine befreiende Vorausleistung bei erneuter Bedürftigkeit (§ 1614).

5. Der geschuldete angemessene Unterhalt umfaßt nicht nur die Kosten des gemeinsamen Haushalts, sondern auch die persönlichen Bedürfnisse der Ehegatten und den gesamten Lebensbedarf gemeinsamer und nach §§ 1601 ff. unterhaltsberechtigter Kinder (§ 1360a I), nicht aber den Unterhalt von einseitigen Kindern des anderen Ehegatten (Stiefkindern) oder von dessen sonstigen Verwandten (Schwiegereltern), solange diese Unterhaltspflicht nicht besonders übernommen ist (str.; vgl. oben § 3 III).

Umstritten war, ob die Unterhaltspflicht auch zur Folge hat, daß ein bedürftiger Ehegatte von dem leistungsfähigen verlangen kann, daß er ihm die zur Führung eines Eheprozesses notwendigen Gerichts- und Anwaltskosten vorschieße. Die frühere Praxis hatte einen solchen Anspruch auf das eheliche Güterrecht (insbes. §§ 1387, 1388 a. F.) gestützt, ihn aber bei Gütertrennung verneint. Als die Gütertrennung gesetzlicher Güterstand wurde, blieb das häufige Bedürfnis nach solchen Prozeßkostenvorschüssen durch das Güterrecht unbefriedigt. Selbst wenn man von dem fiskalischen Gesichtspunkt absieht, daß die Gewährung von Prozeßkostenhilfe vermieden werden sollte, wenn ein Ehegatte zahlungsfähig ist, war das Bedürfnis kaum zu verneinen. Die Praxis versuchte häufig mit § 627 a. F. (= § 620 Ziff. 9 n. F.) ZPO zu helfen; doch gibt richtiger Ansicht nach diese verfahrensrechtliche Vorschrift keine materiellrechtliche Grundlage für den Kostenvorschußanspruch ab. Der Unterhaltsanspruch umfaßt nach der Entstehungsgeschichte des BGB (Motive IV 696) aber die Prozeßkosten auch nicht. Es blieb dann nur die Möglichkeit, die Vorschußpflicht auf die allgemeine gegenseitige Fürsorgepflicht der Ehegatten (§ 1353) zu stützen, von welcher die Unterhaltspflicht nur einen (unvollkommenen) Teil darstellt (sehr str.).

Heute ist ein erweiterter Anspruch auf Prozeßkostenvorschuß im Rahmen des Unterhaltsrechts gegeben (§ 1360a IV). Ein Ehegatte, der nicht in der Lage ist, Prozeßkosten zu tragen, hat bei Prozessen über eine „persönliche Angelegenheit" (wozu mindestens alle Eheprozesse und Entmündigungsverfahren gehören, aber nach der Praxis auch Unterhaltsprozesse, Rentenverfahren – BSG, NJW 60, 502 – und Auskunftverlangen zwecks güterrechtlicher Auseinandersetzung – BGHZ 31, 383; nicht aber Erbrechtsprozesse! – Str.) sowie in einem gegen ihn gerichteten Strafverfahren im Rahmen der Billigkeit einen Anspruch auf Kostenvorschuß gegen den anderen Ehegatten.

Streitig ist, ob der Prozeßkostenvorschuß verweigert werden darf, wenn die beabsichtigte Klage aussichtslos ist. M. E. ist es mißlich, Prognosen über den beabsichtigten Prozeß zu stellen. Gleichwohl kann m. E. kein Vorschuß für solche Klagen verlangt werden, die ein verständiger Dritter nicht erheben würde. Eine andere Streitfrage geht dahin, ob und wann der Prozeßkostenvorschuß zurückerstattet werden muß. Das Gesetz unterscheidet nicht zwischen Prozessen unter Ehegatten und mit Dritten; es kann daher nicht maßgeblich sein, welchem von beiden Ehegatten das Gericht im Ergebnis die Kosten auferlegt hat – denn dieser Maßstab kann für Prozesse mit Dritten nicht gelten. Der Natur des Prozeßkostenvorschusses als Unterhalt, der zu gewähren ist, wenn der andere dessen bedürftig ist, führt nowendig dahin, daß Rückerstattung nur dann verlangt werden kann, wenn der andere dazu auch in der Lage ist (BGHZ 56, 92; bedenklicherweise noch weiter einschränkend OLG Köln FamRZ 1980, 567).

6. Der Unterhalt ist in der durch die eheliche Lebensgemeinschaft gebotenen Form zu leisten, also durch Haushaltsführung, Gewährung von Wohnung, Verpflegung, Wirtschaftsgeld (§ 1360a II 2), Taschengeld usw.; bei durch Berufsausübung oder Wohnverhältnisse bedingtem getrennten Wohnen vorwiegend durch Geldleistungen.

Die nähere Regelung der Einzelheiten der Beiträge beider Eheleute zum Unterhalt ist in erster Linie der innerfamiliären Autonomie (vom BVerfG anerkannt in NJW 1980, 694) überlassen.

Die Höhe des Taschengeldanspruchs für die nicht erwerbstätige Hausfrau kann nicht einheitlich festgelegt werden, hängt vielmehr wesentlich von der Gesamthöhe der Einnahmen und Verpflichtungen des verdienenden Ehegatten ab, insbes. von dessen sonstigen Unterhaltspflichten. Die Bemessung mit 5% des Nettoeinkommens des Mannes (OLG Zweibrücken FamRZ 1980, 445) ist gewiß zu schematisch.

7. Trägt ein Ehegatte zum Familienunterhalt mehr bei, als er schuldet, so wird im Zweifel angenommen, daß er nicht die Absicht hatte, Ersatz zu verlangen (§ 1360b; vgl. § 1620). Damit entfallen etwaige Regreßansprüche, gleichgültig, ob sie auf einen familienrechtlichen Ausgleichsanspruch, Geschäftsführung (vgl. § 685!) oder Bereicherung gestützt werden (BGHZ 50, 266). Doch kann überzahlter Unterhalt beim Zugewinnausgleich nach § 1380 zur Anrechnung kommen (BGH NJW 1983, 1113).

8. Der Anspruch auf den Unterhalt ist ab 1. 7. 1977 nach GVG § 23b n. F. beim *Familiengericht* einzuklagen; mit Anhängigwerden und für die Dauer der Rechtshängigkeit einer Ehesache ist das Familiengericht ausschließlich zuständig, bei dem die Ehesache im ersten Rechtszug anhängig war oder ist (ZPO § 621 II n. F.); die anderswärts anhängige Unterhaltssache ist an das für die Ehesache zuständige Gericht zu verweisen.

Streitig ist die Pfändbarkeit des Anspruchs auf Familienunterhalt. Die einschlägige Vorschrift ZPO § 850b paßt nur auf individuelle Unterhaltsansprüche. Pfändbar zur Eigenverwertung durch den Gläubiger ist auch nur der Anspruch auf Überlassung von Geld zu Eigentum; jeder Ehegatte erfüllt aber seine Vorschußpflicht (§ 1360a II 2) schon dadurch, daß er dem anderen den Besitz an Geld überläßt, während dann die für den Familienunterhalt nötigen Verfügungen des anderen durch § 185 gedeckt werden, Die eine Pfändbarkeit des ,,Taschengeldanspruchs" der Frau bejahende Praxis (zB OLG München FamRZ 1981, 449) übersieht dies meist. Abgesehen davon bietet das Gesetz keine rechte Handhabe dafür, aus dem einheitlichen Anspruch auf Familienunterhalt einen festbestimmten Teil als Taschengeld auszusondern. Selbst soweit man dies bejaht, kann nur ein Teil davon pfändbar sein. Ebensowenig ist der zweckgebundene Anspruch auf Prozeßkostenvorschuß pfändbar, außer von denen, welchen er zukommen soll (Anwalt, Gericht). Das Pfändbarkeitsproblem beschränkt sich aber auf Ansprüche, die nicht aus Geschäften herrühren, die der Deckung des angemessenen Lebensbedarfs dienen; aus solchen Geschäften haften die Ehegatten ohnehin gesamtschuldnerisch (§ 1357 n. F.). Bei anderen Ansprüchen bleibt es aber unbefriedigend, wenn ein nicht verdienender Ehegatte sich unter Berufung auf die Unpfändbarkeit des Taschengeldes der Bezahlung seiner persönlichen Schulden ohne Einschränkung seiner eigenen Bedürfnisse schlechthin entziehen könnte, andererseits der verdienende Ehegatte als Nichtschuldner auch nicht herangezogen werden kann. Vgl. zur Problematik Ackermann FamRZ 1984, 520. Eine sachgerechte Lösung ist m. E. nur darin zu finden, daß die Entsprechung zu ZPO § 850h II zugunsten von Gläubigern des nichtverdienenden Ehegatten ein angemessenes Taschengeld als geschuldet gilt, von dem dann aber auch nur ein Teil entsprechend ZPO § 850b II nach Billigkeit gepfändet werden kann.

9. Eine *Verpflichtung zur Altersvorsorge* ist nicht den auf einen aktuellen Bedarf abstellenden §§ 1360, 1360a zu entnehmen, sondern § 1353. Der Verpflichtung wird meist schon über die öffentlichrechtlichen Alterssicherungssysteme genügt, soweit sie den Ehegatten mit umfassen (Sozialversicherungsrenten, Beamtenversorgung usw). Für andere Fälle (Freiberufler!) ist die Art der Vorsorge der innerfamiliären Autonomie zu überlassen. Erst mit Stellung eines Scheidungsantrags konkretisiert sich die Verpflichtung zur Altersvorsorge in einem Zahlungsanspruch (§§ 1361 II u. 1578 III): ,,Vorsorgeunterhalt"! Mit der Scheidung wird

hinsichtlich schon erworbener Versorgungsaussichten mit dem „Versorgungsausgleich" für den nicht oder minder versorgten Ehegatten anstelle einer abhängigen Versorgung eine selbständige Anwartschaft begründet.

V. Vertretungsrecht (vormals „Schlüsselgewalt")

Schrifttum: *Büdenbender,* Die Neuordnung der „Schlüsselgewalt" in § 1357 n. F. BGB, FamRZ 1976, 662; *Baur,* Die prozessualen Auswirkungen der Neuregelung der „Schlüsselgewalt", Fschr. Beitzke 1979, 111; *Mikat,* Verfassungsrechtliche Aspekte der Neuordnung der „Schlüsselgewalt" Fschr. Beitzke 1979, 293; *Elsing,* Probleme bei Schlüsselgewaltgeschäften minderjähriger Ehegatten, JR 1978, 494; *Witte-Wegmann,* Schlüsselgewalt bei Teilzahlungsgeschäften? NJW 1979, 749; *Käppler,* Familiäre Bedarfsbedeckung im Spannungsfeld von Schlüsselgewalt und Güterstand, AcP 179, 245; *Roth,* Die Mitberechtigung der Ehegatten in den Fällen des § 1357 BGB, FamRZ 1979, 361; *Wacke* NJW 1979, 2585 u. FamRZ 1980, 13; *Mikat,* Rechtsprobleme der Schlüsselgewalt (Vortrag G 255 Rhein-Westf. Akademie der Wiss. 1981, auch FamRZ 1981, 1128); *Walter,* Eigentumserwerb in der Ehe, 1981, sowie JZ 1981, 601.

Um die Haushaltsführung zu erleichtern und Gläubiger zu schützen, gibt § 1357 – über die früher im Modell der „Hausfrauenehe" nur der Ehefrau zustehende „Schlüsselgewalt" hinausgehend – jedem Ehegatten ab 1. 7. 1977 unabhängig vom Güterstand ein *Recht,* Geschäfte zur angemessenen Deckung des Lebensbedarfs der Familie mit Wirkung auch gegen und für den anderen Ehegatten zu schließen. Mit Abstellen auf den „Lebensbedarf" der Familie umfaßt das neue Recht weitere Bereiche als früher die auf den „häuslichen Wirkungskreis" ausgerichtete „Schlüsselgewalt" der Ehefrau. Dies Recht, den anderen Ehegatten mit zu vertreten, erstreckt sich auf den *gesamten* Lebensbedarf: nicht nur auf Wohnungsmiete, die Beschaffung von Lebensmitteln, Heizung, Beleuchtung und Bekleidung, sondern auch auf Ausgaben für ärztliche Betreuung (BGHZ 47, 81; im einzelnen str.; vgl. OLG Köln NJW 1981, 637 u. FamRZ 1981, 254), Kindererziehung, Einstellung von Hausangestellten, Vermieten von Zimmern u. a. m., je nach dem Lebenszuschnitt der Ehegatten. Aus derartigen Geschäften werden beide Ehegatten als Gesamtgläubiger (§ 428) berechtigt und als Gesamtschuldner verpflichtet (§ 426); ein interner Ausgleich zwischen den Ehegatten erfolgt nach Maßgabe der zum Familienunterhalt geschuldeten Beiträge.

Diese weitreichende Neuregelung ist auf vielfältige Kritik gestoßen; namentlich *verfassungsrechtliche Bedenken* sind erhoben worden, weil mit dem weitgehenden Gläubigerschutz Ehegatten gegenüber in freier Lebensgemeinschaft verbundenen Personen benachteiligt würden (GG Art. 6). Indessen bekommt nicht nur der haushaltführende Ehegatte die Möglichkeit, den Kredit des anderen Ehegatten auszunützen; der beiderseitigen Verpflichtung korrespondiert auch eine Mitberechtigung des anderen Ehegatten! Ferner ist Beeinträchtigung der Privatautonomie (GG Art. 2) darin erblickt worden, daß der Vertragspartner eines Ehegatten sich plötzlich auch mit dem anderen Ehegatten vertraglich verbunden sieht. Indessen kann auch ausdrücklich mit Wirkung für einen Ehegatten allein kontrahiert werden, so insbes. bei sogen. „Hausfrauenkrediten". Im übrigen ist niemand genötigt, die Vorteile der Schuldnerschaft beider Ehegatten wahrzunehmen. Daß man umgekehrt zur Erfüllung seiner Verpflichtungen auch durch den anderen Ehegatten angehalten werden kann, wird man dem Schuldner durchaus zumuten können.

1. Das Vertretungsrecht ist *unabhängig* davon, wem durch Verabredung unter den Eheleuten die *Haushaltsführung* überlassen ist und ob man einem Ehegatten bei unerwarteter Verhinderung des anderen ein „Notgeschäftsführungsrecht" zugesteht. Das Vertretungsrecht ist von der internen Geschäftsführungsbefugnis ebenso unabhängig wie davon, wer etwa kraft *Unterhaltspflicht* für die Kosten angemessener Lebensführung aufzukommen hat. Es geht bei diesem ehelichen Vertretungsrecht auch nicht um einen Fall einfacher gesetzlicher Vertretung, denn aus den von einem Ehegatten geschlossenen Geschäften wird nicht jeweils nur der andere verpflichtet; *beide Ehegatten werden gemeinsam berechtigt und verpflichtet.* Es geht also um eine im Interesse der Familie gegebene *„amtsähnliche" Stellung.* Diese weicht vom Vertretungsrecht auch insofern ab, als der nicht mitwirkende Ehegatte auch dann mitberechtigt und mitverpflichtet wird, wenn gar nicht mit in seinem Namen gehandelt wurde, ja selbst wenn der Dritte gar nicht wußte, daß sein Geschäftspartner verheiratet sei (Abweichung von § 164!). Anderes, nämlich daß der handelnde Ehegatte allein berechtigt und verpflichtet wird, gilt nur dann, wenn sich aus den Umständen etwas anderes ergibt, d. h. wenn er zu erkennen gibt, für sich allein handeln und abschließen zu wollen.

Ist ein Ehegatte minderjährig, so wird er durch Geschäfte des anderen mitverpflichtet. Der minderjährige Ehegatte selbst bedarf zu seiner eigenen Verpflichtung der Zustimmung seines gesetzlichen Vertreters. Fehlt diese, so wird er selbst nicht wirksam verpflichtet – sein Ehegatte aber nur, wenn der andere Teil auch ohne die Mitverpflichtung des Minderjährigen abgeschlossen hätte (§ 139; str.).

2. Nach der ursprünglichen Fassung des BGB hatte nur die Ehefrau zum Zweck der obliegenden Haushaltsführung das Recht, Geschäfte mit Wirkung für und gegen den Mann zu schließen (sogen. Schlüsselgewalt). Die Regelung, daß im Grundsatz aus solchen Geschäften nur der Mann haftet, stammt aus der Zeit, zu welcher der Mann das Familienoberhaupt war und primär für den Unterhalt der Familie aufzukommen hatte. Hier war die Regelung durchaus folgerichtig. Seitdem zufolge GG Art. 3 der Mann nicht mehr das Haupt der Familie ist, werden Geschäfte für den ehelichen Haushalt zugunsten beider Ehegatten geschlossen, woraus sich folgerichtig eine gemeinsame gesamtschuldnerische Haftung ergeben muß. Nach dem GleichberG – insoweit bis 30. 6. 1977 maßgeblich – haftete aus bis zu diesem Zeitpunkt geschlossenen Geschäften die Ehefrau subsidiär neben dem Mann, soweit dieser zahlungsunfähig war. Das mag sich daraus rechtfertigen lassen, daß sie nach § 1360 a. F. nur in zweiter Linie für die Geldmittel der Familie zu sorgen hatte, ihren Beitrag zum gemeinsamen Unterhalt, aber in erster Linie durch die tatsächliche Haushaltsführung erbringen durfte. Aber die Frau haftete auch dann nur hilfsweise, wenn sie zufolge der besonderen Gestaltung der ehelichen Verhältnisse auch mit Geld zum Unterhalt der Familie beitragen mußte, oder wenn sie freiwillig einem einträglichen Beruf nachging. Insofern war die Regelung des Gesetzes in sich nicht folgerichtig. Das Außenverhältnis der Haftung entsprach nicht dem Innenverhältnis der Unterhaltspflicht. Folgt man aber nicht dem Innenverhältnis, so ist es richtiger, mit dem neuen Text des § 1357, im Außenverhältnis auf die Interes-

sen des Dritten Rücksicht zu nehmen und beide Ehegatten gesamtschuldnerisch haften zu lassen.

3. Ob ein Geschäft nach Art und Umfang der Verpflichtung noch in den Rahmen des Vertretungsrechts fällt, ist für jedes Geschäft gesondert, und nicht nach der Summe aller Geschäfte zu beurteilen. Schwierigkeiten bereiten der Praxis immer wieder Kreditkäufe: „Anschreiben-Lassen" beim Lebensmittelkaufmann für durchschnittliche Käufe an Lebens- und Genußmitteln fällt in den Rahmen des Vertretungsrechts (z. B. OLG Köln OLGZ 1971, 155); Abzahlungskäufe werden auch von § 1357 umfaßt (str.; teleologische Reduktion?); bei luxuriöser Garderobe oder größeren Haushaltsgeräten können sie aber schon außerhalb der angemessenen Deckung des Lebensbedarfs liegen.

Beispiele: Frau X. kauft in drei verschiedenen Läden je ein Gemälde zur Ausschmückung der gemeinsamen ehelichen Wohnung. Ist der Kauf nur eines derartigen Bildes nach dem Lebenszuschnitt dieser Ehegatten eine normale Anschaffung, so schulden beide Ehegatten jedem der Verkäufer den Kaufpreis. War der Kauf eines Bildes dagegen eine ungewöhnliche Anschaffung, so haftet nur Frau X. dem Verkäufer. – Hat Frau X. das Lebens ihres Mannes versichert oder Wechsel gezeichnet, so haftet sie allein; diese Geschäfte gehören nicht ohne Weiteres zur angemessenen Deckung des Lebensbedarfs. Herr X. haftet hier nur, wenn ausnahmsweise nach dem Lebenszuschnitt der Ehegatten solche Geschäfte zur „angemessenen" Deckung des Lebensbedarfs dienen oder wenn er eine besondere Vollmacht erteilt hatte und Frau X. auch in seinem Namen handelte. Kauft Frau X. unter ihrem – nicht zum gemeinsamen Familiennamen gewählten – Mädchennamen ein, so haftet sie allein, selbst wenn der Verkäufer zufällig weiß, daß sie Ehefrau ist. Denn sie hat zu erkennen gegeben, daß sie nur für sich handelt. Kauft Herr X. Handschuhe als Geschenk für seine Gattin, so haftet er allein, wenn er die Schenkungsabsicht deutlich genug zum Ausdruck brachte; sonst haften beide Eheleute. Bestellt Herr X. aber Würstchen und Bier zum gemeinsamen Essen, so schulden beide Eheleute gesamtschuldnerisch den vollen Preis, ohne Rücksicht darauf, zu welchen Anteilen das Bestellte von jedem von ihnen verzehrt wurde und wer dem anderen (und in welchem Maß) unterhaltspflichtig ist.

Bei *Leistungsstörungen* ist es fraglich und str., ob die Vorschriften §§ 425 ff. dem Verhältnis der Ehegatten gerecht werden. So wird mit gutem Grund vertreten, daß jeder Ehegatte „Organ" der ehelichen Gemeinschaft sei, daher allein den Vertrag anfechten, wandeln (anders §§ 467, 356) und kündigen könne. Umgekehrt müssen entsprechende Erklärungen (insbes. auch die Mahnung § 284) gegenüber einem der Ehegatten genügen, um auch gegenüber beiden zu wirken.

4. *Dingliche Erwerbswirkungen* sind in § 1357 nicht geregelt und daher streitig. Verbreitet wird aus der in § 1357 geregelten schuldrechtlichen Mitberechtigung des anderen Ehegatten auch auf eine dingliche Rechtsgemeinschaft der Ehegatten geschlossen. Damit würden aber die güterrechtlichen Grundsätze teilweise unterlaufen, denn man schüfe einen „Teilgüterstand des Miteigentums nach Bruchteilen kraft Schlüsselgewalt"! Eben deshalb ist § 428 und nicht § 432 auf die Ansprüche, die kraft § 1357 erworben wurden, anwendbar. Dem Schuldner stets Lei-

stung an beide Ehegatten gemeinsam aufzuerlegen (§ 432), ist eine unbillige Erschwerung des Rechtsverkehrs; der Schuldner muß sich vor allem durch Leistung an denjenigen, mit dem er abgeschlossen hat, befreien können. Jeder Ehegatte kann für sich allein, mit dem oder für den anderen allein in Empfang nehmen. Sachenrechtlicher Erwerb richtet sich aber nach allgemeinen sachenrechtlichen Regeln. Nach § 428 kann der Vertragspartner sich durch Leistung an jeden der Ehegatten befreien – und es dürfte zunächst entscheidend sein, an wen der Vertragspartner offensichtlich leisten will (und nicht, aus wessen Mitteln die Gegenleistung erbracht wird). Unbeschadet dessen, an wen der Veräußerer leistet und wer für den Erwerber in Empfang nimmt, mögen sich die Ehegatten allenfalls intern ausgleichen.

Beispiele: Kauft sich die Frau ein Kleid, so wird sie bei Lieferung Alleineigentümerin, obwohl der Ehemann auf Zahlung mit verpflichtet wurde, auch den Anspruch auf Lieferung geltend machen und für seine Frau das Kleid in Empfang nehmen konnte; es ist nicht sinnvoll, mit der Miteigentumsthese der h. M. hier zunächst Erwerb zu Miteigentum des Mannes anzunehmen! – Kauft die Ehefrau eine Herren-Unterhose, ohne daß ersichtlich wäre, ob diese für den Ehemann oder den Sohn bestimmt ist und sie zahlt mit Geld des Ehemannes: Sie wird zunächst Eigentümerin – unbeschadet der späteren Weitergabe des Eigentums an eines der Familienmitglieder.

Häufig wird der Veräußerer aber an denjenigen leisten, den es angeht. Dann erwirbt derjenige, für den der erworbene Gegenstand bestimmt ist, unmittelbar Eigentum. Bei zum Verbrauch im Haushalt bestimmten Sachen (z. B. Lebensmittel) ist Erwerb zu Miteigentum beider Ehegatten anzunehmen, ohne Rücksicht auf die Unterhaltspflicht oder die Finanzierungsbeiträge. Bei Erwerb von Einrichtungsgegenständen mag Miteigentum nach Finanzierungsbeiträgen entstehen, soweit die Eheleute nichts Abweichendes vereinbart haben oder soweit nicht güterrechtliche Sonderregeln (§§ 1370, 1416, 1419) eingreifen.

5. Das Vertretungsrecht ist zwingenden Rechts und ehevertraglich nicht ausschließbar, weil es auch dem Schutz der Gläubiger dient, setzt aber das Bestehen *häuslicher Gemeinschaft* voraus. Es ruht daher mit ihrer Aufhebung (§ 1357 III) und endet mit jeder Auflösung der Ehe. Ferner kann jeder Ehegatte die Befugnisse des anderen aufheben oder einschränken (§ 1357 II) oder wieder herstellen.

Die Entziehbarkeit des Vertretungsrechts ist nicht nur Relikt patriarchalischer Hausherrengewalt, sondern erscheint folgerichtig für alle, die das Vertretungsrecht auf vermutete Bevollmächtigung des einen Ehegatten durch den anderen gründen. Die Entziehbarkeit ist aber auch vorsorglicher Notbehelf gegenüber Vertretungsmißbrauch. Zur Entziehung des Vertretungsrechts ist nötig, daß sowohl der andere Ehepartner als auch Dritte von ihr Kenntnis erhalten oder erhalten können. Eine Erklärung gegenüber dem anderen Ehepartner genügt nicht, weil gutgläubigen Dritten die Entziehung des Vertretungsrechts nur dann entgegengehalten werden kann, wenn sie ins Güterrechtsregister eingetragen wurde (§ 1412). Die Entziehung durch eine Zeitungsbekanntmachung genügt nicht, weil das Vertretungsrecht (außer gegenüber bösgläubigen Dritten) weiterbesteht, bis man von der Entziehung erfährt (analog §§ 169, 674, 1698 a, 1893). Die Rechtsprechung fordert (zu eng!) stets eine Erklärung gegenüber dem anderen Ehegatten (KGJ 32, 34); aber das kann nur für das Innenverhältnis gelten; die Vertretungsmacht kann auch durch öffentliche Bekanntmachung jedenfalls gegenüber denen erlöschen, die davon erfahren (arg. § 169). Damit die Entziehung jedem Dritten gegenüber wirkt muß sie ins Güterrechtsregister eingetragen werden; ohne Eintragung kann sie Dritten selbst bei deren grob fahrlässiger Unkenntnis nicht entgegengehalten werden (vgl. aber BGH JZ 1964, 420). Gegenüber dem minderjährigen Ehegatten erfolgt die Entziehung durch eine an ihn selbst (nicht an den gesetzlichen Vertreter) gerichtete Erklärung.

Auf Antrag des benachteiligten Ehegatten kann bei grundloser Beschränkung oder Entziehung das Vormundschaftsgericht die Maßnahme wieder aufheben; einer Klage bedarf es nicht.

VI. Weitere Rechtsfolgen der ehelichen Gemeinschaft

1. Beide Ehegatten haben gegenseitig ein gesetzliches *Erbrecht* und *Pflichtteilsrecht* (§§ 1931, 2303). Ehegatten können ein gemeinsames Testament errichten (§ 2265) und haben Erleichterungen bei Erbvertrag und Erbverzicht (§§ 2275, 2276, 2347, 2352).

2. Von jedem Ehegatten wird erwartet, daß er die Angelegenheiten des anderen wie seine eigenen behandelt. Daher braucht er bei Besorgung von Angelegenheiten des anderen Gatten wie auch in seinem ganzen Verhalten gegenüber dem anderen Gatten nur die *Sorgfalt* an den Tag zu legen, die er in eigenen Angelegenheiten anzuwenden pflegt (§§ 1359, 277). Das Gesetz bestimmt hiermit den Maßstab für die Sorgfaltspflichten. Daß bei Verletzung der aus der ehelichen Lebensgemeinschaft sich ergebenden Pflichten Schadensersatzansprüche erwachsen, setzt es stillschweigend voraus. Der Haftungsmaßstab gilt aber bei der allgemein gehaltenen Fassung des Gesetzes auch bei Verletzung allgemeiner Verkehrspflichten, inbes. Delikten.

Jeder Ehegatte muß den anderen nehmen, wie er nun einmal ist. Wer die Folgen der Zerstreutheit oder Nachlässigkeit des anderen Gatten nicht in Kauf nehmen will, darf die Ehe nicht eingehen. Die Berechtigung der Haftungsmilderung ist umstritten. Die Praxis modifiziert sie mit bedenklichen Methoden; einerseits fingiert sie einen völligen vertraglichen Haftungsausschluß, andererseits schaltet sie die Haftungsmilderung aus, wo allgemeine Verkehrspflichten verletzt werden. Wird ein Ehegatte oder sein Eigentum durch den anderen bei einem Kraftfahrzeugunfall verletzt, so soll § 1359 nicht gelten, weil es sich um den „*außerhäuslichen Bereich*" handele (lies BGHZ 53, 352 mit Wiedergabe des Streitstandes). Dem BGH geht es dabei einmal darum, dem geschädigten Ehegatten Ersatzansprüche gegen den Versicherer des Schädigers zu erhalten (BGH NJW 1974, 2124), zum anderen einen an der Schadensentstehung beteiligten Dritten, der mit dem schädigenden Ehegatten zusammen normalerweise als Gesamtschuldner (vgl. § 840) haften würde, nicht etwa mangels eines Mitschuldners den Schaden allein tragen zu lassen (vgl. BGHZ 35, 317), sondern ihm einen Regreß (§ 426) gegen den schädigenden Ehegatten zu geben. Diese Ziele sind verständlich, führen aber zu einer Aushöhlung des § 1359. Denn auch im „*häuslichen Bereich*" kann die Problematik eines mithaftenden Dritten auftreten.

Die störende Folgerung, daß bei Mitschuld eines öffentlichen Amtsträgers an der Entstehung des Schadens der ebenfalls mitschuldige Ehegatte gegenüber dem anderen den gesamten Schaden (einschließlich Schmerzensgeld!) alleine ersetzen müsse (so noch BGHZ 61, 101), wurde damit beseitigt, daß sowohl bei der Teilnahme am allgemeinen Straßenverkehr (BGHZ 68, 217) als auch hinsichtlich der Verkehrssicherungspflicht auf den Straßen (BGHZ 75, 134) das Haftungsprivileg des § 839 I 2 ausgeschaltet wurde.

Der Haftungsmaßstab spielt in einer guten Ehe meist deshalb keine Rolle, weil die Ehegatten Schäden im Rahmen des Familienunterhalts ausgleichen. Es wird vom BGH sogar erwogen, daß ein Ehegatte durch § 1353 verpflichtet sein könne, von der Erhebung von Schadensersatzansprüchen gegen den anderen ganz oder teilweise abzusehen (NJW 1983, 624). § 1359 wird nur da wesentlich, wo die Ehegatten getrennt leben (BGHZ 53, 352) oder der Regreß eines Dritten oder gegen einen Dritten in Frage steht. Hier ist die Problematik aber auch wieder dadurch eingeschränkt, daß der Regreß des Sachversicherers gegen einen schädigenden Ehegatten nach § 67 II VVG, der des Sozialversicherungsträgers gemäß § 1542 RVO wie auch der des Dienstherren (§ 87a BBG) in der Regel ausgeschlossen ist (BGHZ 41, 79 u. 43, 72). Vgl. zur Problematik *Dieckmann*, Festschr. Reinhardt (1973) S. 51 ff. u. *Diederichsen*, Haftungsfreistellungen zwischen Familienmitgliedern, Versicherungsrecht Jubiläumsausgabe 1983, 141 ff.

3. Die *Verjährung* aller Ansprüche zwischen Ehegatten ist während der Dauer der Ehe gehemmt (§ 204; s. auch § 194 II). Im Interesse des ehelichen Friedens wird man zur Geltendmachung von Rechten gegenüber dem anderen Gatten nicht gedrängt.

4. Ehegatten gelten ebenso wie Verwandte als „*Angehörige*" im Sinne des Straf- und Prozeßrechts (§§ 11, 35, 247 StGB, §§ 52, 76 StPO, §§ 383, 404 ZPO; § 15 FGG). Gegenüber einem Ehegatten ist Ausübung des Richteramts (ZPO § 41, StPO § 22, FGG § 6 je Nr. 2), der Rechtspflegertätigkeit (§ 10 RPflG) und der Beurkundungsbefugnis (§§ 6 u. 7 BeurkG) ausgeschlossen.

5. Schuldrechtliche Verträge zwischen Ehegatten sind ebenso wie mit Dritten möglich. Allerdings wirken die ehelichen Beziehungen mit auf sie ein; insbes. bei Arbeits-, Gesellschafts- und Darlehensverhältnissen können die ehelichen Beziehungen zu verstärkten Treuepflichten führen und zu gesteigerter Rücksichtnahme nötigen. Auch Schenkungen sind zulässig und im normalen Rahmen (§ 530) widerrufbar; bei güterrechtlicher Auseinandersetzung können sie anzurechnen sein (§ 1380). Ob ohne Schenkungsabrede in der Ehe gemachte Zuwendungen (z. B. Beteiligung am Grundeigentum) im Scheidungsfall widerrufbar sind, ist ungeregelt und streitig, zumal fraglich ist, ob Fortbestand der Ehe „Geschäftsgrundlage" solcher Zuwendungen ist. Der BGH meint bei Zugewinngemeinschaft (BGHZ 68, 300 u. 82, 227), mit §§ 1380 und 242 auskommen zu können (Bedenken dagegen Kühne FamRZ 1978, 221 u. JR 1982, 237); bei Gütertrennung hält er einen Ausgleich aus familienrechtlichem Vertrag besonderer Art für möglich (BGHZ 84, 368; vgl. oben S. 67–68).

Infolge der engen persönlichen Beziehungen kommen zwischen Ehegatten häufig bedenkliche Vermögensgeschäfte zum Schaden Dritter vor. Daher sind Rechtsgeschäfte unter Ehegatten in besonderem Maß der *Anfechtung* ausgesetzt (§§ 31, 32 KO; § 3 AnfG); hinsichtlich der Anfechtbarkeit von Eheverträgen vgl. unten § 13 IV 7.

6. Eigentumsvermutungen

Da die eheliche Lebensgemeinschaft zu weitgehender Vermengung des Vermögens von Mann und Frau führt, stellt § 1362 unabhängig vom

Güterstand Eigentumsvermutungen für bewegliche Sachen auf. Bei unbeweglichen Sachen gibt das Grundbuch über die Eigentumsverhältnisse Auskunft. Bei beweglichen Sachen ist aber oft nicht klar ersichtlich, welcher Gatte Eigentümer ist; mit der Vermutung des § 1006 BGB ist allein nicht auszukommen, weil oft auch die Besitzverhältnisse unklar sind, vielfach beide Gatten gemeinsam besitzen; auch kommt § 1006 Dritten nicht zustatten.

a) Das BGB stellte ursprünglich eine Vermutung zugunsten der Gläubiger des Mannes auf, daß die im Besitz eines oder beider Gatten befindlichen Gegenstände dem Mann gehörten. Die Regel stammte aus dem römischen Recht (praesumtio Muciana), wo vermutet wurde, daß der Besitz der Frau aus Schenkungen des Mannes herrührte und wo solche Schenkungen nichtig waren. Sie ließ sich im BGB dadurch rechtfertigen, daß regelmäßig nur der Mann im Erwerbsleben stand und Schulden machte, zudem der Mann nach Güterrecht weitgehend für Frauenschulden haftete, so daß die Gläubiger sich meist an ihn hielten. Heute ist nicht nur die Frau vielfach erwerbstätig und selbst Schuldnerin; der gesetzliche Güterstand kennt keine Haftung des Mannes für Frauenschulden mehr. Damit sind die sachlichen Voraussetzungen des § 1362 teilweise beseitigt. Seiner Fassung nach verstieß der alte § 1362 BGB gegen Art. 3 GG. Da § 1362 aber dem Schutz der Gläubiger dient, ist er mit 1. 4. 1953 nicht ersatzlos entfallen, sondern mußte jetzt als eine gegen beide Ehegatten wirkende Vermutung angewendet werden (BGH, NJW 1955, 20). Dem ist das GleichberG gefolgt. Doch wird die Regelung von Brox (FamRZ 1981, 1125) für *verfassungswidrig* gehalten, weil sie Ehegatten schlechter stelle, als Partner einer nichtehelichen Lebensgemeinschaft. Indessen muß m. E. in die Betrachtung einbezogen werden, daß Ehegatten Mitbesitz und Mitbesitzrechte am beweglichen Hausrat und der Ehewohnung des anderen haben, auch güterrechtlichen Schutz (z. B. §§ 1365 ff.) und andere Vorteile. Die isolierende Betrachtung allein der Vollstreckungssituation gewichtet einseitig. Im übrigen entfällt die Grundlage für die Annahme der Verfassungswidrigkeit dann, wenn man § 1362 auf eheähnliches Zusammenleben anlog anwendet. Das bedeutet nicht etwa Gleichstellung nichtehelichen Zusammenlebens mit der Ehe, sondern nur analogen Gläubigerschutz da, wo durch gleichartiges Zusammenleben die Besitz- und Gewahrsamsverhältnisse und damit auch die Eigentumsverhältnisse für Gläubiger undurchschaubar gestaltet werden.

b) Zugunsten der Gläubiger eines der Ehegatten wird vermutet, daß die beweglichen, im Besitz eines oder beider Gatten befindlichen Sachen *Eigentum des jeweiligen Schuldners* seien (§ 1362 n. F.; BGH, NJW 1955, 20). Die Vermutung wirkt auch gegenüber Dritten, welche ihr Eigentum an den Sachen behaupten. Sie wirkt aber nicht gegenüber den Schuldnern beider Gatten und auch nicht im Verhältnis beider Gatten zueinander (etwa für eine spätere Auseinandersetzung bei Auflösung der Ehe). Die Vermutung gilt ferner nicht, wenn die Ehegatten getrennt leben und die Sachen sich im Alleinbesitz des nicht schuldenden Ehegatten befinden (und das trotz § 1361 a I 2 und II!). Andererseits gilt die Vermutung unabhängig vom Güterstand, selbst bei Gütertrennung!

Die Vermutung hat ihre entscheidende Wirkung in der Zwangsvollstreckung. Derjenige Ehegatte, welcher auf Grund seines Eigentums der (nicht gegen ihn gerichteten) Pfändung seiner Sachen widersprechen will (§ 771 ZPO), muß die Vermutung des § 1362 BGB widerlegen und sein

Eigentum beweisen (z. B. Erwerb in seinem Namen, so BGH NJW 1976, 238 oder Erwerb kraft § 1370).

Die Vermutung ermöglicht aber noch nicht die Vollstreckung in jedes im Besitz eines der Ehegatten befindliche Vermögensstück. Vielmehr ist nach § 808 ZPO nur pfändbar, was sich im Gewahrsam des Schuldners oder (§ 809 ZPO) eines zur Herausgabe bereiten Dritten befindet. Somit bedürfte es bei den im Mitgewahrsam oder Alleingewahrsam des anderen Ehegatten befindlichen Gegenständen zunächst einer Pfändung des Herausgabeanspruchs (§ 846 ZPO), welcher aber möglicherweise auf Grund der ehelichen Mitgebrauchsrechte gar nicht besteht. Will man nicht die Vollstreckung übermäßig erschweren oder einen besonderen familienrechtlichen Vollstrekkungsschutz schaffen, so wird man sich über den familienrechtlich begründeten Mitgewahrsam jedenfalls hinwegsetzen müssen (lies KG, NJW 1957, 1768). Nach ZPO § 739 n. F. gilt für die Zwangsvollstreckung daher nur der Schuldner als Besitzer und Gewahrsamsinhaber. Ein besonderes Urteil auf Duldung der Zwangsvollstreckung gegen den nicht schuldenden Ehegatten ist nach Beseitigung des bisherigen gesetzlichen Güterstandes m. E. weder nötig noch möglich (lies BGHZ 10, 266 ff.). Der nicht schuldende Ehegatte kann der Zwangsvollstreckung in sein auch in seinem Gewahrsam befindliches Eigentum schon nach ZPO § 766 widersprechen.

Gläubiger des Mannes wie der Frau können demnach dieselben Sachen pfänden; jeder kann im Verfahren nach ZPO § 766 oder 872 die Vermutung für das Eigentum eines bestimmten Ehegatten widerlegen. Notfalls entscheidet die Priorität der Pfändung.

Schrifttum: *Breetzke,* NJW 1953, 734; *Pohle,* MDR 1955, 1 und ZZP 68, 260 ff.; *Beitzke,* ZZP 68, 241 ff.; *Baur,* FamRZ 58, 253; *Boennecke,* NJW 1959, 1260. *H. Müller,* Zwangsvollstreckung gegen Ehegatten, 1970.

c) Die Vermutung gilt grundsätzlich bei allen Vermögensstücken im Besitz der Ehegatten, auch wenn die Sachen sich außerhalb der ehelichen Wohnung befinden. Sie gilt selbst für Geschäftsvermögen. Nur bei *persönlichen Gegenständen* eines Ehegatten wie Bekleidung, Schmucksachen und Arbeitsgeräten spricht eine Vermutung für das Eigentum desjenigen Ehegatten, zu dessen Gebrauch diese Dinge bestimmt sind (§ 1362 II). Diese Vermutung gilt sowohl im Verhältnis der Ehegatten zueinander wie zu den beiderseitigen Gläubigern.

Die Bestimmung zum persönlichen Gebrauch kann sich ebensosehr aus der Natur des Gegenstandes (Schmuck) wie aus dem unwidersprochen gebliebenen faktischen Gebrauch für die persönlichen Zwecke eines der Ehegatten ergeben; Schmuck kann freilich auch als Kapitalanlage und nicht in erster Linie zum persönlichen Gebrauch angeschafft sein (BGH NJW 1959, 142).

d) Im Konkurs gilt Entsprechendes; der Konkursverwalter kann alles nach § 1362 dem Gemeinschuldner zugerechnete Vermögen zur Masse ziehen, auch wenn es sich im Alleinbesitz des anderen Gatten befindet; er kann ferner Rechtshandlungen des Gemeinschuldners gegenüber dem anderen Ehegatten nach Maßgabe von KO §§ 30 ff. anfechten.

Nach KO § 45 galten darüber hinaus alle vom Ehegatten des Gemeinschuldners während der Ehe erworbenen Gegenstände als mit Mitteln des Gemeinschuldners erworben und diesem gehörig, so daß der Ehegatte solche Gegenstände aus der Konkursmasse nur dann herausbekam, wenn er nachwies, daß sie nicht mit Mitteln des

Gemeinschuldners erworben waren. Damit sollte Schiebungen unter Ehegatten vorgebeugt werden; doch ging die Vorschrift zu weit; sie widersprach ehegüterrechtlichen Haftungsgrundsätzen. Nunmehr hat das BVerfG (FamRZ 1968, 437) KO § 45 wegen Verstoß gegen GG Art. 6 gesetzeskräftig für nichtig erklärt (lies dazu Brox FamRZ 1968, 406 und die Kritik von Möller KTS 1969, 146). Die Anfechtung von Zuwendungen bleibt aber nach anderen konkursrechtlichen Vorschriften möglich (BGHZ 71, 61).

VII. Getrenntleben

Schrifttum: *Müller,* Auswirkungen des Getrenntlebens, JR 1963, 366; *Lantzke,* Unterhalt und Getrenntleben, NJW 1979, 1483; *Diederichsen* NJW 1980, 1672; *Derleder* JZ 1980, 576; *Limbach* NJW 1980, 871; *Scheld* JZ 1980, 77; *v. Hornhardt,* Differenz- oder Anrechnungsmethode bei der Berechnung des Ehegattenunterhalts, NJW 1982, 17; *Büttner,* Abzugs-, Differenz- und Summenmethode, FamRZ 1984, 534; *Weychardt,* Zur Bemessung des Ehegattenunterhalts: Differenz- oder Abzugsmethode? NJW 1984, 2328.

Eheliche Lebensgemeinschaft kann nicht erzwungen werden (ZPO § 888). Die Eheleute können sich trennen, auch wenn ein rechtfertigender Grund zum Getrenntleben nach § 1353 II nicht besteht; Getrenntleben kann unabhängig davon vorliegen, ob die Eheleute sich scheiden lassen wollen oder nicht, auch wenn Getrenntleben häufig eine Vorstufe zur Scheidung ist (vgl. dazu die gesetzlichen Vermutungen der Ehezerrüttung nach einem Jahr oder drei Jahren in § 1566). Das Gesetz (§ 1567) versteht unter Getrenntleben den Fall, daß zwischen den Ehegatten keine häusliche Gemeinschaft mehr besteht und ein Ehegatte sie erkennbar nicht herstellen will, weil er sie ablehnt. Getrenntleben liegt auch vor, wenn die Ehegatten eine eheliche Lebensgemeinschaft gar nicht erst begründet haben, so bei den mißbräuchlich zu ehefremden Zwecken (Erlangung von Namen, Witwenpension, Asyl, Steuervorteilen usw.) geschlossenen Ehen. Getrenntleben im Sinne des § 1567 liegt aber nicht vor bei nur äußerer Trennung, weil ein Ehegatte infolge Auslandsreise, Wehrdienst, Strafhaft oder ähnlichen Gründen die eheliche Gemeinschaft zeitweise nicht herstellen kann.

Getrenntleben kann nicht nur dazu führen, daß die Ehegatten verschiedene Wohnsitze haben. Auch die Rechtsbeziehungen zwischen den Ehegatten verändern sich nunmehr.

1. Die Unterhaltspflicht ändert sich teilweise. Der Unterhalt kann nicht mehr in der durch die eheliche Lebensgemeinschaft gebotenen Form (§ 1360 a), insbes. durch eheliche Zusammenarbeit geleistet werden. Der Unterhaltsanspruch verwandelt sich in einen Anspruch auf eine monatlich im Voraus zahlbare Geldrente (§ 1361 IV). Er geht auf den nach den Lebensverhältnissen der Ehegatten angemessenen Unterhalt – womit freilich die Aufrechterhaltung des bisherigen Lebensstandards schon deshalb nicht verlangt werden kann, weil getrennte Haushalte mehr kosten als ein gemeinsamer. Maßgebend ist der Unterhaltsbedarf, die Zumutbarkeit eigener Erwerbstätigkeit und die Übernahme der Sorge für Kinder,

ob faktisch, kraft Vereinbarung oder kraft Gerichtsentscheidung (§ 1672). Die bisherige Dauer der Ehe ist für sich allein nicht maßgebend. Der vermögende oder voll erwerbstätige Ehegatte hat regelmäßig keinen Unterhaltsanspruch. Doch kann von einem bisher nicht erwerbstätigen Ehegatten (Hausfrau) eine Erwerbstätigkeit nicht ohne weiteres verlangt werden. Es kommt darauf an, inwieweit ihm nach der Trennung eine Erwerbstätigkeit nach seinen persönlichen Verhältnissen (auch der Sorge für Kinder!) insbes. einer früheren Erwerbstätigkeit und unter Berücksichtigung der Dauer der Ehe (lies dazu BGH NJW 1979, 1452) und dem eigenen Vermögen einerseits sowie der Leistungsfähigkeit des anderen Gatten andererseits zugemutet werden kann (§ 1361 II n. F.); die Verfassungsmäßigkeit einer solchen Regelung ist für die frühere Fassung des § 1361 II bestätigt durch BVerfG, NJW 1967, 507, für die heutige vom BGH NJW 1979, 1348. Auf die Gründe der Trennung kommt es für den Unterhaltsanspruch heute nicht mehr an. Im übrigen geht, wenn beide Ehegatten zum Unterhalt beizutragen haben, der Anspruch eines Ehegatten höchstens auf die halbe Differenz zwischen den geschuldeten beiderseitigen Beiträgen; der Berechtigte kann nur einen Ausgleich zu dem verlangen, was er selber zu wenig hat oder verdient. Hierbei wird im allgemeinen bedeutsam sein, daß die Frau bei Getrenntleben – insbes. wenn sie keine Kinder zu versorgen hat – häufig von der Haushaltsführung stark entlastet ist und darum selbst berufstätig sein kann; andererseits kann der Frau – namentlich wenn sie älter ist – Berufstätigkeit nicht ebenso zugemutet werden, wie dem Mann. Einkünfte, die sie aus einer ihr an sich nicht zuzumutenden Erwerbstätigkeit erzielt, sind ihr ebensowenig wie nach der Scheidung (§ 1577 II) anzurechnen (BGH NJW 1983, 934).

Zweifelhaft und umstritten ist die Methode der Berechnung des Unterhalts. Berechnungsbeispiele bei Weychardt NJW 1984, 2328, der m. E. mit Recht der dem Unterhaltsberechtigten günstigeren Differenzmethode vor der vom BGH (NJW 1984, 292, 294) bevorzugten, wenn auch mit Korrekturfaktoren versehenen Anrechnungsmethode den Vorrang gibt. Immerhin läßt der BGH bei der Doppelverdienerehe die Differenzberechnung gelten (NJW 1984, 1237).

Bei der Frage der Unterhaltsbedürftigkeit wird in Rechnung gestellt, ob ein getrennt lebender Ehegatte etwa aus einer tatsächlichen Lebensgemeinschaft mit einem Dritten Unterhalt bezieht (lies dazu BGH NJW 1980, 1687). Dem in Anspruch genommenen Ehegatten wird, insbes. wenn er Alleinverdiener ist, ein „Voraus" vor der Halbierung des Einkommens belassen (KG NJW 1978, 274; OLG Stuttgart NJW 1978, 1332), jedenfalls sein Eigenbedarf. Stets sind bei Bemessung des Unterhalts auch die steuerlichen Auswirkungen des Getrenntlebens mit zu berücksichtigen. Endlich sind die gleichrangigen (§ 1609 II) Ansprüche minderjähriger unverheirateter Kinder in Rechnung zu stellen. Vgl. dazu unten § 24, inbes. auch die § 24 I 5 erwähnten Unterhaltstabellen.

Wegen grober Unbilligkeit kann der Unterhaltsanspruch ebenso wie nach der Scheidung entfallen, wenn der Berechtigte seine Bedürftigkeit mutwillig herbeigeführt hat oder sich eines Verbrechens oder schweren vorsätzlichen Vergehens gegen den Verpflichteten oder eines von dessen Angehörigen schuldig gemacht hat oder ein sonstiger ebenso schwerwiegender Grund vorliegt (§§ 1361 III n. F. mit § 1579; zB Ehebrüche mit wechselnden Partnern, BGH FamRZ 1983, 670; weitere Fälle der groben Unbilligkeit sind in der Neufassung des § 1579 durch das UÄndG aufgeführt). Auf die Frage, ob einem Ehegatten gegenüber dem anderen ein Recht zum Getrenntleben (§ 1353 II) zusteht, wird im 1. EheRG – im Gegensatz zum früheren Recht – nicht mehr abgestellt. Auch wenn die Ehegatten schon von der Eheschließung an getrennt leben, besteht der Unterhaltsanspruch (BGH FamRZ 1982, 573).

2. Auch für den Unterhaltsanspruch bei Getrenntleben gelten *allgemeine unterhaltsrechtliche Regeln:* es besteht eine gegenseitige Auskunftspflicht über das Einkommen (§ 1605 n. F.); in praeteritum non vivitur (§ 1613); kein Verzicht und keine befreiende Vorausleistung (§ 1614), daher auch kein wirksamer Klageverzicht; Ende des Anspruchs mit Tod eines Ehegatten (§ 1615); zu viel Geleistetes kann im Zweifel nicht zurückgefordert werden (§ 1360b); Prozeßkostenvorschuß im Rahmen der Billigkeit (§ 1360a IV). Das alles ergibt § 1361 IV. Für das Verhältnis des Ehegattenunterhalts zur Unterhaltspflicht Verwandter gilt dasselbe wie bei bestehender ehelicher Lebensgemeinschaft.

Bei unerwartet auftretendem einmaligen Sonderbedarf (z. B. schwerer Erkrankung) gewährt die Praxis aber neben dem Anspruch auf die Geldrente Sonderleistungen (vgl. OLG Düsseldorf, NJW 1959, 2113 mit Nachweisungen). Teilweise gelten bei Getrenntleben bereits scheidungsrechtliche Unterhaltsregeln: so die Grundsätze über Herabsetzung des Unterhalts wegen grober Unbilligkeit (s. oben) und die Verpflichtung, die Kosten einer eigenen Alters- bzw. Berufsunfähigkeitsversicherung ab Einleitung des Scheidungsverfahrens zu zahlen, § 1361 I 2; zusätzlich zum „Elementarunterhalt" ist der „Vorsorgeunterhalt" zu zahlen (BGH NJW 1982, 1983). Dieser errechnet sich nach den Beiträgen, die in die Rentenversicherung einzuzahlen wären, wenn der zu zahlende Unterhalt als Einkommen bewertet würde (Tabelle NJW 1981, 2174 u. FamRZ 1983, 1197, aufgestellt anhand der in BGH NJW 1981, 1556 entwickelten Grundsätze); lies dazu *Hampel,* FamRZ 1979, 249 u. 1984, 621 ff. sowie *Krenzler,* FamRZ 1979, 877; vgl. auch die § 20 III 10 genannten Schriften.

3. Häufig wird für den Fall des Getrenntlebens die Unterhaltspflicht zwischen Mann und Frau vertraglich geregelt. Solche *Verträge* können schon vor oder während der Ehe für den Fall der Trennung geschlossen werden; die Vertragsfreiheit in der Ehe gestattet auch, die Unterhaltspflicht vom Trennungsverschulden abhängig zu machen (*Walter,* NJW 1981, 1409 für den Scheidungsfall). Unterhaltsverträge können auch durch konkludentes Verhalten der Eheleute zustandekommen (BGH NJW 1962, 2102). Im übrigen gilt dasselbe wie für Unterhaltsverträge zwischen Verwandten (vgl. unten § 24 IV). Wird im Vertrag nur die gesetzliche Unterhaltspflicht näher festgelegt, so ist bei veränderten Verhältnissen das Verlangen nach einer abweichenden Festsetzung der Vertragsleistungen begründet.

4. Für die Dauer eines schwebenden Eheprozesses kann das *Prozeßgericht* auf Antrag durch einstweilige Anordnung die Unterhaltspflicht vorläufig regeln. Mit dem Urteil kann das Gericht die Unterhaltspflicht – soweit beantragt – endgültig regeln. Die Frage, ob solche Entscheidungen nötig sind, wenn ein Unterhaltsurteil aus der Zeit des Getrenntlebens vorliegt, ist von BGHZ 78, 130 bejahend entschieden. Dahinter steht die Frage nach der Identität des ehelichen und nachehelichen Unterhaltsanspruchs. Praktisch rationeller wäre es, den alten Unterhaltstitel evtl. nach ZPO § 323 zu ändern, statt ihn mit Vollstreckungsgegenklage (ZPO § 767) zu beseitigen und einen neuen Titel zu erwirken. Gegen den BGH *Mutschler,* FamRZ 1980, 1101.

5. Das Getrenntleben erfordert häufig eine – mindestens teilweise – vermögensrechtliche Auseinandersetzung der Ehegatten. Namentlich die *Haushaltsgegenstände* werden häufig von beiden Ehegatten benötigt oder beansprucht. An sich ändert das Getrenntleben an den Eigentumsverhältnissen nichts; aber die Verpflichtung, den anderen Ehegatten Hausrat mitbenützen zu lassen, welche aus § 1353 folgt, wird nunmehr modifiziert. In erster Linie kann jeder Ehegatte die ihm gehörenden Haushaltsgegenstände für sich beanspruchen und vom anderen Ehegatten herausverlangen (§ 1361 a). Gemeinsames Eigentum ist nach Billigkeit zu teilen. Soweit ein Ehegatte jedoch damit nicht ausreichend versorgt ist, kann er vom anderen verlangen, daß dieser ihm von seinem (oder ungeteiltem gemeinsamen) Eigentum das Nötige zum Gebrauch überlasse. Der Anspruch richtet sich nach Billigkeit, und die Überlassung kann allenfalls nur entgeltlich gefordert werden.

Nach der ursprünglichen Fassung des BGB hatte nur der Mann der Frau die erforderlichen Gegenstände aus dem Hausrat zu überlassen – eine Regelung, die zweifellos zu eng war und zu einer gegenseitigen ausgebaut werden mußte. Nach früherem Recht bestand ein Anspruch auf Hausratsgegenstände aber nur bei berechtigtem Getrenntleben. Er ist bedenklicherweise jetzt *auch bei grundlosem Getrenntleben* gegeben, selbst da, wo der Unterhaltsanspruch entfällt (sehr str. angesichts vielfältiger Bemühungen, das Gesetz zu korrigieren).

Da der Anspruch sich nach Billigkeit richtet, könnten insoweit doch die Gründe des Getrenntlebens maßgeblich werden. Ferner ist wesentlich, welcher Ehegatte für die Kinder sorgt oder nach gerichtlicher Entscheidung (§ 1672) zu sorgen hat. Auch braucht kein Ehegatte dem anderen solche Gegenstände zur Verfügung zu stellen, welche er selbst dringend benötigt. Häufig wird es also um die Frage gehen, welcher Ehegatte die Sachen nötiger hat. Werden Sachen von einem Ehegatten dem anderen überlassen, so ist darin ein leihe- oder mietähnliches familienrechtliches Rechtsverhältnis zu sehen. Die Haftung für Verlust oder Untergang kann aus Analogie zu schuldrechtlichen Regeln gewonnen werden; doch ist auch hier § 1359 (ein freilich für die nicht mehr funktionierende Ehe wenig sachgerechter) Haftungsmaßstab.

Bei Teilung gemeinsamen Eigentums ist zu beachten, daß Gesamtgut einer Gütergemeinschaft nur durch förmlichen Ehevertrag aus diesem ausgeschieden werden kann. Hier empfiehlt sich zur Vermeidung eines solchen Ehevertrages oft die Vereinbarung eines Benutzungsverhältnisses mit dem Verwaltungsberechtigten bei Aufrechterhaltung der Gesamtgutseigenschaft des Gegenstandes.

Soweit die Ehegatten sich über die Hausratsverteilung nicht einigen, kann eine *gerichtliche Entscheidung* erfolgen (§ 1361 a III). Schwebt zwischen den Ehegatten ein Eheprozeß, so kann das Familiengericht die Benützung von Hausrat und Ehewohnung schon durch einstweilige Anordnung regeln (ZPO § 620), was eine Herausgabeklage nach § 985 BGB zu dieser Zeit unzulässig macht (BGHZ 67, 217 u. NJW 1978, 1529). Auch der Besitzschutzanspruch des § 861 würde regelmäßig schon wegen § 866 entfallen. Doch wichtiger ist, daß die HausratsVO (§ 18 a) hier temporär lex specialis ist (BGH NJW 1983, 47). Stets wird im Verfahren der freiwilligen Gerichtsbarkeit (ZPO § 621 a n. F.; 6. DVO z. EheG § 18 a) entschieden. Das Gericht kann Benutzungsverhältnisse am Hausrat des anderen Ehegatten und Entgeltzahlungen dafür festsetzen, aber nicht die Eigentumsverhältnisse ändern (§ 1361 a IV), weil es sich nur um eine provisorische Regelung handelt, bis sich entscheidet, ob die Ehegatten wieder zusammenfinden, oder die Ehe gelöst wird.

Schrifttum: *Vogel,* Herausgabe eigenmächtig entfernten Hausrats, FamRZ 1981, 839; *Knütel,* FamRZ 1981, 547.

Wichtiger als die Frage der Hausratsteilung ist den Parteien regelmäßig die *Wohnungsfrage,* weil Getrenntleben in der ehelichen Wohnung zwar gesetzlich möglich (§ 1567), aber schwer zu bewerkstelligen und häufig unerträglich sein kann. Da für die Ehescheidung das vorherige Getrenntleben heute eine entscheidende Rolle spielt (§ 1566), besteht ein erhebliches praktisches Bedürfnis nach einer richterlichen Regelung der Wohnungsfrage, um getrennt leben zu können. Hier besteht eine Regelungslücke, die von der Praxis teils mit einer Analogie zu § 1361 a, teils mit einer nach Klage auf Feststellung des Rechts zum Getrenntleben möglichen einstweiligen Anordnung (ZPO § 620) oder mit einer einstweiligen Verfügung überbrückt wird.

Keiner dieser Wege kann voll befriedigen. Zu einer einstweiligen Verfügung wie zu einer Klage auf Feststellung des Rechts zum Getrenntleben (§ 1353 II) gehört die Darlegung, daß ein Anspruch des anderen Gatten auf Herstellung der ehelichen Lebensgemeinschaft ein Mißbrauch wäre. Auch die Darlegung des Scheiterns der Ehe würde natürlich genügen – aber regelmäßig will man ja ersteinmal getrennt leben, um daraus dann die unwiderlegliche Vermutung des Scheiterns der Ehe abzuleiten! – Die Analogie zu § 1361 a paßt insofern nicht, als die dort geregelte Hausratsteilung ja voraussetzt, daß man bereits getrennt lebt, während mit der beantragten Zuweisung der Ehewohnung an den einen Ehegatten meist erst die Voraussetzung für ein Getrenntleben geschaffen werden soll. Im Entwurf eines UÄndG soll die Regelungenlücke damit geschlossen werden, daß sogar schon dann, wenn ein Ehegatte die häusliche Gemeinschaft aufheben will, in der Absicht sie nicht wieder herzustellen, eine Regelung der Benützung der Ehewohnung verlangt werden kann – eine scheidungserleichternde Maßnahme, die in der Entwurfsbegründung zu Unrecht als eine ehe-erhaltende Maßnahme bezeichnet wird, und gegen die sich schon mit vollem Recht Pawlowski (S. 77) nachhaltig gewendet hat.

Soweit ein Eheverfahren anhängig ist, dürfte für die Zuteilung der Ehewohnung wesentlich sein, wessen Bedarf, vor allem auch mit Rücksicht auf Versorgung von Kindern, dringlicher ist. Unwesentlich ist, wer den Mietvertrag mit dem Vermieter geschlossen hatte, da meist beide Ehegatten nach § 1357 berechtigt und verpflichtet sind und bleiben. Das Innenverhältnis der Ehegatten entscheidet, wobei auch Unterhaltsgesichtspunkte (§ 1361) wesentlich sind.

Schrifttum: *Hanisch,* Ehewohnungsprobleme getrennt lebender Ehegatten NJW 1963, 1033; *Deisenhofer,* Die Zuweisung der Ehewohnung vor Rechtshängigkeit eines Scheidungsantrags, FamRZ 1979, 102; *Bosch,* FamRZ 1979, 806; *Kalthoener,* Gerichtliche Regelung der Wohnungsbenutzung vor Anhängigkeit einer Ehesache? FamRZ 1984, 436; *Brudermüller,* Wohnungszuweisung vor Anhängigkeit einer Ehesache? NJW 1984, 2560.

6. Vertretungsrecht (§ 1357) und Eigentumsvermutungen (§ 1362) ent-

fallen; die Liquidation des Güterstandes bahnt sich an (§ 1385). Das Erziehungsrecht an gemeinsamen Kindern kann auf Antrag durch gerichtliche Entscheidung geregelt werden (§ 1672, vgl. dazu unten § 29).

§ 13. Die Güterstände

Schrifttum: *Boehmer,* Die Vermögensverfassung des deutschen Hauses, 1943; *Felgentraeger,* Zur Erneuerung des Ehegüterrechts, Jb. AK. f. DR 1937, 71; siehe ferner das in § 2 III genannte Schrifttum zur Gleichberechtigung der Geschlechter und das Schrifttum bei § 12; Deutscher Notartag 1952; *Greven,* Die Frau und das eheliche Güterrecht, FamRZ 1954, 93; *Bosch,* Zur Neuordnung des ehelichen Güterrechts, FamRZ 1954, 149; *Haff,* Zur Privatrechtsgeschichte und Rechtspolitik der Errungenschaftsgemeinschaft, JZ 1955, 43; *Krauss,* Verteidigung der Gütergemeinschaft, FamRZ 1954, 89; *Schreiber,* Selbstbestimmung im Familienrecht, FamRZ 1954, 125. *Wahl,* FamRZ 1956, 133.

Die vermögensrechtlichen Wirkungen der Ehe beschränken sich nicht auf die Unterhaltspflicht, Vertretungsrecht und Eigentumsvermutungen. Vielmehr erhebt sich die Frage, ob die Ehe nicht etwa unmittelbar auf das Eigentum der Ehegatten einwirkt und dieses vergemeinschaftet (Gütergemeinschaft), oder ob die Vermögen der Ehegatten getrennt bleiben (Gütertrennung), ob nicht wenigstens gemeinsam Erarbeitetes oder Angeschafftes gemeinsames Eigentum wird, oder wenigstens ein Ehegatte am Erwerb des anderen deshalb beteiligt wird, weil er diesen Erwerb mittelbar erleichtert oder gefördert hat, oder ob und inwieweit ein Ehegatte Vermögen des anderen oder gemeinschaftliches Vermögen verwalten darf oder muß. Hier sind zahlreiche unterschiedliche Gestaltungen möglich und in den einzelnen geschichtlichen Epochen und Landschaften nachweisbar.

I. Geschichtliches

1. Im *alten germanischen Recht* erwarb der Mann kraft der Munt auch ein Verwaltungsrecht am Gut der Frau (außer dem Hausrat und den persönlichen Gegenständen), sowohl an ihrer Aussteuer als auch an der ihr gewährten Morgengabe wie dem Wittum, das die Frau regelmäßig erst nach Beendigung der Ehe erhielt. Aus diesem Prinzip hat sich letzten Endes der ursprüngliche gesetzliche Güterstand des BGB (Verwaltungsgemeinschaft) entwickelt.

2. Im *Mittelalter* bildet sich die Gütergemeinschaft aus. Sie entsteht aus der Bestellung der Morgengabe als Anteil am gemeinsamen Erwerb in Form der Errungenschaftsgemeinschaft und wird von da zur Fahrnisgemeinschaft und zur allgemeinen Gütergemeinschaft weitergebildet. Daneben entwickeln sich Spezialregelungen durch Eheverträge, namentlich unter dem städtischen Bürgertum.

3. Die Rezeption des römischen Rechts bringt zu den schon vorhandenen zahlreichen Systemen noch das *römische Dotalsystem,* wonach bei grundsätzlicher Gütertrennung die Frau dem Mann als Beitrag zu den ehelichen Lasten die dos einbringt, welche in das Eigentum des Mannes übergeht und nach Auflösung der Ehe zurückzugeben ist. Daneben gewinnt die römisch-rechtliche Wissenschaft Einfluß auf die Ausgestaltung des Systems der Verwaltung des Frauenvermögens durch den Mann.

4. Die *landesrechtlichen Kodifikationen* haben der güterrechtlichen Zersplitterung nur teilweise Einhalt geboten. Vielfach blieb das Güterrecht nicht nur regional verschieden (so in Preußen auch noch nach dem ALR), sondern auch verschieden nach Geburts- und Berufsstand.

II. System des BGB und Einfluß von Art. 3 GG

Das eheliche Güterrecht des BGB beruht auf dem Versuch, zwischen den über hundert historisch gewordenen Güterrechtssystemen in den verschiedenen Landschaften Deutschlands zu vermitteln. Zwischen allgemeiner Gütergemeinschaft und Gütertrennung hatten sich unter Mischung deutschrechtlicher und römischrechtlicher Einflüsse die verschiedensten Systeme entwickelt. Wollte man überhaupt zu einer Rechtseinheit gelangen, so mußte die regionale Verschiedenheit der Güterstände beseitigt und ein einheitlicher Güterstand geschaffen werden. Andererseits erschien es erforderlich, eine Möglichkeit zur Fortführung alter Gewohnheiten offenzulassen. So hatte das BGB die Verwaltung und Nutznießung des Mannes am Frauenvermögen als den grundsätzlichen Güterstand eingeführt, daneben aber weitere Typen von Güterständen geregelt und es den Eheleuten überlassen, für ihr güterrechtliches Verhältnis diese Typen an Stelle des gesetzlichen Güterstandes zu vereinbaren.

1. Das BGB hat das römische Dotalsystem beseitigt (es galt z.B. in Teilen von Kurhessen, Westfalen, Hannover, Pommern, Mecklenburg, Braunschweig) und im übrigen die wichtigsten güterrechtlichen Typen einheitlich geregelt. Es hat dabei der Verwaltungsgemeinschaft als dem verbreitetsten System (es galt vor allem in Norddeutschland für etwa damals 16 Millionen Menschen) den Vorrang eingeräumt. Als zweites System folgt das der allgemeinen Gütergemeinschaft (es galt für etwa 14 Millionen Menschen in Ost- und Westpreußen, Westfalen und vielen Teilen Norddeutschlands und Bayerns). Es folgen die ungefähr gleich verbreiteten Systeme der Fahrnisgemeinschaft (auf Grund des Code civil im Rheinland und in Baden, ferner nach jütisch low) und der Errungenschaftsgemeinschaft (insbesondere in Württemberg und Teilen Bayerns). Schließlich war die Gütertrennung geregelt.

2. Das Güterrecht des BGB gilt grundsätzlich nur für die nach seinem Inkrafttreten geschlossenen Ehen. Für ältere Ehen sollte nach Art. 200 EG BGB der bisherige Güterstand bestehenbleiben („Unwandelbarkeit des Güterstandes"). Doch haben die meisten Länder (außer Württemberg und Lippe) auf Grund des Art. 218 EG BGB in den Ausführungsgesetzen zum BGB die bisherigen Güterstände in den nächstverwandten Güterstand des BGB übergeleitet.

3. Der vom BGB eingeführte *gesetzliche Güterstand der Nutzverwaltung* war stets stark umstritten. Die Nutzverwaltung des Mannes am Frauenvermögen ist kaum sonst irgendwo gesetzlicher Güterstand, zumal sie verwickelt ist. Sie *widerspricht unzweifelhaft dem Grundsatz der Gleichberechtigung* der Geschlechter (BGHZ 10, 279; 11, 73). Nach nahezu einhelliger Meinung war daher zufolge Art. 3 GG am 1. 4. 1953 *die Gütertrennung gesetzlicher Güterstand geworden* (BGHZ 11, 73), und zwar für alle Ehen, in welchen die Nutzverwaltung kraft Gesetzes oder kraft Ehevertrages gegolten hatte (BGH, FamRZ 1957, 365).

a) Nach überwiegender Meinung war Gütertrennung in solchen Ehen gesetzlicher Güterstand geworden, in denen der Güterstand nicht durch Ehevertrag abweichend geregelt war. Gütertrennung galt nicht nur bei den seit dem 1. 4. 1953 geschlossenen Ehen, sondern auch bei allen früheren Ehen. Art. 200 EGBGB war hier nicht analog anwendbar; es gibt heute insoweit keine Unwandelbarkeit des Güterstandes. Verfassungsrecht (Art. 1 III GG!) hat den in seiner Berechtigung für den gesetzlichen Güterstand ohnehin angreifbaren Grundsatz der Unwandelbarkeit – einem starken sozialen Bedürfnis folgend – durchbrochen.

b) In der DDR galt kraft Art. 7 der Verf. bereits seit 1949 Gütertrennung als gesetzlicher Güterstand (OLG Dresden, NJ 1950, 21; OLG Erfurt, NJ 1950, 268). Jetzt ist jedoch entsprechend dem Vorbild des sowjetrussischen und tschechoslowakischen Rechts im FGB eine Errungenschaftsgemeinschaft als gesetzlicher Güterstand eingeführt.

III. Reformfragen und Gleichberechtigungsgesetz

Art. 3 GG hat eine lebhafte Diskussion um die Reform des gesetzlichen Güterrechts ausgelöst:

1. Die *Gütertrennung* wird vielfach angegriffen, weil sie nicht hinreichend dem Wesen der Ehe entspreche („ein Leib – ein Gut"), auch im Bewußtsein des Volkes nicht hinreichend verwurzelt sei. Demgegenüber hat sie sich aber in Staaten unterschiedlichster sozialer Struktur seit langem bewährt (z. B. Österreich, Italien, nordische Staaten, Britische Inseln, Teile von USA). Sie hat jedoch den Fehler, daß sie das für das eheliche Zusammenleben notwendige Gut (z. B. Hausrat) nicht hinreichend vor einseitigen Verfügungen schützt und häufig das gemeinsam Erarbeitete formell in der Hand des einen Ehegatten beläßt, ohne den anderen an diesem Erwerb hinreichend zu beteiligen.

2. *Gütergemeinschaft* jedweder Art bedeutet oft eine zu starke Bindung; sie beschränkt zu stark die Individualsphäre beider Ehegatten. Sie ist zum Schutz des gemeinschaftlichen ehelichen Lebens nicht nötig; das dafür notwendige Gut (Hausrat) kann durch Verfügungsbeschränkungen gebunden werden. Die bisherigen Gütergemeinschaften konnten sich bei Verwaltung des Gesamtguts durch einen Ehegatten (Mann) allein bewähren; gemeinschaftliche Verwaltung bereitet Schwierigkeiten und schafft Reibungsmöglichkeiten. Die Schuldenhaftung kann bei völliger Gleichberechtigung beider Gatten in einer Gütergemeinschaft kaum befriedigend geregelt werden. Haftet das Gesamtgut für alle Schulden beider Gatten, so bedeutet das eine ungerechtfertigte Bevorzugung der Gläubiger und eine Gefährdung des nicht schuldenden Ehegatten. Haftet das Gesamtgut nur für gemeinsame Schulden, so sind die Gläubiger benachteiligt. Soll aber der Gläubiger nur so zu seinem Recht kommen, daß er den Anteil des Schuldners am Gesamtgut pfändet und dann die Auseinandersetzung herbeiführt, so wird die eheliche Vermögensgemeinschaft unter ehefremden Gesichtspunkten aufgelöst; auch kann der Streit um die Auseinandersetzung den Gläubiger erheblich beschweren. Endlich bringt der interne Schuldenausgleich unter den Ehegatten vielerlei Verwicklungen.

3. Die *Errungenschaftsgemeinschaft,* welche in den östlichen Rechten gesetzlicher Güterstand ist und in einer der privaten Vermögenssphäre nur geringen Spielraum lassenden Wirtschaft funktionieren mag, ist in unserem komplizierten System des Geld- und Vermögensverkehrs nicht in gleicher Weise verwendbar. Sie hat zwar den großen Vorteil, daß sie – durchaus ehegemäß – das gemeinsam Erworbene auch dinglich zum gemeinschaftlichen Vermögen macht (ohne die keineswegs immer sachlich gerechtfertigte Vergemeinschaftung des vorehelichen Vermögens in der allgemeinen Gütergemeinschaft). Aber sie hat alle in Ziff. 2 genannten Nachteile der Gütergemeinschaft überhaupt. Sie geht in der Vergemeinschaftung des Vermögens insofern etwas zu weit, als sie den Ehegatten oft nicht Spielraum genug für ihre Individualsphäre läßt; sie geht andererseits in der Vergemeinschaftung des Vermögens nicht immer weit genug; denn sie läßt vorehelichen Hausrat gegen einseitige Verfügungen ungeschützt.

4. Die *Zugewinngemeinschaft* war schon früher mehrfach als gesetzlicher Güterstand empfohlen worden. In ausländischen Rechten kommt sie (in mancherlei Spielarten) schon vor, teils wird sie angestrebt. Der Regierungsentwurf zum GleichberG hat sie vorgeschlagen, das Gesetz hat sie in einer besonderen, vom Bundestag geformten Ausgestaltung *zum neuen gesetzlichen Güterstand mit Wirkung vom 1. 7. 1958 erhoben.* Die Gütertrennung wurde – obwohl sie auch weiterhin wie nach der ursprünglichen Fassung des BGB subsidiärer gesetzlicher Güterstand ist (§§ 1388, 1414, 1449, 1470) – unter die vertraglichen Güterstände eingereiht. Neben der Gütertrennung ist als einziger weiterer vertraglicher Güterstand die Gütergemeinschaft zugelassen, welche der früheren „allgemeinen" Gütergemeinschaft entspricht. Dagegen können Fahrnisgemeinschaft und Errungenschaftsgemeinschaft ab 1. 7. 1958 nicht mehr als solche vereinbart werden, sondern nur noch in der Form, daß bei der Gütergemeinschaft bestimmte Vermögensteile vom Gesamtgut vertraglich ausgeschlossen werden.

Demgegenüber wird vertreten (*Ramm* JZ 1968, 41 u. 90ff.), aus GG Art. 3 folge, daß das grundsätzliche Ehemodell die „Doppelverdienerehe" und der dafür allein mögliche Güterstand die Gütertrennung sei; nur wo ausnahmsweise die „Hausfrauenehe" zulässig sei, könne Zugewinngemeinschaft gesetzlicher Güterstand sein. Doch ist weder die Doppelverdienerehe das Art. 3 GG vorzugsweise entsprechende Ehemodell (vgl. oben § 12 III 2d), noch sind die daraus gezogenen güterrechtlichen Folgerungen zwingend.

5. Das *Übergangsrecht* (Art. 8 I GleichberG) ist verhältnismäßig verwickelt.

a) In allen Ehen, in welchen am 30. 6. 1958 die Gütertrennung als gesetzlicher Güterstand galt, ist mit Wirkung v. 1. 7. 1958 an die Zugewinngemeinschaft gesetzlicher Güterstand. Die Geltung der Zugewinngemeinschaft konnte aber von den Ehegatten schon vor dem 1. 7. 1958 wie auch nachher durch einen Ehevertrag ausgeschlossen werden. Ferner konnte bei allen vor dem 22. 6. 1957 geschlossenen Ehen auch jeder Ehegatte allein durch eine einseitige Gestaltungserklärung gegenüber dem Amtsgericht am Wohnsitz des Mannes die Zugewinngemeinschaft ausschließen. Die Erklärung mußte gerichtlich oder notariell beurkundet sein und wurde vom Gericht dem anderen Ehegatten zugestellt. Nur durch den Rechtspfleger beurkundete (BGH NJW 1964, 356) oder einem unzuständigen Gericht zugeleitete (BGHZ 36, 197) Erklärungen sind freilich nichtig. Auf Antrag eines der Ehegatten wird der Eintritt der Gütertrennung auch im Güterrechtsregister eingetragen.

b) Lebten die Eheleute in vertraglich vereinbarter Gütertrennung, so verblieb es dabei; die Vorschriften des BGB über die Gütertrennung entfielen mit dem 1. 7. 1958; im GleichberG ist die Gütertrennung nicht näher geregelt. Das gilt auch dann, wenn die Gütertrennung schon vor dem 1. 4. 1953 vereinbart worden war. Gütertrennung gilt ferner weiter bei allen Ehen, wo der frühere gesetzliche Güterstand vertraglich oder durch gerichtliches Urteil aufgehoben worden war.

c) Was die Gütergemeinschaften betrifft, so sind Güterrechtsverträge, die vor dem 1. 4. 1953 geschlossen worden waren, auch dann aufrechterhalten geblieben, wenn sie – wie es damals nicht anders möglich war – das Verwaltungsrecht des Mannes am Gesamtgut vorsahen (BGHZ 11 Anh. 74; NJW 1955, 1719; FamRZ 1957, 22). Für die Errungenschafts- und Fahrnisgemeinschaft ist das gesamte Recht des BGB alter Fassung (auch die vielfach anwendbaren Bestimmungen der im übrigen schon seit 1. 4. 1953 beseitigten Nutzverwaltung) anwendbar geblieben, obwohl solche Gütergemeinschaften nach dem 30. 6. 1958 nicht mehr vereinbart werden konnten; Errungenschafts- und Fahrnisgemeinschaft werden also nur allmählich aussterben (abweichend hierzu *Clamer,* NJW 1960, 563). Ebenso blieben die auch nach 1900 aufrechterhaltenen Rechtsverhältnisse der westfälischen Gütergemeinschaft unberührt. Soweit allgemeine Gütergemeinschaft vereinbart worden war, wurde dieser Güterstand in den der Gütergemeinschaft nach GleichberG übergeleitet, und zwar so, daß bei vor dem 1. 4. 1953 geschlossenen Verträgen die Verwaltung des Gesamtgutes beim Mann verbleibt, während sie sich bei den später geschlossenen Verträgen nach der Vereinbarung der Ehegatten richtet. Vgl. auch unten § 16 I.

d) Für Vertriebene und Sowjetzonenflüchtlinge, die bisher nach anderem Güterrecht als dem der Bundesrepublik lebten, gilt vom 1. Oktober 1969 an das eheliche Güterrecht des BGB, wenn beide Ehegatten ihren gewöhnlichen Aufenthalt in der Bundesrepublik oder West-Berlin genommen haben. Entsprechendes gilt bei späterem Zuzug. Doch kann wie bei Einführung des Zugewinnausgleiches (oben a) diese Rechtsfolge durch förmliche Erklärung gegenüber dem Amtsgericht einseitig ausgeschlagen werden. Näheres vgl. Ges. v. 4. 8. 1969 (BGBl. I 1067).

IV. Güterrechtliche Vertragsfreiheit und Ehevertrag

Schrifttum: *v. Baligand,* Der Ehevertrag, 1906; *Pohle,* Die seit dem 1. 4. 1953 zulässigen Wahlgüterstände, FamRZ 1954, 183; *Knur,* DNotZ 1957, 467ff.; *Haegele,* Die Justiz 1957, 427 und FamRZ 1959, 315; Justiz 1968, 288, 318, 347ff.; *Zöllner,* Vertragsfreiheit und Bindung an den Typus im ehelichen Güterrecht, FamRZ 1965, 113; *Mikat,* Schranken der Vertragsfreiheit im Ehegüterrecht, Festschr. Felgentraeger 1969, 323ff.; *Reithmann,* Eigentumszuordnung unter Ehegatten, Festschr. Knur (1972) S. 183; *D. Schwab,* DNotZ Sonderheft Notartag 1977, 51; *Kanzleiter,* Vertragsgestaltung im ehelichen Güterrecht und Versorgungsausgleich, 1978; *Langenfeld,* Der Ehevertrag, 1980 u. Handbuch der Eheverträge und Scheidungsvereinbarungen, 1984.

1. Der gesetzliche Güterstand der Zugewinngemeinschaft gilt nur, sofern die Parteien nichts Abweichendes vereinbart haben. Eine Vereinbarung über den Güterstand erfolgt durch Ehevertrag (§ 1408). Dieser muß bei gleichzeitiger Anwesenheit beider Teile vor einem Notar geschlossen werden, andernfalls ist er nichtig (§§ 1410, 125). Auch ein Vorvertrag wäre formbedürftig (BGH FamRZ 1966, 492). Der Formzwang schützt die Parteien vor Übereilung, nötigt sie, sich beraten zu lassen, und sichert den Beweis des Vereinbarten. Daher genügt auch der beurkundete Prozeßvergleich (§ 127a). Gewillkürte Stellvertretung ist zulässig und die Vollmacht formfrei (§ 167); bedenklicherweise wollte RGZ 79, 282 sogar Selbstkontrahieren zulassen.

Formbedürftige Eheverträge liegen nur vor, soweit güterrechtliche Verhältnisse geregelt werden. Ein Vertrag über allgemeine Ehewirkungen (z.B. zur Regelung der Unterhaltspflicht) oder über Dinge, die auch zwischen Dritten geregelt werden könnten (z.B. Darlehen, Gesellschaftsvertrag), bedarf nicht der Form des Ehevertrages, ebensowenig die Überlassung der Vermögensverwaltung an den anderen Ehegatten (§ 1413). Formbedürftig sind aber Verträge über den scheidungsrechtlichen Versorgungsausgleich (§§ 1408 II, 1587o II).

2. Der Ehevertrag ist ein besonders weittragendes Geschäft. Dem wird nicht nur mit der vorgeschriebenen Form, sondern vor allem mit Beschränkungen des Vertragsschlusses Rechnung getragen, falls es an der Geschäftsfähigkeit fehlt (§ 1411). Ist ein Ehegatte geschäftsunfähig, so

kann Gütergemeinschaft wegen ihrer besonderen Gefahren nicht abgeschlossen, aber als bestehende auch nicht aufgehoben werden; nur andere Verträge, etwa über Gütertrennung oder Ausschluß des Zugewinnausgleichs, sind zulässig; ist der gesetzliche Vertreter ein Vormund, so bedarf er auch noch der Genehmigung des Vormundschaftsgerichts. Ist ein Ehegatte in der Geschäftsfähigkeit beschränkt (ist insbes. die Braut noch minderjährig!), so kann der gesetzliche Vertreter den Vertrag nicht für den Ehegatten schließen, vielmehr muß der Ehegatte oder Verlobte den Vertrag selbst abschließen; dazu ist dann die Zustimmung des gesetzlichen Vertreters erforderlich. Ein Vormund braucht zu seiner Zustimmung die Genehmigung des Vormundschaftsgerichts, wenn Gütergemeinschaft vereinbart oder aufgehoben werden oder der Ausgleich des Zugewinns ausgeschlossen oder eingeschränkt werden soll.

Daraus ergibt sich mittelbar, daß der Vormund die Genehmigung des Vormundschaftsgerichts auch dann benötigt, wenn der Versorgungsausgleich ausgeschlossen oder unmittelbar Gütertrennung vereinbart wird, denn auch hier wird der Ausgleich des Zugewinns ausgeschlossen (§ 1414). Dagegen ist die Genehmigung nicht erforderlich, wenn die Gütertrennung zugunsten der Zugewinngemeinschaft aufgehoben wird.

3. Der Ehevertrag kann *vor* der Ehe wie auch *während* der Ehe geschlossen werden.

Ausländische Rechte lassen vielfach Eheverträge nach Eheschließung nicht mehr zu (z. B. früher Art. 1395 Code Civil) oder erschweren sie (z. B. Art. 181 SchwZGB und Art. 1397 Code Civil). Häufig dienen ja derartige Verträge unlauteren Machenschaften zur Schädigung von Gläubigern oder Steuerumgehungen. Die Auffassung, daß dies die Regel sei, dürfte aber wohl zu weit gehen. Im übrigen kann eine Anfechtung des Ehevertrages wegen Gläubigerbenachteiligung helfen (RGZ 57, 81 ff.).

Der Ehevertrag kann auch mit einem Erbvertrag verbunden werden (§ 2276 II). Beide Verträge bleiben jedoch dabei selbständig. Der Rücktritt vom Erbvertrag läßt – trotz § 139 – den Ehevertrag bei Bestand (BGHZ 29, 129), und der ehevertraglich etwa begründete Güterstand findet nur aus den ihm eigentümlichen Gründen sein Ende.

4. Für den Inhalt des Ehevertrages besteht keine volle *Vertragsfreiheit.* Die Pauschalvereinbarung eines im BGB nicht geregelten Güterstandes ist nur beschränkt zulässig, nämlich nur die eines ausländischen, wenn einer der Ehegatten einen ausländischen Wohnsitz hat (§ 1409); dagegen ist die Verweisung auf ein nicht mehr geltendes Gesetz wirkungslos; weder z. B. auf die Fahrnisgemeinschaft des Code Civil noch auf das alte Dotalsystem noch auf die am 1. 7. 1958 beseitigte Verwaltung und Nutznießung des Mannes am Frauenvermögen kann man sich beziehen. Der Ehevertrag muß sich bei inländischem Wohnsitz beider Ehegatten im Rahmen der vom BGB zur Verfügung gestellten Güterrechtstypen halten. Zwar wäre theoretisch eine Vereinbarung eines nicht mehr geltenden oder ausländischen oder eines frei erfundenen Güterstandes durch Aufzählung aller Einzelbestimmungen im Ehevertrag möglich; praktisch

scheitert eine solche Vereinbarung an allgemeinen Grenzen möglicher Verfügungen und Verfügungsbeschränkungen. Was möglich bleibt, ist weitgehend nur die in großem Rahmen zugelassene Ausgestaltung der einzelnen Güterstände.

Der Grund für die Beschränkung der Vertragsfreiheit im Ehegüterrecht liegt nicht so sehr in der familienrechtlichen Natur des Geschäfts als vielmehr darin, daß die Eheverträge regelmäßig Verfügungen enthalten. Sie bewirken weitgehend die Übertragung von Rechten und Verfügungsbefugnissen im ganzen, also Universalsukzessionen; oder aber sie hindern diese (z. T. Schaffung wirksamer Verfügungsverbote – Ausnahme gegenüber § 137 BGB!); oder sie bringen Vermögensbelastungen mit sich. Derartige Verfügungsgeschäfte sind aber immer nur in dem gesetzlich zugelassenen Rahmen zulässig. So könnte z. B. die einstige Verwaltung und Nutznießung des Mannes am Frauenvermögen heute auch nicht durch Aufnahme aller einstigen gesetzlichen Bestimmungen in den Ehevertrag wiederbelebt werden; denn die Verfügungsbeschränkungen der Frau würden gegen § 137 BGB verstoßen, und der Nießbrauch des Mannes am Frauenvermögen könnte nur für das gegenwärtig vorhandene Vermögen, nicht aber für den künftigen Erwerb wirksam bestellt werden!

Durch Ehevertrag können Gütergemeinschaft und Gütertrennung vereinbart, Zugewinngemeinschaft oder Gütergemeinschaft aufgehoben oder die Gütertrennung durch einen anderen Güterstand ersetzt werden. Auch kann der Ehevertrag die Geltung des gesetzlichen Güterstandes bekräftigen (lies RGZ 133, 20).

5. Es kann sowohl ein derartiger Güterstand als ganzer vereinbart werden (genereller Ehevertrag) als auch innerhalb eines bestimmten Güterstandes eine Abweichung von nicht zwingenden Sätzen (spezieller Ehevertrag).

Durch speziellen Ehevertrag können z. B. Verfügungsbeschränkungen (§§ 1365, 1368) oder Surrogationswirkungen (§ 1370) ausgeschaltet, einzelne Gegenstände zum Vorbehaltsgut erklärt werden (§ 1418), kann die Verwaltungsbefugnis am Gesamtgut (§ 1421) und können Zustimmungen zu Rechtsgeschäften (§§ 1365ff., 1423ff., 1451ff.) festgelegt werden. Ferner kann die Quote des Zugewinnausgleichs, die Höhe von Anfangs- und Endvermögen, die Art der Ausgleichsleistung, der Abfindungsanspruch von Stiefkindern sowie der interne Ausgleich für die Schuldenhaftung eine vom Gesetz abweichende Regelung erfahren (vgl. dazu RGZ 87, 56). Bei der Zugewinngemeinschaft kann unter Aufrechterhaltung ihrer Verfügungsbeschränkungen der Zugewinnausgleich ausgeschlossen werden (§ 1414 Satz 2 ist nicht zwingend, sondern Auslegungsregel). Auch die vertragliche Vereinbarung eines besonderen Rechts zur Klage auf vorzeitigen Zugewinnausgleich oder auf Aufhebung der Gütergemeinschaft wird man als zulässig ansehen können.

6. Der Ehevertrag kann sich auf einen rein negativen Inhalt beschränken, indem lediglich der bestehende Güterstand beseitigt, der Zugewinnausgleich oder der Versorgungsausgleich ausgeschlossen wird. In diesem Fall gilt kraft gesetzlicher Auslegung des Parteiwillens *Gütertrennung* als vereinbart (§ 1414).

7. Der Ehevertrag kann Schenkung sein, wenn darin dem anderen Ehegatten Vermögensvorteile zugewendet werden, was namentlich bei Vereinbarung von Gütergemeinschaft vorkommt. Damit eine Schenkung an-

genommen werden kann, muß aber eine Einigung über die Unentgeltlichkeit der Zuwendung vorliegen und diese Unentgeltlichkeit die eherechtlichen Gründe überwiegen (RGZ 87, 301). Zwar kann ein Ehevertrag regelmäßig nicht von den Gläubigern der Ehegatten als eine die Gläubiger benachteiligende Verfügung angesehen werden, da Gläubiger keinen Anspruch auf bestimmte Güterstände der Ehegatten haben. Doch können im Rahmen güterrechtlicher Auseinandersetzungen Rechtsgeschäfte vorkommen, die von den Gläubigern eines Ehegatten oder beider anfechtbar sind (BGH DB 1971, 2471).

Seit dem Erschaftsteuergesetz vom 17. 4. 1974 (BGBl. I 933) § 7 ist „die Bereicherung, die ein Ehegatte bei Vereinbarung der Gütergemeinschaft erfährt", der Schenkungsteuer unterworfen. Vgl. im übrigen zu den steuerrechtlichen Fragen: *Knobbe-Keuk,* Die neuen güterrechtlichen Bestimmungen des Erbschaftsteuergesetzes, Fschr. Bosch S. 503 ff. Paulick, Eheliches Güterrecht in steuerrechtlicher Sicht. Fschr. Bosch S. 763; *Knur,* Die Gütergemeinschaft im Blickfeld des Erbschaftsteuergesetzes 1974, Fschr. Barz 1974; *Krüger,* Steuerfolgen eherechtlicher Güterrechtsgestaltung, 1978.

8. *Kein Ehevertrag,* aber ein in allen Güterständen vorkommender Vorgang, ist die Überlassung von Vermögensteilen an den anderen Ehegatten zur *Verwaltung.* Hier ist ein Auftragsverhältnis (§§ 662 ff.) anzunehmen. Kein Ehegatte ist zur Übernahme eines solchen Auftrages verpflichtet. Übernimmt er ihn, so bestimmt sich die Haftung nach § 1359. Der Verwalter ist im übrigen an die Weisungen des Eigentümers gebunden (§ 665), muß Rechnung legen (§ 666), darf verbrauchbare Sachen nicht für sich verwenden und hat Geld zu verzinsen (§ 668), das aus der Verwaltung Erlangte (z. B. Vermögenszinsen) herauszugeben, soweit es nicht selbst unter die Verwaltung fällt und kraft Auftrages mit zu verwalten ist. Dafür besteht ein Anspruch auf Auslagenersatz und Vorschuß (§§ 669, 670). Im übrigen ist ein solcher Auftrag unter Ehegatten jederzeit widerruflich (§ 671). Die Widerruflichkeit kann nur durch förmlichen Ehevertrag ausgeschlossen werden, und selbst dann bleibt der Widerruf aus wichtigem Grund stets möglich (§ 1413). Das gilt nach Art. 8 I Ziff. 2 GleichberG auch für eine vor dem 1. 7. 1958 vereinbarte Verwaltung von Vermögen.

Nach früherem Recht durfte der Mann Überschüsse aus dem seiner Verwaltung überlassenen Frauenvermögen selbst bei Gütertrennung beliebig verwenden. Diese Befugnis ist mit 1. 4. 1953 erloschen und besteht nur noch bei entsprechender besonderer Vereinbarung der Eheleute (BGH, NJW 1960, 428).

Ein Auftragsverhältnis kann auch vorliegen, wenn ein Ehegatte mit Mitteln des anderen bestimmte Vermögensgegenstände (Grundstück!) im eigenen Namen erwirbt. Die Folge ist ein (vor allem bei Auflösung der Ehe dann häufig erhobener) Anspruch auf Herausgabe bzw. Übereignung (§ 667; vgl. auch BGH, FamRZ 60, 58). Derartige Ansprüche aus Auftragsverhältnissen (oder gar Gesellschaft) sind ungeachtet des jeweiligen Güterstandes denkbar (BGH FamRZ 1969, 78).

9. *Kein Ehevertrag* – weil nicht den Güterstand als solchen gestaltend – liegt bei einer *Unterhaltsvereinbarung* vor, mag sie den Unterhalt beim

ehelichen Zusammenleben (etwa das „Taschengeld" eines nicht berufstätigen Ehegatten), bei Getrenntleben oder für den Scheidungsfall regeln. Ebensowenig liegt ein Ehevertrag im eigentlichen Sinne bei einer vertraglichen Vereinbarung über den bei allen Güterständen geltenden Versorgungsausgleich vor. Nur unterwirft § 1408 II den außerhalb des Scheidungsverfahrens erfolgenden *Ausschluß des Versorgungsausgleichs* Form und Modalitäten des Ehevertrages und knüpft daran die Folge, daß die Parteien auch die Gütertrennung vereinbart haben, sofern sich aus dem Vertrag nicht ausdrücklich etwas anderes ergibt (vgl. dazu unten § 20 IV).

V. Güterrechtsregister

Schrifttum: *Meyer,* Güterstandsaufhebungsurteil und Güterrechtsregister FamRZ 1957, 285; *Dieterle,* Ehevertrag und Güterrechtsregister NotZ f. Baden-Württbg. 1963, 205; *Lange,* Ehevertrag und Güterrechtsregister FamRZ 1964, 546; *Beitzke* DNotZ 1964, 692; *Gottschalg* DNotZ 1969, 339.

Der Güterstand der Ehegatten hat nicht nur für diese selbst in ihrem gegenseitigen Verhältnis Bedeutung. Vielmehr regelt der Güterstand auch die Verfügungsbefugnis über das Vermögen und die Schuldenhaftung und berührt damit unmittelbar die *Rechtsstellung Dritter.* Diese müssen sich aber Kenntnis darüber verschaffen können, in welchem Güterstand die Ehegatten leben. Dieser Kundbarmachung dient das *Güterrechtsregister.* Es soll Dritte davor schützen, daß ihnen unerwartet von der gesetzlichen Normalregelung abweichende güterrechtliche Abmachungen entgegengehalten werden; es schützt aber auch die Ehegatten, indem es ihnen die Möglichkeit gibt, Dritten solche Vereinbarungen wirksam entgegenzusetzen.

1. Das Güterrechtsregister wird bei den *Amtsgerichten* geführt (§ 1558). Zuständig ist das Amtsgericht des jeweiligen (§ 1559) Wohnsitzes des Mannes (§ 1558 auch in der Fassung des GleichberG) *und* an der etwaigen gewerblichen Niederlassung eines jeden Ehegatten, der ein Handelsgewerbe betreibt (Art. 4 EG HGB); bei doppeltem Wohnsitz muß im Verkehrsinteresse an beiden Wohnsitzen eingetragen werden! Diese Zuständigkeitsregelung ist unvollkommen, da die Frau einen vom Mann getrennten Wohnsitz haben kann und für Dritte das Bedürfnis besteht, auch dort das Register einzusehen. Das Register ist öffentlich; jedermann kann Einsicht nehmen und Abschriften von den Eintragungen fordern (§ 1563). Außerdem werden die Registereintragungen in der Zeitung veröffentlicht (§ 1562). Im Grundbuchverkehr kann nach GBO § 33 der Nachweis güterrechtlicher Verhältnisse durch ein Zeugnis des Gerichts über die Eintragung oder Nichteintragung (FGG § 162) erbracht werden, obwohl das Register unrichtig sein kann.

2. *Eintragungsfähig sind Eheverträge,* sofern sie einen Einfluß auf die Stellung Dritter haben können. Nicht eintragungsfähig wäre z. B. ein Ehevertrag durch den die Ehegatten an die Stelle einer bisher nicht eingetragenen güterrechtlichen Vereinbarung wieder die gesetzliche Regelung setzen. Eine solche Eintragung wäre überflüssig. BGHZ 41, 370 hatte – entgegen dem Wortlaut von § 1412 – die Eintragbarkeit dahingehend eingeengt, daß Eheverträge nur eintragungsfähig seien, wenn sie die Stellung Dritter nachteilig berührten; demgemäß hatte der BGH die Vereinbarung der Gütertrennung anstelle des gesetzlichen Güterstandes oder die Beseitigung von Verfügungsbeschränkungen für nicht eintragbar erklärt. Das war im Schrifttum auf Kritik gesto-

ßen (eingehend *Kanzleiter* DNotZ 1971, 433; davor u. a. *Beitzke* DNotZ 1964, 692ff.). In Vorauflagen war gegenüber dem Standpunkt des BGH resigniert worden. Inzwischen hat BGHZ 66, 203 glücklicherweise die Eintragung des Ausschlusses der Zugewinngemeinschaft zugelassen. Folgerichtig muß auch eine Eintragung der Gütertrennung zulässig sein, welche nach § 1414 II lediglich als gesetzliche Folge des Ausschlusses des Versorgungsausgleichs eintritt. Jedenfalls ist die Vereinbarung der Gütertrennung eintragbar, wenn mit ihr die Gütergemeinschaft ausgeschlossen wird.

Eintragbar sind ferner *einseitige Rechtsgeschäfte*, welche güterrechtliche Verhältnisse oder sonst die Stellung Dritter beeinflussen. So sind eintragbar: Entziehung des Vertretungsrechts (§ 1357); der Widerruf der Einwilligung zum Betriebe eines Erwerbsgeschäfts durch den anderen Ehegatten oder der Einspruch hiergegen (§§ 1431, 1456); die Bestimmung eines Dritten, kraft derer ein Gegenstand Vorbehaltsgut wird (§ 1418).

Eintragbar sind endlich *kraft Gesetzes oder Urteilsspruchs eintretende güterrechtliche Tatsachen,* z. B. der Eintritt der Gütertrennung bei Aufhebung des Güterstandes durch Urteilsspruch (§§ 1449, 1470). Nicht eintragbar ist dagegen das infolge des tatsächlichen Getrenntlebens der Ehegatten eintretende Ruhen des Vertretungsrechts (OLG Hamm, MDR 1951, 740).

3. *Eintragungen* ins Güterrechtsregister finden nur auf Antrag der Ehegatten statt (§ 1561). Ein Zwang zur Eintragung wird – im Gegensatz zum Handelsregister – nicht geübt (§ 1560). Doch kann das Unterlassen der Eintragung den Ehegatten nachteilig sein (siehe unten 4).

Der *Antrag* muß – wie alle derartigen Eintragungsanträge – in öffentlich beglaubigter Form gestellt werden, damit feststeht, daß er vom Berechtigten gestellt ist. Das Gesetz geht davon aus, daß der Antrag regelmäßig von beiden Gatten gemeinsam gestellt wird, wobei jeder vom anderen Mitwirkung verlangen kann. Meist wird aber der Antrag nur von einem Ehegatten gestellt. Das genügt bei Eintragung einseitiger Gestaltungsgeschäfte wie Entziehung des Vertretungsrechts (§ 1357 II) oder Widerrufs der Einwilligung in den Betrieb eines selbständigen Erwerbsgeschäfts bzw. des Einspruchs hiergegen (§ 1431), bei Vorlage des Ehevertrages oder einer gerichtlichen Entscheidung und bei Wiederholung einer Eintragung im Register eines neuen Wohnsitzes. Der Notar, welcher die Erklärungen der Parteien beurkundet oder ihre Unterschriften beglaubigt hat, gilt als zum Antrag auf Eintragung im Güterrechtsregister bevollmächtigt (FGG §§ 161, 129).

Die Wirkung der Registereintragung knüpft sich an die Eintragung selbst, nicht etwa erst an die Veröffentlichung der Eintragung.

4. Die *Wirkung der Eintragung* ins Güterrechtsregister geht nicht so weit wie beim Grundbuch. Eine Eintragung hat nicht die Vermutung der Richtigkeit für sich. Nur dem Fortbestand einer richtig eingetragenen Rechtslage oder dem Schweigen des Registers darf man vertrauen. Soweit nichts oder keine Änderung eingetragen ist, kann ein Dritter sich auf den Fortbestand der bisherigen Rechtslage berufen, es sei denn, daß er die Veränderung der Rechtslage kannte. Fahrlässigkeit schließt die Redlichkeit Dritter nicht aus. Dieser Schutz Dritter gilt aber nur bei Rechtsgeschäften und Urteilen, nicht bei Entstehen gesetzlicher Ansprüche und bei Vollstreckungsakten (§ 1412).

Beispiele: War Gütergemeinschaft vereinbart, der Vertrag aber nichtig, so kann ein Dritter sich nicht auf die Eintragung der Gütergemeinschaft berufen. – Begeht ein Ehegatte eine unerlaubte Handlung, so bestimmt sich die etwaige Haftung des anderen immer nur nach dem wirklichen Güterstand, nicht nach dem eingetragenen; hier ist kein Vertrauen auf eine scheinbare Rechtslage zu schützen. Leben die Eheleute im

Güterstand der Gütergemeinschaft, so ist – auch ohne daß er eingetragen wäre – eine Pfändung von Gesamtgut nur mit einem Urteil gegen den verwaltenden Ehegatten möglich.

5. Ein weitergehender Schutz als nach Ehegüterrecht kann sich aus allgemeinen Bestimmungen über gutgläubigen Erwerb ergeben (§§ 892, 932). Auch muß beim Güterrechtsregister das Rechtsscheinprinzip gelten; lassen Ehegatten eine unrichtige Eintragung im Register stehen, so müssen sie diese Eintragung gegen sich gelten lassen, auch wenn sonst ein Dritter etwa wegen Unrichtigkeit der Eintragung sich auf diese nicht berufen könnte (vgl. dazu auch §§ 171, 173).

Beispiele: Lassen die Eheleute die Eintragung eines nichtigen Ehevertrages im Register stehen, so können Dritte verlangen, so gestellt zu werden, als sei der Vertrag wirksam, sofern sie nicht die Unrichtigkeit der Eintragung kannten oder kennen mußten. – Ist die Vereinbarung der allgemeinen Gütergemeinschaft nichtig, so kann eine vom verwaltenden Ehegatten vorgenommene Veräußerung gleichwohl wirksam sein (§§ 1416, 1422, 932).

§ 14. Zugewinngemeinschaft

Schrifttum vor dem GleichberG: *Berent,* Die Zugewinngemeinschaft, 1915. Verhandlungen des 38. Dt. Juristentages; *Beitzke,* FamRZ 1954, 158; *Boehmer,* MDR 1950, 450; *Braga,* FamRZ 1955, 1; *Dölle,* FamRZ 1954, 205 u. ZAIP 18, 612; *Ferid,* FamRZ 1957, 70; *Merzbacher,* AcP 1956, 1ff.; *Neumayer,* ZAIP 18, 376ff.; *Zajtay,* ZAIP 19, 643ff.

Schrifttum seit dem GleichberG: *Bärmann,* AcP 157, 145 u. JZ 1958, 225; *Braga,* FamRZ 1957, 334 u. 1967, 652; *Boehmer* in Recht und Staat Heft 245/246; *Finke,* JR 1957, 161 sowie MDR 1957, 514 u. 578; *Haegele,* Rpfl. 1964, 242; 1966, 232 u. 1966, 594. *Knur,* DNotZ 1957, 461 und Probleme der Zugewinngemeinschaft, Arbeitsgemeinschaft für Forschung des Landes Nordrhein Westfalen 1959; *Massfeller,* Der Betrieb 1957, 473ff., 499ff., 525ff., 623ff., 738ff.; *Müller-Freienfels,* JZ 1957, 685ff.; *Reinicke,* NJW 1957, 889; BB 1957, 564 u. 759; *Rittner,* DNotZ 1957, 483 und FamRZ 1961, 1 u. 185; *Thierfelder,* FamRZ 1959, 389; *Ulmer,* FamRZ 1958, 251; *Haegele* Rpfleger 1976, 274; *Johannsen* WM 1978, 654; *Benthin,* Probleme der Zugewinngemeinschaft heute, FamRZ 1982, 338ff.

Die Zugewinngemeinschaft ist seit 1. 7. 1958 der gesetzliche Güterstand.

Sie beruht auf ähnlichen Gesichtspunkten wie die Errungenschaftsgemeinschaft: an dem, was die Eheleute während der Ehe erarbeiten, sollen beide Eheleute auch gemeinsam teilhaben, weil der Erwerb auf der vielgestaltigen Zusammenarbeit der Eheleute beruht oder wenigstens durch die Funktionsteilung in der Ehe weitgehend gefördert und erleichtert wurde. Die Zugewinngemeinschaft sucht aber die Nachteile der Errungenschaftsgemeinschaft mit ihrem Gesamthandsvermögen und ihrer komplizierten Haftungsregelung zu vermeiden. Es gibt daher bei der Zugewinngemeinschaft kein gemeinschaftliches Vermögen der Ehegatten, kein sogen. Gesamtgut, sondern die Vermögen der Ehegatten bleiben während der Ehe und auch danach getrennt. Sie sind lediglich durch einige Verfügungsbeschränkungen gebunden; auch die Schulden der Eheleute bleiben getrennt. Während der Ehe sorgen die Vorschriften über die eheliche Lebensgemeinschaft in ausreichender Weise dafür, daß jeder Ehegatte für die Befriedigung der Bedürfnisse des gemeinschaftlichen ehelichen Lebens am Erwerb des anderen teilhat. Nach Auflösung der Ehe wird der während der Ehe gemachte Zugewinn geteilt, so daß der Ehegatte, welcher keinen oder den geringeren Zugewinn in seinem Vermögen hat, gegen den anderen einen schuldrechtlichen Anspruch auf eine Ausgleichszahlung in Höhe der Hälfte des höheren Zugewinns des anderen Ehegatten hat. Danach ist die Bezeichnung Zugewinngemeinschaft ungenau, ja irreführend, weil sie zu Unrecht den Anschein erweckt, als gebe es gemeinschaftliches Vermögen; es sollte besser heißen: Gütertrennung mit Zugewinnausgleich. Das GleichberG hat im übrigen den Zugewinnausgleich für die Auflösung der Ehe durch Tod einerseits und aus anderen Gründen (insbes. Ehescheidung) andrerseits unterschiedlich gestaltet. Nur für den letzteren Fall ist die Zugewinngemeinschaft als solche wirklich ausgebaut, während bei Auflösung der Ehe durch Tod der Zugewinnausgleich schematisch durch eine Erhöhung des gesetzlichen Erbrechts des überlebenden Ehegatten abgegolten wird.

Der gesetzliche Güterstand kann kaum allen Ehen gerecht werden. Die von beiden Ehegatten vermögenslos begonnene Ehe, in welcher vorzugsweise ein Ehegatte verdient und es zu einem mäßigen Wohlstand bringt, bei welcher der verdienende Ehegatte den Zugewinn macht und vorverstirbt, ist das in mindestens ⅓ aller Ehen nicht gegebene Vorbild. Eheverträge und Sonderregelungen des Erbrechts müssen weitgehend zur Regelung aller atypischen Fälle bemüht werden. Wo sie wegen mangelnder Unterrichtung oder psychologischer Hemmungen versäumt werden, führt die gesetzliche Regelung häufig zu unbefriedigenden Lösungen.

I. Getrennte Vermögen der Eheleute

1. Auch nach der Eheschließung *bleiben die Vermögen* des Mannes und der Frau *getrennt* (§§ 1363 II, 1364). Jeder Ehegatte verwaltet das in die Ehe eingebrachte wie auch das während der Ehe erworbene Vermögen, insbes. seinen Arbeitsverdienst selbständig (§ 1364). Er kann – abgesehen von den Verfügungsbeschränkungen der §§ 1365 bis 1369 – auch selbständig darüber verfügen. An der grundsätzlichen Verfügungsfreiheit ändert es auch nichts, daß jeder Ehegatte durch die Verpflichtungen aus der ehelichen Lebensgemeinschaft (§ 1353), insbes. auch die Unterhaltspflicht (§§ 1360ff.), gebunden ist, manche Verfügungen zu unterlassen oder andere vorzunehmen; Verfügungen, welche lediglich gegen diese Vorschriften, nicht aber gegen die §§ 1365 bis 1369 verstoßen, sind gleichwohl gültig.

2. *Gemeinschaftliches Vermögen* ist auch bei der Zugewinngemeinschaft möglich. Allerdings entsteht es nicht kraft Gesetzes (§ 1363 II), und nicht als Gesamthandsvermögen wie bei der Gütergemeinschaft. Es entsteht nur fallweise kraft Vereinbarung zwischen den Ehegatten als Miteigentum nach – im Zweifel gleichen, allenfalls nach der Höhe des eigenen Beitrags zu bestimmenden – Bruchteilen. Denkbar ist insbes., daß der während der Ehe aus beiderseitigen Ersparnissen angeschaffte Hausrat ausdrücklich im Namen beider Ehegatten oder kraft „Geschäfts, wen es angeht" oder in Durchführung eines beide Ehegatten berechtigenden und verpflichtenden Kaufs (§ 1357) als gemeinschaftliches Eigentum erworben wird. § 8 der 6. DVO EheG stellt sogar eine Vermutung für gemeinsames Eigentum – unabhängig von der im Falle des Mitbesitzers am Hausrat aus § 1006 folgenden Vermutung – im Fall der Hausratsteilung nach Eheauflösung auf.

Die Vermutung soll nach der Rspr. nicht für den Fall der Eheauflösung durch Tod gelten (OGH BZ, NJW 1950, 594). Allerdings stellt die genannte Vorschrift die Vermutung nur für den Fall der Hausratsteilung auf, und es handelt sich dabei auch um eine der Analogie nicht fähige Spezialbestimmung. Andrerseits ist eine solche Vermutung nur für die Zwecke der Scheidungsauseinandersetzung kaum zu rechtfertigen. Sie kann gerade bei dieser Auseinandersetzung nur dann zum Tragen kommen, wenn sie allgemeiner Natur ist. So wendet die Praxis die Vermutung jedenfalls auch auf die Hausratsteilung bei Getrenntleben an (OLG Frankfurt, NJW 1960, 1786). Es dürfte nicht ohne Bedeutung sein, daß die Praxis früher den auf „Ehestandsdarlehen" angeschafften Hausrat auch als gemeinschaftliches Eigentum ansah. Es geht andererseits zu weit, wenn OLG Hamburg NJW 1972, 542 für alle während der Ehe angeschafften Hausratsgegenstände grundsätzlich (auch gegen den Willen der Ehegatten!?) gemeinschaftliches Eigentum annimmt, dazu noch Gesamthandseigentum, obwohl solches auf die gesetzlich bestimmten Fälle (Gütergemeinschaft, Erbrecht, Gesellschaft) zu beschränken ist und der Ehezweck solche Bindung nicht erfordert; die positiv-rechtliche Regelung des § 1369 BGB spricht gerade gegen Gesamthandseigentum; sie wäre sonst nicht nötig gewesen.

Bei Grundstücken weist das Grundbuch den Eigentümer aus. Ist ein Ehegatte Alleineigentümer, so schließt dies freilich nicht aus, daß der andere intern beteiligt ist, sei es im Wege einer Innengesellschaft, sei es kraft Auftrages an den anderen Gatten, das Grundstück für gemeinsame *Rechnung* zu erwerben. Dann ergeben sich schuldrechtliche Ausgleichsansprüche (vgl. BGH FamRZ 1960, 58). Ist das Grundstück als Bruchteilseigentum beider Ehegatten eingetragen, so kann bei der Auseinandersetzung nach Scheidung ebensosehr eine Teilungsversteigerung wie auch die Überlassung des Grundstücks an einen der Ehegatten unter Anrechnung des damit erworbenen Werts auf den Zugewinnausgleich in Betracht kommen (BGHZ 68, 299). Gemeinsam eingegangene Verbindlichkeiten können den Ehegatten im Innenverhältnis hälftig zur Last fallen (§ 426 II), aber auch anders aufzuteilen sein, insbes. wenn ein Ehegatte nach Trennung das früher gemeinsam genutzte Haus alleine nutzt (BGHZ 87, 265).

3. *Haushaltsgegenstände* unterliegen in mehrfacher Hinsicht Sonderregelungen. Einmal ist die Verfügung über sie an die Zustimmung des anderen Ehegatten gebunden (§ 1369). Zum anderen gilt bei ihnen Surrogation: die an Stelle von nicht mehr vorhandenen oder wertlos gewordenen Stücken neu angeschafften Haushaltsgegenstände werden Eigentum des Ehegatten, welchem die nicht mehr vorhandenen oder wertlos gewordenen Stücke gehört hatten (§ 1370). Dies dient nicht nur der Erhaltung des Vermögensbestandes des Eigentümers der Haushaltsgegenstände, sondern kann im Ergebnis zur Verbesserung seiner Vermögenslage beitragen. Dabei ist es gleichgültig, ob es sich um Eigentum des Mannes oder der Frau handelt, wer von den Eheleuten die Anschaffung vornimmt, ob der betreffende Ehegatte für sich oder für den anderen erwerben wollte und an wen der Lieferant übereignen wollte. Ebenso ist gleichgültig, mit wessen Mitteln die Anschaffung erfolgte. Schließlich bleibt es ohne Belang, ob gleiche Gegenstände wie die verbrauchten angeschafft wurden; entscheidend ist, ob die Neuanschaffung die Funktion eines wertlos gewordenen Gegenstandes zu erfüllen hat; unwesentlich bleibt, ob die Neuanschaffung wertvoller (BayObLG FamRZ 1970, 31) oder weniger wertvoll ist, als der ersetzte Gegenstand jemals war. Unwesentlich muß auch bleiben, ob die Zweckbestimmung zum Ersatz verbrauchten Hausrats schon bei der Anschaffung vorlag, oder bei auf Vorrat angeschafften Sachen erst später erfolgt; letzterenfalls erfolgt Eigentumsübergang mit Zweckwidmung. Die Regelung des § 1370 wird vor allem bei Ende des Güterstandes infolge Scheidung, Eheaufhebung oder Nichtigerklärung der Ehe, aber auch schon bei bloßem Getrenntleben wichtig, wenn der Hausrat ausschließlich nach der HausratsVO und nicht nach den sonst maßgeblichen güterrechtlichen Rechtssätzen verteilt wird (BGHZ 89, 142); sie schließt bei der Hausratsteilung die Annahme von Miteigentum der Eheleute nach § 8 der 6. DVO EheG aus und kann auch zur Widerlegung der Eigentumsvermutungen des § 1362 dienen.

Die Regelung betrifft aber nur Anschaffungen durch die Eheleute selbst. Anschaffungen durch Dritte (z. B. Schwiegereltern) werden Eigentum desjenigen Ehegatten, welchem sie von dem erwerbenden Dritten übereignet werden. Im übrigen dürfte die Regelung des § 1370 abdingbar sein, sowohl generell durch Ehevertrag, wie auch durch eine formlose Einigung der Ehegatten für eine einzelne Anschaffung; es wäre Formalismus anzunehmen, der Gegenstand müsse erst kraft Surrogation in das Eigentum des Eigentümers des verbrauchten Stückes kommen und könne erst danach an denjenigen übertragen werden, welchen die Eheleute übereinstimmend zum Eigentümer des Neuerwerbs machen wollen.

4. *Der Besitz* (wie auch der vollstreckungsrechtliche Gewahrsam) der Ehegatten bestimmt sich nach allgemeinen Grundsätzen. Bei Getrenntleben macht die Feststellung des Besitzes jedes der einzelnen Ehegatten meist keine Schwierigkeiten. Leben die Ehegatten zusammen, so hat jeder an den unter seinem alleinigen Verschluß stehenden oder zu seinem persönlichen Gebrauch dienenden Sachen Alleinbesitz und Alleingewahr-

sam. Bei dem im gemeinsamen Gebrauch stehenden Hausrat wird regelmäßig Mitbesitz und Mitgewahrsam beider Ehegatten vorliegen, ebenso bei der gemeinsam genutzten Ehewohnung, mag sie von einem Gatten allein oder von beiden gemeinsam gemietet worden sein (str.; lies OLG Hamm, FamRZ 1957, 53).

Schrifttum: *Kremer*, FamRZ 1954, 186; *Pohle*, MDR 1954, 705; *Baur*, JZ 1965, 107.

5. Jeder Ehegatte *haftet* nach außen allein für seine Schulden, unbeschadet der sich etwa zusätzlich aus § 1357 ergebenden Haftung. Im übrigen kommt es unter Eheleuten häufig vor, daß der eine Schulden des anderen begleicht. Daraus ergibt sich ein sofort fälliger Ausgleichsanspruch (§§ 683, 812).

II. Verfügungsbeschränkungen

Um jeden Ehegatten vor solchen willkürlichen Verfügungen des anderen Ehegatten zu schützen, welche die notwendigen Existenzmittel für das gemeinschaftliche eheliche Leben beseitigen oder den Zugewinn beeinträchtigen könnten, und darüber hinaus die ganze Familie zu schützen, sind Verfügungen jedes Ehegatten über sein Vermögen im ganzen (§ 1365) oder über Haushaltsgegenstände (§ 1369) an die Zustimmung des anderen Ehegatten gebunden; ja sogar die Verpflichtungsgeschäfte sind zustimmungsbedürftig.

Der Kreis der Verfügungsbeschränkungen ist damit verhältnismäßig eng gezogen. Die Anregungen zu weiteren Verfügungsbeschränkungen, etwa über die Wohnung, eine Lebensversicherung oder sozialversicherungsrechtliche Ansprüche, sind nicht Gesetz geworden. Der ehevertraglichen Schaffung weiterer Verfügungsbeschränkungen steht § 137 entgegen. Andrerseits dürfte es zulässig sein, die Verfügungsbeschränkungen der §§ 1365–1369 ehevertraglich auszuschalten und sich auf den Zugewinnausgleich zu beschränken (vgl. BGHZ 41, 370; str.). Umgekehrt muß es auch zulässig sein, die Verfügungsbeschränkungen ohne Zugewinnausgleich ehevertraglich zu vereinbaren. Zwar soll im Regelfall der Ausschluß des Zugewinnausgleichs Gütertrennung bedeuten; aber das ist nur eine Auslegungsregel, und der Ehevertrag kann es anders bestimmen (§ 1414).

1. Der Zustimmung des anderen Ehegatten bedarf die Verpflichtung, über das Vermögen im ganzen zu verfügen, sowie die Erfüllung einer solchen Verpflichtung (§ 1365).

Die Auslegung dieser Vorschrift ist äußerst umstritten, zumal ihr Wortlaut unklar ist. Denn das BGB kennt keine „Gesamtverfügung", sondern nur solche über einzelne Gegenstände; entsprechend kann es auch keine Verpflichtung zu einer „Verfügung im ganzen" geben. Die Vorschrift ist aus § 1444 a. F. übernommen und entspricht § 1423 n. F. für das Gesamtgut der Gütergemeinschaft. Sie wird häufig dahin ausgelegt, daß sie schon anwendbar sei, wenn das Geschäft lediglich objektiv das ganze Vermögen betreffe, selbst wenn dies Vermögen im wesentlichen nur aus einem einzelnen Gegenstand bestehe. Das hat in der Praxis zu einer außerordentlich umfangreichen Anwendung der Vorschrift geführt und zu besonderen Erschwerungen im Grundbuchverkehr, weil oft ein Grundstück oder Grundstücksrecht das einzige wesentliche Vermögen einer Person ist. Die rein objektive Auffassung von der „Verfügung im ganzen" hat (obgleich sie der Rechtsklarheit dienlich wäre und dem Schutzzweck der Vorschrift entsprechen würde) nach den Gesetzesmaterialien nicht den Ausgangspunkt der gesetzgebenden Stellen gebildet!

Sicherlich kann zur Auslegung von § 1365 nicht § 311 herangezogen werden, welcher Verträge über das ganze Vermögen formbedürftig macht, weil man häufig nicht übersieht, was alles dazu gehört, dagegen Verträge über Einzelstücke nicht ergreift (BGHZ 25, 4). § 1365 hat einen ganz anderen Schutzzweck. – Häufig wird eine Analogie zu § 419 BGB bemüht (BGH NJW 1961, 1301), weil nach dessen vorwiegender Auslegung ein Vermögensübernehmer den Gläubigern bei Übernahme einzelner Vermögensstücke nicht hafte, wenn er nicht gewußt habe, daß es sich um das ganze Vermögen handele; ebenso soll § 1365 unanwendbar sein, wenn der Erwerber nicht gewußt habe, daß er das ganze Vermögen übernehme. Aber das liefe für den unkundigen Erwerber auf einen Verkehrsschutz hinaus, welcher in dieser Art dem ehelichen Güterrecht fremd ist (vgl. unten). Außerdem kann das Zustimmungserfordernis kaum von inneren Tatsachen beim Erwerber abhängig sein, über welche der veräußernde Ehegatte nicht Bescheid weiß! Schließlich sucht die auf die subjektive Kenntnis des Erwerbers abstellende Auslegung des § 419 zwischen den Interessen von Gläubigern des Veräußerers und Interessen des Erwerbers zu vermitteln; § 1365 hat mit der Familie und ihrer Existenzgrundlage sowie den Interessen des anderen Ehegatten einen damit kaum vergleichbaren Schutzzweck (BGHZ 77, 296).

Man kann auch nicht § 1365 (mit *Wörbelauer,* NJW 1960, 793) auf Geschäfte beschränken, welche nicht nur der ,,Anlage und Umschichtung" des Vermögens dienen. Eine solche Einschränkung ergibt sich nicht aus dem Gesetz und ist unscharf, da bei der von § 1365 wohl sicherlich erfaßten Hofesübergabe auch eine ,,Umschichtung" des Vermögens stattfindet. Ebensowenig kann man § 1365 BGB auf die Fälle beschränken, wo ,,kein verwertbares Vermögen" die Gegenleistung der Vermögenshingabe sei; auch solche Einschränkung steht nicht im Gesetz und ist nicht historisch belegt, zumal im Güterrecht für unentgeltliche Geschäfte häufig besondere Beschränkungen gelten (§ 1425). Ebensowenig kann man auf die Bezeichnung im Vertrage abstellen: ob ,,das Vermögen" oder einzelne Gegenstände genannt sind. Das hieße an Äußerlichkeiten haften; schon § 1444 a. F. wurde auch bei Aufzählung der einzelnen Vermögensgegenstände angewendet (RGZ 94, 314).

Das Geschäft ist nach § 1365 dann zustimmungsbedürftig, wenn es objektiv im wesentlichen das ganze Vermögen erfaßt *und* die Parteien auch mit dem Geschäft das Vermögen im ganzen erfassen wollten. Dazu genügt, daß die Parteien bei Vertragschluß (str.) sich darüber im klaren waren, der Vertrag erfasse das ganze Vermögen. Eine besondere Gesamtverfügungsabsicht kann nicht verlangt werden und wäre auch schwer feststellbar.

Damit nähert man sich im Ergebnis der Analogie zu § 419, da objektiv wie dort die Zurückbehaltung von Bekleidung und geringwertigen Gegenständen der Verfügung über das ganze Vermögen nicht entgegensteht. Andrerseits genügt nicht Kenntnis des Erwerbers von Verfügung über das ganze Vermögen (so aber BGHZ 43, 174 und FamRZ 1969, 322), sondern ist beiderseitige Klarheit darüber erforderlich! Schwerlich kann das Verfügungsverbot von der subjektiven Einstellung nur eines Beteiligten abhängen, zumal das Gesetz offenbar dem Verkehrsschutz weniger Beachtung geschenkt hat als dem Familienschutz.

Allerdings will Braga, weil das den anderen Ehegatten schützende Verfügungsrecht überhaupt nicht von der subjektiven Einstellung anderer als des zu Schützenden selbst abhängen dürfe(?), das Verfügungsverbot schon an die objektiven Voraussetzungen allein anknüpfen, dafür dem

Erwerber gutgläubigen Erwerb analog §§ 932ff. zugestehen. Diese folgerichtig durchführbare Konzeption ist aber sicher nicht die des Gesetzes.

Verfügung über „Vermögen im ganzen" liegt auch dann noch vor, wenn der Veräußerer geringfügige Vermögensbestandteile (etwa persönliche Gebrauchsgegenstände) zurückbehält. Wo nun die Verfügung über einzelne Gegenstände oder Vermögensteile in eine Verfügung über das „ganze" Vermögen umschlägt, kann zweifelhaft sein. Man kann nach der Art der zurückbehaltenen Gegenstände (Hausrat) oder nach Prozentsätzen differenzieren. BGHZ 77, 299 will bei „kleinen" Vermögen eine Verfügung über Vermögen im ganzen annehmen, wenn nicht mehr als 15% des gesamten Vermögens (im Streitfall eine Lebensversicherung im Vergleich zum veräußerten Grundstück) zurückbehalten wurden. Bei solcher prozentualer Bewertung müssen bei Grundstücken die darauf liegenden dinglichen Lasten wertmäßig abgesetzt werden.

Soweit auf die Kenntnis des Erwerbers abgestellt wird, stellt sich die Frage, welcher Zeitpunkt dafür maßgebend ist. Für das schuldrechtliche Geschäft entscheidet der Augenblick des Vertragsschlusses; beim Erwerb dinglicher Rechte an Grundstücken dürfte es auf den Augenblick des Eingangs des betreffenden Antrags beim Grundbuchamt ankommen (OLG Saarbrücken FamRZ 1984, 587; sehr str.).

Die Zustimmung ist nur zu Verpflichtungen auf *bestimmte,* das gesamte Vermögen erfassende Verfügungen erforderlich, nicht zum bloßen Schuldenmachen (Bürgschaft!), mag es auch das ganze Vermögen aufzehren (str.); entsprechend ist auch die Zwangsvollstreckung in Ehegattenvermögen von der Zustimmung des anderen Ehegatten unabhängig (vgl. auch § 1362 u. oben § 12 VI 6). Verfügung über Vermögen im ganzen kann auch bei Verfügung über einen einzelnen Gegenstand vorliegen, wenn dieser das wesentliche Vermögen ist und die Parteien sich darüber klar sind (BGHZ 35, 135 bei der Verfügung über einen Miterbenanteil an einem Grundstück); aber bei Verfügung über Einzelgegenstände ist es ein Ausnahmefall, daß sie zugleich Verfügung über Vermögen im ganzen ist; doch liegt bei Grundstücken ein solcher Ausnahmefall nahe. Daher muß der die Veräußerung beurkundende Notar die Parteien über § 1365 und seine Folgen belehren (BGHZ 64, 246).

Die Praxis nimmt Verfügung über Vermögen im ganzen besonders oft bei Veräußerung eines Grundstücks, Grundstücksanteils oder von Grundstücksrechten an (selbst zum Antrag auf Teilungsversteigerung! So z. B. BayObLG FamRZ 1979, 290; OLG Düsseldorf NJW 1982, 1543; dagegen z. B. KG NJW 1971, 711), ja sogar bei Belastungen, welche den Wert des Grundstücks im wesentlichen ausschöpfen (BayObLG, NJW 1960, 821; doch schöpft Nießbrauchbestellung niemals den Grundstückswert aus, BGH BB 1966, 12), außer bei Bestellung einer Eigentümergrundschuld. Diese „Erschöpfungstheorie" bedeutet eine teleologische Reduktion des Verfügungsbegriffs mittels einer wirtschaftlichen Betrachtungsweise und ist bedenklich, weil sie den rechtstechnischen Verfügungsbegriff verwässert. Zeitweise forderten im Grundbuchverkehr manche Grundbuchämter stets den Nachweis, daß die Voraussetzungen des § 1365 nicht vorliegen, was wiederum die Notare veranlaßte, bei allen Geschäften Verheirateter tunlichst die Zustimmung des Ehegatten einzuholen. Auch wenn man davon ausgeht, daß das Grundbuch richtig erhalten werden muß, bleibt doch nach

§ 1364 die freie Verfügungsbefugnis jedes Ehegatten die Regel, die Verfügungsbeschränkung die Ausnahme. Daher kann der Nachweis der Zustimmung des Ehegatten, weiteren Vermögens oder des Ledigseins nur dann verlangt werden, wenn das Grundbuchamt den Verdacht, daß ein Fall des § 1365 vorliege, auf bestimmte Tatsachen stützen kann (BGHZ 35, 135 u. BayObLG NJW 1967, 1614). Die Praxis nimmt (trotz Vorliegens einer Verfügung und Verpflichtung dazu) die eine Umwandlung von Gesamthandseigentum in Bruchteilseigentum bewirkende Erbauseinandersetzung von der Zustimmung des Ehegatten aus (OLG München DNotZ 1969, 544). *Gernhuber* (§ 35 II 8) will in teleologischer Reduktion des vom Gesetz verwendeten Verfügungsbegriffs die Bestellung aller ohne Weggabe der Substanz (Sicherungsübereignung) möglichen Sicherungsrechte (Pfandrechte) für zustimmungsfrei halten.

Aus dem **Schrifttum** hierzu insbes.: *Meyer-Stolte,* FamRZ 1959, 228; *Schulz-Kersting,* JR 1959, 81 u. 134; *Sichtermann,* DB 1959, 163; *Beitzke,* JR 1961, 342; *Obermüller,* BB 1961, 649; *Reithmann,* DNotZ 1961, 3; *Schippel,* DNotZ 1961, 24; *Mülke,* Zur Verwaltungsbeschränkung des § 1365 BGB, AcP 161, 129; *Riedel,* Rpfleger 1961, 261, MDR 1962, 4 u. DRiZ 1963, 182; *Dunker,* MDR 1963, 978; *Reinicke,* Betr. 1965, 1351; *Gernhuber,* JZ 1966, 191; *Benthin,* FamRZ 1982, 338.

Eine Verpflichtung, über Vermögen im ganzen zu verfügen, kann auch bei einem Vertrag vorliegen, das gesamte Vermögen (Handelsgeschäft) in eine Gesellschaft einzubringen. Welche gesellschaftsrechtlichen Vereinbarungen im einzelnen zustimmungsbedürftig sind, ist umstritten (vgl. aus dem Schrifttum: *Boesebeck,* DB 1958, 147; *Tiedau,* MDR 1959, 253 u. 1961, 721; *Fischer,* NJW 1960, 937; *Reinicke,* BB 1960, 1002; *Eiselt,* JZ 1960, 562; *Beitzke,* DB 1961, 21; *Tubesing* BB 1966, 850). Sicher sind Abfindungsklauseln, welche für den Fall des Ausscheidens aus der Gesellschaft praktisch das ganze Vermögen preisgaben, zustimmungsbedürftig. Folgerichtig müßte auch die zur Umsetzung der Gesamthandsbeteiligung in die Liquidationsausschüttung oder Abfindungssumme führende verfügende Kündigung zustimmungspflichtig sein; doch wird dem (systemwidrig) entgegengehalten, der personenrechtliche Gehalt der Mitgliedschaft hindere die Bindung der Kündigung an die Zustimmung des Ehegatten. Immerhin läßt sich vom Wortlaut des Gesetzes her vertreten, die Kündigung sei weder Verpflichtung zu einer Verfügung (sondern führe eine solche nur herbei) noch auch die erst in der Auseinandersetzung erfolgende Verfügung selbst. Fallweise wird versucht, das im Gesellschaftsrecht besonders hinderliche Verfügungsverbot mit dem Verbot des Rechtsmißbrauchs einzuschränken (vgl. *Sandrock* Fschr. Bosch S. 841 ff. u. Fschr. Duden 1977, 513).

2. Geschützt ist ferner der *Hausrat* (§ 1369) gegen einseitige Verpflichtungs- und Verfügungsgeschäfte eines Ehegatten. Das sichert mehr den gegenwärtigen Bestand von zur äußeren Realisierung der ehelichen Lebensgemeinschaft notwendigen Gegenständen als etwa die zukünftige Ausgleichsforderung, so daß es angebracht erscheinen könnte, eine solche Bestimmung unter die allgemeinen Ehewirkungen einzureihen, was gelegentlich auch angeregt worden ist. Der Schutz gilt aber gleichwohl nur im gesetzlichen Güterstand.

Bei der Gütergemeinschaft regeln die Verwaltungsbefugnisse die Veräußerung auch von Hausrat. Bei der besonders auch von Kaufleuten häufig vereinbarten Gütertrennung wäre die Bestimmung ein lästiges Hindernis zur Absicherung von Krediten durch Hausrat!

Nach dem Wortlaut des Gesetzes ist die Zustimmung nur erforderlich, wenn ein Ehegatte *die ihm gehörenden* Hausratsgegenstände veräußert.

Aber das ist zu eng, um dem Zweck der Vorschrift gerecht zu werden. Wenn auch die Veräußerung von dem anderen Ehegatten gehörendem Hausrat an einen gutgläubigen Dritten (§ 932) wegen des meist gegebenen Mitbesitzes der Ehegatten an § 935 scheitert, muß doch ganz allgemein auch die Veräußerung von dem anderen Ehegatten gehörendem Hausrat zustimmungsbedürftig sein. Jedenfalls könnte sich ein Dritter nicht auf § 932 berufen, weil bei Richtigkeit seiner Annahme, der Veräußerer sei Eigentümer, gerade das eherechtliche Zustimmungserfordernis bestünde (OLG Köln, MDR 1968, 586; str.). Erst recht bedarf ein Ehegatte, welcher im Miteigentum beider Ehegatten stehenden Hausrat veräußert, der Zustimmung des anderen. Das Zustimmungserfordernis besteht auch bei Getrenntleben der Ehegatten (str.), erfaßt aber dann nur die Gegenstände, welche bis zur Trennung schon zum ehelichen Hausrat gehört hatten; wenn die Ehegatten einverständlich dauernd getrennt leben und eine Wiederherstellung der ehelichen Lebensgemeinschaft nicht zu erwarten ist, sollte es aber entfallen.

Die Zustimmung des anderen Ehegatten wird sinngemäß auch verlangt werden müssen, wenn über unter Eigentumsvorbehalt des Veräußerers erworbene oder an Dritte zur Sicherung übereignete Sachen verfügt wird, nicht dagegen bei Verfügung über gemietete oder geliehene Sachen.

Ob ein Ehegatte bei Verfügung über ihm gehörenden Hausrat die Zustimmung für den anderen kraft § 1357 erklären kann, ist streitig; m. E. ist die Möglichkeit nicht ganz auszuschließen, wenn die Veräußerung die Mittel zur Deckung des angemessenen Lebensbedarfs der Familie erbringen soll und diese Mittel nicht anderweitig beschafft werden können.

Schrifttum: *Boehmer* in FamRZ 1959, 1 u. 81 ff.; *Petermann,* Die Vinkulierung des Hausrats bei der Zugewinngemeinschaft, Rpfleger 1960, 233; *Hartung,* Verfügungsbeschränkung bei ehelichem Hausrat 1962; *Weimar,* Verpflichtungs- und Verfügungsgeschäfte über Haushaltsgegenstände, MDR 1965, 448; *Lange,* Rechtsgeschäfte über Hausratsgegenstände und Beendigung des gesetzlichen Güterstandes, JuS 1970, 500.

3. Die Verfügungsverbote der §§ 1365, 1369 haben *absolute Wirkung* (BGHZ 40, 218). Es gibt in dieser Hinsicht *keinen gutgläubigen Erwerb,* weder deshalb weil man das Geschäft nicht für zustimmungsbedürftig hält, noch weil man den veräußerten Gegenstand nicht zum Hausrat rechnet, noch weil man den Geschäftspartner für unverheiratet hält, noch auch weil man die Zustimmung erteilt glaubt. § 135 BGB ist hier unanwendbar; das ergibt sich aus der Anlehnung der Verfügungsverbote an den früheren § 1404. Für den Verkehrsschutz ist mit dieser Regelung nicht gesorgt; das Interesse der Ehegatten wird höher gestellt. Die Folge ist, daß in der Praxis zu Rechtsgeschäften die Zustimmung des anderen Ehegatten vorsorglich weitgehend verlangt wird. Erst der Zweiterwerber, der vom Geschäftspartner eines Ehegatten erwirbt, kann gutgläubig Eigentümer werden, wenn er den Geschäftspartner für den Eigentümer hielt.

Der absolute Charakter der Verfügungsverbote wird von *Gernhuber* (§ 35 I 4) bestritten, weil er mit der vertraglichen Ausschaltbarkeit der Verfügungsverbote durch Ehevertrag nicht vereinbar sei. Aber die Dispositionsfreiheit der Ehegatten hindert nicht die absolute Wirkung gegenüber Dritten, falls die Verfügungsverbote bestehen. Darum ist es unschädlich, die Verbote als ,,absolut" zu kennzeichnen, unbeschadet ihrer güterrechtlichen Sondernatur, die nur den Schutz des anderen Ehegatten und der Kleinfamilie insgesamt bezweckt.

4. Für die *Einwilligung* gelten §§ 182, 183. Sie kann dem Ehegatten und dem Dritten gegenüber erklärt werden; sie ist bis zur Vornahme des Rechtsgeschäfts widerruflich. Wird vom Ehegatten die Zustimmung ohne ausreichenden Grund verweigert (wobei die Verweigerung ausreichende Kenntnis von dem tatsächlich abgeschlossenen Geschäft voraussetzt), oder ist der Ehegatte durch Krankheit oder Abwesenheit an der Abgabe einer Erklärung verhindert, so kann das *Vormundschaftsgericht* auf Antrag die Zustimmung *ersetzen.* Bei Hausrat steht die Ersetzung im freien Ermessen des Gerichts; beim ganzen Vermögen darf die Ersetzung nur erfolgen, wenn das Geschäft den Grundsätzen einer ordnungsmäßigen Vermögensverwaltung entspricht und mit dem Aufschub Gefahr verbunden ist (§§ 1365, 1369).

Diese Ersetzung der Zustimmung des anderen Ehegatten hat ihr Vorbild im früheren § 1379 und ihr Gegenstück in § 1426 für die Gütergemeinschaft. Entscheidend ist meist, ob ein ausreichender Grund für die Verweigerung der Zustimmung vorliegt; das dürfte stets dann zu bejahen sein, wenn der Erlös aus der Veräußerung der Familie weniger zur Verfügung stehen wird, als das Veräußerte, oder wenn das Veräußerungsgeschäft auch nur möglicherweise den Ausgleichsanspruch des anderen Ehegatten gefährden könnte. Dementsprechend ersetzt die Judikatur Genehmigungen bei schädlichen Geschäften nur in Notfällen (vgl. BayObLG, NJW 1960, 1205). Zu schwierigen Interessenabwägungen kann die Veräußerung der Ehewohnung bei Uneinigkeit der Ehegatten führen (OLG Stuttgart NJW 1983, 634).

Den Antrag auf Ersetzung der Zustimmung kann stets nur der veräußernde Ehegatte stellen, nicht der Vertragspartner. Das Vormundschaftsgericht (BGH NJW 1982, 2556) kann den Antrag nicht nur aus Sachgründen ablehnen, sondern auch weil das Geschäft seiner Meinung nach keiner Zustimmung bedarf (Negativattest).

5. *Fehlt* die Einwilligung des anderen Ehegatten, so ist ein *einseitiges* Rechtsgeschäft unheilbar *nichtig* (§ 1367; vgl. § 111); ein *Vertrag* dagegen ist *schwebend unwirksam* und kann nachträglich genehmigt (§ 1366), aber nicht durch Erlangung alleiniger Verfügungsbefugnis mit Beendigung des Güterstandes – insbes. im Falle der Scheidung – wirksam werden (etwa entsprechend § 185 II), denn dies könnte den Zugewinnausgleich des anderen Ehegatten schmälern (str.); doch entfällt das Zustimmungserfordernis, wenn der zustimmungsberechtigte Ehegatte stirbt (BGH NJW 1982, 1099); dann konvalesziert das Geschäft. Umgekehrt kann es nicht genügen, daß ein zustimmungsberechtigter Ehegatte nur Miterbe wird (BGHZ 77, 300). Mit Verweigerung der Genehmigung wird der Vertrag endgültig nichtig (wenn auch evtl. umdeutbar nach § 140; BGHZ 40, 218 u. FamRZ 1980, 767 betr. Erbvertrag), mit ihrer Erteilung dagegen wirksam.

Fraglich ist, ob dieser für rechtsgeschäftliche Verfügungen entwickelte Grundsatz auch bei vor Scheidung beantragter, aber erst später durchgeführter Teilungsversteigerung gelten muß. Es sollte dann nicht der Fall sein, wenn die Teilungsversteigerung als solche im Gegensatz zu einer etwa rückwirkenden Genehmigung eines Rechtsgeschäfts (oder ihrer Ersetzung) den Ausgleichsanspruch des anderen Ehegatten unberührt läßt und dieser seinen Ausgleichsanspruch auch anderweitig – etwa durch Arrest – sichern kann (OLG Celle FamRZ 1983, 591, teilw. gegen BayObLG FamRZ 1981, 46).

Schrifttum: *Reinicke* NJW 1972, 1786 u. 1973, 305; *Tiedtke* FamRZ 1981, 1.

Während des Schwebezustandes hat nur der Dritte ein *Widerrufsrecht*, und auch das nur, wenn er nicht wußte, daß sein Vertragspartner verheiratet war, oder wenn der Vertragspartner wahrheitswidrig die Zustimmung seines Ehegatten behauptet und der Dritte dieser Behauptung vertraut hatte, dann aber erfährt, daß die Zustimmung nicht vorlag. Im übrigen kann der Dritte zur Behebung des Schwebezustandes seinen Vertragspartner auffordern, die Genehmigung des anderen Ehegatten zu beschaffen. Die Genehmigung gilt als verweigert, wenn sie nicht innerhalb zwei Wochen vom anderen Ehegatten dem Dritten gegenüber erteilt oder vom Vormundschaftsgericht ersetzt und vom vertragschließenden Ehegatten dem Dritten mitgeteilt wird.

Zu beachten ist, daß die Aufforderung zur Genehmigung nur an den vertragschließenden Ehegatten, nicht an den anderen zu richten ist. Es bleibt den Ehegatten vorbehalten, die Frage der Genehmigung miteinander abzumachen. Der Vertragschließende kann den Vertrag noch dadurch zu Fall bringen, daß er seinem Ehegatten von der Genehmigung abrät. Die Ersetzung der Genehmigung durch das Vormundschaftsgericht wird in der kurzen Frist von zwei Wochen meist nicht zu erlangen sein; sie hat nur dann praktische Bedeutung, wenn sie schon vor Vertragschluß beantragt war. Auch hier kann der vertragschließende Ehegatte den Vertrag nachträglich dadurch zu Fall bringen, daß er die Ersetzung der Genehmigung dem Dritten nicht mitteilt.

Vor Eintritt des Güterstandes wirksam eingegangene Verpflichtungsgeschäfte können auch nach Eintritt des Güterstandes noch zustimmungsfrei erfüllt werden; es wäre zwecklos, die Zwangsvollstreckung seitens des Geschäftspartners abwarten zu müssen.

6. *Wird ohne* die erforderliche *Zustimmung* des anderen Ehegatten *verfügt,* so ist eine solche Verfügung nicht nur wegen Nichtigkeit des zugrunde liegenden Geschäfts (§§ 1365 I, 1369 I) kondizierbar (§ 812 ohne § 817!), sondern auch nichtig. Der verfügende Ehegatte kann vindizieren (§ 985), und sein Geschäftsgegner kann ihm im Hinblick auf die Interessen des anderen Ehegatten kein venire contra factum proprium entgegenhalten, ja nicht einmal wegen der Gegenleistung oder eines Schadenersatzanspruchs zurückbehalten; doch dürfte analog § 994 II ein Ersatzanspruch wegen notwendiger Verwendungen gegeben sein. Der Geschäftspartner ist auf einen selbständigen Bereicherungsanspruch und Schadensersatz nach §§ 307, 309 angewiesen.

Der verfügende Ehegatte ist im Verhältnis zum anderen Ehegatten auch dazu verpflichtet, das durch nichtige Verfügung Weggebene zurückzuschaffen. Darüber hinaus kann der andere Ehegatte das unrechtmäßig Veräußerte wegen Verletzung des eigenen Mitgebrauchs- und Mitverfügungsrechts und auch noch nach der Scheidung (BGH NJW 1984, 609) wegen Gefährdung seines eigenen Ausgleichsanspruchs im eigenen Namen (und nicht nur in Prozeßstandschaft für den Veräußernden, wie die h. M. annimmt) vom Dritten an sich selbst herausverlangen (revokatorische Klage; § 1368); zu einer Klage auf Wiederherstellung der früheren Besitzlage (Besitzherausgabe an den Veräußernden oder an beide Ehegatten) ist der Zurückfordernde zwar berechtigt, aber nicht verpflichtet, da ihm das Risiko mangelnder Rücknahmebereitschaft des Verfügenden nicht aufgebürdet werden kann. Der Zurückfordernde ist dabei ebensowenig Einwendungen des Erwerbers aus dem Erwerbsgeschäft ausgesetzt wie der Veräußernde selbst. Das gegen einen Ehegatten ergangene Urteil bindet den anderen nicht ohne weiteres (im einzelnen str.). Ist der ohne Zustimmung des anderen Ehegatten Verkaufende etwa zur Übereignung verurteilt, so kann der andere Ehegatte in der Zwangsvollstreckung das Erfordernis seiner Zustimmung als ein die Veräußerung hinderndes Recht nach ZPO § 771 zur Geltung bringen. Ferner kann der andere Ehegatte, wenn durch die unberechtigte Verfügung über Vermögen als Ganzes seine künftige Ausgleichsforderung erheblich gefährdet wird, auf vorzeitigen Zugewinnausgleich klagen (§ 1386 Ziff. 1) und damit die Beendigung des Güterstandes herbeiführen (§ 1388).

Schrifttum: *Boehmer,* FamRZ 1959, 1 u. 81 sowie Festschr. *Hedemann* 1958, 38; *Frank,* NJW 1959, 135; *Lorenz,* JZ 1959, 122; *Brox,* FamRZ 1961, 281; *Rimmelspacher,* NJW 1969, 1997; *Fenge,* Rechtskrafterstreckung bei revokatorischen Ansprüchen, Festschr. Wahl, 1973, 475ff.; *Eickmann,* Rpfleger 1981, 213; *Schlechtriem,* Rechtsprobleme bei Gesamtvermögensgeschäften, JuS 1983, 587.

III. Berechneter Zugewinnausgleich

Schrifttum: *Schwab,* Neue Rechtsprechung zum Zugewinnausgleich, FamRZ 1984, 429 u. 525ff.; *Gernhuber,* Geld und Güter beim Zugewinnausgleich, FamRZ 1984, 1053.

Wird der Güterstand nicht durch Tod eines der Ehegatten beendet, wird vielmehr die Ehe durch Nichtigerklärung, Aufhebung, Scheidung, Wiederheirat nach unrichtiger Todeserklärung beendet, oder wird der Güterstand durch Vertrag oder ein Urteil auf vorzeitigen Zugewinnausgleich aufgehoben (§ 1388; dazu unten Ziff. 6), oder wird nach Tod eines Ehegatten der überlebende weder Erbe noch Vermächtnisnehmer (§ 1371 II), so findet der reguläre Zugewinnausgleich statt (§ 1372).

1. Der Zugewinnausgleich erfolgt durch Gewährung einer schuldrechtlichen *Ausgleichsforderung* an den Ehegatten, welcher keinen oder den geringeren Zugewinn in der Ehe gemacht hat, gegenüber dem Ehegatten, welcher den alleinigen oder den höheren Zugewinn gemacht hat (§ 1378 I). Der Zugewinn wird dadurch ermittelt, daß das Vermögen bei Eintritt des Güterstandes (meist Eheschließung) dem bei Beendigung des Güterstandes (meist bei Klagerhebung auf Nichtigerklärung oder Auflö-

sung der Ehe, Klage auf vorzeitigen Zugewinnausgleich, §§ 1384, 1387) gegenübergestellt wird. Diese Gegenüberstellung von „Anfangsvermögen“ und „Endvermögen“ (§ 1373) findet für das Vermögen beider Ehegatten statt. Ist bei beiden Ehegatten das Endvermögen nur ebenso groß wie das Anfangsvermögen oder gar geringer, so liegt kein Zugewinn vor, und ein Zugewinnausgleich entfällt. Ist bei einem der Ehegatten ein Verlust zu verzeichnen, so bleibt auch dieser Verlust außer Betracht. Hat ein Ehegatte allein einen Zugewinn, so erhält der andere Ehegatte eine Ausgleichsforderung. Haben beide Ehegatten einen Zugewinn, so erhält der Ehegatte mit dem geringeren Zugewinn eine Ausgleichsforderung gegen den mit dem höheren Zugewinn.

Die Ausgleichsforderung beträgt die Hälfte des Betrages, um welchen der Zugewinn des einen Ehegatten den des anderen übersteigt (§ 1378 I).

Beispiel: M hat einen Zugewinn von 30000, F einen von 10000 DM. Dann beträgt die Differenz der Zugewinne 20000. M schuldet also der F einen Ausgleichsbetrag von 10000 DM.

Der erste Regierungsentwurf hatte vorgesehen, dem Ehegatten, in dessen Vermögen der höhere Zugewinn eingetreten war, ¼ davon als Verdienst- und Risikoprämie vorweg zu belassen; diese Regelung ist als gegen GG Art. 3 verstoßend wieder gestrichen worden.

Die Ausgleichsforderung entsteht mit der Beendigung des Güterstandes (also insbes. mit Rechtskraft des Scheidungsurteils oder des Urteils auf vorzeitigen Zugewinnausgleich), selbst wenn die Höhe der Ausgleichsforderung nach einem früheren Zeitpunkt (§§ 1384, 1387) berechnet wird. Sie ist keine persönliche Forderung, sondern übertragbar und vererblich; doch kann man sich vor ihrem Entstehen nicht wirksam verpflichten, über sie zu verfügen (§ 1378 III; vgl. auch § 310). Letzteres bereitet vor allem der Auseinandersetzung getrennt oder in Scheidung lebender Ehegatten Schwierigkeiten. Eine früher verbreitete Meinung nahm an, vor rechtskräftiger Scheidung sei die Auseinandersetzung über den Zugewinnausgleich formlos möglich; ihre Bestätigung durch BGHZ 54, 38 (bekräftigt in NJW 1973, 1367) ist aber im Schrifttum auf lebhaften Widerspruch gestoßen.

Schrifttum: *Beitzke* FamRZ 1970, 391; *Lange* JZ 1970, 650; *Reinicke* NJW 1970, 1657.

Rechtspolitisch erscheint ein beurkundeter Vertrag zur besseren Beratung der Parteien und Beweissicherung erwünscht. Daher hat das 1. EheRG mit Wirkung vom 1. 7. 1977 ausdrücklich die Beurkundungspflicht für die schon während eines Verfahrens auf Auflösung der Ehe getroffenen Vereinbarungen über den Zugewinnausgleich eingeführt (§ 1378 III n. F.). BGHZ 86, 143 hat darüber hinaus auch schon *vor* Einleitung eines Verfahrens abgeschlossene, beurkundete Vereinbarungen über den späteren Zugewinnausgleich zugelassen.

Schrifttum: *Tiedtke* JZ 1984, 457 u. 555; *Brambring* DNotZ 1983, 496.

Die Ausgleichsforderung verjährt in drei Jahren.

Die Verjährungsfrist beginnt – manchmal schwer feststellbar – in dem Augenblick, in welchem der Berechtigte die Beendigung des Güterstandes erfährt, endet aber spätestens 30 Jahre nach Beendigung des Güterstandes. Diese Verjährungsregelung lehnt sich an die Verjährung des Pflichtteilsrechts (§ 2332) an. Für die Fälle, in denen trotz Beendigung des Güterstandes durch Tod eines der Ehegatten der güterrechtliche Zugewinnausgleich stattfindet, sind auch weitere Regelungen der Verjährung des Pflichtteilsanspruchs (§ 2332 III u. 2313 II) für anwendbar erklärt.

2. Da der Zugewinnausgleich auf dem Gedanken beruht, daß das in der Ehe gemeinsam Erarbeitete und Ersparte geteilt werden soll, ohne Rücksicht darauf, in wessen Hand es sich zufällig befindet, müssen beim Zugewinnausgleich solche Vermögenswerte ausscheiden, welche nicht gemeinsam erarbeitet sind. Daher bestimmt § 1374 II, daß Erwerb von Todes wegen oder mit Rücksicht auf ein künftiges Erbrecht (z. B. Übernahme des elterlichen Grundstücks, vgl. BGHZ 70, 291; Wert eines noch nicht aktualisierten Nacherbenrechts, BGHZ 87, 374), Erwerb durch Schenkung oder Ausstattung seitens Dritter nicht ausgleichspflichtig ist, soweit er nicht zu den laufenden Einkünften zu zählen ist wie z. B. regelmäßige Zuschüsse der Eltern oder Schwiegereltern. Dieser Erwerb ist darum so anzusehen, als sei dies Vermögen schon in die Ehe eingebracht worden; es wird dem Anfangsvermögen zugerechnet.

Das Gesetz beschränkt aber den Ausschluß vom Zugewinnausgleich auf den ausdrücklich genannten Erwerb. Anderer Erwerb, zu welchem der andere Ehegatte auch nichts beigetragen hat, wie z. B. ein Lotto- oder Totogewinn, bleibt gleichwohl ausgleichspflichtig (BGH NJW 1977, 377); ebenso das der Entschädigung und Genugtuung für den verletzten Ehegatten dienende Schmerzensgeld (BGHZ 80, 384). So macht das Gesetz auch keine Ausnahme für Steigerungen des inneren Wertes bestimmter Vermögensgegenstände (z. B. Wertsteigerung eines Grundstücks wegen allgemeinen Steigens der Grundstückspreise oder wegen Anlage einer Straße); doch sucht die Praxis hier gelegentlich einen Ausweg darin, daß sie bei Vorhandensein desselben Vermögensgegenstandes im Anfangs- und Endvermögen diesen aus der Berechnung des Zugewinnausgleichs überhaupt ausschließt (vgl. z. B. LG Berlin FamRZ 1965, 438); das ist als Methode der Korrektur des Gesetzes ebenso bedenklich wie die Fassung des Gesetzes selbst (vgl. richtig KG MDR 1971, 570). Wegen des kraft Währungsverfalls entstehenden scheinbaren Zugewinns vgl. unten 3c.

Die Anrechnungsfähigkeit von regelmäßigen Zuschüssen beruht darauf, daß diese zum sofortigen Verbrauch bestimmt sind und es ungerecht wäre, beim Zugewinnausgleich die Zugewinnspanne um diese zum sofortigen Verbrauch bestimmten und daher das Ersparte regelmäßig nicht erhöhenden) Beträge zu kürzen.

Nicht ausgleichungspflichtig ist der nach den Grundsätzen der Hausratsverordnung zu verteilende Hausrat (BGHZ 89, 142; fragwürdig), sind ferner offene Ansprüche auf Lohneinkommen einschl. Übergangsgebührnisse (BGH NJW 1983, 2141), wohl aber rückständige oder gesparte Beträge aus Renten (BGH NJW 1981, 1038 u. BGHZ 82, 145). Nach BGHZ 82, 149 ist auch die einer Witwe anläßlich ihrer Wiederverheiratung gezahlte Rentenabfindung ausgleichungspflichtig; sie steht den vorgenannten Beträgen angesichts der Ausschließlichkeitsregelung des

§ 1374 II gleich, obwohl es nahe läge, die Abfindung gewissermaßen als Vorauszahlung auf künftige Renten anzusehen oder sie offenen Lohnansprüchen gleichzustellen.

Ausdrücklich ausgeschlossen sind vom Zugewinnausgleich die während der Ehe erworbenen Aussichten und Antwartschaften auf Renten und Versorgung; hier gelten die Sonderregeln des Versorgungsausgleichs, welche die güterrechtlichen Vorschriften verdrängen (§ 1587 III). Dagegen sind Kapitalversicherungen ausgleichspflichtig (BGH NJW 1977, 101).

Darüber hinaus können die Ehegatten durch Ehevertrag einzelne Gegenstände vom Zugewinnausgleich ausnehmen und so ein ,,Vorbehaltsgut" schaffen, das (insbes. auch hinsichtlich seiner Wertsteigerungen) bei Berechnung des Zugewinnausgleichs unberücksichtigt bleibt, also weder beim Anfangs- noch beim Endvermögen mitgezählt wird.

Wenn nach dem Grundgedanken des Zugewinnausgleichs zwar nur das Mehr des Zugewinns bei einem Ehegatten ausgeglichen werden soll, welches außerhalb des Verbrauchs für den laufenden Lebensunterhalt verblieben ist, muß doch andererseits in die Berechnung dasjenige einbezogen werden, was ein Ehegatte vom anderen außerhalb des laufenden Lebensunterhalts schon erhalten hat. Daher sind nach § 1380 Zuwendungen unter Lebenden auf die Ausgleichsforderung anzurechnen, wenn die Anrechnung ausdrücklich bestimmt worden ist oder wenn die Zuwendung den Wert von Gelegenheitsgeschenken übersteigt und ihre Anrechnung nicht ausgeschlossen wurde.

Das Gesetz nimmt in Form einer Auslegungsregel (str.) an, daß im Zweifel alle diejenigen Zuwendungen angerechnet werden sollen, welche den Wert von nach den Lebensverhältnissen der Ehegatten üblichen Gelegenheitsgeschenken übersteigen. Diese Anrechnungsvorschrift soll nach BGHZ 82, 227 u. 68, 299 für die güterrechtliche Auseinandersetzung Spezialvorschrift sein und im Scheidungsfall jedenfalls bei ehebedingten unbenannten, nicht ausdrücklich als Schenkungen bezeichneten Zuwendungen Ansprüche wegen Wegfalls der Geschäftsgrundlage oder wegen Bereicherung ausschließen. Kritisch Kühne FamRZ 1978, 221 u. JR 1982, 237: Anrechnen könne man nur Zuwendungen, die rechtsbeständig sind, also nicht etwa wegen § 530 widerrufen oder wegen Wegfalls der Geschäftsgrundlage rückgängig gemacht werden. Doch läßt der BGH außerhalb des Zugewinnausgleichs-Gützerstandes Berufung auf Wegfall der Geschäftsgrundlage zu (BGHZ 84, 368), beim Zugewinnausgleich nur insoweit, als die Zuwendungen den etwaigen Ausgleichsanspruch übersteigen. Für den Schenkungswiderruf bleibt im übrigen die Frage offen, wann eigentlich eine ehebedingte unbenannte Zuwendung und wann eine Schenkung vorliegen soll! Zu erinnern ist daran, daß Zuwendungen, die noch zum Unterhalt gehören, nach § 1360b nicht widerrufbar sind (wenn auch in der Ausgleichsrechnung anrechenbar), im übrigen § 1374 II nicht durch § 1380 II ausgeschaltet wird. Die Frage des Schenkungswiderrufs gewinnt jedenfalls dann an Bedeutung, wenn der Schenkende die Nichtanrechenbarkeit des Geschenks bestimmt hatte oder etwa ein Leistungsverweigerungsrecht nach § 1381 besitzt.

Die Anrechnung erfolgt in der Form, daß der Wert des Geschenks zunächst dem Endvermögen des Zuwendenden zugezählt wird, um den Zugewinn insgesamt zu ermitteln. Nach Ermittlung der Hälfte der Differenz zwischen den beiden Zugewinnen wird davon der Vorausempfang des Berechtigten abgezogen, womit sich die Höhe seiner endgültigen Forderung (oder Rückleistungs-Ausgleichspflicht, vgl. BGHZ 82, 235) ergibt.

Beispiel: Beide Ehegatten sind ohne Anfangsvermögen; der Ehemann hat ein Endvermögen von 50000 DM, die Frau für 30000 DM Schmuck, den ihr der Mann geschenkt hatte. Demnach hatte der Mann in Wahrheit 80000 „zuverdient", so daß die Ausgleichsforderung der Frau 40000 betragen würde; darauf muß sie sich aber den schon erhaltenen Schmuck anrechnen lassen. Es bleibt eine Ausgleichsforderung von 10000 DM.

Schrifttum: *Motzke* NJW 1971, 182; *v. Olshausen* FamRZ 1978, 755; *Holzhauer*, JuS 1983, 830; *Seutemann*, Der Widerruf von Schenkungen unter Ehegatten, 1984.

3. Zur *Berechnung des Zugewinns* ist die genaue Feststellung von Anfangs- und Endvermögen erforderlich.

a) Das *Anfangsvermögen* ist das bei Eintritt des Güterstandes bei jedem der Ehegatten vorhandene Vermögen unter Abzug der Schulden. Das Anfangsvermögen kann aber nicht negativ sein. Sind nur Schulden vorhanden, so wird das Anfangsvermögen gleich 0 gesetzt (§ 1374).

Beispiel: Hatte M bei Eheschließung 10000 DM Schulden, bei Scheidung 20000 DM Vermögen, so gelten von den hinzuerworbenen 30000 DM nur 20000 als ausgleichungspflichtiger Zugewinn; die Ausgleichsforderung der F beträgt (unveränderter Vermögensstand bei ihr vorausgesetzt) 10000 DM.

Diese Regelung soll vermeiden, daß ein Ehegatte bei Auflösung der Ehe dem anderen mehr als die Hälfte dessen geben muß, was er tatsächlich noch hat. Bei Einrechnung einer anfangs vorhandenen Überschuldung könnte der Zugewinnausgleich dazu führen, daß das gesamte Vermögen dem anderen Ehegatten überlassen werden muß. Andrerseits bedeutet diese Regelung einen Bruch mit dem Grundprinzip der Zugewinngemeinschaft: soweit ein Ehegatte an der Abdeckung der Schulden des anderen mitarbeitet, erhält er keinen Zugewinnausgleich; er muß also das Risiko der Überschuldung des anderen Ehegatten bei Begründung des Güterstandes insoweit auf sich nehmen; es genügt, daß er für die Schulden des anderen nicht persönlich haftet; er steht damit auch noch besser als bei der Gütergemeinschaft, wo das von ihm ins Gesamtgut Eingebrachte bei Verwaltung des Gesamtguts durch den anderen Ehegatten dessen Gläubigern zur Verfügung steht. Gleichwohl ist die Nichtberücksichtigung der Schulden im Anfangsvermögen prinzipwidrig (und im Ergebnis sogar ungerecht). Darum muß, wenn der verschuldete Ehegatte Vermögen erwirbt, das dem Anfangsvermögen hinzuzurechnen ist (Erbschaft, vgl. oben IV 2), dieses zunächst zum Ausgleich der Schulden verwendet werden, so daß insoweit die Schulden dann nachträglich in die Berechnung des Anfangsvermögens einzubeziehen sind (str.).

Die Feststellung des Anfangsvermögens kann nach langdauernder Ehe recht schwierig sein. Das Gesetz stellt den Eheleuten daher die Möglichkeit zur Verfügung, ein *Verzeichnis* zu errichten (§ 1377). Das gemeinsam errichtete Verzeichnis über das Anfangsvermögen hat – ohne Rücksicht auf das Datum der Errichtung – im Verhältnis der Ehegatten zueinander (nicht im Verhältnis zu ihren Gläubigern!) die *Vermutung der Richtigkeit* für sich, während umgekehrt das Fehlen eines Verzeichnisses die (immerhin widerlegbare!) Vermutung begründet, daß kein Anfangsvermögen vorhanden war und alles vorhandene Vermögen Zugewinn darstellt.

Die letztere Vermutung begründet (ebenso wie die erbschaftsteuerliche Regelung – oben III 1) für jeden Ehegatten, welcher etwas in die Ehe einbringt, einen mittelbaren

Zwang zur Errichtung eines Inventars. Er oder seine Erben könnten es sonst später schwer haben, die gesetzliche Vermutung zu widerlegen. Man kann freilich durch Unterlassung der Inventarerrichtung den Anschein eines größeren Zugewinns erwekken und dadurch dem Ehegatten mehr zuwenden, als ihm zukäme. Aber gerade für die Fälle der vorzeitigen Eheauflösung will man das regelmäßig nicht, und für den Todesfall ist es angezeigt, Abkömmlinge und andere Verwandte vor dem ohnehin schon stark begünstigten Ehegatten durch das Inventar zu schützen. Es ist also jedermann zur Inventarerrichtung zu raten, so unerfreulich ein solches Verlangen unter Eheleuten sein kann!

Jeder Ehegatte kann vom anderen Mitwirkung zur Errichtung des Verzeichnisses verlangen. Das Verzeichnis ist zu datieren und von beiden Eheleuten zu unterzeichnen; jeder kann Feststellung des Wertes von Vermögensgegenständen und Schulden durch Sachverständige sowie Beglaubigung der Unterschriften oder Aufnahme des Verzeichnisses durch einen Notar oder die sonst zuständige Behörde verlangen. Die Kosten für Sachverständige, amtliche Aufnahme des Verzeichnisses oder Unterschriftbeglaubigung trägt derjenige, der solches verlangt (§ 1377 II mit § 1035). Verweigert der andere Ehegatte die Mitwirkung bei Aufnahme des Vermögensverzeichnisses, so sind Klage und Vollstreckung (ZPO § 888) gegen ihn möglich; doch wird dieser Weg selten eingeschlagen werden. Eher empfiehlt sich die einseitige Errichtung eines Vermögensverzeichnisses (evtl. unter Zuziehung von Zeugen), welches zwar nicht die Beweiskraft des gemeinschaftlichen Verzeichnisses hat, aber gleichwohl bei der güterrechtlichen Auseinandersetzung nützlich sein kann.

b) Das *Endvermögen* ergibt sich aus der Gegenüberstellung von Vermögen und Schulden bei Beendigung des Güterstandes (§ 1375). In die Berechnung des Endvermögens sind auch gegenseitige Ansprüche und Schulden der Eheleute (etwa aus Vermögensverwaltung – § 1413, Geschäftsführung oder Schenkungswiderruf) einzubeziehen. Erst unter Einbeziehung aller solcher gegenseitigen Ansprüche kann die Ausgleichsrechnung aufgemacht werden. Jeder Ehegatte (oder seine Erben) muß dem anderen über sein Endvermögen einschließlich der zwischenzeitlich erfolgten Vermögensminderungen (§ 1375 II; BGH NJW 1982, 176) Auskunft geben (§§ 1379, 260), damit dieser sich über den Zugewinnausgleich klar werden kann. Die Auskunftspflicht besteht ohne Rücksicht darauf, ob man ausgleichsberechtigt oder ausgleichungspflichtig wäre oder ob man berechtigt wäre, den Zugewinnausgleich wegen Unbilligkeit (§ 1381) zu verweigern; dies ist eine spätere Frage (BGHZ 44, 163 u. 75, 203). Doch kann das Auskunftsverlangen rechtsmißbräuchlich sein, wenn bereits feststeht, daß man nicht ausgleichungspflichtig ist oder man selbst zur Auskunfterteilung nicht bereit ist. Ebensowenig braucht güterrechtliche Auskunft über solches Vermögen erteilt zu werden, das dem Zugewinnausgleich nicht unterliegt, wie dem Versorgungsausgleich unterliegenden Versorgungswerte oder der ausschließlich dem Hausratsteilungsverfahren unterliegende Hausrat (BGHZ 89, 137ff). Die Auskunftspflicht entsteht schon mit Scheidungsantrag oder Klage auf Nichtigerklärung oder Aufhebung der Ehe, sonst mit Beendigung des Güterstandes (§ 1379 II n. F.).

Die Auskunftspflicht besteht nach der systematischen Stellung des § 1379 nur, wenn der Güterstand nicht durch Tod eines der Ehegatten endet (§ 1372). Aber gerade auch im Todesfall besteht ein dringendes Bedürfnis nach Klarheit über das Endvermögen und den Zugewinn, um sich unter den verschiedenen Möglichkeiten des § 1371 zu entscheiden. Die erbrechtlichen Auskunftspflichten (§§ 2314, 2027) genügen nicht immer; selbst wenn man zufolge dieser Bestimmung und des § 2038 eine gegenseitige Auskunftspflicht unter Miterben annimmt, bleiben die Fälle des Erbverzichts, der Erbunwürdigkeit und der berechtigten Pflichtteilsentziehung, in welchen der überlebende Ehegatte ein Recht auf den Zugewinnausgleich hat und zur Verwirklichung dieses Anspruchs der Auskunft über das Endvermögen bedarf. Man wird daher § 1379 auch auf den Fall der Beendigung des Güterstandes durch Tod anzuwenden haben. Das ist auch für die Aufstellung des Verzeichnisses wichtig.

Die Einzelheiten der Auskunftspflicht entsprechen nicht ganz denen bei Aufstellung des Verzeichnisses über das Anfangsvermögen. Der Auskunft verlangende Ehegatte kann verlangen, bei Aufnahme des Verzeichnisses zugezogen zu werden. Er kann auch Feststellung des Wertes der Vermögensgegenstände fordern; daß dazu auch Sachverständige verlangt werden können, ist nicht vorgesehen, muß aber analog § 1377 II angenommen werden. Es kann auch Aufnahme des Verzeichnisses durch einen Notar oder sonst zuständigen Beamten verlangt werden, dagegen nicht die Unterschriftsbeglaubigung. Kosten trägt der Auskunftspflichtige (BGHZ 64, 63), soweit nicht der andere Teil die Zuziehung eines Sachverständigen verlangt hat (BGH NJW 1982, 1643).

Schrifttum: *Müller*, Die Kostentragungslast bei der Ermittlung des Vermögenswertes im Rahmen des Zugewinnausgleichs nach § 1379 BGB, FamRZ 1981, 837.

c) Die *Bewertung* der Vermögensgegenstände und Schulden ist im Gesetz nur spärlich geregelt (§ 1376). Ein land- oder forstwirtschaftlicher Betrieb ist mit dem Ertragswert anzusetzen; im übrigen ist der Verkehrswert maßgebend. Bei einem Handelsgeschäft (BGHZ 68, 163) oder Handwerksbetrieb (BGHZ 70, 224) oder einer freiberuflichen Praxis (BGH NJW 1977, 378) ist über den Substanzwert hinaus nur dasjenige anzusetzen, was sich bei einer Veräußerung (unabhängig von der Person des Beitreibenden) erzielen ließe. Dabei ist die allgemeine Ertragslage mit maßgebend, bei derzeit negativer Ertragslage auch die etwaige künftige (BGH NJW 1982, 2441). Ist eine Gesellschaftsbeteiligung unveräußerlich und wäre bei Kündigung nur ein begrenzter Abfindungsanspruch fällig, so kann dies den Wert der Beteiligung mindern (BGHZ 75, 195). Anwartschaftsrechte (auch ein Nacherbenrecht) sind mit ihrem Schätzwert einzusetzen (BGHZ 87, 373).

Als Bewertungsstichtag gilt für das Anfangsvermögen der Eintritt des Güterstandes, für hinzuzurechnenden nicht ausgleichungspflichtigen späteren Erwerb der Augenblick des Erwerbs. Bei Feststellung des Endvermögens ist der Tag der Beendigung des Güterstandes, evtl. der Tag des Scheidungsantrags (§§ 1384, 1387), bei Eheaufhebung oder Nichtigerklärung der Klagerhebung maßgebend. Wird unter Abweisung der Klage nur auf Widerklage hin die Ehe aufgelöst oder der Güterstand vorzeitig beendet, so soll nach BGHZ 46, 214 gleichwohl der Zeitpunkt der Erhebung der ersten Klage die Berechnung des Endvermögens bestimmen. Dies kann aber den widerklagenden Ehegatten benachteiligen, so daß es besser wäre, ihn zwischen den Zeitpunkten der Erhebung beider Klagen wählen zu lassen (lies *Reinicke*, BB 1967, 521). Bei anzurechnenden Zuwendungen (§ 1380) ist der Tag der Zuwendung entscheidend.

Wenn sich zwischen den Stichtagen für Anfangsvermögen und Endvermögen sowie den dazuzurechnenden Beträgen die Währung wesentlich ändert, muß eine Umrechnung des Anfangsvermögens in die Währung des Endvermögens erfolgen, um die beiden Werte in ein Verhältnis zueinander zu bringen. Das BGB schweigt über diese wichtige Frage. Sie läßt sich nur in den Gesetzen regeln, welche die Währungsänderung herbeiführen. Eine langsame innere Entwertung des Geldes bei gleichbleibender Währung läßt sich bei der Zugewinnberechnung schwer berücksichtigen. Der durch Geldentwertung hervorgerufene *scheinbare Zugewinn* läßt sich kaum von anderen echten Wertsteigerungen von Anlagegütern trennen, deren Ausgleichung das Gesetz (bedenklicherweise) vorsieht (vgl. oben III 2). Auch mit § 1381 BGB, der auf ganz andere Fälle der Unbilligkeit abzielt, läßt sich das Problem des scheinbaren Zugewinns nicht lösen (a. M. OLG München NJW 1968, 798). So hat der BGH in einer bahnbrechenden Entscheidung zur Vermeidung der Ausgleichung von nur scheinbarem Zugewinn einen Vergleich von Anfangs- und Endvermögen unter Einbeziehung des Kaufkraftschwundes der DM, berechnet am Lebenshaltungsindex, vorgeschen (BGHZ 61, 385). In der Tat läßt die seit Erlaß des Gesetzes eingetretene *Geldentwertung* den Gesetzestext für einen wirklichen Zugewinnausgleich unbrauchbar und damit lückenhaft erscheinen. Mag also ,,Lückenfüllung" methodisch vertretbar erscheinen – auch die mit Indexzahlen ist nur ein unvollkommener Behelf, zumal die Indexzahlen sich regelmäßig auf verbrauchbare Sachen beziehen, es aber beim Ausgleich nur scheinbaren Zugewinns meist um Bewertung langlebiger Wirtschaftsgüter geht. Doch ist eine bessere Berechnungsmethode nicht verfügbar. Die Judikatur hält also an dieser Lösung fest.

Schrifttum: *Thierfelder,* FamRZ 59, 225 1960, 184 und 1963, 328; *Kohler,* NJW 1963, 225; *Breetzke,* FamRZ 59, 445; *Krüger,* BB 1958, 1189; *Stuby,* FamRZ 1967, 181; *Lange,* JZ 1974, 294; *Mann,* NJW 1974, 1294; *Medicus,* Betrieb 1974, 759; *Reichert-Facilides,* JZ 1974, 483; *Heckelmann,* FamRZ 1968, 59; *Werner,* DNotZ 1978, 66 u. 1980, 753; *Bölling,* FamRZ 1980, 754; 1982, 234, 289 u. 994; *v. Olshausen,* FamRZ 1983, 765; *Fröhlich,* FamRZ 1983, 920.

4. Die Erfüllung der Ausgleichsforderung ist durch eine Reihe von Sondervorschriften geregelt.

a) Der Ausgleichsschuldner kann die Erfüllung der Ausgleichsforderung *einredeweise verweigern,* wenn der Zugewinnausgleich grob unbillig wäre, insbesondere der Ausgleichsberechtigte längere Zeit seine wirtschaftlichen Verpflichtungen aus der Ehe schuldhaft nicht erfüllt hat; hier fehlt es an dem den Zugewinnausgleich rechtfertigenden Beitrag zum Erwerb des anderen Ehegatten (§ 1381). Der Schematismus des Zugewinnausgleichs kann hier ein Korrektiv finden.

Beispiel: Die Ehefrau ist ihrer Verpflichtung nicht nachgekommen, gemäß § 1360 zum Unterhalt der Familie beizutragen. Der Mann kann nach Auflösung der Ehe den Zugewinnausgleich verweigern. Aber auch ohne Beeinträchtigung des Zugewinns durch mangelnde Zusammenarbeit können schwere personale Eheverfehlungen den Zugewinnausgleich ausnahmsweise grob unbillig erscheinen lassen (BGHZ 46, 343 u. OLG Hamm FamRZ 1978, 687; str.; vgl. *Bosch,* FamRZ 1966, 546). – Zahlreiche weitere Fallgestaltungen sind denkbar; vgl. *Thiele,* JZ 1960, 394. Wegen Gefährdung der eigenen wirtschaftlichen Existenz kann der Zugewinnausgleich wohl nur dann voll verweigert werden, wenn Herabsetzung oder Stundung nicht genügen würden (BGH NJW 1970, 1600); z. B. bei eigener Arbeitsunfähigkeit (BGH FamRZ 1973, 254). Auch bei langjähriger Trennung kann trotz der Spezialvorschrift des § 1385 grobe Unbilligkeit vorliegen (vgl. *Kleinheyer,* FamRZ 1957, 283 u. *Hoffmann,* NJW 1979, 969; vgl. aber dagegen BGH NJW 1980, 1462).

b) Häufig ist die sofortige Auszahlung des Zugewinnausgleichs schwierig; einem landwirtschaftlichen Betrieb oder Handelsgeschäft würden vielleicht die notwendigen Betriebsmittel entzogen. Daher kann die Ausgleichsforderung gerichtlich gegen Zinsen und erforderlichenfalls gegen

Sicherheitsleistung *gestundet* werden (§ 1382). Zuständig ist ab 1. 7. 1977 das Familiengericht anstelle des Vormundschaftsgerichts.

c) Dem Schuldner ist, auch wenn ihm die Auszahlung des Zugewinnanteils noch so schwer fällt, nicht gestattet, den Gläubiger in Sachwerten aus seinem Vermögen abzufinden. Dagegen kann der Gläubiger zur Vermeidung einer groben Unbilligkeit (bei Geldentwertung!) die *Übertragung bestimmter Gegenstände* an ihn verlangen; über seinen Antrag entscheidet das Familiengericht (§ 1383 n. F.).

d) Das Verfahren des Familiengerichts ist in FGG § 53a geregelt. Mit den Beteiligten ist mündlich zu verhandeln und ein Vergleich anzustreben. Vergleich und gerichtliche Entscheidung können die Verpflichtung des Ausgleichsschuldners zur Zahlung der Ausgleichsforderung enthalten. Auch einstweilige Anordnungen sind möglich. Die Vollstreckung erfolgt nach den Vorschriften der ZPO.

Schrifttum: *Gerold,* Die Stundung des Zugewinnausgleichs, NJW 1960, 1744; *Gerold,* Ehevertragliche Beschränkung des Zugewinnausgleichs in Sachwerten DNotZ 1964, 593; *Heckelmann,* Grenzen der Leistungsverweigerung und Stundung des Zugewinnausgleichs nach §§ 1381, 1382 BGB bei Erfüllungsschwierigkeiten, Fschr. Mühl 1981, 183.

5. *Sicherung des Zugewinnausgleichs.* Der ausgleichsberechtigte Ehegatte muß dagegen geschützt werden, daß der Ehegatte, welcher in seinem Vermögen Zugewinn zu verzeichnen hat, diesen verschleudert und den anderen damit um seinen Ausgleichsanspruch bringt. Dem dienen verschiedene Mittel:

a) Jeder Ehegatte hat gegen den anderen ein *Recht auf Auskunft* über den Bestand seines Vermögens. Allerdings ist während des Güterstandes keine Klage auf Auskunft möglich; doch kann bei beharrlicher grundloser Verweigerung von Auskunft auf vorzeitigen Zugewinnausgleich geklagt werden (§ 1386 III), und mit Rechtskraft des Urteils (§ 1388) entsteht der Auskunftsanspruch des § 1379.

b) Wenn ein Ehegatte sein Vermögen verschwendet, Dritten ohne Rechtfertigung durch eine sittliche Pflicht oder Anstandsrücksicht unentgeltliche Zuwendungen macht oder sein Vermögen in der Absicht mindert, den anderen Ehegatten zu benachteiligen, so gelten alle diese Handlungen für den Zugewinnausgleich als nicht erfolgt, sofern sie in den letzten 10 Jahren vor Beendigung des Güterstandes vorgenommen wurden.

Daß schädigende Zuwendungen, die mit Einverständnis des anderen Ehegatten erfolgt sind, eine solche Rechtsfolge nicht haben, ergibt sich schon aus dem Zweck der Vorschrift, ist überdies im Gesetz ausdrücklich angesprochen.

Das weggegebene Vermögen wird dem Endvermögen so zugerechnet, als ob es noch vorhanden wäre; der Zugewinnanspruch wird also ohne Rücksicht auf die schädigenden Zuwendungen berechnet (§ 1375). Da er dann eine beträchtliche Höhe erreichen kann, wird er der Höhe nach durch das bei Beendigung des Güterstandes tatsächlich noch vorhandene Vermögen begrenzt (§ 1378 II). Im allgemeinen bestimmt sich die Ausgleichsforderung nach einem wirklich vorhandenen Zugewinn; dann wird diese Vorschrift kaum praktisch. Sie wird indessen praktisch, wenn zwischen dem für die Berechnung des Zugewinns maßgebenden Zeitpunkt (§§ 1384, 1387) und dem Zeitpunkt der Beendigung des Güterstandes (z. B. Rechtskraft des Scheidungsurteils) der Ausgleichsschuldner erhebliche Verluste erlitten hat (vgl. OLG Celle, FamRZ 1983, 592); konnte der Ausgleichsschuldner diese bis zur letzten mündlichen Verhandlung nicht mehr geltend machen, kann die Ausgleichsforderung nur noch mittels Vollstreckungsabwehrklage (ZPO § 767) begrenzt werden.

Ausnahmsweise werden aber dem Endvermögen verschleuderte Vermögenswerte hinzugerechnet (§ 1375 II); dann kann der Zugewinnanspruch höher sein als das noch vorhandene Vermögen. Hier sollen Dritte, Gläubiger den Vorrang vor dem Zugewinnanspruch des Ehegatten haben, darum wird sein Recht auf das nach Abzug der gegenüber Dritten bestehenden Schulden noch Vorhandene beschränkt.

Beispiel: M ohne Anfangsvermögen hat ein faktisches Endvermögen von 20000 DM. Er hatte aber 80000 DM an die „Freundin" verschenkt. Daher wird sein Endvermögen mit 100000 berechnet, wovon 50000 DM der F (deren unveränderte Vermögenslage vorausgesetzt) als Ausgleichsforderung zustehen. Davon sind nur 20000 direkt realisierbar!

Diese im Interesse von Drittgläubigern vorgenommene Beschränkung des Ausgleichsanspruchs gegen den Ehegatten muß ausgeglichen werden. Daher kann der Ausgleichsberechtigte das, was sein Ehegatte einem Dritten in der Absicht, den Ausgleichsberechtigten zu benachteiligen, zugewendet hat, nach Bereicherungsrecht herausverlangen (§ 1390). Unentgeltliche Zuwendungen dieser Art sind stets herauszugeben (vgl. auch §§ 2287 u. 2329), andere nur, wenn der Dritte die Benachteiligungsabsicht kannte, was ihm nachzuweisen ist.

Der Anspruch geht auf „Herausgabe zur Befriedigung", d. h. Duldung der Zwangsvollstreckung in das Zugewendete. Im Falle freiwilliger Herausgabe kann der Ausgleichsberechtigte das Herausgegebene nicht einfach behalten, wenn es nicht Geld ist, sondern muß es veräußern und einen seine Forderung übersteigenden Erlös dem Dritten zurückgeben. Der Dritte wird es aber häufig vorziehen, die Herausgabe wertvoller Sachen durch Zahlung des beim Zugewinnausgleich fehlenden Betrages abzuwenden, was ihm gestattet ist (vgl. auch § 528). Der Anspruch verjährt in drei Jahren seit Ende des Güterstandes.

c) Der Sicherung des Zugewinnausgleichs dient ferner die *Klage auf vorzeitigen Ausgleich des Zugewinns* (§§ 1385, 1386; s. darüber unten Ziff. 6).

d) Ist Klage auf vorzeitigen Zugewinnausgleich oder auf Nichtigerklärung oder Auflösung der Ehe erhoben, so kann der ausgleichsberechtigte Ehegatte den Zugewinnausgleichsanspruch selbst noch nicht einklagen oder durch Arrest sichern lassen, da der Anspruch erst mit der Beendigung des Güterstandes entsteht (§ 1378 III); er kann aber vom anderen Ehegatten *Sicherheitsleistung* verlangen, wenn wegen dessen Verhalten der künftige Zugewinnausgleich gefährdet erscheint (§ 1389), und diesen Anspruch auf Sicherheitsleistung notfalls im Wege des Arrestes provisorisch sichern (str.; a.M. insbes. OLG Hamburg FamRZ 1982, 284); für eine einstweilige Verfügung würde es an einem Individualanspruch fehlen, weil kein Anspruch auf eine bestimmte Art der Sicherheitsleistung besteht. Ein entsprechender Anspruch auf Sicherheitsleistung besteht gegenüber einem herausgabepflichtigen Dritten (§ 1390 IV).

Schrifttum: *Furtner,* NJW 1965, 373; *Bartholomeyczik,* JZ 1965, 500; *Harms,* FamRZ 1966, 585; *Ullmann* NJW 1971, 1294.

6. Die *Klage auf vorzeitigen Zugewinnausgleich* ist die Form, in welcher das Dauerrechtsverhältnis des Güterstandes vor Beendigung der Ehe gekündigt werden kann. Sie dient teilweise dazu, den Zugewinnberechtigten vor einer Verringerung seiner Ausgleichsforderung zu schützen, teils dazu, den Ausgleichsverpflichteten vor einer unbilligen Ausgleichsforderung zu bewahren. Sie kann in folgenden Fällen erhoben werden:

a) Wenn der andere Ehegatte längere Zeit hindurch die wirtschaftlichen Verpflichtungen, die sich aus dem ehelichen Verhältnis ergeben, schuldhaft nicht erfüllt hat (vgl. § 1381) und anzunehmen ist, daß er sie auch in Zukunft nicht erfüllen wird (§ 1386 I; Schutz des Ausgleichspflichtigen).

b) Wenn die Eheleute seit mindestens 3 Jahren getrennt leben (§ 1385 n.F.). Hier kann der alsbaldige Ausgleich sowohl für den Ausgleichsberechtigten vorteilhaft sein (Gefahr des Verbrauchs des Zugewinns), als auch für den Ausgleichungspflichtigen, der einen steigenden Zugewinn erzielt, obwohl der andere Gatte zur ehelichen Lebensgemeinschaft nichts mehr beiträgt.

c) Wenn der andere Ehegatte ohne Zustimmung über sein Vermögen als Ganzes verfügt hat (§ 1386 II 1 mit § 1365).

d) Wenn der andere Ehegatte sein Vermögen durch Verschwendung, ungerechtfertigte unentgeltliche Zuwendungen an Dritte oder in Absicht der Benachteiligung des Ausgleichsberechtigten vermindert hat (§ 1386 II 2 mit § 1375).

e) Wenn der andere Ehegatte sich beharrlich grundlos weigert, über sein Vermögen Auskunft zu geben (§ 1386 III).

In den letzten drei Fällen dient die Klage auf vorzeitigen Zugewinnausgleich nur dazu, den gefährdeten Zugewinnausgleich zu sichern.

Mit der Rechtskraft des Urteils wird der Güterstand aufgehoben; der

Zugewinnausgleich ist durchzuführen; an die Stelle der Zugewinngemeinschaft tritt die Gütertrennung (§ 1388). Mit der Klage auf vorzeitigen Zugewinnausgleich kann die Klage auf Auskunft über das Endvermögen und auf Auszahlung des Ausgleichs verbunden werden, auch wenn über die weiteren Klagen erst nach Teilurteil über die jeweils präjudizielle Klage entschieden werden kann.

Der Zugewinnausgleich wird so berechnet, daß der Zeitpunkt der Klagerhebung für die Berechnung des Endvermögens maßgebend ist (§ 1387), vorausgesetzt, daß das Verfahren mit rechtskräftigem Urteil endet. Der Zeitpunkt muß aber auch maßgebend sein, wenn das Verfahren sich durch den Tod des einen Teils erledigt und die Klage begründet war; eine Fortsetzung dieses Verfahrens über den Tod des Verstorbenen hinaus ist nicht vorgesehen; der Zeitpunkt der Klagerhebung hat dann noch Bedeutung, wenn es nach dem Tode zu einem güterrechtlichen Zugewinnausgleich anstelle des erbrechtlichen kommt. Vgl. zum Problem des Berechnungszeitpunkts auch *Hekkelmann*, FamRZ 1968, 59; *Neumann-Duesberg*, FamRZ 1970, 561; *Günther*, FamRZ 1971, 213.

IV. Zugewinnausgleich in anderen Fällen

1. Endet der Güterstand durch den Tod eines der Ehegatten, was auch der Normalfall ist, so wird der Zugewinnausgleich durch eine *Erhöhung des Erbteils* des überlebenden Ehegatten um ¼ des Nachlasses ersetzt, so daß der Ehegatte neben Kindern ½, bei kinderloser Ehe ¾ des Nachlasses erhält. Der Sinn dieser Regelung ist in erster Linie eine *Vereinfachung* des Zugewinnausgleichs durch Ausschaltung der Berechnung des Zugewinns. Das führt dahin, daß die Erhöhung des Erbteils ohne Rücksicht darauf erfolgt, ob im Einzelfall ein Zugewinn erzielt worden ist, oder nicht (§ 1371).

Die in der pauschalen Abgeltung des Zugewinns liegende Vereinfachung ist durch das Erbschaftsteuergesetz vom 17. 4. 1974 dadurch wieder beseitigt worden, daß für die Erbschaftsteuer berechnet werden muß, um wieviel der überlebende Ehegatte durch die erbrechtliche Pauschalabgeltung des Zugewinns etwa mehr erhalten hat, als er bei Wahl der güterrechtlichen Abfindung erhalten hätte. Dieses „Mehr" unterliegt zusammen mit dem übrigen Nachlaß der Erbschaftsteuer. Der Zugewinnausgleich als solcher ist erbschaftsteuerfrei. Vgl. dazu *Litfin* BB 1974, 1390 u. 1975, 1213; *Boorberg* DB 1976, 312; Knobbe-Keuk Fschr. Bosch S. 503ff.

2. Die vom Bundestag entgegen dem Regierungsentwurf eingeführte „*erbrechtliche Lösung*" erscheint keineswegs befriedigend. Sie führt dazu, daß der eigentliche Kern des gesetzlichen Güterstandes, der Zugewinnausgleich, nur bei einer regelwidrigen Beendigung des Güterstandes zum Tragen kommt, sei es, daß auf vorzeitigen Ausgleich des Zugewinns geklagt wird (§§ 1385, 1386), oder die Ehe vor Tod der Ehegatten durch Nichtigerklärung, Aufhebung, Scheidung oder Wiederverheiratung aufgelöst wird. Für den Normalfall gilt also Gütertrennung mit einigen Verfügungsbeschränkungen und einem gesteigerten Erbrecht. Das Wesen der Zugewinngemeinschaft (Teilung des gemeinsam Erarbeiteten) ist damit für den Normalfall wieder aufgegeben, weil das erhöhte Erbrecht

ohne Rücksicht auf den wirklichen Zugewinn eintritt, und weil der Zugewinnausgleich nur dem überlebenden Ehegatten zukommt (auch wenn er selbst den höheren Zugewinn gemacht hatte!), während den Erben des Verstorbenen kein Zugewinnausgleich zusteht; sie werden von den Früchten der Lebensarbeit des zuerst Verstorbenen ausgeschlossen, soweit diese Früchte sich im Vermögen des anderen Gatten niedergeschlagen hatten, wie dies bei tätiger (und manchmal sogar führender) Mitarbeit in Landwirtschaft oder Geschäft des anderen Ehegatten oft der Fall ist. Versterben beide Ehegatten gleichzeitig, so entfällt ebenfalls jeglicher Zugewinnausgleich zum Nachteil der Erben des ausgleichungsberechtigten Ehegatten (BGHZ 72, 85).

Die Ausschaltung der Erben des zuerst Verstorbenen vom Zugewinnausgleich ist vom Grundgedanken der Zugewinngemeinschaft aus nicht zu rechtfertigen. Der den Regierungsentwurf beherrschende Gedanke, für den Überlebenden sei der Zugewinnausgleich sozusagen die bei seinen Lebzeiten erarbeitete Altersversorgung, und die Erben des Verstorbenen bedürften einer solchen nicht, kann kaum durchschlagen, denn der Versorgungsgedanke ist dem Wesen der Zugewinngemeinschaft an sich fremd, und rechtfertigt es jedenfalls nicht, die Erben des Verstorbenen von dem auszuschalten, was dieser sich erarbeitet hatte. Man hat versucht, die Ausschaltung der Erben damit zu rechtfertigen, daß der Anspruch auf den Zugewinnausgleich höchstpersönlich sei und nur nach Geltendmachung durch den berechtigten Ehegatten auf andere übergehen könne; im Todesfall fehle diese Voraussetzung. Dieser Gedanke ist aber dem neuen Recht fremd; das zeigt schon § 1378 III; wenn der überlebende Ehegatte kurz nach dem Vorverstorbenen stirbt, bleibt seinen Erben das Recht auf den Zugewinnausgleich erhalten. – Wenn es auch als tragbar erscheinen mag, entferntere Erben des Erstverstorbenen zurückzusetzen, und man bei den *gemeinschaftlichen* Kindern der Eheleute einen Ausgleich darin erblicken mag, daß sie von dem überlebenden Ehegatten versorgt werden und ihn eines Tages auch beerben, ist der Ausschluß des Zugewinnausgleichs mindestens gegenüber den einseitigen Kindern des Erstverstorbenen unangemessen, aber wohl auch gegenüber seinen Eltern. Wer nach der Vermögenslage der Eheleute einen Zugewinnanspruch haben würde, aber vielleicht aus Gesundheitsgründen keine Aussicht hat, den anderen Ehegatten zu überleben, hat demnach das größte Interesse daran, seine Ehe alsbald scheiden zu lassen, um sein Recht auf den Zugewinnausgleich zu realisieren und die daraus herrührenden Werte seinen Verwandten zukommen zu lassen. Die gesetzliche Regelung ist insoweit ehefeindlich.

Ebenso unglücklich wie die Ausschaltung des Zugewinnausgleichs für die Erben des Erstverstorbenen ist die Regelung, daß die Erhöhung des Erbrechts ohne Rücksicht auf den wirklichen Zugewinn stattfindet. Die Erhöhung des Erbrechts erfolgt nämlich auch dann, wenn wegen der Kürze der Ehedauer gar kein Zugewinn da sein konnte (daher wird z. B. vorgeschlagen, die Erhöhung des gesetzlichen Erbrechts erst nach 5jähriger Ehedauer eintreten zu lassen – durchaus vertretbar). Die Erhöhung des Erbrechts bedeutet dann eine gesteigerte Beteiligung an dem in die Ehe eingebrachten Vermögen. Dafür besteht kein Bedürfnis.

3. Die für den Normalfall eintretende *Erhöhung des gesetzlichen Erbrechts* des Ehegatten war *keinesfalls erforderlich.* Das GleichberG hat selbst die erbrechtliche Stellung des überlebenden Ehegatten schon dadurch verbessert, daß dieser künftig auch neben Kindern ein Recht auf den Voraus hat (§ 1932). Die Versorgung des überlebenden Ehegatten ist meist durch Ansprüche auf Sozialversicherungsrente oder Pension, allenfalls durch eine Lebensversicherung sichergestellt. Umgekehrt hat das

erhöhte Ehegattenerbrecht sehr nachteilige Folgen. Das Erbrecht des Ehegatten ist künftig mindestens ebenso groß, meist aber größer als das eines Kindes. Das führt dazu, daß der Nachlaß – statt in der Familie des Erblassers zu verbleiben – leicht in eine fremde Familie abwandert. Heiratet der überlebende Ehegatte wieder, so nimmt er das Ererbte in die neue Familie mit und wird möglicherweise für seinen Todesfall die erstehelichen Kinder zurücksetzen. Die einseitigen Kinder des Erstverstorbenen haben überhaupt keine Aussicht, etwas von dem vorwiegend an den überlebenden Ehegatten gelangten Nachlaß wiederzuerhalten. Das Gesetz entschädigt sie durch einen beschränkten Unterhaltsanspruch gegen den Überlebenden (§ 1371 IV); vgl. dazu unten Ziff. 5.

Erbt der Ehegatte ¼ (wie bisher neben Kindern), so mag es möglich sein, ihn auszuzahlen, und das Familienvermögen (Hof, Handelsgeschäft) den Abkömmlingen zu erhalten; erbt der Ehegatte ½ wie jetzt, so ist das schon schwieriger; erbt der Ehegatte ¾, so übernimmt er praktisch endgültig das Familienvermögen und zahlt allenfalls die übrigen Beteiligten aus. Wollte der Gesetzgeber den überlebenden Ehegatten besser stellen, so hätte es nahe gelegen, ihm die Stellung eines Vorerben oder Nießbrauchers zu geben, um das Familienvermögen Abkömmlingen zu erhalten. Nach dem neuen Recht hängt es vom überlebenden Ehegatten sehr stark ab, wieweit er das Familienvermögen Abkömmlingen praktisch erhält und an sie weitergibt.

4. *Der Zugewinnausgleich* in der schematisierten Form findet nur statt, *wenn der überlebende Ehegatte Erbe wird;* dann dient das zusätzliche Viertel der Erhöhung des Erbteils, und der gesamte so gebildete Erbteil bildet eine Einheit (BGH JR 1982, 333; sogen. ,,Einheitstheorie"). Er kann als solcher mit Vermächtnis, Auflage, Nacherbschaft, Testamentsvollstreckung usw. belegt werden; der damit nicht einverstandene Ehegatte kann stets unter Ausschlagung der Erbschaft den berechneten Zugewinnausgleich nebst Pflichtteil (§ 1371 III) fordern. Hierbei ist dann der Pflichtteil nach dem nicht erhöhten Erbteil zu berechnen (sogen. ,,kleiner" Pflichtteil); er beträgt also ½ des Erbteils, der ihm – je nach sonst noch erbberechtigten Personen (vgl. insbes. § 1931) – von dem nach Abzug des Zugewinnausgleichs verbleibenden Nachlaß zufiele. Die Wahl des berechneten Zugewinnanteils nebst ,,kleinem" Pflichtteil kann vor allem dann vorteilhaft sein, wenn der Nachlaß zu einem erheblichen Teil aus Zugewinn besteht.

Beispiel: Bei bekinderter Ehe beträgt der Ehegattenerbteil nach § 1931 ¼, der Pflichtteil nach § 2303 ⅛ des Nachlasses. Besteht der Nachlaß nur aus Zugewinn und beträgt dieser 80000 DM, so erhält der Überlebende nach § 1371 I erbrechtlich ¼ + ¼ = ½, also 40000 DM; schlägt er die Erbschaft aus (und hatte er selbst keinen Zugewinn), so erhält er nach § 1371 III bereits 40000 DM als Zugewinnausgleich, dazu aber von den restlichen 40000 DM ⅛ als Pflichtteil, also weitere 5000 DM! Sind von dem Nachlaß aber nur 60000 DM Zugewinn, die restlichen 20000 DM Anfangsvermögen, so bringt die Erbausschlagung nur 30000 DM als Zugewinnausgleich, dazu ⅛ der restlichen 50000 DM = 6250 DM als Pflichtteil. Hier wäre der pauschalierte Zugewinnausgleich von 20000 zusammen mit dem Erbteil von 20000 DM günstiger!

Der testamentarisch auf einen bestimmten Erbteil eingesetzte oder mit einem Vermächtnis bedachte Ehegatte kann sich mit seinem Erbteil oder Vermächtnis begnügen; dann entfällt ein Zugewinnausgleich. Erreicht Erbteil oder Vermächtnis nicht die Höhe des unter Einbeziehung des zusätzlichen Viertels zu errechnenden ,,großen" Pflichtteils, so kann er Pflichtteilsergänzung bis zur Höhe dieses Pflichtteils und Wegfall etwaiger Beschränkungen verlangen (§§ 2305–2307). Ferner kann er ohne Rücksicht auf Erbquote oder Vermächtnis das ihm letztwillig Zugewendete ausschlagen und statt dessen den ,,kleinen" Pflichtteil nebst dem güterrechtlichen Zugewinnausgleich verlangen.

Der schematisierte Zugewinnausgleich entfällt, wenn der Erblasser eine begründete Aufhebungsklage erhoben oder die Scheidung beantragt oder ihr zugestimmt hatte (§ 1933 n. F.), bei Erbunwürdigkeit (§ 2339) oder Erbverzicht (§ 2346), sowie bei Ausschlagung der Erbschaft (§ 1371 III) oder bei der Enterbung durch letztwillige Verfügung. In allen diesen Fällen wird der Zugewinnausgleich durch Gewährung eines Anspruchs auf die Hälfte des (wie bei vorzeitiger Eheauflösung) näher zu berechnenden höheren Zugewinns des Erblassers geregelt (insoweit also doch ,,güterrechtliche" Lösung). Bei Erbverzicht, Erbunwürdigkeit und berechtigter Entziehung des Pflichtteils (§ 2335) erhält der überlebende Ehegatte nur den Zugewinnausgleich; bei unbegründeter Enterbung oder Ausschlagung der Erbschaft dagegen kann er stets den ,,kleinen" Pflichtteil (berechnet, nach dem gewöhnlichen, nicht durch Zugewinnausgleich erhöhten Erbteil) *und* den güterrechtlichen Zugewinnausgleich fordern.

Beispiel: Ist der Überlebende enterbt, so kann er nach § 1371 II berechneten Zugewinnausgleich nebst kleinem Pflichtteil verlangen. Beträgt das Anfangsvermögen 70000, der Zugewinn 10000 DM, so erhält der Überlebende (der keinen eigenen Zugewinn hat) 5000 DM als Zugewinnausgleich nebst ⅛ von 70000 DM = 8750 DM als Pflichtteil, insgesamt also 13750 DM. War dem Überlebenden aber auch nur 1 DM vermacht, so steht ihm nach § 2307 Ergänzung des Vermächtnisses auf die Höhe des ,,großen" Pflichtteils zu, der sich aus dem nach § 1371 I berechneten ,,erhöhten" Erbteil bemißt, also auf ½ von 40000 = 20000 DM, daher 19999 DM zusätzlich.

Streitig ist, ob bei Ausschlagung oder Enterbung oder in allen Fällen statt Zugewinnausgleich nebst kleinem Pflichtteil ein sogen. ,,großer Pflichtteil" verlangt werden kann, welcher nach dem um den schematischen Zugewinnausgleich erhöhten Erbteil berechnet wird. Ein solcher Pflichtteil wäre dann von Vorteil, wenn der güterrechtlich berechnete echte Zugewinnausgleich weniger ergibt als der Betrag, um welchen sich der ,,kleine Pflichtteil" vom ,,großen" unterscheidet. Für den großen Pflichtteil spräche das Bedürfnis nach folgerichtiger Durchführung der erbrechtlichen Lösung und die schwer verständliche Tatsache, daß der Erblasser sonst in der Lage wäre, mit vollständiger Enterbung dem Ehepartner willkürlich die Vorteile des schematisierten Zugewinnausgleichs zu entziehen, während bei Einsetzung auf ein noch so geringes Vermächtnis Ergänzungsansprüche auf den großen Pflichtteil gegeben sind. Gegen den großen Pflichtteil wird geltend gemacht, daß die Vorteile der „erbrechtlichen Lösung“ eben vom Gesetz nur für den Fall vorgesehen worden seien, daß der überlebende Ehegatte Erbe werde. Der BGH hat sich der überwiegend vertretenen letzteren Meinung angeschlossen, obwohl der Text des Gesetzes auch die andere Auslegung offen läßt (BGHZ 42, 182).

Schrifttum: *Müller-Freienfels,* JZ 1957, 685; *Boehmer,* NJW 1958, 524; *Lange,* NJW 1957, 1381 und 1958, 288; *Hampel,* FamRZ 1958, 162, 1960, 461 u. 1961, 287; *Thiele,* FamRZ 1958, 393; *Reinicke,* NJW 1958, 121 u. 932; BB 1958, 575 u. DB 1960, 1267 u. 1445; *Rittner,* DNotZ 1958, 181; *Ferid,* NJW 1960, 121; *Niederländer,* NJW 1960, 1737; *Sturm,* NJW 1961, 1435; *Johannsen,* FamRZ 1961, 17; *Dittmann,* DNotZ 1962, 173; *Lange,* NJW 1965, 369; *Schwab,* JuS 1965, 432.

Erbteil und Pflichtteil der Kinder berechnen sich entsprechend dem, was nach der Stellungnahme des überlebenden Ehegatten zum Zugewinnausgleich für sie übrig bleibt. Erhält der überlebende Ehegatte in schematischer Ablösung des Zugewinnausgleichs neben der Erbquote von ¼ noch ein weiteres Viertel, so bleibt den Abkömmlingen ½ der Erbschaft. Ist von zwei gleichrangigen Abkömmlingen einer von der Erbschaft ausgeschlossen, so beträgt sein Pflichtteil ⅛ (BGHZ 37, 58).

Schrifttum: *Bosch,* FamRZ 60, 96; *Ferid,* NJW 60, 121; *Reinicke,* DB 1960, 1267; *v. Olshausen,* FamRZ 1981, 633.

5. *Erbberechtigte Abkömmlinge* (auch entferntere, soweit sie durch die näheren *nicht* nach § 1924 II ausgeschlossen sind) des verstorbenen Ehegatten, die nicht aus der Ehe mit dem überlebenden Ehegatten stammen (also insbes. die Stiefkinder des Überlebenden) können dadurch benachteiligt werden, daß der überlebende Ehegatte den schematischen („erbrechtlichen“) Zugewinnausgleich erhält. Möglicherweise wird ihr Erbanteil geschmälert; so insbes. wenn nur voreheliches Vermögen den Nachlaß bildet. Dafür werden sie durch einen Anspruch auf Mittel für eine *angemessene* Ausbildung gegen den überlebenden Ehegatten entschädigt (§ 1371 IV).

Mit diesem Anspruch gleicht das Gesetz Schäden aus, welche es durch den allzu schematischen Zugewinnausgleich anrichtet. Auch dieser Anspruch ist nun wieder schematisch gegeben, d. h. ohne Rücksicht darauf, ob die Stiefkinder bei einem echten güterrechtlichen Zugewinnausgleich besser gefahren wären, als beim erbrechtlichen. Der Anspruch war in den Entwürfen nicht vorgesehen und ist erst bei der letzten Lesung im Bundestag eingefügt worden. Der Anspruch bringt zugleich eine recht fragmentarische Regelung der vom BGB sonst vernachlässigten Unterhaltsansprüche von Stiefkindern. Da der Ausbildungsanspruch ¼ des Nachlasses ausschöpfen kann, so erhält damit möglicherweise ein einzelnes einseitiges Kind mehr als jedes der mehreren gemeinsamen Kinder der Ehegatten (d. h. mehr als jedes seiner Halbgeschwister).

Der *Ausbildungsanspruch* der Stiefkinder besteht nur im Fall des „erbrechtlichen“ Zugewinnausgleichs nach § 1371 I, d. h. bei der schematischen Erhöhung des gesetzlichen Erbteils. Erhält der überlebende Ehegatte den Nachlaß oder Teile davon kraft letztwilliger Verfügung (die sich nicht darauf beschränkt, nur die gesetzlichen Erben zu berufen), so entfällt der Ausbildungsanspruch selbst dann, wenn die Stiefkinder des überlebenden Ehegatten zufolge der letztwilligen Verfügung noch weniger erhalten, als ihnen bei gesetzlicher Erbfolge im Zusammenhang mit dem schematisierten Zugewinnausgleich zugefallen wäre. Das Gesetz will nur die vom Erblasser nicht bedachten Fälle besonders regeln. Daraus folgt aber auch, daß nur solche Stiefkinder den Ausbildungsanspruch haben, welche gesetzliche Erben des Erstverstorbenen sind, nicht dagegen vom Erbrecht ausgeschlossene enterbte, verzichtende oder ausschlagende Abkömmlinge; sind die Abkömmlinge durch letztwillige Verfügung bedacht, so ist durch Auslegung zu ermitteln, ob ihnen daneben der Ausbildungsanspruch verbleiben sollte.

Der Anspruch setzt *Bedürftigkeit* (§ 1602) voraus, besteht also nicht, soweit der Erbteil für eine angemessene Ausbildung genügt, und geht Unterhaltsansprüchen gegen Verwandte vor (str.). Er umfaßt – obgleich kein eigentlicher Unterhaltsanspruch – den gesamten Lebensbedarf (bzw. seine Ergänzung) während der Ausbildung (§ 1610 II; str.), ist aber nach oben hin durch das den Zugewinn abgeltende Viertel des Nachlasses begrenzt (Haftung pro viribus hereditatis). Mehrere Berechtigte stehen gleichrangig nebeneinander; zwischen ihnen muß der verfügbare Betrag notfalls nach dem Verhältnis von Bedürftigkeit und Ausbildungsbedarf geteilt werden (im einzelnen str.).

Der schematisch gewährte Anspruch kann den überlebenden Ehegatten im praktischen Ergebnis auch um das bringen, was ihm bei güterrechtlichem Zugewinnausgleich zustünde. Der überlebende Ehegatte wird bei Gefahr der Inanspruchnahme durch Stiefkinder zu überlegen haben, ob er nicht vorteilhafter die Erbschaft ausschlägt und den Pflichtteil nebst Zugewinnausgleich nimmt. Erhält er „erbrechtlich" neben Kindern zweimal ¼ des Nachlasses, so muß er möglicherweise davon ¼ an Stiefkinder wieder abgeben. Schlägt er aus, so erhält er ⅛ als Pflichtteil und vielleicht auch ¼ als echten Zugewinnanteil und braucht an Stiefkinder nichts zu zahlen.

Inhaltlich dürfte der nur auf die „Mittel" für eine Ausbildung gerichtete Anspruch grundsätzlich auf *Geld* zu gehen haben; und nur wenn das unverheiratete Stiefkind mit dem überlebenden Ehegatten in einem Haushalt lebt, wird man analog § 1612 dem letzteren gestatten dürfen, zu bestimmen, wie die Ausbildung gewährt werden soll. Auch werden Ausbildungsmittel für die Vergangenheit (arg. § 1613) wohl nur geltend gemacht werden können bei Verzug, Rechtshängigkeit oder zur Abdekkung von für die Ausbildung nötig gewordenen Schulden. Für die *Verjährung* wird man § 197 analog anzuwenden haben. Der Anspruch ist *verzichtbar* (anders als nach § 1614), doch wohl zufolge seiner Zweckbindung wie ein Unterhaltsanspruch analog ZPO § 850 nur eingeschränkt pfändbar, abtretbar (§ 400), verpfändbar (§ 1247) und aufrechenbar (§ 394). Er bleibt gegen die Erben des Verpflichteten erhalten.

Die Natur des Anspruchs ist nach dem Dargestellten vielgestaltig: aus dem Güterrecht hervorgegangen dient er in unterhaltsrechtlicher Ausgestaltung der Abfindung für entgehende Erbquoten. Der letztere Wesensbestandteil erbrechtlicher Natur dürfte zur Folge haben, daß der Anspruch nicht ehevertraglich ohne Zustimmung der Betroffenen beseitigt werden kann. Zur Beseitigung genügen letztwillige Verfügungen zur Versorgung oder Enterbung des Abkömmlings. Da der Anspruch mit dem Erbfall im Hinblick auf den vom überlebenden Ehegatten erworbenen Nachlaß entsteht, dürfte er zu den sog. Erbfallschulden gehören wie ein gesetzliches Vermächtnis, doch ohne die Einschränkbarkeit, welcher Vermächtnisschulden unterliegen, und ohne die Möglichkeit einer Haftungsbeschränkung wie bei Nachlaßschulden. Vielmehr haftet der Verpflichtete bis zur Höhe von ¼ des Nachlasses auch mit dem eigenen Vermögen, und ohne die Möglichkeit, eigenen angemessenen Unterhalt (§ 1603) zurückzuhalten.

Schrifttum: *Wahl,* FamRZ 1956, 133 u. Festschr. *H. Lehmann,* 1956 I 419; *Boehmer,* FamRZ 1961, 41; *Johannsen,* FamRZ 1961, 163.

6. Obwohl die Zugewinngemeinschaft auf viele Ehen passen mag, in welchen die Ehegatten mit nichts beginnen, der Mann den Zugewinn macht und dann vorverstirbt, liegen doch auch zahlreiche Fälle anders. Für diese ist das *Ziel des Gesetzes,* mit der „erbrechtlichen Lösung“ eine *Vereinfachung* des Zugewinnausgleichs zu erreichen, namentlich die Berechnung des Zugewinns zu ersparen, *leider nicht erreicht.* Schon weil man letztlich bei jeder Ehe mit der entfernten Möglichkeit einer Ehelösung vor Tod eines der Ehegatten rechnen muß, ferner aus steuerlichen Gründen (vgl. oben III 1), hat man sich praktisch auf eine spätere Berechnung des Zugewinns einzustellen, und muß die Aufstellung eines Vermögensverzeichnisses bei Eingehung der Ehe (§ 1377) angeraten werden. Zum anderen gibt das Gesetz (§ 1371 II und III) dem überlebenden Ehegatten verschiedene Wahlrechte zwischen den erbrechtlichen Rechten und solchen auf den Zugewinnausgleich. Wer sich zwischen diesen Rechten entscheiden will, muß zunächst den Zugewinn berechnen. Oft dürfte es schwierig sein, innerhalb der Ausschlagungsfrist (§ 1944) überhaupt die nötigen Auskünfte über den Umfang des Vermögens des Verstorbenen zwecks Berechnung des etwaigen Zugewinnausgleichs zu erhalten.

V. Zwingendes Recht?

Die Regeln des gesetzlichen Güterrechts sind nur zum geringsten Teil zwingendes Recht (z. B. § 1377 II 1, 1378 III, 1379, 1385, 1386 bis 1389).

1. Teils kann man formlos von der Gestaltung des Gesetzes abweichen. So kann die getrennte Verwaltung der Vermögen (§ 1364) dadurch durchbrochen werden, daß ein Ehegatte sein Vermögen oder Teile davon dem anderen zur Verwaltung überläßt (§ 1413). Ferner können die Ehegatten bei der Auseinandersetzung vertraglich von den gesetzlichen Regeln abweichen, indem sie Anfangs- und Endvermögen anders ansetzen oder bewerten oder die Ausgleichsforderung abweichend festsetzen, in der Anrechnung von Vorempfängen abweichend verfahren, die Stundung ausschließen oder die Naturalabfindung beschränken, auf die Einrede der groben Unbilligkeit verzichten usw.

2. Teils bedarf es der ehevertraglichen Festlegung, insbes. wenn die Eheleute von Anfang an ihre Verhältnisse vom Gesetz abweichend regeln wollen (dazu BGHZ 86, 151).

So ist es einmal möglich, die Verfügungsbeschränkungen auszuschalten, oder aber unter ihrer Beibehaltung den Zugewinnausgleich zu beseitigen (§ 1414 S. 2 ist nur Auslegungsregel; str.). Ebenso kann die Surrogationsregel des § 1370 vertraglich ausgeschaltet werden.

Der Zugewinnausgleich wird auch der Quote nach vom Gesetz abweichend festgesetzt werden können. Ebenso kann man den Inhalt der Ausgleichsforderung umgestalten, sie sofort auf Sachwerte ausrichten oder den Sachausgleich ausschalten, einzelne Gegenstände vom Zugewinnausgleich ausschließen, besondere Abreden über die Feststellung von Anfangs- und Endvermögen sowie dessen Bewertung treffen, die Anrechnung von Vorausempfängen regeln, den Berechnungszeitpunkt für den Zugewinnausgleich festlegen, die Abfindung einseitiger Kinder regeln.

Auch die Vereinbarung zusätzlicher Gründe für eine vorzeitige Klage auf Zugewinnausgleich dürfte zulässig sein.

3. *Zwingend* ist in Güterrechtssachen die *Zuständigkeit der Familiengerichte* nach GVG § 23b Ziff. 9 und 10. Auch die dort nicht genannten Zustimmungsersetzungen nach § 1368 rechnet der BGH (FamRZ 1981, 1045) zu den Familiensachen. Während der Anhängigkeit einer Ehesache ist das Gericht des ersten Rechtszuges dieser Ehesache auch für die Güterrechtssachen ausschließlich zuständig (ZPO § 621). Aber güterrechtliche Ansprüche werden nicht vom zwingenden Verbund der Scheidungs- und Folgesachen (ZPO § 623) erfaßt; sie können auch gesondert außerhalb des Eheverfahrens beim Familiengericht geltend gemacht werden.

§ 15. Gütertrennung

1. Die Gütertrennung – v. 1. 4. 1953 bis 30. 6. 1958 zufolge Art. 3 GG an Stelle der im BGB als gesetzlicher Güterstand vorgesehenen Verwaltung und Nutznießung der einzige gesetzliche Güterstand (BGHZ 11 Anh. S. 73) – ist im System des GleichberG ebenso wie nach BGB sowohl hilfsweiser gesetzlicher Güterstand wie auch vertraglicher Güterstand.

Trotz gleichbleibender Funktion hat das GleichberG die Gütertrennung ohne ersichtlichen Grund systematisch an anderer Stelle geregelt als das BGB. Dieses hatte die Gütertrennung bei den gesetzlichen Güterständen geregelt; das GleichberG regelt sie bei den vertraglichen. Sachlich gehört sie zu beiden.

Die Gütertrennung ist subsidiärer gesetzlicher Güterstand, wenn bei der Zugewinngemeinschaft durch rechtskräftiges Urteil auf vorzeitigen Zugewinnausgleich erkannt und damit dieser Güterstand aufgehoben ist (§ 1388); oder wenn die Gütergemeinschaft zufolge Aufhebungsurteil

(§§ 1449, 1470) endet. Sie ist ferner subsidiärer gesetzlicher Güterstand, wenn die Eheleute den gesetzlichen Güterstand vertraglich ausschließen, ohne einen anderen Güterstand wirksam zu vereinbaren (§ 1414); entsprechendes gilt bei Ausschluß von Fahrnisgemeinschaft und Errungenschaftsgemeinschaft (§ 1436 a. F.) und der neuen Gütergemeinschaft (§ 1414 Satz 2).

Die Gütertrennung ist vertraglicher Güterstand, wenn sie ausdrücklich vereinbart wird. Es gilt ferner kraft gesetzlicher Auslegungsregel als Vereinbarung der Gütertrennung, wenn der Zugewinnausgleich oder Versorgungsausgleich ausgeschlossen wird (§ 1414 Satz 2); doch können die Eheleute auch den gesetzlichen Güterstand mit seinen Verfügungsbeschränkungen unter Ausschaltung des Zugewinnausgleichs vereinbaren; dann tritt keine Gütertrennung ein; andererseits bedeutet Gütertrennung als solche noch nicht Ausschaltung des scheidungsrechtlichen Versorgungsausgleichs, der für jeglichen Güterstand maßgeblich ist, sofern er nicht ehevertraglich ausgeschlossen wird.

Im Verhältnis zu Dritten kann gegenüber Rechtsgeschäften und gerichtlichen Urteilen die Gütertrennung nur bei ihrer Eintragung ins Güterrechtsregister oder Kenntnis des Dritten eingewendet werden (§ 1412), sowohl, wenn sie an die Stelle des gesetzlichen Güterstandes gesetzt wird (§ 1412; BGH NJW 1976, 1258), wie auch wenn sie auf eine eingetragene Gütergemeinschaft folgt.

2. Die gegenseitigen Rechte und Pflichten der Eheleute bei Gütertrennung sind heute (im Gegensatz zur alten Fassung des BGB) nicht mehr geregelt. Es gilt hierfür – abgesehen von den Verfügungsbeschränkungen und der Surrogation – das bei der Zugewinngemeinschaft über das Vermögen der Eheleute Gesagte (oben § 13 I 1, 2, 4–6). Jeder Ehegatte hat sein Vermögen selbst zu verwalten und haftet nur für die eigenen Schulden; gemeinschaftliches Vermögen ist in Form des vereinbarungsgemäß begründeten Miteigentums nach Bruchteilen denkbar. Auch für Hausrat ist die Rechtslage nicht anders (vgl. dazu oben § 14 I 2). Das Schicksal solchen Miteigentums ist vom Bestand der Ehe abhängig. Die Pflichten der ehelichen Lebensgemeinschaft können einem Teilungsverlangen entgegenstehen (BGHZ 37, 38). Die Besitzverhältnisse richten sich nach allgemeinen sachenrechtlichen Grundsätzen; Mitbesitz beider Ehegatten an gemeinsam genutzten Gegenständen ist möglich.

3. *Gütertrennung benachteiligt häufig den nicht berufstätigen oder nicht unmittelbar verdienenden Ehegatten,* welcher lediglich durch seine Mitwirkung im Rahmen des ehelichen Lebens, durch seine Mithilfe und Mitarbeit den anderen (berufstätigen und verdienenden) Ehegatten unterstützt. Anschaffungen und Ersparnisse gehen dann meist auf den Namen des verdienenden Ehegatten allein, obwohl auch der andere Ehegatte zu Verdienst, Erwerb und Ersparnissen beigetragen hat. Hierdurch wird

besonders oft die Ehefrau, gelegentlich aber auch der im Geschäft der Frau mitarbeitende Ehemann geschädigt. Im Rahmen der den Zugewinnausgleich ausschließenden Gütertrennung ist ein Ausgleich in erster Linie durch freiwillige Zuwendungen des verdienenden Gatten an den anderen möglich. Solche werden häufig zum Zweck der Existenzsicherung für die Zeit nach dem Tode des Verdienenden vorgenommen, etwa in Form der Lebensversicherung, des Erbvertrages oder gemeinschaftlichen Testaments oder im Wege der Schenkung. Gelegentlich wird auch ein *Arbeitsverhältnis* ausdrücklich vereinbart; häufiger wird es im Scheidungsfalle zur Erlangung einer Abfindung behauptet, kann aber nicht einfach unterstellt werden (vgl. § 11 III 2f). Die eigentliche familienrechtliche Zusammenarbeit wird aber hierbei nicht erfaßt. Die Praxis suchte gelegentlich mit Annahme eines *Gesellschaftsverhältnisses* zwischen den Ehegatten zu helfen (BGHZ 31, 197). Doch ist – wenn Gütergemeinschaft und Zugewinngemeinschaft ausgeschaltet sind – heute Vorsicht bei einer solchen Annahme geboten. Aus § 1353 ist nicht ohne weiteres für alle Fälle Anspruch auf Bezahlung jeder Mitarbeit abzuleiten (vgl. aber Gernhuber, FamRZ 59, 465). Es steht den Ehegatten aber frei, im Rahmen einer von ihnen vereinbarten Funktionsteilung (vgl. § 1356) näher zu regeln, inwieweit Mitarbeit nur als Beitrag zum gemeinsamen Unterhalt (§ 1360) anzusehen ist, oder als darüber hinausgehend zu entlohnen ist.

Im Scheidungsfall spielen – seitdem die Judikatur in der Annahme von Gesellschaftsverhältnissen zwischen Ehegatten zurückhaltend geworden ist, soweit nur ehebedingte Zwecke verfolgt werden – namentlich Auseinandersetzungsfragen beim Familienwohnheim eine Rolle. Eine widerrufbare Schenkung ablehnend wird hier ein besonderer familienrechtlicher Vertrag unterstellt (BGHZ 84, 361), der wegen Fortfalls der Geschäftsgrundlage Ausgleichsansprüche auslösen könne. Geht es nicht um Beiträge eines Ehegatten zu den im Eigentum des anderen stehenden Heim, so soll bei Miteigentum nicht nur die Teilungsversteigerung, sondern auch ein Anspruch auf Neuregelung von Benutzung und Verwaltung in Betracht kommen (§ 745 II). bei gemeinsam eingetragenen Schulden für das Wohnheim richtet sich dann eine etwaige Modifizierung des nach § 426 BGB geschuldeten internen Ausgleichs hinsichtlich der Schulden nach Benutzung und Benutzungsvergütung für das gemeinsame Heim (BGHZ 87, 271 mit NJW 1983, 2449).

Mit Rücksicht auf den bei Gütertrennung oft unbefriedigenden Vermögensausgleich unter den Ehegatten ist im Zusammenhang mit dem neuen Nichtehelichenrecht das Ehegattenerbrecht – das auch bei Zugewinngemeinschaft ohne Rücksicht auf wirklichen Zugewinn erhöht ist (§ 1371) – erhöht worden. Der Ehegatte erhält nur bei drei oder mehr Kindern ¼ des Nachlasses, neben weniger Kindern aber Kindesteil, also ⅓ oder ½ (§ 1931 IV). Auch diese Regelung begünstigt nicht nur den mitarbeitenden Ehegatten, in dessen Vermögen sich der Gewinn nicht niederschlug, sondern ebenso den Ehegatten, der von der Mitarbeit des anderen den Vorteil hatte. Endlich findet für den nicht oder nicht ausreichend selbst verdienenden Ehegatten auch bei Gütertrennung im Falle der Scheidung der Versorgungsausgleich (§ 1587) statt.

Schrifttum: *Johannsen,* Vermögensrechtliche Auseinandersetzung unter Ehegatten nach Auflösung der Ehe bei Gütertrennung, WM 1978, 502; *Tiedtke,* DNotZ 1983, 161.

4. Vielfach wird erörtert, ob dem nicht selbst verdienenden Ehegatten laufend ein Anteil am Einkommen des allein verdienenden Ehegatten zustehe. Die Frage ist vor allem für Gläubiger des nicht verdienenden Ehegatten wesentlich, z. B. für Unterhaltsberechtigte (Problem der mittelbaren Unterhaltsansprüche Verschwägerter gegen den verdienenden Ehegatten, vgl. oben § 3 III) und für die Erhebung der Kirchensteuer in gemischt-konfessionellen Ehen. Die Gegner einer solchen Regelung machen geltend, daß der Ehegatte das Einkommen des Verdienenden nicht erhöhe. Die Befürworter halten dem entgegen, daß der nicht verdienende Ehegatte durch Mitarbeit und die ganze eheliche Lebensgemeinschaft einen solchen Anteil verdiene. Da der Gesetzgeber selbst bei der Zugewinngemeinschaft eine solche Beteiligung am Einkommen des anderen versagt, kann man sie bei der Gütertrennung kaum annehmen.

§ 16. Gütergemeinschaft

I. Einführung

1. Seit Jahrhunderten ist der Gedanke lebendig, daß der ehelichen Lebensgemeinschaft auch eine Einheitlichkeit des Vermögens beider Eheleute entsprechen müsse: *ein Leib, ein Gut.* In ihren geschichtlichen Formen zeigt die Gütergemeinschaft ein durchaus unterschiedliches Gepräge; teils ist sie eine vollständige; vielfach wird sie auf bestimmte Vermögensbestandteile, insbes. das während der Ehe Erarbeitete und Erworbene beschränkt. Während das BGB noch die drei Formen der Allgemeinen Gütergemeinschaft, der Errungenschaftsgemeinschaft und der Fahrnisgemeinschaft kannte, hat das GleichberG mit Wirkung v. 1. 7. 1958 alle auf einen einheitlichen Nenner gebracht und mit der einen Bezeichnung „Gütergemeinschaft" versehen, gestattet innerhalb dieser aber – insbes. durch beliebige Vereinbarung von Vorbehaltsgut – Ausgestaltungen, welche der Errungenschaftsgemeinschaft und Fahrnisgemeinschaft dadurch nahekommen, daß die Gütergemeinschaft eben auf die jenen Güterständen eigentümlichen gemeinsamen Güter beschränkt wird.

2. Die Gütergemeinschaft ist *vertraglicher Güterstand* (§ 1415); sie entsteht also nur kraft förmlichen Ehevertrages (§§ 1408 ff.) und kann auch

durch einen solchen wieder aufgehoben werden (§§ 1408, 1414). Die Zahl der dahingehenden Güterverträge hat seit 1900 stark abgenommen. Die Gütergemeinschaft wird aber nicht nur auf dem Lande (oft kraft Tradition) häufiger vereinbart, sondern z. B. auch unter Gewerbetreibenden, gelegentlich auch aus steuerlichen Motiven.

Für die *Ausgestaltung* der Gütergemeinschaft besteht eine begrenzte Vertragsfreiheit. Sowohl das Verwaltungsrecht (§ 1421) als auch der Umfang von Gesamtgut und Vorbehaltsgut (§ 1418) können vertraglich näher geregelt werden.

3. Nach BGB war das gemeinschaftliche Vermögen (*Gesamtgut)* grundsätzlich vom Mann zu verwalten. Mit Inkrafttreten von Art. 3 GG ist vielfach angenommen worden, nunmehr seien stets beide Eheleute zur gemeinsamen Verwaltung des Gesamtguts berufen. Aber das war kaum zutreffend, da ein vertraglicher Güterstand von der gesetzlich vorgesehenen Gleichberechtigung abweichen kann. Außerdem waren die ganzen Haftungsregelungen des BGB nur auf die Alleinverwaltung des Mannes ausgerichtet (insbes. § 1459 a. F.); bei gemeinsamer Verwaltung hätte eine völlige Umgestaltung des Haftungsrechts erfolgen müssen; diese war ohne Gesetzgeber, nur kraft Richterrechts nicht möglich. Art. 8 Ziff. 6 GleichberG hat denn auch vorgesehen, daß die vor dem 1. 4. 1953 vereinbarten Gütergemeinschaften mit Verwaltung des Gesamtguts *durch den Mann* bestehen bleiben. Seit dem 1. 4. 1953 konnte ein Verwaltungsrecht der Frau und nach h. M. auch beider Ehegatten vereinbart werden. Das GleichberG läßt die Vereinbarung der Verwaltung des Gesamtguts durch einen der beiden Ehegatten oder beide gemeinsam zu und läßt in Ermangelung einer ausdrücklichen Vertragsbestimmung die gemeinsame Verwaltung eintreten (§ 1421).

4. Die Gütergemeinschaft ist für die Eheleute *nicht ohne Gefahren.* Der allein verwaltende Ehegatte kann weitgehend über das Gesamtgut verfügen und es verschleudern (bedenklich für den anderen Ehegatten); der Verwaltende selbst haftet für die Schulden des anderen Ehegatten nicht nur mit dem Gesamtgut, sondern auch persönlich (§ 1437; bedenklich für den Verwaltenden). Bei gemeinschaftlicher Verwaltung haftet jeder Ehegatte für die persönlichen Schulden des anderen als Gesamtschuldner mit (§ 1459!). Wegen dieser schwerwiegenden Folgen ist der Ehevertrag mit Recht formgebunden (§ 1410), der gesetzliche Vertreter bei Vertragschluß mehrfach beschränkt (§ 1411).

II. Bei der Gütergemeinschaft entstehen insgesamt **fünf Vermögensmassen:**

1. Was den Ehegatten bei Eingehung der Gütergemeinschaft gehört und was sie später erwerben, wird grundsätzlich *Gesamtgut.* Die Gesamtgutseigenschaft entsteht ohne besondere Rechtsübertragung im We-

ge der Universalsukzession (§ 1416); das gilt auch bei Grundstücksrechten; hier muß das Grundbuch berichtigt werden; gegen selbständige Verfügungen des bisher Eingetragenen schützen ein besonderer Berichtigungsanspruch (§ 1416 III) und Widerspruch (§ 899).

Die Universalsukzession tritt nur ein bei *Abschluß* der allgemeinen Gütergemeinschaft, bei Vertragsschluß durch Verlobte mit der Eheschließung. Späterer Erwerb eines der beiden Ehegatten fällt ins Gesamtgut, ohne daß erst ein Zwischenerwerb des einzelnen erwerbenden Ehegatten stattfände, und zwar ebensowohl bei gesetzlichem wie auch bei rechtsgeschäftlichem Erwerb (str.; zum Stand der Lehren vgl. Hofmann FamRZ 1972, 117). Ein solcher Zwischenerwerb ist ein überflüssiger, allenfalls kostspieliger Umweg, zu dem das Gesetz nicht nötigt. Bei Erwerb von Grundstücken durch einen Ehegatten sind daher sofort beide Gatten als berechtigt einzutragen (str.; a. M. RGZ 84, 71, wo zunächst die Alleineintragung des erwerbenden Ehegatten zugelassen wird); die Eintragung des am Erwerb nicht unmittelbar beteiligten Gatten kann bei Nachweis der Gütergemeinschaft auch ohne seine Zustimmung erfolgen. Im übrigen ist jeder dem anderen zur Mitwirkung an der Grundbuchberichtigung verpflichtet. Auch wenn ein Grundstück an die Ehegatten als Miteigentümer zu je ½ aufgelassen ist, sind sie als Miteigentümer in Gütergemeinschaft einzutragen (BGHZ 82, 346). Gesonderte Anteile als Bruchteilseigentümer können die Eheleute nur haben, wenn sie insoweit ehevertraglich Vorbehaltsgut vereinbart haben.

Schrifttum: *Tiedtke,* Grundstückserwerb von Ehegatten in Gütergemeinschaft, FamRZ 1979, 370; *Rehle,* Grundstückserwerb durch Ehegatten, DNotZ 1979, 196.

Obwohl der Erwerb beider Ehegatten in der Regel automatisch Gesamtgut und damit gemeinschaftliches Vermögen wird, werden steuerlich die Einkünfte teilweise einzelnen Ehegatten allein zugerechnet: so nicht nur die Einkünfte aus nichtselbständiger Arbeit oder aus Beteiligung an einer Personalgesellschaft (BFH, BB 1961, 778), sondern allenfalls auch Einkünfte aus Gewerbebetrieb. Dagegen werden die Einkünfte aus Land- und Forstwirtschaft wegen regelmäßig gleicher Mitarbeit beider Ehegatten und gemeinsamen Kapitals beiden Ehegatten zugerechnet (jedem zu ½), ebenso wie die reinen Kapitaleinkünfte aus dem Gesamtgut. (vgl. Gutachten des BFH, BB 1959, 621; *Schmidt,* BB 1964, 422).

Das Gesamtgut ist *Gesamthandvermögen* beider Gatten. Die Gesamthandsgemeinschaft dauert so lange wie der Güterstand; vor seinem Ende gibt es keine Teilung; ein Ehegatte kann auch nicht über seinen Anteil am Gesamtgut oder an den einzelnen Gegenständen verfügen (§ 1419; anders § 2033). Der Anteil am Gesamtgut und seinen einzelnen Gegenständen ist unpfändbar (§ 860 ZPO). Gegen eine zum Gesamtgut gehörende Forderung kann der Schuldner nur mit einer Forderung aufrechnen, die aus dem Gesamtgut zu berichtigen ist.

Grundsätzlich ist das meiste Gut Gesamtgut. Im Streitfall spricht die Vermutung also für Gesamtgut; diese Vermutung geht der des § 1362 vor.

Ersatzansprüche wegen Körperschaden entstehen zunächst in der Person des Verletzten und werden dann vollen Umfangs Gesamtgut, so daß der Verwalter des Gesamtguts zu dessen Gunsten den vollen Schaden geltend machen kann (nicht etwa der Geschädigte nur die ihm ideell zustehende Hälfte). Anders soll bei Mitgliedschaft des

Geschädigten in der OHG der verletzte Ehegatte an entgangenem Gewinn (§ 252) nur den auf ihn selbst entfallenden Anteil liquidieren dürfen, während die OHG als Drittgeschädigte leer ausgeht (BGH LM 1 zu § 842).

Das Gesamtgut und seine Einkünfte sind vorrangig für die Bestreitung des Familienunterhalts (§ 1360) zu verwenden, und zwar die Einkünfte des Gesamtguts und die ins Gesamtgut fallenden Einkünfte des Sonderguts vor Einkünften aus Vorbehaltsgut; soweit die Einkünfte nicht ausreichen, ist der Stamm des Gesamtguts und der Sondergüter vor den Vorbehaltsgütern anzugreifen (§ 1420).

2. *Sondergut* ist das rechtsgeschäftlich nicht übertragbare Vermögen beider Ehegatten (z. B. Nießbrauch; unpfändbares Gehalt und Renten; nach RGZ 96, 96 Schmerzensgeld). Sein Inhalt ist gesetzlich festgelegt; vertragliche Schaffung von Sondergut ist ausgeschlossen.

Streitig ist, ob und wann *Anteile an Personengesellschaften* Sondergut sind. Regelmäßig sind sie es schon wegen ihrer Unübertragbarkeit (BGB § 719). Aber auch übertragbare Anteile sollten – weil bei Gesamtgutseigenschaft sich automatisch Anteile zweier Ehegatten unter Verlust einer Stimme zu einem vereinigen würden – Sondergut bleiben. Der BGH (BGHZ 65, 79) will – jedenfalls bei der unter Ehegatten gebildeten Gesellschaft – die Gesellschaftsanteile nur als Vorbehaltsgut für möglich halten. Aber soweit nicht Fälle gesetzlichen Vorbehaltsguts vorliegen und auch nicht Vorbehaltsgutseigenschaft vereinbart ist, bleibt unerfindlich, wie ein von einem Ehegatten während des Güterstandes erworbener Anteil an einer Personengesellschaft Vorbehaltsgut werden soll. Daher spricht m. E. mehr für die Zuordnung zu Sondergut. Ein von den Ehegatten während bestehender Gütergemeinschaft neu geschlossener Gesellschaftsvertrag würde wegen der Ausgliederung des Gesellschaftsvermögens aus dem Gesamtgut der Form des Ehevertrages (§ 1410) bedürfen.

Schrifttum: *Lutter,* Zum Umfang des Sonderguts, AcP 161, 163; *Beitzke,* FamRZ 1975, 576; *Tiedtke,* FamRZ 1975, 675 u. gegen ihn Schünemann, FamRZ 1976, 137; *Reuter* u. *Kunath,* JuS 1977, 376; *Buchner,* Fschr Beitzke 1979, 153.

Auch *Arbeitsverträge* zwischen Ehegatten sind selbst im Güterstand der Gütergemeinschaft zivilrechtlich als wirksam anzusehen, zumal der Erwerb des mitarbeitenden Ehegatten mindestens teilweise Sondergut wird! Das gilt unbeschadet dessen, daß der BFH in solchen Fällen Mitunternehmerschaft annimmt und einen Abzug des Gehalts als Betriebsausgabe versagt.

Jeder Ehegatte hat sein Sondergut selbständig zu verwalten, aber für Rechnung des Gesamtgutes, d. h. die Erträgnisse des Sonderguts werden Gesamtgut; Lasten des Sonderguts trägt das Gesamtgut. Minderungen seines Sonderguts treffen jeden Ehegatten allein. Verwendungen von Sondergut aufs Gesamtgut und umgekehrt sind nach §§ 1445, 1467 auszugleichen.

3. *Vorbehaltsgut* jedes Ehegatten ist das, was durch Ehevertrag oder durch Bestimmung eines Dritten in letztwilliger Verfügung oder bei unentgeltlicher Zuwendung zum Vorbehaltsgut erklärt worden ist, sowie die Surrogate und Einkünfte des Vorbehaltsguts (§ 1418). Ein gesetzliches Vorbehaltsgut gibt es nicht; auch persönliche Gebrauchsgegenstände (Bekleidung, Arbeitsgerät) gehören zum Gesamtgut. Soll Dritten ge-

genüber geltend gemacht werden, daß ein Gegenstand Vorbehaltsgut ist, so muß das Vorbehaltsgut im Güterrechtsregister eingetragen sein (§ 1412). Jeder Ehegatte verwaltet sein Vorbehaltsgut selbständig und für eigene Rechnung.

4. Rechtsbeziehungen zwischen der Gesamthand (Gesamtgut) einerseits und den einzelnen Ehegatten andrerseits sind möglich – unbeschadet der gleichzeitigen Beteiligung beider Ehegatten an der Gesamthand. So können nicht nur Verpflichtungen eines Ehegatten gegenüber dem Gesamtgut bestehen (§§ 1445, 1446, 1467, 1468), sondern auch Forderungen an das Gesamtgut. Es können Rechte rechtsgeschäftlich aus dem Gesamtgut in Vorbehaltsgut übertragen werden und umgekehrt. Es kann am Gesamtgutsgrundstück eine Eigentümergrundschuld bestellt werden, die der Gesamthand zusteht (str.).

III. Verwaltungsrecht am Gesamtgut

1. Der Ehevertrag soll bestimmen, wer das Gesamtgut zu verwalten hat; in Ermangelung einer Bestimmung haben beide Eheleute es *gemeinsam* zu verwalten (§ 1421). Bei gemeinschaftlicher Verwaltung sind die Ehegatten einander zur Mitwirkung an ordnungsmäßiger Verwaltung verpflichtet (§ 1451); jeder haftet dem anderen im Rahmen des § 1359. Konkurrierende selbständige Verwaltungsrechte beider Ehegatten können nicht vereinbart werden; soll keine gemeinsame Verwaltung erfolgen, so ist nur Verwaltung durch einen Ehegatten allein möglich. Hat ein Ehegatte das Gesamtgut allein zu verwalten, so war er nach der bisherigen Fassung des BGB nahezu frei wie ein Alleineigentümer. Seit 1. 7. 1958 ist er ausdrücklich zur ordnungsmäßigen Verwaltung verpflichtet, hat jederzeit Auskunft zu erteilen und ist für verschuldete (§ 1359!) Verluste oder für Rechtsgeschäfte ohne die erforderliche Zustimmung verantwortlich (§ 1435).

Mit der ausdrücklichen Nennung der Schadensersatzpflicht bei Abschluß zustimmungsbedürftiger Rechtsgeschäfte ohne Zustimmung gibt der Gesetzgeber zu erkennen, daß es für einen Gesamtgutsverwalter zu der im Verkehr erforderlichen Sorgfalt (§ 276) gehört, die Zustimmungserfordernisse zu kennen und zu beachten, und daß ein Verstoß dagegen stets als grobe Fahrlässigkeit gilt (§ 277 mit § 1359).

Steht der allein Verwaltungsberechtigte unter Vormundschaft, so verwaltet der Vormund das Gesamtgut (§ 1436; bedenklich, weil die Verwaltung dem anderen Ehegatten kraft besonderen Vertrauens überlassen war und der Vormund oft nicht dasselbe Vertrauen genießen wird; die Bedenken werden dadurch gemildert, daß der andere Ehegatte Vormund sein kann (§ 1900 mit Vorrang vor anderen!) oder wenigstens bei unanfechtbarer Entmündigung der nicht verwaltende Ehegatte auf Aufhebung des Güterstandes klagen kann, § 1447 Ziff. 4).

Steht ein mitverwaltender Ehegatte unter elterlicher Sorge oder unter Vormundschaft, so verwaltet so lange der andere Ehegatte das Gesamtgut als Alleinverwalter (§ 1458). Eltern oder Vormund haben hinsichtlich des Gesamtguts kein Mitverwaltungsrecht.

Dritten gegenüber gelten beide Eheleute als gemeinsame Verwalter, wenn die Person des Alleinverwalters nicht im Güterrechtsregister eingetragen oder dem Dritten bekannt war (§ 1412).

2. Der Verwaltende ist berechtigt, das Gesamtgut *in Besitz zu nehmen* (§ 1422), aber nicht durch Eigenmacht. Der allein Verwaltende wird dann unmittelbarer Besitzer, während beide Ehegatten als Gesamthänder mittelbare Besitzer sind. Doch können auch beide Ehegatten gemeinsam unmittelbare Besitzer sein (Hausrat) oder kann der nichtverwaltende Ehegatte alleinigen unmittelbaren Besitz haben (Schmuck der Ehefrau). Bei gemeinsamer Verwaltung sind die Ehegatten gemeinschaftlich zum Besitz berechtigt (§ 1450); wenn sie auch meist gemeinsam besitzen werden, so ist doch auch Einzelbesitz eines Ehegatten an Gesamtgutsgegenständen nicht ausgeschlossen.

3. Kein verwaltungsberechtigter Ehegatte kann allein kraft seines Verwaltungsrechts den anderen vertreten. Aber aus den von ihm eingegangenen Verpflichtungen haftet er nicht nur persönlich, sondern auch das Gesamtgut.

Lediglich für den Empfang von Willenserklärungen gilt bei gemeinschaftlicher Verwaltung eine gleiche Regel wie bei Gesamtvertretung: eine gegenüber beiden Ehegatten abzugebende Erklärung ist wirksam zugegangen, wenn sie einem gegenüber abgegeben ist (§ 1450 II; vgl. § 28; HGB § 125 II; AktG § 78 II).

Gehört zum Gesamtgut ein Handelsgeschäft, so hat es der Alleinverwalter zu führen und ist auch nur er Kaufmann im Sinne des HGB (BayObLG DB 1978, 933), und zwar ohne Rücksicht darauf, ob steuerlich beide Ehegatten als Mitunternehmer zu gelten haben (dazu BFH DB 1977, 2168).

Verpflichtungen eines Ehegatten sind, soweit sie das Gesamtgut treffen, bei gemeinschaftlicher Verwaltung ohnehin von beiden Ehegatten als Gesamtschuldner zu tragen (§ 1459; aber nicht wegen einer Vertretung, sondern wegen der gemeinsamen Verantwortung für die Verwaltung!). Bei Alleinverwaltung verpflichtet der Verwaltende stets nur sich selbst, nicht den anderen Ehegatten (§ 1422); letzterer haftet aber mittelbar mit, soweit das Gesamtgut in Anspruch genommen wird. Daher kann auch ein alleinverwaltender Ehegatte sich nicht wirksam verpflichten, soweit er zur Verfügung über Gesamtgut der Zustimmung des anderen Ehegatten bedarf (§§ 1423–1425).

4. *Verfügungen* müssen bei gemeinschaftlicher Verwaltung gemeinsam erfolgen, oder von einem Ehegatten mit vorheriger Einwilligung des anderen (§ 1450). Der Alleinverwalter ist zwar grundsätzlich auch verfügungsberechtigt (§ 1422), bedarf aber der Zustimmung des anderen Ehegatten zur Verfügung über das Gesamtgut im ganzen (§ 1423; vgl. § 1365), über ein Gesamtgutsgrundstück (§ 1424) und zu Schenkungen aus dem Gesamtgut, die nicht durch sittliche Pflicht oder Anstandsrücksicht gerechtfertigt werden (§ 1425). Auch die entsprechenden Verpflichtungsgeschäfte sind zustimmungsbedürftig (§§ 1423 bis 1425; 1460).

Fehlt die erforderliche Einwilligung des anderen Ehegatten, so ist das Geschäft schwebend unwirksam. Es gelten für die Einholung der Genehmigung und die Möglichkeit des Widerrufs entsprechende Regeln wie bei der Zugewinngemeinschaft (§§ 1366, 1367) und bei Rechtsgeschäften Minderjähriger (§ 108, 109, 1453). Gutgläubiger Erwerb dürfte kaum in Betracht kommen, weil der gute Glaube zwar das mangelnde Alleineigentum des Veräußerers, nicht aber die mangelnde Alleinverfügungsmacht überwinden kann (anders nur im Fall des § 892). Auch wäre gutgläubiger Erwerb der Kondiktion wegen unwirksamen Verpflichtungsgeschäfts ausgesetzt.

Die Zustimmungsbedürftigkeit des Verpflichtungsgeschäfts soll verhindern, daß der Gläubiger im Wege der Zwangsvollstreckung die Verfügung ohne die Zustimmung erzwingt.

Schenkungsversprechen des allein Verwaltenden bedürfen auch dann der Zustimmung des anderen Ehegatten, wenn sie sich nicht unmittelbar auf das Gesamtgut beziehen, weil für alle Verbindlichkeiten des Verwaltenden das Gesamtgut haftet (§ 1437). Nur wenn die Haftung des Gesamtguts ausdrücklich ausgeschlossen wird, ist die Zustimmung des anderen Ehegatten entbehrlich.

Die Belastung eines neu erworbenen Grundstücks mit einer Restkaufgeldhypothek kann der Verwaltende ohne Zustimmung des anderen Ehegatten vornehmen, weil er – wirtschaftlich gesehen – das Grundstück von vornherein mit dieser Belastung erwirbt (RGZ 69, 177).

Hat ein Ehegatte ohne die erforderliche Zustimmung des anderen Ehegatten verfügt, so kann der übergangene Ehegatte das Recht gegen Dritte selbständig geltend machen (§ 1428; § 1455 Ziff. 8; vgl. § 1368).

5. Soweit ein Ehegatte der Zustimmung des anderen bedarf, weil er nicht allein verfügen oder das Gesamtgut nicht verpflichten kann (so häufig der Alleinverwalter, immer der nicht verwaltende und der mitverwaltende Ehegatte, § 1460), und der andere Ehegatte seine Zustimmung ohne ausreichenden Grund verweigert, kann die Zustimmung durch das *Vormundschaftsgericht ersetzt* werden (§§ 1426, 1430, 1452). Antragsberechtigt sind nur die Ehegatten, nicht Dritte (vgl. auch BGH NJW 1958, 2061).

Bei Verfügungen des Alleinverwalters kann die Zustimmung auch ersetzt werden, wenn der andere Ehegatte durch Krankheit oder Abwesenheit an der Abgabe einer Erklärung verhindert und mit dem Aufschube Gefahr verbunden ist (§ 1426).

6. Aus Rechtsgeschäften, welche ein Ehegatte ohne die erforderliche Zustimmung des anderen vornimmt, haftet das Gesamtgut stets nach Bereicherungsrecht (§§ 1434, 1457).

IV. Selbständige Rechte eines Ehegatten

1. Ein von der Verwaltung des Gesamtguts ausgeschlossener und ein das Gesamtgut nicht allein verwaltender Ehegatte können über das Gesamtgut nicht allein verfügen oder es verpflichten, es sei denn mit Zustimmung des anderen Ehegatten. Aus ihren ohne Zustimmung des anderen Ehegatten vorgenommenen Geschäften haftet das Gesamtgut nur nach Bereicherungsgrundsätzen (§§ 1434, 1457). Was sie erwerben, fällt grundsätzlich ins Gesamtgut. Nur in *Notfällen,* nämlich bei Krankheit

oder Abwesenheit des anderen oder Gefahr im Verzuge kann ein solcher Ehegatte allein im eigenen Namen oder im Namen des (bzw. der) Verwaltenden für und gegen das Gesamtgut rechtsgeschäftlich handeln (§§ 1429, 1454). Ebenso ist er selbständig, wenn der andere in den Betrieb eines *Erwerbsgeschäfts* einwilligt oder dem ihm bekannten Erwerbsgeschäft nicht widersprochen hat (§§ 1431, 1456).

Bei genehmigtem selbständigem Betrieb eines Erwerbsgeschäfts ist die Verpflichtungs- und Verfügungsfähigkeit des Inhabers hinsichtlich des Gesamtguts nicht auf die zum Geschäftsbetrieb gehörenden Gegenstände und Rechte beschränkt (lies dazu *Beck* DNotZ 1962, 348).

Dritten gegenüber kann sich der andere Ehegatte auf einen Einspruch gegen den Geschäftsbetrieb oder den Widerruf seiner Einwilligung nur im Fall einer Eintragung von Einspruch oder Widerruf ins Güterrechtsregister berufen.

2. Der nicht oder nicht allein verwaltende Ehegatte kann gegenüber dem Gesamtgut dann wirksam handeln, wenn der andere Ehegatte *zugestimmt* hat, oder wenn zur Besorgung einer *persönlichen Angelegenheit* das Vormundschaftsgericht die Zustimmung ersetzt hat (§ 1430, § 1452 II). Endlich hat er die freie Entscheidung über die Annahme von Vertragsanträgen, Schenkungen, Erbschaft und Vermächtnis sowie über den Verzicht auf den Pflichtteil oder einen Zugewinnausgleich, und kann ohne Zustimmung des anderen ein Nachlaßinventar errichten (§ 1432, § 1455 Ziff. 1–4).

3. Der mitverwaltende Ehegatte kann im Hinblick auf sein Mitverwaltungsrecht ferner alle zur Erhaltung des Gesamtguts notwendigen Maßnahmen im Falle der Gefahr treffen und auf das Gesamtgut sich beziehende Rechtsgeschäfte gegenüber dem anderen Ehegatten vornehmen (§ 1455 Ziff. 5 u. 10).

V. Prozeßführungsrecht

Es steht hinsichtlich des Gesamtguts dem Alleinverwalter (§ 1422) oder beiden Ehegatten als Mitverwaltern gemeinschaftlich zu (§ 1450). Zur Zwangsvollstreckung in Gesamtgut genügt bei Alleinverwaltung ein Titel gegen den Alleinverwalter, sonst ist ein Titel gegen beide Ehegatten erforderlich (ZPO § 740). Ist bei Alleinverwaltung der andere Ehegatte im Besitz von der Vollstreckung unterfallendem Gesamtgut, so kann auch gegen ihn vollstreckt werden (arg. ZPO § 739).

Der nicht oder nicht allein verwaltungsberechtigte Ehegatte hat das Prozeßführungsrecht hinsichtlich Gesamtgut bei Zustimmung des anderen Teils (RGZ 148, 247), in Notfällen (§§ 1429, 1454), zur Fortführung eines bei Eintritt der Gütergemeinschaft anhängigen Rechtsstreits (§§ 1433, 1455 Ziff. 7) sowie bei unbefugten Verfügungen des anderen Teils (§§ 1428, 1455 Ziff. 8).

Ebenso wie bei der revokatorischen Klage in der Zugewinngemeinschaft ist streitig, ob der klagende Ehegatte Einwendungen des Dritten aus dem zustimmungslosen

Rechtsgeschäft ausgesetzt ist. Im Gegensatz zur Zugewinngemeinschaft muß das für die Gegenansprüche aus §§ 1434 und 1457 bejaht werden, weil auch der klagende Ehegatte nur Rückgewähr ins Gesamtgut verlangen kann, aber mit seiner Beteiligung am Gesamtgut Dritten für die Bereicherung mit haftet (str.).

Der Mitverwalter hat ferner das Prozeßführungsrecht bei Widerspruch gegen eine Zwangsvollstreckung ins Gesamtgut und zur Geltendmachung eines zum Gesamtgut gehörenden Rechts gegen den anderen Ehegatten (§ 1455 Ziff. 6 und 9). In allen diesen Fällen wirkt das Urteil auch gegen den anderen Ehegatten und muß erforderlichenfalls eine Vollstreckungsklausel auch gegen diesen erteilt werden. Bei Betrieb eines selbständigen Erwerbsgeschäfts durch den nicht oder nicht allein zur Verwaltung des Gesamtguts berechtigten Ehegatten ist – solange kein Widerspruch oder kein Widerruf der Einwilligung des anderen Ehegatten im Güterrechtsregister eingetragen ist – ein Titel gegen den Geschäftsinhaber allein zur Zwangsvollstreckung im Gesamtgut ausreichend (§ 741 ZPO).

In sonstigen Fällen wirken Urteile gegen einen nicht oder nicht allein zur Verwaltung des Gesamtguts berechtigten Ehegatten nur gegen diesen allein und sind höchstens in das Vorbehaltsgut und Sondergut vollstreckbar.

VI. Schuldenhaftung

Die Schulden jedes Ehegatten sind in erster Linie *persönliche Schulden*, gleichgültig, ob sie vor oder während der Ehe begründet wurden. Stets haftet bei jedem Ehegatten für seine Schulden sein Vorbehaltsgut und sein Sondergut.

1. Das *Gesamtgut haftet* für alle Schulden beider Ehegatten, insbes. deren gesetzliche Schulden. Ausgenommen sind solche Schulden, die ein Ehegatte ohne Zustimmung des anderen verwaltungsberechtigten Ehegatten eingeht (§§ 1438, 1460), die aus Annahme von ins Vorbehaltsgut oder Sondergut fallenden Erbschaften oder Vermächtnissen (§§ 1439, 1461) oder sonst infolge eines zum Vorbehaltsgut oder Sondergut gehörenden Rechts entstehen (§§ 1440, 1462). Das Gesamtgut haftet aber für alle im Zusammenhang mit dem vom anderen Ehegatten genehmigten oder unwidersprochen geduldeten Betrieb eines selbständigen Erwerbsgeschäfts (nach BGHZ 83, 76 auch Arztpraxis!) begründeten Schulden eines nicht oder nicht allein verwaltungsberechtigten Ehegatten; ferner für solche Lasten des Sondergutes, welche aus den Einkünften beglichen zu werden pflegen (weil ja die Einkünfte des Sonderguts ins Gesamtgut fallen); §§ 1440 und 1462. Man spricht hier von *Gesamtgutsverbindlichkeiten.*

2. Ein von der Verwaltung des Gesamtgutes ausgeschlossener Ehegatte haftet für die Schulden des Verwaltenden niemals persönlich; jeder Al-

leinverwalter oder Mitverwalter haftet aber für die Gesamtgutsverbindlichkeiten (und damit für viele Schulden des anderen Ehegatten) auch persönlich, d. h. auch mit Vorbehaltsgut und Sondergut (§§ 1437, 1459). Fallen die Schulden im Innenverhältnis dem Gesamtgut zur Last, so ist die Haftung eine unbegrenzte; fallen sie dem anderen Ehegatten zur Last, so endet die Haftung mit der Beendigung des Güterstandes.

Diese persönliche Haftung auch für Schulden des anderen Ehegatten ist die Kehrseite von Verwaltungsrecht und Verwaltungspflicht. Sie soll dazu anhalten, nicht nur die eigenen, sondern auch die Schulden des anderen aus dem Gesamtgut zu begleichen. Ob bei gemeinschaftlicher Verwaltung die Haftung beider Eheleute als Gesamtschuldner paßt, muß fraglich erscheinen. Sie stellt häufig die Gläubiger zu gut; auch kann ein Ehegatte schwerlich für mangelnde Verwaltung verantwortlich gemacht werden, denn oft mag es kaum gelingen, die Mitwirkung des anderen zu erzwingen (vgl. zu diesem Fragenbereich auch *Gernhuber*, FamRZ 1955, 194). Wird ein Ehegatte aus Verbindlichkeiten des anderen Ehegatten in Anspruch genommen, weil es sich dabei um Gesamtgutsverbindlichkeiten handelt, so handelt es sich um eine ,,Familiensache" nach GVG § 23b, die vor den Familiengerichten auszutragen ist (BGHZ 76, 307).

3. Im *Innenverhältnis* der Ehegatten sind Gesamtgutsschulden auch Gesamtgutslasten, außer Deliktsschulden und Schulden die sich auf das Vorbehaltsgut oder das Sondergut (außer den Lasten des Sonderguts) beziehen, Kosten eines Strafverfahrens und Prozeßkosten wegen der vorgenannten Schulden, Kosten einer das gewöhnliche Maß übersteigenden Ausstattung (§§ 1441, 1442, 1444; §§ 1463, 1464, 1466).

Kosten eines Prozesses zwischen Ehegatten fallen demjenigen zur Last, welcher sie nach der Entscheidung des Gerichts zu tragen hat; Kosten des Prozesses eines das Gesamtgut nicht oder nicht allein verwaltenden Ehegatten fallen diesem zur Last, außer das Urteil ist dem Gesamtgut gegenüber wirksam oder es betrifft eine Gesamtgutsverbindlichkeit oder eine persönliche Angelegenheit und die Aufwendung der Kosten war den Umständen nach geboten (§§ 1443, 1465).

4. Soweit eine Schuld von einem Ehegatten oder aus einer Vermögensmasse beglichen wird, welcher die Schuld im Endergebnis nicht zur Last fällt, entstehen *Ausgleichungspflichten* (§§ 1445, 1446; §§ 1467, 1468). Der alleinverwaltende Ehegatte braucht die Ausgleichung zwischen Gesamtgut und seinem persönlichen Vermögen erst bei Beendigung des Güterstandes vorzunehmen; mitverwaltende Ehegatten haben ihre Schulden gegenüber dem Gesamtgut oder dem anderen Ehegatten aber sofort auszugleichen, soweit ihr Vorbehaltsgut oder Sondergut dazu ausreicht.

5. Im Falle des Konkurses berührt der Konkurs des einen Ehegatten den anderen nicht direkt. Bei Konkurs des Alleinverwalters gehört das Gesamtgut in seine Konkursmasse; bei Konkurs eines von der Verwaltung des Gesamtgutes ausgeschlossenen Ehegatten bleibt das Gesamtgut unberührt. Bei Konkurs eines mitverwaltenden Ehegatten wird über das Gesamtgut ein Sonderkonkurs eröffnet (KO § 2).

VII. Beendigung

1. Die Gütergemeinschaft endet kraft Gesetzes mit *Auflösung der Ehe*, bei Auflösung durch Tod aber nur, *wenn nicht fortgesetzte Gütergemeinschaft* vereinbart ist (§ 1483); sie endet ferner durch *Ehevertrag* und durch *Gestaltungsurteil* (§§ 1447–1449, 1469 bis 1470).

Die Aufhebung durch Gestaltungsurteil ist eine Sonderart der Kündigung aus wichtigem Grund, wobei die wichtigen Gründe im Gesetz erschöpfend und unabdingbar aufgezählt sind (lies BGHZ 29, 133). Es sind für den nicht oder nicht allein Verwaltenden Unfähigkeit des Verwalters, Mißbrauch seiner Rechte (BGHZ 48, 370) oder beharrliche Vernachlässigung der Verwaltung, Entmündigung des Verwalters und Unterhaltsgefährdung durch den Verwalter; für jeden Ehegatten ist Klagegrund die künftigen Erwerb gefährdende Verursachung hoher Gesamtgutsverbindlichkeiten.

Im Schrifttum (Grasmann, FamRZ 1984, 957ff) wird dafür eingetreten, über die gesetzlichen Gründe der Klage auf Aufhebung des Güterstandes hinaus auch – analog § 1385 – eine Aufhebungsklage nach dreijährigem Getrenntleben der Ehegatten zu geben. M. E. ist diese Analogie angesichts der unterschiedlichen Struktur der Güterstände und der bei Gütergemeinschaft gegebenen besonderen Auseinandersetzungsregelung für den Scheidungsfall (§ 1478) nicht angebracht.

2. Nach Beendigung des Güterstandes muß die *Auseinandersetzung* der Gatten erfolgen (§ 1471), die bei Aufhebung des Güterstandes durch Urteil auf Verlangen des Klägers auf den Zeitpunkt der Klageerhebung zu berechnen ist (§ 1479). Zunächst entsteht ein Liquidationszustand. Das Gesamtgut bleibt ungeteilt bestehen (§ 1472), aber die Anteile sind jetzt pfändbar (§ 860 II ZPO), und zur Zwangsvollstreckung bedarf es eines Urteils gegen beide Ehegatten, entweder gegen beide auf Leistung, oder gegen den persönlich Haftenden auf Leistung, gegen den anderen auf Duldung der Zwangsvollstreckung (§ 743 ZPO). Das Gesamtgut wird jetzt von beiden Gatten gemeinsam verwaltet (§ 1472); beide können nur gemeinsam verfügen. Neuerwerb für das Gesamtgut findet nur noch bei gemeinsamem Erwerb beider Gatten oder bei Surrogation statt (§ 1473). Auf Leistung ins Gesamtgut kann aber jeder Gatte allein klagen (arg. § 2039).

Ist die Gütergemeinschaft durch Tod eines Ehegatten aufgelöst, so fällt der Anteil des Verstorbenen an ihr in den Nachlaß. Die Auseinandersetzung muß zwischen überlebendem Ehegatten und Erben erfolgen, die zunächst in zwei Gesamthandsgemeinschaften miteinander verbunden sind. Davon ist zuerst die Gütergemeinschaft auseinanderzusetzen, um zu klären, was in den Nachlaß fällt.

Die Auseinandersetzung erfolgt nach Möglichkeit einverständlich; doch kann gerichtliche (oder nach Landesrecht notarielle) Hilfe in Anspruch genommen werden (§ 99 FGG). Zunächst erfolgt Berichtigung der Gesamtgutsverbindlichkeiten; dann ist der Überschuß zwischen den Gatten gleichmäßig zu teilen (§§ 1474–1477), wobei Ausgleichungsansprüche der Ehegatten untereinander zu verrechnen sind. Persönliche oder eingebrachte Gegenstände kann jeder Gatte gegen Wertersatz übernehmen. Die Halbteilung des Gesamtgutes kann unbillig sein, wenn ein Ehegatte viel, der andere wenig in die Ehe eingebracht hatte; daher hat ein Ehegatte bei Scheidung das Recht, zu verlangen, daß jedem Ehegatten das Eingebrachte zurückerstattet und der Fehlbetrag nach dem Verhältnis des von ihnen Eingebrachten geteilt werde (Auseinandersetzung nach Bereicherungsgrundsätzen statt nach Liquidationsgrundsätzen; § 1478).

Bei dieser Werterstattung ist der Wert zur Zeit der Einbringung nach vorwiegender und vom BGH in NJW 1982, 2337 bestätigten Meinung „inflationsbereinigt" auf den heutigen Geldwert hochzurechnen. Kritisch dazu, aber m. E. nicht überzeugend, *Bölling* FamRZ 1982, 234 u. 993.

Pensions-, Renten- und andere Versorgungsanwartschaften gehören nicht in die güterrechtlich zu teilende Vermögensmasse. Hier gelten die Sondervorschriften über den Versorgungsausgleich (§ 1587 II).

Wurde bei der Auseinandersetzung eine Gesamtgutsverbindlichkeit nicht berichtigt, so haftet dem Gläubiger außer dem persönlichen Schuldner auch der andere Ehegatte, aber unter Beschränkung auf die ihm zugeteilten Gegenstände wie ein Erbe (§ 1480).

Im Verhältnis der Ehegatten zueinander haben diese einander dafür einzustehen, daß der Gläubiger nur den endgültig verpflichteten Ehegatten, bei Gesamtgutslasten keinen Ehegatten auf mehr als die Hälfte, bei Alleinverwaltung den anderen auch nicht auf mehr als das aus dem Gesamtgut Erlangte in Anspruch nimmt (§ 1481).

Schrifttum: *Stumpp,* Ehevertragliche Vereinbarungen für die Auseinandersetzung des Gesamtgutes, Rpfleger 1979, 441; *Bölling,* Zur Bewertung eines landwirtschaftlichen Betriebes gemäß den §§ 1477, 1478, FamRZ 1980, 754.

§ 17. Fortgesetzte Gütergemeinschaft

I. Eintritt

Bei Tod eines Ehegatten wird zur Erhaltung des Familienvermögens als Einheit und zwecks kontinuierlicher einheitlichen Vermögensverwaltung die Gütergemeinschaft zwischen dem überlebenden Ehegatten und den gemeinschaftlichen, gesetzlich erbberechtigten Abkömmlingen fortgesetzt, falls dies durch Ehevertrag vereinbart wurde (§ 1483).

Darin lebt noch ein Rest der alten, patriarchalischen Familieneinheit. Die Einrichtung paßt aber wenig in die heutige schnellebige Zeit, wo meist auf baldige Teilung gedrängt wird. Deshalb läßt das GleichberG die fortgesetzte Gütergemeinschaft nicht mehr ex lege, sondern nur noch kraft Vertrages eintreten, und auch dieser Vertrag ist aufhebbar (§ 1518).

Die Gütergemeinschaft wird *nur hinsichtlich des Gesamtgutes* fortgesetzt. Sondergut und Vorbehaltsgut des Verstorbenen werden nach Erbrecht vererbt; eine letztwillige Verfügung des Erstverstorbenen kann nur dies Vermögen erfassen und bleibt hinsichtlich des Anteils am Gesamtgut ohne Wirkungen.

Das hat zur Folge, daß der überlebende Ehegatte und die Kinder meist in zwei Gesamthandgemeinschaften miteinander verbunden sind: in der Gütergemeinschaft und in der Erbengemeinschaft. An der Erbengemeinschaft können aber auch noch andere Personen als Miterben teilhaben.

Die Rechtsverhältnisse der fortgesetzten Gütergemeinschaft sind durch *zwingendes Recht* geregelt (§ 1518).

II. Ausschluß

Die Fortsetzung der Gütergemeinschaft kann ausgeschlossen werden.

1. Der Ausschluß kann von *beiden Ehegatten* erfolgen, entweder durch einen die Vereinbarung der Fortsetzung wieder aufhebenden *Ehevertrag*, für den die Erschwernisse des Gütergemeinschaftsvertrages gelten (§§ 1518, 1410ff.), oder durch *gemeinschaftliches Testament* (RGZ 94, 317) oder *Erbvertrag* (RG, Recht 1930, 1263; arg. § 1511).

2. Der Ausschluß kann von *einem Ehegatten* durch *letztwillige Verfügung* erfolgen, wenn er Aufhebung der Gütergemeinschaft oder Scheidung oder Aufhebung der Ehe zu beantragen berechtigt ist (§ 1509) und beantragt bzw. die Klage erhoben oder der Scheidung zugestimmt hat, oder dadurch, daß alle Abkömmlinge mit Zustimmung des anderen Gatten von der Gütergemeinschaft ausgeschlossen werden (§§ 1511, 1516).

3. Der überlebende Ehegatte kann nach den Regeln über die Ausschlagung einer Erbschaft die fortgesetzte Gütergemeinschaft *ablehnen* (§ 1484), d. h. innerhalb von sechs Wochen, nachdem er von dem Eintritt der fortgesetzten Gütergemeinschaft Kenntnis erhalten hat (BGHZ 31, 206).

Ist die Fortsetzung der Gütergemeinschaft ausgeschlossen oder tritt mangels erbberechtigter gemeinschaftlicher Abkömmlinge keine fortgesetzte Gütergemeinschaft ein, so wird mit dem Tod des einen Gatten die Gütergemeinschaft aufgelöst. Der überlebende Ehegatte erhält bei der Auseinandersetzung seine Hälfte und – soweit er Erbe ist – auch noch einen Anteil an der Hälfte des verstorbenen Gatten: denn dessen Hälfte gehört zu seinem Nachlaß (§ 1482).

III. Beteiligte

Die Gütergemeinschaft wird fortgesetzt zwischen dem *überlebenden Ehegatten* einerseits und den *gemeinschaftlichen Abkömmlingen* andererseits.

Diese sind aber an der Gütergemeinschaft nur beteiligt, soweit sie erbberechtigt sind. Sie scheiden aus wegen Erbunwürdigkeit (§ 1506), durch vertraglichen Verzicht (§ 1517) oder wenn sie durch letztwillige Verfügung ausgeschlossen werden (§§ 1511,

1513). Auch eine Beschränkung der Beteiligung kann letztwillig angeordnet werden (§ 1512). Das dem Abkömmling Entzogene kann Dritten zugewendet werden (§ 1514). Alle derartigen Verfügungen bedürfen aber der Zustimmung des anderen Gatten (§ 1516). Soweit einem Abkömmling durch Ausschluß von der Gütergemeinschaft grundlos das Erbrecht geschmälert würde, hat er einen Pflichtteilsanspruch (§ 1511 II im Gegensatz zu § 1513).

Ein Abkömmling kann auch nachträglich durch Verzicht aus der Gütergemeinschaft ausscheiden (§ 1491); sein Anteil wächst dann den übrigen Beteiligten an.

Der Verzicht erfolgt durch notariell beurkundeten Vertrag mit den anderen Beteiligten oder durch eine öffentlich beglaubigte Erklärung gegenüber dem Nachlaßgericht. Bei vertraglichem Verzicht wird oft eine Abfindung gezahlt (§ 1501).

Stirbt ein gemeinschaftlicher Abkömmling, so gehört sein Anteil am Gesamtgut nicht zu seinem Nachlaß. Vielmehr treten seine erbberechtigten Abkömmlinge (nicht seine Erben, nicht seine Ehefrau, nicht ein nur erbersatzberechtigtes nichteheliches Kind) an seiner Stelle in die Gütergemeinschaft ein (§ 1490).

Stirbt oder verzichtet der einzige Abkömmling, so findet die Gütergemeinschaft ihr Ende; das Gesamtgut gehört jetzt dem überlebenden Ehegatten als freies Vermögen.

Der überlebende Ehegatte kann nicht aus der fortgesetzten Gütergemeinschaft ausscheiden. Stirbt oder kündigt er (§ 1492), so wird die Gütergemeinschaft aufgelöst; es tritt Auseinandersetzung ein.

IV. Gütermassen und Haftung

Nur der *überlebende Ehegatte* hat *Vorbehaltsgut* und *Sondergut* (§ 1486). Die *Abkömmlinge* haben neben ihrem Anteil am Gesamtgut *freies Vermögen;* zu letzterem gehört alles, was sie vor Eintritt der fortgesetzten Gütergemeinschaft erwarben und was sie später erwerben; sie sind nur mit dem Anteil des Verstorbenen, nicht aber mit eigenem Vermögen an der Gütergemeinschaft beteiligt.

Zum *Gesamtgut* gehört das bisherige eheliche Gesamtgut und alles, was der überlebende Ehegatte hinzu erwirbt, einschließlich der Nutzungen und Surrogate (§ 1485).

Das Sondergut und Vorbehaltsgut des Verstorbenen wird nach allgemeinen Regeln vererbt, während sein Anteil am Gesamtgut im Gesamtgut bleibt. Aber dieser Anteil am Gesamtgut kann gekürzt werden durch Erbberechtigte, die nicht zu den gemeinsamen Abkömmlingen gehören, z. B. Abkömmlinge aus einer früheren Ehe (§ 1483 II) oder mit Zustimmung des anderen Ehegatten letztwillig eingesetzte Erben (§§ 1514, 1516).

Der Eintritt der fortgesetzten Gütergemeinschaft am Gesamtgut bedeutet keine Rechtsnachfolge, sondern lediglich einen Wechsel in der Person der Gesamthänder bei Identität der Gesamthand (RGZ 129, 20).

Trotzdem wird über Fortsetzung der Gütergemeinschaft ein erbscheinähnliches Zeugnis ausgestellt (§ 1507), das vor allem dem Nachweis der Verfügungsberechtigung und der Berichtigung des Grundbuchs dient.

Das Gesamtgut steht den neuen Gesamthändern zu, die über ihre Anteile nicht verfügen können (§§ 1487, 1419). Der *überlebende Ehegatte* hat die Stellung des Alleinverwalters. Die Abkömmlinge haben, abgesehen vom Verfügungsrecht in Notfällen, die Stellung eines von der Verwaltung ausgeschlossenen Ehegatten (§ 1487).

Das Gesamtgut haftet für die bisherigen ehelichen Gesamtgutsverbindlichkeiten und die Schulden des überlebenden Ehegatten. Für die Schulden der Abkömmlinge haften nur diese mit ihrem freien Vermögen (§ 1488). Daneben haftet der überlebende Ehegatte für die Gesamtgutsverbindlichkeiten persönlich (§§ 1489, 1437).

Die fortgesetzte Gütergemeinschaft kann demnach für den überlebenden Ehegatten eine Erweiterung der Haftung bringen, z. B. Haftung für Deliktsschulden des anderen Gatten (§§ 1437, 1441). Hier kann aber die Haftung nach erbrechtlichen Regeln beschränkt werden (§ 1489). Die Abkömmlinge haften für Gesamtgutsverbindlichkeiten nach Güterrecht niemals persönlich; sie können aber, wenn sie gleichzeitig Erben sind, nach Erbrecht persönlich haften (§ 1967).

Im Innenverhältnis sind Gesamtgutsverbindlichkeiten auch Gesamtgutslasten; aber sie treffen den überlebenden Ehegatten, wenn sie ihn auch bei der Gütergemeinschaft trafen (§§ 1499, 1441–1443). Die Abkömmlinge werden insoweit belastet, als der Verstorbene Gesamtgutsverbindlichkeiten zu tragen hatte oder zum Gesamtgut Ersatz schuldete, von den Erben aber keine Deckung zu erlangen ist (§ 1500).

V. Beendigung

Die fortgesetzte Gütergemeinschaft endigt:

1. *Kraft Gesetzes* ihrem Wesen nach mit Wegfall aller Abkömmlinge (§§ 1490, 1491) und mit dem Tod oder Todeserklärung des überlebenden Gatten (§ 1494), ferner mit dessen Wiederverheiratung (§ 1493).

2. *Kraft Rechtsgeschäfts* durch einen notariell beurkundeten Vertrag der Beteiligten (§ 1492 II) oder durch eine in öffentlich beglaubigter Form gegenüber dem Nachlaßgericht erklärte Kündigung des überlebenden Gatten (§ 1492).

3. *Kraft Gestaltungsurteils* auf Klage eines Abkömmlings (§§ 1495, 1447).

Die Gründe der Aufhebungsklage entsprechen den Klagegründen für den von der Verwaltung des Gesamtguts Ausgeschlossenen bei der Gütergemeinschaft (BGHZ 48, 370). Die Klage kann von jedem Abkömmling erhoben werden; das Urteil wirkt gegenüber allen (§ 1496).

Der überlebende Ehegatte bedarf keines Klagerechts angesichts der Kündigungsmöglichkeit nach § 1492.

VI. Auseinandersetzung

Für den nach Ende der fortgesetzten Gütergemeinschaft eintretenden Liquidationszustand und die Auseinandersetzung gelten grundsätzlich dieselben Regeln wie bei der Gütergemeinschaft (§§ 1497, 1498).

Die eine Hälfte des Gesamtguts gehört dem überlebenden Ehegatten oder in dessen

Nachlaß, welcher sich nach gesetzlichem Erbrecht oder einer letztwilligen Verfügung (die zulässig ist, BGH, NJW 1964, 2298) vererbt. Die andere Hälfte gehört den Abkömmlingen im Verhältnis ihrer Erbteile nach dem erstverstorbenen Ehegatten (§ 1503). Abkömmlinge sind also möglicherweise am Gesamtgut zunächst in mehreren verschachtelten Gesamthandgemeinschaften beteiligt.

Bei Verteilung der Aktiven hat der überlebende Ehegatte das Recht, das Gesamtgut gegen Wertersatz zu übernehmen (§ 1502); wurde die Gütergemeinschaft durch Gestaltungsurteil aufgehoben, so haben statt seiner die Abkömmlinge ein Übernahmerecht hinsichtlich der persönlichen oder eingebrachten Sachen des Erstverstorbenen (§ 1502 II). Ferner hat jeder Abkömmling ein Übernahmerecht, soweit ihm dies durch letztwillige Verfügung des einen Gatten mit Zustimmung des anderen Gatten eingeräumt worden war (§§ 1515, 1516); in dieser Form kann auch dem überlebenden Ehegatten das Recht zur Übernahme eines Landguts eingeräumt sein.

Bei Verteilung der Schulden trifft den überlebenden Ehegatten insbesondere ein Teil der Gesamtgutsverbindlichkeiten (§ 1499), die Abkömmlinge aber die an einen ausscheidenden Abkömmling gezahlte Abfindung (§ 1501).

§ 18. Grundsätzliches zum Scheidungsrecht

Schrifttum: *Hubrich,* Das Recht der Ehescheidung in Deutschland 1891; *Kahl,* Ehescheidung wegen objektiver Ehezerrüttung, Gruch. 67 (1924) 1 ff.; *Henle,* Ehescheidung im gegenseitigen Einverständnis, 1927; *Henle,* Zerrüttung der Ehe 1928; *M. Weber,* Die Idee der Ehe und die Ehescheidung, 1929; *Jonas,* Zum neuen Ehescheidungsrecht, Festschrift für Bumke 1939; *Isele,* Zwischenbilanz des neuen Ehescheidungsrechts, AcP 145, 357 ff.; *Dölle,* Grundsätzliches zum Ehescheidungsrecht, 1946; *Frantz,* Die Ehezerrüttung als Grundlage der Scheidung, FamRZ 54, 190; *Bosch,* Neue Rechtsordnung in Ehe und Familie, 1954; *Dombois,* Grundprobleme des Ehescheidungsrechts ZeKR 1956, 32; *ders.* Unscheidbarkeit und Ehescheidung in den Traditionen der Kirche, 1976; Mikat, Zur Bedeutung Friedrich Karl von Savignys für die Entwicklung des deutschen Scheidungsrechts im 19. Jahrhundert, Fschr. Bosch S. 671; *Brusin,* Zum Ehescheidungsproblem, 1959; *Wolf-Lüke-Hax,* Scheidung und Scheidungsrecht 1959; *Hesse,* Evangelisches Ehescheidungsrecht in Deutschland, 1960; *Nörr,* Bürgerliches Eheauflösungsrecht und Religion, JZ 1966, 545; *Michaelis,* Luthers eherechtliche Anschauungen, Festschr. Ruppel 1968, 43. *Lieser-Stolz,* Die Scheidung und ihre Folgen im Recht beider Teile Deutschlands, Deutschland-Archiv 1971, 374; *Otto,* Personale Freiheit und soziale Bindung, 1978, 214.

Ehescheidung ist – im Gegensatz zu der aus Gründen, die vor oder in der Eheschließung selbst liegen, erfolgenden Nichtigerklärung oder Aufhebung der Ehe – eine Auflösung der Ehe aus Gründen, die in der Entwicklung des ehelichen Verhältnisses nach Eheschließung liegen. Dabei können freilich auch Umstände, die schon vor der Eheschließung vorlagen, wie gegensätzliche Charaktereigenschaften der Ehegatten, eine wesentliche Rolle spielen. Ob die Ehe wegen einer Fehlentwickelung geschieden werden darf, ist allerdings problematisch; nicht alle Rechtsordnungen kennen die Ehescheidung.

Die Stellungnahme zum Problem der Ehescheidung muß je nach dem weltanschaulichen Ausgangspunkt verschieden sein. Wer in der Ehe wie das Naturrecht der Aufklärungszeit einen Vertrag zweier Individuen erblickt, muß folgerichtig auch die beliebige Beseitigung dieses Vertrages durch einen Aufhebungsvertrag zulassen. Genau entgegengesetzt hält die katholisch-kirchliche Lehre die Ehe im Zusammenhang mit ihrer Sakramentsnatur grundsätzlich für unlösbar und stellt damit das Institut der Ehe als solches hoch über die Lebensinteressen der einzelnen Ehegatten. Nur diese beiden Anschauungen lassen sich konsequent durchführen. Jeder Mittelweg ist notwendig ein Kompromiß zwischen widerstreitenden Interessen am Schutz der sozialen Institution der Ehe und an der Freiheit der unglücklich verbundenen Ehegatten. Die moderne staatliche Gesetzgebung muß aber solche Mittelwege gehen. Soll die Ehe Ordnungszelle im Aufbau des sozialen Organismus sein, so sind solche Ehen wertlos, ja gefährlich, bei denen der innere Zusammenhalt der Ehegatten verloren, das gegenseitige Verhältnis vergiftet ist. Die Scheidbarkeit der Ehe ist daher nicht nur trotz des Schutzes der Ehe als Institution, sondern auch gerade um dieses Schutzes willen ein dringendes Erfordernis. Andererseits darf nur die objektiv wertlose Ehe geschieden werden; ob sie geschieden werden *soll*, bleibt auch noch der Initiative der Gatten überlassen. Diese heutige Anerkennung des Scheidungsrechts entspricht der formalen Kategorie nach der Kündbarkeit von Dauerrechtsverhältnissen aus wichtigem Grunde.

Das Erfordernis eines gerichtlichen Verfahrens für die Scheidung verfolgt den doppelten Zweck, einmal das Vorliegen des Scheidungsgrundes nachzuprüfen, zum anderen Klarheit in den Personenstandsverhältnissen zu wahren und die förmlich begründete Ehe auch förmlich zu lösen, und das nicht ohne Klärung bestimmter Scheidungsfolgen, insbes. des Sorgerechts für etwa vorhandene Kinder und des Versorgungsausgleichs.

Auch das gerichtliche Verfahren ist bei der Kündigung aus wichtigem Grund keine Besonderheit, vgl. § 133 HGB.

1. Soziologisches

1. Die *Zahl* der Ehescheidungen ist regelmäßig ein getreues Spiegelbild des Schicksales des gesamten Volkes. Sie hat sich in Deutschland von der Jahrhundertwende bis zum ersten großen Krieg nahezu verdoppelt (von etwa 9500 auf etwa 18000), um nach dem Kriege stark anzusteigen (1921 etwa 39000), dann einige Jahre einen gleichmäßigen Durchschnitt zu halten (um 35000), darauf insbesondere 1934 stark anzusteigen und endlich 1939 (nach dem Ehegesetz von 1938!) eine Rekordhöhe (nahezu 62000) zu erreichen. Während des letzten Krieges ist die Zahl der Scheidungen naturgemäß gesunken (vgl. die amtliche Statistik, DJ 1942, 428). Nach dem Kriege ist die Scheidungszahl auf das 2–3fache von 1939 emporgeschnellt, teils infolge Lösung vieler leichtfertig geschlossener Kriegsehen, teils infolge Lösung der durch lange Trennung zerrütteten Ehen. Die Scheidungsziffer betrug für das westdeutsche Bundesgebiet 1948 rd. 87000, um dann abzusinken und jetzt erneut wieder anzusteigen (1951: 64009; 1957: 46352; 1967: 62835; 1976, vor der Scheidungsrechtsreform 108258, 1982 (danach) 118484, 1983: 121317. Auf 10000 Ehen verfielen 1960: 35,7, 1969: 46,9, 1976: fast 69, 1982: 78,4 Ehen der Scheidung).

2. Die *relative Scheidungsziffer* beträgt bei uns jetzt etwa 192 jährliche Scheidungen auf 100000 Einwohner und damit etwa das Siebenfache gegenüber dem Jahre 1900. Sie ist im Ausland teilweise noch höher und nur teilweise niedriger als bei uns, auch dort

gegenüber der Zeit nach dem ersten Weltkrieg erheblich gestiegen. Nach *Berufsgruppen* gesehen sind die Scheidungen am häufigsten bei kaufmännischen Angestellten und Industriearbeitern, dann in selbständigen Berufen. Dementsprechend sind die Scheidungen auch in Großstädten am häufigsten (Berlin, Hamburg, Bremen), anteilsmäßig am wenigsten häufig in Bayern und Baden-Württemberg). Konfessionelle Mischehen sind besonders scheidungsgefährdet. Der Anteil katholischer Ehegatten an den Scheidungen ist geringer als der von Angehörigen anderer Konfessionen. Die *kinderlosen Ehen* sind am stärksten scheidungsgefährdet (1940 waren 43% aller geschiedenen Ehen kinderlos, 29% hatten 1 Kind, 16% zwei Kinder; 1953 ist nach zwischenzeitlichen Schwankungen das Verhältnis nahezu ebenso; 1961 waren 41,7% kinderlos, 34,6% mit 1 Kind, 15,7% mit 2 Kindern; 1969 waren 37% kinderlos, 34% mit 1 Kind, 18% mit 2 Kindern, der Rest mit mehr Kindern; 1977 ist das Verhältnis ähnlich). Unter den bekinderten Ehen verfallen besonders häufig die der Scheidung, welche zur Legitimierung eines vorehelich gezeugten Kindes geschlossen wurden! Gemessen am Alter der Ehegatten verfallen die sehr jung und in höherem Alter geschlossenen Ehen am leichtesten der Scheidung. Im ersten Ehejahr sind Scheidungen bei uns selten, vom 2.–9. Ehejahr am häufigsten; mehr als 40% aller Scheidungen erfolgen im 2.–8. Ehejahr (vgl. die Statistischen Jahrbücher für die Bundesrepublik Deutschland sowie die zeitweise erscheinenden Berichte in ,,Wirtschaft und Statistik"; eingehende Tabellen in der Bundestags-Drucks. 7/650 S. 240 und 8/3120).

3. Im System der Verschuldensscheidung nach BGB und EheG erfolgte knapp ⅓ der Scheidungen auf Klage des Mannes, mehr als ⅔ auf Klage der Frau. Bei den aus *Verschulden* eines Ehegatten geschiedenen Ehen, welche die große Mehrzahl aller Scheidungen darstellten, überwog die Schuld des Mannes (1940 45% Alleinschuld des Mannes, 37% beiderseitiges Verschulden, nur 18% Alleinschuld der Frau! 1950 war das Verhältnis nahezu gleich; seitdem nahmen die Scheidungen aus Alleinschuld des Mannes wieder zu, die aus Alleinschuld der Frau und beiderseitigem Verschulden wieder ab; 1964 wurden etwa 55% Scheidungen aus Alleinschuld des Mannes, 29,5% aus beiderseitigem Verschulden, 15% aus Alleinschuld der Frau vorgenommen). Die Statistik über Klagepartei und Scheidungsschuld vermittelt freilich nur ein undeutliches Bild von der wirklichen Lage, weil Klägerrolle und Schuldspruch von den Parteien manipuliert werden konnten. Im neuen System der Zerrüttungsscheidung ist das Verhältnis der Scheidungsanträge von Männern und Frauen nahezu gleich geblieben; knapp ⅔ der Scheidungen erfolgen heute ,,einverständlich", nur etwa 7% vor dem ersten Trennungsjahr, etwa 20% nach dem allgemeinen Zerrüttungsprinzip, nur knapp 10% erst nach dreijähriger oder längerer Trennung.

II. Geschichtliches, Rechtsvergleichendes, Rechtspolitisches

1. Im *alten deutschen Recht* erfolgte die Scheidung durch Vertrag, erst mit den Verwandten der Frau, dann mit der Frau selbst. Doch konnte die Frau auch den Mann verlassen, der durch Missetat die Munt verwirkt hatte; umgekehrt hatte der Mann ein Verstoßungsrecht bei Ehebruch oder Unfruchtbarkeit der Frau.

Die Scheidung der Ehe ohne Beteiligung staatlicher Behörden ist vielen weniger entwickelten Rechten gemeinsam. Noch heute kennen das mohammedanische und das jüdisch-talmudische Recht die Verstoßung. Die Frau hat nur in seltenen Fällen (z. B. Ehebruch des Mannes) das Recht, ihrerseits den Scheidebrief zu verlangen.

2. Die *katholische Kirche* entwickelte die Unscheidbarkeit der Ehe aus ihrer Sakramentsnatur. Nur die durch copula carnalis noch nicht vollzogene Ehe kann durch Ablegung des Keuschheitsgelübdes oder päpstlichen Dispens noch gelöst werden; oder die Ehe zweier Heiden kann, wenn der eine Ehegatte zum Christentum übertritt, aufgelöst werden (privilegium Paulinum; lies dazu RGZ Bd. 152 S. 23). Im übrigen gibt es nur die separatio tori, mensae ac habitationis perpetua aut temporaria, die als ,,Scheidung von Tisch und Bett" (ö. a BGB) oder ,,Aufhebung der ehelichen Gemeinschaft" (BGB) in neuere Gesetzbücher Eingang fand. Sie ist heute z. B. noch in Argentinien Bestandteil des staatlichen Rechts.

3. Der *Protestantismus* leugnete die Sakramentsnatur der Ehe und ließ demgemäß die Scheidung zu. Das Scheidungsrecht entwickelte sich dabei aus mannigfachen Wurzeln, insbes. dem Dispens vom Eheverbot der Doppelehe und dem freien Vertrag. Die Landesherren nahmen alsbald das Recht zur Bestätigung der Scheidung in Anspruch, um die Scheidung zum Hoheitsakt des Landesherren weiterzuentwickeln (so z.B. heute noch in Dänemark). Weitgehend erfolgt heute – wie auch in Deutschland – die Scheidung durch gerichtliches Urteil.

4. Die *Aufklärungszeit* brachte unter naturrechtlicher Einwirkung die einverständliche Scheidung zur Geltung (so z. B. PrALR II 1 §§ 670ff.; heute noch in den skandinavischen Staaten), neben den aus dem protestantischen Eherecht übernommenen Scheidungsgründen des Ehebruchs, der desertio und quasidesertio. Doch traten Krankheit, insbesondere Geisteskrankheit, als Scheidungsgründe hinzu.

5. Das *BGB* suchte einen Mittelweg zwischen den kirchlichen und liberal gesinnten Rechten einzuhalten. Die Scheidung war aus einigen „absoluten" Scheidungsgründen zulässig (Ehebruch, widernatürliche Unzucht, Lebensnachstellung, bösliche Verlassung), wegen ehewidrigen Verhaltens, das dem anderen Gatten die Fortsetzung der Ehe unzumutbar machte, sowie wegen Geisteskrankheit (§§ 1565ff.). Das Fehlen eines Scheidungsgrundes der objektiven Ehezerrüttung führte zur Vorspiegelung böslicher Verlassung. Mit Rücksicht auf die Unterhaltsansprüche und die vom Schuldausspruch schematisch abhängende Zusprechung des Erziehungsrechts an den Kindern wurde erbittert um die Feststellung der Scheidungsschuld gekämpft. Daher ist das Scheidungsrecht des BGB seit 1919 Gegenstand lebhaft diskutierter Reformbestrebungen gewesen.

6. Das *Ehegesetz von 1938* beseitigte die absoluten Scheidungsgründe, stellte die Scheidung im Prinzip auf den objektiven Wert der einzelnen Ehe ab, es vermehrte die Scheidungsgründe (Verweigerung der Fortpflanzung, vorzeitige Unfruchtbarkeit, ekelerregende Krankheit, Eheverfehlungen infolge von Geistesstörung, objektive Ehezerrüttung), verbesserte das Unterhaltsrecht und machte das Erziehungsrecht an den Kindern von der Scheidungsschuld unabhängiger.

7. Das Kontrollratsgesetz von 1946 beseitigte die Scheidungsgründe der vorzeitigen Unfruchtbarkeit und der Verweigerung der Fortpflanzung. Bei der objektiven Ehezerrüttung ließ es die Scheidbarkeit auch von den Interessen der Kinder abhängen. Das FamRÄndG vom 11. 8. 1961 hat das Widerspruchsrecht gegen die Scheidung aus objektiver Zerrüttung verstärkt. Praktisch wurde damit die seit 1938 zugelassene Scheidung wegen objektiver Ehezerrüttung so zurückgedrängt, daß die Praxis fast ganz in die Scheidung aus (vorher vereinbarungsgemäß abgeklärtem) Verschulden auswich.

Schrifttum: *Mikat,* Rechtsgeschichtliche und rechtspolitische Erwägungen zum Zerrüttungsprinzip, FamRZ 1962, 81, 273, 497, 1963, 65. *Mikat,* Die Ehescheidung wegen geistiger oder körperlicher Gebrechen in der höchstrichterlichen Rechtsprechung, FamRZ 1964, 1; *Habscheid,* Zum Verschulden im Eherecht, FamRZ 1962, 504; *Blanke,* Die Bedeutung der unheilbaren Zerrüttung im Eherecht, FamRZ 1966, 329; *Blanke,* Analoge Anwendung der Scheidungsbestimmungen bei Fehlehen? FamRZ 1967, 488; *Habscheid,* Die von Anfang an zerrüttete Ehe, NJW 1967, 2247; *D. Schwab,* Grundlagen und Gestalt der staatlichen Ehegesetzgebung in der Neuzeit bis zum Beginn des 19. Jhdts, 1967; *Neuhaus,* Was heißt Zerrüttung der Ehe? FamRZ 1968, 57; *Wolf,* Ehe, Zerrüttung, Verschulden, NJW 1968, 1497; *Schwind,* Der absolute Scheidungsgrund – Eine historisch-dogmatische Skizze, StAZ 1969, 273.

Für die Folgen der bis zum 30. 6. 1977 geschiedenen Ehen gilt weiterhin das Recht des KontrollratsEheG; Unterhaltsvereinbarungen bleiben unberührt (Art. 12 Ziff. 3 Abs. 2, 1. EheRG). Dazu Engelhardt JZ 1976, 576. Für die Folgen der ab 1. 7. 1977 geschiedenen Ehen gilt aber hinsichtlich Scheidung und Scheidungsfolgen das neue Recht auch dann, wenn die Ehe vor dem 1. 7. 1977 geschlossen war (BVerfG NJW 1981, 1771).

8. In der DDR ist das EheG abgelöst durch die EheVO v. 24. 11. 1955, welche die

Eheaufhebungsklage und alle besonderen Scheidungstatbestände abgeschafft, dafür eine Generalklausel eingeführt hat, nach welcher geschieden werden kann, wenn die Ehe ihren Sinn für die Eheleute, die Kinder und die Gesellschaft verloren hat. Das FGB von 1965 ist dieser Entwicklung gefolgt.

9. Im *Ausland* versagen einzelne Rechte noch heute die Scheidung vollkommen, so vor allem in einigen lateinamerikanischen Staaten Südamerikas. In anderen Rechten ist die Scheidung nur bei ganz schwerem Verschulden eines Gatten zulässig. Zahlreiche Rechtsordnungen lassen die Ehescheidung auch ohne Verschulden eines Gatten zu, insbesondere bei Geisteskrankheit, aber auch bei unverschuldeter Ehezerrüttung (z. B. Art. 142 Schweizer ZGB). Noch weiter gehen einzelne Rechte, die Scheidung bei gegenseitigem Einverständnis zulassen, entweder schlechthin (so zeitweise die Sowjetunion), oder wenigstens im Zusammenhang mit einem behördlichen Verfahren oder nach Ablauf bestimmter Fristen; hierher sind namentlich die skandinavischen Staaten zu zählen. In Österreich gilt das Ehegesetz von 1938 nach Beseitigung nationalsozialistischer Bestimmungen weiter, doch sind mit Ges. v. 15. 6. 1978 die Scheidungsgründe erweitert und die Scheidungsfolgen neu geregelt worden. Italien hat 1970 erst die Ehescheidung eingeführt; Portugal ist dem gefolgt, Spanien 1981 ebenfalls. Seit etwa einem Jahrzehnt macht sich weltweit eine besonders starke Reformbewegung im Scheidungsrecht bemerkbar. Teils wurden die Scheidungsgründe vermehrt, teils ist das Zerrüttungsprinzip stärker in den Vordergrund gerückt, so insbes. im französischen Gesetz vom 11. 7. 1975, das auch die einverständliche Scheidung als solche ausdrücklich wieder eingeführt hat.

§ 19. Ehescheidung heute

Viele moderne Gesetze folgen einer Tendenz zur Vereinfachung und Erleichterung der Scheidung, zum Teil unter Anerkennung nur eines einzigen Scheidungsgrundes: der Ehezerrüttung. Rechtspolitisch ist wesentlich, daß auch scheidungsfeindliche Rechte das Problem der Ehestabilität nicht meistern. Die „Leitbildfunktion" des Scheidungsrechts für die „richtige" Ehe ist offenbar gering. Industrialisierung und Mobilität unserer heutigen Gesellschaft sind der Ehestabilität abträglich; Erziehung, innere Bindung an den Beruf und Arbeitsplatz und Besitz fördern sie. Ein der soziologischen Situation der Gegenwart angepaßtes Scheidungsrecht ist nötig. Die Auffassung, daß ein Ehegatte wegen Eheverfehlungen seiner Rechte aus der Ehe verlustig gehen könne, hat nicht mehr die frühere Überzeugungskraft, zumal die Klärung des wirklichen Verschuldens oft schwierig ist, wenn Ehegatten, Anwälte und Richter die Offenlegung der Intimsphäre scheuen. Es widerstrebt oft dem gesunden Empfinden der Parteien, um der Scheidung einer zerrütteten Ehe willen dem anderen Ehegatten Verfehlungen vorzuwerfen, zumal Eheverfehlungen oft nicht Ursache, sondern Folge einer schon bestehenden Ehezerrüttung sind. So ist die Überzeugung verbreitet, daß dem Zerrüttungsprinzip der Vorrang vor dem Verschuldensprinzip gebührt. Das EheG 1938 hatte schon weitgehend Ehezerrüttung zur Grundlage des Scheidungsrechts gemacht; aber die Handhabung der Vorschrift, welche Scheidung aus nur objektiver Ehezerrüttung zuließ (EheG § 48), hatte solche Scheidungen so erschwert, daß die Parteien meist in eine Konventionalscheidung mit vereinbarter Übernahme der Schuld durch eine Partei auswichen – womit der so manipulierte Schuldspruch seinen einstigen moralischen Unwertgehalt weitgehend einbüßte. Bei dieser Sachlage ist ein anders ausgestaltetes Zerrüttungsprinzip, welches das Einverständnis der Parteien oder längeres Getrenntleben zum Indiz des Scheiterns der Ehe nimmt, angebrachter. Das 1. EheRG vom 14. 6. 1976, welches am 1. 7. 1977 vollen Umfangs in Kraft trat, folgt dieser Tendenz. Doch hat die Durchführung des Zerrüttungsprinzips, vor allem mit unwiderleglichen Vermutungen nach Ablauf näher geregelter Fristen, der Anwendbarkeit des Gesetzes auch auf vor seinem Inkrafttreten geschlossene Ehen und namentlich dem Versorgungsausgleich nicht überall volles Verständnis gefunden. Zahlreiche Verfassungsbeschwerden und gerichtliche Vorlagebeschlüsse an das BVerfG waren die Folge. Doch hat das BVerfG in zwei grundlegenden Beschlüssen vom 28. 2. 1980 (NJW 1980, 689 u. 692) das Gesetz im wesentlichen für verfassungskonform erklärt. Die Judikatur hält sich daran (BGH FamRZ 1984, 254).

Aus den Materialien: Regierungsentwurf vom 1. 6. 1973 (BT-Drucks. 7/650); zweiter Bericht und Antrag des Rechtsausschusses vom 28. 11. 1975 (BT-Drucks. 7/4163).

Aus dem Reformschrifttum: Gutachten zum 48. Deutschen Juristentag 1970 von Hedwig *Maier-Reimer* und Alexander *Lüderitz:* Empfiehlt es sich, Gründe und Folgen der Ehescheidung neu zu regeln? sowie das Referat von *Müller-Freienfels* (Sitzungsbericht M). Vgl. ferner *Mikat,* Möglichkeiten und Grenzen einer Leitbildfunktion des bürgerlichen Ehescheidungsrechts, 1969, sowie: Scheidungsrechtsreform in einer pluralistischen Gesellschaft, 1970 (auch FamRZ 1970, 333); *Bosch,* Aktuelle Probleme des Familien- und Erbrechts FamRZ 1970, 497; *Ramm,* Zur Neuregelung des Rechts der Ehescheidung und der Scheidungsfolgen JZ 1970, 705 u. 753; *Bosch,* Eherecht in Gefahr? FamRZ 1971, 57; *Bürgle,* Reform des Rechts der Ehescheidung, FamRZ 1971, 68; *Deinhard,* Kritische Betrachtungen zum Entwurf eines Gesetzes über die Neuregelung des Rechts der Ehescheidung und der Scheidungsfolgen FamRZ 1971, 273; Hermann *Lange,* Zum Entwurf eines Ersten Gesetzes zur Reform des Ehe- und Familienrechts FamRZ 1971, 481; *Bogs-Deubner-Grunsky-von Nell Breuning-Schwab-Wurzbacher-Cyprian,* Eherechtsreform, 1971; *Held,* Die Stellungnahme des Bundesrats zur Reform des Eherechts, FamRZ 1971, 490ff.; *Giesen,* Aktuelle Probleme einer Reform des Scheidungsrechts, 1971. *Richter,* Die Reform des Rechts der Ehescheidung und der Scheidungsfolgen – Versuch einer Zwischenbilanz, JR 1971, 485. Drei Denkschriften der Eherechtskommission beim Bundesministerium der Justiz: Vorschläge zur Reform des Ehescheidungsrechts und Unterhaltsrechts (1970), zur Reform des Verfahrensrechts und des Rechts der Kinder geschiedener und getrennt lebender Ehegatten, zur Behandlung der Ehewohnung und des Hausrats sowie zum ehe- und familiengerechten Steuerrecht (1971), zur Verbesserung der sozialen Sicherung der Ehegatten, zur Neuregelung des Verlöbnisrechts, zur Reform des formellen und materiellen Eheschließungsrechts sowie zur Ehemündigkeit der Frau (1972). *Mikat,* Zum Regierungsentwurf eines 1. Eherechtsreformgesetzes, FamRZ, 1; *Lange,* Folgen der Ehescheidung im 1. Eherechtsreformgesetz, FamRZ 1972, 255; *Deinhard,* Neuere Stimmen und Vorschläge zur Eherechtsreform, FamRZ 1972, 236.

Zum 1. EheRG; Schneider MDR 1976, 705; *Kniebes* DRiZ 1976, 325; *Schwab* FamRZ 1976, 491; *Habscheid* Fschr. Bosch S. 355; *Lüke* Fschr. Bosch S. 627. Bergerfurth, Der Ehescheidungsprozeß, 4. Aufl. 1977; *Rolland,* Das neue Ehe- und Familienrecht, 1977; *Damrau* NJW 1977, 1620; *Brüggemann* FamRZ 1978, 91; *Schwab,* Handbuch des Scheidungsrechts, 1977; *Ambrock,* Ehe und Ehescheidung, 1977; *Kissel,* DRiZ 1978, 225; *Giesen-Gick,* JR 1979, 1 u. 45; *Schwab,* FamRZ 1979, 14; *Parche,*

NJW 1979, 139; *Otte,* JA 1979, 15; *Giesen* JR 1980, 527; *Wilkens* FamRZ 1980, 527. *Von Münch,* Die Scheidung nach neuem Recht, 3. Aufl. 1983; *Finger,* Vier Jahre 1. EheRG, JR 1981, 397; *Voegeli,* Funktionswandel des Scheidungsrechts, Kritische Justiz 1982, 132.

I. Scheidungsvoraussetzungen

Nur eine *gescheiterte Ehe* (§ 1565) kann auf Antrag eines Ehegatten oder beider Ehegatten durch *gerichtliches Urteil* (§ 1564) geschieden werden.

1. *Gescheitert* ist eine Ehe, wenn die eheliche Lebensgemeinschaft nicht mehr besteht (oder nie bestanden hat) und nicht erwartet werden kann, daß die Ehegatten sie wieder herstellen (oder auch nur erstmals herstellen).

a) Eine eheliche Lebensgemeinschaft besteht nicht, wenn die Ehegatten *getrennt leben,* d.h. zwischen ihnen keine „häusliche" Gemeinschaft besteht (§ 1567). Aber das ist nicht wörtlich zu nehmen, denn auch wenn ein Ehegatte zweitweise die Wohnung des anderen nicht teilt (z. B. infolge Forschungsreise, Strafhaft, Krieg usw.), kann die eheliche Lebensgemeinschaft fortbestehen. Umgekehrt kann trotz Wohnens in derselben Wohnung die eheliche Lebensgemeinschaft aufgehoben sein (lies dazu BGH NJW 1978, 1810 u. 1979 1360). Das Getrenntleben erhält seinen eigentlichen Charakter erst durch die Absicht, es bei diesem Zustand zu belassen, weil ein Ehegatte *„die eheliche Lebensgemeinschaft ablehnt"*. Es genügt also dazu, daß *einer* der Ehegatten die rechte eheliche Gesinnung nicht mehr hat, sich von der Ehe lossagt.

Lies zu den Wohnungsproblemen hinsichtlich des Getrenntlebens oben § 12 VII 5 gegen Ende.

b) Die Prognose, daß nicht erwartet werden kann, daß die Ehegatten die Lebensgemeinschaft wieder herstellen, mag im Einzelfall schwer zu stellen sein. Regelmäßig läßt sie sich schon aus dem ersten Element, dem Getrenntleben, stellen. Maßgebend ist höchstens noch, wie nachhaltig einer der Ehegatten die Lebensgemeinschaft ablehnt.

2. Das Gesetz hilft bei der Feststellung dessen, daß die Ehe gescheitert ist, mit *zwei unwiderleglichen Vermutungen* (§ 1566):

a) Die Ehe gilt als gescheitert, wenn die Ehegatten *seit einem Jahr getrennt leben und beide Ehegatten die Scheidung beantragen,* oder wenn einer die Scheidung beantragt und der andere dem Antrag zustimmt.

Diese Regelung ist Einfallstor für die einverständliche Scheidung; man kann sich auch ohne wirkliches Scheitern der Ehe nach einjährigem Getrenntleben friedlich von der Ehe lösen – eine verfassungsrechtlich (GG Art. 6 I) nicht unbedenkliche Regelung. Immerhin wird die einverständliche Scheidung verfahrensrechtlich dadurch erschwert, daß sie eine weitgehende vorherige Regelung der Scheidungsfolgen voraussetzt (ZPO § 630). Können die Ehegatten sich nicht über die Scheidungsfolgen einigen, so steht es ihnen frei, auch bei beiderseitigem Scheidungswunsch sich nach dem allgemeinen Zerrüttungstatbestand des § 1565 scheiden zu lassen; doch muß dann die Zerrüttung bewiesen werden.

Die Praxis fordert die Einhaltung der einjährigen Trennungsfrist mit Recht auch in den Fällen, in welchen die Ehe zu sachfremden Zwecken (z. B. Erlangung von Asylrecht oder Vermeidung der Ausweisung) geschlossen worden ist. Sofortige Scheidungsmöglichkeit würde auch den Anreiz zu solchen auf keine eheliche Lebensgemeinschaft abzielenden Formalehen nur erhöhen.

Antrag und Einverständnis sind nur materiellrechtliche Scheidungserfordernis, nicht auch Verfahrensvoraussetzungen für ein besonderes Verfahren der einverständlichen Scheidung nach ZPO § 630.

Dabei ist Voraussetzung, daß beide Ehegatten von der Vermutung des Scheiterns der Ehe kraft Zeitablaufs Gebrauch machen wollen. Das Verfahren nach ZPO § 630 findet nicht statt, wenn nur ein Ehegatte sich auf die Vermutung stützt, der andere zwar auch geschieden sein will, aber die Dauer des Gentrenntlebens bestreitet. Dann ist das Verfahren als streitige Scheidung zu behandeln. Umgekehrt kann das ohne Nachweis der Zustimmung des anderen Ehegatten und ohne schon vorliegende vollstreckbare Scheidungsfolgenregelungen beantragte Verfahren als einverständliche Scheidung enden (arg. ZPO § 630 I 1 u. III).

Schrifttum zur Konventionalscheidung: *Damrau,* NJW 1977, 1620; *Schlosser,* FamRZ 1978, 319.

b) Die Ehe gilt ferner als gescheitert, wenn die Ehegatten *seit drei Jahren getrennt leben.* Hier kann jeder Ehegatte auch ohne Zustimmung des anderen, ja gegen dessen Widerspruch die Scheidung erreichen. Auch und gerade derjenige Ehegatte, der sich von der Ehe losgesagt oder sie durch sein Verhalten zerstört hat, kann aufgrund dieser Regelung die Scheidung erreichen; seine personalen Interessen erhalten hier den Vorrang vor denen des anderen Ehegatten.

Das umstrittene *Widerspruchsrecht* des § 48 II EheG ist damit beseitigt. Starke Bestrebungen, die Vermutung widerleglich zu gestalten, sind nicht Gesetz geworden. Hat sich ein Ehegatte von der Ehe losgesagt, so ist auch nach drei Jahren kaum Hoffnung auf Wiederherstellung der ehelichen Lebensgemeinschaft; dem Ehegatten, der nicht geschieden sein will, ist mit formaler Aufrechterhaltung seiner Ehe kaum zu helfen, und die formale Aufrechterhaltung der Ehe perpetuiert die Krise, statt sie zu bereinigen. Gelegentlich mag die *Härteklausel* des § 1568 die Wartefrist für die Scheidung verlängern.

Da mehrfach die Verfassungswidrigkeit (GG Art. 1, 2, 6) dieser ,,Fristenscheidung" behauptet worden ist, hielten es einzelne Gerichte für richtig, auch bei Ablauf der Dreijahresfrist über die Zerrüttung der Ehe Beweis zu erheben und dann nach § 1565 I zu scheiden (vgl. OLG Köln NJW 1978, 1009; dagegen *Deubner,* NJW 1978, 2585). Der BGH (NJW 1979, 978) hat die gesetzliche Regelung ausdrücklich für verfassungsgemäß erklärt. Das BVerfG (NJW 1980, 689) hat diesen Standpunkt bestätigt.

Ein kurzzeitiges Zusammenleben, das der *Versöhnung* der Ehegatten dienen soll, unterbricht oder hemmt die für die Vermutung des Scheiterns der Ehe maßgeblichen Fristen (und wohl auch die des § 1568) nicht, damit nicht die Befürchtung eines Verlusts oder einer Erschwerung des Scheidungsrechts einem Versöhnungsversuch im Wege steht (§ 1567 II).

Was die ,,kürzere Zeit" eines Wiederzusammenlebens bedeutet, kann fraglich sein. Sie muß wohl im Verhältnis zu der jeweils in Frage kommenden Scheidungsbestimmung gesehen werden und kann nicht absolut gemessen werden. Bei Scheidung nach Einjahresfrist mögen mehr als drei Monate keine „kürzere Zeit" mehr sein; bei Scheidung nach dreijähriger Trennung mag auch eine darüber hinausgehende Zeit noch als „kürzere" gelten.

c) Die unwiderleglichen Vermutungen für das Scheitern der Ehe machen nicht etwa die Fristen des Getrenntlebens zum Scheidungsgrund. Die Fristen begründen – in unterschiedlichen Situationen in jeweils unterschiedlicher Länge – vielmehr die unwiderlegliche Vermutung dafür, daß die Ehegatten die Ehe nicht wieder herstellen werden.

3. Greifen die Vermutungen des § 1566 nicht ein, so muß im Einzelfall bewiesen werden, daß die Ehe gescheitert ist. Um überstürzte Scheidungen zu vermeiden namentlich auf Antrag eines sich von der Ehe willkürlich lossagenden Ehegatten (Rechtsmißbrauch!), wird die *Scheidung erschwert* wenn die Ehegatten *noch nicht ein Jahr getrennt* gelebt haben (und sich deshalb noch keine hinreichend sichere Prognose stellen läßt, daß sie nicht wieder zusammenfinden werden). Es darf dann nur geschieden werden, wenn die Fortsetzung der Ehe für den Antragsteller eine unzumutbare Härte darstellen würde und zwar aus Gründen die in der Person des anderen Ehegatten liegen (§ 1565 II).

Schrifttum: *Holzhauer*, Die Scheidungserschwernis des § 1565 Abs. 2 BGB; JZ 1979, 113.

Die Formulierung des Abs. II im Vermittlungsausschuß des Bundestages gibt Anlaß zu vielen Zweifeln. „Unzumutbare Härte" ist unterschiedlichsten Auslegungen zugänglich. Es können nicht nur schuldhafte Eheverfehlungen im Sinne des früheren Rechts sein, die zu ihr führen, sondern auch Streitsucht, Trunksucht, Drogensucht des Partners. Wenig fruchtbar erscheint mir der Streit darüber, ob die Aufrechterhaltung des Ehebandes oder das weitere Zusammenleben die unzumutbare Härte ergeben müsse. Es liegt auf der Hand, daß das Eheband nur gelöst werden soll, wenn seine Aufrechterhaltung eine unzumutbare Härte darstellen würde; aber solche Härte liegt regelmäßig schon dann vor, wenn ein eheliches Zusammenleben unzumutbar geworden ist. Vgl. zur Praxis der Härteklausel Görgens FamRZ 1978, 647 und BGH NJW 1981, 449. Auch im Schrifttum ist keine Einigkeit über die Zwecke der einjährigen Sperrfrist festzustellen. Sie ist auch kaum herzustellen, da die Vorschrift im System einer Zerrüttungsscheidung – zumal in der Formulierung, die sie erhalten hat – ein Fremdkörper ist.

Beispiele: Fortgesetzte schwere Mißhandlungen. Oder: es kann dem durch Ehebruch oder in ähnlicher Weise schwer gekränkten Ehegatten oft nicht zugemutet werden, ein volles Jahr auf die Scheidung zu warten. Die Zumutbarkeitsfrage kann aber – je nach den Umständen des Falles – unterschiedlich zu beantworten sein. Im übrigen dürfte die Erschwerung der Scheidung vor einjährigem Getrenntleben geringe praktische Bedeutung gewinnen. Es mag genügen, zunächst im Scheidungsantrag die unzumutbare Härte zu behaupten. Bis über den umständlich zu errechnenden Versorgungsausgleich entschieden werden kann (und über ihn muß im Scheidungsurteil mit entschieden werden, ZPO § 623 III), wird oft genug ein Jahr des Getrenntlebens vergangen sein, womit die Erschwerung der Scheidung entfällt.

Die Hauptbedeutung des § 1565 II liegt darin, die Scheidung auch dann zu ermöglichen, wenn es den Eheleuten wegen äußerer Umstände (z. B. Wohnungsfrage) praktisch unmöglich ist, länger provisorisch getrennt zu leben, das eheliche Zusammenleben aber unzumutbar geworden ist, baldige Scheidung angebracht wäre. Ehescheidung wegen Zerrüttung setzt nicht vorheriges Getrenntleben voraus (OLG Karlsruhe NJW 1978, 1534), da die Zerrüttung ja auch anders als durch Getrenntleben bewiesen werden kann.

Gelegentlich wird angenommen, es könne nach § 1565 auch ohne den Nachweis einer unzumutbaren Härte, die aus Fortsetzung der Ehe folgen würde, ohne einjähriges Gentrenntleben geschieden werden, wenn der andere Teil einverstanden sei oder gar selbst auch die Scheidung beantragt. Indessen ist das Erfordernis einer aus Gründen, die in der Person des anderen Ehegatten liegen, folgenden Härte der Fortsetzung der Ehe nicht nur aufgestellt, um den anderen Partner zu schützen; es dient vielmehr auch dem Schutz der Institution der Ehe (KG NJW 1980, 1053) sowie der Erleichterung der Prognose, daß die Ehegatten nicht mehr zusammenfinden werden (str.), im Endergebnis auch dem Schutz vor übereilten Scheidungsentschlüssen.

Es kann daher, wenn beide Ehgatten scheidungswillig sind, nur dann geschieden werden, wenn wenigstens einer von ihnen nachweist, daß die Voraussetzungen des § 1565 II vorliegen (sehr str.). Es ist natürlich nicht auszuschließen, daß scheidungswillige Eheleute versuchen werden, dem Gericht längeres Getrenntleben oder die Voraussetzungen des § 1565 II vorzutäuschen (verdeckte Konventionalscheidung). Eines der Ziele des 1. EheRG, den Scheidungsprozeß „ehrlicher" zu gestalten, ist sicherlich nicht erreicht worden.

Nach einjährigem Getrenntleben ist die Scheidungsklage uneingeschränkt möglich. Wer aber nicht die Dreijahresfrist abwarten will, muß den Beweis des Scheiterns der Ehe erbringen. Der Beweis kann auch damit erbracht werden, daß der Antragsteller selbst die Fortsetzung der ehelichen Gemeinschaft nachhaltig ablehnt. Das Scheitern der Ehe wird in diesen Fällen um so plausibler dargetan werden können, je gewichtiger die Gründe sind, aus denen heraus der Antragsteller die Fortsetzung der ehelichen Lebensgemeinschaft ablehnt.

4. Die Möglichkeit, eine gescheiterte Ehe scheiden zu lassen wird eingeschränkt durch eine sogenante „*Härteklausel*" (§ 1568).

a) Auch die gescheiterte Ehe soll zunächst nicht geschieden werden, wenn und solange die Aufrechterhaltung der Ehe im *Interesse gemeinschaftlicher Kinder* ausnahmsweise notwendig ist. Diese Vorschrift, EheG § 48 Abs. III ähnlich, dürfte einen geringeren Anwendungsbereich haben. Denn mit Ablehnung der Scheidung kann den Kindern in einer zerfallenen Familie kein Zusammenbleiben der Eltern gesichert werden; im übrigen würden sie unter den Konflikten der Eltern leiden. Das bloße „moralische Interesse" daran, nicht aus einer geschiedenen Ehe zu stammen, sollte nicht zu hoch veranschlagt werden. Doch können die Kinder ein erhebliches finanzielles Interesse daran haben, daß die Ehe nicht geschieden wird; denn eine mögliche Wiederheirat jedes der Elternteile könnte angesichts der Unterhaltsrechte der neuen Ehegatten den Unterhalt der Kinder schmälern (vgl. § 1609 II und das Berechnungsbeispiel bei Palandt-Diedrichsen Anm. 5 zu § 1582). Die Kindesinteressen hat das Gericht von Amts wegen zu berücksichtigen.

b) Es soll ferner die gescheiterte Ehe nicht sofort geschieden werden, wenn und solange die Scheidung *für den Antragsgegner*, der sie ablehnt, aufgrund außergewöhnlicher Umstände eine so *schwere Härte* darstellen würde, daß die Aufrechterhaltung der Ehe auch unter *Berücksichtigung der Belange des Antragstellers* ausnahmsweise geboten erscheint.

Sowohl moralische als auch vermögensrechtliche Härten kommen in Betracht. Die vermögensrechtlichen Belange sollten aber angesichts des Unterhaltsvorrangs des geschiedenen Ehegatten vor einem neuen (§ 1582) nicht überschätzt werden. Die ideelle Härte, die darin liegt, daß ein ungetreuer Ehegatte die Scheidung gegenüber dem anderen durchsetzen kann, mag gewichtiger sein. So kann eine schwere Härte darin liegen, daß ein Ehegatte nach langjähriger glücklicher Ehe den anderen Gatten, der hohe Opfer für die Ehe gebracht hatte, plötzlich im Stich läßt (BGH NJW 1979, 1042). Das Vorliegen einer schweren Härte ist nur auf Vorbringen des Betroffenen zu berücksichtigen (ZPO § 616 III; Einrede). Ein Rest einer Sanktion gegen Verletzung ehelicher Pflichten schimmert in der Möglichkeit eines Aufschubes der Scheidung noch durch, ist aber keineswegs der einzige oder gar entscheidende Leitpunkt dafür, außergewöhnlichen Situationen in besonderer Weise gerecht werden zu können. Vor allem können solche Härten nicht zum Scheidungsaufschub führen, die in anderen Verfahren (etwa Wohnungszuweisung) angemessen gemildert werden können (BGH NJW 1984, 2353). Die Verfassungsmäßigkeit der „Härteklausel" ist im Hinblick auf ihre ursprüngliche Befristung auf ein fünfjähriges Getrenntleben nachhaltig bezweifelt worden. Das BVerfG (NJW 1980, 690) hat bei Stimmengleichheit zunächst keine Verfassungswidrigkeit der Zeitschranke feststellen können, in einem späteren Fall aber angesichts einer besonderen Härte den Gesetzgeber für verpflichtet erklärt, der fortwirkenden personalen Verantwortung der Ehegatten durch eine Regelung Rechnung zu tragen, die es den Gerichten ermöglicht, eine Scheidung zur Unzeit zu vermeiden (NJW 1981, 108), und hat dabei auch eine Aussetzung des Verfahrens in Betracht gezogen. Das UÄndG sieht die ersatzlose Aufhebung der zeitlichen Schranke (§ 1568 II) vor.

Schrifttum zur Härteklausel: *Ambrock*, FamRZ 1978, 314; *Görgens*, FamRZ 1978, 647; *Wilkens*, FamRZ 1980, 527; *Ramm*, Scheidung zur Unzeit? JZ 1981, 82; *Schwab*, Verhinderung der „Scheidung zur Unzeit", FamRZ 1984, 1171.

5. Erscheint aus dem Zusammenhang der Bestimmungen über die Möglichkeiten der Scheidung jeder gescheiterten Ehe die Scheidung verhältnismäßig leicht erreichbar zu sein, wird doch das ganze Gewicht des Vorgangs erst am Zusammenhang mit den Scheidungsfolgen (Sorgerecht für die Kinder, § 1671; Unterhaltsregelung; Hausratsteilung; güterrechtliche Auseinandersetzung und Versorgungsausgleich) sichtbar. Namentlich auch die Folgeregelungen rechtfertigen die Notwendigkeit einer gerichtlichen Entscheidung über die Eheauflösung.

Übergangsrecht: Das neue Scheidungsrecht ist auch auf vor dem 1. 7. 1977 geschlossene Ehen anzuwenden. Vergeblich ist behauptet worden, dies sei verfassungswidrig (vgl. BVerfGE 47, 85ff., FamRZ 1978, 670f. u. NJW 1980, 689 sowie 1981, 1771; auch BGHZ 72, 107). Soweit es nach neuem Recht auf die Trennungsdauer ankommt, sind auch Trennungszeiten vor Inkrafttreten des neuen Rechts einzubeziehen (BGH NJW 1980, 398).

II. Verfahrensgrundsätze

Schrifttum: *K. H. Schwab*, Der Verbund von Scheidungs- und Folgesachen, FamRZ 1976, 658; *Brüggemann*, Familiengerichtsbarkeit – Verfahren in Ehesachen, FamRZ

1977, 1 u. 582; *Diederichsen,* Die Einführung der Familiengerichte NJW 1977, 601 sowie 91, 397; *Bergerfurth,* Zweifelsfragen im neuen Eheverfahrensrecht, FamRZ 1976, 581; dazu *Schröder,* FamRZ 1977, 767; *Walter,* Das neue Verfahren in Ehe- und anderen Familiensachen, FamRZ 1979, 204, 259, 396, 663 und Neuer Prozeß in Familiensachen, 1980; *Jauernig,* Der Rechtsmittelzug in Familiensachen, FamRZ 1979, 97; *Linke,* Parteifreiheit und Richterinitiative im Scheidungsverfahren, Fschr. Beitzke 1979, 269; *Rüffer,* Die formelle Rechtskraft des Scheidungsausspruchs bei Ehescheidung im Verbundverfahren, 1982; *Bergerfurth,* Der Ehescheidungsprozeß, 5. Aufl. 1982; *Rahm,* Handbuch des familiengerichtlichen Verfahrens (Loseblatt); *Walter,* Die neuere Rechtsprechung zum Verfahren in Familiensachen, JZ 1983, 476. Die Abtrennung der Folgesache „Unterhalt", JZ 1982, 835. Vgl. auch die Nachweisungen § 1 am Ende.

1. *Funktionell zuständig* sind für alle Ehesachen und Folgesachen nach GVG § 23b die Familiengerichte (Abteilungen für Familiensachen der Amtsgerichte). Gegen ihre Urteile ist Berufung ans Oberlandesgericht – und bei besonderer Zulassung durch dieses auch die Revision zum BGH möglich (ZPO §§ 621d, 629a). *Örtlich* ist in erster Linie das Gericht *ausschließlich zuständig,* in dessen Bezirk die Ehegatten ihren gewöhnlichen Aufenthalt haben, danach wo einer der Ehegatten den gewöhnlichen Aufenthalt zusammen mit den gemeinsamen minderjährigen Kindern hat, schließlich wo die Ehegatten den letzten gemeinsamen gewöhnlichen Aufenthalt hatten (Näheres ZPO § 606).

Ob eine Rechtssache Familiensache ist, wird mitunter zweifelhaft, namentlich bei Auseinandersetzungen zwischen geschiedenen Ehegatten. So sind güterrechtliche Ansprüche zwar Familiensachen (z. B. BGH NJW 1980, 193), auch Arrestverfahren, wenn die Hauptsache Familiensache ist (BGH NJW 1980, 191 u. 1981, 346); dagegen soll schon bei Schadensersatzansprüchen aus Verletzung güterrechtlicher Vorschriften (Verfügungsbeschränkungen) keine Familiensache mehr vorliegen (BGH NJW 1980, 192; BayObLG NJW 1980, 194).

2. *Verfahren* auf Aufhebung der Ehe, Herstellung der ehelichen Lebensgemeinschaft und Scheidung können *miteinander verbunden* werden (ZPO § 610). Werden im selben Verfahren Scheidung der Ehe einerseits und Aufhebung andererseits begehrt und sind beide Anträge gerechtfertigt, so ist nur auf Aufhebung zu erkennen (DVO EheG § 18). Notwendig muß mit der Scheidung, auch ohne besonderen Antrag über die elterliche Sorge für ein gemeinschaftliches Kind und über den öffentlichrechtlichen Versorgungsausgleich mitentschieden werden (ZPO § 623 III). Über andere Folgesachen ist mit zu entscheiden, soweit dies beantragt ist. Während der Anhängigkeit einer Ehesache ist das Gericht der Ehesache für die Folgeentscheidungen ausschließlich zuständig (ZPO § 621 II); eine anderwärts rechtshängige Sache ist an das Gericht der Ehesache zu verweisen (ZPO § 621 III). Über die elterliche Sorge für ein gemeinsames Kind ist vom Gericht vor der Scheidung vorweg zu entscheiden, soweit das Gericht von einem gemeinsamen Vorschlag der Ehegatten hinsichtlich des Sorgerechts abweichen will (ZPO § 627). Grund: die Ehegatten sollen ihr Scheidungsbegehren im Lichte dessen, was das Gericht hinsichtlich eines Kindes für richtig hält, nochmals überdenken können.

Auch sonst kann in besonderen Fällen der Scheidungsverbund durch Abtrennung einzelner Sachen gelöst werden (vgl. ZPO §§ 623 I, 628).

3. Für einen geschäftsunfähigen Ehegatten handelt der *gesetzliche Vertreter;* er bedarf für den Scheidungsantrag und die Eheaufhebungsklage der Genehmigung des Vormundschaftsgerichts. *Ein beschränkt geschäftsfähiger Ehegatte ist allein prozeßfähig,* außer wo nach EheG § 30 allein der gesetzliche Vertreter die Aufhebung der Ehe begehren kann (ZPO § 607). Im Verfahren herrscht weitgehend *Anwaltszwang* für beide Parteien auch vor dem Amtsgericht (ZPO § 78), für Drittbeteiligte in geringerem Umfang. Der Prozeßbevollmächtigte bedarf einer besonderen, auf das Eheverfahren gerichteten *Vollmacht* (ZPO § 609), welche *Folgesachen mit umfaßt* (ZPO § 624). Hat in einer Scheidungssache der Antragsgegner keinen Rechtsanwalt als Bevollmächtigten bestellt, so kann das Gericht ihm von Amts wegen einen Anwalt mit den Funktionen eines Beistandes für Scheidung und Sorgerechtsregelung (nicht für die übrigen Folgesachen!) beiordnen (ZPO § 625). Soweit in Folgesachen Behörden der gesetzlichen Rentenversicherung oder Jugendämter beteiligt sind, unterliegen sie nicht dem Anwaltszwang (BGH NJW 1980, 2260).

4. *Einstweilige Anordnungen* (ZPO §§ 620ff.) können im Beschlußwege für die Dauer des Eheverfahrens (ZPO § 620f.) zahlreiche Fragen im Verhältnis der Ehegatten zueinander und zu den Kindern regeln, insbes. das Getrenntleben der Ehegatten, Unterhaltsgewährung unter den Ehegatten einschließlich der Leistung eines Prozeßkostenvorschusses und des Unterhalts für die Kinder (seltsamerweise nicht für die zur Unterhaltsbemessung wesentliche Auskunftspflicht nach §§ 1361 IV, 1605), die Benützung von Hausrat und Ehewohnung einschließlich der Herausgabe oder der Benützung der zum persönlichen Gebrauch eines Ehegatten oder eines Kindes erforderlichen Sachen, schließlich die elterliche Sorge für ein Kind, dessen Herausgabe an den anderen Ehegatten und das Recht des Umgangs mit dem Kind. Das Gericht ist auch bei den einstweiligen Anordnungen an die Grundsätze des materiellen Rechts gebunden. Rechtsmittel sind im Verfahren über einstweilige Anordnungen gemäß ZPO §§ 620, 620b, 620c erheblich eingeschränkt, was aber verfassungsgerichtlich nicht beanstandet wurde (BVerfGE NJW 1980, 386). Im übrigen schließt die Möglichkeit einstweiliger Anordnungen andere Maßnahmen nicht notwendig aus. So kann trotz anhängigen Scheidungsantrags das Sorgerecht für ein Kind gemäß § 1672 in einem besonderen Verfahren vorweg geregelt werden (BGH NJW 1982, 2561), da diese Regelung weiter geht und auch Bestand hat, wenn der Scheidungsantrag abgewiesen wird. Denn einstweilige Anordnungen treten von selbst außer Kraft, wenn Scheidungsantrag oder Eheklage zurückgenommen oder abgewiesen werden oder die Hauptsache erledigt

ist, schließlich auch mit Inkrafttreten einer anderen Regelung, etwa als Scheidungsfolgensache (ZPO § 620f).

5. Im Verfahren herrscht ein *begrenztes Amtsermittlungsprinzip*. Das Gericht soll das persönliche Erscheinen der Parteien anordnen und die Ehegatten anhören; es kann deren förmliche Parteivernehmung anordnen (ZPO § 613). Es kann von Amts wegen Beweise erheben und auch Tatsachen berücksichtigen, die von den Parteien nicht vorgebracht sind. Es kann allerdings gegen den Widerspruch des die Auflösung der Ehe begehrenden oder die Herstellung des ehelichen Lebens verweigernden Ehegatten nicht vorgebrachte Tatsachen nur insoweit berücksichtigen, als dies der Aufrechterhaltung der Ehe dienlich ist (ZPO § 616). Das Gericht kann das *Scheidungsverfahren aussetzen*, wenn Aussicht auf Fortsetzung der Ehe besteht, nach einjährigem Getrenntleben aber nicht gegen den Widerspruch beider Ehegatten (ZPO § 614 II), weil hier bei beiderseitigem Einverständnis mit der Scheidung ohnehin geschieden werden muß (§ 1566).

Wenn der Antragsteller des Scheidungsverfahrens die Aussetzung beantragt, muß ausgesetzt werden und darf vor Aussetzung nicht entschieden werden. Die Aussetzung darf nur einmal wiederholt werden; insgesamt darf nicht mehr als auf ein Jahr ausgesetzt werden. Bei einer mehr als dreijährigen Trennung darf höchstens auf ein halbes Jahr ausgesetzt werden (was praktisch nur bei einem Aussetzungsantrag des Antragstellers des Scheidungsverfahrens oder dann Bedeutung gewinnen kann, wenn die Voraussetzungen der Härteklausel des § 1568 vorliegen; denn sonst muß nach dreijähriger Trennung ohnehin geschieden werden). Das Gericht soll bei Aussetzung den Parteien die Inanspruchnahme einer Eheberatungsstelle nahelegen. Ein gerichtlicher Versöhnungsversuch ist nicht vorgesehen – aber auch nicht ausgeschlossen. Ein Versäumnisurteil gegen den Beklagten (ZPO § 612) ist ebenso unzulässig wie ein Anerkenntnisurteil (ZPO § 617).

Ein *Versäumnisurteil* gegen den Antragsgegner ist unzulässig (ZPO § 612 IV), ebenso ein *Anerkenntnisurteil* (ZPO § 617). Ein *Vergleich* kann nicht über die Scheidung oder das Sorgerecht, sondern nur über sonstige „Folgesachen" geschlossen werden. Er begründet dann Rechte, die durch die folgende Scheidung bedingt sind. Formerfordernisse für einzelne vermögensrechtliche Geschäfte (etwa §§ 313, 528) werden mit dem beurkundeten Prozeßvergleich (§ 127a) gewahrt. Bedingungsfeindliche Geschäfte (z. B. Auflassung, § 929) sind freilich ausgeschlossen.

6. Die Ehe wird mit der *Rechtskraft des Scheidungsurteils* aufgelöst (§ 1564). Zur Einheitlichkeit der *Regelung aller Scheidungsfolgen* muß das Gericht grundsätzlich mit dem Scheidungsurteil jedenfalls über elterliche Sorge und den öffentlichrechtlichen Versorgungsausgleich (§ 1587b) mitentscheiden, über andere Folgesachen, soweit dies beantragt ist (ZPO § 623). Das Gericht kann jedoch über Versorgungsausgleich und güterrechtliche Ansprüche später entscheiden, wenn sofortige Entscheidung nicht möglich ist, über andere Folgesachen nur dann, wenn dies den Scheidungsausspruch außergewöhnlich verzögern würde. Hin-

sichtlich der elterlichen Sorge kann dann zwischenzeitlich mit einer einstweiligen Anordnung geholfen werden, wenn sie noch nicht getroffen ist.

Über die Unterhaltsansprüche von Kindern wird mit entschieden, auch wenn die Kinder nicht unmittelbar am Verfahren beteiligt sind. Derjenige Elternteil, in dessen Obhut sie sich befinden, macht ihre Ansprüche in Prozeßstandschaft selbst geltend (§ 1629). Die Kinder sind an einen von diesem Elternteil abgeschlossenen gerichtlichen Vergleich gebunden.

Ist ein Urteil nur teilweise angefochten, so kann wegen der Einheitlichkeit des Verfahrens das ganze Urteil so lange nicht rechtskräftig werden, als Anschlußrechtsmittel (ZPO §§ 521, 556) eingelegt werden können, die sich auch auf den bislang nicht angefochtenen Teil der Entscheidung erstrecken können (BGH NJW 1983, 172). Aufhebung und Zurückverweisung durch die dritte Instanz (ZPO § 629c) können sich auch auf nicht angefochtene Teile des Urteils erstrecken, soweit dies wegen des Zusammenhangs mit dem angefochtenen Teil geboten ist. Besonders zu beachten ist, daß nach FGG § 53b II auch die Träger der gesetzlichen Rentenversicherung hinsichtlich des Versorgungsausgleichs Verfahrensbeteiligte sind und beschwerdeberechtigt sein können (BGH NJW 1979, 108). Ohne Zustellung an alle Beteiligten wird ein Scheidungsurteil nicht rechtskräftig. Vielfach wurden vorzeitig Rechtskraftbescheinigungen über die Scheidung ausgestellt und dann versehentlich Doppelehen geschlossen (dazu oben § 10 II 2), weil versehentlich die Zustellung an den Träger der Rentenversicherung versäumt war. Auch bei Beschwerde nur von dieser Seite wird die Rechtskraft wegen der Möglichkeit eines Anschlußrechtsmittels einer Partei aufgehalten. Zur Gesamtproblematik vgl. Heintzmann FamRZ 1980, 112. Im übrigen wird vertreten, daß die Entscheidungen eines OLG selbst wenn sie den Rechtsmittelzug zur dritten Instanz nicht zulassen, erst mit Ablauf der Rechtsmittelfrist rechtskräftig werden (*Gerhardt* Fschr. Beitzke 1979, 207; str.; vgl. auch *Rüffer*, Rechtskraftprobleme bei Ehescheidung im Verbundverfahren, FamRZ 1979, 405). Ist die Entscheidung über den Versorgungsausgleich nur von einer Partei angefochten, so kann sie nicht zum Nachteil des Beschwerdeführers geändert werden (BGH NJW 1983, 174).

7. Die Zusammenfassung der Scheidungssachen mit den Folgesachen bedingt ein gemischtes Verfahren. Über die Scheidung selbst, Unterhalt und güterrechtliche Ansprüche wird nach Verfahrensgrundsätzen der ZPO entschieden, über alles übrige nach FGG, auch über den Versorgungsausgleich (ZPO § 621a). Soweit gleichzeitig entschieden wird, ergeht aber die Entscheidung einheitlich durch Urteil (ZPO § 629). Rechtsmittel ist die Berufung ans Oberlandesgericht, soweit aber nur eine nach FGG zu entscheidende Scheidungsfolgesache Gegenstand des Rechtsmittelverfahrens sein soll, eine nach Regeln der Berufung ausgestaltete besondere Beschwerde (ZPO § 621e).

8. Stirbt ein Ehegatte vor Rechtskraft des Scheidungsurteils, so ist das Verfahren in der Hauptsache erledigt (ZPO § 619).

§ 20. Folgen der Scheidung

I. Übersicht

Durch die Scheidung wird die Ehe für die Zukunft aufgelöst.

1. *Rechte und Pflichten* aus der geschiedenen Ehe *erlöschen,* insbes. Rechte und Pflichten der ehelichen Lebensgemeinschaft (§ 1353). Jeder Ehegatte *behält den gemeinsamen Familiennamen,* kann aber durch Erklärung gegenüber dem Standesbeamten seinen Geburtsnamen oder den Namen wieder annehmen, den er zur Zeit der Eheschließung geführt hat (§ 1355). Zu einer solchen Wiederannahme eines früheren Namens kann man sich durch eine Scheidungsvereinbarung auch wirksam verpflichten (RGZ 86, 176).

Die im EheG enthaltenen Beschränkungen der Wiederannahme eines früheren Ehenamens (EheG § 55 II) und die Namensuntersagungsrechte der §§ 56, 57 sind mit 30. 6. 1976 entfallen. Doch läßt sich aus § 12 eine Untersagung der Führung des erst mit der Ehe erworbenen Namens ableiten, wenn der Ehenamen erschlichen worden war und unter dem Namen Betrügereien verübt werden (OLG Braunschweig NJW 1969, 1463).

2. Die *elterliche Sorge* hinsichtlich gemeinsamer Kinder (§ 1671), auf besondere Anregung auch das Recht des Umgangs mit dem Kind für den vom Sorgerecht ausgeschlossenen Ehegatten (§ 1634), allenfalls auch der Unterhalt der Kinder (§§ 1601 ff.) werden im Scheidungsurteil mit geregelt.

3. *Vermögensrechtliche Wirkungen der ehelichen Lebensgemeinschaft* wie Vertretungsrecht (§ 1357) und Eigentumsvermutungen (§ 1362) sind regelmäßig schon mit dem Getrenntleben vor der Scheidung erloschen. *Erbrecht* und *Pflichtteilsrecht* entfallen mit der Scheidung; §§ 1933 und 2077 lassen diese Wirkungen schon entfallen, falls die Voraussetzungen der Scheidung gegeben waren und der Erblasser die Scheidung beantragt oder ihr zugestimmt hatte. Das besondere Recht, während Brautstand und Ehe gemachte *Schenkungen* wegen Scheidungsverschuldens des Empfängers zu widerrufen (EheG § 73), ist mit der Verschuldensscheidung am 1. 7. 1977 entfallen; das Recht, Schenkungen wegen groben Undanks des Ehepartners zu widerrufen (§ 530), blieb unberührt (BGH FamRZ 1983, 668); die Frage nach dem groben Undank ist nicht identisch mit der nach einer „Eheverfehlung", sonst wäre einst EheG § 73 überflüssig gewesen.

Der Tendenz, auch dieses Widerrufsrecht im Scheidungsfalle auszuschließen (vgl. *Bosch,* Fschr. Beitzke 1979, 121), kann ich nicht folgen. Der Fortfall einer Verschuldensprüfung im Scheidungsfall schließt nicht die Prüfung von „grobem Undank" aus, zumal das neue Scheidungsrecht in § 1565 II auch die Prüfung zuläßt, ob die Fortsetzung der Ehe für den Antragsteller „aus Gründen, die in der Person des anderen Ehegatten liegen", eine unzumutbare Härte darstellt. Im übrigen muß beachtet werden, daß der BGH die große Zahl der „unbenannten" ehebedingten Zuwendungen der Auseinandersetzung im Zugewinnausgleich (§ 1380) unter Ausschaltung des Schenkungswiderrufs überliefert (vgl. oben § 14 III 2).

Der eheliche Güterstand ist beendet. Die Ehegatten haben sich hinsichtlich ihres Vermögens auseinanderzusetzen (§§ 1372, 1384, 1478). Unabhängig vom ehelichen Güterstand bleibt die vermögensrechtliche Liquidation der Ehe in den drei folgenden Bereichen: Teilung von Hausrat und Ehewohnung, nachehelicher Unterhaltsanspruch und Versorgungsausgleich.

II. Hausrat und Ehewohnung

Ohne Rücksicht auf die bisherigen Rechtsverhältnisse können der *Hausrat und die Ehewohnung* in einem besonderen Verfahren geteilt werden (6. DVO EheG vom 21. 10. 1944), sofern die Ehegatten sich über die Teilung nicht einigen. Die aus kriegsbedingten Gründen eingeführte Regelung hat zwar für Wohlstandszeiten geringere Bedeutung, ist aber nicht beseitigt – auch nicht durch Art. 14 GG, da sie nur die durch die Ehe hervorgerufenen Eigentumsbindungen durchführt.

a) Die Entscheidung ist vom Richter nach billigem Ermessen zu treffen, wobei er insbesondere die Ursachen der Eheauflösung (nicht mehr Scheidungsschuld) und die Interessen der Kinder zu berücksichtigen hat (§ 2 a. a. O.). Die Mitberücksichtigung erst nach Scheidung der Ehe eingetretener neuer Umstände, z. B. Wiederverheiratung eines der Ehegatten (so OLGZ 1968, 124), ist nicht unbedenklich.

b) Eigenheim und Eigentumswohnung stehen zunächst dem Eigentümer zu; der andere Ehegatte hat auch kein Besitzrecht mehr daran, wenn nicht schon während des Getrenntlebens oder des Eherechtsstreits eine andere richterliche Anordnung ergangen ist (BGH NJW 1978, 1529); doch kann der Richter auch nach der Scheidung die Nutzung des Eigenheims dem Nichteigentümer zuweisen, regelmäßig gegen Nutzungsentgelt (§ 3 a. a. O.). Bei Mietverhältnissen kann eine Rechtsnachfolge in das Mietverhältnis angeordnet werden derart, daß ein Gatte den Vertrag des anderen oder beider Ehegatten übernimmt; neue Mietverhältnisse können begründet werden; der Richter setzt ihren Inhalt fest (§§ 5, 6 a. a. O.): sogenannte diktierte Verträge, Privatrechtsverhältnisse kraft Richterspruchs. Der Richter kann auch dem in der Ehewohnung verbleibenden Ehegatten hierfür eine Ausgleichszahlung an den anderen Ehegatten auferlegen (BayObLG, NJW 60, 102). Eine Mietwohnung wird häufig demjenigen Ehegatten zuzuweisen sein, der die Kinder erzieht. Zugleich mit der Zuweisung der Wohnung an den einen Ehegatten kann auch die Räumung durch den anderen angeordnet werden (OLG Hamm NJW 1969, 886).

c) Bei der Verteilung des Hausrats hat der Richter davon auszugehen, daß der während der Ehe angeschaffte Hausrat als gemeinsames Eigentum beider Gatten zu vermuten ist, sofern nicht das Eigentum eines Gatten feststeht (§ 8 a. a. O.) Diese Vermutung steht im Widerspruch zum gesetzlichen Güterstand und dem der Gütertrennung; der Widerspruch ist dahin zu lösen, daß §§ 1370 u. 1416 Vorrang vor der Vermutung der HausratsVO haben. Der Richter kann Eigentum des einen Gatten dem anderen Gatten oder gemeinsames Eigentum einem Gatten allein zuweisen; dementsprechend ist ein Kaufpreis oder eine Ausgleichszahlung zu entrichten; oder über die einzelnen Hausratsgegenstände werden Zwangsmietverträge festgesetzt (§§ 8, 9 a. a. O.).

Die VO hat damit die dem BGB unbekannte Form der Eigentumsübertragung durch Richterspruch eingeführt, ähnlich dem Zuschlag in der Zwangsversteigerung.

d) Zuständig für das Verfahren ist das Familiengericht der Ehesache; ist eine solche nicht anhängig, das am Ort der gemeinsamen Wohnung (§ 11 a. a. O.). Das Verfahren ist ein Verfahren der freiwilligen Gerichtsbarkeit (§ 13 a. a. O.). Es soll eine mündliche Verhandlung stattfinden und auf einen Vergleich hingewirkt werden. Die ergehende

Entscheidung bindet auch das Wohnungsamt (§ 16 a. a. O.). Sie ist Vollstreckungstitel (§ 16 a. a. O.) und mit der sofortigen Beschwerde anfechtbar (§ 14 a. a. O.). Sie kann bei Änderung der Verhältnisse auch wieder geändert werden (§ 17 a. a. O.: vgl. § 323 ZPO); ebenso ist ein Vergleich der Parteien abänderbar.

e) Durch die Entscheidungen wird möglicherweise auch in die Rechte Dritter (Hauseigentümer, Vermieter, Nießbraucher, Dienstherr bei Werkwohnungen nach § 4, Abzahlungsverkäufer von unter Eigentumsvorbehalt verkauftem Hausrat nach § 10) eingegriffen. Sie sind daher am Verfahren Beiteiligte und anzuhören (§§ 7, 10 a. a. O.). Bei Verfahren über die Wohnung kann 1 Jahr nach der Scheidung keine Entscheidung ohne die Zustimmung Drittbeteiligter getroffen werden (§ 12 a. a. O.). Eine Änderung von Entscheidungen ist bei Eingriff in die Rechte Dritter nur mit deren Zustimmung zulässig (§ 17 a. a. O.).

f) Zu beachten ist, daß während des Getrenntlebens und im Zusammenhang mit dem Scheidungsverfahren das Hausratsverteilungsverfahren Vorrang vor anderen Rechtsbehelfen (etwa Herausgabeklage des § 985 BGB) hat (BGH NJW 1983, 47 u. BGHZ 89, 137), auch für wertvollere Hausratsgegenstände (zB Orientteppiche, BGH NJW 1984, 1758), wobei dann diejenigen Gegenstände, an denen die Eigentumslage durch Richterspruch geändert wurde, dem Zugewinnausgleich nach BGH entzogen werden.

Schrifttum: *Hoffmann-Stephan,* Hausratsverordnung (Kommentar) 2. Aufl. 1965. *Kuhnt,* AcP 150, 130. Lill, Ehewohnung und Hausrat im Familienrecht europäischer Staaten, 1974; *Westermann,* Die Rechtslage der Familienwohnung (Bericht zum X. Internat. Kongreß für Rechtsvergleichung 1978).

III. Unterhaltspflicht

Schrifttum: *Schumacher,* Zum Begriff der angemessenen Erwerbstätigkeit im künftigen Unterhaltsrecht geschiedener Ehegatten, DRiZ 1976, 343 u. MDR 1976, 881; *Vogt* FamRZ 1977, 105; *Dieckmann* FamRZ 1977, 81 u. 161 sowie Fschr. Bosch 1976, 119; *Diederichsen* NJW 1977, 353; *Holzhauer* JZ 1977, 73; *Lucke,* FamRZ 1979, 373; *Lantzke,* NJW 1979, 1483; *Griesche,* FamRZ 1981, 423, 841, 1025; *Hampel,* FamRZ 1981, 851; *Limbach* NJW 1982, 1721; *Fuchs,* Die Einwirkung des Sozialrechts auf Unterhaltsansprüche nach der Ehescheidung, FamRZ 1982, 756; Hienstorfer, Benachteiligung der Erwerbstätigen durch das Scheidungsrecht? NJW 1983, 204; *Hummel-Liljegren,* Weg mit dem lebenslangen Aufstockungsunterhalt? ZRP 1984, 170; *Walter,* Grundsätze des Unterhaltsrechts in der Ausgestaltung durch die Rechtsprechung, NJW 1984, 257; *Gernhuber,* Der Richter und das Unterhaltsrecht, FamRZ 1983, 1069; *Dieckmann,* Rückkehr zum Verschuldensprinzip im nachehelichen Unterhaltsrecht? FamRZ 1984, 946; *Roth-Stielow,* Referentenentwurf eines Gesetzes zur Änderung unterhaltsrechtlicher und anderer Vorschriften, ZBlJR 1984, 489; *Hampel,* Zur Bemessung des Ehegatten-Unterhalts, FamRZ 1984, 621; *Bosch,* Neues Ehegatten-Unterhaltsrecht in der Bundesrepublik Deutschland? FamRZ 1984, 1165.

Kann ein Ehegatte nach der Scheidung nicht für seinen Unterhalt sorgen, so hat er gegen den anderen einen Anspruch auf Unterhalt (§ 1569). Dieser Anspruch ist in einem vom „Verschulden" unabhängigen Scheidungsrecht *von den Ursachen der Scheidung* ebenso *unabhängig* wie davon, wer den Scheidungsantrag gestellt hat; nur auf Bedürftigkeit des einen Ehegatten und Leistungsfähigkeit des anderen kommt es an; diese Regelung ist als verfassungsgemäß anerkannt (BVerfGE 1981, 1771). Ein an der Scheidung unschuldiger Ehegatte hat keinen Unterhaltsanspruch, wenn er seinen Unterhalt durch eigene Erwerbstätigkeit verdienen kann; umgekehrt kann auch ein an der Scheidung schuldiger Ehegatte bei Bedürftigkeit einen Unterhaltsanspruch haben. Das Gesetz will nicht menschliches Fehlverhalten mit unterhaltsrechtlichen Sanktionen belegen, es sei denn, der Unterhaltsanspruch müsse wegen „grober Unbilligkeit" entfallen, deren Fälle enumerativ sind (§ 1579).

Der *Rechtsgrund* für den nachehelichen Unterhaltsanspruch ist in der mit der Eheschließung füreinander übernommenen gegenseitigen Verantwortung zu sehen, die angesichts der grundsätzlichen Lebenslänglichkeit der Ehe mit der Scheidung nicht erlischt, sondern sich höchstens mit der Dauer der vorausgegangenen Trennung abschwächt. Das Risiko des Scheiterns der unternommenen gemeinsamen Lebensführung hat nicht nur jeder für sich, sondern auch für den Partner mit zu tragen. Doch geht das 1. EheRG mit Sicherheit zu weit, wenn es dem grundsätzlich zu eigener Erwerbstätigkeit verpflichteten geschiedenen Ehegatten für den Fall ganzer oder teilweiser Erwerbslosigkeit das „Arbeitsmarktrisiko" vollständig abnimmt und die Aufrechterhaltung des Lebensstandards zur Zeit der Scheidung gewährleisten will (sozusagen Leistung des „Erfüllungsinteresses"). Das Risiko geänderter Lebensverhältnisse müssen beide geschiedenen Eheleute tragen und sich darin teilen, wenn die Scheidung von Verschulden heute unabhängig ist. Das UÄndG ist daher um zeitliche Begrenzung einzelner Unterhaltsansprüche und Erweiterung der Härteklausel bemüht. Auch Begrenzung des Unterhaltsanspruchs der Höhe nach sollte stärker in Betracht gezogen werden können.

Das 1. EheRG gewährt keinen uneingeschränkten und für jeden Fall der nachehelichen Bedürftigkeit passenden Unterhaltsanspruch. Vielmehr soll die spezifisch *scheidungsbedingte Bedürftigkeit* ausgeglichen werden, die das Gesetz teils in einer Anzahl von Tatbeständen positiv konkretisiert, teils negativ damit umschreibt, daß wer seinen Unterhalt durch eigenes Vermögen gesichert sah, nicht wegen späteren Wegfalls des Vermögens Unterhalt verlangen kann (§ 1577 Abs. 4).

Angesichts der andersartigen Unterhaltsvoraussetzungen während der Ehe und nach der Scheidung muß für die Regelungen des 1. EheRG angenommen werden, daß der nacheheliche Unterhaltsanspruch mit dem aus der Ehezeit (etwa während des Getrenntlebens) nicht identisch ist. Aus einem Unterhaltsurteil nach § 1361 darf für die Zeit nach der Scheidung nicht mehr vollstreckt werden! Eine Neuregelung des Unterhalts kann ohnehin zusammen mit dem Scheidungsurteil erwirkt werden. Daher gibt es keine Abänderungsklage (ZPO § 323) gegenüber der Unterhaltsregelung für die Zeit des Getrenntlebens; vielmehr kann dem älteren Unterhaltsurteil mit der Vollstreckungsabwehrklage (ZPO § 767) begegnet werden (BGH NJW 1981, 978). Anders freilich eine verbreitete Meinung, die Identität der Unterhaltsansprüche wegen Gleichheit der Grundstruktur und des rechtlichen Zweckes behauptet. Beides ist indessen zu bestreiten. Lediglich Praktikabilitätserwägungen mögen für weitere Vollstreckung aus vor der Scheidung erwirkten Unterhaltstiteln sprechen; vgl. oben § 12 VII 4. Die noch während des Getrenntlebens im Scheidungsverfahren ergangene einstweilige Anordnung auf Unterhalt überdauert allerdings die Scheidung, wenn nicht mit dieser als Folgesache eine neue Unterhaltsregelung erfolgt. Eine Abänderungsklage gegenüber der einstweiligen Anordnung ist nicht mehr möglich; ihr kann nur noch mit einer negativen Feststellungsklage entgegengetreten werden (BGH NJW 1983, 1330).

1. *Bedürftig* ist nicht, wer sich aus seinem eigenen Vermögen oder aus Einkünften aus einer angemessenen (§ 1574) Erwerbstätigkeit selbst unterhalten kann (§ 1577).

Die Ausfüllung des unbestimmten Rechtsbegriffs der „angemessenen" Erwerbstätigkeit macht trotz der näheren Erläuterung in § 1574 II der Praxis für den Einzelfall häufig erhebliche Schwierigkeiten (vgl. dazu Schumacher DRiZ 1976, 343; v. Westphalen, DRiZ 1978, 235). Als bedürftig ist auch nicht anzusehen, wer von anderer Seite, etwa einem neuen Lebensgefährten, versorgt wird (gelegentlich wird in diesen Fällen auch der Unterhalt wegen grober Unbilligkeit versagt; m. E. die schlechtere Lösung des Problems). Der BGH rechnet dem mit einem Dritten zusammenlebenden geschiedenen Ehegatten den Wert derjenigen Versorgungsleistungen an, die dieser für den Dritten erbringt (NJW 1980, 1688; NJW 1984, 2358); doch ist diese auf ein analog ZPO § 850h II gestütztes fiktives Einkommen beruhende Lösung nicht voll überzeugend, wenn die Judikatur andrerseits in nichtehelichen Lebensgemeinschaften Unentgeltlichkeit der gegenseitigen Leistungen im Zusammenleben annimmt.

a) Den *Stamm des Vermögens* braucht aber der Unterhaltsberechtigte nicht zu verwerten, soweit die Verwertung unwirtschaftlich oder unter Berücksichtigung der Verhältnisse beider Ehegatten unbillig wäre (§ 1577 III).

b) Da der geschiedene Ehegatte nur eine *angemessene Erwerbstätigkeit* auszuüben braucht (§ 1574), sind Einkünfte aus einer Tätigkeit, die er lediglich deshalb ausübt, weil der andere den geschuldeten Unterhalt nicht zahlt, ihm nicht anzurechnen (§ 1577 II).

Umgekehrt muß aber auch die über das angemessene Maß vom Unterhaltspflichtigen geleistete Mehrarbeit (neben der Versorgung der Kinder) dazu führen, daß mindestens der dafür erhöhte Aufwand (Betreuung der Kinder durch Dritte) von seiner Leistungsfähigkeit abgesetzt werden darf (BGH NJW 1982, 2664).

c) Reichen die Einkünfte aus einer angemessenen Erwerbstätigkeit zum vollen Unterhalt (§ 1578) nicht aus, so besteht Bedürftigkeit hinsichtlich des Restes und kann vom anderen Ehegatten der Unterschiedsbetrag zwischen Einkünften und angemessenem Unterhalt verlangt werden (§ 1573 II u. III; sogen. „Aufstockungsunterhalt"); diese Regelung ist als verfassungsgemäß bestätigt durch BVerfG NJW 1981, 1771.

Die Berechnung erfolgt unterschiedlich. Waren vor der Scheidung schon beide Ehegatten erwerbstätig (sog. Doppelverdienerehe), so ergibt die Gesamtsumme beider Einkommen den Lebensstandard in der Ehe, an dem jeder zur Hälfte teilhaben sollte. Der weniger verdienende Ehegatte hat dann gegen den anderen einen Anspruch in Höhe von regelmäßig 3/7 der Einkommensdifferenz (BGH NJW 1982, 2439). Im Fall einer erst nach der Scheidung aufgenommenen Berufstätigkeit des einen Ehegatten ist der eheliche Lebensstandard bei der Scheidung nur vom Einkommen des anderen Ehegatten bestimmt; auf den hälftigen Betrag (oder 3/7) muß sich der nun erwerbstätige Ehegatte das eigene Einkommen anrechnen lassen (BGH NJW 1982, 1873). Bei Aufnahme einer Erwerbstätigkeit zwischen Trennung und Scheidung, soll der Zuerwerb die für die Höhe des Unterhaltsanspruchs maßgeblichen ehelichen Lebensverhältnisse zur Zeit der Scheidung nur dann prägen, wenn die Erwerbstätigkeit auch ohne Trennung der Ehegatten aufgenommen worden wäre (BGHZ 89, 108); wegen Anwendung der Differenzmethode bei Berechnung des Unterhalts in solchen Fällen vgl. oben § 12 VII 1. Daß die Judikatur das verfügbare Einkommen nicht immer genau nach Hälften teilt, liegt daran, daß dem allein oder besser verdienenden ein pauschaler Zuschlag für

Mehraufwendungen seines Berufes belassen wird; doch sollte das nur dann erfolgen, wenn begründeter Anlaß für die Annahme solcher Mehraufwendungen gegeben ist.

d) Bedürftig ist nicht mehr, wer nach der Scheidung seinen Unterhalt aus einer angemessenen Erwerbstätigkeit *nachhaltig sichern konnte.* Ist ihm das trotz seiner Bemühungen nicht gelungen, so kann er weiterhin Unterhalt verlangen; ist es teilweise gelungen, so kann der Unterschiedsbetrag zwischen nachhaltig gesichertem Betrag und vollem Unterhalt verlangt werden (§ 1573 IV).

Der Begriff der „nachhaltigen" Unterhaltssicherung ist aus § 75 Bundesentschädigungsgesetz übernommen und für das BGB ebenso vieldeutig wie dort. Gemeint ist eine auf Dauer angelegte (selbständige oder abhängige) Berufstätigkeit.

e) Zur Erlangung einer angemessenen Erwerbstätigkeit obliegt es einem geschiedenen Ehegatten, sich allenfalls ausbilden, fortbilden oder umschulen lassen (§ 1574 III). Für diese Zeit gilt man als unterhaltsbedürftig und kann vom anderen Ehegatten Unterhalt verlangen (§ 1575). Ebenso hat Anspruch auf Ausbildungsunterhalt, wer in Erwartung der Ehe oder während der Ehe eine Ausbildung abgebrochen oder nicht aufgenommen hat, oder sonst ehebedingte Nachteile ausgleichen will.

f) Als nicht bedürftig wird behandelt, wer es unterläßt, eine zumutbare Erwerbstätigkeit aufzunehmen oder seine Bedürftigkeit mutwillig herbeigeführt hat (§ 1579). Die Rechtslage entspricht der beim Verwandtenunterhalt (§ 1603).

Schrifttum: *Klauser* MDR 1980, 448; *v. Krog* FamRZ 1984, 539; *Hoppenz* NJW 1984, 2327.

2. Als *spezifisch unterhaltsbedürftig* gilt:

a) derjenige, von dem wegen Pflege oder *Erziehung eines gemeinschaftlichen Kindes* eine Erwerbstätigkeit nicht erwartet werden kann (§ 1570);

Alter und Pflegebedürftigkeit des Kindes (oder der Kinder) sind hierbei wesentlich, vor allem auch für die Pflicht, etwa eine Halbtagstätigkeit aufzunehmen (dazu Derleder FamRZ 1977, 587; OLG Nürnberg NJW 1980, 1473; BGH NJW 1982, 326).

b) derjenige, von dem wegen seines *Alters* eine Erwerbstätigkeit nicht erwartet werden kann (§§ 1571 ff.), auch wenn er bei Eheschließung schon kurz vor dem Rentenalter gestanden hatte (BGH NJW 1982, 929).

c) derjenige, von dem wegen *Krankheit* oder anderer Gebrechen oder Schwäche seiner körperlichen oder geistigen Kräfte eine Erwerbstätigkeit nicht erwartet werden kann (§ 1572); hierbei braucht die Krankheit nicht ehebedingt zu sein; sie kann schon vor Eheschließung bestanden haben (BGH NJW 1982, 40: multiple Sklerose).

d) derjenige, von dem aus sonstigen (nicht nur das Scheitern der Ehe bedingenden) schwerwiegenden Gründen eine Erwerbstätigkeit nicht erwartet werden kann (§ 1576). Die Praxis rechnet hierzu insbes. auch die Notwendigkeit, ein nicht gemeinschaftliches Kind zu pflegen (BGH

NJW 1984, 1358 u. 2355). Doch ist dieser Rechtsgrund für den Unterhalt gegenüber anderen Rechtsgründen nur subsidiär und davon abhängig, daß die Versagung von Unterhalt grob unbillig wäre. Bedenklich ist es aber, wenn die Praxis in diesem Zusammenhang wieder Erwägungen über die ,,Scheidungsschuld" anstellt; vgl. dazu etwa OLG Frankfurt NJW 1981, 2069.

3. Der Unterhaltsbedarf muß – abgesehen vom Fall des § 1576 – spezifisch scheidungsbedingt sein. Es kommt also in erster Linie auf eine Unterhaltsbedürftigkeit im Zeitpunkt der Scheidung an. Doch kommen auch solche Unterhaltsbedürftigkeiten in Betracht, die sich an eine vorausgehende scheidungsbedingte Unterhaltsbedürftigkeit anschließen (§§ 1571 ff.).

a) So ist unterhaltsberechtigt, wer im Augenblick der Scheidung ein gemeinschaftliches Kind zu erziehen hatte, im Anschluß daran krank oder für eine eigene Erwerbstätigkeit zu alt war, oder keine angemessene Erwerbstätigkeit finden konnte.

b) Ebenso ist unterhaltsberechtigt, wer etwa nach Beendigung einer Ausbildung oder Fortbildung krank wird oder nunmehr keine angemessene Erwerbstätigkeit finden kann, usw. Die Fälle lassen sich beliebig aneinanderreihen; der Gesetzgeber hat die Reihenfolgen möglicher Unterhaltsbedürftigkeiten kasuistisch aufgezählt (vgl. §§ 1571, 1572, 1573 III). Der sich aus verschiedenen, einander ablösenden Gesichtspunkten (erst Kinderbetreuung, dann Krankheit, dann Erwerbslosigkeit) ergebende Unterhaltsanspruch ist ein einheitlicher. Bei Wechsel des Rechtsgrundes ist kein neuer Unterhaltstitel erforderlich (BGH FamRZ 1984, 353). Geänderten Verhältnissen kann mit der Abänderungsklage (ZPO § 323) Rechnung getragen werden.

4. Wer wegen Pflege oder Erziehung eines gemeinschaftlichen Kindes nicht zu einer Erwerbstätigkeit veranlaßt ist, wird unterhaltsrechtlich auch noch besonders privilegiert; ihm stehen Unterhaltsansprüche auch da zu, wo sie anderen versagt sind, nämlich bei einem nach der Scheidung eingetretenen Vermögensverlust (§ 1577 IV); oder wenn die Unterhaltspflicht durch Schließung einer neuen Ehe erloschen war, die neue Ehe aber aufgelöst ist und aus ihr Unterhalt nicht erlangt werden kann (§ 1586 a); wo Unterhalt wegen grober Unbilligkeit nach § 1579 versagt werden müßte, ist aber auf die Belange eines zu erziehenden Kindes Rücksicht zu nehmen.

Nach der ursprünglichen Fassung des 1. EheRG sollte bei der Notwendigkeit der Sorge für ein Kind der Unterhalt nie wegen grober Unbilligkeit versagt werden können. BVerfG NJW 1981, 1771 hat das beanstandet und verlangt, daß dem Grundsatz der Verhältnismäßigkeit Rechnung getragen werden müsse. Insoweit wird § 1579 durch das UÄndG neu gefaßt.

5. Der Unterhaltsanspruch *entfällt* (nach der ursprünglichen Fassung des 1. EheRG) *wegen grober Unbilligkeit* (§ 1579)

a) wenn die Ehe von *kurzer Dauer* war;

hierzu ist streitig geworden, ob es auf die Dauer ehelichen Zusammenlebens – dafür spräche der entsprechende Text des § 1361 II, (dagegen aber BGH NJW 1980, 2247) auf die Zeit bis zum Scheidungsantrag (wohl überwiegende Rspr., vgl. BGH NJW 1981, 754) – § 1587 II analog oder e contrario?, oder bis zur Rechtskraft des Scheidungsurteils ankomme; letzteres ist jedenfalls auszuschließen, da die Prozeßdauer nicht maßgebend sein darf; im übrigen ist „kurze" Dauer ein relativer Begriff, und grobe Unbilligkeit kann nur im Verhältnis zur Dauer beurteilt werden; absolute Höchstziffern (OLG Nürnberg MDR 1980, 401) sind abzulehnen (BGH NJW 1981, 754); doch wird von der Judikatur gleichwohl typisiert, z. B. dahin, daß eine Ehe von länger als 3 Jahren regelmäßig nicht mehr von kurzer Dauer sei (BGH NJW 1982, 823), bis zu 2 Jahren dagegen von kurzer Dauer (NJW 1981, 754), bei 2½ Jahren müsse der Tatrichter nach den Umständen des Einzelfalls entscheiden (BGH NJW 1982, 2064).

b) wenn der Berechtigte sich eines *Verbrechens* oder eines schweren vorsätzlichen Vergehens gegen den Verpflichteten oder einen nahen Angehörigen des Verpflichteten schuldig gemacht hat; schon schwerwiegende Verleumdungen sollen hierfür genügen können (BGH NJW 1982, 100);

c) wenn der Berechtigte seine *Bedürftigkeit mutwillig* herbeigeführt hat (grundlose Aufgabe der Erwerbstätigkeit; Verschleuderung seines Vermögens; mangelnde Resistenz gegenüber der Alkoholsucht nach BGH NJW 1981, 2805);

d) wenn ein *anderer* Grund vorliegt, der *ebenso schwer* wiegt, wie die in den vorausgenannten Fällen angeführten Gründe! Letzteres ist die vielleicht schwer entbehrliche, aber angesichts der miteinander nicht zu vergleichenden anderen Fälle schwer konkretisierbare Generalklausel. Ob mit ihr Unterhalt versagt werden kann, wenn der Bedürftige durch sein „Verschulden" Anlaß zur Scheidung gegeben hat, bleibt offen; einerseits kann solches Verhalten des Bedürftigen schwerer wiegen als nur kurze Dauer der Ehe (?); andrerseits will der Gesetzgeber sonst gerade in dem Rahmen, wo es für den Unterhalt auf Billigkeit ankommt, die zum Scheitern der Ehe führenden schwerwiegenden Gründe nicht berücksichtigt wissen (§ 1576). Die Rspr. neigt – soweit sie überhaupt Verschulden an der Scheidung in Betracht zieht – nur zu Berücksichtigung besonders schwerer Verschuldensmomente (vgl. etwa KG FamRZ 1978, 685). Verfehlt dürfte es sein, jeden Fall einer nichtehelichen Lebensgemeinschaft mit einem Dritten als „grobe Unbilligkeit" gegen einen Unterhaltsanspruch zu werten (BGH NJW 1981, 1214 u. 1782; BVerfG NJW 1982, 2859); eher mag in solchen Fällen die Bedürftigkeit gemindert sein oder entfallen (oben III 1).

Diese unpräcise Generalklausel, die dazu nötigt, Unvergleichbares miteinander zu vergleichen, hat Anlaß zu Auslegungsschwierigkeiten gegeben. Hat der Bedürftige durch sein Verhalten Anlaß zur Scheidung gegeben, mag dies schwerer wiegen, als kurze Ehedauer; andererseits wollte der Gesetzgeber gerade im Rahmen von Billigkeitserwägungen die zum Scheitern der Ehe führenden Gründe nicht berücksichtigt wissen (§ 1576). Die Rechtsprechung hat grobe Unbilligkeit bei einseitigem schwerwiegendem Fehlverhalten eines Ehegatten gegenüber dem anderen angenommen (zB KG

FamRZ 1978, 685). Verfehlt ist es andererseits, etwa in jedem Fall einer vom anderen Ehegatten eingegangenen nichtehelichen Lebensgemeinschaft mit einem Dritten den Unterhalt wegen grober Unbilligkeit zu versagen (vgl. BGH NJW 1981, 1214 u. 1782; BVerfG NJW 1982, 2859).

Das UÄndG bringt zweierlei Änderungen. Einmal gestattet es eine elastischere Handhabung der Unbilligkeitsklausel damit, daß der Unterhaltsanspruch „*zu versagen, herabzusetzen oder zeitlich zu begrenzen*" ist, wenn Fälle grober Unbilligkeit vorliegen. Im übrigen bemüht es sich um weitere Präcisierung der Fälle grober Unbilligkeit. Es nennt jetzt ausdrücklich weiter, daß grobe Unbilligkeit vorliege, weil der Berechtigte sich über schwerwiegende Vermögensinteressen des Verpflichteten mutwillig hinweggesetzt hat,

der Berechtigte vor der Trennung längere Zeit hindurch seine Pflicht, zum Familienunterhalt beizutragen, gröblich verletzt hat,

dem Berechtigten ein offensichtlich schwerwiegendes, eindeutig bei ihm liegendes Fehlverhalten gegen den Verpflichteten oder einen nahen Angehörigen des Verpflichteten zur Last fällt,

ein anderer Grund vorliegt, der ebenso schwer wiegt wie die in den anderen Fällen genannten Gründe – womit zwar die Generalklausel im Wortlaut ebenso unpräcise ist wie vorher, aber aus ihr wichtige, in der Praxis vorkommende Fälle durch Vorwegnennung herauskristallisiert sind.

Schrifttum: *Wiegmann*, NJW 1982, 1369; *Häberle*, FamRZ 1982, 557; *Limbach*, ZRP 1982, 61; *Lübbert*, Der Ausschluß des nachehelichen Unterhalts wegen grober Unbilligkeit, 1982; *Sachs*, FamRZ 1982, 653.

6. *Leistungsfähigkeit* des Verpflichteten ist Voraussetzung seiner Unterhaltspflicht (§ 1581).

Würde der Verpflichtete seinen eigenen angemessenen Unterhalt gefährden, braucht er nur insoweit Unterhalt zu leisten, als dies unter Berücksichtigung der beiderseitigen Erwerbs- und Vermögensverhältnisse (auch Schulden!) der Billigkeit entspricht (vgl. EheG § 59). Der Stamm des Vermögens braucht nicht verwertet zu werden, soweit dies unter Berücksichtigung der beiderseitigen wirtschaftlichen Verhältnisse unbillig wäre. Hat der Verpflichtete wieder geheiratet und lebt er mit dem neuen Ehegatten in Gütergemeinschaft, so kommt es auf die Leistungsfähigkeit des Gesamtguts an (§§ 1583, 1604). Der „Selbstbehalt" des Unterhaltspflichtigen ist natürlich je nach seinen Lebensverhältnissen (berufstätig, Rentner usw.) verschieden. Bei besonders hohem Einkommen braucht der Verpflichtete aber nicht mehr zu leisten, als einem angemessenen faktischen Verbrauch bei bestehender ehelicher Gemeinschaft entsprach. Regelmäßig der Vermögensbildung zugeführte Einkommensteile sind allenfalls güterrechtlich, nicht aber für die Zukunft unterhaltsrechtlich zu teilen. Andererseits muß der Schuldner seine Arbeitskraft optimal nutzen, um seinen Unterhaltsverpflichtungen nachzukommen; stellt er sich absichtlich einkommenslos, so wird ihm erzielbares Einkommen fiktiv zugerechnet, von der etwaigen Strafbarkeit seines Verhaltens (StGB § 170b) ganz abgesehen.

Vgl. wegen der vielfach verwendeten Unterhaltstabellen *Ehlert,* FamRZ 1982, 131, sowie unten § 24 I 5; wegen der „Höherverdienenden" *Schwab,* FamRZ 1982, 456.

7. Die *Rangfolge der Unterhaltspflichtigen* ist die, daß der geschiedene Ehegatte vor den unterhaltspflichtigen Verwandten haftet. Soweit aber der geschiedene Ehegatte überhaupt nicht unterhaltspflichtig ist, haften nur die Verwandten; ist nur der Anspruch gegen ihn nicht durchsetzbar, so haften die Verwandten mit Regreßrecht (§§ 1584, 1607 II).

Unter mehreren *Unterhaltsberechtigten* stehen nach § 1609 *Ehegatte und geschiedener Ehegatte* minderjährigen unverheirateten Kindern gleich. Der Ehegatte der ersten Ehe geht aber einem späteren Ehegatten im Range vor (§ 1582):

a) wenn der zweite Ehegatte nicht seinerseits einen den scheidungsrechtlichen Bestimmungen entsprechenden Unterhaltsanspruch (etwa wegen Pflege eines gemeinsamen Kindes, Alters, Krankheit, mangelnder Möglichkeit, eine Erwerbsstellung zu finden – nicht aber nur zwecks Ausbildung) hätte;

b) soweit der erste Ehegatte wegen Pflege eines gemeinsamen Kindes, oder aus sonstigen schwerwiegenden Gründen einer Erwerbstätigkeit nicht nachgehen kann (was nach BVerfG NJW 1984, 1523 selbst dann nicht gegen Art. 3 u. 6 GG verstößt, wenn auch der zweite Ehegatte an einer Erwerbstätigkeit gehindert ist);

c) oder wenn die Ehe von langer Dauer war.

Der Vorrang des geschiedenen Ehegatten und der Gleichrang der Kinder mit beiden Ehegatten bildet in sich einen Widerspruch, der mit relativen Rangfolgen gelöst werden soll. Dabei folgt die h. M. der Berechnung in BTDrucks. 7/4361 S. 33. Abweichend aber Dieckmann (FamRZ 1977, 163) und Köhler (MünchKomm. Anm. 3 zu § 1609). Jede der Berechnungen erweist die Regelung als mißglückt.

8. Der *Unterhaltsanspruch erlischt* mit dem *Tod des Berechtigten* (§ 1586). Ebenso erlischt er mit dessen *Wiederheirat,* weil die Last des Unterhalts jetzt auf den Ehegatten der neuen Ehe übergeht. Wird auch die zweite Ehe aufgelöst, so lebt die Unterhaltspflicht des Ehegatten der ersten Ehe wieder auf, soweit Unterhalt vom Ehegatten der letzten Ehe nicht erlangt werden kann, andrerseits ein gemeinsames Kind aus der ersten Ehe zu pflegen oder zu erziehen ist (§ 1586a).

Im übrigen bleiben bei Erlöschen der Unterhaltspflicht Ansprüche auf Erfüllung oder wegen Nichterfüllung bestehen.

9. Ansprüche auf Unterhalt erlöschen *nicht mit der Wiederheirat des Verpflichteten* (vgl. oben 7), auch *nicht mit seinem Tod* (§ 1586). Letzterenfalls haften die Erben für den Unterhalt als Nachlaßverbindlichkeit,

ohne sich auf eigene mangelnde Leistungsfähigkeit berufen zu können. Doch bleiben den Erben nicht nur die allgemeinen Haftungsbeschränkungsmöglichkeiten des Erbrechts erhalten; sie haften keinesfalls über den Betrag hinaus, der dem Berechtigten bei ungeschiedener Ehe als (beim Zugewinnausgleich „kleiner") Pflichtteil zugestanden hätte.

Diese – sachgerechte und schon früher vielfach geforderte – Lösung verbessert die frühere Regelung des EheG § 70 wesentlich.

10. Der Unterhalt umfaßt nach § 1578 den *gesamten Lebensbedarf* nach den ehelichen Lebensverhältnissen zur Zeit der Scheidung, nicht der Trennung (BGH NJW 1982, 1870), Ausbildungskosten, Kosten einer angemessenen Krankenversicherung und allenfalls auch Versicherung für Alter, Berufs- oder Erwerbsunfähigkeit. Der Unterhalt ist in Form einer monatlich im Voraus zu entrichtenden *Geldrente* zu zahlen (§ 1585) und daher auch geschuldet, wenn der Berechtigte sich im Laufe des Monats wiederverheiratet oder stirbt. Daneben kann *Sonderbedarf* (etwa wegen schwerer Erkrankung) als zusätzlicher Unterhalt verlangt werden (§§ 1585b, 1613 II; BGH NJW 1983, 224), Prozeßkostenvorschuß jedoch nicht (BGHZ 89, 33). Eine *Kapitalabfindung* kann nur bei wichtigem Grund verlangt werden, und nur, wenn der Verpflichtete nicht unbillig belastet wird (§ 1585 II). Bei Berechnung der Unterhaltsrente unterscheidet die Praxis zwischen „Elementarunterhalt" und „Vorsorgeunterhalt"; letzterer wird nach dem Betrag berechnet, den der Unterhaltsberechtigte – wäre sein Elementarunterhalt Einkommen – auf den Elementarunterhalt an die Rentenversicherung zahlen müßte (BGH NJW 1982, 1986).

Der grundsätzlich nach den ehelichen Lebensverhältnissen zur Zeit der Scheidung zu bemessende Unterhalt soll aber – insbes. soweit es um Unterhalt wegen mangelnder Erwerbsmöglichkeit nach § 1573 geht – nach dem UÄndG zeitlich begrenzt werden können, soweit dies unter Berücksichtigung der Dauer der Ehe und der Zeit der Erziehung eines gemeinschaftlichen Kindes durch den Unterhaltsberechtigten der Billigkeit entspricht.

Das neue Recht des UändG soll nach dessen Übergangsvorschriften auf nach Inkrafttreten des Gesetzes fällig gewordene Unterhaltsraten auch insoweit angewendet werden können, als darüber bereits rechtskräftig erkannt worden ist. Bestehende Schuldtitel können dann nach ZPO § 323 geändert werden.

Wegen der Berechnung der Höhe des Unterhalts vgl. oben § 12 VII 1 und die unten § 24 I 5 erwähnten Unterhaltstabellen; für Vorsorge-Unterhalt insbes. FamRZ 1982, 989 u. 1983, 1197. Wegen der Kranken- und Altersversicherung vgl. *Bartsch* JZ 1978, 180; *Friderici*, NJW 1977, 2250; *Hampel*, FamRZ 1979, 249; *Gröning*, FamRZ 1982, 459, 1983, 331 u. 1984, 736.

Der Unterhalt kann grundsätzlich *nur für die Zukunft* verlangt werden (vgl. auch § 1613 I); für die Vergangenheit aber bei Verzug oder Rechtshängigkeit oder für Sonderbedarf unbeschränkt, für mehr als ein Jahr vor

Rechtshängigkeit nur, wenn anzunehmen ist, daß der Verpflichtete sich der Leistung absichtlich entzogen hat. Über Vorausleistungen bestimmt das Eherecht (im Gegensatz zu § 1614) nichts; sie dürften befreien, wenn der Berechtigte sie annimmt, der aber zu ihrer Annahme (anders als nach § 271!) nicht verpflichtet ist. Künftige Änderungen in den Einkommensverhältnissen werden bei der Höhe des Unterhalts berücksichtigt, soweit sie in den Lebensverhältnissen bis zur Scheidung mit angelegt sind (z. B. normale Gehaltserhöhungen; Regelbeförderungen; Einkommensminderungen durch Versetzung in den Ruhestand oder Erreichen des Rentenalters). Nicht zu erwartende ungewöhnliche Verbesserungen des Einkommens Unterhaltsverpflichteter über den bei Scheidung bestehenden angemessenen Lebensunterhalt hinaus bleiben unberücksichtigt.

Im übrigen gelten für den Unterhaltsanspruch allgemeine Regeln. Der Gesamtanspruch verjährt nicht (§ 194); die einzelnen Raten verjähren in 4 Jahren (§ 197). Der Anspruch ist nur beschränkt pfändbar (§§ 850b u. d ZPO) und beschränkt abtretbar (§ 400). Zwecks Klärung der Unterhaltspflichten sind sich die geschiedenen Ehegatten gegenseitig auskunftspflichtig (§§ 1580, 1605; einschränkend BGH NJW 1982, 2771).

11. Der Unterhaltsverpflichtete hat auf Verlangen dem Berechtigten *Sicherheit* zu leisten (Einzelheiten § 1585 a).

12. *Unterhaltsverträge* für die Zeit nach der Scheidung sind auch nach dem neuen Scheidungsrecht zulässig (§ 1585 c), selbst vor der Scheidung, ja schon vor der Eheschließung; obwohl das Gesetz es nicht mehr ausdrücklich sagt, gilt selbstverständlich die Schranke des § 138. Die Verträge sind im Gegensatz zur Vorwegregelung von Zugewinnausgleich und Versorgungsausgleich auch formlos möglich; doch ist aus Beweisgründen mindestens Schriftform ratsam. Für die Scheidung nach ZPO § 630 ist ein Vollstreckungstitel über Unterhaltsleistungen erforderlich. Eine gerichtliche Kontrolle darüber, ob vereinbarter nachehelicher Unterhalt angemessen ist, findet in unserem Recht nicht statt, obwohl sie von manchen für wünschenswert gehalten wird (lies Bartsch ZRP 1979, 96). Im Gegensatz zu § 1614 ist hier auch der Verzicht auf künftigen Unterhalt möglich. Im Gegensatz zu § 1360a III und § 1361 IV verweist § 1585c nicht auf § 1614! Der Verzicht ist formlos wirksam, selbst wenn man in ihm eine Schenkung erblickt, denn er wäre nicht Schenkungsversprechen (§ 518), sondern bereits Schenkungsvollzug; ein konkludenter Verzicht darf aber nicht schon einfach darin erblickt werden, daß der Anspruch zeitweise nicht geltend gemacht wird! Ein Verzicht hat bei späterer unvorhergesehener Bedürftigkeit unerfreuliche Folgen nicht nur für den Verzichtenden (Ausschluß der Neuforderung von Unterhalt selbst bei veränderten Verhältnissen, trotz ZPO § 323), sondern allenfalls auch für die Träger der Sozialhilfe und unterhaltspflichtige Verwandte. Es ist aber nur selten möglich, den Unterhaltsverzicht wirksam anzugreifen (Anfechtung wegen Irrtum, Täuschung oder Drohung?). Wegfall der Geschäftsgrundlage

wäre dem Sinn des Verzichts zuwider; § 138 kann selten in Betracht kommen (BGH IVb ZR 333/81; vgl. auch OLG Köln, DNotZ 1981, 444); Kondiktion nach § 528 scheitert meist daran, daß der Verzicht nicht unentgeltlich ist, mag auch die „Gegenleistung" in scheidungsrechtlichen Vereinbarungen liegen. Der Verzicht dürfte richtiger Ansicht nach nicht mehr möglich sein, wenn die Unterhaltsansprüche nach § 90 BSHG auf den Träger der Sozialhilfe übergeleitet sind (vgl. dazu BGHZ 20, 127 und unten § 24 V 4).

Die abweichende Gegenmeinung stützt sich auf die bedenkliche Ansicht, daß trotz Übergangs der Einzelansprüche über das „Stammrecht" noch verfügt werden könne. Eine so weitgehende Spaltung von Stammrecht und Einzelanspruch ist kaum möglich. Rechtspolitische Wünsche rechtfertigen eine Abweichung noch nicht.

Schrifttum: *Hampel,* FamRZ 1960, 421; *Riemann* SchlHA 1963, 85; *Dieckmann:* Die Unterhaltsansprüche geschiedener und getrennt lebender Ehegatten, FamRZ 1977, 81 u. 161; *Langenfeld,* Vereinbarungen über den nachehelichen Unterhalt in der Praxis, NJW 1981, 2377 u. Handbuch der Eheverträge und Scheidungsvereinbarungen, 1984; *Giesing* NJW 1982, 271; *Göppinger,* Vereinbarungen anläßlich der Ehescheidung, 4. Aufl. 1982; *Walter,* Schuldprinzip kraft Ehevertrags? NJW 1981, 1409 u. FamRZ 1982, 7.

13. Die Regeln über die Folgen der Ehescheidung gelten im Grundsatz auch für die Eheaufhebung und für die Nichtigerklärung der Ehe; doch bleibt es einem gutgläubigen, irrenden, getäuschten oder bedrohten Ehegatten freigestellt, durch eine binnen 6 Monaten nach rechtskräftiger Ehelösung gegenüber dem anderen Ehegatten abzugebende Erklärung den Ausschluß der Scheidungsfolgen zu verlangen. Der Erklärende ist dann dem anderen weder unterhalts- noch versorgungsausgleichspflichtig; er verliert aber auch seinerseits entsprechende Rechte (EheG §§ 20, 37 II, 39 II).

Bei Auflösung der Ehe kraft Wiederverheiratung nach unrichtiger Todeserklärung (EheG § 38 II) fehlt es an einer Regelung der Eheauflösungsfolgen. Die h. M. nimmt an, hier sei die Ehe ohne Nachwirkungen völlig gelöst. M. E. müssen dem zu Unrecht für tot Erklärten Unterhalt und Versorgungsausgleich gegenüber dem Wiederverheirateten zustehen (vgl. VG Hannover FamRZ 1965, 146; Neumann-Duesberg JR 1968, 209; BSGE 26, 190).

14. Verfahrensrechtlich sind die Unterhaltsansprüche zwischen geschiedenen Ehegatten Scheidungsfolgesachen (ZPO § 621), für welche das Familiengericht ausschließlich zuständig ist. Bei rechtzeitiger Antragstellung ist über den Unterhalt zusammen mit dem Scheidungsurteil zu entscheiden (ZPO § 623).

IV. Versorgungsausgleich (Grundzüge)

Schrifttum: *Voskuhl-Pappei-Niemeyer,* Versorgungsausgleich in der Praxis, 1976; *Voskuhl,* Der Versorgungsausgleich bei Ehescheidung DRiZ 1976, 338; *Voskuhl,* Der

Versorgungsausgleich DB 1976, 2237; *Ruland,* Der Versorgungsausgleich NJW 1976, 1713ff.; *Ruland-Tiemann,* Der Versorgungsausgleich und steuerliche Folgen der Ehescheidung, 1977; *Kniebes* DNotZ 1977, 269; *Plagemann* BB 1977, 899 u. 1255 sowie WM 1977, 438; *Maier,* Der Versorgungsausgleich in der Rentenversicherung 1977; *Friederici* NJW 1977, 2250; *Belchaus,* Einführung in den Versorgungsausgleich MDR 1976, 793; *Laudor,* Der Versorgungsausgleich und die Entwicklung von Rentenanwartschaften nach Rechtshängigkeit des Scheidungsantrages NJW 1977, 141; *P. Ipsen* in Fschr. Ipsen 1977, 69; *Bogs* FamRZ 1977, 81; *v. Maydell,* Der Versorgungsausgleich FamRZ 1977, 172 u. Rspr.-Übersicht FamRZ 1981, 509; *Ruland* ZRP 1978, 107; *Schmidbauer-Wellner,* Der Versorgungsausgleich 1977; *Glockner-Böhmer,* Versorgungsausgleich bei Scheidung 2. Aufl. 1981; *Müller,* NJW 1978, 2273; *Minz,* SGb 1978, 265; *Baltzer,* JuS 1979, 153; *Ruland,* JuS 1979, 703; *Ruland,* Probleme des Versorgungsausgleichs in der betrieblichen Altersversorgung und privaten Rentenversicherung, 1982; *von Maydell,* Die Neuordnung der sozialen Alterssicherung der Frau, 1982; *Ruland,* Der Korrekturbedarf des Versorgungsausgleichsrechts, DRV 1984, 415.

1. *Grundgedanken:* Unterhaltspflichten nach der Scheidung können häufig nicht mehr erfüllt werden, wenn der Verpflichtete ins Rentenalter kommt und kein ausreichendes Einkommen mehr hat; umgekehrt ist der andere Teil dann häufig auch in einem Alter, wo er nicht mehr erwerbsfähig ist. In solch einer Situation ist derjenige Ehegatte im Nachteil, der keine ausreichende eigene Altersversorgung hat. Häufig hat der eine Ehegatte infolge ehebedingter Verhinderung keine ausreichende eigene Altersversorgung erwerben können; namentlich die Frau, welche anläßlich der Ehe die Erwerbstätigkeit aufgegeben (oder gar nicht erst aufgenommen) hat, oder die nach Erziehung der Kinder nicht ins Erwerbsleben zurückgekehrt ist, wird häufig ohne ausreichende eigene Versorgung sein. Um solche Nachteile, die bei fortbestehender Ehe durch die beiderseitige Pflicht zum Unterhalt (§ 1360) einen Ausgleich finden, nach Scheidung zu mildern und tunlichst auch dem nicht oder nur zeitweise berufstätigen Ehegatten eigene Versorgungsrechte zu verschaffen, sieht das Gesetz in einer an den Zugewinnausgleich angelehnten Weise einen *Ausgleich von Versorgungsanwartschaften* vor – aber *unabhängig vom Güterstand,* sogar für den Fall der vereinbarten Gütertrennung (§ 1587). Nicht der Gedanke der Zugewinnteilung kann also die Teilung von Versorgungsanwartschaften rechtfertigen, sondern der Gedanke des mit der Ehe gemeinsam übernommenen Risikos der Altersversorgung beider Ehegatten.

Der Versorgungsausgleich ist unabhängig davon, ob bei Vergleich der Vermögen beider Ehegatten ein Zugewinn erzielt worden ist. Versorgungsanwartschaften bilden mit Scheidungsantrag ein „Sondervermögen", das unabhängig vom sonstigen Vermögen geteilt wird, soweit die Anwartschaften in der Ehezeit begründet worden sind; auch aus vorehelichem oder von Dritten von Todes wegen oder sonst unentgeltlich zugewendetem Vermögen in der Ehezeit erworbene Anwartschaften sind zu teilen. Es geht nicht um Teilung des *von* den Ehegatten kraft Zusammenarbeit in der Ehe Erworbenen, sondern der in der Ehezeit *für* das Alter erworbenen Versorgungswerte. Auch die eheliche Unterhaltspflicht trägt den Versorgungsausgleich nicht, mag man auch einen Anspruch auf Altersvorsorge unterstellen; denn dieser geht nicht auf Deckung eines aktuellen, von Bedürftigkeit abhängigen Bedarfs, sondern eines potentiellen (aber typischen) künftigen Bedarfs.

Der Gedanke einer Teilung des bei gemeinsamer Lebensführung fürs Alter Ersparten paßt in erster Linie bei solchen Ehen, in denen nur einer der Ehegatten Versorgungsrechte auf seinen Namen erwirbt (insbes. Hausfrauenehe) oder wo bei gemeinsamer Lebensführung beide Ehegatten unterschiedliche Versorgungsrechte erwerben, die gerechterweise untereinander auszugleichen sind. Er ist aber weniger überzeugend, wenn die Ehegatten länger getrennt leben oder es mit Vereinbarung der Gütertrennung bewußt auf Trennung der Vermögenssphären abgestellt haben, oder wo die Versorgungsansprüche nicht auf gemeinsamer Lebensarbeit oder auf unter beiderseitigem Konsumverzicht Erspartem aufgebaut sind.

Stellt man den Gedanken der Teilung des in gemeinsamer Lebensführung an Alterssicherung Erworbenen in den Vordergrund, so ist nicht einsichtig, warum der Selbständige, der sich keine eigene Altersversorgung aufbaut, an Rentenanwartschaften seiner als Angestellte tätigen Ehefrau teilhaben soll; oder warum ein Ehegatte an Versorgungsrechten teilhaben soll, die der andere aus dem durch Erbschaft oder Schenkung erworbenen Vermögen begründet; oder der begüterte Ehegatte, der aus Vermögenseinkünften lebt und daraus seine Altersversorgung entnehmen wird, an erarbeiteten Versorgungsrechten des anderen teilhaben soll. Ebensowenig ist einsichtig, wieso der Student, der sich von seiner als Lehrerin tätigen Ehefrau das Studium hat finanzieren lassen, an deren Altersversorgung teilhaben soll, wenn er selbst später eine viel höhere Altersversorgung erwirbt.

a) Die *Verfassungsmäßigkeit* des Versorgungsausgleichs ist vielfach angezweifelt worden. Das BVerfG (NJW 1980, 692) hat in einer grundlegenden Entscheidung die Verfassungsmäßigkeit im Grundsätzlichen *bejaht*. Es hat zwar Versichertenrenten und entsprechende Anwartschaften dem Eigentumsschutz des Art. 14 GG unterstellt, im Versorgungsausgleich aber eine Bestimmung von Inhalt und Schranken des Eigentums erblickt, seine Regelungen auch mit Art. 3 II, 6 I und 33 V GG für vereinbar erklärt. Doch hat es anerkannt, daß einzelne Auswirkungen des Versorgungsausgleichs grundrechtswidrige Eigentumsbeeinträchtigungen und Freiheitsbeschränkungen zur Folge haben können, und dem Gesetzgeber deshalb ergänzende Regelungen aufgetragen. Nach verschiedenen Entwürfen der Bundesregierungen und der Parteien hat der Bundestag am 13. 12. 1982 ein provisorisches Gesetz beschlossen (BT-Drucks. 9/2296) – Gesetz zur Regelung von Härten im Versorgungsausgleich vom 21. 2. 1983 (BGBl. I S. 105) – das am 1. 4. 1983 in Kraft trat und am 31. 12. 1986 wieder außer Kraft treten soll.

Das Gesetz versucht, die schwersten Mängel der bisherigen Regelung abzustellen. Es ist vorläufig, weil die drohende Auflösung des Bundestages eine gründlichere Durcharbeitung nicht mehr gestattete, außerdem die anstehende Rentenreform ohnehin zu mannigfaltigen Neuregelungen führen dürfte.

Schrifttum: *Krause* FamRZ 1980, 534; *Rohwer-Kahlmann* SGb 1980, 325; *Kropholler* NJW 1980, 47; *Wochner* JZ 1980, 414; *Dieckmann* FamRZ 1980, 865; *Müller* DRiZ 1980, 448; *Rolland*, Kommentar zum VAHRG, 1983.

Eine Neuregelung des Versorgungsausgleichs („Modell 87") ist in Aussicht genommen. Der Grundgedanke der Beteiligung eines geschiedenen Ehegatten an den Versorgungsrechten des anderen soll nicht aufgegeben, aber dahin modifiziert werden, daß auf den Ausgleichsbedarf abgestellt wird, der im Zeitpunkt der Versorgungsnotwendigkeit für einen der Ehegatten auftritt.

b) Im einzelnen fällt der Versorgungsausgleich sehr unterschiedlich aus, schon wegen der in den verschiedensten Berufen sehr unterschiedlichen Alterssicherungen, ihrer schwierigen Bewertungen, auch ihrer unterschiedlichen steuerlichen Behandlung. Ungleichheiten sind also zahlreich.

In Betracht kommen nicht nur Rentenversicherung, Beamtenpension, Zusatzversorgung im öffentlichen Dienst (dazu *Trey* NJW 1978, 307; *Eckert* NJW 1978, 2084; *Kohl* SchlHA 1979, 25; *Strehhuber* FamRZ 1979, 764), betriebliche Altersversorgung (dazu *Fischer* DB 1976, 1713; *Glockner* BB 1980, 1475), Hüttenknappschaftliche Zusatzversicherung (BGH FamRZ 1984, 573) u.a.m., private Rentenversicherungen oder Invalidenversicherung (str. vgl. *Trey/Schwab*, FamRZ 1978, 11; *Hahne-Glockner* FamRZ 1982, 561), berufsständische Versorgungseinrichtungen wie z.B. Bayerische Ärzteversorgung (BGH NJW 1983, 336); auch Altershilfe für Landwirte als besondere gesetzliche Rentenversicherung (OLG Celle FamRZ 1981, 166). Die Besteuerung ist unterschiedlich bei Sozialversicherungsrenten, Pensionen des öffentlichen Dienstes, privaten Versicherungen (*Tiemann u. Ferger* NJW 1977, 2137; *Heubeck* BB 1977 Beilage 6; *Labus* BB 1977, 1041); die steuerlichen Ungleichheiten zu beseitigen ist jedoch nach BVerfGE 53, 227 Aufgabe des Gesetzgebers, der zu entscheiden hat, mit welchen Mitteln er Verzerrungen beseitigen will (BVerfGE 54, 11).

c) Einen teilweisen Ausgleich entstehender Unzuträglichkeiten und Ungleichheiten ermöglichen vertragliche Regelungen des Versorgungsausgleichs. So kann der Versorgungsausgleich *ehevertraglich ausgeschlossen* werden (§ 1408 II); aber dazu bedarf es einer ausdrücklichen Vereinbarung, die auf weite Sicht abgeschlossen sein muß: wird innerhalb eines Jahres nach Vertragsschluß der Scheidungsantrag gestellt, so ist der Ausschluß unwirksam; infolgedessen wird auch die als automatische Folge des Ausschlusses des Versorgungsausgleichs eintretende Gütertrennung rückwirkend unwirksam; der gesetzliche Güterstand tritt rückwirkend an die Stelle. Damit soll gezielten Umgehungen des Versorgungsausgleichs vorgebeugt werden. Wenn nach der Judikatur der vereinbarte Ausschluß des Versorgungsausgleichs auch bei Rücknahme des Scheidungsantrages hinfällig bleibt, so ist damit innerhalb des ersten Jahres nach vereinbartem Ausschluß des Versorgungsausgleichs ein Rücktrittsrecht gegeben, das mittels Scheidungsantrag auszuüben ist! War der Versorgungsausgleich nicht durch Ehevertrag rechtzeitig im voraus ausgeschlossen worden, so kann er durch Parteivereinbarung nur noch anläßlich der Scheidung *mit gerichtlicher Genehmigung* (§ 1587o II) in notariell beurkundetem Vertrag oder Scheidungsvergleich (§ 127a) geregelt werden. Sonst gilt die gesetzliche Regelung für alle Fälle.

Schrifttum zur vertraglichen Regelung: *Reinartz,* NJW 1977, 81 u. DNotZ 1978, 267; *Hoffmann,* NJW 1977, 235; *Schwab,* DNotZ Sonderh. 1977, 59; *Langenfeld,* NJW 1978, 1503; *Bergerfurth,* FamRZ 1977, 440; *Rohde,* NJW 1977, 1763; *Glockner,* AnwBl. 1978, 125; *Bergner,* NJW 1977, 1748; *v. Maydell,* FamRZ 1978, 749; *Bergner,* FamRZ 1979, 993; *Maier-Hermann,* NJW 1980, 11; *Scheld* JZ 1980, 643; *Walter* NJW 1981, 1409 u. FamRZ 1982, 7; *Gaul,* FamRZ 1981, 1134; *Göppinger,* Vereinbarungen anläßlich der Ehescheidung, 4. Aufl., 1982, 155ff.; Zimmermann, FamRZ 1983, 1; *Becker,* Versorgungsausgleichsverträge, 1984; *Langenfeld,* Handbuch der Eheverträge und Scheidungsvereinbarungen, 1984.

Der Ausschluß des Versorgungsausgleichs gilt als Vereinbarung der Gütertrennung. Doch kann auch unter ausdrücklicher Beibehaltung von Zugewinngemeinschaft oder Gütergemeinschaft der Versorgungsausgleich ausgeschlossen werden. Der Ausschluß kann ein vollständiger oder teilweiser sein (z. B. Ausschluß von der Beteiligung an einzelnen bestimmten Versorgungsrechten wie etwa Betriebsrenten; str.). Es kann auch der öffentlichrechtliche Versorgungsausgleich durch den privatrechtlichen ersetzt werden. Erfolgt der Ausschluß „im Zusammenhang mit der Scheidung", so bedarf er gerichtlicher Genehmigung, deren Versagung nicht selbständig, sondern nur zusammen mit der Entscheidung über den Versorgungsausgleich angefochten werden kann. Dies Genehmigungserfordernis ist verfassungsrechtlich nicht zu beanstanden (BVerfG NJW 1982, 2365). Vereinbarungen nach § 1587o können das Verfahren wesentlich beschleunigen. Sie sind sinnvoll insbes. da, wo Schwierigkeiten der Bewertung von Anwartschaften bestehen, Anwartschaften (z. B. im Ausland begründete) nicht geklärt werden können, sowie insbes. beim schuldrechtlichen Ausgleich. Vereinbarungen sind vor allem dahingehend zu prüfen, ob sie in etwa dem gesetzlichen Ziel der Sicherung des weniger gesicherten Ehepartners nahekommen. Dabei sind Unterhaltsregelung und sonstige Vermögensauseinandersetzung in die Wertung einzubeziehen. Selbst gänzlicher Verzicht auf den Ausgleich kann genehmigt werden, etwa wenn der Ausgleichsberechtigte anderweitig hinreichend gesichert ist, oder wenn beide Ehepartner laufend berufstätig waren und ihre eigenen – wenn auch unterschiedlichen – Versorgungsanwartschaften haben, oder wenn die Altersversorgung eines Ehegatten durch eigenes Vermögen oder Leistungen Dritter sichergestellt ist (vgl. dazu BGH NJW 1982, 1463); auch Gesichtspunkte der „groben Unbilligkeit" (§ 1587c) können zur Genehmigung eines Verzichts führen (BGH NJW 1982, 1464). Von einer verbreiteten Meinung werden Vereinbarungen, welche die öffentlichrechtlichen Ausgleichsregelungen berühren, für unzulässig und daher nicht genehmigungsfähig gehalten; so jetzt auch BGHZ 81, 192 (ausführlich). Das ist insofern zu bedauern, als mit Vereinbarungen über die Höhe der zu übertragenden Rentenanwartschaft manche Unzuträglichkeiten gemildert werden konnten.

d) Dem Zweck des Versorgungsausgleichs entspricht es, daß der Anspruch darauf mit dem Tode des Berechtigten erlischt (§§ 1587e II, 1587k II, 1587m), nicht aber mit Tod des Verpflichteten (§ 1587e IV; vgl. dazu BGH NJW 1982, 1939).

2. a) *Auszugleichen* sind nur solche Anwartschaften und Aussichten auf eine Versorgung wegen Alters oder Berufs- oder Erwerbsunfähigkeit, die *während der Ehezeit* (Beginn des Monats, in dem die Ehe geschlossen wurde bis Ende des Monats, der dem Scheidungsantrag vorausgeht) erworben sind. Dabei bleiben Anwartschaften oder Aussichten außer Betracht, die nicht durch Nachzahlungen in der Ehezeit (BGH NJW 1982,

102), sondern erst durch Nachzahlung von Beiträgen nach der Ehezeit rückwirkend für die Ehezeit entrichtet worden sind (BGHZ 75, 196; „In-Prinzip" gegen „Für-Prinzip") oder die weder mit Vermögen noch mit Erwerbstätigkeit der Ehegatten (z. B. durch Leistungen Dritter) erworben sind (§ 1587). Andererseits werden auch verfallbare Anwartschaften einbezogen, jedoch dem sogenannten schuldrechtlichen Versorgungsausgleich zugewiesen (§ 1587 a II Ziff. 3 am Ende).

Aber nicht alle dem Versorgungszweck dienenden Werte unterliegen dem Versorgungsausgleich; so nicht zinstragende Wertpapiere, das zinsbringende Miethaus oder die Wohnungskosten ersparende Eigentumswohnung. Die Sachwerte sind nicht in Rentenwerte umzurechnen und ihre Erträgnisse schwanken; die Sachwerte gehören in die güterrechtliche Teilung. Zweifelhaft ist die Rechtslage bei wiederkehrenden Sachleistungen wie Deputaten oder Naturalien bei Hofesübergabeverträgen; nach der Entstehungsgeschichte des Gesetzes gehören sie offenbar nicht in den Versorgungsausgleich. Nicht in den Versorgungsausgleich gehören Rechte auf Kapitalleistungen, auch wenn sie dem Versorgungszweck dienen wie etwa die private Lebensversicherung; anders nur, wenn ein Rentenwahlrecht im Versicherungsvertrag vorgesehen und vor Ende der Ehezeit bereits ausgeübt war (BGHZ 88, 386). Auch Kapitalversicherungen aus betrieblicher Altersfürsorge sollen dem Versorgungsausgleich nicht unterliegen (fragwürdig!). Auch fallen nicht in den Versorgungsausgleich Renten mit Entschädigungszweck für besondere Opfer (gesetzl. Unfallversicherung, Kriegsopferversorgung, Schadensersatz), obwohl das zu unbefriedigenden Folgen im einzelnen führen kann.

b) *Ausgleichungspflichtig ist der Ehegatte mit den werthöheren* Anwartschaften; berechtigt ist der andere Ehegatte in Höhe des halben Wertunterschiedes (§ 1587b). Die Ehegatten sind sich hinsichtlich ihrer Versorgungsanwartschaften gegenseitig auskunftspflichtig (§§ 1587e, 1587k I, 1580).

Die Regelung der Auskunftspflicht ist unbefriedigend, weil die Pflicht nach dem Wortlaut des Gesetzes erst unter geschiedenen (§ 1580) Ehegatten besteht, der Versorgungsausgleich aber schon mit der Scheidung zusammen geregelt werden muß, und die Vorbereitung der Scheidung, ja der Entschluß zu ihr, eine Übersicht über die vermögensrechtlichen Folgen voraussetzt. Die unterhaltsrechtliche Auskunftspflicht (§§ 1361 IV, 1605) reicht für die Versorgungsanwartschaften nicht aus. Weitgehend wird bei § 1587e ein Redaktionsversehen angenommen und deshalb der Auskunftsanspruch allgemein, d. h. sogar vor einem etwaigen Scheidungsantrag gewährt. Diese Auskunft ist vor allem für private Rentenansprüche (Betriebsrenten!) wichtig. Für die gesetzliche Rentenversicherung hilft jetzt § 1 der zweiten Verordnung über die Erteilung von Rentenauskünften an Versicherte der gesetzlichen Rentenversicherung vom 5. 8. 1977 (BGBl. I 1486). Die Auskunft muß über Anwalt oder Notar begehrt werden. An den Versicherungsträger direkt kann sich aber immer nur der Versicherte selbst wenden, der Ehegatte nur auf dem Umweg über ihn, Der Auskunft heischende Ehegatte muß also seinen Anspruch auf Auskunft notfalls gerichtlich geltend machen; im Eheverfahren geschieht das in dem für den Versorgungsausgleich vorgesehenen Verfahren nach FGG, so daß die Vollstreckung über FGG § 53g III nach den Vorschriften des § 888 ZPO zu erfolgen hat (OLG Frankfurt FamRZ 1980, 899; str.; für die Anwendung von FGG § 33 OLG Celle FamRZ 1979, 151). Es kann Ausfüllung der bei Gericht dafür verwendeten Formulare verlangt werden (BVerfG NJW 1978, 2389). Das Gericht kann auch seinerseits von den Versorgungsträgern wie von den Parteien Auskünfte verlangen. Der BGH (NJW 1982, 1646) versagt aber ein Recht auf Auskunft, wenn über den öffentlichrechtlichen Versorgungsausgleich bereits rechtskräftig entschieden ist.

c) Über die *Bewertung* der verschiedenen Arten von Versorgungsanwartschaften, die sich zum Teil nicht ohne weiteres miteinander ins Verhältnis setzen lassen, gibt § 1587a II–VIII ausführliche Vorschriften. *Zur Klärung des Wertes der Anwartschaften* muß das Gericht nicht nur die Träger der gesetzlichen Rentenversicherungen am Verfahren beteiligen, sondern auch *Auskünfte* bei den zuständigen Behörden, Rentenversicherungsträgern, Arbeitgebern, Versicherungsgesellschaften und sonstigen Stellen einholen (FGG § 53b). Bei Streit unter den Beteiligten über Bestand oder Höhe einer Anwartschaft kann das Familiengericht das Verfahren über den Versorgungsausgleich aussetzen und einem der beiden Ehegatten zur Erhebung einer Klage (vor dem Verwaltungsgericht, Sozialgericht oder ordentlichem Gericht – je nach Art der streitigen Anwartschaft) eine Frist setzen, um ein klärendes Urteil zu erhalten oder bei fruchtlosem Fristablauf das einschlägige Vorbringen dieses Ehegatten unberücksichtigt zu lassen.

Das Verhältnis zwischen den dynamisierten Sozialversicherungsrenten und den zum Teil nicht dynamisierten Betriebsrenten und Versicherungen wird geregelt durch die Barwertverordnung vom 24. 6. 1977 (dazu *Schusinski u. Stiefel* NJW 1977, 1264; BGH NJW 1983, 336), geändert und verbessert durch VO vom 22. 5. 1984 (BGBl. I 692), erläutert von *Ellger-Glockner* in FamRZ 1984, 733 u. *Zimmermann* NJW 1984, 2323. Im übrigen helfen zur Berechnung des Wertes der Versorgungsanwartschaften Tabellen (zuletzt *Bergner,* NJW 1984, 2334). Einzelne Berechnungsmodalitäten sind umstritten oder werden für verbesserungsbedürftig gehalten (vgl. *Smolenski-Schmeiduch,* NJW 1979, 301 u. *Glockner,* BB 1979, 684 u. FamRZ 1980, 308; *Löffler-Theurer,* FamRZ 1981, 8; *Heubeck-Zimmermann,* BB 1981, 1225; *Morawietz,* Die Bewertung teildynamischer Betriebsrentenanwartschaften im Versorgungsausgleich, 1981). Auch in der Neufassung von 1984 wird § 1 III der VO noch für verfassungswidrig gehalten von AG Friedberg, FamRZ 1984, 1026.

In der Mehrzahl der Fälle geht es um Teilung und Bewertung bloßer Anwartschaften. Bezieht der Ausgleichspflichtige bereits Ruhegeld, so ist von dem tatsächlich erreichten Ruhegeld auszugehen (BGH NJW 1982, 229), auch bei vorzeitiger Dienstunfähigkeit von Beamten (BGHZ 82, 66). Bereits bezogenes Altersruhegeld des Berechtigten ist anzurechnen (BGH NJW 1982, 989).

3. Die *Durchführung* des Versorgungsausgleichs erfolgt auf verschiedenen Wegen, teils öffentlichrechtlich, teils privatrechtlich:

a) durch *Rentenanwartschaftsübertragung* (§ 1587b I) oder *Rentenanwartschaftsbegründung* (§ 1587b II) durch die Entscheidung des Familiengerichts – was nur im Verhältnis von Beamtenpensionen und gesetzlichen Versicherungen funktioniert.

Ist z. B. der Ehemann in der gesetzlichen Rentenversicherung, so wird von seiner Rentenanwartschaft so viel, wie im Verhältnis zur Frau nach der Ehezeit und der Differenz etwaiger beiderseitiger Anwartschaften geschuldet ist, auf die Ehefrau übertragen, sodaß deren Anwartschaft sich entsprechend erhöht bzw. (wenn sie selbst noch nicht versichert war) für sie eine entsprechende Anwartschaft neu entsteht, die sie durch eigene Berufstätigkeit nach der Scheidung erhöhen kann; BGHZ 74, 38 hält dies *Rentensplittung* für verfassungskonform. Dem Ehemann bleibt es möglich, die Minderung seiner eigenen Rentenanwartschaft durch Entrichtung von Beiträgen ganz oder teilweise wieder auszugleichen (RVO § 1304a VI AVG § 83a VI usw.).

Ist der Ehemann Beamter, so kann, falls die Frau nicht Beamtin ist, auf sie keine beamtenrechtliche Pensionsanwartschaft übertragen werden. Statt dessen wird für sie eine Rentenanwartschaft in der gesetzlichen Rentenversicherung begründet; Dienstherr und Rentenversicherung gleichen sich untereinander aus. Auch dieses „*Quasi-Splitting*" wird von BGHZ 74, 86 für verfassungskonform gehalten. Dem Beamten bleibt es gestattet, seine Pensionsanwartschaft durch Zahlung eines Kapitalbetrages wieder aufzustocken und damit die Kürzung der Versorgungsbezüge ganz oder teilweise abzuwenden (BeamtenVersorgG v. 24. 8. 1976, § 58). Auch bei Beamten auf Probe oder auf Widerruf ist das Quasi-Splitting anzuwenden, unter Zugrundelegung der rentenrechtlichen (evtl. fiktiven) Nachversicherung; BGH NJW 1982, 1754 ff. Entsprechendes gilt für Zeitsoldaten (BGHZ 81, 100). Bei Berufssoldaten ist ihre faktische Dienstzeit zugrundezulegen, auch wenn sie früher als in anderen Berufen endet (BGH NJW 1982, 2374–2380). Die Zusatzversicherung des öffentlichen Dienstes ist als besondere betriebliche Altersversorgung zu behandeln (Näheres BGH NJW 1982, 1989).

Während in der Rentenversicherung der Berechnung der zum Versorgungsausgleich zu übertragenden Rentenwerte ein fiktiver Rentenfall zu Ehezeitende zugrundegelegt wird (§ 1304 RVO) und die später etwa bezogene, faktisch höhere Rente der Berechnung nur dann zugrundegelegt wird, wenn der Rentenfall bei Ehezeitende bereits eingetreten war (BGH NJW 1984, 3464), wird bei der Beamtenversorgung nach dem Teil der Gesamtversorgung gerechnet, der in die Ehezeit fällt (§ 1587a II) – ein bemerkenswerter Unterschied, weil die Beamtengattin damit auch an nachehelich erworbenen Versorgungswerten anteilsmäßig partezipiert; dafür wird ihr dann keine Beamtenversorgung, sondern nur Rentenversicherung zuteil.

Besondere Schwierigkeiten macht die Berechnung der zu teilenden Versorgungswerte, wenn Rente und Beamtenversorgung konkurrieren (dazu BGH NJW 1983, 1313 – Scheidung vor dem das Verhältnis von Beamtenversorgung und Rente neu regelnden Ges. v. 22. 12. 1981; BGH NJW 1984, 1544 für spätere Scheidung). Sind die nur unter Eindringen in die beamtenrechtlichen Vorschriften verständlichen Entscheidungen nachvollziehbar, führen die einschlägigen Berechnungen gelegentlich zu absurden Ergebnissen: so wenn beim Lehrerehepaar bei annähernd gleich hohen Versorgungsbezügen die Ehefrau zu ihrer Versorgung zusätzlich eine Rentenanwartschaft von monatlich 464,62 DM erhalten sollte. Das BVerfG (NJW 1984, 2147) mußte das korrigieren.

Schrifttum: *Bergner* NJW 1982, 1492.

b) Soweit der Ausgleich nicht in der vorgenannten Weise erfolgen kann, etwa weil der Verpflichtete nicht in einem öffentlich-rechtlichen Dienstverhältnis stand oder sozialversicherungspflichtig war, sondern etwa mit betrieblicher Altersversorgung, privater Rentenversicherung oder auf ähnliche Weise für sein Alter vorgesorgt hatte, soll eine der Ehezeit entsprechende *Realteilung* des Rechtenrechts zwischen den Ehegatten vom Familiengericht angeordnet werden, soweit das auszugleichende Anrecht dies zuläßt. Soweit dies nicht erfolgen kann und das auszugleichende Anrecht sich gegen einen öffentlichrechtlichen Versorgungsträger richtet, sind die Grundsätze über das Quasi-Splitting (vgl. oben unter a) entsprechend anzuwenden. Sonst findet der schuldrechtliche Versorgungsausgleich statt (so § 1587b III n. F. ab 1. 4. 1983).

Ursprünglich war vorgesehen worden, daß der Verpflichtete zugunsten des Berechtigten Anwartschaften in der Rentenversicherung durch Einzahlung begründen sollte. Obwohl der BGH (BGHZ 81, 152ff.) diese Regelung für verfassungskonform hielt, bestanden gegen sie erhebliche Bedenken, weil sie allenfalls zum Einsatz anderen, nicht für die Altersversorgung vorgesehenen Vermögens nötigte, oft die hohen Einzahlungsbeträge vom Verpflichteten nicht aufgebracht werden konnten. Zwar konnte das Familiengericht die Verpflichtung stunden (§ 1587d). Aber mangels Einzahlungen erwarb der Berechtigte möglicherweise gar kein Anrecht. Dem beugen Realteilung oder schuldrechtlicher Versorgungsausgleich jetzt vor.

c) Würde die Übertragung oder Begründung von Rentenanwartschaften dem Berechtigten voraussichtlich nichts nützen oder würde sie sonst unwirtschaftlich sein, so kann das *Familiengericht den Versorgungsausgleich anderweitig regeln* (§ 1587b IV). Durch die zu übertragenden oder neu zu begründenden Rentenanwartschaften sollen auch die Monatsbeträge des ausgleichungsberechtigten Ehegatten die gesetzlichen Rentenhöchstbeträge nicht übersteigen. In diesen wie in anderen Fällen, in welchen der Ausgleich durch Übertragung oder Neubegründung von Rentenanwartschaften nicht funktioniert, findet – soweit die Ehegatten keinen gerichtlich genehmigten Vertrag nach § 1587o geschlossen haben – ein schuldrechtlicher Versorgungsausgleich (§ 1587f) statt. Ein schuldrechtlicher Versorgungsausgleich wird allenfalls auch vorzusehen sein, wenn sich zur Zeit der Scheidung die Bewertung etwaiger ausländischer Versorgungsanwartschaften nicht durchführen läßt.

Anläßlich der Scheidung eines Lehrerehepaares machte die Ehefrau geltend, daß ihr neben ihrer Beamtenversorgung die Begründung einer Rentenanwartschaft aus der Versorgung ihres Mannes nichts nütze, und verlangte eine anderweitige Regelung des Versorgungsausgleichs. Der BGH (NJW 1984, 1549) lehnte das ab, weil bei der Ehefrau ihre eigene Beamtenversorgung im Vordergrund stehe und nicht wegen einer Versorgungsausgleichsrente gekürzt werden würde.

4. Der *schuldrechtliche Versorgungsausgleich* besteht in einer „Ausgleichsrente", die der Verpflichtete an den Berechtigten zu zahlen hat, und zwar in der Höhe der Hälfte dessen, um was die Versorgung des Verpflichteten aus der Ehezeit (Berechnung nach § 1587g II) die des Berechtigten übersteigt. Sie ist erst zu zahlen, wenn beide Ehegatten eine Versorgung erlangt haben oder der Ausgleichspflichtige die Versorgung erlangt hat, der Berechtigte wegen Krankheit oder Gebrechen auf absehbare Zeit keine zumutbare Erwerbstätigkeit ausüben kann oder das 65. Lebensjahr vollendet hat (§ 1587g). Der Berechtigte kann im Rahmen seiner Berechtigung zur Erfüllung seiner Ansprüche *Abtretung* der entsprechenden Rente verlangen (§ 1587i); normale Abtretungs- oder Pfändungsverbote gelten für diesen Fall nicht; bei Tod des Berechtigten fallen die abgetretenen Rententeile automatisch an den Rentenberechtigten (Ausgleichsverpflichteten) zurück. Dieser schuldrechtliche Ausgleich befriedigt nicht recht, wenn der Berechtigte vor dem Verpflichteten ins Rentenalter kommt und zunächst keine eigenen Versorgungsrechte hat; er bleibt dann auf Unterhaltsansprüche angewiesen (§§ 1571–1573).

Eine Schwäche des schuldrechtlichen Ausgleichsanspruchs ist es auch, daß mit Tod des Verpflichteten eine Beteiligung an dessen Rente nicht mehr möglich ist. Den Ausgleichsanspruch gegen den Nachlaß fortbestehen zu lassen, widerspricht dem Wesen des Versorgungsausgleichs. Besser ist die Lösung, gegen den Nachlaß einen Unterhaltsanspruch insoweit zu geben, als dieser bei Einsetzen des schuldrechtlichen Versorgungsausgleichs bestanden hätte und nur durch diesen verdrängt worden ist (§ 1586 b analog).

Schrifttum: *Rotax,* Probleme des schuldrechtlichen Versorgungsausgleichs, MDR 1984, 621.

5. *Abfindung* für künftige Ausgleichsansprüche kann die vermögensrechtliche Auseinandersetzung zwischen den geschiedenen Ehegatten beschleunigen. Sie ist freiwillig mit gerichtlich genehmigtem Vertrag (§ 1587 o) immer möglich. Verlangt kann sie nach § 1587 l nur werden, wenn der Ausgleichsverpflichtete hierdurch nicht unbillig belastet wird. Für die Höhe der Abfindung ist vom *Vergleich des Zeitwertes beiderseitiger Versorgungsanwartschaften* auszugehen. Zum Schutz des Berechtigten, dessen Unterhaltsbedürftigkeit die Abfindung abhelfen soll, kann die Abfindung nur in Form von Beiträgen zur gesetzlichen oder einer privaten Renten- oder Lebensversicherung geleistet werden. Der Abgefundene hat sich auf seine etwaigen Unterhaltsansprüche gegen den Verpflichteten diejenigen Rentenbeträge anrechnen zu lassen, die er ohne Abfindung gemäß § 1587 g erhalten hätte (§ 1587 n). Stirbt der Berechtigte vor voller Leistung der Abfindung, so erlischt der Anspruch auf den noch fehlenden Rest (§ 1587 m).

6. Ein *Versorgungsausgleich findet nicht statt* bzw. ein schuldrechtlicher Ausgleichsanspruch besteht nach den parallelen, aber nicht ganz gleichen Vorschriften der §§ 1587 c und 1587 h nicht

a) soweit der Berechtigte in Erwartung der Scheidung durch Handeln oder Unterlassen bewirkt hat, daß eine ihm sonst zufallende auszugleichende Versorgung nicht gewährt wird oder wieder entfällt;

b) soweit der Berechtigte während der Ehe längere Zeit hindurch seine Pflicht, zum Familienunterhalt (§ 1360) beizutragen, gröblich verletzt hat (vgl. auch § 1381).

c) wegen *grober Unbilligkeit* (§ 1587 c) bzw. *unbilliger Härte* (§ 1587 h). Die dafür maßgebenden Gesichtspunkte sind für beide Situationen verschieden. Bei dem unterhaltsähnlichen schuldrechtlichen Versorgungsausgleich kommt es auf den Vergleich der beiderseitigen *wirtschaftlichen* Verhältnisse an. In den anderen Fällen sind die beiderseitigen Verhältnisse *insgesamt* zu berücksichtigen (§ 1587 c), aber

aa) einerseits doch besonders der beiderseitige Vermögenserwerb während der Ehe oder im Zusammenhang mit der Scheidung;

bb) andererseits nicht Umstände, welche zum Scheitern der Ehe geführt haben, allein aus diesem Grunde.

Ein die Scheidung verursachendes Fehlverhalten eines Ehegatten kann nicht so leicht zum Anspruchsverlust führen wie beim Unterhalt nach § 1579 Ziff. 4. Geht es dort um

Unterhalt für die Zukunft, so geht es beim Versorgungsausgleich um die Teilung der in der gemeinsamen Ehezeit erwachsenen Versorgungsanwartschaften, deren Bestand vom Fortbestand der Ehe unabhängig ist. Andererseits bleibt die Berücksichtigung persönlichen Fehlverhaltens möglich: etwa wenn die Frau den Mann zur Fortsetzung der Ehe mit der Vorspiegelung veranlaßt, das von ihr geborene Kind stamme von ihm und nicht aus Ehebruch (BGH NJW 1983, 117). Erst recht können sonstige persönliche Verhältnisse (Krankheit, BGH NJW 1981, 1733), ausreichende Versorgung des Ausgleichsberechtigten (BGH NJW 1982, 989), erheblicher Vermögenserwerb nach der Trennung (BGH NJW 1981, 394) oder kurze Ehedauer (BGH FamRZ 1981, 944), endlich auch Absonderlichkeiten in der Berechnung der Versorgungsgebührnisse von Beamten (BVerfG NJW 1984, 2147) Unbilligkeit des Versorgungsausgleichs zur Folge haben.

Schrifttum: *v. Hornhardt,* FamRZ 1982, 30; *Moritz,* JZ 1982, 411.

7. Daß der Gesetzgeber die Durchführung des Versorgungsausgleichs, der sich vorwiegend mit der Regelung öffentlichrechtlicher Ansprüche (Sozialversicherungs-Renten und Beamtenversorgung) befaßt, den Familiengerichten übertragen hat, mag rechtspolitisch angreifbar sein; verfassungswidrig ist es nach BVerfG NJW 1983, 2812 nicht. Das *Verfahren* vor dem Familiengericht über den Versorgungsausgleich ist ein Verfahren der *freiwilligen Gerichtsbarkeit* (FGG §§ 53ff.), an dem, soweit gesetzliche Renten in Frage stehen, die Träger der Rentenversicherung zu beteiligen sind. Das Gericht soll mit den Beteiligten mündlich verhandeln! Die Entscheidung bedarf der Begründung. Auch feststellende Entscheidungen sind analog ZPO § 256 möglich (BGH NJW 1982, 387). Die Entscheidungen werden erst mit der Rechtskraft wirksam, sind dann beim schuldrechtlichen Ausgleich wegen wesentlicher Veränderung der Verhältnisse (§§ 1587g III, 1587i III mit § 1587d II), sonst aber nur im Wiederaufnahmeverfahren analog ZPO §§ 587ff. korrigierbar (BGH FamRZ 1984, 669), was bedeutet, daß eine neue, geänderte Auskunft des Trägers der gesetzlichen Rentenversicherung keine Wiederaufnahme des Verfahrens ermöglicht (BGHZ 89, 114)! Erstinstanzliche Entscheidungen unterliegen der berufungsförmigen Beschwerde (ZPO § 621e), die auch den am Verfahren beteiligten Versicherungs- oder Versorgungseinrichtungen zusteht (BGH NJW 1982, 1274); weitere Beschwerde kann nur auf Gesetzesverletzung gestützt werden. Unbenommen bleibt es den Parteien, über den rechtskräftig zuerkannten Versorgungsausgleich privatrechtliche Vereinbarungen zu treffen (BayObLG NJW 1981, 1519).

Das Verfahren wird als Scheidungsfolgensache auch ohne besonderen Antrag mit der Scheidungssache anhängig (ZPO § 623 III), kann aber erforderlichenfalls abgetrennt werden (ZPO § 628).

8. Sind durch eine Entscheidung Rentenanwartschaften übertragen worden, so muß der berechtigte Ehegatte eine Leistung an den (bislang gegenüber der Rentenversicherung insoweit berechtigten) ihm gegenüber verpflichteten Ehegatten gegen sich gelten lassen, die der Rentenschuldner bis zum Ablauf des Monats an den verpflichteten Ehegatten leistet, der dem Monat folgt, in dem die Entscheidung zugestellt ist (§ 1587p).

Der Grund dieser Regelung ist im notwendigen *Schutz der Rentenversicherungsanstalten* zu suchen, bei denen die büromäßige Verarbeitung derartiger Rentenübertragungen nicht immer mit der wünschenswerten Beschleunigung möglich ist.

9. *Übergangsrecht:* Die Vorschriften über den Versorgungsausgleich gelten nach Art. 12 Ziff. 3 des 1. EheRG *nicht für vor dem 1. 7. 1977 geschiedene Ehen* (eine mit der Verfassung vereinbare Regelung, BVerfG NJW 1978, 629), oder wenn vor diesem Zeitpunkt ein Ehegatte für künftige Unterhaltsansprüche endgültig abgefunden worden ist oder die Versorgungsanwartschaften Gegenstand eines vorher abgeschlossenen Vertrages geworden sind. Im übrigen gilt der Versorgungsausgleich *auch für vor dem 1. 7. 1977 geschlossene Ehen,* die nach diesem Zeitpunkt geschieden werden (BVerfGE NJW 1980, 697), doch kann das Familiengericht den Ausgleichsanspruch herabsetzen, wenn bislang die Scheidung nur am Widerspruch nach EheG § 48 II gescheitert war und voller Ausgleich grob unbillig wäre. Gegen den Versorgungsausgleich auch bei „Altehen" sind – weil sie unter anderen Voraussetzungen eingegangen worden waren – verfassungsrechtliche Bedenken erhoben worden (unzulässige Enteignung von Versorgungsanwartschaften?, vgl. dazu insbes. *Schwab,* FamRZ 1979, 276 u. *Dieckmann,* NJW 1979, 1033). Das BVerfGE (NJW 1980, 697) und der BGH (NJW 1979, 1289) halten indessen eine verfassungskonforme Anwendung der Übergangsregelung für möglich, allenfalls mit Hilfe der Härteklausel (s. oben 6 a), deren Voraussetzungen aber der BGH (z. B. FamRZ 1981, 340) fallweise verneint. Da andererseits ein Versorgungsausgleich für die vor dem 1. 7. 1977 geschiedenen Ehen nicht vorgesehen ist, können die Parteien ihn auch nicht wirksam vereinbaren (BGH NJW 1982, 1814).

10. *Der Versorgungsausgleich ist unabhängig von der gesetzlichen Unterhaltspflicht.* Beide können nebeneinander bestehen, besonders bei Unterhaltsbedarf wegen Erwerbsunfähigkeit im Alter. Soweit der geschiedene Ehegatte über den Versorgungsausgleich (und etwaige eigene Berufstätigkeit) eine eigene Rente erhält, ist er nicht bedürftig. Soweit aber diese eigene Versorgung nicht ausreicht, kann weiterhin ein Unterhaltsbedarf bestehen, so daß ein leistungsfähiger Ehegatte damit rechnen muß, außer der Abspaltung eines Teils seiner eigenen Altersversorgung zusätzlich auch noch Unterhalt bezahlen zu müssen. Andererseits kann der Unterhaltspflichtige gezahlten Unterhalt insoweit zurückfordern, als der Ehegatte durch den Versorgungsausgleich einen Rentenanspruch erlangt hat und Unterhalt für die Zeit nach Wirksamwerden des Versorgungsausgleichs gezahlt war (BGH NJW 1982, 1147).

Das Verhältnis von Unterhalt und Versorgungsausgleich kann zu seltsamen Folgerungen führen: Hat der Mann bereits das Rentenalter erreicht, so ist er nach Rentensplitting kaum mehr in der Lage, seiner geschiedenen Frau (die das Rentenalter noch nicht erreicht hat, aber wegen ihres Alters oder Gesundheitszustandes arbeitsunfähig ist) ausreichenden Unterhalt zu zahlen. Das Rentensplitting, das die Frau begünstigen sollte, verschlechtert also ihre Unterhaltsaussichten! Lies zum Verhältnis von Unterhalt und Versorgungsausgleich v. *Hornhardt,* FamRZ 1979, 655. Ab 1. 4. 1983 soll die Situation dadurch verbessert werden, daß solange der Berechtigte aus dem im Versorgungsausgleich erworbenen Anrecht keine Rente erhalten kann und er gegen den Verpflichteten einen Anspruch auf Unterhalt hat oder nur deshalb nicht hat, weil das Rentenrecht des Verpflichteten infolge des Versorgungsausgleichs gekürzt ist, die Versorgung des Verpflichteten nicht aufgrund des Versorgungsausgleichs gekürzt wird, damit er für den Unterhalt leistungsfähig bleibt.

Verstirbt der ausgleichsberechtigte Ehegatte vor Erreichen des Rentenalters, so hat der ausgleichspflichtige einen Teil seiner eigenen Altersversorgung für eine Situation abgegeben, in welcher er dem anderen nicht mehr unterhaltspflichtig gewesen wäre. Hier will das entsprechend der Auflage des BVerfG erlassene Gesetz zur Regelung von Härten im Versorgungsausgleich Abhilfe schaffen. Hat der Berechtigte vor seinem Tod keine Leistungen aus dem im Versorgungsausgleich erworbenen Anrecht erhalten, so wird die Versorgung des Verpflichteten und seiner Hinterbliebenen nicht aufgrund des Versorgungsausgleiches gekürzt; hat der Berechtigte Leistungen in Höhe von höchstens zwei Jahresbeträgen erhalten, gilt entsprechendes unter Kürzung der Versorgung der Anrechtsinhaber um die an den verstorbenen Berechtigten gewährten Leistungen. Bei Vorversterben des Ausgleichspflichtigen wäre bisher die „Geschiedenenwitwenrente" des § 1265 RVO verfügbar gewesen; sie ist für die ab 1. 7. 1977 geschiedenen Ehen beseitigt – auch wenn der Versorgungsausgleich für den Ausgleichsberechtigten viel weniger ergibt! Ersatzweise ist für eine Frau, die nach dem Tod ihres geschiedenen Mannes waisenrentenberechtigte Kinder zu erziehen hat, eine besondere Rente vorgesehen (§§ 1265a RVO, 42a AVG), die sogen. „Erziehungsrente".

Kindschaftsrecht

§ 21. Grundlagen

I. Das BGB hat das Kindschaftsrecht als Teil des Verwandtschaftsrechts geregelt. Doch sind nur Abstammungsfragen und Unterhaltspflichten allgemeines Verwandtschaftsrecht. Den Kern des gesamten Verwandtschaftsrechts bildet das Kindschaftsrecht, in dessen Mittelpunkt wiederum das Recht der elterlichen Sorge für minderjährige Kinder steht. Dieses Sorgerecht ist durch GG Art. 6 Abs. II und III als Grundrecht geschützt (vgl. oben § 1 IV). Der moderne Staat nimmt jedoch besonderes Interesse an der Erziehung der Kinder. Er überläßt diese zwar in erster Linie den Eltern, beansprucht aber das Recht, die Erziehung der Eltern durch gesetzliche Schranken zu regeln und durch besondere Organe zu überwachen, die Miterziehung durch die Religionsgemeinschaften zu regeln, in bestimmtem Umfang auch selbst die Erziehung durchzuführen, so vor allem in Form der Schulpflicht (GG Art. 7) und durch Fürsorge für Verwahrloste. Das „Wächteramt" des Staats über die elterliche Erziehung erstreckt sich insbesondere auch darauf, die Menschenwürde des Kindes und sein Recht auf freie Entfaltung der Persönlichkeit zu gewährleisten (BVerfGE 24, 119). Es findet seine Rechtfertigung mit darin, daß das Elternrecht ein im Interesse des Kindes pflichtgebundenes Recht ist, die Persönlichkeitsrechte des Kindes Inhalt und Schranken des elterlichen Erziehungsrechts mitbestimmen.

Zum Erziehungsvorrang der Eltern vgl. außer GG Art. 6 schon die Weimarer Verf. Art. 20. Für die DDR Art. 31 der Verf. von 1949, dann § 38 der Verf. vom 6. 4. 1968.

Schrifttum (Auswahl): *Becker,* Das Elternrecht im Spiegel der verfassungs- und verwaltungsgerichtlichen Rechtsprechung, FamRZ 1961, 104; *Funk,* Trennung der Kinder von der Familie, FamRZ 1969, 69; *Reuter,* Kindesgrundrechte und elterliche Gewalt 1967; *Hahnzog,* Inhaber des Elternrechts aus Art. 6 Abs. 2 GG, FamRZ 1971, 34; *Schwerdtner,* Kindeswohl oder Elternrecht, AcP 173, 228 u. ZblJR 1980, 149; *Beitzke,* Mündigkeit und Minderjährigenschutz, AcP 172, 240ff. Ossenbühl, Zur Erziehungskompetenz des Staates, Festschr. Bosch 1976 S. 751; *Fehnemann,* DÖV 1978, 489 u. 1982, 353; *Fehnemann* AöR 1980, 529ff.; *Oppermann,* JZ 1978, 289; *Kirchhof* in „Praxis des neuen Familienrechts" 1978, 171; *Geiger,* Recht des Staates und Elternrecht, FamRZ 1979, 457; *Ossenbühl,* Das elterliche Erziehungsrecht im Sinne des Grundgesetzes, 1981; *Holzhauer,* Verwandtschaftliche Elternstellung, verfassungsmäßiges Elternrecht und elterliche Sorge, FamRZ 1982, 109; *Dietze* NJW 1972, 1353.

Vorrangiges Elternrecht und staatliche Erziehungsregelungen stoßen sich besonders häufig im Bereich des Schulwesens. Das Elternrecht gewährleistet den Eltern zwar freie Schulwahl (BVerfGE 17, 183 u. 34, 165), sofern mehrere Schulen vorhanden sind, und das Recht, über die

Teilnahme der Kinder am Religionsunterricht zu bestimmen (Art. 7 II GG). Aus Landesverfassungsrecht (Art. 55, 56 Hess. Verf.) wird sogar ein Anspruch auf bestimmte Unterrichtsinhalte abgeleitet (HessStaatsGH NJW 1982, 1381 im sogen. „Oberstufen"-Urteil). Andererseits ist die Beschränkung auf die „Gemeinschaftsschule" in Nordrhein-Westfalen als mit Art. 4 und 6 GG für vereinbar erachtet worden (BVerfGE 41, 88), umgekehrt auch die christliche Gemeinschaftsschule, sofern das Toleranzgebot beachtet werde, für anders orientierte Eltern als tragbar (BVerfGE 41, 29). Auch die Sexualerziehung ist in erster Linie Elternsache. Sexualerziehung in der Schule muß für unterschiedliche Wertvorstellungen, religiöse und weltanschauliche Überzeugungen offen sein (BVerfG NJW 1978, 807). Die schulische Erziehung ist vom GG keineswegs etwa zur alleinigen Angelegenheit des Staates erklärt worden. Die Eltern können ihr Erziehungsrecht nicht sachgerecht ausüben, ohne mindestens Kenntnis vom Unterricht, Unterrichtsinhalt und vom Verhalten ihrer Kinder zu haben (BVerfG NJW 1982, 1377). Doch hält das BVerfG eine begrenzte Schweigepflicht der in Bremen eingeführten „Schulberater" über ihnen von Schülern anvertraute Tatsachen für mit dem GG vereinbar (vgl. auch § 203 I Nr. 4 StGB).

II. Das BGB regelt nur die elterliche Erziehung und ihre Überwachung durch das *Vormundschaftsgericht.* Zur Durchführung der elterlichen Erziehung gewährte das BGB den Eltern an dem Kind ein absolutes Recht in Form der *elterlichen Gewalt.* Diese war aber nicht ein freies, eigennütziges Herrschaftsrecht, vielmehr ein im Interesse der Entwicklung des Kindes zu einer selbständigen Persönlichkeit geregelter Komplex von Rechten und Pflichten, der nach seiner Neugestaltung durch Ges. v. 18. 7. 1979 mit *„elterliche Sorge"* besser umschrieben ist. Das Gesetz sucht – bei aller Berücksichtigung dessen, daß das Erziehungsrecht den Eltern auch um ihrer selbst willen vorrangig durch Art. 6 GG zugestanden ist – den Auftrag des BVerfGerichts (E 24, 119ff., 144) zu erfüllen, daß innerhalb der Erziehung auch Menschenwürde und das Recht auf Entfaltung der eigenen Persönlichkeit (GG Art. 1 u. 2) des Kindes geachtet werden. Es verstärkt in diesem Rahmen die Aufsichtsbefugnisse des Vormundschaftsgerichts, welches das „Wächteramt" des Staates wahrnimmt, das in Art. 6 GG vorgesehen ist. Gleichzeitig grenzt es eingreifende Maßnahmen auf das erforderliche Minimum ein und verstärkt verfahrensrechtlich (FGG §§ 50a–50d) die Anhörungsrechte der Beteiligten. Entwürfe und endgültige Fassung des Gesetzes waren und sind heftig umstritten; ihnen wird vorgeworfen, das grundgesetzlich gewährleistete elterliche Erziehungsrecht zu stark zu beschränken, standen sich doch Tendenzen der staatlichen Reglementierung und Beeinflussung der elterlichen Erziehung einerseits und der tunlichst völligen Freiheit der elterlichen Erziehung schroff gegenüber. Staatliche Bestimmung von Erziehungszielen, die man dem Entwurf vorgeworfen hatte, wären gewiß grundgesetzwidrig. Aber so weit ist das Gesetz nicht gegangen. Die Normierung der Eingriffstatbestände für das Vormundschaftsgericht ist freilich nach wie vor durch unbestimmte Rechtsbegriffe nur vage umschrieben (vgl. dazu unten § 31).

Materialien zum Gesetz: BT-Drucks. 7/2062 u. 8/111 (Entwürfe); BT-Drucks. 8/2788 (Ausschußbericht).

Schrifttum zum Sorgerechtsentwurf: *Ramm,* Zur geplanten Sorgerechtsneuregelung, JZ 1973, 179; *Lenz-Fuchs,* Entwicklungstendenzen im neuen Kindschaftsrecht, DNotZ Sonderheft Notartag 1973, 49; *Zenz,* Elterliche Sorge und Kindesrechte, StAZ 1973, 257; *Giesen,* Familienrechtsreform zum Wohl des Kindes? FamRZ 1977, 594; *Diederichsen,* FamRZ 1978, 461; *Lüderitz,* FamRZ 1978, 475 u. AcP 178, 263ff.; *Dieckmann,* AcP 178, 288. „Neues elterliches Sorgerecht", Alternativ-Entwurf der Familienrechtskommission des Juristinnenbundes 1977. *Becker,* ZblJR 1978, 300; *Knöpfel,* FamRZ 1977, 600 u. in „Praxis des neuen Familienrechts" 1978, 189; *Lecheler,* Der Schutz Familie, FamRZ 1979, 1; *Beitzke,* Nochmals zur Reform elterlichen Sorgerechts, FamRZ 1979, 8; *Belchaus,* Zur Neuregelung des Rechts der elterlichen Sorge, ZblJR 1979, 325; *Simon,* JuS 1979, 752; *Diederichsen* NJW 1980, 1ff.; *Holtgrave,* JZ 1979, 665; *Luthin,* FamRZ 1979, 968; *Meyer-Stolte,* Rpfleger 1980, 130.

Gröbliche Verletzung der Fürsorge- oder Erziehungspflicht gegenüber einer Person unter sechzehn Jahren ist nach StGB § 170d strafbar.

III. Das BGB unterscheidet nach wie vor zwischen der Rechtsstellung von *ehelichen und nichtehelichen* Kindern. Diese Unterscheidung ist naturnotwendig. Man würde sonst nicht der Tatsache gerecht, daß nichteheliche Kinder regelmäßig unter ganz anderen Bedingungen aufwachsen als eheliche. Freilich müssen nichtehelichen Kindern, die ja an den Umständen ihrer Geburt unschuldig sind, für das spätere Leben gleiche Fortkommensmöglichkeiten wie ehelichen geboten werden. Die Beziehungen zu den Eltern sind daher von denen bei ehelichen Kindern verschieden.

Art. 121 Weim. Verf. und Art. 6 GG fordern für uneheliche Kinder *gleiche* Bedingungen für ihre leibliche, seelische und gesellschaftliche Entwicklung wie bei ehelichen Kindern. Das ist undurchführbar. Höchstens *gleichwertige,* dem Aufwachsen ehelicher Kinder entsprechende Bedingungen können geschaffen werden. Auch die Länderverfassungen nehmen sich in unterschiedlichen Formulierungen (und mit Nachrang nach dem GG) der Förderung nichtehelicher Kinder an (zB Bayern Art. 126 II; Bremen Art. 14; Rheinland-Pfalz Art. 25 II; Saarland Art. 24). In der DDR ist seit Art. 33 der Verf. von 1949 jede Benachteiligung des unehelichen Kindes und seiner Eltern untersagt, eine weitgehende Gleichheit der Rechtsstellung ehelicher und unehelicher Kinder geltendes Recht (FGB von 1965). In der Neufassung des Schweizer ZGB wird nicht mehr zwischen ehelichen und unehelichen Kindern unterschieden, wohl aber noch danach, ob die Kindeseltern verheiratet sind oder nicht.

1. Das BGB hatte zunächst vor der Aufgabe gestanden, die sehr unterschiedlichen Landesrechte zu vereinheitlichen. Das gesetzgeberische Ergebnis blieb unbefriedigend. Das nichteheliche Kind galt insbes. mit seinem Vater nicht als verwandt (§ 1589 II a. F.), nur mit seiner Mutter, der lediglich eingeschränkte Erziehungsrechte zustanden. Die gesetzgeberi-

sche Lösung konnte vor allem den fortschreitenden Änderungen in der soziologischen Lage nichtehelicher Kinder nicht ausreichend gerecht werden.

Unter dem Programm von Art. 121 WeimVerf. wurde ein verbesserter Schutz nichtehelicher Kinder durch das JWG von 1922 erreicht. Weitere Reformentwürfe (insbesondere 1925 und 1929 amtlicherseits, 1929 und 1935 seitens des Caritasverbandes und nach 1935 wieder amtlicherseits; 1951 und 1963 durch das Deutsche Institut für Vormundschaftswesen, usw.) sind aber nicht Gesetz geworden.

Auch GG Art. 6 V war zunächst nur Programm (BVerwG NJW 1961, 691); wegen seiner Unbestimmtheit wäre er auch durch den Richter schwer konkretisierbar gewesen. Einzelne dem nichtehelichen Kind günstige Entwicklungen haben sich außerhalb des BGB angebahnt, so in Verbesserung der Vaterschaftsfeststellung, Förderung von Adoption, Pflegeverträgen und Namenserteilung, Sperrvermerk im Geburtenbuch (§ 61 II PStG) zur Verheimlichung der nichtehelichen Geburt, Anerkennung postmortaler Eheschließungen, wie auch vor allem in der Behandlung Nichtehelicher im ganzen öffentlichen Leben, z. B. in der Schule, im Sozialversicherungs- und Sozialhilferecht. Zur Reform des BGB selbst hat der Gesetzgeber verhältnismäßig spät angesetzt. Schließlich wurde er durch BVerfG NJW 1969, 597 zu beschleunigtem Abschluß des Gesetzgebungsvorhabens gedrängt, da das BVerfG mit der Aktualisierung von GG Art. 6 V im Bereich des bürgerlichen Rechts durch Richterrecht drohte, das vor den einzelnen Gerichten recht verschieden hätte ausfallen können. Die Neuregelung des Nichtehelichenrechts vom 19. 8. 1969 trat dann am 1. 7. 1970 in Kraft.

2. Die gesetzliche Neuregelung hat den bisherigen Abschnitt über das Nichtehelichenrecht (§§ 1705–1718 a. F.) auf die besondere Regelung der elterlichen Sorge über nichteheliche Kinder beschränkt: hier wird der Mutter die volle elterliche Sorge zugestanden und nur für das Verhältnis des Kindes zum Vater in den wichtigsten Fragen ein Pfleger vorgesehen. Im übrigen wird die Stellung nichtehelicher Kinder grundsätzlich im Zusammenhang mit der ehelicher Kinder normiert, wobei sich freilich für das Namensrecht (§§ 1617ff.), das Unterhaltsrecht (§§ 1615a ff.) und andere Einzelfragen zahlreiche Besonderheiten ergeben. Die Einrichtung der Legitimation ist in vielen Punkten reformiert, ebenso das Adoptionsrecht. Wegen der zur Ausgleichung der unterschiedlichen soziologischen Lage nichtehelicher Kinder notwendigen unterschiedlichen gesetzlichen Regelungen, welche diesen Kindern Chancengleichheit mit ehelichen geben sollen, ist ein besonderer Abschnitt den Fragen der Vaterschaftsfeststellung beim nichtehelichen Kind gewidmet; er folgt systematisch auf den Abschnitt über die eheliche Abstammung (vgl. die folgenden §§ 22 u. 23).

Schrifttum zum NichtehelG 1969: *Bosch,* FamRZ 1969, 505; *Göppinger,* JR 1969, 401; *Firsching* DNotZ 1970, 455 u. 519; *Lange* NJW 1970, 297; *Rupp-v. Brüneck,* StAZ 1970, 226; *Simitis,* StAZ 1970, 255; *Rosenau* DB 1970 Beilage 10. *Winter,* Sozialer Wandel durch Rechtsnormen, erörtert an der sozialen Stellung unehelicher Kinder, 1969; *Knur* FamRZ 1970, 269 = DB 1970, 1061 u. 1119. *Grasnick,* Das neue Nichtehelichenrecht, 1971; *Schnitzerling,* Recht des nichtehelichen Kindes, 1970. *Odersky,* Nichtehelichengesetz, 4. Aufl. 1979; *Stöcker,* Abschaffung der Nichtehelichkeit, Z. f. Rechtspolitik 1975, 32; *Huvalé,* Wünschenswerte Korrekturen im Nichtehelichenrecht ZBlJR 1980, 560.

3. Als wichtigste Neuerung wird weithin angesehen, daß in Zukunft (d.h. für Erbfälle, die ab Inkrafttreten des Gesetzes eintreten, wenn das Kind nach dem 30. Juni 1949 geboren wurde; mit Art. 3 u. 6 GG vereinbar, BVerfGE 44, 1) das nichteheliche Kind gegenüber dem Vater und seinen Verwandten ein *Erbrecht* erhält (§ 1924) – ebenso wie auch umgekehrt dem Vater und seinen Abkömmlingen gegenüber dem Kind ein Erbrecht zusteht (§ 1925). Das Erbrecht wird damit vorzugsweise auf die Blutsverwandtschaft gestützt, obwohl – im Gegensatz zum ehelichen Kind – beim nichtehelichen regelmäßig keine oder nur sehr lockere Beziehungen zwischen dem Kind und der väterlichen Familie bestanden haben. Das Erbrecht kann durch letztwillige Verfügung auf das Pflichtteilsrecht beschränkt, aber nur in Ausnahmesituationen ausgeschlossen werden; neben ehelichen Abkömmlingen und einem Ehegatten des Erblassers wird das Erbrecht durch einen auf Geld gehenden Erbersatzanspruch ersetzt, um unerfreuliche Auseinandersetzungen in der Erbengemeinschaft zu verringern; Erbrecht und erbrechtliche Ansprüche setzen in jedem Fall vorherige Feststellung der Vaterschaft voraus (§ 1934c); die Einzelheiten gehören ins Erbrecht und nicht hierher. Anstelle des Erbrechts kann das nichteheliche Kind von seinem Vater zwischen seinem einundzwanzigsten und siebenundzwanzigsten Lebensjahr einen „vorzeitigen Erbausgleich" als „Starthilfe" verlangen – zugleich als einen finanziellen Ausgleich dafür, daß es nicht in einer Vollfamilie mit beiden Eltern aufwachsen konnte (§ 1934d). Während das Erbrecht beim ehelichen Kind sich außer durch die Blutsverwandtschaft auch durch den faktischen Familienzusammenhang rechtfertigt, sollen Erbrecht und Erbausgleich beim nichtehelichen Kind gerade den fehlenden Familienzusammenhang ausgleichen. Ob der vorzeitige Erbausgleich verfassungsgemäß ist, wird verschieden beurteilt; bejahend BayObLG NJW 1976, 1947 und BGHZ 76, 109, schließlich BVerfG NJW 1982, 565 – obwohl ehelichen Kindern kein Ausstattungsanspruch zusteht (§§ 1624, 1625).

Schrifttum: *Boehmer,* Zur erbrechtlichen Stellung des unehelichen Kindes, Jahrb. AkfDR 1937, 80ff.; *Aksoy,* Das Erbrecht außerehelicher Kinder in rechtsvergleichender Darstellung, 1954; *Damrau,* FamRZ 1969, 129 u. 579; *Dieckmann,* FamRZ 1966, 72 u. 1967, 10; *Dopfel,* FamRZ 1968, 175; *Knur,* FamRZ 1967, 245 u. DB 1969, 203; *Lutter,* FamRZ 1967, 65 u. NJW 1968, 1801; *Wassermann,* JR 1967, 378; *Körting,* NJW 1970, 1525 u. NJW 1971, 22; *Stöcker,* JZ 1970, 675; *Böhm,* FamRZ 1971, 351;

R. Frank, StAZ 1971, 237; *Damrau*, BB 1970, 467; *Jäger*, FamRZ 1971, 504; *Bosch*, FamRZ 1972, 47; *Roth-Stielow*, Justiz 1974, 350; *Benkö u. Dieckmann*, JZ 1973, 500; *Spellenberg*, FamRZ 1977, 185.

Der Europarat hat am 15. 10. 1975 einen Abkommensentwurf über die Rechtsstellung nichtehelicher Kinder vorgelegt.

Der europäische Gerichtshof für Menschenrechte hat in einer gegen den belgischen Staat gerichteten Beschwerde den Art. 8 und 14 der europäischen Menschenrechtskonvention eine so weitgehende Auslegung gegeben (NJW 1979, 2449), daß fraglich geworden ist, ob die im deutschen Recht noch geregelten Unterschiede zwischen der Rechtslage des ehelichen und nichtehelichen Kindes noch aufrechterhalten werden können: namentlich geht es um die Beschränkung des nichtehelichen Kindes auf einen Erbersatzanspruch, den Ausschluß des Erzeugers vom elterlichen Sorgerecht und möglicherweise auch um die Beschränkung des mütterlichen Sorgerechts durch einen Pfleger. Obwohl die Entscheidung ohne unmittelbare Auswirkungen auf das geltende deutsche Recht ist, wird die Gesetzgebung Änderungen des geltenden Rechts zu erwägen haben (dazu Sturm FamRZ 1982, 1150).

§ 22. Eheliche Abstammung

Wegen der rechtlichen Unterschiede in der Stellung ehelicher und nichtehelicher Kinder bedarf es klarer Regeln darüber, wann ein Kind als ehelich gilt. Auch soll die Ehelichkeit eines Kindes nicht ohne weiteres bestritten werden dürfen, denn das würde den Familienfrieden stören. Für die Ehelichkeit sind daher bestimmte Vermutungen aufgestellt; die Ehelichkeit kann nur mittels eines besonderen Verfahrens auf Anfechtung der Ehelichkeit bestritten werden.

I. Voraussetzungen der Ehelichkeit

Ehelich sind Kinder, die einer *rechtsgültig geschlossenen Ehe* entstammen, mag auch die Ehe später für nichtig erklärt, aufgehoben oder geschieden worden sein.

1. Das Kind muß nach Eingehung der Ehe geboren sein (§ 1591). Es kann während des Bestandes der Ehe oder nach ihrer Auflösung geboren sein. Das vor der Ehe der Eltern geborene gemeinschaftliche Kind wird erst mit der Eheschließung ehelich (§ 1719, Legitimation).

2. Das Kind kann während oder vor der Ehe empfangen sein.

3. Der Mann muß der Frau während der *Empfängniszeit*, d. i. zwischen dem 181. und 302. Tage vor der Geburt, beigewohnt haben (§§ 1591, 1592).

Die in § 1592 BGB festgesetzte Empfängniszeit ist zu eng; nach den Erfahrungen der Medizin kann sie im Einzelfall kürzer oder länger sein.

Ist das Kind außerhalb der Empfängniszeit gezeugt, so muß es damit noch nicht notwendig als unehelich gelten. Bei einer Frist von mehr als 302 Tagen greift nur die Vermutung für die Ehelichkeit nicht ein; das Kind gilt aber als ehelich, wenn nachgewiesen wird, daß es länger als 302 Tage getragen worden ist (§ 1592 II). Eine entsprechende Regelung für eine Tragezeit von weniger als 181 Tagen ist nicht vorgesehen und wird vielfach vermißt, da ein Ehemann die Ehelichkeit eines Kindes schon damit widerlegen kann, daß er der Mutter innerhalb der normalen Empfängniszeit nicht beigewohnt habe; es wird gefordert, daß dem Kind gleichwohl der Beweis seiner Abstammung von den Ehegatten offen bleiben müsse. Praktisch spielt die Frage offenbar kaum eine Rolle.

Da die Zeugung durch den Mann schwer zu beweisen ist, hilft das Gesetz mit den Vermutungen, daß der Mann der Frau während der Ehe und innerhalb der Empfängniszeit beigewohnt habe (§ 1591 II) und das Kind dieser Beiwohnung entstamme.

Liegt die Empfängniszeit vor der Ehe, so wird die Beiwohnung des Mannes nur vermutet, wenn der Mann gestorben ist, ohne die Ehelichkeit des Kindes angefochten zu haben. Im übrigen muß hier im Falle der Anfechtung der Ehelichkeit die Beiwohnung bewiesen werden, wenn das Kind die Stellung eines ehelichen behalten soll.

Wird nachgewiesen, daß der Ehemann der Frau während der Empfängniszeit nicht beigewohnt hat, etwa weil er infolge einer Reise, Kriegsdienst, Gefangenschaft oder dgl. abwesend war, so gilt das Kind nicht als ehelich.

Ohne Rücksicht auf den Wortlaut des Gesetzes werden aber solche Kinder als ehelich anzusehen sein, die durch künstliche Übertragung des Samens des Ehemannes gezeugt sind (lies dazu *Dölle,* Festschr. f. *Rabel* 1953 I 187ff.). Bei durch künstliche Samenübertragung gezeugten Kindern spricht aber keine Vermutung für die Ehelichkeit! Entsprechendes muß bei Befruchtung von Eizellen außerhalb des Mutterleibes gelten (vgl. Lauff-Arnold, Der Gesetzgeber und das Retortenbaby, ZRP 1984, 279).

4. Die für die Ehelichkeit des Kindes sprechenden Vermutungen können durch den Gegenbeweis widerlegt werden, daß das Kind den Umständen nach offenbar nicht von dem Ehemann stammen kann (§ 1591 I 2). Die Praxis läßt es dafür genügen, daß die Vaterschaft in hohem Grade unwahrscheinlich ist (OGHBZ 3, 111; BGHZ 7, 116). Der Beweis kann insbes. durch die dauernde Abwesenheit während der Empfängniszeit (Krieg, Forschungsreise, Strafhaft usw.) geführt werden; doch genügen weder einfaches noch gerichtlich gestattetes Getrenntleben der Ehegatten. Schwer zu führen ist der Beweis der Zeugungsunfähigkeit des Mannes während der gesamten Empfängniszeit. Den Beweis der Anwendung empfängnisverhütender Mittel, des unterbrochenen Verkehrs oder des Verkehrs nur an den nach Knaus-Ogino empfängnisfreien Tagen läßt die Praxis nicht genügen. Doch kann der Beweis der offenbaren Unmöglichkeit der Vaterschaft des Ehemanns (und damit der notwendigen Vaterschaft eines Dritten) durch naturwissenschaftliche Verfahren erbracht werden.

Für diesen Beweis genügt es nicht, daß die Ehefrau während der Empfängniszeit auch mit anderen Männern verkehrt hat; auch dann gilt grundsätzlich der Ehemann als der Vater, so lange nicht nachgewiesen wird, daß er als Erzeuger ausgeschlossen ist.

Der Beweis, daß der Ehemann nicht der Vater des Kindes ist, kann zunächst durch den Reifegrad des Kindes geführt werden; z. B. starb der Vater 300 Tage vor der Geburt des Kindes, das Kind ist aber nach seinem Reifegrad bei Geburt ein Siebenmonatskind (sogen. *Tragezeitgutachten,* das auch neben serologischen Gutachten bedeutsam sein kann: BGH FamRZ 1977, 538). Das Tragezeitgutachten leidet unter manchen Unsicherheiten: Der Gutachter erfährt Menstruations- und Beiwohnungstermine nur von den Beteiligten, die Reifemerkmale (möglicherweise ungenau gemessen) nur von der Hebamme oder Krankenanstalt; die Tragezeiten haben eine große Schwankungsbreite. So wird neuerdings sogar empfohlen, Tragezeitgutachten nicht mehr zu verwenden (Tröger MedR 1984, 90).

Der Beweis kann ferner an Hand vererblicher Eigenschaften geführt werden; z. B. ist das Kind ein Halbneger, negroides Blut kommt aber weder aus der Familie der Mutter noch der ihres Ehemannes. Unter den vereblichen Eigenschaften dienen vor allem zahlreiche und verschiedenartige Bluteigenschaften der Feststellung der „offenbaren Unmöglichkeit" der Vaterschaft (serologische Beweisverfahren). Wenn ein Kind eine Bluteigenschaft aufweist, die weder von der Mutter noch von deren Ehemann stammt, muß ein Dritter der Vater des Kindes sein und ist der Ehemann als Vater des Kindes ausgeschlossen. Auf Grund der Blutuntersuchung kann in einem Teil der Fälle (nicht in allen!) festgestellt werden, daß eine bestimmte Person nicht Vater des Kindes sein kann. Es werden praktisch heute über 99% der Nichtväter mit solchen Verfahren ausgeschlossen. Dagegen kann nicht mit gleicher Sicherheit die Abstammung eines Kindes von einem bestimmten Vater festgestellt werden; doch können seltenere und gleichförmig bei Kind und angeblichem Erzeuger vorkommende Blutkonstelllationen – unter Fehlen entsprechender Merkmale bei der Mutter – entscheidend für die Vaterschaft sprechen (BGHZ 61, 170). Nicht als beweiskräftig anerkannt ist das von Löns (ZblJR 1937, 61) vorgeschlagene Verfahren zur unmittelbaren positiven Feststellung der Vaterschaft (BGHZ 12, 41).

Die *Blutgruppenuntersuchung* als Mittel zur Feststellung der offenbaren Unmöglichkeit der Vaterschaft ist in der gerichtlichen Praxis seit 1930 anerkannt und erfolgt nach Richtlinien des Bundesgesundheitsamtes (Bundesgesundheitsblatt 1977, 326), wonach 11 Blutmerkmale als beweiskräftig offiziell anerkannt sind. Der schnelle Fortgang wissenschaftlicher Untersuchungen hat bald zahlreiche weitere Merkmale als beweiskräftig angesehen; derzeit werden bei von Gerichten angeforderten Gutachten regelmäßig 24 Blutmerkmale untersucht. Soweit ein neues Verfahren noch nicht offiziell anerkannt ist, bleibt es der freien richterlichen Beweiswürdigung überlassen, inwieweit das Verfahren im Einzelfall beweiskräftig ist (BGH NJW 1973, 1411). Die Kasuistik ist fast unübersehbar, aber gut aufgegliedert z. B. bei Gernhuber § 45 VII 7 und Soergel-Gaul, 11. Aufl. 1981, Rz. 41ff. zu § 1591.

Als *vererbliche Bluteigenschaften* werden vor allem untersucht: Erythrozytenantigene, Serumproteine und Erythrozytenenzyme. Als sicherer, jeden Gegenbeweis ausschließender Beweis ist – vorbehaltlich einwandfreier Bestimmung der Blutfaktoren – der negative Abstammungsbeweis in der Judikatur des BGH anerkannt bei dem klassischen Blutgruppensystem A, B, 0 (BGHZ 2, 6) und den Untergruppen A_1 und A_2 (BGHZ 12, 22), beim M, N, S-System (BGHZ 2, 9 u. BGHStr. 6, 70), mit den Rhesusfaktoren Cc und Ee (BGHZ 21, 337), ferner bei den Haptoglobinen (BGHZ 45, 234). Zahlreiche weitere Faktoren sind in den OLG-Entscheidungen aufgrund wissenschaftlicher Gutachten anerkannt. Besonders gute Ausschlüsse verspricht das (vom Bundesgesundheitsamt noch nicht voll anerkannte, von BGH NJW 1976, 1793 tatrichterlicher Würdigung überlassene) HLA (human leucocyte antigen)-Verfahren.

Durch *serostatistische Verfahren,* die etwa seit 1960 verstärkt angewendet werden und deren Aussagekraft seit BGHZ 61, 170ff. höchstrichterlich grundsätzlich anerkannt ist, wird die Beweiskraft der Blutgutachten erheblich verstärkt. Die Verfahren beruhen auf einer Untersuchung der Häufigkeit des Vorkommens der einzelnen Blutmerkmale in der Bevölkerung (wobei auf unterschiedliche Streuung der Merkmale in unterschiedlichen Rassen zu achten ist, etwa im Verhältnis von Angehörigen der sogen. „kaukasischen" Rasse etwa zu Afrikanern und Ostasiaten) und der Kombination der einzelnen Merkmale werden Plausibilitäten für und gegen die Vaterschaft errechnet, die in Prozentwerten ausgedrückt, als Wahrscheinlichkeiten bezeichnet werden, bei denen die Skala von 99,73% (Vaterschaft praktisch erwiesen) bis zu 0,27% (Vaterschaft praktisch ausgeschlossen) reicht (BGHZ 65, 171ff.). Vorzugsweise wird dabei das sogen. *Essen-Möller-Verfahren* verwendet, welches auf dem sogen. Bayes'schen Theorem bassiert und zunächst von dem „a priori" ausgeht, es würden ebensoviele Nichtväter wie wirkliche Väter zur Untersuchung kommen. Daß dieser mehr oder weniger willkürliche Ansatz Anlaß zur Kritik bietet (vgl. zuletzt Hilberg, MedR 1984, 81), liegt auf der Hand. Durch unterschiedliche Ansätze, insbes. bei „Mehrmann-Fällen" gegenüber „Einmannfällen" und bei Geschwister-Untersuchungen kann dem teilweise Rechnung getragen werden. Weniger ausgebaut ist das Verfahren nach dem einfachen *„Likelehood-Quotienten"*. Wieder eine andere Methode berechnet die Ausschluß-Chance oder Zufallswahrscheinlichkeit (Fiedler-Hoppe-Pettenkofer, BGesBl. 1968, 129 u. Zimmermann-Kaiser NJW 1973, 546). Die Richtlinien des Bundesgesundheitsamtes lassen den Gutachtern die Wahl der Methoden, die Judikatur des BGH läßt dem Tatrichter die Bewertung der Methoden (NJW 1980, 636).

Auch mit anderen vererblichen Merkmalen als den Bluteigenschaften ist vielfach der positive oder negative Vaterschaftsbeweis unternommen worden: und zwar mittels sogen. *anthropoligisch-erbbiologischer Gutachten*. Deren Bedeutung ist aber angesichts der aussagekräftigeren Beweise durch serologische Gutachten stark zurückgegangen. Sie haben den Nachteil, daß mehr als 300 vererbliche Merkmale untersucht werden müssen, von denen manche erst etwa mit dem 4. Lebensjahr des Kindes hinreichend sicher feststellbar sind. Auch der Aussagewert einzelner Merkmale ist unterschiedlich hoch (daher Bilanzierungsmethode nach Keiter, NJW 1953, 2992), die Bedeutung einzelner Vergleichsmerkmale umstritten (vgl. etwa zum Wirbelsäulenvergleich nach Kühne noch OLG München FamRZ 1969, 655; zur Untauglichkeit eines Vergleichs der Pappilarlinien in der Haut der Fingerspitzen Geipel, StAZ 1952, 99). Doch ist in der Praxis anerkannt, daß das erbbiologische Gutachten, insbes. im Zusammenhang mit anderen Beweisen, vollen Beweis erbringen kann (BGHZ 7, 116 u. 40, 378).

Den serologischen Beweisen mißt die Praxis im ganzen die größere Bedeutung zu. Läßt ein erbbiologisches Gutachten die Möglichkeit der Vaterschaft zu, so kann doch ein serologisches Gutachten die Vaterschaft ausschließen (BGHZ 2, 6 u. 40, 377). Andererseits kann auch ein serologisches Gutachten durch ein neueres, weitere Bluteigenschaften untersuchendes Gutachten widerlegt werden.

Da die Zeugnispflicht der ZPO sich nicht auf die Duldung der Untersuchung auf vererbliche Körpereigenschaften erstreckt, konnten ursprünglich derartige Beweise nicht erzwungen werden. Erst § 9 Ges. vom 12. 4. 1938 hat eine Pflicht zur Duldung derartiger Untersuchungen eingeführt; vgl. dann § 7 VO vom 6. 2. 1943 und jetzt § 372a ZPO. Die Duldungspflicht gilt auch für die Mutter, obwohl sonst gegen sie kein Zeugniszwang geübt wird (lies OLG Köln, NJW 1952, 149).

Für die DDR vgl. Richtlinie des Plenums des Obersten Gerichts der DDR zur Feststellung und Anfechtung der Vaterschaft vom 22. 3. 1967, OGZ 11, 7.

Schrifttum: (Auswahl) *Spielmann-Kühnl*, Blutgruppenkunde, 1982; *Beitzke-Dahr-Hosemann-Schade*, Vaterschaftsgutachten für die gerichtliche Praxis, 3. Aufl. 1977; *Beitzke* bei *Ponsold*, Handbuch der gerichtlichen Medizin, 3. Aufl. 1967; *Hummel*, Die medizinische Vaterschaftsbegutachtung mit biostatischem Beweis 1961 und „Zur serostatistischen Vaterschaftswahrscheinlichkeit" NJW 1979, 1240; *Pettenkofer*, Die Blutgruppen als Beweismittel im Vaterschaftsprozeß 1963; *Oepen*, Bewertungsskalen in anthropologisch-erbbiologischen Vaterschaftsgutachten (NJW 1970, 499); *Sautter*, Die Pflicht zur Duldung von Körperuntersuchungen nach § 372a ZPO, AcP Bd. 161 S. 216; *Keiter* NJW 1967, 1500; *Ritter-Maier*, Das humangenetische Abstammungsgutachten, FamRZ 1973, 121; *W. Zimmermann*, Forensische Blutgruppenkunde, 1975; *Johannsen-Hummel*, Vaterschaftsfeststellung bei nichtehelicher Abstammung, 2. Aufl. 1978; *Roth-Stielow*, Der Abstammungsprozeß, 2. Aufl. 1978; *Spielmann-Seidel*. Nochmals: Biostatistische Vaterschaftswahrscheinlichkeit und Essen-Möller-Verfahren, NJW 1980, 1322; *Prokop*, Aufdeckung neuer erblicher Eigenschaften des menschlichen Serums, NJW 1982, 36; *Hummel,* Das biostatistische Gutachten als forensisches Beweismittel, Zbl JR 1979, 281 u. 1980, 620 sowie NJW 1980, 1320 u. NJW 1981, 605.

5. Die Regeln über die Ehelichkeit des Kindes sind *zwingend.* Es kann darüber weder durch Parteivereinbarung oder Anerkennung der Ehelichkeit seitens des Vaters verfügt werden (lies BGHZ 87, 169), noch durch Anerkennung der Unehelichkeit seitens aller Beteiligten.

6. Wenn eine Frau nach Auflösung ihrer ersten Ehe alsbald wieder heiratet, kann mit Rücksicht auf die Länge der Empfängniszeit ein Kind nach den gesetzlichen Regeln als eheliches Kind aus beiden Ehen gelten. Praktisch sollten derartige Fälle mit Rücksicht auf das eigens zur Vermeidung dieser Schwierigkeit geschaffene Eheverbot der Wartezeit (§ 8 EheG) selten sein. Das Gesetz bestimmt, der größeren Wahrscheinlichkeit folgend, daß das Kind als eheliches Kind der zweiten Ehe zu gelten hat (§ 1600). Erwirkt der neue Ehemann in einem Verfahren über Anfechtung der Ehelichkeit die Feststellung, daß das Kind nicht sein eheliches Kind ist, so gilt das Kind als eheliches Kind der ersten Ehe, unbeschadet des Rechts des ersten Mannes, auch seinerseits die Ehelichkeit anzufechten. Die Vorschrift des § 1600 deckt ihrem Wortlaut nach auch die Fälle der Bigamie, obwohl nicht bei allen Bigamiefällen die gleiche Wahrscheinlichkeit wie bei aufeinanderfolgenden Ehen dafür besteht, daß das Kind vom zweiten Mann stammt.

II. Anfechtung der Ehelichkeit

Schrifttum: *Lange,* Kritisches zur Anfechtung der Ehelichkeit, NJW 1962, 1697; *Gaul,* Randbemerkungen zum Wesen der Ehelichkeitsanfechtung, FamRZ 1963, 630; *Mikosch,* Zur Rechtstellung des scheinehelichen Kindes, FamRZ 1967, 127; *Tiedtke,* Die Bedeutung des § 1593 BGB bei der Geltendmachung von Schadensersatzansprüchen, FamRZ 1970, 232; *Beck,* Die Beteiligung des potentiellen außerehelichen Erzeugers am Prozeß über die Anfechtung der Ehelichkeit, Fschr. Mühl 1981, 85.

Wenn ein Kind nach den gesetzlichen Regeln als ehelich gilt, so kann seine etwaige *Nichtehelichkeit* nur geltend gemacht werden, wenn sie durch rückwirkendes Gestaltungsurteil *rechtskräftig festgestellt* ist (§ 1593; BGHZ 80, 218). Dies dient dem Familienfrieden und dem Schutz des Kindes, dessen Personenstand tunlichst nicht in Frage gestellt werden soll (BGHZ 45, 357; BGHZ 80, 221). Ist die Klagerhebung versäumt oder die Klage endgültig abgewiesen, so kann die Unehelichkeit des Kindes auch nicht mehr zur Erhebung von Schadensersatzansprüchen des Ehemanns der Mutter gegen den wirklichen Erzeuger des Kindes oder die Mutter oder zur Geltendmachung eines Ehebruchs in sonstigen Verfahren behauptet werden (vgl. unten II 4).

Diese Regelung entspricht derjenigen bei Nichtigkeit der Ehe und dient dazu, den Familienfrieden zu wahren und dem Kind die ihm günstige Stellung eines ehelichen Kindes nach Möglichkeit zu erhalten. So kann namentlich der wirkliche Erzeuger des Kindes dieses nicht aus der Familie herausreißen, in der es als ehelich aufwächst. Die mangelnde Anfechtung der Ehelichkeit hindert sowohl die Klage auf Feststellung der Abstammung von einem anderen als dem Ehemann, als auch Ersatzansprüche gegen den wirklichen Erzeuger des Kindes (unten 4), als auch im Sorgerechtsverfahren nach Scheidung die Zuweisung des Kindes an die Mutter mit der Begründung, daß es ja nicht vom Ehemann abstamme (so mit Recht *Schwoerer* JZ 62, 443 gegen BayObLG).

Die Feststellung erfolgt in einem besonderen Verfahren, das als Anfechtung der Ehelichkeit bezeichnet wird, und setzt voraus, daß die Vermutung der Vaterschaft entkräftet wird (vgl. oben I 4).

1. Zur Anfechtung der Ehelichkeit sind der *Ehemann* (§ 1594; nach seinem Tode seine *Eltern,* bei nichtehelich geborenem Ehemann nur seine Mutter, § 1595 a) und das Kind (§ 1596) berechtigt. Die Mutter, der wirkliche Erzeuger und sonstige Dritte haben kein Anfechtungsrecht.

Nach der ursprünglichen Fassung des BGB stand ein Anfechtungsrecht nur dem Mann, nach seinem Tode aber beliebigen Dritten wegen ihrer erbrechtlichen Interessen zu. Der Nationalsozialismus führte eine Anfechtung der Ehelichkeit durch den *Staatsanwalt* ein, namentlich zum Zweck der Klarstellung der rassischen Abstammung. Der Staatsanwalt konnte die Klage (gegen das Kind!) sowohl im öffentlichen Interesse wie auch im Interesse des Kindes erheben. Namentlich in der letzteren Funktion ist das Klagerecht des Staatsanwalts auch nach 1945 bedeutsam geblieben (Anfechtung, um dem Kind die Legitimierung bei Heirat seiner wirklichen Eltern zu ermöglichen); es war auch praktisch, weil es keiner Bestellung eines Vertreters für die Kindesinteressen bedurfte. Aber Anfechtungen gegen den Willen der Mutter, gelegentlich sogar im fiskalischen Interesse (Einsparung von Fürsorgeleistungen bei Inanspruchnahme des wirklichen Erzeugers) haben das Anfechtungsrecht des Staatsanwalts in Mißkredit gebracht. Das vordringende „Subsidiaritätsprinzip" weist den Staatsanwalt zurück, wo innerfamiliäre Regelung möglich ist. Daher hat das FamRÄndG v. 11. 8. 1961 das Anfechtungsrecht des Staatsanwalts beseitigt und wenigstens teilweise durch ein Anfechtungsrecht des Kindes ersetzt. Das Anfechtungsrecht Dritter ist eingeschränkt, weil es unerfreulich ist, wenn der Personenstand des Kindes von vermögensrechtlichen Interessen Dritter abhängig gemacht wird. Lediglich den Eltern des Mannes hat das Gesetz nach Tod des Mannes ein Anfechtungsrecht zugestanden: teils im eigenen Interesse der Eltern, teils zur Wahrnehmung der persönlichkeitsrechtlichen Interessen des Verstorbenen wie auch der vermögensrechtlichen Interessen von ihm und seiner Familie. Ein Dritter, der gewärtigen muß, bei erfolgreicher Ehelichkeitsanfechtungsklage als Erzeuger des Kindes in Anspruch genommen zu werden, kann aber im Verfahren als Nebenintervenient (ZPO § 66) auftreten (BGHZ 76, 299); doch ist seine förmliche Beiladung nicht erforderlich (BGH NJW 1982, 1652).

Das neue Anfechtungsrecht gilt ab 1. 1. 1962 auch für vorher erfolgte Geburten; noch nicht abgelaufene Anfechtungsfristen des alten Rechts endeten nicht vor 31. 12. 1962. Doch galten ab sofort die absoluten Anfechtungsgrenzen des neuen Rechts (BGHZ 44, 363). Andererseits kann das Kind selbst eine Anfechtungsklage noch dann erheben, wenn früher eine Anfechtungsklage des Staatsanwalts abgewiesen worden war (BGHZ 43, 94). Es muß ein eigenes Anfechtungsrecht auch noch nach Abweisung der Anfechtungsklage des Vaters haben, da die Voraussetzungen seines eigenen Anfechtungsrechts zur Zeit der Klage des Vaters noch nicht vorzuliegen brauchen.

a) Der *Ehemann* darf die Ehelichkeit des Kindes anfechten, weil seine Rechtsposition betroffen wird, wenn ihm ein nicht von ihm gezeugtes Kind zugerechnet wird – nicht aber mehr wie früher etwa, weil ihm ein Bestimmungsrecht über die Familienzugehörigkeit zustünde.

Er kann die Klage nur innerhalb von zwei Jahren erheben, seitdem er von den Umständen Kenntnis erhalten hat, die nach dem Erkenntnisstand, der bei einem verständigen Laien in der Regel erwartet werden kann (BGH NJW 1980, 1335), einen erheblichen Verdacht für die Unehelichkeit des Kindes begründen, wie z. B. ein Ehebruch der Frau (§ 1594; lies dazu BGHZ 9, 336 und 61, 195). Die Frist verstößt nicht gegen das GG (BVerfG NJW 1975, 203). Die Frist beginnt aber nicht vor der Geburt des Kindes (BGHZ 10, 111); sie läuft auch, wenn der Ehemann irrig annimmt, das

Kind sei auch ohne Anfechtung unehelich (BGHZ 24, 134). Er kann dies Klagerecht nicht durch „Verzeihung", „Anerkennung der Ehelichkeit des Kindes" und dementsprechend wohl auch nicht durch Verzicht verlieren (BGHZ 2, 130). Eine früher bestehende Ausschlußfrist von 10 Jahren nach Geburt des Kindes ist mit 1. 7. 1970 beseitigt; die Anfechtungsklage ist auch noch nach Jahrzehnten zulässig. Zur Klage genügt die schlüssige Darlegung der Wahrung der Anfechtungsfrist; wird diese bestritten, so ist es Sache des Kindes nachzuweisen, der Ehemann der Mutter habe schon früher Kenntnis von der Geburt oder der die Anfechtung rechtfertigenden Tatsachen gehabt.

Der Fristlauf kann gehemmt sein, wenn die Klagerhebung durch höhere Gewalt verhindert wird (§ 203). Die Rechtsprechung rechnet hierhin – sehr weitgehend – auch den Fall, daß das Kind schon als unehelich im Personenstandsregister eingetragen ist und der Vater deshalb irrtümlich die Anfechtungsklage unterläßt (RGZ 160, 92), oder daß im Tatbestand des Scheidungsurteils die Ehe als kinderlos bezeichnet worden ist, nicht aber schuldhafte Säumnis des Prozeßbevollmächtigten (BVerfG NJW 1973, 1315 im Anschluß an die vorwiegende Judikatur, z. B. BGHZ 81, 351).

Das Anfechtungsrecht des Mannes ist höchstpersönlich (§ 1595); er kann es auch bei Geschäftsbeschränktheit selber ausüben (§ 1595; § 640b ZPO). Bei Geschäftsunfähigkeit kann der gesetzliche Vertreter nur mit Genehmigung des Vormundschaftsgerichts die Klage erheben; mangels eines Vertreters ist der Fristablauf des § 1594 I gehemmt (§ 206). Aber fehlt es nur an der Genehmigung des Vormundschaftsgerichts (die für die Ausübung des Gestaltungsrechts auf Ehelichkeitsanfechtung durch Klagerhebung als einseitigen Akt nach § 1831 schon vor Klagerhebung vorliegen müßte!), so läßt zwar die Judikatur das Nachbringen der Genehmigung bis Fristablauf zu; doch ist danach auch das Nachbringen der Genehmigung nicht mehr möglich und die Klage mangels Genehmigung abzuweisen (BGH MDR 1966, 745 für die jetzt beseitigte Ausschlußfrist des § 1594 IV). Stirbt der Mann vor rechtskräftigem Abschluß des Verfahrens, so können seine Eltern das Verfahren fortsetzen (ZPO § 640g).

Gelegentlich wird angenommen, daß das Anfechtungsrecht des Ehemannes entfalle, wenn er der Insemination seiner Ehefrau mit dem Samen eines Dritten zugestimmt habe. Folgerichtig müßte das Anfechtungsrecht auch dann entfallen, wenn dem Ehebruch mit einem Dritten zugestimmt worden war. Es soll dann die Anfechtung rechtsmißbräuchlich sein. Der BGH hält demgegenüber mit Recht die Zustimmung zur heterologen Insemination ebensowenig wie eine Anerkennung der Vaterschaft für einen Grund zum Ausschluß der Ehelichkeitsanfechtungsklage (BGHZ 87, 172), ohne damit auszuschließen, daß fallweise die Erhebung der Ehelichkeitsanfechtungsklage mißbräuchlich sein kann. Jedenfalls macht die Ehelichkeitsanfechtung den Weg frei zur Feststellung der wirklichen Vaterschaft für das Kind (lies D. Coester-Waltjen, NJW 1983, 2059).

b) *Nach dem Tode des Mannes* steht anstelle des Mannes als gesetzlichen Sachwaltern seiner Persönlichkeitsinteressen *dessen Eltern* gemeinschaftlich (oder dem allein überlebendem Elternteil oder nur der nichtehelichen Mutter des Mannes) ein eigenes Anfechtungsrecht zu, mit welchem freilich oft auch vermögensrechtliche (erbrechtliche) Interessen der Eltern oder ihrer Nachkommen verfolgt werden. Auch diese Anfechtung setzt voraus, daß der Mann bis zu seinem Tode keine Kenntnis von der Geburt des Kindes erhalten hat oder schon vor Ablauf von zwei Jahren nach der Geburt des Kindes gestorben ist, ohne dessen Ehelichkeit angefochten zu haben. Die Anfechtungsfrist läuft nur ein Jahr ab Kenntnis vom Tod des Mannes und der Geburt des Kindes; auf die Kenntnis von den für die Nichtehelichkeit des Kindes sprechenden Umständen kommt es nicht an (§ 1595a)!

Hatte der Mann Kennntis von der Geburt des Kindes, so soll das Anfechtungsrecht ausgeschlossen sein, wenn der Mann die Ehelichkeit nicht anfechten wollte – eine wenig folgerichtige Regelung, wenn BGHZ 2, 130 das Anfechtungsrecht des Mannes nicht vor Fristablauf verloren gehen läßt.

Die Anfechtung ist auch für die Eltern des Mannes höchst persönlich. Nur bei Geschäftsunfähigkeit bedarf es eines Vertreters, und so lange dieser fehlt, ist der Ablauf der Anfechtungsfrist gehemmt (§ 206), ebenso wie bei Stillstand der Rechtspflege (§ 203). Hatte der Mann die Anfechtungsklage erhoben, so können seine Eltern sie binnen einem Jahr nach seinem Tode fortführen (ZPO § 640g).

c) Das *Kind* kann seine Ehelichkeit nur unter eng begrenzten Voraussetzungen anfechten: Wenn der Ehemann der Mutter vor Verlust des Anfechtungsrechts gestorben oder für tot erklärt worden ist; wenn die Ehe der Eltern geschieden, aufgehoben oder für nichtig erklärt (und wohl auch, wenn sie durch Wiederheirat nach unrichtiger Todeserklärung zufolge EheG § 38 II aufgelöst) ist oder die Eltern ohne Aussicht auf Wiederaufnahme der ehelichen Lebensgemeinschaft seit drei Jahren getrennt leben; wenn die Mutter den Erzeuger des Kindes geheiratet hat. In diesen drei Fällen (die sich teilweise überschneiden) hat erfahrungsgemäß das Kind häufiger ein Interesse, seinen wirklichen Status herzustellen und den formalen Status der Ehelichkeit zu beseitigen; diesem Interesse kann um so mehr nachgegeben werden, als das Kind ohnehin nicht im Schutze der Vollfamilie aufwächst, in welche es als eheliches gerechnet wird. Die Anfechtung ist aber – ohne absolute Ausschlußfrist – nur innerhalb von 2 Jahren nach Kenntnis von den für die Nichtehelichkeit sprechenden Umständen und von den weiteren gesetzlichen Voraussetzungen möglich; sie läuft also neu, wenn neue gesetzliche Voraussetzungen eintreten, z. B. nach Tod des Ehemannes oder Scheidung die Mutter den Erzeuger des Kindes heiratet. Ohne solche zeitliche Begrenzung kann das Kind seine Ehelichkeit ferner ungeachtet seines Aufwachsens im Schutze einer Vollfamilie anfechten, wenn der Ehemann der Mutter an einer schweren Erbkrankheit leidet, einen ehrlosen oder unsittlichen Lebenswandel führt oder sich einer schweren Verfehlung gegen das Kind schuldig macht (wozu der BGH NJW 1982, 177 auch die Unterhaltsverweigerung zählt) und (in allen diesen Fällen) die Anfechtung sittlich gerechtfertigt erscheint (§ 1596). Ein schon volljähriges Kind kann selbst bei beschränkter Geschäftsfähigkeit die Anfechtung persönlich vornehmen (§§ 1597 IV, 1595).

Da das Kind meist noch minderjährig ist und die Mutter in der Mehrzahl der Fälle wegen §§ 1629 II, 1795 an der Vertretung des Kindes bei der Klage gegen den Vater verhindert ist (BGH NJW 1972, 1708), bedarf es regelmäßig zunächst der Bestellung eines Pflegers durch das Vormundschaftsgericht; auch wo die Mutter das Kind vertreten könnte, kann die Entziehung der Vertretungsmacht nach § 1796 wegen Interessenkollision und Bestellung eines Pflegers geboten sein (BGH NJW 1975, 345). In jedem Fall kommt es für die Anfechtungsfrist auf die Kenntnis des gesetzlichen Vertreters des Kindes von den Anfechtungsvoraussetzungen an und bedarf der Vertreter des minderjährigen Kindes zur ordnungsmäßigen Vertretung des Kindes bei der Anfechtung der Genehmigung des Vormundschaftsgerichts; diese soll bei Anfechtung durch Vormund oder Pfleger nur bei Zustimmung der Mutter erteilt werden (§ 1597). Maßstab für die Erteilung der vormundschaftsgerichtlichen Genehmigung ist allein das Wohl des Kindes. Daher ist außer der Mutter auch das Jugendamt und ein bereits einsichtsfähiges Kind persönlich zu hören.

Dies Verfahren ist ungleich viel umständlicher als die frühere Ehelichkeitsanfechtung durch den Staatsanwalt – insbes. wenn man in Rechnung stellt, daß das Kind regelmäßig vermögenslos ist und nach Bestellung eines Pflegers und Einholung der Zustimmungen von Mutter und Kind und Erteilung der vormundschaftsgerichtlichen Genehmigung dem Prozeß meist auch noch ein Prozeßkostenhilfeverfahren vorangehen muß.

Die für erforderlich erklärte Zustimmung der Mutter ist höchstpersönlich, kann nicht durch einen Vertreter erklärt werden, sondern von der geschäftsbeschränkten Mutter persönlich; bei Geschäftsunfähigkeit, dauernd unbekanntem Aufenthalt der Mutter, oder wenn das Unterbleiben der Ehelichkeitsanfechtung dem Kinde zu unverhältnismäßigem Nachteil gereichen würde, ist die Zustimmung der Mutter nicht erforderlich.

Solange das minderjährige Kind ohne einen zur Anfechtung befugten Vertreter ist (also weder der Mutter das Alleinvertretungsrecht nach § 1671 übertragen noch auch ein Pfleger bestellt ist), wird der Ablauf der Anfechtungsfrist gehemmt (§ 206). Hat der gesetzliche Vertreter die Ehelichkeit des Kindes nicht rechtzeitig angefochten, so kann das Kind selbst noch die Anfechtung vornehmen (§ 1598), in den Fällen der befristeten Anfechtung aber nur zwei Jahre nach Eintritt der Volljährigkeit. Die Frist ist im Gesetz (sachwidrig) unabhängig von der Kenntnis des Kindes von den für sein Anfechtungsrecht sprechenden Umständen gesetzt. Verbreitet wird daher für eine berichtigende Auslegung eingetreten, daß die Frist erst ab entsprechender Kenntniserlangung durch das Kind läuft (ausführlich dazu *Becker-Eberhard* FamRZ 1984, 78ff).

d) Umstritten ist, ob zufolge Art. 3 GG das Recht, die Ehelichkeit anzufechten, auch der Mutter zusteht, wie es in der DDR schon vor dem FGB ständige Praxis war (OG NJ 1951, 195). Viele sind dafür eingetreten (*Gernhuber* § 45 II mit Nachweisen; *Finger*, NJW 1984, 846). Aber wenn auch die Gestaltung des Anfechtungsrechts im BGB auf dem patriarchalischen Prinzip mit beruhte, ist doch heute nur noch die Verfälschung der Abstammungsverhältnisse Anfechtungsgrundlage. Hier ist aber die Situation von Mann und Frau verschieden, da es für den Mann um die Abstammung von ihm selbst geht, für die Frau aber nicht um die Abstammung von ihr, sondern vom Ehegatten. Es kommt hinzu, daß meist die Frau – nicht aber der Mann – die Abstammung des Kindes kennt, und das Kind meist aus Ehebruch der Frau stammt (Notzuchtfälle sind selten). Schon diese Unterschiede schließen es aus, daß ein Anfechtungsrecht der Mutter durch Art. 3 GG zwingend geboten wäre. Während dem Vater nicht ohne weiteres zugemutet werden kann, ein Ehebruchskind der Frau als sein Kind gelten zu lassen, ist es der die Abstammungsverhältnisse regelmäßig kennenden Frau eher zuzumuten, ihre etwaigen Interessen auf Anfechtung der Ehelichkeit denen von Mann und Kind unterzuordnen. Jedenfalls wäre eine Ehelichkeitsanfechtung durch die Mutter sachwidrig, solange sie selbst an der Ehe festhält; dann sollte dem von ihr in die Ehe hineingeborenen Kind die Stellung eines ehelichen erhalten bleiben, solange nicht der Ehemann (oder das Kind aus den ihm zugestandenen besonderen Anfechtungsgründen der §§ 1596 Ziff. 4 u. 5) die Ehelichkeit anficht. Ist aber von einem der Eheleute der Scheidungsantrag gestellt (oder Eheaufhebungs- oder Ehenichtigkeitsklage erhoben), sollte angesichts der offenkundig zerfallenen Ehe auch der Ehefrau selbst ein Recht zur Erhebung der Ehelichkeitsanfechtungsklage zugestanden werden. Ihr Interesse daran ist dann um so größer, als das Anfechtungsrecht des Kindes zu umständlich ausgestaltet ist. Keine ausreichende Berücksichtigung ihrer Interessen liegt darin, daß sie bei Klage des Mannes oder Kindes zwingend (BGHZ 89, 121) beizuladen ist und dem Verfahren als Nebenintervenientin beitreten kann. Auch nicht ausreichend ist es, daß sie die Bestellung eines Pflegers für eine Anfechtungsklage des Kindes anregen oder mittelbar den Scheinvater zur Erhebung der Anfechtungsklage damit veranlassen kann, daß sie gegen ihn (über § 1629) Unterhaltsansprüche des Kindes geltend macht.

2. Die Anfechtung erfolgt durch Klage des Mannes oder seiner Eltern gegen das Kind bzw. des Kindes gegen den Ehemann der Mutter (§ 1599). Das Prozeßverfahren dient der förmlichen Klärung der Abstammungsverhältnisse, ist aber als streitiges Verfahren insofern mißlich, als oft die Nichtehelichkeit des Kindes unstreitig und nur die förmliche Feststellung erforderlich ist. Die Klägerrolle kann willkürlich gewählt werden; der Klage des Ehemanns der Mutter kann das Kind mit einer Widerklage begegnen und umgekehrt (OLG Köln NJW 1972, 1721).

Für das Verfahren gelten die besonderen Regeln des Kindschaftsprozesses (§§ 640 bis 640h ZPO; §§ 641 ff. ZPO sind hier nicht anwendbar, BGH NJW 1975, 1465 – außer die Nichtehelichkeit des Kindes ist bereits festgestellt: BGHZ 61, 189). Zuständig ist das AG am Wohnsitz des Beklagten; es gilt kein Anwaltszwang. Der Staatsanwalt wird am Verfahren nicht beteiligt. Es gilt keine freie Parteidisposition, aber auch keine notwendige Erforschung der materiellen Wahrheit von Amts wegen; das Gericht kann nur beschränkt selbst auf Beschaffung des Prozeßstoffes dringen: gegen den Widerspruch des Anfechtenden kann es Tatsachen, die von den Parteien nicht vorgebracht sind, nur zur Aufrechterhaltung der Ehelichkeit des Kindes berücksichtigen (ZPO § 640d). Das Urteil wirkt für und gegen jedermann (ZPO § 640h). Die Verfahrenskosten werden gegeneinander aufgehoben (ZPO § 93c).

Für die Vertretung des Kindes als Beklagten gilt das schon oben (1c) zu seiner Klägerrolle Gesagte. Das Kind kann trotz der Offizialmaxime im Prozeß nicht ohne weiteres unvertreten bleiben. Das rechtliche Gehör muß ihm gewährt werden (BVerfG MDR 57, 535 u. NJW 1967, 492). Die Verteidigung gegen die Anfechtungsklage ist niemals mutwillig im Sinne von ZPO § 114 (vgl. OLG Düsseldorf NJW 1969, 1355); doch kann, wenn für das Kind kein Prozeßkostenvorschuß vom klagenden Vater zu erlangen ist, die dann beanspruchte Prozeßkostenhilfe wegen Aussichtslosigkeit der Verteidigung versagt werden. Soweit bei umgekehrten Parteirollen dem Kind ein Anspruch auf Prozeßkostenvorschuß gegen seinen Vater versagt wird (vgl. dazu unten § 24 I 5 u. OLG Koblenz FamRZ 1976, 359), muß dem bedürftigen Kind nach allgemeinen Grundsätzen Prozeßkostenhilfe gewährt werden.

3. Nach dem Tode des Kindes oder wenn das Kind nach Tod des Mannes die Ehelichkeit anfechten will, kann mangels des Prozeßgegners kein streitiges Prozeßverfahren stattfinden; die Anfechtung der Ehelichkeit erfolgt daher durch einen Antrag an das Vormundschaftsgericht (§ 1599).

Die Feststellung der Nichtehelichkeit erfolgt hier im Verfahren nach FGG, nicht nach ZPO; gleichwohl erwächst die Entscheidung in materielle Rechtskraft mit allgemeiner Wirkung. Die Feststellung der Unehelichkeit kann insbesondere für erbrechtliche Verhältnisse wichtig werden (weshalb bis 1943 die Anfechtung durch Erklärung gegenüber dem Nachlaßgericht zu erfolgen hatte, welches aber über die Unehelichkeit nicht entscheiden konnte).

4. Ist die Nichtehelichkeit des Kindes festgestellt, so kann der Ehemann von dem Erzeuger des Kindes entsprechend einer von der Judikatur (BGHZ 24, 9; 26, 217) entwickelten Analogie zum früheren § 1709 II gemäß dem neuen § 1615b Ersatz für den dem Kinde gewährten Unterhalt und die Kosten des Anfechtungsprozesses verlangen (BGHZ 57, 229). Der Ehemann als Scheinvater ist regelmäßig auf solche Regreßrechte angewiesen, weil er meist vom vermögenslosen Kind den verbrauchten Unterhalt (wegen § 818 III) nicht kondizieren kann (dazu BGH NJW 1981, 2183).

Die Ersatzansprüche werden häufig auch auf §§ 677, 812 gestützt. Da der als ehelich geltende Vater zunächst seine eigene Unterhaltspflicht erfüllt, fehlt es regelmäßig an den objektiven und subjektiven Voraussetzungen der Geschäftsführung. Auch für § 812 BGB dürfte es an den Voraussetzungen fehlen, da der Unterhalt des ehelichen Vaters (in natura) dem des nichtehelichen (Geld) nicht entspricht (a. M. zu §§ 677 und 812 *Boehmer*, NJW 1955, 210) und die cessio legis eine Entlastung des Vaters verhindert. Auch die Entbindungskosten zahlt der Ehemann der Mutter regelmäßig als Selbstschuldner; daher ist es bedenklich, mit BGHZ 26, 217 den Regreß gegen den Erzeuger auf § 812 zu stützen.

Die Anwendung von § 1615b hat den Vorzug, daß der Erstattungsanspruch des Ehemanns von subjektiven Voraussetzungen frei ist; sie hat den Nachteil, daß § 1615b auf den dem Kinde gewährten Unterhalt einschließlich der Anfechtungskosten (BGHZ 57, 229) beschränkt ist, dagegen die Entbindungskosten so nicht hereingeholt werden können (für analoge Anwendung der für Anfechtungskosten verwendeten Argumentation auf die Entbindungskosten, *Medicus*, Bürg. Recht 620 – bedenklich!). Vgl. im übrigen wegen des Unterhaltsregresses allgemein unten § 24 V.

Die Ersatzpflicht ist aber (entgegen BGHZ 26, 221 u. 57, 229) ferner auch auf § 823 I und II zu stützen, ebenso auf § 826 (vgl. oben § 12 III 3b). Jedenfalls kann eine Ersatzpflicht durch Vertrag mit dem Erzeuger begründet werden (BGH 46, 56).

Selbst die in eherechtlichen Verhältnissen mit Schadensersatzansprüchen sehr zurückhaltende Judikatur des BGH läßt es zu, daß der scheineheliche Vater nach erfolgreicher Anfechtung der Ehelichkeit des Kindes wegen des von ihm zu Unrecht geleisteten Unterhalts deliktische Ansprüche gegen die Kindesmutter erhebt, die ihm vor der Eheschließung schriftlich versichert hatte, das zu erwartende Kind könne nur von ihm stammen (BGHZ 80, 235).

Wenn von der Anfechtung der Ehelichkeit abgesehen wird, dürfte nach dem Sinn des § 1593 ein Ersatzanspruch gegen den Erzeuger und die Ehefrau ausgeschlossen sein (BGHZ 14, 358 und BGH NJW 1962, 1057 entgegen RGZ 152, 397), wenngleich das unerfreulicherweise den Ehemann nötigt, beim Entschluß über die Anfechtung auch die finanziellen Folgen unterlassener Anfechtung zu erwägen. Ohne Anfechtung der Ehelichkeit dürfte auch die Nichtehelichkeit des Kindes nicht als Gesichtspunkt für eine Sorgerechtsregelung nach § 1671 geltend zu machen sein (str.). Doch erlaubt BGHZ 72, 299 den Regreß gegen einen Anwalt, der die Erhebung der Ehelichkeitsanfechtungsklage versäumt hatte, obwohl nun im Vermögensprozeß die Ehelichkeitsfrage geprüft werden muß, deren Klärung sonst dem besonderen Kindschaftsprozeß vorbehalten ist.

III. Feststellung der ehelichen Abstammung

Daß die Nichtehelichkeit des Kindes nur im Wege der Anfechtung der Ehelichkeit geltend gemacht werden (§ 1593) kann, hindert nicht umgekehrt generell eine Klage auf positive Feststellung der Abstammung, die den Vorteil hätte, der Anfechtungsklage zuvorzukommen und bei Erfolg diese auszuschließen. § 1593 schützt nur die Position des Kindes als eines ehelichen, hindert nicht deren Verstärkung; er schützt nicht die allenfalls auch im Scheidungsprozeß oder bei Anfechtungsklage des Kindes aufzudeckende Intimsphäre der Ehegatten.

Das länger als 302 Tage getragene Kind, für das keine Ehelichkeitsvermutung gilt, kann bereits im Verfahren nach § 45 PStG als ehelich festgestellt und so im Geburtenbuch eingetragen werden. Will ein Mädchen einen Mann heiraten, der nach Überzeugung des Standesbeamten Erzeuger des Mädchens ist, so mag das Gegenteil ebenfalls im Verfahren nach § 45 PStG oder im Wege einer negativen Abstammungsklage gegen diesen Mann, nicht aber im Wege einer positiven Abstammungsklage gegen einen anderen Mann festgestellt werden.

Solange nicht im Wege der Anfechtungsklage die Unehelichkeit des Kindes festgestellt ist, kann zufolge § 1593 auch nicht darauf geklagt werden, festzustellen, daß das Kind von einem bestimmten anderen Vater abstamme, weder vom Kind noch von dem natürlichen Erzeuger.

Im übrigen gestattet das Verfahrensrecht ganz allgemein Klagen auf Feststellung des Bestehens oder Nichtbestehens eines Eltern-Kindesverhältnisses oder der elterlichen Sorge (ZPO § 640). Da es hierbei um Klärung eines Status-Verhältnisses geht, von dem vielerlei Rechtsfolgen abhängen, braucht das Rechtsschutzinteresse nicht näher geprüft zu werden (BGH NJW 1973, 51). Das Urteil wirkt auch gegenüber Dritten (ZPO § 640h), außer gegenüber solchen Personen, die das elterliche Verhältnis oder die elterliche Sorge für sich in Anspruch nehmen und am Rechtsstreit nicht beteiligt waren.

In Betracht kommen alle Fälle zweifelhafter ehelicher Elternschaft, etwa wegen Kindesvertauschung in einer Klinik oder wegen Fragwürdigkeit einer wirksamen Eheschließung zwischen den Eltern.

§ 23. Nichteheliche Abstammung

I. Grundsätzliches

1. Die Vaterschaft zu einem nichtehelichen Kind ist häufig nicht leicht feststellbar – nicht nur weil ein in Betracht kommender Erzeuger des Kindes unbekannt ist, sondern auch weil einem Beihälter der Mutter eine Beiwohnung in der Empfängniszeit nicht nachzuweisen ist, oder weil mehrere Männer als Erzeuger in Betracht kommen. Das BGB ursprünglicher Fassung begnügte sich mit einer aus der Beiwohnung während der Empfängniszeit abgeleiteten Vaterschaftsvermutung, welche aber bereits

durch den Nachweis der Beiwohnung auch anderer (exceptio plurium) entkräftet wurde – eine für das Kind wenig glückliche Lösung, die nur dadurch gemildert war, daß eine Vaterschaftsanerkennung die Einwendung des Mehrverkehrs ausschloß. Ausländische Rechtsordnungen (Code Civil) knüpfen das Rechtsverhältnis zwischen Kind und Vater in erster Linie an ein Vaterschaftsanerkenntnis (sogen. Anerkennungssystem), können sich aber auch der Notwendigkeit gerichtlicher Vaterschaftsfeststellung nicht ganz verschließen. Das Anerkennungssystem hat den Nachteil, daß die Vaterschaftsanerkennung (wissentlich oder irrtümlich) falsch sein kann und dann dem Kind nicht immer vorteilhaft ist, da das Kind an der Klärung seiner wirklichen Abstammung interessiert sein kann – mag auch die unrichtige Anerkennung dem Kind mindestens formell einen Vater verschaffen. Das Anerkennungssystem ist daher nur tragbar, wenn Sicherungen gegen unrichtige Anerkennungen vorgesehen werden – braucht doch andrerseits eine amtswegige Feststellung der richtigen Abstammung des Kindes (die nicht immer möglich wäre) nicht vorgesehen zu werden, da vielfach selbst eine unrichtige Anerkennung (etwa durch einen die Mutter heiratenden Mann) dem Kind nicht nur den nötigen Unterhalt, sondern bei Legitimation das Aufwachsen im Schoße einer Familie verschafft.

2. Die *Neuregelung* des Nichtehelichenrechts von 1969 befolgt ein *gemischtes System:* sie gibt der *Vaterschaftsanerkennung* den Vorzug – mögen auch die gegenüber früher gesteigerten Vaterpflichten die Neigung zu freiwilliger Kindesanerkennung vielleicht mindern; daneben bleibt die Möglichkeit *gerichtlicher Vaterschaftsfeststellung* (§ 1600 a). Außer für provisorische Unterhaltsleistungen (§ 1615 o; ZPO §§ 641 d ff.) gilt vor Anerkennung oder gerichtlicher Feststellung der Vaterschaft rechtlich eine Vaterschaft nicht als bestehend; jeder Geltendmachung von Rechten und Pflichten aus der Vater-Kind-Beziehung muß die Anerkennung oder Vaterschaftsfeststellung vorausgehen. Diese Regelung einer anfänglichen juristischen „Vaterlosigkeit" des Kindes dient dazu, vor allen anderen Rechtsbeziehungen eine förmliche und allgemeingültige Klärung der Vaterschaft zu sichern und Inzidententscheidungen über die Vaterschaft auszuschalten; es sollte damit der bisherige Zwiespalt von Unterhaltsklage mit nicht bindender incidenter erfolgenden Vaterschaftsannahme einerseits und der das Unterhaltsurteil möglicherweise nachträglich beeinträchtigenden Abstammungsklage andererseits beseitigt werden.

Vgl. zur früheren Rechtslage: *Boehmer,* Prozessuale und sachliche Grenzen der Abstammungsklage, ZAk 1943, 201, 228, 245; NJW 1955, 575; *Bosch,* Die Feststellung der tatsächlichen Vaterschaft, DRZ 1947, 177; SJZ 1947, 314 u. NJW 1950, 767; *Frantz,* DtRiZtg 1955, 782; *v. Hülsen,* FamRZ 1964, 280; *Isele,* AcP 150, 69; *Lent,* SJZ 1948, 520; *Messer,* FamRZ 1962, 419; *Neumann-Duesberg,* NJW 1950, 14 u. 1955, 578; *Schwab,* JZ 1954, 273; ZZP 68 (1955), 121 u. FamRZ 1954, 166; NJW 1956, 649; *Gaul,* FamRZ 1959, 334 u. 431; 1963, 208.

3. *Vaterschaftsanerkennung und Vaterschaftsfeststellung* wirken für und gegen alle (§ 1600a) und *haben* im Interesse des allgemeinen Rechtsfriedens und einer ungestörten Entwicklung des Kindes *Ausschließlichkeitswirkung* (§ 1600b).

a) Ist die Vaterschaft wirksam anerkannt, so ist eine weitere Anerkennung unwirksam (§ 1600b). Im Streit mehrerer Vaterschaftsprätendenten hat der zuerst Anerkennende den Vorrang. Eine zweite Anerkennung kann nur dann wirksam werden oder erfolgen, wenn auf Anfechtung der ersten Anerkennung hin rechtskräftig festgestellt ist, daß der erste Anerkennende nicht Vater des Kindes ist (§ 1600f). Auch eine Vaterschaftsklage gegen einen anderen als den Anerkennenden ist ausgeschlossen (§ 1600n), eine Klage gegen den Anerkennenden selbst auf Feststellung seiner Vaterschaft angesichts der Feststellungswirkung der Anerkennung regelmäßig überflüssig – auch wenn die Anerkennung der Anfechtungsklage ausgesetzt ist (str.).

b) Ist die Vaterschaft rechtskräftig festgestellt, so wirkt dies gegenüber einem anderen Vaterschaftsprätendenten sogar dann, wenn er am Prozeß nicht teilgenommen hat (ZPO § 641k; weitergehend als ZPO § 640h). Weder kann er auf Feststellung der Vaterschaft klagen, noch auch die Vaterschaft anerkennen (§ 1600b), wenn nicht das erste Vaterschaftsurteil beseitigt wird (etwa durch Restitutionsklage gemäß ZPO §§ 580, 641i; vgl. dazu den lehrreichen Fall NJW 1982, 2124). Dagegen bleibt ein Vaterschaftsanerkenntnis auch nach Abweisung der Vaterschaftsfeststellungsklage möglich.

Schrifttum: *Bökelmann,* Zur Bedeutung der Vaterschaftsfeststellung im neuen Recht, StAZ 1970, 246; *Kleineke,* Das Recht auf Feststellung der Abstammung, Diss. Göttingen 1976.

II. Anerkennung der Vaterschaft

1. Die Anerkennung der Vaterschaft ist eine *einseitige, nicht empfangsbedürftige Erklärung,* die schon vor der Geburt, aber auch zu einem beliebigen Zeitpunkt nach der Geburt des Kindes erfolgen kann (§ 1600b). Als eine den Personenstand bis auf weiteres allgemeingültig feststellende Erklärung (§ 1600a) muß sie aus Rechtssicherheitsgründen ebenso wie personenstandsgestaltende Erklärungen (vgl. §§ 1724, 1752, EheG § 13 II) unbedingt und unbefristet sein (§ 1600b). Sie kann nicht rechtswirksam erfolgen, solange ein Kind gemäß § 1591 als eheliches Kind aus einer Ehe seiner Mutter gilt und die Unehelichkeit des Kindes nicht rechtskräftig festgestellt ist (BGHZ 80, 218).

Die Rechtsnatur des Vaterschaftsanerkenntnisses war – schon angesichts seiner in den einzelnen Rechtsordnungen verschiedenen Wirkungen – stets umstritten. Die für das BGB a. F. von BGHZ 1, 182 vertretene Auffassung als Verzicht auf die Einwendung des Mehrverkehrs war schon damals fragwürdig und paßt auf das neue Recht nicht. Seine Wirkungen treten jedenfalls ohne Rücksicht darauf ein, ob sie vom Anerkennenden gewollt waren. Schon nach BGB a. F. (RGZ 135, 121) sowie jetzt nach § 1600f. kann das Vaterschaftsanerkenntnis durch den Nachweis seiner inhaltlichen Unrichtigkeit widerlegt und ausgeräumt werden. Eine Willenserklärung kann man aber nicht inhaltlich widerlegen. Es liegt daher nur eine *Wissenserklärung vor.* Deren förmliche Abgabe erfordert aber einen besonderen Entschluß, so daß eine *Rechtshandlung* anzunehmen ist, auf welche *rechtsgeschäftliche Regeln* angewendet werden können, wie §§ 1600d–1600k bestätigen.

Lediglich in den Fällen wissentlich unrichtiger Anerkenntnisse (heute nicht mehr strafbar nach § 169 StGB) kommt die Wissenserklärung einer Willenserklärung gleich, die Folgen der Vaterschaft auf sich nehmen zu wollen. Die Rechtsnatur der Erklärung kann aber nicht lediglich von der inneren Einstellung des Erklärenden zu dem Erklärten abhängig sein. – Ein wissentlich unrichtiges Anerkenntnis wird oft aus Gefälligkeit von dem Mann abgegeben, der die Kindesmutter heiraten will. Bei Heirat kommt es dann zur Legitimation des Kindes (§ 1719). Die Rechtsordnung duldet solche falschen Legitimationen, wenn das Kind damit in geordnete Familien-Verhältnisse kommt („Stiefkind-Legitimation"). Gegen mißbräuchlich falsche Anerkenntnisse schützen das Erfordernis der Zustimmung des Kindes zum Anerkenntnis (§ 1600c) und die Möglichkeiten der Anfechtung unrichtiger Anerkenntnisse.

2. Die Anerkennung ist eine *höchstpersönliche Rechtshandlung*. Bevollmächtigung ist ausgeschlossen (§ 1600d III). Nur für den Geschäftsunfähigen kann der gesetzliche Vertreter mit vorheriger Genehmigung des Vormundschaftsgerichts anerkennen. Der beschränkt Geschäftsfähige, insbes. der minderjährige Erzeuger, kann nur selbst anerkennen, bedarf dazu aber der Zustimmung seines gesetzlichen Vertreters, die – entgegen § 111 – auch noch 6 Monate nach Beurkundung der Anerkennung erklärt werden kann (§ 1600e III). Einer vormundschaftsgerichtlichen Genehmigung bedarf es nicht (§ 1600d I).

3. Da die Anerkennung den Personenstand des Kindes maßgeblich beeinflußt, ist dessen Zustimmung erforderlich (§ 1600c), die noch bis zu 6 Monaten nach Beurkundung der Anerkennung (§ 1600e III) gegenüber dem Anerkennenden oder dem Standesbeamten (§ 1600c II) erklärt werden kann.

Auch diese Zustimmungserklärung ist höchstpersönlich und schließt Bevollmächtigte aus. Doch wird sie für ein geschäftsunfähiges oder noch nicht 14 Jahre altes Kind durch den gesetzlichen Vertreter (nach § 1706 regelmäßig der Pfleger, allenfalls ein Vormund oder unter den Voraussetzungen des § 1707 die Mutter) erklärt; vormundschaftsgerichtliche Genehmigung ist auch hier nicht erforderlich (§ 1600d II n. F.).

4. Eine Zustimmung der Mutter des Kindes ist nicht vorgesehen. Ihre Interessen haben hinter denen des Kindes zurückzustehen; vor allem soll sie nicht etwa aus eigensüchtigen Motiven oder aus Rücksicht auf den Erzeuger dessen Anerkennung verhindern können. Berechtigte Bedenken gegen die Anerkennung kann sie dem gesetzlichen Vertreter des Kindes vortragen, allenfalls im Wege der Anfechtungsklage geltend machen (§ 1600g).

5. Die Anerkennung und die Zustimmungserklärung des Kindes bedürfen angesichts ihrer personenstandsrechtlichen Tragweite zum Schutz vor Übereilung und zwecks sachgerechter Beratung der öffentlichen Beurkundung; beide Erklärungen sind wesentliche Bestandteile des Anerkennungsakts; darum ist auch die Erklärung des Kindes formbedürftig. Dagegen bedarf die Zustimmung des gesetzlichen Vertreters gemäß § 182 II nicht dieser Form, muß aber wegen der Eintragung der Anerkennung mit Randvermerk ins Geburtenbuch (PStG § 29) und der hierbei nötigen Kontrolle des Standesbeamten öffentlich beglaubigt sein (§ 1600e).

Zur Erleichterung der Anerkennung, und damit im Interesse des Kindes, bestehen zur Beurkundung der Anerkennung und Kindeszustimmung wahlweise mehrfache *Zuständigkeiten:* des Notars, des Amtsgerichts (BeurkG 1969 § 62), des Prozeßgerichts im Vaterschaftsprozeß (ZPO § 641c), des Standesamts (PStG § 29a) und von ausdrücklich dazu ermächtigten Beamten oder Angestellten des Jugendamts (JWG § 49).

6. *Wirksam* wird die Anerkennung, wenn alle erforderlichen Erklärungen formgerecht abgegeben sind. Die *Beischreibung* eines Randvermerks im Geburtenbuch des Kindes (PStG § 29) hat ebenso wie die Eintragung der Eheschließung nur *rechtsbekundende* Bedeutung. Entscheidend sind die Erklärungen der Beteiligten.

Der Gesetzestext ist wenig klar. Es sollen beglaubigte Abschriften der Anerkennungserklärung außer dem Standesbeamten auch dem Kind und der Mutter des Kindes übersandt werden (§ 1600e II), und wenn den Vorschriften über die Anerkennung nicht genügt ist, soll sie unwirksam sein (§ 1600f). Indessen knüpft sich die Unwirksamkeit der Anerkennung wohl nur an die Vernachlässigung materiellrechtlicher Erfordernisse, nicht rein verfahrensrechtlicher; die Übersendung beglaubigter Abschriften der Anerkennungserklärung gehört aber offenbar zu den verfahrensrechtlichen. Nach der Begr. RegEntw. soll die Übersendung dazu dienen, Mutter und Kind das Anfechtungsrecht zu eröffnen (was nur bei schon wirksamer Anerkennung in Betracht kommen kann); hinsichtlich des Standesbeamten soll es nur um eine Wiederholung der in PStG § 29 genannten Pflicht gehen! Auch könnte materiellrechtlich die Wirksamkeit der Anerkennung wohl kaum von der bloßen Absendung (und nicht dem Zugang) einer Erklärung abhängig sein. Die Frist zur Abgabe der Zustimmungserklärung knüpft denn auch an die Beurkundung der Anerkennungserklärung und nicht an die Versendung beglaubigter Abschriften an. Schließlich liegt möglich frühes Wirksamwerden der Anerkennung im Interesse des Kindes.

7. *Unwirksam* ist die Anerkennung *ipso iure nur*, wenn den gesetzlichen Erfordernissen ihres Zustandekommens nicht genügt ist: also bei mangelnder Geschäftsfähigkeit, fehlerhafter Vertretung, fehlender oder verspäteter Zustimmung oder Formmangel (§ 1600f). Und auch diese Unwirksamkeit kann nur fünf Jahre nach Eintragung der Anerkennung in ein deutsches Personenstandsbuch, z. B. mittels *Klage auf Feststellung des Nichtbestehens der nichtehelichen Vaterschaft* (ZPO § 641) geltend gemacht werden. Dagegen können Willensmängel, Verstoß gegen ein gesetzliches Verbot (§ 134), wissentlich unrichtige Anerkennung oder Verfolgung unlauterer Absichten (§ 138), Scherz- oder Scheinerklärung

(§§ 116, 117) nicht selbständig geltend gemacht werden, sondern nur im Rahmen einer förmlichen, im Klagewege vorzunehmenden Anfechtung der Anerkennung, die zur Voraussetzung hat, daß der Anerkennende nicht der Vater des Kindes ist, und welche die durch seine Anerkennung geschaffene Vermutung für seine Vaterschaft (§ 1600 m) widerlegt.

Mit dieser Erschwerung der Geltendmachung von Anerkennungsmängeln will der Gesetzgeber das Kind schützen. Andrerseits wäre es aber für den durch einen Willensmangel (namentlich durch Täuschung oder Drohung) zur Anerkennung Veranlaßten hart, müßte er nun im Anfechtungsprozeß das Nichtbestehen seiner Vaterschaft beweisen. Daher braucht er eine für seine Vaterschaft bestehende Vermutung nur dann zu widerlegen, wenn er der Mutter innerhalb der Empfängniszeit des § 1592 beigewohnt hat. Eine solche Beiwohnung wird bei auf einem Willensfehler beruhender Anerkennung nicht vermutet. Der Anerkennende kann sich also bei der Anfechtungsklage zunächst damit begnügen, einen Willensmangel bei seiner Erklärung zu beweisen. Wird ihm dann nachgewiesen, daß er der Mutter innerhalb der Empfängniszeit beigewohnt hat, so ist es an ihm, die nunmehr für die Vaterschaft sprechende Vermutung zu widerlegen (§§ 1600 m und 1600 o).

III. Anfechtung der Anerkennung

Die Anerkennung kann, wenn der Anerkennende nicht der Vater des Kindes ist, mittels einer diese Feststellung anstrebenden *Anfechtungsklage* beseitigt werden. Mit Rechtskraft des Urteils ist die Anerkennung (rückwirkend) unwirksam (§ 1600f). Die Anfechtungsklage ist der Anfechtung der ehelichen Vaterschaft weitgehend nachgebildet. Zur Anfechtung sind der Anerkennende (evtl. seine Eltern bzw. nichteheliche Mutter), das Kind und die Kindesmutter berechtigt (§ 1600 g), dagegen nicht der wirkliche Kindesvater, über dessen Interessen das Gesetz zu Gunsten des Kindes und der Aufrechterhaltung der einmal geschaffenen personenstandsrechtlichen Lage hinweggeht.

1. Der Anerkennende kann die Vaterschaft innerhalb eines Jahres (kürzer als bei Anfechtung der Ehelichkeit!) anfechten, nachdem ihm die Umstände bekannt geworden sind, die gegen seine Vaterschaft sprechen (§ 1600 h; vgl. § 1594). Hat der Anerkennende die Kindesmutter geheiratet und damit das Kind legitimiert (§ 1719), so kann er die Legitimationswirkung (Ehelichkeit des Kindes) nur mit der innerhalb der Jahresfrist vorzunehmenden Anfechtung der Anerkennung wieder beseitigen (BGHZ 81, 355).

Die Anfechtungsfrist beginnt aber nicht vor Geburt des Kindes und Wirksamkeit der Anerkennung. Sie endet bei Vorliegen von Willensmängeln nicht vor Ablauf der dafür in §§ 119–144 vorgesehenen Anfechtungsfristen.

Ist der Mann in der Geschäftsfähigkeit beschränkt, so kann er das Verfahren selbständig durchführen (§ 1600k; vgl. § 1595; ZPO § 640b); bei Geschäftsunfähigkeit ficht der gesetzliche Vertreter mit Genehmigung des Vormundschaftsgerichts die Anerkennung an; hat er die Anfechtung versäumt, so kann der Mann nach Fortfall der Geschäftsunfähigkeit noch selbst anfechten. Stirbt der Mann vor rechtskräftigem Abschluß des Verfahrens, so können seine Eltern das Verfahren fortsetzen (ZPO § 640g).

2. Ist der Mann innerhalb eines Jahres seit Wirksamwerden der Anerkennung gestorben, ohne die Anerkennung angefochten zu haben, so können seine Eltern (entsprechend der Regelung bei der Ehelichkeitsanfechtung) die Anerkennung anfechten. Sie haben eine Anfechtungsfrist von einem Jahr seit Kenntnis von der Anerkennung und dem Tod des Anerkennenden (§ 1600h I u. III; vgl. § 1595a).

Hinsichtlich Mängeln der Geschäftsfähigkeit gilt Entsprechendes wie beim Anerkennenden; doch gibt es keine Anfechtungsmöglichkeit mehr, wenn der gesetzliche Vertreter die Frist versäumt hatte (§ 1600k IV).

3. Der *Mann* und *seine Eltern* fechten die Anerkennung der Ehelichkeit durch Klage gegen das Kind an, nur nach Tod des Kindes durch Antrag an das Vormundschaftsgericht (§ 1600l; vgl. § 1599).

4. Die *Mutter des Kindes* kann die Anerkennung der Vaterschaft durch Klage gegen den Anerkennenden oder nach dessen Tod durch Antrag ans Vormundschaftsgericht (§ 1600l) innerhalb eines Jahres seit Kenntnis von der Anerkennung anfechten (§ 1600h I u. IV). Auf die Kenntniserlangung von den Umständen, die für die Unrichtigkeit der Anerkennung sprechen, kommt es für das Anfechtungsrecht der Mutter nicht an.

Bei Geschäftsfähigkeitsmängeln der Mutter gelten gleiche Grundsätze wie beim Mann (vgl. oben 1).

5. Das *Kind* ficht die Anerkennung in gleicher Weise wie die Mutter an. Es hat aber *zwei Jahre* Frist nach Kenntnis von Anerkennung und den Umständen, die gegen die Richtigkeit der Anerkennung sprechen, selbst wenn es zunächst wissentlich einer unrichtigen Vaterschaftsanerkennung zugestimmt hatte. War die Anerkennung im Zusammenhang damit erfolgt, daß die Mutter den Anerkennenden geheiratet hat, so kann das Kind auch noch zwei Jahre nach Scheidung, Aufhebung oder Nichtigerklärung dieser Ehe oder nach dreijährigem Getrenntleben der Mutter die Klage erheben. Hat die Mutter den wirklichen Erzeuger geheiratet, so kann das Kind noch zwei Jahre nach Kenntnis von der richtigen Vaterschaft die falsche Anerkennung anfechten, um seine Legitimation (§ 1719) herbeizuführen. Endlich ist auch nach Ablauf aller Fristen die Anfechtung wegen einer schweren Erbkrankheit des Anerkennenden, ehrlosen oder unsittlichen Lebenswandels oder einer schweren Verfehlung gegen das Kind zulässig (§ 1600i; vgl. § 1596). Eine Klage des Kindes wird auch nicht dadurch ausgeschlossen, daß der angebliche Erzeuger des Kindes mit seiner Klage auf Anfechtung seines Anerkenntnisses abgewiesen worden ist, solange nicht das Gericht den Anfechtenden als Vater festgestellt hat (§ 641h; lies dazu OLG Düsseldorf NJW 1980, 2760 für Abweisung des Anfechtenden mangels Zahlung eines Kostenvorschusses).

Das minderjährige oder geschäftsunfähige Kind wird im Verfahren durch den *gesetzlichen Vertreter* (meist der Pfleger des § 1706) vertreten, der auch nur mit *Geneh-*

migung des Vormundschaftsgerichts die Anerkennung anfechten kann (§ 1600k; ZPO § 640b). Will ein Vormund oder Pfleger die Anerkennung anfechten, nachdem die Mutter den Anerkennenden geheiratet hat, so soll die vormundschaftsgerichtliche Genehmigung nur bei Einwilligung der Mutter erteilt werden (vgl. § 1597 III). Ein aus anderen Gründen als Minderjährigkeit in der Geschäftsfähigkeit beschränktes Kind kann die Anerkennung selbständig anfechten und ist auch als Beklagter selbständig prozeßfähig.

6. Für das Verfahren gelten entsprechende Grundsätze wie für die Anfechtung der Ehelichkeit (vgl. ZPO §§ 640–640h und oben § 22 II 2).

IV. Gerichtliche Feststellung der Vaterschaft

Schrifttum: *Kempf,* Der Haftungsgrund der unehelichen Vaterschaft, 1958; *Brüggemann,* Das „non liquet" zur Beiwohnungsfrage, FamRZ 1964, 337; *Grunsky,* Die gerichtliche Feststellung der Vaterschaft beim nichtehelichen Kind, StAZ 1970, 248; *Reinsheimer* FamRZ 1970, 122; *Glage* NJW 1970, 1223; *Hummel,* NJW 1971, 1072. *Roth-Stielow,* Der Abstammungsprozeß, 1974. *Leipold,* FamRZ 1973, 65; *Odersky,* FamRZ 1974, 560 u. 1975 443; *Johannsen,* in „25 Jahre Bundesgerichtshof" (1975) 56ff. u. in Fschr. Bosch 1976 S. 469ff.; *Brühl-Göppinger-Mutschler,* Unterhaltsrecht, 3. Aufl. 1976 Bd. II; *Brühl,* Sieben Fragen zur gerichtlichen Vaterschaftsfeststellung, FamRZ 1974, 66; *Maier,* Die neuere Rechtsprechung des BGH zur Vaterschaftsfeststellung, NJW 1976, 1135.

1. Die gerichtliche Vaterschaftsfeststellung erfolgt auf Klage des Kindes (vertreten durch den Pfleger des § 1706, einen Vormund oder die Mutter) gegen den Vater beim Amtsgericht, bei dem die Vormundschaft oder Pflegschaft über das Kind geführt wird, sonst beim Amtsgericht am Wohnsitz des Kindes (§ 1600n; ZPO § 641a). Nach Tod des Vaters richtet das Kind seinen Antrag an das Vormundschaftsgericht. Auch der Vater kann gegen das Kind auf Feststellung seiner Vaterschaft klagen, befremdlicherweise aber trotz seines Erbersatzanspruchs des § 1934a II gegenüber dem Kind nach Tod des Kindes seine Vaterschaft nicht mehr feststellen lassen. Die Mutter hat trotz ihrer Ansprüche auf Entbindungskosten und zeitweiligen Unterhalt (§§ 1615k bis 1615m) keine Klage auf Feststellung der Vaterschaft, sondern ist in ihren Rechten davon abhängig, daß das Kind die Feststellung der Vaterschaft betreibt, wenn sie nicht anerkannt ist. Nur nach Tod des Kindes kann die Mutter – und sie allein – noch die Vaterschaft durch das Vormundschaftsgericht feststellen lassen.

2. Als Vater ist gerichtlich festzustellen, wer das Kind gezeugt hat (§ 1600o). Da der Beweis der Zeugung schwer zu erbringen ist, muß die Rechtsordnung – ebenso wie bei der ehelichen Vaterschaft – mit einer Vermutung helfen. Wer der Mutter innerhalb der Empfängniszeit des § 1592 beigewohnt hat, wird als Erzeuger vermutet. Für die Beiwohnung als solche besteht aber keine Vermutung; sie muß dem als Vater in Anspruch Genommenen nachgewiesen werden (BGHZ 40, 372); erst für denjenigen, dessen Beiwohnung innerhalb der Empfängniszeit feststeht, gilt die Vermutung.

Daß normalerweise die Vaterschaftsfeststellung über die Vermutung des § 1600 o erfolgt, schließt nicht aus, daß sie auch auf anderem Wege erfolgen kann, z. B. durch ein positives Vaterschaftsgutachten unmittelbar (welches dann auch die vielleicht bestrittene Beiwohnung beweist).

Über § 1600 o hinaus wird z. B. auch derjenige als Vater anzusehen sein, mit dessen Samen die Mutter künstlich befruchtet wurde (und zwar auch wenn die Befruchtung gegen seinen Willen erfolgte; a. M. *Dölle,* Festschr. f. Rabel 1953 S. 202 ff.), ferner derjenige, welcher das Kind nachweislich vor der Empfängniszeit gezeugt hat (RGZ 169, 328).

3. *Die Vermutung für die Vaterschaft kann widerlegt werden,* vor allem mit allen denjenigen Mitteln, die bei Anfechtung der ehelichen Vaterschaft diese als „offenbar unmöglich" erweisen (vgl. oben § 22 I 4). Entgegen dem früheren Recht ist aber auch schon eine entscheidende Entkräftung der Vaterschaftsvermutung ausreichend, um die Vaterschaftsfeststellung zu verhindern; denn die Vermutung gilt nicht mehr, wenn nach Würdigung aller Umstände schwerwiegende Zweifel an der Vaterschaft verbleiben (§ 1600 o II). Dieser Fall kann schon dann eintreten, wenn die Beiwohnung nur eines Mannes festgestellt ist; ein weiterer ist nie grundsätzlich auszuschließen (BGHZ 61, 170).

Zweifel an der Vaterschaft sind auch nicht einfach damit auszuschließen, daß man die Kindesmutter auf die Aussage beeidigt, sie habe nicht mit anderen Männern verkehrt. Erfahrungsgemäß wird ein derartiger Eid von Kindesmüttern gern geleistet. In einem anschließenden Strafverfahren wegen Meineids kommt dann möglicherweise die Blutuntersuchung zu dem Ergebnis, daß der Eid der Kindesmutter falsch war. Es ist besser, die Blutuntersuchung gleich im Kindschaftsprozeß vorzunehmen, als es erst zum Meineidsverfahren kommen zu lassen (vgl. BGHZ 61, 186; Beispiel zu den wechselnden Aussagen einer Kindesmutter in BGH NJW 1982, 2124).

Umgekehrt kann die Vaterschaft eines Mannes auch bei Mehrverkehr, ja sogar bei Dirnenkindern festgestellt werden: meist durch Ausschluß Beteiligter oder wenigstens dadurch, daß an deren Vaterschaft schwerwiegende Zweifel begründet werden, gelegentlich auch durch einen positiven Vaterschaftsbeweis. In der gerichtlichen Praxis geht es meist darum, welche Beweise (Gutachten!) hinsichtlich der Vaterschaft erhoben werden und bei welchen Wahrscheinlichkeitsprozenten die Vaterschaft als gesichert angesehen werden kann, wann Zweifel als „schwerwiegend" anzusehen sind.

Vgl. dazu aus dem neueren Schrifttum insbes. *Schlosser,* FamRZ 1976, 6 u. 258; *Hummel,* FamRZ 1976, 257 u. NJW 1978, 576; *Rittner* u. *Baur,* NJW 1976, 1778; *Gumbel,* NJW 1977, 1486; *Rittner* u. *Baur,* NJW 1976, 1778; *Roth-Stielow,* NJW 1977, 2114. Aus der Judikatur lies BGH NJW 1982, 2124.

Da der Kindschaftsprozeß der Parteidisposition weitgehend entzogen ist und die *Untersuchungsmaxime* gilt (ZPO §§ 640, 616), hat das Gericht von sich aus jedem Zweifel an der Richtigkeit der Vaterschaftsvermutung nachzugehen. Es kann insbes. nicht – wie es früher in Unterhaltsprozessen häufiger geschah – Beweisanträge des Vaters kurzerhand als „Ausforschungsbeweis" ablehnen, wenn sie nicht durch eingehende tatsächliche Angaben untermauert sind.

Schrifttum zum Ausforschungsbeweis: *Peters,* Ausforschungsbeweis im Zivilprozeß, 1966; *Lüderitz,* Ausforschungsverbot und Auskunftsanspruch bei Verfolgung privater Rechte, 1966; *Anhalt,* Allgemeine Verfahrensgrundsätze und Ausforschungsbeweis, Diss. Tübingen 1966; *Büttner,* ZZP 1964, 73; *Riedel,* NJW 1956, 6; *Dunz,* NJW 1956, 769; *Lang,* DRiZ 1962, 229.

Vielmehr muß das Gericht auch von sich aus bei Zweifeln an der Richtigkeit der Vaterschaftsvermutung Tragezeitgutachten, serologische Gutachten und allenfalls ein erbbiologisches Gutachten einholen – notfalls dafür das Verfahren zeitweise aussetzen (ZPO § 640f).

4. Steht fest, daß *mehrere Männer* der Mutter innerhalb der Empfängniszeit beigewohnt haben, so ist primär die Wahrscheinlichkeit der Vaterschaft für jeden gleich gering oder gleich groß. Schon deshalb die Vaterschaftsklage abzuweisen (exceptio plurium), wäre sicherlich ebenso mißlich, wie einen beliebigen von ihnen als Vater herauszugreifen oder gar alle gemeinsam als Väter zu behandeln (etwa mit der Folge anteilsmäßiger Unterhaltszahlung); letztere Lösung widerspräche dem Wesen der Vaterschaft überhaupt. In derartigen Fällen ergibt sich häufig schon eine Lösung daraus, daß alle Beteiligten bis auf einen sich als Väter mit naturwissenschaftlichen Methoden ausschließen lassen. Der nicht Ausgeschlossene ist als Vater festzustellen, wenn nicht schwerwiegende Zweifel an der Vaterschaft verbleiben. Bleibt die Vaterschaft mehrerer Männer möglich, so kann derjenige von ihnen, dessen Vaterschaft am wahrscheinlichsten ist, nur dann als Vater festgestellt werden, wenn für dessen Vaterschaft eine erhebliche (und nicht nur relative) Wahrscheinlichkeit besteht (BGHZ 61, 174); sobald schwerwiegende Zweifel an der Vaterschaft verbleiben, ist die Feststellung der Vaterschaft ausgeschlossen; dann muß die Vaterschaftsklage abgewiesen werden. Daß bei manchen nichtehelichen Kindern der Vater nicht festgestellt werden kann, muß hingenommen werden, vor allem wenn die Mutter nicht zu näheren Angaben über den Erzeuger gezwungen werden kann (vgl. unten § 30 I 2).

Verfahrensrechtlich ist das Kind bei der Möglichkeit verschiedener Männer als Väter in keiner einfachen Lage. Es kann sinnvollerweise nur einen von ihnen als Vater in Anspruch nehmen und verklagen. Zeichnet sich im Verlauf des Verfahrens ab, daß möglicherweise die Vaterschaft eines anderen Mannes wahrscheinlicher ist, so kann das Kind diesem den Streit verkünden (ZPO § 641b) mit der Wirkung, daß der andere dann dem Verfahren beitritt oder aber später die im ersten Prozeß getroffenen Feststellungen gegenüber ihm bindend sind (ZPO §§ 74, 68).

5. Die Feststellung der Vaterschaft ist *Grundlage für alle Rechtsbeziehungen* zwischen dem Vater und seinen Verwandten einerseits sowie dem Kind und dessen Verwandten andererseits: für Unterhaltspflichten (§§ 1601ff., insbes. §§ 1615a ff.), Erbrecht und Erbersatzansprüche

(§§ 1934a ff.), ein etwaiges Recht des Vaters auf Verkehr mit dem Kind (§ 1711), sowie für die etwaige spätere Legitimation. Für das Kind ist von allen diesen Rechtsfolgen die der *väterlichen Unterhaltspflicht* am wichtigsten; von ihm wird vorzugsweise um dieser Pflicht willen die Klage auf Vaterschaftsfeststellung erhoben; sie ist bei fehlender Anerkennung der Vaterschaft für den Unterhalt auch unerläßlich, weil vor der förmlichen Vaterschaftsfeststellung keine Vaterschaft im Rechtssinne besteht. Mit der Klage des Kindes auf Feststellung der Vaterschaft kann das Kind den Antrag verbinden, den Vater zur Zahlung des „*Regelunterhalts*" zu verurteilen (ZPO § 643). Damit erhält das Kind alsbald einen Vollstreckungstitel. Es bleibt beiden Prozeßparteien vorbehalten, eine Erhöhung bzw. Herabsetzung des so fixierten Unterhaltsbetrages in einem späteren Verfahren zu beantragen (ZPO § 643a). Auch der Erzeuger des Kindes kann auf Feststellung seiner Vaterschaft klagen und hieran sowohl persönlichkeitsrechtlich wie auch wegen Unterhalts, Erbrechts und möglicher Gewährung eines Verkehrsrechts ein schützenwertes Interesse haben. Doch ist eine solche Klage (ebensowenig wie ein Vaterschaftsanerkenntnis) solange nicht möglich, als das Kind als eheliches aus einer Ehe seiner Mutter gilt (BGHZ 80, 218).

6. Außer einer Klage auf Feststellung der Vaterschaft kann auch eine umgekehrte Klage: nämlich auf Feststellung des *Nichtbestehens der nichtehelichen Vaterschaft*, erhoben werden; an ihr sind namentlich der Vaterschaft bezichtigte Personen interessiert. Wird die Klage abgewiesen, so hat das Gericht stets die Vaterschaft auch ohne dahingehenden Antrag förmlich im Urteil festzustellen (ZPO § 641 h).

Die Frage ist äußerst streitig. Nach allgemeinen Beweislastregeln muß das Kind dem Erzeuger die Vaterschaft beweisen (BGHZ 5, 401; 61, 171; NJW 1976, 368 u. a. m.), wobei ihm die Vermutung des § 1600o zu Hilfe kommt. Gelingt der Beweis nicht, weil schwerwiegende Zweifel an der Vaterschaft bleiben, so muß die negative Abstammungsklage auch dann Erfolg haben, wenn objektiv noch eine Möglichkeit der Vaterschaft offen bleibt. Anders BGHZ 17, 262 bei den einstigen Widerspruchsmöglichkeiten zwischen Unterhalts- und Abstammungsklage. Dem war die 18. Auflage auch noch für die neue Rechtslage gefolgt, zumal der Wortlaut von ZPO § 641h die positive Feststellung der Vaterschaft nur für den Fall vorschreibt, daß die Klage deshalb abgewiesen wird (und damit den Eindruck erweckt, das Gesetz lasse auch die Abweisung wegen Ungeklärtheit der Abstammung offen und verlange für einen Erfolg der Klage den Beweis der Unmöglichkeit der Abstammung). Aber eine Abweisung wegen ungeklärter Abstammung könnte lediglich den Sinn haben, die spätere Abstammungsfeststellung zum gleichen Vater offen zu halten. Eine spätere Anerkennung des Klagenden ist unwahrscheinlich; für einen erneuten Prozeß müssen die Wiederaufnahmemöglichkeiten genügen. Da § 1600a zu alsbaldiger Vaterschaftsfeststellung drängt, ist heute keine Abweichung von allgemeinen Beweislastregeln mehr angebracht. Mit dem „non liquet" ist weder dem Kind noch der allgemeinen Rechtssicherheit gedient. Der Statusprozeß als solcher rechtfertigt – entgegen Odersky – keine Ausnahme. Auch bei Klage auf Feststellung des Nichtbestehens der Ehe ist nicht anders zu entscheiden.

Schrifttum: *Gravenhorst*, Negative Feststellungsklagen nach neuem Nichtehelichenrecht, FamRZ 1970, 127; *Damrau* FamRZ 1970, 280; *Reinsheimer* FamRZ 1970,

123; *Göppinger* FamRZ 1970, 125; Gaul, Fschr. Bosch S. 241 ff.; teilweise abweichend Gerhardt Fschr. Bosch S. 291 ff.

V. Übergangsrecht

Mit Inkrafttreten des neuen Nichtehelichenrechts wird auch für Rechtsverhältnisse, die sich nach dem bisher geltenden Recht richten, die Vaterschaft nach neuem Recht beurteilt! Dabei werden Vaterschaftsanerkenntnisse sowie vollstreckbare Unterhaltsversprechen sowie Verurteilungen zu Unterhaltszahlungen wie neue Vaterschaftsanerkenntnisse oder Vaterschaftsfeststellungen behandelt, obwohl alle bisherigen Anerkenntnisse, Verpflichtungserklärungen und Unterhaltsurteile eben nur den Unterhalt und die sogenannte ,,Zahlvaterschaft" betrafen, aber keine personenstandsrechtliche Bedeutung hatten. Diese ,,Aufwertung" älterer Anerkenntnisse und Titel ist nicht unbedenklich, wird aber vom BGH (NJW 1973, 996) für mit dem GG vereinbar gehalten. Sie wird ausgeglichen durch ein erweitertes Anfechtungsrecht, das z. B. nach Tod des Mannes auch seiner Ehefrau und seinen Abkömmlingen zusteht (Art. 12 § 3 NichtehelG). Liegen zwei ältere, sich widersprechende Vaterschaftsanerkenntnisse vor, so neutralisieren sie sich gegenseitig (BayObLG JZ 1968, 609); die Vaterschaft ist nicht festgestellt. Es gilt nicht etwa, wie im heutigen Recht, allein das erste Anerkenntnis als wirksam.

Für einen bei Inkrafttreten des neuen Rechts anhängigen Rechtsstreit in Kindschaftssachen blieb das bisherige Verfahrensrecht maßgeblich; ebenso gilt der frühere § 644 ZPO für das Verhältnis einer Vaterschaftsfeststellung gegenüber einem vorausgehenden Unterhaltsurteil (Art. 12 §§ 12–13 NichtehelG). In einem anhängigen Verfahren auf Unterhaltsleistung kann ohne Weiteres dann auch Feststellung der Vaterschaft beantragt werden; schwebte das Verfahren auf Unterhalt schon in zweiter Instanz, so war das Verfahren zwecks Erhebung einer Vaterschaftsfeststellungsklage beim Amtsgericht auszusetzen (Art. 12 §§ 18–21 NichtehelG).

§ 24. Unterhaltspflichten

Schrifttum: *Göppinger-Wenz*, Unterhaltsrecht, 4. Aufl. 1981; *Köhler*, Handbuch des Unterhaltsrechts, 6. Aufl. 1983; *Köhler*, Die Bedeutung unentgeltlicher Zuwendungen für den Unterhaltsanspruch, NJW 1957, 940; *Kleinheyer*, Das Verhältnis von Unterhaltsbeihilfen und Familienförderung zur gesetzlichen Unterhaltspflicht, FamRZ 1958, 402; *Duncker*, Die Unterhaltspflicht der ehelichen Abkömmlinge, NJW 1963, 572; *Bursch*, Zum Unterhaltsanspruch minderjähriger ehelicher Kinder, NJW 1968, 429; *Schwab*, Der Unterhaltsanspruch der Kinder gegen die Eltern und sein Verhältnis zur öffentlichen Ausbildungsförderung, FamRZ 1971, 1; *Ruland*, Familiärer Unterhalt und Leistungen der Sozialen Sicherheit, 1973; *Brüggemann*, Schuldnerverzug in der gesetzlichen Unterhaltspflicht, Fschr. Bosch, S. 89 ff.; *Kalthoener, Haase-Becher* u. *Büttner*, Die Rechtsprechung zur Höhe des Unterhalts, 2. Aufl. 1979; *Schlüter*, in ,,Praxis des neuen Familienrechts", 1978, 59 u. 241; *Müller-Freienfels*, Zur Unterschätzung der Überschätzungen unterhaltsrechtlicher Steigerungsmöglichkeiten, Fschr. Beitzke 1979, 311; *Gitter* u. *Hahn-Kemmler*, Die Verdrängung des Zivilrechts durch das Sozialrecht, SGb 1979, 195; *Rassow*, Der angemessene Unterhalt von Ehegatten und Kindern, FamRZ 1980, 541; *Gernhuber*, Der Richter und das Unterhaltsrecht, FamRZ 1983, 1069; *Walter*, Grundsätze des Unterhaltsrechts in der Ausgestaltung durch die Rechtsprechung, FamRZ 1984, 257.

I. Allgemeines

1. Neben der Unterhaltspflicht unter *Ehegatten* (§§ 1360ff.) sowie geschiedenen Ehegatten (§§ 1569ff. n. F.) und des *nichtehelichen Vaters* gegenüber der Mutter (§§ 1615k–1615o) kennt das BGB nur noch eine *allgemeine Unterhaltspflicht zwischen Verwandten* (welche insbes. den Unterhalt zwischen Eltern und ihren Kindern umfaßt), beschränkt diese Pflicht aber auf Verwandte *in gerader Linie* (§ 1601).

Das BGB kennt demnach grundsätzlich keine Unterhaltspflicht zwischen Geschwistern (anders z. B. das Schweizer Recht); eine solche gibt es nur z. B. nach § 12 VI HöfeO f. d. brit. Zone v. 24. 4. 1947 (früher § 30 REG) als Abfindung fürs Erbrecht, ferner mittelbar durch die Bestimmung des § 1649 II über die Verwendung überschüssiger Einkünfte eines Kindes zugunsten der übrigen Familie; erst recht gibt es keine Unterhaltspflicht des Onkels gegenüber dem Neffen, zwischen Vetter und Cousine oder sonstigen Verwandten in der Seitenlinie. Andererseits gibt es auch ohne Verwandtschaft eine Unterhaltspflicht anläßlich der Inpflegenahme eines minderjährigen Kindes zur künftigen Adoption (§ 1751 IV). Zwischen Verschwägerten gibt es keine Unterhaltspflichten; lediglich der Ausbildungsanspruch von einseitigen Kindern eines verstorbenen Ehegatten gegen den überlebenden Ehegatten anläßlich des von diesem erworbenen pauschalen Zugewinnausgleichs (§ 1371 IV; dazu oben § 14 IV 5) kann zu einer ähnlichen Verpflichtung führen.

Die Unterhaltspflicht zwischen Verwandten in gerader Linie hat das BGB ausführlich geregelt; die übrigen Unterhaltspflichten sind teils unter Verweisung hierauf, teils abweichend normiert. Der Unterhaltsanspruch ehelicher Kinder ist – wenig sachgerecht – lediglich als Unterfall des Unterhalts zwischen Verwandten geregelt; nur dem Unterhaltsanspruch des nichtehelichen Kindes und seiner Mutter widmet das Gesetz einen besonderen Unterabschnitt. Dabei geht das Unterhaltsrecht des BGB davon aus, daß die Unterhaltsansprüche zwischen Verwandten unmittelbar durchgesetzt werden. Die Rechtswirklichkeit erfüllt diese Erwartungen nicht voll: namentlich Unterhaltsansprüche nichtehelicher Kinder und solche von Kindern aus geschiedenen Ehen sind gegenüber säumigen oder gar zahlungsunwilligen Vätern oft schwer durchzusetzen. Häufig werden deshalb *Sozialhilfe* und öffentlichrechtliche *Ausbildungsförderung* zunächst in Anspruch genommen, zumal dort fallweise weitergehende Hilfe als mit dem Unterhaltsanspruch zu erlangen ist; die Träger dieser Hilfen nehmen dann Regreß bei dem nach BGB Unterhaltspflichtigen im Rahmen von dessen Unterhaltsschuld (vgl. unten V 4 u. 5). Modernes wohlfahrtsstaatliches Denken führt zu Verallgemeinerung staatlicher Vorschüsse. Im Ausland sind vielfach *Unterhaltsvorschußkassen* eingerichtet. Nach entsprechender Erprobung in Hamburg und Rheinland-Pfalz trat am 1. 1. 1980 das Unterhaltsvorschußgesetz vom 23. 7. 1979 (BGBl. I 1184) in Kraft. Danach haben Kinder unter 6 Jahren, die bei einem allein lebenden Elternteil (ledig, verwitwet, geschieden oder dauernd getrennt) aufwachsen und nicht regelmäßig Waisenbezüge oder Unterhalt vom anderen Elternteil erhalten, für bis zu 36 Monate Anspruch auf Unterhaltsvorschuß in näher geregelter Höhe.

Die Durchführung ist Landesgesetzen vorbehalten; Bund und Länder teilen sich in die Kosten. Soweit Unterhaltsvorschuß gewährt wird, geht ein etwaiger Unterhaltsanspruch des Kindes gegen Verwandte auf das Vorschuß gewährende Land über.

Schrifttum: *Görgens*, Neue Wege im Unterhaltsrecht JZ 1978, 422; *Hopf* und *Huvale* in „Praxis des neuen Familienrechts" 1978, 207ff.; *Köhler*, NJW 1979, 1812; *Urbach*, JblJR 1979, 421. *Scholz*, Unterhaltsvorschußgesetz, 1980: *Schmitz-Pfeiffer*, Die Bedeutung des Anspruchs nach dem Unterhaltsvorschußgesetz für die Unterhaltspflicht der Großeltern DAV 1980, 866; *Schmitz*, Das Unterhaltsvorschußgesetz ZBlJR 1982, 631.

2. Der Unterhaltsanspruch setzt **Bedürftigkeit** voraus und auf seiten des zur Zahlung Verpflichteten **Leistungsfähigkeit** (§§ 1602, 1603).

a) *Bedürftig* ist, wessen Vermögen oder Einkommen für den angemessenen Unterhalt nicht ausreicht, auch wem nach Lage der Verhältnisse kein selbständiger Erwerb zuzumuten ist (z. B. erwachsene Kinder in Berufsausbildung). Eigenes Einkommen des Bedürftigen ist grundsätzlich zu berücksichtigen, mag es sich um Vermögenszinsen, Ausbildungsvergütung (BGH NJW 1981, 2465), Waisenrente (BGH NJW 1981, 168), Ausbildungsförderung (OLG Hamburg MDR 1980, 757) handeln. Nicht bedürftig ist aber, wer unter angemessenen Bedingungen Kredit aufnehmen kann (z. B. BaföG-Darlehen). Bedürftigkeit kann nicht geltend machen, wer sich mutwillig einkommenslos stellt oder zumutbare Erwerbstätigkeit unterläßt (vgl. auch § 1611, der keine Ausschließlichkeitsregelung ist). Zumutbar kann auch eine Erwerbstätigkeit außerhalb des erlernten Berufs und – je nach Alter und Familienverhältnissen – außerhalb des bisherigen Wohnortes sein.

Streitig ist die Behandlung unentgeltlicher Zuwendungen Dritter. Sie gehören – so lange kein klagbares Schenkungs- oder Leibrentenversprechen vorliegt – richtiger Ansicht nach erst dann zum Vermögen, wenn sie erlangt sind. RGZ 105, 166 rechnet schon die sichere Aussicht auf laufende Zuschüsse Dritter zum Vermögen, aber wohl zu Unrecht. Doch kann in solchen Fällen der Unterhaltspflichtige gewiß zunächst abwarten, ob der Zuschuß von dritter Seite geleistet wird, und nach Leistung den Unterhalt insoweit mangels Bedürftigkeit ablehnen.

b) *Leistungsfähig* ist nur, wer seinen eigenen angemessenen Unterhalt nicht gefährden würde. Dabei muß aber notfalls der Stamm des eigenen Vermögens geopfert und jede zumutbare Arbeits-, Erwerbs- und Kreditmöglichkeit ausgenützt werden (BGHZ 75, 273–280). Doch sind bei Bemessung der Leistungsfähigkeit auch die eigenen Schulden und angemessene Tilgungsleistungen (BGH NJW 1982, 1641) zu berücksichtigen.

Der dem Unterhaltsschuldner zu belassende „Selbstbehalt" läßt sich nicht generell und einheitlich festlegen; er hängt von den Lebensverhältnissen des Schuldners und den Anforderungen, die seine Erwerbstätigkeit an ihn stellt, realem und *zumutbarem* Erwerb (BGH FamRZ 1981, 341 u. 1982, 1590) ebenso mit ab wie von der Zahl und Berechtigungsnähe der Unterhaltsgläubiger. Die Praxis stuft dementsprechend den Selbstbehalt danach ab, ob es um den Unterhaltsanspruch eines minderjährigen oder volljährigen Kindes (oder des Ehegatten) geht; lies *Dieckmann*, Dritter Dt. Familiengerichtstag 1980, 41ff. Umstritten ist auch, welche Einkünfte bei der Bemessung der Leistungsfähigkeit einzubeziehen sind (Überstundenvergütungen, Auslandszulagen nach BGH NJW 1980, 342, nicht die Arbeitnehmer-Sparzulage nach BGH NJW 1980, 2251 oder das „Hausgeld" des Strafgefangenen nach BGH NJW 1982, 2491, wohl aber Wohngeld je nach den Umständen, gegebenenfalls teilweise nach BGH NJW 1984, 685).

Gesamtgut einer Gütergemeinschaft gilt als dem schuldenden Ehegatten gehörig (§ 1604), so daß dieser leistungsfähig ist, wenn das Gesamtgut leistungsfähig ist. Gegenüber bedürftigen Verwandten beider Gatten ist die Leistungsfähigkeit so zu bemessen, als seien beide Ehegatten mit den Bedürftigen verwandt.

Unterhaltspflichtige suchen sich häufig der Leistungspflicht dadurch zu entziehen, daß sie sich durch Verzicht auf Arbeitseinkommen oder durch unmittelbare Überlassung alles pfändbaren Einkommens an Dritte (z. B. die Ehefrau; sog. 1500 M-Vertrag) leistungsunfähig machen. In der Zwangsvollstreckung werden ihnen die so veräußerten Einkommensteile weiterhin als ihr Einkommen zugerechnet, ohne daß es einer Anfechtung solcher Lohnschiebungsverträge nach dem Anfechtungsgesetz bedürfte (§ 850h ZPO; dazu *Fenn,* AcP 167, 148). Aber auch schon vorher, für die Frage, ob überhaupt eine Leistungsfähigkeit und damit eine Leistungspflicht vorliegt, muß eine derartige Zurechnung des Einkommens erfolgen. Darüber hinaus neigt die Rspr. zu der Annahme, daß, wer sich vorsätzlich leistungsunfähig mache, weiterhin als leistungsfähig zu behandeln sei (BGH FamRZ 1955, 169; BGHZ 75, 275 mit BGH NJW 1982, 175 u. 1050; lies auch *Hoppenz,* NJW 1984, 2327).

Zweifelhaft ist, inwieweit zweckbestimmte Sozialleistungen (z. B. Kindergeld, Steuerermäßigung für Verehelichte usw.) die Leistungsfähigkeit gegenüber dem sozial zu Begünstigenden wenigstens insoweit als gegeben erscheinen lassen müssen. Zwar sind die typisiert gewährten Sozialleistungen mit den an den besonderen Verhältnissen des Einzelfalls orientierten zivilrechtlichen Unterhaltspflichten grundsätzlich nicht in Einklang, sodaß die Zweckbestimmung von Sozialleistungen sich unterhaltsrechtlich nicht immer durchsetzt (BGH NJW 1981, 1313); andrerseits sollten zugunsten bestimmter Familienangehöriger gewährte Leistungen im Falle von deren Bedürftigkeit auch an diese weitergeleitet werden, selbst bei sonst eigener Bedürftigkeit des Erstempfängers (sehr str.).

c) Schwierigkeiten macht häufig die Feststellung von Bedürftigkeit und Leistungsfähigkeit der Beteiligten. Nachdem bereits BGHZ 28, 177 den bislang umstrittenen *Auskunftsanspruch* bejaht hatte, ist er jetzt in § 1605 n. F. für alle Verwandten in gerader Linie untereinander verankert, soweit die Auskunft zur Feststellung von Unterhaltsanspruch und Unterhaltspflicht erforderlich ist. Auskunftsansprüche bestehen also gegenseitig unter den Beteiligten.

Darüber, wie der Auskunftsanspruch zu erfüllen ist, müssen die Umstände des Einzelfalles entscheiden. Mag gelegentlich eine Auskunft des Arbeitgebers oder die Lohnsteuerkarte genügen, kann in anderen Fällen die Vorlage von Einkommensteuer-Erklärung und Einkommensteuerbescheid nebst Gesellschaftsbilanzen erforderlich werden (BGH NJW 1982, 1642 u. 1983, 1554).

d) Den Schwankungen im Umfang der Bedürftigkeit und Leistungsfähigkeit kann, wenn ein Unterhaltsurteil ergangen oder sonstiger Titel geschaffen worden ist, durch laufende Abänderung des Urteils (§ 323 ZPO) oder sonstigen Unterhaltstitels für die Zukunft Rechnung getragen werden. Soweit es lediglich um die Anpassung von Unterhaltsrenten an die allgemeine wirtschaftliche Entwicklung geht (§ 1612a mit VO vom 10. 8. 1981, BGBl. I 835), geht allerdings das besondere Verfahren der §§ 641 l ff. ZPO vor. Soweit der demgemäß ergangene Beschluß nun wiederum dem Bedarf oder der Leistungsfähigkeit eines Beteiligten nicht entspricht, kann dagegen nach § 641q ZPO geklagt werden. Kein Fall der Abänderungsklage liegt vor, wenn die Unterhaltsklage zunächst abgewiesen war und später wegen veränderten Bedarfs oder veränderter Leistungsfähigkeit des in Anspruch genommenen Unterhalt verlangt wird; hier muß neu geklagt werden (BGHZ 82, 246). Prozeßvergleiche und Jugensamtsurkunden (BGH FamRZ 1984, 997) sollen auch für die Zeit vor Erhebung der Abänderungsklage änderbar sein (BGH NJW 1983, 228).

Schrifttum: *Hahne*, Probleme der Abänderungsklage in Unterhaltssachen nach der Rechtsprechung des BGH, FamRZ 1983, 1189; *Brüggemann*, Fragen der Abänderungsklage gegen Regelunterhaltstitel, ZBlJR 1984, 174.

3. *Minderjährige unverheiratete Kinder* sind mehrfach privilegiert: Sie müssen sich zwar eigene Einkünfte (z.B. Ausbildungsvergütung oder Vermögenszinsen) anrechnen lassen, aber sie brauchen vor Inanspruchnahme des elterlichen Unterhalts ihr eigenes Vermögen dem Stamm nach nicht anzugreifen; erst wenn die Eltern leistungsunfähig sind, müssen sie das eigene Vermögen heranziehen (§ 1602 II), und wenn es daran fehlt, sich an weitere Verwandte (z.B. Großeltern) wenden.

Fehlt es an Kindesvermögen oder leistungsfähigen Verwandten, so müssen Eltern auch unter Gefährdung ihres eigenen Unterhalts mit den Kindern alles teilen (§ 1603). Doch beläßt die Praxis Eltern als sogen. „kleinen" Selbstbehalt einen Betrag, der etwas über den Sätzen der Sozialhilfe liegt (BGH NJW 1981, 1614).

Die Praxis verlangt hier den Einsatz aller verfügbaren Mittel (vgl. oben 2b), selbst der zum eigenen Unterhalt des Verpflichteten bestimmten Bezüge (BGH NJW 1980, 934). Dem Unterhaltsschuldner wird selbst bei Betreuung eines eigenen Kindes die Aufnahme einer Erwerbstätigkeit zugunsten anderer Kinder zugemutet (BGHZ 75, 275), sogar ein Wohnsitzwechsel zur Erlangung eines Arbeitsplatzes (BGH NJW 1980, 2414). Doch tritt die verschärfte Elternhaftung eines Elternteils nicht ein, solange der andere Elternteil voll leistungsfähig ist (BGH NJW 1980, 934).

Ein zwischen den Eltern geschlossener Vertrag über Unterhalt für ein Kind kann ein Vertrag zugunsten des Kindes sein und diesem unmittelbare Ansprüche gewähren (§ 328); der im Scheidungsverfahren zwischen den Eltern geschlossene entsprechende Unterhaltsvergleich oder ein über den Unterhalt für das Kind erwirktes Urteil wirkt kraft Prozeßstandschaft unmittelbar zugunsten (aber auch zum Nachteil) des Kindes (§ 1629 III).

Die Auswirkungen des Vorrangs minderjähriger Kinder gegenüber volljährigen sind für den Ausbildungsunterhalt (§ 1610 II) umstritten. Zum Versuch eines Interessenausgleichs lies *Brühl* in FamRZ 1982, 985.

4. Sind mehrere bedürftige oder leistungsfähige Personen vorhanden, so greift eine **Rangfolge** ein, die zum Teil ein Spiegelbild der gesetzlichen Erbfolge ist. Grundsätzlich gehen bei Berechtigung und Verpflichtung nähere Verwandte entfernteren, Abkömmlinge den Vorfahren vor (§§ 1606 ff.).

a) *Leistungspflichtig* ist in erster Linie der Ehegatte (§§ 1584 n.F., 1608), danach kommen die Abkömmlinge nach der Nähe ihrer Verwandtschaft, dann die Eltern (§ 1606), danach andere Verwandte aufsteigender Linie. Gleich nahe Verwandte haften anteilsmäßig nach ihren Erwerbs- und Vermögensverhältnissen.

Besonders geregelt ist die Haftung der Eltern gegenüber minderjährigen unverheirateten Kindern. Früher haftete der Vater mit Vorrang, aber das verstieß gegen GG Art. 3 (BGHZ 17, 360). Daher nahm ein Teil der Praxis nunmehr eine Gesamtschuld beider Eltern an (BGHZ 22, 51). Eine solche hatte auch der RegEntw. I zum GlberG vorgesehen. § 1606 III ließ dann die Eltern nach ihren Erwerbs- und Vermögensverhältnissen haften. Der Wortlaut des Gesetzes sprach also für eine Haftung pro rata, wenn er sich auch nicht zwingend ergab. Die Neufassung des § 1606 durch das NichtehelG hat die nur anteilsmäßige Haftung der Eltern bestätigt (BGH NJW 1971, 44); doch darf die Mutter (zufolge Art. 3 GG doch wohl auch der Vater!) gegenüber minderjährigen unverheirateten Kindern ihren Unterhaltsbeitrag durch tatsächliche Sorge erbringen; dann muß wie nach BGB a. F. der Ehegatte das erforderliche Geld alleine aufbringen (BGH NJW 1980, 2306; es sei denn, er beweist, daß die Einkommens- und Vermögensverhältnisse des anderen Teils so gut sind, daß sie die Heranziehung zum Barunterhalt neben der Ausübung der tatsächlichen Sorge rechtfertigen: BGH NJW 1984, 303). Die Bewertung der mütterlichen Sorgeleistungen kann im Einzelfall Schwierigkeiten bereiten (lies dazu *Derleder* NJW 1978, 1129). Sorgt die Mutter nicht durch unmittelbare Pflege oder Erziehung für das Kind (etwa bei dessen Heimunterbringung), so muß auch die Mutter anteilig mit Geld zum Kindesunterhalt beitragen (BVerfG FamRZ 1969, 467). Aber auch der das Kind tatsächlich pflegende Elternteil muß erforderlichenfalls (d. h. bei mangelnder oder unzureichender Geldleistung seitens des anderen Teils) mit Geld (und sei es nur kraft Nebenerwerbes) für den Unterhalt des Kindes sorgen. Ist der Vater nicht zu belangen, so muß die Mutter anläßlich ihrer Ersatzhaftung (§ 1607) den gesamten Kindesunterhalt aufbringen (BGH NJW 1971, 2069). Sind Unterhaltsleistungen getrennt lebender oder geschiedener Eltern im Verhältnis zueinander in etwa gleich, so ist das nachträglich bewilligte *Kindergeld* auf die Unterhaltspflichten beider Eltern auch zu gleichen Teilen anzurechnen (BGHZ 70, 151 mit BVerfGE 45, 104 unter IV 1 c). Entscheidend ist dabei die Erwägung des BGH, daß das Kindergeld nicht dem Kind als solchen zusteht, sondern den Eltern zur Erleichterung ihrer Unterhaltslasten gezahlt wird. Daß das Kindergeld bei zwei an sich bezugsberechtigten Ehegatten nur einem gewährt wird, ist verfassungsgemäß (BVerfGE 34, 47). Anders als das Kindergeld ist der Kinderzuschuß zu einer Erwerbsunfähigkeitsrente zu behandeln (BGH NJW 1981, 167).

Elterliche Teilschuld ist für das Kind unerfreulich, weil sie dem Kind die günstigere Möglichkeit abschneidet, den ganzen Unterhalt zunächst von einem Elternteil zu verlangen (unbeschadet des Regresses zwischen den Eltern, der über einen familienrechtlichen Ausgleichsanspruch, Geschäftsführung, Bereicherung oder § 1607 II denkbar ist – BGHZ 50, 270). Es will nicht einleuchten, daß ein Elternteil das Recht haben soll, ein Kind mit halben Rationen abzuspeisen, und wegen des Restes an den anderen Elternteil zu verweisen! Auch wird das Kind damit belastet, das Verhältnis der Einkommens- und Vermögensverhältnisse der Eltern richtig zu beurteilen, eine Frage die besser nur im Verhältnis der Eltern zueinander geprüft wird. Im Interesse des Kindes erscheint eine Gesamtschuld der Eltern unerläßlich. Erhält das Kind den Unterhalt bereits von einem Elternteil, so ist es insoweit nicht mehr bedürftig und kann den anderen Elternteil nicht mehr in Anspruch nehmen. Der Gesamtschuld stünde nicht entgegen, daß die Mutter ihren Beitrag zum Unterhalt durch tatsächliche Fürsorge leisten darf. Die Gesamtschuld entfiele nicht etwa wegen unterschiedlicher Leistungspflichten der beiden Eltern. Beide schulden „Unterhalt", unbeschadet der Möglichkeit, diese Schuld in besonderer Weise (tatsächliche Fürsorge, Geld usw.) zu erfüllen. Auch bei Schadensersatzpflichten entfällt die Gesamtschuld des § 840 I nicht etwa deshalb, weil nach §§ 249–251 der eine Naturalherstellung, der andere Geld schuldet oder leisten darf. Die Gesamtschuld gewönne freilich praktische Bedeutung nur insoweit, als ein Elternteil überhaupt mehr leisten könnte, als er nach § 1606 III Verhältnis der Eltern zueinander überhaupt zu tragen hat.

Schrifttum: *Beitzke* in Festschrift für Hedemann 1958 S. 1.

b) Fällt ein Verwandter aus, weil er leistungsunfähig ist, so tritt der nächste an seine Stelle (§ 1607); fällt ein Elternteil aus, so haftet für Kindesunterhalt zunächst der andere allein.

Dasselbe gilt, wenn der Unterhaltspflichtige schwer zu belangen ist; doch erwirbt hier der Leistende kraft gesetzlicher Zession ein Rückgriffsrecht (§ 1607 II). Neuerdings hat der BGH aber einem Ehegatten nach Nichtigerklärung seiner Ehe versagt; wegen des Ehegattenunterhalts bei den unterhaltspflichtigen Kindern Regreß zu nehmen (BGHZ 43, 1; Ergebnis nicht unbedenklich). Vgl. im übrigen wegen des Rückgriffs unten V.

c) Von *mehreren Berechtigten* haben der Ehegatte und die minderjährigen unverheirateten Kinder (auch Adoptivkinder) im gleichen Rang miteinander den Vorrang vor allen übrigen Personen (§ 1609, § 850d ZPO). Auch der geschiedene Ehegatte hat Vorrang vor volljährigen oder verheirateten Kindern, solange nichts Abweichendes, etwa zugunsten der Ausbildung volljähriger Kinder zwischen den Beteiligten vereinbar wird. Erst nach den Kindern kommen sonstige Abkömmlinge, dann erst Verwandte der aufsteigenden Linie nach der Nähe ihrer Verwandtschaft zum Zuge.

Für die Rangfolge der Unterhaltsberechtigung ist es gleichgültig, welcher Berechtigte zuerst einen Unterhaltstitel erstreitet; auch der zeitlich erste Unterhaltsgläubiger kann rangmäßig hinter einen später auftretenden Bedürftigen zurücktreten müssen (BGH NJW 1980, 934).

Schrifttum: *de Grahl,* Die Berechnung bei Verteilung des Mangels in der Zwangsvollstreckung, DAV 1982, 2.

5. Nach §§ 1610, 1612 ist *angemessener Unterhalt* – vorbehaltlich des Naturalunterhalts an minderjährige oder unverheiratete Kinder – im Regelfall in Form einer *monatlich* (früher vierteljährlich) *im voraus zahlbaren Geldrente* zu leisten. Der Unterhalt umfaßt den gesamten Lebensbedarf einschließlich etwaiger Ausbildungskosten.

Was ,,angemessener" Unterhalt ist, muß ebensosehr nach den Lebensverhältnissen des Bedürftigen wie auch nach denen des Leistungspflichtigen beurteilt werden. Beim Unterhaltsanspruch der Kinder gegen ihre Eltern kommt es auf die Lebensverhältnisse beider Eltern an (BGH NJW 1981, 1559). Doch gibt es eine ,,Sättigungsschwelle" (BGH NJW 1983, 1429), welche gelegentlich beim doppelten Satz der staatlichen Ausbildungsförderung angesetzt worden ist (OLG Karlsruhe NJW 1982, 834), während andererseits der einfache Satz regelmäßig nur das Bedarfsminimum darstellt und je nach den Lebensverhältnissen der Eltern zu erhöhen ist. Dagegen besteht bei volljährigen Kindern kein Recht, den angemessenen Unterhalt aus erzieherischen Gründen zu kürzen (str.).

Umstritten und in vielen Entscheidungen erörtert ist in den letzten Jahren insbes. der Inhalt des Ausbildungsanspruchs. Vermehrte Reibungen zwischen Eltern und Kindern haben sich vor allem aus dem vorgezogenen Volljährigkeitsalter ergeben, wonach Kinder ab 18 Jahren ihren Ausbildungsweg und das Ausbildungsziel bereits alleine bestimmen können. Häufig weigern sich die Eltern, eine von ihnen nicht für sinnvoll gehaltene Ausbildung zu finanzieren. Das Kind beantragt dann die öffentlichrechtliche Ausbildungsförderung nach dem Ges. v. 9. 4. 1976. Die Finanzierungsfrage wird darauf im Regreßprozeß zwischen dem Amt für Ausbildungsförderung und den Eltern ausgetragen. Der Ausbildungsanspruch ist einerseits immer durch die Leistungsfähigkeit der Eltern begrenzt; andererseits kann er selbst bei deren Leistungsfähigkeit nur für eine sinnvolle, Anlagen und Fähigkeiten des Kindes entsprechende und zu einer Berufsmöglichkeit hinführende Ausbildung gegeben sein (BGH FamRZ 1981, 344 u. 347). Die Praxis gewährt auch nach einer abgeschlossenen Ausbildung Ansprüche auf Kosten einer darauf aufbauenden weiterführenden Ausbildung (z. B. LG Braunschweig FamRZ 1976, 122 u. LG Berlin ebenda; OLG Stuttgart FamRZ 1976, 381); dagegen besteht auf eine zweite, andere Ausbildung nur ausnahmsweise ein Anspruch (BGHZ 69, 190 u. BB 1981, 1055 mit Anm. Sturm). Auch auf die Finanzierung einer nach Abbruch einer Ausbildung begonnenen anderen Ausbildung (auch Studienfachwechsel) besteht nicht ohne weiteres ein Anspruch; wo sie gewährt wird, besteht keine Finanzierungspflicht über die normale Studienzeit (indiziert durch die staatliche Förderungshöchstdauer) hinaus (vgl. auch BGH FamRZ 1981, 344ff.). Es ist eine Obliegenheit des Studierenden, den für seinen Studiengang maßgeblichen Studienplan einzuhalten und sich Zwischenprüfungen zu stellen (BGH NJW 1984, 1961).

Schrifttum: *Moritz,* Dauer und Höhe des zivilrechtlichen Unterhaltsanspruchs Auszubildender JZ 1980, 16; *Paulus,* Der Anspruch auf Finanzierung einer Ausbildung im Unterhalts- und Sozialrecht, 1984.

Die Regeln, daß der Unterhalt in Form einer Geldrente zu leisten sei, aber den gesamten Lebensbedarf umfasse, stehen in einem gewissen Gegensatz zueinander. In der Praxis ist anerkannt, daß neben der Geldrente Sonderbedarf aus besonderem Anlaß (etwa schwere Erkrankung) gesondert geltend gemacht werden kann (BVerfG FamRZ 1969, 465; BGH NJW 1982, 328).

Hierhin gehören z. B. die Erstausstattung für ein Neugeborenes oder die Kosten der Beerdigung des Bedürftigen, soweit sie vom Erben nicht zu erlangen sind (§ 1615 II).

Leben die Eltern dauernd getrennt oder ist die Ehe geschieden oder für nichtig erklärt und lebt das Kind bei einem Elternteil, so sind diese Kinder in „Halbfamilien" häufig besonders schutzbedürftig. Daher soll ab 1. 7. 1977 der auch für nichteheliche Kinder vorgesehene „Regelunterhalt" (vgl. dazu unten II 2) ihnen bis zum 18. Lebensjahr gegenüber dem anderen Elternteil als Mindestunterhalt zustehen (§ 1610 III n. F.). Das bedeutet zugleich eine Vereinfachung der Unterhaltsberechnung.

Andererseits ranken sich um die Anwendung der Vorschriften über den Regelunterhalt etliche Streitfragen. Nach BGH DAV 1980, 910 soll § 1615g nicht mit § 4 RegUVO anwendbar sein, wenn es um das Verhältnis der Unterhaltspflichten beider ehelicher Eltern zueinander geht. Der BGH leitet dies aus dem Zweck des Kindergeldes ab, das auch bei Zahlung an einen Ehegatten der Entlastung beider Unterhaltsschuldner dienen solle.

Außerdem kann nach dem Gesetz zur vereinfachten Abänderung von Unterhaltsrenten vom 29. 7. 1976 (BGBl. I 2029) der unterhaltsberechtigte Minderjährige Anpassung seiner Rente an die allgemeine Entwicklung der wirtschaftlichen Verhältnisse verlangen (§ 1612a); zur vereinfachten Abänderung vollstreckbarer Titel durch den Rechtspfleger ist ein besonderes Verfahren vorgesehen (ZPO §§ 641l–641t).

Schrifttum: Kommentar von *Brüggemann* (1976); ferner Köhler NJW 1976, 1532; *Franz* FamRZ 1977, 24; *Petermann* Rpfleger 1976, 413; *Arnold* JR 1977, 137; *Timm* NJW 1977, 745; *Behr* Rpfleger 1977, 432 u. NJW 1979, 199.

Die Konkretisierung dessen, was ,,angemessener" Unterhalt ist, macht im Einzelfall immer wieder Schwierigkeiten, insbes. wenn mehrere Unterhaltsberechtigte da sind und die Leistungsfähigkeit des Unterhaltspflichtigen nicht für alle ausreicht. Die Praxis sucht vielfach Anlehnung an Sätze des BSHG oder der Ausbildungsförderung und hat den Regelunterhalt für Kinder in Halbfamilien zum Vergleich. Obwohl jeder Fall individuell zu entscheiden ist, sucht die Praxis Rechtsgleichheit durch möglichst gleiche Bewertung typisch wiederkehrender Situationen damit herzustellen, daß sie Tabellen aufstellt. Deren Qualität als Rechtsquelle ist problematisch.

Schrifttum: *Gernhuber,* Der Richter und das Unterhaltsrecht, FamRZ 1983, 1069; *Christl,* Revisible Erfahrungssätze in Unterhaltstabellen, NJW 1984, 267.

Mit am meisten verwendet wird die Düsseldorfer Tabelle (NJW 1984, 2330; dortselbst auch die Leitlinien der OLG Hamm). Weitere Tabellen in Stuttgart, Nürnberg usw. NJW 1984, 278ff. Die Ansätze sind in den einzelnen Tabellen z. T. recht unterschiedlich. Von einer einheitlichen Handhabung des Unterhaltsrechts ist die Praxis weit entfernt (vgl. zur Gesamtproblematik *Schlüter* in ,,Praxis des neuen Familienrechts" 1978, 59 u. 241); Kritik am Gerechtigkeitsgehalt der Tabellen durch Christian, Huvalé, Jäger, Puls in ZblJR 1982, 559–623. Die Tabellen können und wollen aber auch nur Anhaltspunkte und Leitlinien für den Praktiker geben, können aber nie den besonders gelagerten Einzelfall endgültig entscheiden. Verfeinerte allgemeine Unterhaltsregeln soll ein in Vorbereitung befindlicher Gesetzentwurf bringen. Für die DDR vgl. Richtlinie Nr. 18 des Plenums des OG der DDR über die Bemessung des Unterhalts für minderjährige Kinder, OGZ 10, 7.

Ob und inwieweit der Unterhaltsanspruch auch einen Anspruch auf Prozeßkostenvorschüsse enthält, ist angesichts des unter Verwandten nicht geltenden § 1360a IV streitig. BGHZ 41, 113 läßt die Frage offen. Herkömmlich gehört ein solcher Anspruch nicht zum engeren Bereich des Unterhalts (Motive IV 696; anders jetzt aber z. B. OLG Köln FamRZ 1979, 964; wohl auch BGHZ 57, 229), sondern nur zu der darüber hinausgreifenden Fürsorgepflicht, wäre also nur im Verhältnis von minderjährigen Kindern zu ihren Eltern gegeben (vgl. JR 1954, 128 u. NJW 1958, 1593; 1969, 1355). Dritten gegenüber haften Eltern keinesfalls für Prozeßkosten der Kinder, nachdem die frühere einschlägige Bestimmung (§ 1654) beseitigt ist, welche ohnehin nur dann Bedeutung hatte, wenn der elterlichen Nutznießung unterliegendes Vermögen wirklich vorhanden war (BGHZ 21, 263). – Die neuere Meinung, welche Prozeßkosten generell zum Unterhalt zählt, muß folgerichtig dazu führen, daß Kinder auch den Eltern Prozeßkosten vorschießen müssen (OLG Köln a. a. O.), daß auch volljährige Kinder (KG NJW 1982, 112; BSG NJW 1970, 352; OLG Schleswig SchlHA 1968, 167; OLG Celle NdsRpfl. 1978, 208) und sonstige Verwandte (!) Ansprüche auf Prozeßkostenvorschüsse haben (OLG Hamm FamRZ 1982, 1073). Die Praxis schränkt immerhin ein, daß es sich um Prozesse auf Lebensbedarf oder persönliche Angelegenheiten handeln müsse (OLG Karlsruhe NJW 1968, 1336).

Von den Grundsätzen über den Inhalt der Unterhaltspflicht gelten verschiedene *Ausnahmen:*

a) Eltern können unverheirateten Kindern gegenüber frei bestimmen, in welcher Art und für welche Zeitabschnitte sie den Unterhalt gewähren wollen (§ 1612 II). Doch soweit die Bestimmung mit dem Erziehungsrecht bei minderjährigen Kindern in Kollision gerät, hat dieses den Vorrang. Bei gemeinschaftlichem Erziehungsrecht beider Eltern darf die Unterhaltsbestimmung des Unterhaltspflichtigen der gemeinsam beschlossenen Erziehungsart nicht widersprechen. Hat nur ein Elternteil das Personensorgerecht, so kann regelmäßig er allein über die Art der Unterhaltsgewährung bestimmen; ein nicht sorgeberechtigter Elternteil hat ein Bestimmungsrecht nur, wenn das Kind in seinen Haushalt aufgenommen ist. Bei volljährigen Kindern ist streitig, wem das Bestimmungsrecht zusteht (BGH NJW 1983, 2198 läßt die Frage offen); bei Unterhaltspflicht beider Eltern dürfte das Bestimmungsrecht nur gemeinsam oder von einem Elternteil im Einverständnis mit dem anderen ausgeübt werden können; trifft die Unterhaltslast nur einen Elternteil, dann kann dieser das Bestimmungsrecht alleine ausüben (so im Ergebnis jedenfalls BGH NJW 1984, 305). Die Bestimmung der Eltern soll den gesamten Unterhalt umfassen und kann inhaltlich unterschiedlich ausfallen.

Z. B. werden Kost, Wohnung und Kleidung im Haushalt der Eltern und dazu Taschengeld gewährt; dem Studenten wird ein monatlicher ,,Wechsel" gegeben. Daß das Kleinstkind nicht mit Geld abgefunden werden kann, ergibt sich aus der elterlichen Sorge- und Erziehungspflicht. Wohl aber kann Unterbringung in einem Heim oder Internat der Unterhaltspflicht genügen. Selbst gegenüber dem volljährigen Kind kann bestimmt werden, daß es Unterhalt in natura im Haushalt der Eltern bekommt oder ihm die Wohnung gestellt wird, es im übrigen Geld erhält (BayObLG NJW 1979, 1712), das Kind damit zum Wechsel seines Aufenthalts genötigt werden (str.; lies dazu OLG Bremen NJW 1976, 2265; OLG Köln NJW 1977, 202). Das führt natürlich häufiger zu Konflikten zwischen Eltern und volljährigen Kindern, die aus dem Elternhaus wegstreben und Unterhalt in Geld wünschen. Die Unterhaltsfrage ist dabei meist mit der Ausbildungsfrage verquickt. Ausbildung und Art der Unterhaltsgewährung müssen in Übereinstimmung gebracht werden, auch in angemessenem Verhältnis zur Leistungsfähigkeit der Eltern stehen. Das Bestimmungsrecht der Eltern dient nicht nur dazu, ihren eigenen Möglichkeiten im Hinblick auf sonstige Unterhaltspflichten (insbes. gegenüber weiterern Kindern) gerecht zu werden, sondern auch auf eine der Unterhaltsleistung entsprechende sinnvolle Ausbildung zu dringen; dagegen kann – entgegen einer verbreiteten Meinung – nicht anerkannt werden, daß den Eltern damit gegenüber volljährigen Kindern ein zusätzliches Erziehungsmittel gegeben sei (so mit Recht Soergel-Lange gegen BGH NJW 1981, 574). Die von den Eltern getroffene Bestimmung kann durch das Vormundschaftsgericht auf Antrag des Kindes aus besonderen Gründen geändert werden. Praktisch erfolgen solche Änderungen vor allem bei Konflikten zwischen Eltern und Kindern, häuslichen Schwierigkeiten mit ihnen (vgl. etwa BayObLG NJW 1977, 680). Aber nicht jeder Konflikt genügt; so wurde der Wunsch einer Schülerin, zu ihrem ,,Freund" an einen außerhalb des bisherigen Schulorts gelegenen Ort zu ziehen, nicht als ausreichend angesehen von OLG Köln NJW 1982, 2507.

Schrifttum: *Knorn,* Die rechtswirksame Unterhaltsbestimmung nach § 1612 II BGB, FamRZ 1966, 392; *Bosch* in Fschr. Schiedermaier 1976, 51 ff; *Wiesner,* Natural- oder Geldunterhalt für volljährige Kinder? FamRZ 1977, 28; *Zenz,* ZRP 1977, 195; *Schwerdtner,* NJW 1977, 1268; *Kumme* ZblJR 1977, 417; *Fehnemann* ZBlJR 1980, 605; *Lipp* ZblJR 1984, 309; *Finger* ZblJR 1984, 454; *Roettig,* Das Unterhaltsbestimmungsrecht der Eltern, 1984.

b) Auch sonst kann der Unterhalt aus besonderen Gründen anders als durch Geldrente gewährt werden.

Z. B. der Bedürftige wird in den Haushalt eines Verwandten aufgenommen, der – wie auf dem Lande häufig – zu laufenden Geldleistungen nicht ebensogut imstande wäre. Oder der geistesschwache Bedürftige wird in einer Anstalt untergebracht. Es handelt sich aber dabei nur um eine Ersetzungsbefugnis auf seiten des Verpflichteten. Dagegen kann der Berechtigte im allgemeinen nicht Unterhaltsgewährung in natura verlangen.

c) Im Rahmen des elterlichen Erziehungsrechts gegenüber minderjährigen Kindern (§ 1631) kann auch der Unterhalt beschränkt werden.

Beispiel: Dem ungezogenen Kind wird die Nachspeise entzogen oder das Taschengeld gekürzt.

d) Auf einen Beitrag zum Unterhalt nach Billigkeit (was den Wegfall der Unterhaltspflicht bei grober Unbilligkeit einer Inanspruchnahme des Verpflichteten einschließt) beschränkt sich der Unterhalt nach § 1611, wenn der Berechtigte durch sein sittliches Verschulden bedürftig geworden ist, z. B. infolge einer schweren Verfehlung aus einer Berufsstellung entlassen. Gleiches gilt, wenn der Berechtigte seine eigene Unterhaltspflicht gegenüber dem Verpflichteten gröblich vernachlässigt hatte oder sich einer schweren Verfehlung gegen den Verpflichteten oder einen von dessen nahen Angehörigen schuldig gemacht hat (vgl. auch § 2333).

Die Vorschrift gilt nicht für die Unterhaltsansprüche minderjähriger unverheirateter Kinder gegen ihre Eltern; hier müssen Erziehungsmaßnahmen genügen (vgl. oben c).

6. Der Unterhaltsanspruch hängt von der familienrechtlichen Stellung der Beteiligten ab; er folgt daher zum Teil anderen Regeln als schuldrechtliche Ansprüche. Als **familienrechtlicher Anspruch** aus einem Dauerrechtsverhältnis ist er unverjährbar (§ 194 II) und kann, auch wenn er längere Zeit mangels Bedürftigkeit des einen Verwandten oder mangels Leistungsfähigkeit des anderen geruht hat, jederzeit wieder aktuell werden; nur einzelne Raten können verjähren (§ 197); die Raten verjähren nicht im Verhältnis zwischen Eltern und Kindern während deren Minderjährigkeit (§ 204), auch nicht die Ansprüche des nichtehelichen Kindes gegen seinen Erzeuger (BGHZ 76, 293). Der Unterhaltsanspruch ist zweckgebunden. Darum kann für die Vergangenheit Unterhalt nur bei Verzug oder Rechtshängigkeit gefordert werden; in praeteritum non vivitur (§ 1613); lediglich außergewöhnlicher Sonderbedarf und Unterhalt des nichtehelichen Kindes für die Zeit vor Klärung der Vaterschaft (§ 1615 d) können rückwirkend verlangt werden. Wegen der Zweckbindung (wie auch zum Schutz der Sozialhilfe vor übermäßiger Inanspruchnahme) kann für die Zukunft nicht auf Unterhalt verzichtet werden, und Vorauszahlungen für mehr als drei Monate befreien nicht von erneuter Zahlung bei erneuter Bedürftigkeit (§ 1614). Darum können Unterhaltsansprüche auch nicht für die Zukunft im Konkursverfahren abgegolten werden und sind dort nicht anzumelden (§ 3 KO). Der Zweckbindung entspricht es ferner, daß der Anspruch unvererblich ist und mit dem

Tode des Berechtigten erlischt (§ 1615), daß ferner der Anspruch nur unter Einschränkungen pfändbar ist (lies dazu § 850b ZPO); auch Abtretung (§ 400), Verpfändung (§ 1247) und Aufrechnung (§ 394) sind auf den Betrag beschränkt, der den Notbedarf des Unterhaltsberechtigten übersteigt. Die Unterhaltspflicht hängt an der Verwandtschafts-Stellung des Verpflichteten; sie erlischt daher mit seinem Tode (§ 1615) und vererbt sich nicht. Vielmehr entsteht in der Person des Nächstverpflichteten die Unterhaltspflicht neu.

Entsprechend der Zweckbindung des Unterhaltsanspruchs und zum Schutz des Berechtigten wie auch Dritter, insbesondere der Sozialhilfe, vor hilfsweiser Inanspruchnahme ist die Verletzung oder Gefährdung der Unterhaltspflicht unter Strafe gestellt (§ 170b StGB; mit dem GG vereinbar nach BVerfG NJW 79, 1445). Diese Vorschrift ist Schutzgesetz im Sinne von § 823 II (BGH, NJW 1959, 303).

Schrifttum: *Brüggemann*, Einige Bemerkungen zum Schuldnerverzug in der gesetzlichen Unterhaltspflicht, Fschr. Bosch 1976, 89.

7. Der Unterhaltsanspruch ist ein Wertanspruch. Er lautet nicht von vornherein auf eine feste Währung oder einen bestimmten Betrag. Währung und Summe ergeben sich erst aus den Lebensverhältnissen der Beteiligten. Leben Berechtigter und Verpflichteter in verschiedenen Währungsgebieten, so ist der Unterhalt in der Währung am ständigen Aufenthaltsort des Berechtigten zu bemessen (str.). Die Durchführung der Zahlung kann durch Umrechnungsschwierigkeiten (vgl. § 244) oder Devisenvorschriften (MilRegG Nr. 53; noch in Kraft gegenüber der DDR) erschwert sein. Doch besteht im Verhältnis zur DDR ein Transferabkommen v. 25. 4. 1974 (BGBl. II 621) mit Merkblatt (DAV 1979, 488).

II. Unterhalt nichtehelicher Kinder

1. Auch für das nichteheliche Kind gelten die allgemeinen *Grundsätze des Verwandtenunterhalts* (§ 1615a); es hat Unterhaltsansprüche wie ein eheliches gegen beide Eltern, aber auch gegen Großeltern oder sonstige Verwandte, ebenso wie diese Unterhaltsansprüche gegen das Kind haben können. Da auch gegenüber dem nichtehelichen Kind die *Mutter* ihre Unterhaltspflicht regelmäßig durch *Pflege und Erziehung* des Kindes erfüllt, hat der *Vater* den Geldbedarf in Form einer monatlichen *Geldrente* (§ 1612) aufzubringen; eine anderweitige Unterhaltsbestimmung ist ihm nur gestattet, wenn er das Kind in seinen Haushalt aufgenommen hat. Ist das Kind in einem Heim oder sonst bei Dritten, muß auch die Mutter mit Geld zum Unterhalt beitragen (BVerfG FamRZ 1969, 467). Da das Kind nicht in der elterlichen Familie aufwächst, kann sich das Maß des zu gewährenden Unterhalts nicht nach dem Lebensstand der Familie richten, sondern nur nach einem Durchschnitt aus der Lebensstellung beider Eltern (§ 1615c), bis das Kind eine selbständige Lebensstellung erlangt.

Im übrigen wird das nichteheliche Kind, weil es meistens besonders schutzbedürftig ist, *unterhaltsrechtlich* in mehrfacher Hinsicht privilegiert: vor allem dadurch, daß es Unterhalt auch *rückwirkend* für die Zeit vor Anerkennung oder Feststellung der Vaterschaft bekommen kann (§ 1615 d als Ausnahme zu § 1613), daß es bis zur Vollendung des 18. Lebensjahres ohne Nachweis seiner Bedürftigkeit vom Vater **„Regelunterhalt"** verlangen kann (§ 1615 f), und endlich durch *verfahrensrechtliche Erleichterungen* in der Verfolgung seiner Unterhaltsansprüche.

2. *Bis zur Vollendung des 18. Lebensjahres* kann das nicht in den Haushalt des Vaters aufgenommene Kind vom Vater grundsätzlich das zu einfacher Lebenshaltung erforderliche Geld *(Regelbedarf)* verlangen. Hat es nach Lebensstellung der Eltern (§ 1615 c) und in Ermangelung eigener Einkünfte oder eigenen Vermögens höhere Ansprüche, so steht es ihm natürlich frei, die höheren Ansprüche nachzuweisen und geltend zu machen. Umgekehrt kann der Vater, wenn das Kind eigenes Vermögen oder Einkommen hat, oder wenn er selbst nicht hinreichend leistungsfähig ist, Herabsetzung des Regelunterhalts verlangen; doch können nur vorübergehende Umstände nicht zur Herabsetzung führen, und bleibt ein Anspruch auf Sonderbedarf unberührt (§ 1615 h).

Der *Regelbedarf* wird – in ständiger Anpassung an die Lebenshaltungskosten – durch Rechtsverordnung der Bundesregierung mit Zustimmung des Bundesrats festgesetzt und kann örtliche Unterschiede der Lebenshaltungskosten berücksichtigen sowie nach dem Lebensalter des Kindes abgestuft werden (vgl. VO vom 28. 9. 1979, BGBl. I 1601 mit VO vom 10. 8. 1981, BGBl. I 835; jetzt VO v. 26. 7. 1984, BGBl. I 1034). Diese Regelung soll die *verfahrensrechtliche Durchsetzung* von Unterhaltsansprüchen des nichtehelichen Kindes gegen seinen Vater *erleichtern* (ZPO §§ 642 ff.). Das Unterhaltsurteil braucht nur zur Zahlung des Regelunterhalts (allenfalls unter Einbeziehung eines im Vomhundertsatz davon ausgedrückten Zuschlages oder Abschlages davon, ZPO § 642 d) zu verurteilen; entsprechend brauchen auch Vergleiche und vollstreckbare Unterhaltsverpflichtungen nur so formuliert zu sein (ZPO § 642 c). Der endgültig zu zahlende Betrag kann dann in Anpassung an die jeweiligen Lebenshaltungskosten durch Beschluß des Rechtspflegers (§ 20 Ziff. 10 RpflGes.) festgesetzt werden (ZPO §§ 642 a, 642 b). Der Regelunterhalt kann zusammen mit der Feststellung der Vaterschaft verlangt werden (ZPO § 643). Dagegen müssen Herauf- oder Herabsetzungen des Unterhalts sowie Änderungen wegen Veränderung in den Lebensverhältnissen der Beteiligten in einem besonderen Prozeßverfahren geltend gemacht werden.

Die durch Festsetzung eines „Regelbedarfs" angestrebte Vereinheitlichung der Unterhaltssätze und Vereinfachung des Verfahrens wird durch die zur Anpassung an die Verhältnisse des einzelnen Falls aufgestellten *Anrechnungsregeln* des § 1615 g etwas wieder beeinträchtigt. Diese Regeln betreffen Kindergeld, Kinderzuschläge und Waisenrenten. Erhält der Vater für das Kind Kindergeld oder Kinderzuschläge, so kann er sie dazu verwenden, um mit davon den Unterhalt zu bezahlen; stehen die Beträge zwar dem Vater zu, werden sie jedoch unmittelbar an einen anderen (Mutter, Pfleger usw.)

ausgezahlt, so sind sie auf den vom Vater geschuldeten Regelunterhalt voll anzurechnen. Stünde Kindergeld oder Kinderzuschlag beiden Eltern zu, erhält das aber vorrangig die Mutter, obwohl auch der Vater anspruchsberechtigt wäre, so ist das Kindergeld zur Hälfte anzurechnen. Steht Kindergeld oder Kinderzuschlag nur der Mutter oder einem sonstigen Verwandten zu, so ist es nicht anzurechnen. Eine Waisenrente, die das Kind nach Tod des Vaters erhält, tritt gewissermaßen an die Stelle des Unterhaltsanspruchs gegen den Vater, dessen Unterhaltspflicht mit seinem Tode endet. Die Waisenrente kann als eigenes Kindeseinkommen die Unterhaltsansprüche gegen die nun nächstrangig haftende Mutter oder sonstige Verwandte mindern. Eine Waisenrente, die das Kind nach der Mutter erhält, ist auf den Regelunterhalt nicht anzurechnen, weil sie den bisherigen mütterlichen Unterhalt in Form der tatsächlichen Sorge ersetzt; ob sie nach ihrem Umfang einerseits und der Leistungsfähigkeit des Vaters andrerseits zu einer Herabsetzung des Regelunterhalts nach § 1615h führen kann, hängt von den Umständen des Einzelfalls ab.

Schrifttum: *Jung*, Die Anrechnung von Kindergeld und anderen Vergünstigungen auf den Regelbedarf eines nichtehelichen Kindes, Diss. Gießen 1971; *Berner*, Rpfleger 1970, 275; *Odersky*, FamRZ 1971, 563 u. 1973, 528; *Kemper*, FamRZ 1973, 520.

3. Die Zulassung von Unterhaltsansprüchen auch für die *Vergangenheit* (§ 1615d) beruht einmal darauf, daß vor Anerkennung oder Feststellung der Vaterschaft eine Vaterschaft im Rechtssinne nicht besteht, die Klärung dann aber mit Rückwirkung erfolgt; der Unterhalt für die Vergangenheit ist Folge der rückwirkenden Vaterschaftsfeststellung. Er rechtfertigt sich aber auch daraus, daß nichteheliche Väter sich besonders oft der Unterhaltszahlung zu entziehen suchen und Kinder hiergegen geschützt werden müssen.

Doch kann das Gericht Rückstände auf Antrag des Vaters stunden, solche aus einer Zeit von mehr als einem Jahr vor Anerkennung der Vaterschaft oder Erhebung der Feststellungsklage zur Vermeidung unbilliger Härten sogar erlassen (§ 1615i).

4. Die **Durchsetzung des Unterhaltsanspruchs** erfolgt nicht notwendig mit Klage und Urteil, obwohl regelmäßig zur Sicherung des nichtehelichen Kindes ein Vollstreckungstitel gegen den unterhaltspflichtigen Erzeuger zu erwirken ist. Der Erzeuger kann die Unterhaltspflicht förmlich anerkennen und sich in der einschlägigen Urkunde der sofortigen Zwangsvollstreckung unterwerfen (ZPO § 794, JWG § 50). Häufig erfolgt die Anerkennung der Unterhaltspflicht gleich zusammen mit der Anerkennung der Vaterschaft. Daher sind für die Aufnahme vollstreckbarer Verpflichtungserklärungen die gleichen Stellen zuständig wie für das Vaterschaftsanerkenntnis (außer dem Standesbeamten, vgl. oben § 23 II 5). Die Praxis faßt diese „Anerkennung" der Unterhaltspflicht nebst Unterwerfung unter die Vollstreckung als einseitigen Akt des Vaters auf und nimmt die Anerkennung gegenüber dem minderjährigen Kind damit von der Genehmigung des Vormundschaftsgerichts aus, welche für Unterhaltsvereinbarungen sonst nach § 1615e erforderlich wäre (vgl. Odersky FamRZ 1971, 138; str.).

5. **Einstweiliger Unterhalt** kann vor endgültiger Regelung der Unterhaltsfrage dem Kind auf zwei Wegen verschafft werden:

a) Ist eine Klage auf Feststellung der Vaterschaft bei Gericht eingereicht, so kann auf Antrag des Kindes dem verklagten Mann durch *einstweilige Anordnung* Zahlung von Unterhalt oder Sicherheitsleistung für den Unterhalt aufgegeben werden; dazu sind der Anspruch des Kindes und die Notwendigkeit der einstweiligen Anordnung glaubhaft zu machen (ZPO § 641 d).

Die Anordnung bleibt bestehen, bis der Unterhalt nach Vaterschaftsfeststellung endgültig geregelt oder eine für die Unterhaltsklage gesetzte Frist fruchtlos verstrichen ist (ZPO § 641 e), oder die Klage zurückgenommen oder abgewiesen wird (ZPO § 641 f). Letzterenfalls hat das Kind dem als Vater in Anspruch genommenen Mann den aus Vollziehung der einstweiligen Anordnung entstehenden Schaden zu ersetzen (ZPO § 641 g). Diese Ersatzpflicht macht die einstweilige Anordnung für das Kind zu einem Behelf von zweifelhaftem Wert. Ein vorsichtiger Pfleger (§ 1706) wird sich bei unsicheren Klageaussichten daher häufig damit begnügen müssen, für das Kind nur Sicherheitsleistung hinsichtlich des Unterhalts zu verlangen.

b) Ist kein Verfahren auf Vaterschaftsfeststellung anhängig, aber die Vaterschaft anerkannt oder die Vaterschaft eines bestimmten Mannes infolge Beiwohnung bei der Mutter innerhalb der Empfängniszeit zu vermuten (§ 1600 o), so kann auf Antrag des Kindes dem anerkennenden oder vermuteten Vater durch *einstweilige Verfügung* die Zahlung des Unterhalts für die ersten drei Monate ab der Geburt aufgegeben werden. Der Antrag kann auch schon vor der Geburt durch einen Pfleger für die Leibesfrucht (§ 1708) als Antrag auf Hinterlegung des Unterhaltsbetrages gestellt werden (§ 1615 o).

Schrifttum: *Lüderitz,* Einstweilige Sicherung des Unterhalts nichtehelicher Kinder, Fschr. Bosch S. 613 ff.

6. *Übergangsrechtlich* ist vorgesehen, daß bisherige Schuldtitel auf Unterhaltsleistung in solche auf Zahlung von Regelunterhalt durch Beschluß geändert werden können (Art. 12 § 14 NichtehelG).

III. Ansprüche der nichtehelichen Mutter

Schrifttum: *Brüggemann,* FamRZ 1971, 140.

1. Die nichteheliche Mutter hat *gegen den Vater des Kindes* – auch im Falle der Fehlgeburt oder Totgeburt (§ 1615 n) – Ansprüche auf Ersatz von **Entbindungskosten** sowie sonstige im Zusammenhang mit Schwangerschaft und Entbindung notwendig werdenden Aufwendungen, soweit sie nicht vom Arbeitgeber oder durch Versicherungsleistungen gedeckt werden (§ 1615 k), sowie Ansprüche auf *Unterhalt* (§ 1615 l). Diese Ansprüche können – ebenso wie Unterhaltsansprüche des nichtehelichen Kindes – auch schon vor der Geburt des Kindes durch *einstweilige Verfügung* gesichert werden (§ 1615 o). Im übrigen *verjähren* sie in vier Jahren nach Ablauf des der Entbindung folgenden Jahres.

2. **Unterhalt** hat der nichteheliche Vater der Mutter sechs Wochen vor und acht Wochen nach der Geburt des Kindes zu gewähren.

Diese Fristen für den Unterhaltsanspruch entsprechen den Schutzfristen des § 6 Mutterschutzgesetz vom 18. 4. 1968. Doch kann die Unterhaltspflicht sich auf längere Zeit, nämlich bis zu 4 Monaten vor der Geburt und ein Jahr nach der Geburt erstrekken, wenn die Mutter wegen der Schwangerschaft oder einer durch Schwangerschaft oder Entbindung verursachten Krankheit einer Erwerbstätigkeit nicht nachgehen kann, oder anläßlich der notwendigen Versorgung des Kindes an Erwerbstätigkeit ganz oder teilweise verhindert ist.

Die Unterhaltspflicht des Kindesvaters geht rangmäßig der Unterhaltspflicht mütterlicher Verwandter vor, steht aber hinter der Unterhaltspflicht des Vaters gegenüber seiner Ehefrau und seinen minderjährigen unverheirateten Kindern; die nichteheliche Mutter geht also auch ihrem eigenen nichtehelichen Kinde im Range nach. Da allgemeine Grundsätze des Verwandtenunterhalts gelten, hat die Mutter Ansprüche gegen den Vater nur, wenn sie bedürftig ist; also genau so wie bei den Entbindungskosten insoweit nicht, als der Unterhalt vom Arbeitgeber oder der Sozialversicherung geleistet wird – aber auch nicht, wenn sie wegen sonstiger Einkünfte oder eigenen Vermögens nicht bedürftig ist. Daß außer einer etwaigen Geldrente Sonderbedarf (§ 1613 II) verlangt werden kann, versteht sich von selbst. Darüber hinaus können die Ansprüche der Mutter so wie die des nichtehelichen Kindes nach § 1615 d auch für die Zeit vor Anerkennung oder Feststellung der Vaterschaft geltend gemacht werden. Die ohnehin zeitlich befristeten Ansprüche der Mutter können auch für die Zeit nach etwaigem Tod des Vaters gegen dessen Erben geltend gemacht werden. Sie sind – ebenso wie der Anspruch auf Ersatz von Entbindungskosten – auch gegeben, wenn der Vater schon vor Geburt des Kindes verstarb (§ 1615 n).

3. Stirbt die Mutter infolge der Schwangerschaft oder der Entbindung, so hat der Vater (bzw. bei dessen Vorversterben sein Erbe zufolge § 1615 n) die *Kosten der Beerdigung* der Mutter zu tragen (§ 1615 m), soweit sie nicht vom Erben der Mutter zu erlangen sind (vgl. dazu § 1615 II).

IV. Unterhaltsverträge

1. Der Unterhalt wird häufig vertraglich geregelt. Ist nur *nähere Festlegung der gesetzlichen Unterhaltspflicht* Vertragsinhalt, so ist der Vertrag *formfrei*, wird aber meist aus Beweisgründen schriftlich geschlossen. Allgemeine Unterhaltsregeln sind auf den Vertrag anwendbar (z. B. §§ 1614, 1615, nicht aber § 1613, vgl. RGZ 164, 68). Wesentliche Veränderungen in der Bedürftigkeit der einen und der Leistungsfähigkeit der anderen Partei berühren die Geschäftsgrundlage und können zu abweichender Feststellung des Unterhalts führen (lies RG, DR 1940, 2163); ebenso allenfalls eine Gesetzesänderung (RGZ 165, 31).

Der Unterhaltsvertrag kann aber auch die Leistungen von Bedürftigkeit und Leistungsfähigkeit *unabhängig* festsetzen (BGH NJW 1979, 43); dann ist (trotz ZPO § 323) eine erneute Geltendmachung von Unterhaltsansprüchen ausgeschlossen. Bei Unterhalt auf Lebensdauer muß ein solcher Vertrag schriftlich geschlossen werden (§ 761); auch kann darin eine Schenkung liegen (beachte § 518); umgekehrt darf aber darin kein Erlaß oder Verzicht liegen, mag auch den Parteien bei Festlegung der Unterhaltshöhe ein gewisser Spielraum zugestanden werden.

2. Vertraglicher *Erlaß* der Unterhaltspflicht ist unmöglich (§ 1614). Doch sind zur Erleichterung der Abwickelung von Unterhaltspflichten des nichtehelichen Vaters und seiner Verwandten gegenüber dem Kind und dessen Abkömmlingen oder umgekehrt **Abfindungsverträge** zulässig, sofern sie keinen unentgeltlichen Verzicht auf den Unterhalt für die Zukunft enthalten (§ 1615e). Ein Abfindungsvertrag des nichtehelichen Kindes mit dem Vater erstreckt sich im Zweifel auch auf die Unterhaltsansprüche des Kindes gegen die Verwandten des Vaters (Verfügung zugunsten Dritter!). Ist der Berechtigte nicht voll geschäftsfähig, so bedarf der Abfindungsvertrag der Genehmigung des Vormundschaftsgerichts.

Der Abfindungsvertrag kann dem nichtehelichen Kind vorteilhaft sein, insbes. wenn damit Streit über Grund und Höhe des Unterhaltsanspruchs vermieden und der Unterhalt alsbald sichergestellt wird. Er ist aber auch gefährlich, weil der Vertreter des Kindes (Pfleger des § 1706) möglicherweise auch Nachteile in Kauf nimmt, um sich der Last fortlaufender Verfolgung der Unterhaltsansprüche zu entledigen; daher die vorzugsweise im Kindesinteresse eingeschaltete vormundschaftsgerichtliche Genehmigung. Die geleistete Abfindung kann auch entwerten; eine verbreitete Praxis läßt Nachforderungen des Kindes zu; BGHZ 2, 379 schließt das mit Recht für den Fall aus, daß eine endgültige Abfindung gewollt war. War der Abfindungsvertrag dem Kind nachteilig, so kann ihm sein Vertreter nach § 1833 haftbar sein (vgl. unten § 38 II).

Die Unterhaltsabfindung erledigt nicht sämtliche Ansprüche des nichtehelichen Kindes. Soll das nichteheliche Kind ein für alle Male abgefunden werden, so bedarf es zusätzlich eines *Erbverzichts* oder einer Vereinbarung über den vorzeitigen *Erbausgleich.* Während der Unterhaltsabfindungsvertrag formfrei ist und lediglich zur Erlangung der vormundschaftsgerichtlichen Genehmigung praktisch schriftlich vorgelegt werden muß, sind letztere Verträge *notarieller Beurkundung* bedürftig (§§ 1934d IV, 2348).

V. Unterhaltsregreß

Schrifttum: *Dieckmann,* JuS 1969, 101 u. 156ff.; *Brüggemann,* Zbl. JR 1967, 108; *Schlechtriem,* NJW 1966, 1795; *Stolterfoth,* FamRZ 1971, 341ff.; *Kropholler,* FamRZ 1965, 413; *Hegmann,* FamRZ 1973, 435. *Engel,* Der Rückgriff des Scheinvaters wegen Unterhaltsleistungen 1974.

1. Der Unterhaltsanspruch besteht nur zwischen den Verwandten und äußert keine Wirkungen unmittelbar zugunsten Dritter. Wer den Bedürftigen unterstützt hat, kann von dessen leistungsfähigen Verwandten Ersatz nicht etwa unter Berufung auf deren Unterhaltspflicht verlangen. Er kann jedenfalls dann Regreß nehmen, wenn er kraft Geschäftsführung in der Absicht gehandelt hatte, ein fremdes Geschäft zu führen, oder wenn

er ausdrücklich als Drittzahler die fremde Unterhaltsschuld getilgt und damit den Verpflichteten bereichert hat (§§ 677, 812).

Beispiele:

a) Der Arzt, welcher die Mutter behandelt hat, kann nicht etwa sein Honorar vom Sohn mit der Begründung fordern, dieser sei der Mutter unterhaltspflichtig; doch können §§ 677, 812 durchgreifen. Hat die Ehefrau gegen ihren Ehemann einen Anspruch darauf, daß er sie von Arztkosten freistelle (für die der Ehemann ohnehin nach § 1357 haftet), so soll der Arzt diesen Freistellungsanspruch pfänden können (KG NJW 1980, 1341).

b) Die Ehefrau, welche den Unterhalt für ein gemeinsames Kind voll verauslagt hatte, kann vom Ehemann Erstattung hinsichtlich des von diesem nach § 1606 III zu tragenden Unterhaltsanteils nach § 677 dann verlangen, wenn sie den Unterhalt in Geschäftsführung für ihn verauslagt und die Absicht gehabt hatte, von ihm Ersatz zu verlangen (§ 685; BGHZ 50, 266); eine solche Absicht widerspräche aber völlig den normalen Lebensumständen. Der BGH hilft daher mit einem ,,familienrechtlichen Ausgleichsanspruch". Eine solche Notkonstruktion ist wesentlich mit dadurch veranlaßt, daß der Gesetzgeber sachwidrig die elterliche Unterhaltsschuld nicht als Gesamtschuld ausgestaltet hat; denn dann würde § 426 BGB aushelfen (vgl. dazu oben I 4a). Jeder Regreßanspruch zwischen den Eltern, auch der ,,familienrechtliche Ausgleichsanspruch" entfällt aber insoweit, als die Unterhaltsansprüche der Kinder gegenüber jedem einzelnen Elternteil rechtskräftig gerichtlich geklärt sind (BGH NJW 1981, 2348). Bei nicht harmonierender Festsetzung der elterlichen Unterhaltsanteile durch die in Anspruch genommenen Gerichte macht sich erneut das Fehlen einer Regelung der elterlichen Gesamtschuld bemerkbar.

c) Ein Dritter hat einen unmittelbaren Anspruch gegen den Unterhaltspflichtigen nur ausnahmsweise wegen der Beerdigungskosten nach §§ 1615 II und 1615m.

Ein Regreß wegen Bereicherung stößt auf mannigfache Schwierigkeiten, wenn nicht von Anfang an ausdrücklich auf die Schuld des Unterhaltsschuldners gemäß § 267 geleistet wurde. Zwar will eine verbreitete Meinung (u. a. *von Caemmerer* Festschr. Dölle 148; *Flume*, JZ 1962, 282) dem irrig fremde Schulden Zahlenden das Recht geben, nachträglich die erfolgte Leistung als für den wirklichen Schuldner erfolgt zu bestimmen und bei diesem zu kondizieren; doch ist dies im allgemeinen bedenklich wegen der möglichen Auswirkungen bei Vermögensverfall eines der Beteiligten (vgl. *Lorenz*, AcP 168, 286 und in ,,Rechtsvergleichung und Rechtsvereinheitlichung", 1967, S. 276); *Dieckmann* a. a. O. hält freilich bei Leistungen an das nichteheliche Kind speziell die von *Lorenz* aufgezeigten Gefahren nicht für gegeben; in anderen Fällen des Unterhaltsregresses können sie aber vorliegen. Vor allem aber wirkt als Sperre gegen einen Unterhaltsregreß dieser Art, daß der BGH den Regreß aus § 812 bei familienrechtlich veranlaßten Leistungen nur zulassen will, wenn nachweislich von vornherein die Absicht bestanden hatte, Ersatz zu verlangen (BGHZ 50, 270).

2. Ein *Gesamtschuldnerregreß* nach § 426 BGB scheidet aus, weil das BGB im Unterhaltsrecht keine Gesamtschulden, sondern grundsätzlich nur Teilschulden kennt (§ 1606 III). Doch gibt es *besondere Regreßmöglichkeiten*, wenn ein nachrangig zum Unterhalt Verpflichteter vorrangig den Unterhalt geleistet hat; hier geht zur Erleichterung des Regresses der Unterhaltsanspruch auf den Unterhalt Leistenden über.

a) So einmal im Verhältnis von *Verwandten und Ehegatten*, sofern die Rechtsverfolgung gegen den primär Verpflichteten im Inland ausgeschlossen oder erheblich erschwert war (§§ 1607 II und 1608).

b) So ferner, wenn *anstelle des nichtehelichen Vaters* ein anderer unterhaltspflichtiger Verwandter (etwa die Mutter) oder der Ehemann der

Mutter (insbes. als Scheinvater!) oder ein Dritter als Vater (insbes. eine zunächst irrig als Erzeuger in Anspruch genommene Person) dem Kinde Unterhalt gewährt hat (§ 1615b).

In allen diesen Fällen bleibt der Regreßanspruch inhaltlich ein Unterhaltsanspruch mit allen seinen Schwächen wie etwa der kurzen Verjährung des § 197 oder der Möglichkeit von Stundung und Erlaß (§§ 1615i III u. 1615h mit ZPO §§ 644, 642e u. f); doch sollte § 1613 für den Regreß unanwendbar sein (anders BGH NJW 1984, 2158). Das Pfändungsvorrecht (ZPO § 850d) geht aber verloren (str.). Daß Schwächen des Unterhaltsanspruchs im Verhältnis vom nichtehelichen Kind zu seinem Erzeuger den für seine ungerechtfertigten Aufwendungen Regreß nehmenden Scheinvater unbillig benachteiligen, ist offensichtlich; ihm ist mit dem gesetzlichen Anspruchsübergang nicht ausreichend geholfen.

Fraglich ist, ob diese Regelung des Regresses ausschließlich ist. M.E. ist das zu verneinen und bleiben daneben allgemeine Regreßmöglichkeiten insbes. aus §§ 677 und § 812 bestehen; der Übergang des Unterhaltsanspruchs zu Regreßzwecken schafft lediglich eine zusätzliche Regreßmöglichkeit. Doch werden die Voraussetzungen der §§ 677, 812 (Zahlung auf fremde Schuld!) mindestens subjektiv meist fehlen. Im übrigen scheint die Praxis geneigt, Grenzen eines Regreßanspruchs auch auf Regresse aus anderen Gesichtspunkten zu übertragen: so BGHZ 31, 329 für die Verjährung und BGHZ 50, 267 für das Erfordernis der Absicht, Rückgriff zu nehmen (§§ 685 u. 1360b).

Fraglich ist ferner, ob die Regreßerleichterung durch Übergang des Unterhaltsanspruchs auch für andere als die ausdrücklich im Gesetz genannten Fälle im Wege der Analogie fruchtbar gemacht werden kann. Analogie ist nur bei entsprechenden Voraussetzungen möglich, also grundsätzlich zunächst nur da, wo ein nachrangig Verpflichteter für einen vorrangig Verpflichteten eintritt; jedenfalls § 1607 II wäre nur für solche Fälle heranzuziehen. Auch § 1615b soll nach der Begründung zum RegEntw. nur insoweit gelten, als der nichteheliche Kindesvater vorrangig auf den Regelunterhalt haftet. Aber der Text der Vorschrift deckt eine solche Beschränkung nicht und erfaßt offenbar die gesamte Unterhaltspflicht des nichtehelichen Vaters, auch soweit sie den Regelunterhalt übersteigt und auch soweit der Vater mit der nichtehelichen Mutter, die das Kind nicht persönlich versorgt, etwa gleichrangig auf Unterhalt haftet. Dann wird aber die Beschränkung auf die Personen, die für das nichteheliche Kind Unterhalt zahlen ebenso zweifelhaft wie die Beschränkung auf diejenigen Personen, welche für den Vater eingetreten sind; ein entsprechender Anspruchsübergang müßte dann auch zugunsten derjenigen gelten, die für die Mutter eintraten – will man nicht den Grund der Regreßvorschrift nur in der Leistungsunwilligkeit vieler nichtehelicher Väter sehen (vgl. *Beitzke*, ZblJR 1969, 277).

3. Die Ungeklärtheit vieler Regreßprobleme wie auch das Empfinden, schuldrechtliche Regeln wie die der §§ 677, 812 würden auf familienrechtliche Regresse nicht passen, haben den BGH veranlaßt, einen besonderen „*familienrechtlichen Ausgleichsanspruch*" anzunehmen (BGHZ 31, 332), der aber den gleichen Beschränkungen wie andere Regreßrechte unterliegen soll (BGHZ 50, 270). Verfahrensrechtlich ist dieser Ausgleichsanspruch vor dem Familiengericht geltend zu machen (BGH NJW 1978, 2297).

4. Häufig erfolgt eine Unterstützung durch die *öffentliche Fürsorge* nach Maßgabe des Bundessozialhilfegesetzes vom 13. 2. 1976. Der Träger der Sozialhilfe kann gemäß § 92 BSHG beim Unterstützten, seiner Ehefrau und seinen Eltern nach öffentlichem Recht Regreß nehmen. Er kann darüber hinaus auch an sonst unterhaltspflichtige Verwandte ersten Grades (Kinder!) wenden (§§ 90, 91 BSHG). Dieser Rückgriff ist rein öffentlichrechtlich und kann nicht auf §§ 677, 812 gestützt werden (BGHZ 33, 243; anders bedenklicherweise hinsichtlich der Fürsorgeerziehungskosten BayObLG, NJW 1960, 1766; vgl. aber Gräber ZblJR 1961, 226).

Durch die Anzeige des Trägers der Sozialhilfe an den Unterhaltspflichtigen von der erfolgten Unterstützung kann bewirkt werden, daß die Unterhaltsansprüche des Unterstützten bis zur Höhe der gemachten Aufwendungen auf den Träger der Sozialhilfe übergehen (cessio legis, welche keine weitergehenden Wirkungen als die des § 1607 II hat). Da der Bedürftige schon unterstützt ist, können die Abtretungsbeschränkungen hier außer Betracht bleiben. Aber diese Abtretung ist für den Träger der Sozialhilfe meist wertlos, weil der Unterhaltsanspruch für die Vergangenheit nur bei Verzug oder Rechtshängigkeit besteht (§ 1613). Hier kann aber der Träger der Sozialhilfe seine Rechte dadurch sichern, daß er dem Unterhaltspflichtigen die beginnende Unterstützung mitteilt. Das hat dieselbe Bedeutung wie eine Mahnung des Bedürftigen und läßt, wenn diese Rechtsfolge in der Mitteilung angesprochen ist, die Unterhaltsansprüche auch für die Zukunft (bedingt durch die spätere Unterstützung; § 161) übergehen (BGHZ 20, 128 ff.). Nach dieser Mitteilung kann also vom Bedürftigen über den Unterhaltsanspruch (vorbehaltlich §§ 407, 408) nicht mehr wirksam verfügt, insbes. nicht gegenüber dem Berechtigten auf ihn verzichtet werden. Doch gilt der Unterstützte weiterhin als bedürftig im Sinne des Unterhaltsrechts, da die Sozialhilfe nur subsidiär eintritt (BGHZ 78, 207) und kann der Bedürftige auf Leistung des Unterhalts an sich selber klagen (BGH NJW 1982, 232). – Der Träger der Sozialhilfe kann dabei ebenso gesetzliche wie auch vertragliche Ansprüche auf sich überleiten. Da nach § 11 BSHG Sozialhilfe auch für Ehegatten und Kinder gewährt wird, kann auch wegen dieser Leistungen gegen Dritte Regreß genommen werden – vorausgesetzt, daß der Dritte auch für den Unterhalt dieser unterstützten Personen aufzukommen hatte. Soweit der Sozialhilfeträger Regreß gegen eine zur Unterhaltszahlung nicht verpflichtete Person (Scheinvater vor dem Urteil über die Anfechtung der Ehelichkeit) genommen hat, ist eine Rückforderung des zu Unrecht Gezahlten nach § 812 möglich (BGH NJW 1981, 48).

Davon, daß die ursprünglich mehr als subsidiär gedachte öffentliche Hilfe es auch heute noch sei, wird man angesichts der Praxis der Bevorschussung durch Sozialhilfe und Unterhaltsvorschußkassen kaum noch sprechen können (vgl. dazu *Dieckmann*, FamRZ 1978, 633 u. *Gitter* SGb 1979, 195). Ebenso wie der Träger der Sozialhilfe nehmen auch die Unterhaltsvorschußkassen nach § 7 d. Ges. v. 23. 7. 1979 bei Unterhaltspflichtigen Regreß; der Unterhaltsanspruch geht nach Maßgabe des gewährten Vorschusses kraft Gesetzes auf die Vorschußkasse über; ebenso gehen Ansprüche auf andere Leistungen (Kindergeld, Waisenrente usw.) auf die Vorschußkasse über.

Schrifttum: *Knopp-Fichtner*, BSHG 4. Aufl. 1979; *Schulte-Trenk-Hinterberger*, Sozialhilfe, 1982; Bundessozialhilfegesetz, 1984; *Gottschick-Giese*, Bundessozialhilfegesetz 8. Aufl. 1983.

5. Auch bei Gewährung von *Ausbildungsbeihilfen* (Ausbildungsförderungsges. v. 9. 4. 1976, BGBl. I 990) kann das Amt für Ausbildungsförderung einen Unterhaltsanspruch des Geförderten gegen seine Eltern

(§ 37) oder Ansprüche gegen Sozialversicherungsträger oder öffentliche Kassen (§ 38) durch schriftliche Anzeige an den Verpflichteten auf sich überleiten (lies dazu BGHZ 74, 121).

Schrifttum: *Schwab,* FamRZ 1971, 1; *Baumann,* Bundesausbildungsförderungsgesetz, 8. Aufl. 1980; *Paulus,* Der Anspruch des getrennt lebenden oder geschiedenen Ehegatten auf Ausbildungsunterhalt im Verhältnis zur Ausbildungsförderung nach dem Bundesausbildungsförderungsgesetz (BAföG), FamRZ 1982, 640.

§ 25. Die Rechtsstellung der Kinder im allgemeinen

Das Rechtsverhältnis zwischen Eltern und Kindern ist ein Dauerrechtsverhältnis mit personenrechtlichen und vermögensrechtlichen Elementen, verklammert in der ausdrücklich neu formulierten Pflicht zu gegenseitigem Beistand und zur Rücksichtnahme (§ 1618a), die aber ohne nähere Konkretisierungen leer läuft und lediglich auf die Interpretation anderer Normen und die Begrenzung der Rechtsausübung Einfluß nehmen kann. Unterhaltspflicht und elterliche Sorge mag man in ihren Rahmen stellen, auch wenn eine solche allgemeine Pflicht vom Gesetzgeber des BGB (im Gegensatz zum SchwZGB) nicht vorgesehen war. Manches an diesem Rechtsverhältnis ist unveränderlich dauernd, anderes wandelbar. Es ändert seinen Inhalt z.B. mit der Heirat (§ 1633) oder Volljährigkeit (§§ 1602 II, 1603 II, 1626) des Kindes oder mit dem Ausscheiden des Kindes aus dem Elternhaus (§§ 1619, 1620). Das BGB unterscheidet dabei zwischen der allgemeinen Rechtsstellung von Kindern und der besonderen Rechtsstellung minderjähriger Kinder unter elterlicher Sorge.

I. Staatsangehörigkeit

1. Das eheliche Kind erhält nach § 4 Ges. vom 22. 7. 1913 (Fassung vom 20. 12. 1974, BGBl. I 3714) die deutsche Staatsangehörigkeit, wenn ein Elternteil Deutscher ist.

Früher erwarb das Kind nur die Staatsangehörigkeit des Vaters. Die seit 1. 1. 1975 geltende Neuregelung ist durch eine Entscheidung des BVerfG vom 21. 5. 1974 (NJW 1974, 1609) veranlaßt, die den lange schwebenden Meinungsstreit um den Einfluß von Art. 3 GG auf das Staatsangehörigkeitsrecht abgeschlossen hat. Die Folge der Neuregelung ist vor allem, daß in gemischtnationalen Ehen das Kind eines ausländischen Vaters und einer deutschen Mutter regelmäßig Doppelstaatler wird. Eine Milderung liegt für das Kind darin, daß es nach § 26 RuStAngehG auf die deutsche Staatsangehörigkeit verzichten kann.

Übergangsrecht: die zwischen dem 1. 4. 1953 und 31. 12. 1974 geborenen Kinder deutscher Mütter, welche die deutsche Staatsangehörigkeit nicht mit der Geburt erworben haben, konnten bis 31. 12. 1977 die deutsche Staatsangehörigkeit durch Erklärung gegenüber der Einbürgerungsbehörde (Regierungspräsident) erwerben (Näheres Art. 3 des Ges. vom 20. 12. 1974).

2. Das nichteheliche Kind einer Deutschen erhält die Staatsangehörigkeit der Mutter; mit der Legitimation durch einen Ausländer verliert es die deutsche Staatsangehörigkeit seit 1. 1. 1975 nicht mehr. Umgekehrt erwirbt ein nichteheliches Kind ausländischer Staatsangehörigkeit mit der Legitimation durch einen Deutschen die deutsche Staatsangehörigkeit. Bei „Volladoption" eines minderjährigen Ausländers erwirbt dieser die deutsche Staatsangehörigkeit des Annehmenden (§ 3 Nr. 3, 6 des RuStAG). Entsprechend kann ein deutsches Kind bei Adoption durch einen Ausländer (je nach Art der Adoption) die deutsche Staatsangehörigkeit verlieren (§ 27 RuStAG seit 1977). Darüber hinaus ist das nichteheliche Kind eines Deutschen schon dann einzubürgern, wenn eine nach deutschem Recht wirksame Vaterschaftsfeststellung vorliegt, das Kind seit drei Jahren rechtmäßig seinen dauernden Aufenthalt im Inland hat und den Antrag vor Vollendung des 23. Lebensjahres stellt (§ 10 RuStAG).

II. Name

1. Das *eheliche* Kind erhält gemäß § 1616 den *Ehenamen* (gemeinsamen Familiennamen nach § 1355) *seiner Eltern*. An dem von einem Elternteil oder beiden durch Voranstellung des Geburtsnamens etwa gebildeten Doppelnamen haben Kinder nicht teil. Haben die Eltern zur Zeit der Geburt des Kindes keinen gemeinsamen Familiennamen mehr (etwa wegen Nichtigerklärung der Ehe oder wegen Namensänderung nach Ehescheidung), so erhalten die Kinder den Namen, der Familienname in der Ehe ihrer Eltern war. Ändert sich der Familienname der Eltern, so ändert sich im allgemeinen auch der Name des Kindes.

Führen z. B. die Eltern in ihrer zweiten gemeinsamen Ehe einen anderen Ehenamen als in der ersten Ehe, so erhalten die Kinder aus der ersten Ehe nunmehr den neuen Ehenamen als Familiennamen (OLG Frankfurt NJW 1978, 2301). Wird der Ehename der Eltern durch Verwaltungsakt nach § 4 NamÄndG geändert, so folgen nur minderjährige Kinder der Namensänderung. Erklärten Ehegatten, die vor dem 1. 7. 1976 die Ehe geschlossen haben, bis 30. 6. 1980 dem Standesbeamten, daß sie nunmehr den Geburtsnamen der Frau als Ehenamen führen wollen, so erstreckte sich (gemäß § 2 EheNÄndG v. 27. 3. 1979) die Namensänderung auf über 14 Jahre alte Kinder nur, wenn das Kind sich der Namensänderung seiner Eltern innerhalb eines Jahres durch beglaubigte Erklärung an den Standesbeamten seines Geburtsorts anschloß. War das Kind verheiratet, so änderte sich sein Ehename nur, wenn der Ehegatte die Anschlußerklärung mit ihm gemeinsam abgab. Entsprechendes ist in EheG § 13a III vorgesehen, aber nicht in § 4 NamÄndG, wo aber in Berücksichtigung der vorgenannten neueren Regelung die Verwaltungsbehörde die Erstreckung der Namensänderung auf Kinder über 14 Jahre, die sich der Namensänderung nicht ausdrücklich anschließen, ausdrücklich ausschließen sollte.

Die Teilnahme von Kindern am Namenswechsel der Eltern und das ihnen (teilweise) gegebene Namens-Selbstbestimmungsrecht über etwa notwendige Anschlußerklärungen werden aber von BGB und anderen Gesetzen nicht folgerichtig durchgehalten. Zu den zahlreichen offenen Fragen lies: *Dieckmann* StAZ 1982, 266.

Nimmt ein Elternteil nach Verwitwung oder nach Scheidung der Ehe den Geburtsnamen wieder an (§ 1355 IV) und ist ihm die elterliche Sorge anvertraut, so wird oft das Bedürfnis empfunden, die Kinder namensrechtlich auch diesem Elternteil zuzuordnen. Das kann derzeit nur im Wege der öffentlichrechtlichen Namensänderung geschehen, wird aber von der Praxis (trotz Abänderbarkeit der Regelung der elterlichen Sorge, § 1696) fallweise bewilligt (BVerwG NJW 1971, 294). Eine entsprechende Situation tritt ein, wenn ein geschiedener Elternteil wieder heiratet und wünscht, daß die von ihm betreuten Kinder den Namen des Stiefelternteils erhalten, in dessen Haushalt sie nunmehr – möglicherweise zusammen mit Stiefgeschwistern – aufwachsen; auch hier entscheidet die Praxis unterschiedlich von Fall zu Fall (BVerwG, 5 Entscheidungen vom 10. 3. 1983, StAZ 1983, 250–256; teilweise auch in NJW 1983, 1866–1867). Auch der von einem Elternteil nach § 1355 etwa geführte Doppelname kann dem Kind zugestanden werden (BVerwG StAZ 1971, 141).

Schrifttum: *Simon,* Der Name des Kindes als Zeichen gestörter Familienverhältnisse, StAZ 1974, 197; *Ruthe* FamRZ 1976, 413; *Reichard* StAZ 1976, 177; *Diederichsen* NJW 1976, 1169.

2. Das *nichteheliche* Kind erhält den *Familiennamen,* den die *Mutter* zur Zeit der Geburt des Kindes führt (§ 1617); so selbst dann, wenn die Mutter den Namen ihres Mannes als Familiennamen führt, der Mann aber sich von dem Kind der Frau als scheinehelichem Kind durch Ehelichkeitsanfechtungsklage gelöst hat (Ehebruchskind der Frau). Das Interesse des Kindes an Namensgleichheit mit der Mutter wird höher gestellt als das Interesse ihren Mannes daran, zu verdeutlichen, daß es nicht sein Kind ist. An dem von der Mutter etwa anläßlich der Ehe dem Familiennamen (Ehenamen) vorangestellten Geburtsnamen der Mutter nimmt das nichteheliche Kind nicht teil. Namensangleichung ist hier nur kraft Namensänderung möglich. Auch an einer Änderung des Familiennamens der Mutter kraft einer nach Geburt des nichtehelichen Kindes erfolgenden Eheschließung nimmt das Kind nur bei Eheschließung mit dem Erzeuger kraft Legitimation teil (§ 1719), dagegen nicht bei Eheschließung mit einem Dritten (§ 1617 III); es kann aber vom Stiefvater einbenannt werden (§ 1618; unten 3).

Kehrt die Mutter nach Scheidung, Aufhebung oder Nichtigerklärung ihrer Ehe zu ihrem Mädchennamen zurück, so folgt das Kind bis zum vollendeten fünften Jahr automatisch dieser Namensänderung, danach nur noch durch eine gegenüber dem Standesbeamten öffentlich beglaubigt abzugebende förmliche Erklärung. Da die Namensänderung während der Schulzeit dem Kind Schwierigkeiten eintragen kann, soll sie hier nicht automatisch eintreten; später besteht für die Namensgleichheit mit der Mutter kein so dringendes Bedürfnis mehr.

Die Erklärung, dem Namenswechsel der Mutter folgen zu wollen, wird für das minderjährige Kind vom jeweils zuständigen Vertreter (Pfleger nach § 1706, evtl. der Mutter, ausnahmsweise Vormund) abgegeben, solange das Kind noch nicht 14 Jahre alt ist; danach vom Kind mit Zustimmung des gesetzlichen Vertreters.

Hat das Kind geheiratet und ist sein Geburtsname Ehename geworden, so erstreckt sich eine Änderung des Namens der Mutter auf den Ehenamen des Kindes nur dann, wenn beide Ehegatten sich durch gemeinsame Erklärung der Namensänderung anschließen. Für Abkömmlinge des Kindes gelten die Regeln über das Erfordernis einer Anschlußerklärung zum Namenswechsel entsprechend.

3. Das nichteheliche Kind behält den Namen der Mutter auch, wenn sie später einen anderen Mann als den Erzeuger des Kindes heiratet. Doch können die Mutter und ihr Ehemann (der nicht Vater des Kindes ist – andernfalls Legitimation) dem noch nicht verehelichten Kind ihren Familiennamen erteilen (sogenannte *Einbenennung;* § 1618).

Die Einbenennung verfolgt den Zweck, das Kind auch nach außen hin erkennbar völlig in die Familie aufzunehmen, in der es jetzt aufwächst, namentlich für das Kind selbst die Schwierigkeiten zu beseitigen, die sich daraus ergeben, daß es sonst einen anderen Namen trägt als seine Halbgeschwister.

Zur Einbenennung sind nötig: eine entsprechende unbedingte und unbefristete Erklärung des Ehemanns und der Mutter gegenüber dem Standesbeamten, der die Geburt des Kindes beurkundet hat (§ 21a PStG), und die vorherige Einwilligung des Kindes, die auch dem Ehemann der Mutter gegenüber erklärt werden kann. Für das minderjährige Kind handelt sein Vertreter (§ 1706!) welcher häufig mit seiner Zustimmung so lange warten wird, bis er festgestellt hat, ob die Ehe der Mutter bei Bestand bleibt und das Stiefkind von dem Stiefvater gut gehalten wird; in manchen Bezirken warten die Amtspfleger grundsätzlich ein Jahr. Hat die Mutter die volle elterliche Sorge, so ist sie nicht gehindert, bei der Einbenennung zugleich namens des Kindes dessen Zustimmung zu erklären; §§ 1795, 181 greifen nicht ein, weil es nicht um ein Rechtsgeschäft mit dem Kind, sondern um parallel an den Standesbeamten abzugebende Erklärungen geht (BayObLG FamRZ 1977, 409; vgl. die entsprechende Rechtslage bei den zur Adoption notwendigen Erklärungen: BGH NJW 1980, 1746). Hat das Kind das 14. Lebensjahr vollendet, so kann die Zustimmung (wie nach §§ 1617, 1729 I), nur von ihm selbst, aber mit Einwilligung des gesetzlichen Vertreters erklärt werden. Die Erklärungen müssen – wenn sie nicht zu Protokoll des zuständigen Standesbeamten abgegeben werden oder die Erklärung des Amtspflegers eine öffentliche Urkunde ist (BGHZ 45, 362) – öffentlich beglaubigt sein; Beglaubigung kann auch durch das Jugendamt erfolgen (§ 49 JWG). Das Kind behält den Ehenamen der Mutter und ihres Ehemannes auch nach dessen Tod oder etwaiger Scheidung (BayObLG NJW 1968, 1528); die häufig wünschenswerte Rückkehr zum Mutternamen sollte einfacher als nur durch die förmliche Namensänderung ermöglicht werden. Heiratet die Mutter ein zweites Mal, versagt die bisher h. M. (OLG Stuttgart FamRZ 1982, 955) – nicht unbedenklich – eine zweite Einbenennung, die sozialpolitisch ebenso wünschenswert sein kann wie eine zweite Adoption (vgl. *Kumme* ZblJR 1980, 341). Denn Zweck der Einbenennungsregelung ist es, dem Kind die Namensgleichheit mit der Mutter zu erhalten. Da nach § 1618 Voraussetzung für die Einbenennung nicht die noch bestehende Nichtehelichkeit des Kindes, sondern die Tatsache ist, daß es einen nach § 1617 gebildeten Namen führt, sollte die Einbenennung – mit einer verbreiteten Meinung – auch dann zugelassen werden, wenn das Kind zwischenzeitlich von der eigenen Mutter adoptiert worden war. Entsprechendes sollte dann aber auch gelten, wenn das Kind auf eigenen Antrag nach Tod des Erzeugers legitimiert worden war, ohne den Namen des Erzeugers zu erwerben (§ 1740f).

4. Auch der *Vater* des Kindes kann seit 1. 7. 1970 mit Zustimmung der Mutter und des Kindes diesem seinen Namen unter den gleichen Voraussetzungen wie die Mutter und ihr Ehemann geben und das Kind damit

namensmäßig seiner Familie zuordnen (§ 1618 I); weitergehende familienrechtliche Wirkungen sind nur durch Legitimation oder Adoption zu erreichen.

Diese Einbenennung bedarf der Einwilligung des Kindes und der Mutter. Für das minderjährige Kind handelt sein gesetzlicher Vertreter (Amtspfleger nach § 1706 oder Vormund, oder die Mutter). Die Zustimmung der Mutter ist höchstpersönlich und kann durch das Vormundschaftsgericht selbst dann nicht ersetzt werden, wenn der Mutter die Personensorge entzogen ist. Andererseits sollte bei Volljährigkeit des einzubenennenden Kindes die mütterliche Zustimmung ebensowenig erforderlich sein wie bei Legitimation (§ 1726) und Adoption (§ 1768); str.

Die Einbenennungsmöglichkeit durch den Vater spart das bisher häufiger beanspruchte Namensänderungsverfahren, ist aber nicht unbedenklich.

Der *Vater* hat die Einbenennungsmöglichkeit *auch, wenn er verheiratet ist,* und kann das Kind namensmäßig seiner Familie zuordnen, ohne daß es dazu der Zustimmung seiner Ehefrau oder ehelichen Kinder bedürfte. Der bisher im Namensänderungsverfahren beachtete Widerspruch der Frau (BVerwG E 15, 26 u. StAZ 1965, 168; dazu *Leissner,* FamRZ 1966, 123) ist entfallen (BVerwG StAZ 1971, 342). Ob dies verfassungsgemäß ist, wird bezweifelt: in der Tat dürfte eine solche Einbenennung ohne Zustimmung der Ehefrau ein Verstoß gegen den Schutzinhalt von GG Art. 6 I sein. Ob dagegen auch ein Verstoß gegen Art. 3 II voeliegt, weil die Ehefrau des nach § 1618 einbenennenden Vaters im Gegensatz zum Ehemann der einbenennenden Mutter nicht um ihre Zustimmung gebeten werden muß, ist fragwürdig, weil die Ausgangssituationen verschieden sind. Im zweiten Fall geht es um das von der Frau in die Ehe eingebrachte „voreheliche" Kind, im ersten häufiger um ein „nebeneheliches". Die Einbenennung wird hier häufig beantragt, wenn der Vater mit der Mutter unverehelicht zusammenlebt; gehen die Eltern auseinander und bleibt das Kind bei der Mutter, so kann sich die Namensverschiedenheit von Kind und Mutter für das Kind nachteilig auswirken und wiederum nur durch förmliche Namensänderung beseitigt werden. Wenn bisher das Kind den Vaternamen durch Namensänderung erwarb, erfolgte bei der dazu nötigen vormundschaftsgerichtlichen Genehmigung (§ 2 NamÄndG) eine vorherige Prüfung dessen, ob sie im Kindesinteresse liegt; diese Prüfung ist jetzt allein auf den Vertreter des Kindes bei dessen Zustimmung zur Einbenennung verlagert.

Schrifttum: *Beitzke,* Die Einbenennung im deutschen und ausländischen Recht, StAZ 1969, 287; *Kumme,* Die Einbenennung des nichtehelichen Kindes durch den leiblichen Vater, ZblJR 1979, 343; *Winkler v. Mohrenfels,* Verfassungswidrige Einbenennung, FamRZ 1983, 546.

Späteren Namensänderungen des Vaters folgt das Kind, so wie in anderen Fällen (§ 1617), nach vollendetem fünften Lebensjahr nur, wenn es sich der Namensänderung durch ausdrückliche Erklärung anschließt.

Nach OLG Karlsruhe (FamRZ 1974, 603) soll die Einbenennung durch den Vater schon vor der Geburt des Kindes möglich sein (str.). Wegen § 1600a kann sie jedenfalls nicht vor Anerkennung des Kindes erfolgen.

5. Der *Vorname* wird dem Kind von den zur tatsächlichen Personensorge berechtigten Personen, also beim ehelichen Kind regelmäßig beiden Eltern (§ 1626), beim nichtehelichen Kind der Mutter (§ 1705) formlos verliehen. Der Vorname ist anschließend dem Standesamt bei Anzeige von der Geburt, spätestens aber binnen eines Monats mitzuteilen (§§ 17, 22 PStG). Doch ist das nur eine Ordnungsvorschrift (arg. PStG § 28);

mangels wirksamer Namenserteilung kann sie auch nach Fristablauf noch wirksam erfolgen. Nach wirksamer Namenserteilung ist der Vorname nur noch im förmlichen Namensänderungsverfahren abänderbar. Der Vorname muß dem Geschlecht des Kindes entsprechen; weibliche Vornamen sind für Knaben grundsätzlich ausgeschlossen (BGHZ 30, 132); nur „Maria“ wird als zusätzlicher Vorname zugelassen; im übrigen ist die Verleihung von Vornamen des anderen Geschlechts nichtig; auch bloß weiblich klingende Vornamen sind für Knaben ausgeschlossen (BGHZ 73, 239). Gesetzliche Grenzen der Vornamensgebung bestehen sonst nicht; die standesamtliche Praxis läßt großzügig auch ausländische, ja selbst neu erfundene Vornamen zu (vgl. BayObLG NJW 1984, 1362), schaltet aber Familiennamen tunlichst aus, wenn nicht ein weiterer Vorname beigefügt ist. Doch nicht nur Sitte und Herkommen, sondern auch guter Geschmack, vor allem aber das nicht nur gemäß § 1757 bei Vornamenswahl für das Adoptivkind zu erwägende *Kindeswohl* sind in Betracht zu ziehen.

Vgl. dazu eingehend und eindringlich *Gernhuber*, Kindeswohl und Elternwille im Recht des Vornamens, StAZ 1983, 265, wo zB Namen wie „Ogino“, „Pillula“, „Gin“, „Pepsi-Cola“, „Che“, „Winnetou“, „Timpe“ u. a. m. mit guten Gründen beanstandet werden.

III. Wohnsitz

1. Das Kind teilt den Wohnsitz der *Eltern*, soweit diese zur *Personensorge* berechtigt sind (§ 11); regelmäßig sind dies beim ehelichen Kind beide Eltern (§ 1626); beim nichtehelichen Kind ist es die Mutter (§ 1705), selbst wenn sie minderjährig ist (§ 1673 II); auf das Recht zur gesetzlichen Vertretung kommt es – im Gegensatz zu früher – nicht an.

Personensorgeberechtigte können aber für das Kind einen von dem ihrigen abweichenden Wohnsitz bestimmen. Auch kann das beschränkt geschäftsfähige Kind mit Zustimmung des Personensorgeberechtigten einen eigenen Wohnsitz begründen. Den so oder gesetzlich begründeten Wohnsitz behält das Kind bei, bis es ihn selbständig wieder aufhebt. Nur ein verheiratetes minderjähriges Kind kann einen Wohnsitz selbständig begründen und aufheben (§ 8); mit der notwendigen Zustimmung zur Ehe (EheG § 3) geben die Eltern dem Minderjährigen auch die Wohnsitzbegründung frei!

Haben die Eltern eines ehelichen Kindes getrennte Wohnsitze, so teilt das Kind nur den Wohnsitz desjenigen, der etwa die Personensorge alleine hat (§§ 1671–1680). Steht keinem Elternteil die Personensorge zu, so teilt das Kind den Wohnsitz des sonst Personensorgeberechtigten, also des Vormunds oder Pflegers.

2. Das Gesetz löst die Wohnsitzfrage nicht für den Fall, daß die Eltern verschiedene Wohnsitze haben (getrennt leben) und die Personensorge beiden Eltern gemeinsam zusteht. Nach BGHZ 48, 228 und einer dieser

Entscheidung jetzt folgenden allgemeinen Judikatur (NJW 1984, 971) soll das Kind in diesem Fall einen doppelten Wohnsitz haben. Doch ist das wenig überzeugend.

Das BGB hatte ursprünglich den Kindeswohnsitz vom Wohnsitz des Vaters abhängen lassen. Seit dem 1. 4. 1953 war der Kindeswohnsitz streitig. Teils wurde angenommen, der alte § 11 bestehe unverändert weiter (BGHZ 20, 313), was mit GG Art. 3 kaum vereinbar war (lies *Müller-Freienfels* JZ 56, 600ff.; *Beitzke* NJW 55, 1586). Teils wurde bei Getrenntleben der Eltern ein doppelter Wohnsitz des Kindes angenommen (*Schwoerer* NJW 1962, 2038), was zu erheblichen Unzuträglichkeiten führt, vor allem zu einem Wettrennen um die bequemste Zuständigkeit für die Sorgerechtsregelung.

Das GleichberG hatte sich damit begnügt, den Wohnsitz an die Person des vertretungsberechtigten Elternteils zu knüpfen, weil es in § 1629 I den Vater für grundsätzlich allein vertretungsberechtigt erklärt hatte. Diese Regelung war aber unbefriedigend, weil sie die Mutter für den wichtigen Antrag auf Sorgerechtsregelung an die Zuständigkeit am Wohnsitz des Vaters nötigte – auch in dem Fall, wo der Vater den gemeinsamen ehelichen Wohnsitz verlassen hatte. Seitdem das BVerfG § 1629 I für nichtig erklärt hat, besteht praktisch eine Gesetzeslücke. Im neuen Nichtehelichenrecht ist zwar § 11 geändert, aber die Zweifelsfrage nicht geklärt worden.

Die Gesetzeslücke ist – entgegen dem BGH – in der Weise zu füllen, daß das Kind bis zur Begründung eines neuen eigenen Wohnsitzes den letzten gemeinsamen Wohnsitz der Eltern beibehält, weil es einem Elternteil nicht zusteht, einseitig den Wohnsitz des Kindes zu ändern (BayObLG, NJW 1962, 1156 u. OLG Hamm, NJW 60, 1723). Hat ein gemeinsamer Wohnsitz nie bestanden oder ist das Kind erst nach Trennung der Eltern geboren, so hat das Kind bis zur Wohnsitzbestimmung durch beide Eltern oder den etwa allein vertretungsberechtigten Elternteil keinen Wohnsitz (BayObLG NJW 1962, 1169).

Schrifttum: *Lange* JZ 1968, 132 u. Festschr. Bartholomeyczik 1973, 241ff.; *Beitzke*, FamRZ 1967, 609.

IV. Das Kind ist den Eltern gegenüber zu **Dienstleistungen** im Hauswesen und Geschäft verpflichtet (§ 1619). Dies folgt aus der familiären Lebensgemeinschaft.

1. Die Verpflichtung ist davon abhängig, daß das Kind dem elterlichen *Hausstand* angehört. Sie ist ein (nicht notwendig äquivalenter) Ausgleich für die Vorteile, die sich aus der Zugehörigkeit zum Hausstand ergeben. Das minderjährige Kind ist auch wegen der häuslichen Erziehung die es genießt (und die häufig auch Ausbildung im Erwerbsbetrieb der Eltern mit umfaßt), zu den Diensten verpflichtet; ein volljähriges Kind ist nur dann dienstpflichtig, wenn es Unterhalt genießt. Im übrigen geht die Pflicht der Eltern, dem Kind eine seiner Individualität entsprechende Berufsausbildung zu gewähren (§§ 1631a), deren Hilfsansprüchen gegen das Kind vor. Die unterhaltsrechtlichen Vorschriften (§ 1610 mit § 1602) schließen nicht aus, daß auch das auszubildende Kind mit der Hilfe im elterlichen Haushalt oder Geschäft einen Beitrag zum eigenen Unterhalt erbringt.

2. Das Kind hat die Dienste nach Maßgabe dessen, was in einer solchen Hausgemeinschaft notwendig und üblich ist, sowie seiner Kräfte und seiner Lebensstellung zu leisten, also Dienste niederer und höherer Art (RGZ 162, 116).

Von dem auf dem bäuerlichen Hof mitlebenden Sohn kann man anderes verlangen als von einem Handwerksgesellen, einem Studenten oder einer Verkäuferin. Bei Berufstätigkeit beider Eltern kann mehr Hilfe der Kinder beansprucht werden als in einer Hausfrauenehe (BGH NJW 1972, 1716 u. FamRZ 1973, 536), bei kranken Eltern mehr als bei gesunden.

3. Die *Sorgfaltspflicht* des Kindes beschränkt sich auf die Sorgfalt, die es in eigenen Angelegenheiten anzuwenden pflegt (analog §§ 1664, 1359; str.).

Mehr als die Eltern durch Erbgut und Erziehung den Kindern mitgegeben haben, können sie von ihnen nicht verlangen. Im Rahmen einer familienrechtlichen Mitarbeit können sie nicht wie bei einem Vertragsverhältnis jeden Schaden auf die Kinder abwälzen.

4. Das Recht der Eltern auf die Dienste ist höchstpersönlich und unabtretbar. Es ist auch verzichtbar und kann selbst stillschweigend vertraglich ausgeschlossen werden.

5. Ein minderjähriges Kind kann im Rahmen der Erziehung (§ 1631) zur Leistung der Dienste angehalten werden; gegen erwachsene Kinder ist nur Klage auf Dienstleistungen gegeben; Zwangsvollstreckung ist analog § 888 ZPO ausgeschlossen. Doch können die Dienstleistungen durch Zurückbehaltung des Unterhalts mittelbar erzwungen werden (str.).

6. Das Recht der Eltern auf die Dienste ist durch § 845 gegen Dritte geschützt, nicht etwa durch § 844; der Anspruch von Eltern auf Mitarbeit ihrer Kinder ist kein Unterhaltsanspruch der Eltern, sondern höchstens in der Mehrzahl der Fälle Anspruch auf deren Beitrag zum Familienunterhalt (vgl. dazu BGH, NJW 1969, 2005; im Schrifttum mehrfach kritisiert).

7. Das *Dienstleistungsverhältnis* ist ein *familienrechtliches,* kein vertragliches, auch wenn die Kinder schon volljährig und verheiratet sind (z. B. der mitarbeitende künftige Hofeserbe; BGH FamRZ 58, 173; offen lassend BGH NJW 1972, 429). Daran ändert auch die Gewährung eines Taschengeldes nichts (RGZ 99, 114; RAG, JW 1930, 440); dieses ist weder Arbeitsvergütung noch Schenkung, sondern Teil des Unterhalts. Andererseits kann auch bei Diensten im Hauswesen oder Geschäft der Eltern ein Arbeitsverhältnis vereinbart sein oder sich aus Art und Umfang der Dienste ergeben (vgl. BGH FamRZ 1978, 22). Ob nach § 850h ZPO eine Vergütung als geschuldet gilt, ist nicht entscheidend.

Ein Arbeitsverhältnis ist nicht einmal notwendig dann anzunehmen, wenn die Dienste den Rahmen überschreiten, in welchem sie noch als „Gegenleistung“ für Unterhalt und Erziehung angesehen werden können (BGH, MDR 1960, 299), so insbes. wenn in bäuerlichen Kreisen die Mitarbeit erwachsener Kinder auch ohne Arbeitsvertrag üblich ist. Die förmliche Vereinbarung eines Arbeitsverhältnisses kann namentlich steuerlich oder sozialversicherungsrechtlich (BVerfG BGBl. 1965 I 321) vorteilhaft sein, weil der an Kinder gezahlte Lohn, Lohnsteuer und Sozialversicherungsbeiträge als Betriebsausgabe absetzbar sind, andrerseits das Kind sozialversicherungsrechtlich selbständig (d. h. auch für seine Familie!) sichergestellt wird. – Gelegentlich hat die Rechtsprechung auch ein Gesellschaftsverhältnis zwischen dem Vater und dem mitarbeitenden erwachsenen

Sohn angenommen (OGH, MDR 49, 469), oder einen Lohnanspruch aus § 812 BGB hergeleitet, wenn sich die Erwartung auf die spätere Übernahme des väterlichen Betriebes nicht erfüllte und die Mitarbeit nur im Hinblick auf eine solche von dem erwachsenen Kind geleistet worden war (BGH FamRZ 1966, 25). Doch kann der Bereicherungsanspruch Bedenken aus §§ 812 I 2, 814, 815 begegnen (vgl. *Gernhuber,* FamRZ 60, 121). Gelegentlich wird auch ein Ausstattungsversprechen vorliegen, wenn eine Vergütung der Dienste zugesagt ist (z. B. Hofesübergabe als Vergütung für die Mitbewirtschaftung des Hofes im Familienverband der Eltern; vgl. BGH FamRZ 1965, 430).

Schrifttum: *Bydlinski,* Lohn- und Kondiktionsansprüche aus zweckverfehlenden Arbeitsleistungen, Fschr. Wilburg 1965, 45; *Leuze,* Arbeitsverhältnisse zwischen Familienangehörigen, FamRZ 1965, 15, *Motsch,* FamRZ 1966, 220. *Fenn,* AcP 167, 148 u. FamRZ 1968; 291; *Kropholler,* FamRZ 1969, 241; *Fenn,* Die Mitarbeit in den Diensten Familienangehöriger, 1970 u. DB 1974, 1067 u. 1112.

V. Vermögensverwaltung

Bei minderjährigen Kindern haben die Eltern das Recht und die Pflicht, das *Vermögen des Kindes zu verwalten* und zu nutzen (§§ 1626, 1649). Oft überlassen aber auch volljährige Kinder den Eltern die Verwaltung ihres Vermögens. Hierin liegen regelmäßig ein Auftrag (§ 675) und eine Vollmacht, die das Kind jederzeit widerrufen kann (§§ 168, 671). Dabei kann das Kind über die Verwendung der Einkünfte beliebige Bestimmungen treffen. Lebt das Kind im Hausstand der Eltern, so galten aber, solange das Kind nichts anderes bestimmt hatte, nach früherem Recht die Eltern als berechtigt, die nach Begleichung der Lasten und aus Vermögenseinkünften zu berichtigenden sonstigen Schulden verbleibenden Einkünfte nach freiem Ermessen zu verwenden, und zwar als Ersatz für den Unterhalt, bei dem sonst vermutet wird, daß die Eltern für ihn keinen Ersatz verlangen wollen (§ 685 II). Die Regelung ist dem Kinde nicht günstig und darum seit 1. 7. 1958 beseitigt.

VI. Aufwendungen des Kindes

Macht ein dem elterlichen Hausstand angehörendes Kind seinerseits Aufwendungen für den elterlichen Haushalt, so kann darin Verschiedenes liegen:

1. Ein Beitrag zum eigenen Unterhalt. Hier hat das Kind keinerlei Ersatzansprüche.

2. Ein Beitrag zum Unterhalt der Eltern. Hier hat das Kind keine Ersatzansprüche, wenn es den Eltern unterhaltspflichtig ist, wohl aber wenn es irrigerweise eine Unterhaltspflicht annahm. Bestand aber keine Unterhaltspflicht, so läßt § 1620 im Zweifel Schenkungsabsicht vermuten. Wenn die Aufwendungen von den Eltern als unentgeltliche Zuwendung angenommen wurden, liegt dann sogar vollendete Schenkung vor.

3. Geschäftsführung ohne Auftrag. Hier wäre nach § 684 ein Ersatzanspruch gegeben, der aber nach § 685 entfällt, wenn keine Absicht bestand, Ersatz zu verlangen. Für diesen Fall bestimmt § 1620, daß im Zweifel anzunehmen ist, daß die Absicht, Ersatz zu verlangen, fehlt (vgl. auch § 1360b).

VII. Ausstattung

Eltern machen Kindern anläßlich ihrer Verheiratung oder zur Erlangung einer selbständigen Lebensstellung häufig *Zuwendungen*, die über den gewöhnlichen Unterhalt hinausgehen.

1. Solche Zuwendungen heißen *Ausstattung* (§ 1624). Sie werden im Zweifel dem Vermögen des Kindes entnommen (§ 1625). Bei Entnahme aus dem Vermögen der Eltern sind sie im Erbfalle zur Ausgleichung zu bringen (§ 2050). Ein Anspruch auf derartige Zuwendungen besteht im allgemeinen nicht (Ausnahme: besondere Verträge).

Auch soweit die Ausstattung dem eigenen Vermögen des Kindes entnommen werden soll, kann sie nicht etwa nach §§ 1666, 1667 erzwungen werden.

2. Die Ausstattung ist eine besondere *familienrechtliche Zuwendung*.

a) Die Ausstattung ist Schenkung nur insoweit, als sie das den Vermögensverhältnissen der Eltern entsprechende Maß übersteigt (§ 1624). In dem üblichen Rahmen bedarf ein Ausstattungsversprechen keiner Form, außer es wird ein Grundstück (§ 313) oder eine Leibrente (§ 761, die bei elterlichen Zuschüssen auf begrenzte Zeit nicht vorliegt) versprochen; ein überhöhtes formloses Ausstattungsversprechen kann nach § 139 in angemessener Höhe trotz § 518 gültig bleiben. Die Ausstattung kann nicht wegen Armut oder groben Undanks, das Ausstattungsversprechen höchstens wegen Wegfalls der Geschäftsgrundlage widerrufen werden. Das familienrechtliche Verhältnis ist Rechtsgrund zum Behalten der Leistung (§ 812). Doch ist die Ausstattung zweckgebunden; daher wird das Versprechen hinfällig, wenn der Zweck nicht mehr erreicht werden kann (z. B. Einrichtung der ehelichen Wohnung, wenn die Eheleute sich alsbald getrennt haben).

b) Die Gewährleistung richtet sich – obgleich keine Schenkung vorliegt – nach Schenkungsrecht (§ 1624 II), da es sich ebenso wie bei der Schenkung um eine freiwillige Zuwendung handelt.

3. **Mitgift** ist das Vermögen, das einer Frau mit Rücksicht auf ihre Verheiratung zugewendet wird. Wird die Mitgift von den Eltern gegeben, so ist sie Ausstattung; wird sie von Dritten gegeben, so ist sie meist Schenkung. Wird ein Mitgiftversprechen von Schwiegereltern gegenüber dem Mann abgegeben, so ist es im Zweifel nicht ihm persönlich, sondern anläßlich der bevorstehenden Verehelichung ihm zugunsten der Frau gegeben; ist es ihm persönlich gegeben, so liegt ein formbedürftiges Schenkungsversprechen vor; die Annahme, es handle sich um ein entgeltliches Geschäft, weil er die Last des Unterhalts für die Ehefrau übernehme, widerspricht heute § 1360.

Schrifttum: *Neubecker,* Wesen des Mitgiftversprechens, 1909. *Paulick,* FamRZ 1960, 16.

4. **Aussteuer** ist die Ausstattung, welche eine Tochter bei ihrer Verheiratung zur Einrichtung des Haushalts erhält (§ 1620 a. F.)

Die Aussteuer ist ein Unterfall der Ausstattung. Der Begriff der Aussteuer ist auch enger als der der Mitgift, da sich die Aussteuer auf die zur Einrichtung des Haushalts dienenden Gegenstände beschränkt.

Das GleichberGes. hat mit Wirkung vom 1. 7. 1958 ab den Aussteueranspruch beseitigt, nicht so sehr wegen GG Art. 3, als vielmehr deshalb, weil heute in der Mehrzahl der Fälle eine Tochter genau so wie ein Sohn eine Ausbildung erhält und sich von dem dadurch erlangten Berufseinkommen die Aussteuer beschaffen kann, während für Eltern die Gewährung einer Aussteuer heute schwieriger ist als früher, zumal meist wenig Kapital angesammelt wird und Ersparnisse vorwiegend der Verbesserung der eigenen Altersversorgung dienen. Auch sollten die oft unerfreulichen Prozesse um die Aussteuer ausgeschaltet und die schwierige Nachprüfung der Frage, ob und inwieweit eine Tochter eine angemessene Ausbildung erhalten habe, abgeschnitten werden. Es bleibt also dem Verantwortungsgefühl der Eltern überlassen, inwieweit sie der Tochter eine Aussteuer als Ausstattung gewähren wollen.

Wenn auch kein Anspruch auf eine Aussteuer besteht, so ist die gewährte Aussteuer doch nicht rückforderbar; der Ausstattungszweck ist hinreichender Rechtsgrund und bleibt es auch, wenn die Tochter später vom Manne getrennt lebt oder die Ehe aufgelöst wird.

§ 26. Elterliche Sorge für Minderjährige

Schrifttum: *Siebert,* Elterliche Gewalt und Gleichberechtigung, NJW 1955, 1 u. JR 1955, 241ff.; *Gernhuber,* Elterliche Gewalt heute, FamRZ 1962, 89; *H. Krüger,* Grundrechtsausübung durch Jugendliche und elterliche Gewalt, FamRZ 1956, 329; *Reuter,* Kindesgrundrechte und elterliche Gewalt, 1968; *Gernhuber,* Kindeswohl und Elternwille, FamRZ 1973, 229; *Schwerdtner,* Kindeswohl und Elternrecht, AcP 1973, 297; *Kropholler,* Gleichberechtigung und Richterrecht, 1975; *Goldstein-Freud-Solnit,* Jenseits des Kindeswohls, 1974; *Jans-Happe,* Gesetz zur Neuregelung des Rechts der elterlichen Sorge, 1980; *Arntzen,* Elterliche Sorge und persönlicher Umgang mit Kindern aus gerichtspsychologischer Sicht 1979; *Zettel,* Ein Jahr Neuregelung des Rechts der elterlichen Sorge DRiZ 1981, 211; *Storz,* Eherecht und elterliche Sorge, 2. Aufl. 1982; *Coester,* Das Kindeswohl als Rechtsbegriff, 1983 (mit Bespr. von *Kropholler* JZ 1984, 164). Vgl. ferner die Angaben § 21 II am Ende.

I. Grundsätzliches

1. *Geschichtlich* gab es nur eine *väterliche Gewalt.* So schon im römischen Recht, wo auch die Mutter in der manus des Hausvaters stand. Die väterliche Gewalt war dort ursprünglich ein unbegrenztes Recht an der Person des Kindes, mit Verfügung über sein Leben und seine Freiheit; sie dauerte lebenslänglich. Das Recht wird seinem Umfang nach allmählich eingeschränkt; die Dauer durch emancipatio abgekürzt. Eigenes Vermögen konnte das Hauskind ursprünglich nicht haben, doch konnte ihm ein peculium eingeräumt werden, welches sich über das peculium castrense allmählich zum Eigenvermögen entwickelte.

Im deutschen Recht hatte der Vater die Munt über das Kind nur bis zu seiner wirtschaftlichen Selbständigkeit; sie schloß Schutz des Kindes und Verwaltung seines Vermögens in sich. Daraus entwickelte sich allmählich eine väterliche Vormundschaft.

Die Stellung der Mutter blieb trotz ihrer sich allmählich entwickelnden Fürsorge- und Erziehungsrechte immer weit hinter der des Vaters zurück.

2. Das BGB ging grundsätzlich von der *elterlichen Gewalt* über *eheliche Kinder* aus. Das bedeutete aber nicht eine gemeinsame, gleichartige Ausübung des Erziehungsrechts durch beide Eltern, wie sie der Gleichberechtigung der Geschlechter entsprechen würde. Die elterliche Gewalt stand nach BGB in erster Linie dem Vater zu. Die Mutter stand hinter dem Vater zurück. Sie hatte neben ihm nur die Personensorge und mußte sich auch hier – wie sonst in allen ehelichen Angelegenheiten – seiner Entscheidung fügen. Erst bei Verhinderung des Vaters trat sie an dessen Stelle.

In der DDR stand seit dem Ges. v. 27. 9. 1950 § 16 die elterliche Gewalt beiden Eltern gemeinsam zu; vgl. jetzt § 45 FGB, wo treffender vom ,,Erziehungsrecht" die Rede ist.

Seit dem 1. 4. 1953 stand in der BRD zufolge Art. 3 GG die elterliche Gewalt *dem Vater und der Mutter* zu. Die bisherige Praxis hat sie als ein für beide Teile gleiches und grundsätzlich gemeinsam auszuübendes Recht aufgefaßt; auch die Vertretung des Kindes war gemeinsam auszuüben (BGHZ 30, 308). Soweit die Eltern sich nicht einigten, hat die Praxis eine *Anrufung des Vormundschaftsgerichts* nach den Grundgedanken der §§ 1629 a. F. = § 1630 II n. F., 1797, 1798, EheG §§ 74, 75 zugelassen. Dabei haben die Vormundschaftsgerichte teils die von einem Elternteil schon getroffene Entscheidung bestätigt oder mißbilligt, teils einem Elternteil die Entscheidung übertragen, teils den Fall selbst entschieden (vgl. insbes. BGHZ 20, 313).

Das GleichberG hat dann gleichwohl einen väterlichen Entscheidungsvorrang vorgesehen; doch wurden die §§ 1628 u. 1629 I in der Fassung des GleichberG durch gesetzkräftiges (BGBl. 1959 I 633) Urteil des BVerfG (NJW 1959, 1483) für nichtig erklärt. Die so entstandene Gesetzeslücke ist erst mit 1. 1. 1980 durch das neue Sorgerecht endgültig wieder geschlossen. Zugleich ist die überkommene Bezeichnung ,,elterliche Gewalt" durch ,,elterliche Sorge" ersetzt worden, um die Pflichtgebundenheit der elterlichen Position stärker herauszustellen.

Schrifttum: *Habscheid*, Zur Problematik der gesetzlichen Vertretung, FamRZ 1957, 109; *Beitzke*, JR 1959, 401; *Bosch*, FamRZ 1959, 406 u. 430; *Genzmer*, MDR 1960, 881; *Götz*, NJW 1960, 334; *Schwoerer*, NJW 1959, 2089 u. NJW 1960, 1419; *Lange*, Die Lücke im Kindschaftsrecht, NJW 1961, 1889. *Knittel*, Die verfassungsgerichtliche Normenkontrolle als Ursache von Gesetzeslücken, JZ 1967, 79; *K. Müller*, Gesetzliche Vertretung ohne Vertretungsmacht, AcP 168, 113 ff.; *Dilcher*, Rechtsgeschäfte auf verfassungswidriger Grundlage, AcP 163, 193.

Übergangsrechtlich muß angenommen werden, daß die zwischen 1. 7. 1958 und dem Urteil des Bundesverfassungsgerichts nur vom Vater in Vertretung des Kindes vorgenommenen Rechtsgeschäfte nicht vollwirksam sind (BGHZ 39, 45). Vielfach dürfte aber die Mutter vorher ihr Einverständnis oder später ihre Genehmigung (§ 177) erklärt haben. Damit sind dann die Geschäfte wirksam geworden, bei verweigerter oder unzulässiger nachträglicher Genehmigung aber endgültig nichtig.

II. Neuregelung und Inhalt der elterlichen Sorge

Das gesamte Recht der elterlichen Sorge ist jetzt durch das Ges. v. 18. 7. 1979 bei Unterstreichung der Pflichtgebundenheit dieses verfassungsrechtlich (Art. 6 GG) geschützten Rechts neu geregelt worden (vgl. oben § 21 II).

1. Das elterliche Sorgerecht umfaßt nach § 1626 Personensorge (s. unten § 27) und Vermögenssorge (s. unten § 28), die Recht und Pflicht beider Eltern sind. Sie sind Bestandteile eines seinem Grundgehalt nach unentziehbaren Grundrechts (Art. 6 II GG), *unverzichtbar* und *unübertragbar.* Nur ihre Ausübung kann beschränkt werden (str.). Dritte können zur *Ausübung* der elterlichen Sorge widerruflich herangezogen werden (Kindermädchen, Privatlehrer, Internat, Bevollmächtigte, Lehrherr, Stiefeltern usw.). Geben die Eltern das Kind für längere Zeit in Familienpflege, so kann das Vormundschaftsgericht auf Antrag der Eltern einzelne Angelegenheiten der elterlichen Sorge auf die Pflegeperson übertragen, womit diese die Stellung eines Pflegers erhält, insoweit allein verantwortlich ist und die Eltern entlastet (§ 1630 III n. F.).

Unverzichtbarkeit und Unübertragbarkeit des Sorgerechts sind umstritten. Richtig formuliert geht es entscheidend darum, worin der unverzichtbare und unübertragbare Grundgehalt des Sorgerechts besteht. Unverzichtbarkeit äußert sich schon darin, daß eine Abgabe des Sorgerechts nur über eine staatliche Entscheidung möglich ist – auch bei der Adoption (§ 1750 IV mit § 1755). Der unübertragbare Grundgehalt kommt im überall vorgesehenen elterlichen Vorrang auf Rückgewinnung des Sorgerechts nach förmlicher Entziehung zum Ausdruck (vgl. §§ 1696 II, 1751 III, 1764 IV).

Die elterliche Sorge ist Ausfluß und Betätigungsrahmen der natürlichen Verbindung und Zuneigung der Eltern zum Kind, aber ein pflichtgebundenes Recht und im Sinne der Förderung des Kindes sowie seiner Entwicklung zu einer selbständigen Persönlichkeit und einem tauglichen Glied der Gesellschaft auszuüben. Die Pflichtentbindung wird vom Gesetz mit dahingehend formuliert, daß die Eltern die wachsende Fähigkeit und das wachsende Bedürfnis des Kindes zu selbständigem, verantwortungsbewußtem Handeln berücksichtigen und mit dem Kind Fragen der elterlichen Sorge – soweit es nach dessen Entwicklungsstand angezeigt ist, besprechen sollen, um Einvernehmen mit dem Kind zu erzielen (Konfliktvermeidung; § 1626 II). Ferner sollen die Eltern bei Ausbildung und Beruf auf Eignung und Neigung des Kindes Rücksicht nehmen (§ 1631 a). Dem Kinde gegenüber haben die Sorgeberechtigten aus ihrer Pflichtenstellung heraus für ordnungsmäßige Ausübung der elterlichen Sorge einzustehen. Sie haften aber – bedenklicherweise – nur für diejenige *Sorgfalt,* die sie in eigenen Angelegenheiten anzuwenden pflegen (§ 1664). Wie im Verhältnis der Ehegatten zueinander (§ 1359) ist auch hier vor allem zweifelhaft, ob die Haftungsbeschränkung auch bei Verletzung allgemeiner Verkehrspflichten (Straßenverkehrsunfall) gelten muß (vgl. dazu BGH 73, 195 u. oben § 12 VI 2). Betrauen Eltern Dritte mit Ausübung der elterlichen Sorge, so haften sie für deren Verschulden wie für eigenes (§ 278); übertragen sie Dritten Kindesangelegenheiten (Rechtsanwalt für Prozesse um Kindesvermögen; Reparaturauftrag für Kindeseigentum), so haften sie für ordnungsmäßige Auswahl. Umgekehrt haben sie gegen das Kind einen Anspruch auf *Ersatz von Aufwen-*

dungen (§ 1648), sofern sie sie nicht kraft Unterhaltspflicht (§§ 1601 ff.) zu tragen haben. Sie brauchen entgegen § 685 BGB hier nicht zu beweisen, daß sie die Absicht hatten, Ersatz zu verlangen.

2. Die elterliche Sorge enthält auch gegen Dritte wirkende *absolute Rechtspositionen* (arg. insbes. § 1632 III). Daraus ergeben sich Unterlassungsansprüche gegen jeden Störer der elterlichen Sorge (analog § 1004) und ein Anspruch auf Schadenersatz bei ihrer Verletzung (§ 823).

3. Die elterliche Sorge ist Recht und Pflicht *beider* Eltern und daher zufolge der in §§ 1626, 1627 enthaltenen Grundentscheidungen von beiden Eltern gemeinsam auszuüben. Bei Meinungsverschiedenheiten müssen die Eltern versuchen sich zu einigen. Die Eltern können aber in allen Angelegenheiten der elterlichen Sorge, deren Regelung für das Kind von erheblicher Bedeutung ist, entsprechend den Grundgedanken der §§ 1672, 1671, 1634 das Vormundschaftsgericht anrufen (§ 1628). Dieses kann nur ausnahmsweise selbst in der Sache entscheiden (§ 1631 a II), weil ihm auch sonst nur selten (§§ 1844, 1846) erlaubt ist, unmittelbar eigene Maßnahmen zu treffen. Da es schon den Vormund nicht zu bestimmter Tätigkeit anweisen kann, steht ihm dies auch gegenüber den Eltern nicht zu. Vielmehr kann es grundsätzlich nur einem Elternteil allein auf dessen Antrag die Entscheidungsbefugnis zuweisen. Die Entscheidung bleibt damit in der Familie und der Richter wird nicht mit unjustitiablen Fragen belastet. Die Übertragung der Entscheidungsbefugnis kann mit Beschränkungen oder Auflagen verbunden werden. Solche Übertragung der Entscheidung an einen Elternteil bleibt aber der letzte Ausweg. Das Gericht soll zunächst darum bemüht sein, daß die Eltern sich auf eine dem Wohl des Kindes entsprechende Regelung einigen (§ 1628 II). Daraus folgt zugleich, daß das Gericht die Entscheidungsbefugnis demjenigen Elternteil übertragen soll, dessen Entscheidung am ehesten dem Kindeswohl zu entsprechen verspricht. Das Kind hat kein eigenes Antragsrecht, um eine ihm zusagende Ersatzlösung für die mangelnde Einigung der Eltern herbeizuführen. Es ist aber im Rahmen von FGG § 50b anzuhören und von FGG § 59 mit 14 Jahren beschwerdeberechtigt.

Das in § 1627 vorgesehene „gegenseitige Einvernehmen" und die in § 1628 II vorgesehene Einigung sind keine Rechtsgeschäfte, sondern bestenfalls rechtsgeschäftsähnliche Handlungen (str.). Sie sind nicht etwa nur für Außenakte (Vertretung des Kindes), sondern für das gemeinsame Verhalten gegenüber dem Kind, für die Ausübung tatsächlicher Sorge notwendig.

4. Die elterliche Sorge beschränkt sich nicht auf das Verhalten der Eltern gegenüber dem Kind, sondern tritt auch nach außen in Erscheinung, sowohl in tatsächlichen Fürsorgehandlungen (Vorstellen des Kindes beim Arzt), als auch in echten Vertretungshandlungen (Rechtsgeschäfte namens des Kindes; Anträge namens des Kindes bei Behörden). Ferner

werden die Eltern kraft ihrer elterlichen Sorge – ohne daß Vertretung vorläge, kraft eigenen Rechts – sowohl dem Kind wie Dritten gegenüber tätig, z. B. durch Begründung eines besonderen Wohnsitzes für das Kind oder den Antrag auf Herausgabe des Kindes; häufig nehmen sie dabei Rechtsgeschäfte vor, z. B. Zustimmungserklärungen zu Rechtsgeschäften des Kindes, insbes. zu Eheschließung und Adoption.

Nicht jede kraft elterlicher Sorge getroffene Maßnahme muß oder kann auch nur von beiden Eltern gemeinsam getroffen werden. Namentlich tatsächliche Fürsorgehandlungen gegenüber dem Kind kann jeder Elternteil alleine vornehmen, natürlich im Rahmen dessen, was die Eltern zuvor über die Erziehung des Kindes beschlossen hatten. Schon die gesetzlich verankerte Funktionsteilung der Eltern (§ 1606 III) ergibt dies. Auch kann in Eilfällen die Alleinentscheidung eines Elternteils notwendig werden. Daß gelegentlich einmal widersprüchliche Maßnahmen beider Eltern vorkommen werden, ist kaum zu vermeiden und hinzunehmen. Soweit ein Elternteil selbständig tätig wird, bleibt aber der andere mit verantwortlich (§ 1666 wegen unterlassenen Eingreifens!).

Soweit ein Auftreten der Eltern kraft ihrer elterlichen Sorge außerhalb der eigentlichen Vertretung in Frage steht, fehlt es an einer Regelung darüber, ob die Eltern gemeinsam auftreten müssen oder nicht. Nur für Eheschließung (EheG § 3) und Adoption (§ 1747) war schon vor GG Art. 3 die Einwilligung beider Eltern vorgeschrieben. Im übrigen wird man nach dem System des Gesetzes, welches das Auftreten nach außen in Form der Vertretung beiden Eltern zuweist, auch sonstiges Auftreten nach außen (Wohnsitzbegründung für das Kind; Zustimmung zu Rechtsgeschäften nach §§ 107ff. usw.) als Aufgabe beider Eltern anzusehen haben. Der Antrag auf Herausgabe eines Kindes kann aber auch gegenüber Dritten von einem Elternteil alleine gestellt werden (§ 1632 III).

5. Die elterliche Sorge umfaßt auch die Vertretung des Kindes. Die *gesetzliche Vertretung* steht ebenfalls beiden Eltern gemeinsam zu (*Gesamtvertretung* § 1629). Das Bundesverfassungsgericht hat zwar die Einführung von Einzelvertretung für zulässig erklärt (vgl. auch die in der 5. Aufl. § 25 I 3 vertretene Ansicht), und es besteht nach ihr in manchen Fällen geradezu ein dringendes Bedürfnis (z. B. zum Widerspruch gegen eine unzulässige Zwangsvollstreckung in Kindesvermögen). Ihr Fehlen bedeutet eine gewisse Erschwerung des Rechtsverkehrs. Doch kann ein Elternteil den anderen ermächtigen, das Kind in bestimmten Dingen alleine zu vertreten. Fehlt es an solcher Ermächtigung (die man nicht allzu leicht unterstellen darf!), so kann die nachträgliche Genehmigung helfen (§ 177). Soweit das Vormundschaftsgericht einem Ehegatten die Entscheidungsbefugnis allein zugewiesen hat, ist dieser folgerecht auch allein vertretungsberechtigt (§ 1629 I 3). Passiv besteht grundsätzlich Einzelvertretung (so schon BGH NJW 1977, 950; vgl. HGB § 125 II u. III).

Nur ausnahmsweise ist zur Geltendmachung von Unterhaltsansprüchen des Kindes, das sich in der Obhut eines Elternteils befindet, gegen den anderen Elternteil der erstere Elternteil allein vertretungsberechtigt (§ 1629 II 2).

Die aus der Personen- und Vermögenssorge entspringende Stellung der Sorgeberechtigten als *gesetzliche Vertreter des Kindes* hat zur Folge, daß das Kind Dritten für jedes Verschulden eines Sorgeberechtigten im Rahmen vertraglicher und quasivertraglicher Haftung einstehen muß (§ 278), unbeschadet seines Rückgriffs gegen diesen selbst. Eine Haftung des Kindes für unerlaubte Handlungen der Eltern besteht nicht (arg. § 831).

III. Schranken der elterlichen Sorge

1. Die elterliche Sorge besteht, solange das Kind *minderjährig* ist (§ 1626). Wirtschaftliche Selbständigkeit des Kindes läßt sie unberührt; Heirat eines minderjährigen Kindes schränkt die elterliche Sorge nur hinsichtlich der tatsächlichen Personensorge ein (§ 1633); doch bleibt diese Einschränkung selbst bei Wiederauflösung der Ehe erhalten.

Schrifttum: *Lücken,* Die personenrechtliche Stellung der Ehefrau und Mutter nach dem BGB; Festschr. Reinhardt (1973) S. 103ff.

2. Die dem Inhaber der elterlichen Sorge zustehenden Rechte sind nicht unbeschränkt:

a) So können einzelne Vermögensstücke der *Verwaltung entzogen* (z. B. §§ 1638, 1639), einzelne Rechtsgeschäfte schlechthin verboten (z. B. § 1641), andere für diesen Inhaber der elterlichen Sorge wegen Interessenkollision unzulässig (§§ 1629, 1795, 181) sein. Es können auch einzelne Gegenstände und Geschäfte oder ganze Zweige der elterlichen Sorge dem Inhaber entzogen werden (§§ 1666, 1667, 1670, 1680, 1690). Notfalls ist dann zur Sorge für die betreffenden Angelegenheiten einschließlich der Vertretung ein Pfleger zu bestellen. Besonders zweifelhaft ist der im Gesetz nicht näher geregelte Fall, daß einer von beiden Elternteilen an der Vornahme eines Geschäfts *rechtlich* verhindert ist (§§ 1629 II, 1795, 181). Hier ist dann im allgemeinen auch der andere Ehegatte als verhindert anzusehen (BayObLG FamRZ 1976, 186), weil – wie § 1795 ergibt – dann offenbar auch der andere Ehegatte nicht unbefangen ist. Die Rechtslage ist nur da anders, wo das Gesetz selbst die Befangenheit als ausgeschlossen ansieht wie bei der anläßlich des Getrenntlebens beider Eltern von einem Elternteil namens des Kindes gegen den anderen angestrengten Unterhaltsklage (§ 1629 II) oder bei dem anläßlich des gestellten Scheidungsantrages von einem Elternteil im eigenen Namen zugunsten des Kindes geltend gemachten Unterhaltsanspruch (§ 1629 III).

Im Zuge der ab 1. 7. 1977 geltenden Neuregelung des Scheidungsverfahrens kann ein Elternteil im Verlauf des Verfahrens Unterhaltsansprüche eines Kindes im eigenen Namen geltend machen, und zwar nicht nur für die Zeit nach Rechtskraft der Scheidung (echte Scheidungsfolgesache), sondern auch für die vorausgehende Zeit (BGH NJW 1983, 2084). Urteil und Vergleich wirken dann auch für und gegen das Kind. Das bedeutet eine nicht unwesentliche Verfahrensvereinfachung.

Über die Rechtsstellung des bei elterlicher Verhinderung zu bestellenden Pflegers vgl. im Vormundschaftsrecht unten § 40. Soweit der Aufgabenkreis des Pflegers reicht, entfällt die elterliche Sorge (§ 1630). Meinungsverschiedenheiten zwischen Pfleger und Inhaber der elterlichen Sorge entscheidet das Vormundschaftsgericht (§ 1630).

Beispiel: Der Pfleger, dem die Personensorge übertragen ist, bestimmt das Kind für einen Beruf, der eine kostspielige Ausbildung erfordert. Die Eltern als Träger der Vermögenssorge weigern sich, das erforderliche Geld zur Verfügung zu stellen. Das Vormundschaftsgericht entscheidet.

Bestellung eines Pflegers ist auch erforderlich bei Prozessen zwischen Eltern und Kind, insbesondere bei Anfechtung der Ehelichkeit des Kindes.

b) Eine Reihe *höchstpersönlicher Rechtsgeschäfte* kann das beschränkt geschäftsfähige Kind selber vornehmen; der Inhaber der elterlichen Sorge ist als gesetzlicher Vertreter insoweit ausgeschlossen oder auf das Recht der Zustimmung beschränkt, so insbesondere im Güterrecht (z. B. § 1411) und letztwilligen Verfügungen (§§ 2229, 2271, 2275, 2282, 2290, 2296, 2347, 2351). Bei namensrechtlichen Erklärungen (§§ 1617, 1618, 1720, 1737, 1740f.), Zustimmung zur Legitimation (§ 1729) und Adoption (§ 1746) endet das elterliche Vertretungsrecht mit dem 14. Lebensjahr des Kindes; danach kann es seine Erklärungen nur selbst, aber auch nur mit Zustimmung des gesetzlichen Vertreters abgeben.

Darüber hinaus kann sich die elterliche Sorge auch da nicht auswirken, wo der Minderjährige in einem besonders geregelten Pflichtenkreis steht (insbes. sog. „Besonderes Gewaltverhältnis" wie Schule oder Strafhaft; der jugendliche Arbeitnehmer im Rahmen der Betriebsverfassung usw.) und der Minderjährige nur den Pflichten genügt. Fraglich ist, inwieweit er in diesem Rahmen auch Rechte ohne elterliche Zustimmung wahrnehmen kann, es ist vielfach zu bejahen. Auch Grundrechte wie z. B. die Religionsfreiheit (GG Art. 4) können im Rahmen der vom RKEG vorgesehenen Religionsmündigkeit (mit 12 bzw. 14 Jahren) selbständig wahrgenommen werden (darüber unten § 27 II 3d) und der Minderjährige hat mit 14 Jahren ein selbständiges Beschwerderecht gegenüber dem Vormundschaftsgericht nach FGG § 59 (vgl. zum ganzen Fragenbereich *H. Krüger*, FamRZ 1956, 329).

c) Eine Reihe von Geschäften ist so einschneidend und wichtig, daß der Inhaber der elterlichen Gewalt sie nur mit *Genehmigung des Vormundschaftsgerichts* vornehmen kann.

Hierher gehört z. B. der Antrag auf Entlassung aus der Staatsangehörigkeit (§ 19 Ges. vom 22. 7. 1913); Genehmigung eines selbständigen Erwerbsgeschäfts (§ 112); wichtige Vermögensangelegenheiten (§§ 1643, 1821, 1822); Antrag auf Todeserklärung (§ 16 VerschG); ferner eine Anzahl von Geschäften im Rahmen der fortgesetzten Gütergemeinschaft (§§ 1484, 1491 III, 1492 III) und im Erbrecht (§§ 2282, 2290, 2291, 2347).

3. Ein *Beistand* kann jedem Elternteil bestellt werden, welcher die elterliche Sorge allein ausübt (§ 1685).

Dabei ist es ohne Belang, aus welchen Gründen ein Elternteil die elterliche Sorge allein ausübt: ob der andere Elternteil verstorben ist, seine elterliche Gewalt ruht oder verwirkt ist, oder es um die elterliche Sorge über ein nichteheliches Kind geht. Auch soweit nur ein Teil der elterlichen Sorge (etwa zufolge § 1671 IV die Personensorge) von einem Elternteil allein ausgeübt wird, erscheint ein Beistand zulässig.

Das BGB hatte in § 1687 a. F. einen Beistand nur für die elterliche Sorge der Mutter vorgesehen, offenbar weil es die Mutter zur Ausübung der elterlichen Gewalt für minder geeignet hielt als den Vater. Insoweit verstieß die Regelung des BGB gegen Art. 3 GG. Andrerseits ist die Beistandschaft eine zur Unterstützung der elterlichen Sorge wichtige Einrichtung, kann also nicht entfallen, sondern muß bei beiden Eltern möglich sein. Deshalb ist sie aufrechterhalten. Beseitigt ist aber die Möglichkeit, daß der Vater testamentarisch für die Mutter einen Beistand bestimmt. Ferner ist – in Stärkung des Elternrechts – ab 1. 7. 1958 auch die Möglichkeit entfallen, daß das Vormundschaftsgericht von sich aus nach pflichtmäßigem Ermessen einem Elternteil einen Beistand bestellt.

Der Beistand ist vom Vormundschaftsgericht nur zu bestellen, wenn er vom Inhaber der elterlichen Sorge beantragt wird; der Antrag wird selten gestellt.

Der Pflichtenkreis des Beistandes kann umfassend oder beschränkt sein, je nach der Bestellung (§ 1685 II). Es kann ihm insbesondere die Geltendmachung von Unterhaltsansprüchen und die Vermögensverwaltung ganz oder teilweise übertragen werden; insoweit erhält der Beistand die Stellung eines Pflegers (§ 1690) und ist dann insoweit – aber auch nur insoweit (BGH FamRZ 1981, 865) – Vertreter des Kindes, soll aber in seinem Wirkungskreis nicht völlig selbständig handeln, sondern mit dem Elternteil, dem er bestellt ist, Fühlung nehmen; im übrigen gelten für seine Rechtsstellung weitgehend Vorschriften über den Gegenvormund (§ 1691). Außerdem hat der Beistand den Elternteil, dem er bestellt ist, zu unterstützen (§ 1686), insbesondere bei Aufnahme eines Vermögensverzeichnisses (§ 1689). Der Beistand wird im Interesse des Kindes eingesetzt; er ist ihm gegenüber zu ordnungsmäßiger Amtsführung verpflichtet, haftet ihm wie ein Vormund, hat aber auch aus dem Kindesvermögen eine Vergütung zu beanspruchen. Da die Beistandschaft vom Antrag des allein sorgeberechtigten Elternteils abhängig ist, soll sie auch nicht ohne seine Zustimmung aufgehoben werden (§ 1692); doch ist die ohne Zustimmung erfolgte Aufhebung wirksam; der betroffene Elternteil kann ihr stets mit einem Antrag auf eine neue Beistandschaft begegnen. Andrerseits muß die Beistandschaft aufgehoben werden, wenn der Antrag auf Beistandschaft zurückgenommen wird (§§ 1692, 1792, 1882).

IV. Hinderung der elterlichen Sorge

1. Jeder Elternteil kann an der Ausübung der elterlichen Sorge *tatsächlich verhindert* sein (Krankheit, Haft, Auslandsreise). *Dann* wird die elterliche Sorge durch den anderen Elternteil allein ausgeübt (§ 1678); er hat Alleinentscheidung und Alleinvertretungsmacht.

2. Für Dritte ist nicht ohne weiteres erkennbar ob anläßlich einer Verhinderung des einen Gatten der andere allein sorgeberechtigt ist. Daher kann das Vormundschaftsgericht förmlich diese Verhinderung feststellen

(§ 1674); die tatsächliche Verhinderung wird eine *rechtliche:* die elterliche Sorge *ruht;* die Rechtsfolgen entsprechen denen bei tatsächlicher Verhinderung (§ 1675). Das Vormundschaftsgericht kann durch die förmliche Feststellung, daß der Grund zum Ruhen der elterlichen Sorge nicht mehr besteht , deren Ausübung *wiederaufleben* lassen (§ 1674 II). Ruht die elterliche Sorge desjenigen Elternteils, dem sie anläßlich Scheidung oder Getrenntleben übertragen war (§§ 1671, 1672) und besteht keine Aussicht auf Wegfallens des Grundes zum Ruhen des Sorgerechts, so hat das Familiengericht (nicht Vormundschaftsgericht) die elterliche Sorge dem anderen Elternteil zu übertragen, wenn dies dem Kindeswohl nicht widerspricht; andernfalls ist ein Vormund zu bestellen.

3. Die elterliche Sorge *ruht* für jeden Elternteil, welcher *nicht voll geschäftsfähig* ist oder für Person und Vermögen einen Pfleger nach § 1910 I erhalten hat (§ 1673). Die Ausübung der elterlichen Sorge steht dann dem anderen Ehegatten allein zu (§ 1678), doch behält ersterer die tatsächliche Personensorge, muß sich aber bei Meinungsverschiedenheiten demjenigen Gatten beugen, welcher das Vertretungsrecht hat. Anders nur bei einem minderjährigen Elternteil, welcher neben einem Vormund oder Pfleger diesen durch die Maßgeblichkeit seiner Entscheidungen in der tatsächlichen Personensorge zurückdrängt (§ 1673 II); ist jedoch der andere Elternteil mit sorgeberechtigt, so ist Einigung nach § 1627 anzustreben.

Ist der Vater gestorben und wegen Minderjährigkeit der Mutter ein Vormund für das Kind bestellt, so entscheidet über die Frage der Operation des Kindes die Mutter vor dem Vormund, der aber als gesetzlicher Vertreter die Einwilligung nach außen hin erklären muß (vgl. JFG 16, 206).

Die elterliche Sorge ruht ferner, wenn die Einwilligung zur Adoption (durch einen Dritten) erteilt (§ 1747) oder gerichtlich ersetzt (§ 1748) wird (§ 1751); das Jugendamt wird Vormund bis zur Adoption. Wird das Kind nicht binnen dreier Jahre adoptiert, so hat das Vormundschaftsgericht die Ausübung der elterlichen Sorge zurückzuübertragen, soweit dies dem Kindeswohl nicht widerspricht.

4. Sind beide Eltern verhindert, so trifft das Vormundschaftsgericht die notwendigen Maßregeln, bei tatsächlicher Verhinderung durch unmittelbare Erledigung der notwendigen Geschäfte oder Bestellung eines Pflegers (§ 1693), bei Ruhen der elterlichen Sorge durch Bestellung eines Vormunds (§ 1773).

5. Wegen rechtlicher Verhinderung vgl. oben III 2.

V. Beendigung der elterlichen Sorge

1. Die elterliche Sorge *endigt* mit Tod des Kindes, dessen Volljährigkeit (§ 1626) – nicht aber dessen Heirat (§ 1633).

Eine Nachwirkung des elterlichen Sorgerechts besteht in Recht und Pflicht, für eine angemessene Bestattung eines verstorbenen Kindes zu sorgen (auch wenn die Kosten von dessen Erben zu zahlen sind), oder auch im Recht, einer etwaigen Leichenöffnung zuzustimmen (MedR 1983, 154).

Im Fall der Adoption durch einen Dritten erlischt nach § 1755 das Verwandtschaftsverhältnis mit den leiblichen Eltern und damit auch die elterliche Sorge. Mit Aufhebung der Adoption (§ 1764) lebt das Verwandtschaftsverhältnis wieder auf; die Ausübung der elterlichen Sorge ist vom Vormundschaftsgericht zurückzuübertragen, soweit dies dem Kindeswohl nicht widerspricht.

2. Die elterliche Sorge jedes der Ehegatten endigt ferner mit seinem Tod oder seiner Todeserklärung zu dem Zeitpunkt, welcher nach den Vorschriften des Verschollenheitsgesetzes als Todeszeitpunkt festgesetzt wird (§ 1677).

Bei unrichtiger Todeserklärung kann aber der für tot Erklärte die in Wirklichkeit nicht verlorene, sondern nur ruhende Ausübung der elterlichen Sorge durch eine Erklärung an das Vormundschaftsgericht wiederherstellen. Diese Erklärung ist nötig, damit das Vormundschaftsgericht den inzwischen erwa bestellten Vormund entlassen kann.

3. Die früher vorgesehene automatische „Verwirkung“ der elterlichen „Gewalt“ wegen eines an dem Kinde verübten Verbrechens oder Vergehens ist mit 1. 1. 1980 beseitigt.

4. Die elterliche Sorge endigt, soweit sie durch Maßnahmen des Vormundschaftsgerichts nach §§ 1666, 1667 entzogen wird. Sie kann durch Änderung der getroffenen Anordnungen (§ 1696) jederzeit ganz oder teilweise wieder aufleben.

5. Bei Tod oder Todeserklärung eines Ehegatten steht die elterliche Sorge dem anderen Ehegatten zu (§ 1681); bei ihrer Entziehung steht ihre Ausübung dem anderen Ehegatten zu; doch kann das Vormundschaftsgericht eine abweichende Entscheidung treffen, wenn das Kindeswohl es erfordert, d. h. einen Vormund (oder für Teilbereiche einen Pfleger) bestellen (§ 1680). War der verstorbene Elternteil zufolge einer Sorgerechtsregelung wegen Scheidung oder Getrenntlebens allein sorgeberechtigt (§§ 1671, 1672) oder wurde dem alleine sorgeberechtigten Elternteil das Sorgerecht entzogen (§§ 1666, 1667), so muß das Vormundschaftsgericht prüfen, ob es dem anderen Ehegatten die Ausübung der elterlichen Sorge überlassen kann; bejahendenfalls ordnet es ausdrücklich die Ausübung der elterlichen Sorge durch diesen Elternteil alleine an; verneinendenfalls setzt es einen Pfleger oder Vormund ein (§§ 1680, 1681).

§ 27. Personensorge

Die Personensorge ist Recht und Pflicht beider Eltern. Diese sind auch gesetzliche Vertreter des Kindes in allen Angelegenheiten der Personensorge (§ 1629).

I. Fürsorge

Die Personensorge umfaßt zunächst die Sorge für das *leibliche Wohl* und Gedeihen des Kindes, seine Unterbringung, Verpflegung, Bekleidung und Gesundheit.

1. Wenn die Eltern das Kind ärztlich behandeln lassen, so können sie diesen Vertrag im eigenen Namen (als Vertrag zugunsten eines Dritten oder – auch ausreichend – als Vertrag mit Schutzwirkung für das Kind) oder im Namen des Kindes abschließen. Regelmäßig werden sie den Vertrag im eigenen Namen schließen. – Die Zustimmung zu einer Operation des Kindes (soweit sie nach der bedenklichen Rspr. des BGH – FamRZ 59, 200 – nicht schon vom Minderjährigen selbst erteilt werden kann) ist Sache des in persönlichen Angelegenheiten Vertretungsberechtigten (JFG 13, 35), also grundsätzlich beider Eltern. Die minderjährige Ehefrau kann zufolge § 1633 über ihre ärztliche Behandlung selbst entscheiden, auch wenn der einschlägige schuldrechtliche Vertrag für sie selbst nur mit Zustimmung des gesetzlichen Vertreters geschlossen werden kann, und im übrigen kraft § 1357 auch der Ehemann verpflichtet wird. Der Entw. 1973 wollte einem hinreichend einsichtigen Kinde über 14 Jahre die Einwilligung selbst überlassen – unbeschadet der Befugnis der Eltern, die Einwilligung für das Kind zu erklären. Aber Abstellen auf konkrete Einsichtsfähigkeit im Einzelfall schafft Rechtsunsicherheiten; auch ist das Alter von 14 Jahren zu niedrig angesetzt. § 36 SGB gestattet dem 15-jährigen Minderjährigen, sich selbständig einen Krankenschein zu holen – vorbehaltlich elterlicher Kontrolle, die nur möglich ist, wenn sie von der Behandlung erfahren, das Arztgeheimnis also ins Verhältnis zum elterlichen Erziehungsrecht gebracht wird. Andererseits sollte gegen den Willen eines Heranwachsenden (Grenze 15 oder 16 Jahre?) ein schwerer wiegender ärztlicher Eingriff nur mit Genehmigung des Vormundschaftsgerichts zulässig sein (alles noch sehr str., auch wegen Schwangerschaftsabbruch und Behandlung Drogensüchtiger). Umgekehrt können Eltern verständige Gründe haben, einem schwerwiegenderen Eingriff beim Heranwachsenden ihre Zustimmung zu versagen, auch wenn dieser den Eingriff wünscht.

2. Zur *Unterbringung* des Kindes in einer geschlossenen Anstalt ist die Genehmigung des Vormundschaftsgerichts erforderlich (§ 1631 b), die zurückzunehmen ist, sobald das Kindeswohl die Unterbringung nicht mehr erfordert (vgl. unten IV 1).

3. Zur Fürsorge für die Person gehört auch die Regelung des Personenstandes des Kindes z. B. die Beilegung des Vornamens und dessen etwaige Änderung, die Zustimmung zur Eheschließung eines Minderjährigen (§ 3 EheG), zu seiner Legitimation (§ 1728) oder Adoption (§ 1746). Ferner gehört hierher die Stellung von Strafanträgen bei Verletzung des Kindes; die Befugnis dazu hat nach § 77 Abs. 3 StGB der gesetzliche Vertreter in persönlichen Angelegenheiten sowie ein zur Ausübung tatsächlicher Personensorge berechtigter Elternteil.

Wenn ein Elternteil das Kind körperlich verletzt, so kann der andere Elternteil den Strafantrag nur dann selbständig stellen, wenn ihm die elterliche Sorge oder tatsächliche Personensorge zur alleinigen Ausübung zugewiesen ist; sonst bedarf es der Bestellung eines Pflegers nach § 1909. Daß Eltern ihren Kindern gegenüber schadensersatzpflichtig werden können, folgt nicht nur aus § 823, sondern gilt bei jeder Verletzung elterlicher Fürsorgepflicht; vgl. aber § 1664.

II. Erziehung

1. Zur Personensorge gehört die *Erziehung* des Kindes. Diese kann durch jederlei Einwirkung auf die Psyche des Kindes erfolgen. Zur Durchsetzung ihrer Anordnungen können die Eltern zwar nicht gegen das Kind klagen und vollstrecken; sie haben – näherliegend und wirksamer – das Recht zur Anwendung angemessener Zuchtmittel (z. B. Einsperrung, Knapphalten); doch erklärt das Gesetz ausdrücklich „entwürdigende" Erziehungsmaßnahmen mit Rücksicht auf den Persönlichkeitsschutz des Kindes (GG Art. 1 u. 2) für unzulässig – ohne freilich körperliche Züchtigung ohne weiteres auszuschließen. Die Eltern können in der Erziehung auf Antrag vom Vormundschaftsgericht unterstützt werden (§ 1631).

Ohne Zuchtmittel kann keine Erziehung auskommen (vgl. BGH JZ 1977, 653 – freilich für Heimerziehung). Physische und psychische „Gewalt" ganz auszuschließen, dürfte kaum möglich sein. Das Problem liegt immer im rechten Maß der angewendeten Erziehungsmittel. Daß schwere Körperverletzungen (die leider immer wieder vorkommenden Kindesmißhandlungen!) nie mit dem Erziehungszweck zu rechtfertigen sind, sollte sicher sein; ferner können schon weniger schwerwiegende Fehlgriffe in den Erziehungsmitteln zum Entzug des Erziehungsrechts (§ 1666) führen. Die Eltern in allen schwierigeren Situationen auf vormundschaftsgerichtliche Hilfe zu verweisen, dürfte schon wegen des elterlichen Erziehungsvorrangs (Art. 6 GG) bedenklich sein.

Oft ist schon allein die Vorladung vor das Vormundschaftsgericht wirksam. Als Maßnahmen kommen gerichtliche Ermahnung und Verweis in Betracht, auch Überwachungsmaßnahmen. Das Vormundschaftsgericht kann aber im Verfahren nach § 1631 nicht die Fürsorgeerziehung (besondere Voraussetzungen!) oder den Jugendarrest (Strafverfahren!) anordnen. Das Vormundschaftsgericht kann nach § 48c JWG das Jugendamt mit der Durchführung seiner Anordnungen betrauen.

Auch Dritten kann kraft öffentlichen Rechts (Schule!) oder kraft Übertragung durch die Eltern (angestellte Erzieher) ein Erziehungsrecht zustehen. Ein allgemeines Recht, ungezogene fremde Kinder zu züchtigen, kann aber nicht anerkannt werden. Fremde können nicht genügend beurteilen, welche Erziehungsmittel gegenüber diesem Kind angebracht sind. Daher läßt sich ein solches Recht Dritter auch nicht mit Geschäftsführung ohne Auftrag rechtfertigen (sehr str.; vgl. auch im Strafrecht die Frage der Körperverletzung durch Züchtigung fremder Kinder). Überschreitung des Rahmens angemessener elterlicher Züchtigung kann nach §§ 223ff. StGB strafbar sein (RGStr. 73, 257).

Schrifttum: *Weimar,* Die Durchsetzung von Anordnungen kraft elterlicher Gewalt, MDR 1964, 21. *Petri,* Abschaffung des elterlichen Züchtigungsrechtes, ZRP 1976, 64.

2. Kraft des Erziehungsrechts haben die Eltern auch Schule (nicht nur im Verhältnis zum Kind selbst, sondern zufolge GG Art. 6 II auch gegenüber den Schulbehörden; BVerwGE 5, 155; BVerfG NJW 1973, 133), Berufsausbildung (RGZ 129, 20 und auch heute noch trotz GG Art. 12), Sport und Unterhaltung des Kindes zu bestimmen. Doch sind Fähigkeiten, Neigungen und Wünsche des Jugendlichen mitzuberücksichtigen (§ 1631a). Nehmen Eltern offensichtlich keine Rücksicht auf Eignung und Neigung des Kindes und wird dadurch die Besorgnis begründet daß die Entwicklung des Kindes nachhaltig und schwer beeinträchtigt wird,

so kann das Vormundschaftsgericht von Amts wegen über Schule und Berufsausbildung entscheiden und dabei elterliche Erklärungen ersetzen (§ 1631 a II).

Das Gericht kann ebensogut wie von Dritten, dem Jugendamt oder sonstigen Behörden auch vom Kind selbst zu einer Entscheidung „angeregt" werden. Förmliche Antragsrechte sind nicht vorgesehen. Eine Altersgrenze besteht hinsichtlich der Kindesbeteiligung nicht. Ob diese besondere Normierung vormundschaftsgerichtlicher Eingriffe neben § 1666 erforderlich war, ist mindestens zweifelhaft.

Daß nach § 1631 a bei Zweifeln der Rat eines Lehrers oder einer anderen geeigneten Person (eines Berufsberaters) eingeholt werden „soll", ist eine Empfehlung, die nicht ins Gesetz gehört, das auch nicht sagt, bei Zweifeln über die Behandlung des erkrankten Kindes solle der Arzt befragt werden! Vgl. im übrigen zur Wahl der Berufsausbildung *Kramer*, JZ 1974, 90 und *Münder*, JuS 1976, 74.

Der gesetzliche Vertreter kann in beruflichen Dingen die Geschäftsfähigkeit des Kindes erweitern, indem er ihm mit Genehmigung des Vormundschaftsgerichts den selbständigen Betrieb eines Erwerbsgeschäfts gestattet (§ 112) oder es ermächtigt, in Dienst oder Arbeit zu treten (§ 113). Der gesetzliche Vertreter kann aber auch selbst für das Kind Lehr- oder Arbeitsverträge schließen, doch ist fraglich, ob er dazu der Genehmigung des Vormundschaftsgerichts bedarf, wenn er das Kind auf länger als bis zum vollendeten 19. Lebensjahr binden will (arg. §§ 1643, 1822 Nr. 5 a fortiori? *A. M.* RAG, JW 1929, 1263 wegen Ausschließlichkeit von § 1822 Ziff. 6 u. 7, die nur für den Vormund gelten). Der Ausbildungsvertrag kann nach § 106 des Berufsbildungsgesetzes v. 14. 8. 1969 (BGBl. I 112) formlos geschlossen werden, soll aber unverzüglich danach schriftlich fixiert, vom Auszubildenden und seinem gesetzlichen Vertreter unterzeichnet werden.

3. Zur Personensorge gehört auch die *religiöse Erziehung* des Kindes. Sie ist geregelt durch Ges. vom 15. 7. 1921. Durch dieses Gesetz werden die Rechte der Personensorgeberechtigten eingeschränkt.

a) Keiner der Eltern kann die Religion des Kindes einseitig bestimmen. Jeder muß sich mit dem anderen beraten und grundsätzlich eine Einigung versuchen. Diese Einigung, die rechtsgeschäftsähnlich (vgl. § 1627), aber kein zivilrechtlich wirksamer Vertrag (§ 4 RKEG) und jederzeit frei widerruflich ist, bestimmt in erster Linie die Religion des Kindes (§ 1 RKEG). Nur wenn eine solche Einigung nicht erfolgt, kann der etwa allein Sorgeberechtigte von sich aus die Religion bestimmen (§ 2 RKEG). Steht beiden Eltern das Sorgerecht zu, so ist für den Fall der mangelnden Einigung keine rechtliche Regelung vorgesehen. Gleichwohl wird man aus allgemeinen Grundsätzen wie aus § 2 RKEG zu folgern haben, daß das Vormundschaftsgericht die Religion des Kindes zwar nicht selbst bestimmen, wohl aber das Entscheidungsrecht einem Elternteil übertragen kann (sehr str.). Einseitig (durch einen Elternteil) gegen den Willen des anderen) vorgenommene Religionsbestimmung ist bürgerlichrechtlich als unwirksam zu behandeln (mag auch z. B. Taufe erfolgt sein). Die Religionsbestimmung muß im allgemeinen bis zur Einschulung des Kindes erfolgt sein, da dann die Teilnahme am Religionsunterricht geklärt sein muß, über welche die Eltern nach Art. 7 II GG zu bestimmen haben. Bei Erziehung in einer christlichen Konfession erfolgt die Religionsbestimmung im allgemeinen schon mit der Taufe.

b) Steht die Personensorge einem Pfleger zu, so bedarf dieser zur Bestimmung der Religion des Kindes der Genehmigung des Vormundschaftsgerichts. Steht Vater oder Mutter die Personensorge neben einem Pfleger oder Vormund zu, so haben sie mit Vormund oder Pfleger die religiöse Erziehung zu beraten; bei Meinungsverschiedenheiten geht aber die Entscheidung der Eltern vor (§ 3 RKEG). Eine von den Eltern einmal wirksam getroffene Religionsbestimmung können Vormund oder Pfleger niemals ändern.

c) Zu einem Religionswechsel, zur Erziehung in einem anderen als dem gemeinsamen Bekenntnis beider Gatten und zur Abmeldung des Kindes vom Religionsunterricht bedarf ein Ehegatte der Zustimmung des anderen Ehegatten; die Zustimmung kann durch das Vormundschaftsgericht ersetzt werden (§ 2 RKEG). Mangels Einigung entscheidet also praktisch das Vormundschaftsgericht insbes. in gemischt-konfessionellen Ehen. Streitig ist, ob auch zum Wechsel eines von einem Elternteil einseitig rechtswidrig bestimmten Bekenntnisses die Zustimmung des anderen Teils nötig sei; da die rechtswidrige Bestimmung unwirksam ist, muß die Notwendigkeit einer Zustimmung verneint werden (sehr str.); doch kann das Verlangen nach Abbrechen einer länger durchgeführten religiösen Erziehung im Einzelfall dem Kindeswohl abträglich und deshalb mißbräuchlich sein (§ 1666!).

d) Vom 13. Lebensjahr ab kann die Religion des Kindes nicht gegen seinen Willen geändert werden; vom 15. Lebensjahr ab kann das Kind seine Religion frei bestimmen (§ 5 RKEG). Gleichwohl behalten die Eltern das Vertretungsrecht, soweit es um Anträge des Kindes (etwa gegenüber Schule, Kirche, Behörden und Gerichten) in Sachen der Religionsausübung geht (BVerwG NJW 1983, 2585).

e) Für alle Streitigkeiten ist das Vormundschaftsgericht zuständig (§ 7 RKEG). Es wird regelmäßig nur auf Antrag tätig. Es hat Eltern, Verwandte, Verschwägerte und Lehrer und, wenn das Kind bereits 10 Jahre alt ist, auch dieses anzuhören (§§ 2, 3 RKEG; § 12 FGG).

Schrifttum: *Glässing,* FamRZ 1962, 350; *Hoffmann,* FamRZ 1965, 61; *Feuchte,* DÖV 1965, 661.

III. Aufsicht

Die Eltern haben das Recht und die Pflicht das Kind zu beaufsichtigen. Die Beaufsichtigung hängt engstens mit der Erziehung zusammen. Sie umfaßt das Recht Dritte vom Umgang mit dem Kinde auszuschließen, und die Pflicht, Gefahren wie Schußwaffen, Gift, Feuer, Verkehrsgefahren von dem Kind fernzuhalten, allenfalls Notwehr zugunsten des Kindes zu üben. Strafbare Handlungen von Kindern müssen verhütet werden; Kinder sind von unzüchtigen Handlungen abzuhalten. Auch müssen die Eltern eine Schädigung Dritter durch das Kind verhüten; vgl. die Schadensersatzpflicht nach § 832. Die Aufsichtspflicht trifft jeden Elternteil schon einzeln für sich allein, beide Elternteile nebeneinander; jeder kann allein ebenso wie auch als Gesamtschuldner mit dem anderen zusammen (§§ 840, 426, 254) dem Kinde wie Dritten gegenüber haftbar sein.

Schrifttum: *Immenga,* Aufsichtspflichtverletzung und Gleichberechtigung, FamRZ 1969, 313.

IV. Bestimmung des Aufenthalts

1. Die Eltern haben den Aufenthalt des Kindes zu bestimmen (§ 1631). Sie können das Kind bei Verwandten oder sonstigen Dritten (Kinderheim, Internat) aber nicht ohne richterliche Genehmigung in einer geschlossenen Anstalt unterbringen (§ 1631 b).

Daß Eltern zur Anstaltsunterbringung eines Kindes der vormundschaftsgerichtlichen Genehmigung bedürfen, ist erst durch das Sorgerechtsgesetz von 1979 bestimmt und entgegen der sonstigen Technik des BGB schon im Rahmen des Sorgerechts, nicht erst im Zusammenhang des Vormundschaftsrechts geregelt worden (vgl. dazu § 1800).

Die Genehmigung des Vormundschaftsgerichts ist nur für eine solche Unterbringung erforderlich, welche mit Freiheitsentziehung verbunden ist. Dazu gehört nicht die im Rahmen einer normalen Erziehung erfolgende Unterbringung in einer Familie, einem Internat oder Kinderheim, stets aber die Verbringung in das besondere Gewaltverhältnis einer Anstalt. Die Frage der Genehmigungsbedürftigkeit tritt vor allem im Rahmen der freiwilligen Erziehungshilfe auf. Viele Einzelheiten sind streitig.

Das bei der Genehmigung der Unterbringung einzuschlagende Verfahren ist in FGG §§ 64a–64i eingehend geregelt und mit umfassenden rechtsstaatlichen Garantien (Anhörung des Kindes unter Zuziehung eines Sachverständigen, evtl. Bestellung eines besonderen Pflegers, ausdrückliche Regelung der Höchstdauer der Unterbringung von 1–2 Jahren; Notwendigkeit der Entscheidungsbegründung usw.) ausgestattet. Eine vorläufige Unterbringung kann – unter engen Voraussetzungen – durch einstweilige Anordnung genehmigt werden. Die Genehmigung der Unterbringung wird im allgemeinen erst mit ihrer Rechtskraft wirksam; doch kann das Gericht die sofortige Wirksamkeit anordnen.

Das elterliche Recht der Aufenthaltsbestimmung muß selbstverständlich gegenüber öffentlich-rechtlichen Aufenthaltspflichten zurücktreten (Schulpflicht, Strafhaft usw.).

2. Kraft des Aufenthaltsbestimmungsrechts können die Eltern das Kind auch von jedem Dritten herausverlangen (§ 1632). Jeder Elternteil allein kann im Herausgabestreit mit Dritten das Vormundschaftsgericht anrufen (§ 1632 III n. F.).

a) Das Verlangen auf Herausgabe des Kindes setzt voraus, daß das Kind den Eltern vorenthalten, also an der Rückkehr zu den Eltern verhindert wird. Es richtet sich gegen jeden, der an dieser Verhinderung beteiligt ist, mag sie auch in der Unterbringung bei Dritten liegen (z. B. die Großeltern haben das Kind in ein Heim geschafft). Ein Zurückbehaltungsrecht an dem Kinde gibt es nicht (§ 273 steht im Schuldrecht!). Lebt das Kind jedoch schon länger in fremder Familienpflege, so kann das Vormundschaftsgericht anordnen, daß das Kind bei der Pflegeperson verbleibt, wenn und solange die Voraussetzungen des § 1666 (Gefährdung des Kindeswohls) vorliegen.

b) War das Kind verschleppt worden, so kann seine Zurückführung verlangt werden; sonst ist das Herausgabeverlangen auf eine Duldung der Abholung beschränkt.

c) Die Durchführung der Aufenthaltsbestimmung kann notfalls mit polizeilicher Hilfe erzwungen werden, z. B. Zurückführung eines entlaufenen Kindes. Eine zwangsweise Abholung des Kindes gegen dessen eigenen Willen wird vielfach abgelehnt, bei einem über 14 Jahre alten Kind auch wegen Art. 2 GG für verfassungsrechtlich bedenklich gehalten (BGHZ 64, 29).

d) Das Recht auf Herausgabe des Kindes ist Ausfluß eines absoluten Familienrechts und daher unverjährbar (§ 194 II). Aber auch aus §§ 823, 249 kann sich eine Pflicht zur Herausgabe des Kindes ergeben.

e) Zur Zwangsvollstreckung nach FGG § 33 lies *Schüler* ZblJR 1981, 173.

Richtet sich das Herausgabeverlangen *von einem Ehegatten gegen den anderen* (wie insbes. nach einer gerichtlichen Sorgerechtsregelung gemäß §§ 1671, 1672 ZPO § 620 n. F. oder nachdem ein Elternteil das Sorgerecht – etwa zufolge §§ 1666, 1675 – nicht mehr ausüben darf), so ist zur Entscheidung heute das Familiengericht anstelle des *Vormundschaftsgerichts* berufen (§ 1632 III), dessen Entscheidung gemäß FGG § 33 vollstreckt werden kann.

Die Praxis hatte schon vor Begründung der grundsätzlichen Zuständigkeit des Vormundschaftsgerichts dazu geneigt, dieses vor dem früher zuständigen Prozeßgericht zu bevorzugen. Es bleibt die Frage, ob die Zuständigkeiten von Vormundschaftsgericht und Familiengericht richtig abgesteckt sind. KG NJW 1978, 894 gibt dem Familiengericht auch dann den Vorrang, wenn der Vormund im Zuge einer scheidungsrechtlichen Sorgerechtsregelung (§ 1671) eingesetzt ist und das Kind dann von einem Elternteil herausverlangt (vgl. *Schlüter-König,* Die Konkurrenz von Familiengericht und Vormundschaftsgericht, FamRZ 1982, 1159).

3. Ordnet das Gericht die Herausgabe des Kindes an, so kann es zugleich durch einstweilige Anordnung (FGG § 50d) die Herausgabe der zum persönlichen Gebrauch des Kindes bestimmten Sachen anordnen.

V. Regelung des Umgangs

1. Kraft des Rechts zur Erziehung Beaufsichtigung und Aufenthaltsbestimmung hat der Personensorgeberechtigte auch zu bestimmen mit welchen Personen das Kind Umgang und Verkehr und Briefwechsel haben soll und in welchem Umfang. Kraft der Absolutheit des Sorgerechts wirkt die elterliche Bestimmung auch gegenüber Dritten und haben die Eltern das Recht, Dritte vom Umgang mit dem Kind auszuschließen (§ 1632 II n. F.). Vor allem aber hat der Personensorgeberechtigte selbst ein Recht auf persönlichen Verkehr mit dem Kinde.

Grundsätzlich bestimmen also die Eltern, ob und in welchem Umfang Verwandte (insbes. auch Großeltern!) mit dem Kind persönlichen Verkehr pflegen dürfen. Nur bei groben Fehlentscheidungen der Eltern kann das Vormundschaftsgericht einschreiten, wenn diese nämlich ihr Bestimmungsrecht mißbrauchen (§ 1666) Eltern haben z. B. auch über den Umgang der Tochter mit Freunden zu bestimmen. Gegen zuwiderhandelnde Dritte kann nur das Vormundschaftsgericht, nicht mehr das Prozeßgericht angerufen werden, bei dem auch etwaige Streitigkeiten zwischen Eltern und Kind über den Umgang mit Dritten zu regeln sind. Den Eltern steht ferner die Kontrolle der Post ihrer Kinder zu. Auch bei Regelung des Umgangs mit Dritten sind alle Fragen solche des richtigen Maßes der elterlichen Maßnahmen, die gegenüber dem der Volljährigkeit sich nähernden Kind größere Freiheiten belassen müssen als gegenüber dem jüngeren Schulkind. Andererseits ist eine Intimsphäre des Kindes zu achten (Tagebücher); Inhalt des Briefwechsels sollte nur bei Verdacht strafbarer oder sonst unpassender (z. B. ehebrecherischer) Beziehungen kontrolliert werden.

Schrifttum: *Klocke,* JuS 1974, 75.

2. Ein Elternteil welchem die Personensorge nicht zusteht, hat gleichwohl das Recht zum persönlichen Umgang mit dem Kind (§ 1634). Das Recht zum Umgang ergibt sich nicht schon aus der Blutsverwandtschaft (z. B. also nicht für Großeltern!) sondern ist *Bestandteil des natürlichen Elternrechts* (GG Art. 6) und daher von der Personensorge unabhängig (BGH NJW 1981, 2067). Es ist unverzichtbar (BGH NJW 1984, 1951), ruht aber mit der Einwilligung zur Adoption des Kindes durch Dritte (§ 1751) und entfällt mit der Adoption (§ 1755). Seine Hauptbedeutung gewinnt es bei Getrenntleben der Ehegatten oder Scheidung. Gerade hier wird das Recht zum persönlichen Umgang mit dem Kind für den nicht sorgeberechtigten Elternteil wichtig und genießt den gleichen grundgesetzlichen Schutz wie das Sorgerecht des anderen Elternteils (BVerfG NJW 1983, 2491).

Schrifttum: *Simon,* Das Verkehrsrecht, ein natürliches Elternrecht?, FamRZ 1972, 485; *Luthin,* Elterliche Sorge, Umgangsbefugnis und Kindeswohl, FamRZ 1984, 114.

Die ältere Rechtsprechung hatte schon in diesem Sinne entschieden, bis RGZ 153, 242 das Verkehrsrecht als Restbestandteil des Personensorgerechts erklärte – offenbar um einen ungeeigneten Elternteil (vgl. § 1666) vom Verkehr mit dem Kinde auszuschalten. Das EheG 1938 regelte dann das Verkehrsrecht nur im Zusammenhang mit der Ehescheidung; die Praxis wendete die Regelung aber auch bei Getrenntleben analog an. Die Regelung des EheG brachte vor allem die Möglichkeit, durch Entscheidung des Vormundschaftsgerichts das Verkehrsrecht zeitweise oder ganz auszuschließen. Damit wurde die einschränkende Auslegung des Verkehrsrechts durch das RG überflüssig. Das GleichberG hat das Verkehrsrecht systematisch von der Sorgerechtsregelung nach Scheidung gelöst und damit klargestellt, daß das Verkehrsrecht grundsätzlich in allen Fällen der Ausschaltung der Personensorge gilt, mag es auch seine Hauptbedeutung bei Getrenntleben und nach Scheidung haben. Das Verkehrsrecht ist aber jedenfalls jetzt auch bei Ruhen der elterlichen Sorge (§ 1675) oder ihrer „Entziehung" nach § 1666 gegeben; es verbleibt aber den Eltern gegenüber einer minderjährigen verheirateten Tochter (trotz § 1633); doch ist es im Verhältnis zum Ehemann nicht erzwingbar, ebensowenig wie gegenüber der Tochter selbst, die ihren Aufenthalt frei bestimmen kann (str.; eine verbreitete Meinung hält auch hier eine gerichtliche Regelung nach § 1634 II für möglich).

Ob ein Ehegatte von dem Recht zum Umgang Gebrauch machen will, steht in seinem Ermessen; aber ein entgeltlicher Verzicht darauf – etwa gegen Erlaß der Unterhaltszahlungen – wäre sachwidrig und nichtig (BGH NJW 1984, 1951). Einigen sich die Ehegatten nicht über die Ausübung des Umgangs oder hält das Gericht den Inhalt der elterlichen Vereinbarung nicht für sachgemäß, so entscheidet das Familiengericht (BGH NJW 1981, 2067, früher Vormundschaftsgericht), und zwar sowohl über Besuchsverkehr als auch über Briefverkehr (für letzteres a. M. KG, JFG 12, 80). Das Familiengericht entscheidet auch mit Wirkung gegenüber Dritten (insbes. Verwandten, Stiefeltern), die an dem Umgang teilhaben oder ihn verhindern wollen. Im allgemeinen wird ein Sonntagsbesuch monatlich gewährt – nicht mehrtägiger Aufenthalt; an Hauptfeiertagen gehört das Kind zum Sorgeberechtigten. Die Regelung des Umgangs kann dahin gehen, daß dem nicht personensorgeberechtigten Elternteil das Kind für den Besuchstag oder einen Teil der Ferien zu überlassen ist; eine solche Regelung, die einen Ausgleich zwischen den Interessen der Eltern schaffen soll, ist auch mit Art. 6 GG in Einklang (BVerfG NJW 1971, 1447). Ob das Kind selbst den Wunsch hat, den anderen Elternteil zu sehen, ist namentlich bei jüngeren Kindern regelmäßig nicht ohne weiteres beachtlich, zumal der Wille des Kindes oft auf einseitiger Beeinflussung beruht (KG, JW 1938, 1334). Der Entw. 1977 wollte ein Verkehrsrecht gegen den Willen eines vierzehnjährigen oder sonst urteilsfähigen Kindes ausschließen; doch war dieser Vorschlag mißlich: gegen den Willen des 14-jährigen Kindes ist das Verkehrsrecht seitens des Berechtigten ohnehin schwer durchzusetzen (vgl. dazu die Bedenken in BGHZ 64, 29). Die praktische Frage geht regelmäßig dahin, das Umgangsrecht gegenüber dem sorgeberechtigten Elternteil durchzusetzen. Man sollte das Kind nicht auch noch mit einem förmlichen Vetorecht ausstatten, das auszuüben es womöglich auch noch vom sorgeberechtigten Elternteil gedrängt würde. Das neue Sorgerecht spricht vorsorglich aus, daß der Elternteil, dem die Personensorge nicht zusteht ebenso wie der Personensorgeberechtigte alles zu unterlassen habe, was das Verhältnis des Kindes zum anderen beeinträchtigt oder die Erziehung des Kindes erschwert.

Das Familiengericht kann stets nach pflichtmäßigem Ermessen das Recht zum Umgang mit dem Kind näher regeln, es sogar einschränken oder ausschließen, wenn das Kindeswohl dies erfordert. Wenn es nichts anderes bestimmt, hat der nicht zur Personensorge Berechtigte während der Zeit, während welcher er mit dem Kind Umgang hat, gleichzeitig das Recht, den Umgang des Kindes mit Dritten zu bestimmen. Das Gericht hat vor seiner Entscheidung die Beteiligten gemäß FGG §§ 50a–50c zu hören. Die Durchführung der Anordnungen des Familiengerichts kann dem Jugendamt übertragen (JWG § 48c) oder mit Zwangsgeld erzwungen werden (FGG § 33). Das Familiengericht kann seine Anordnungen über das Verkehrsrecht im Interesse des Kindeswohls jederzeit ändern (§ 1696), notfalls auch provisorisch mit einstweiligen Anordnungen.

Das Familiengericht entscheidet über das Verkehrsrecht der Eltern, auch wenn ein Vormund oder Pfleger die Personensorge hat. Über den Umgang des Kindes mit Dritten (z. B. Großeltern) entscheidet aber der Personensorgeberechtigte allein (s. oben V). Dieser kann daher grundsätzlich auch verbieten, daß das Kind mit dem Ehegatten oder Verwandten des anderen Elternteils zusammenkommt (BGHZ 42, 364; sehr str.); doch darf er mit solchen Verboten das Verkehrsrecht des anderen Elternteils nicht praktisch illusorisch machen. Ebenso darf sein Aufenthaltsbestimmungsrecht (welches der Verkehrsregelung vorgeht!) nicht wirksam so ausgeübt werden, daß damit das Verkehrsrecht praktisch ausgeschaltet wird.

3. Der nicht personensorgeberechtigte Elternteil hat gegen den anderen bei berechtigtem Interesse ein *Recht auf Auskunft* über die persönlichen Verhältnisse des Kindes. Dieses Recht kommt vor allem in Betracht, wenn der persönliche Umgang mit dem Kind beschränkt, längere Zeit unterbrochen oder gänzlich ausgeschlossen war. Das Recht besteht nur, soweit die Auskunfterteilung mit dem persönlichen Wohl des Kindes vereinbar ist. Streitigkeiten über das Auskunftsrecht entscheidet das Vormundschaftsgericht (nicht das Familiengericht! § 1634 III n. F.).

Schrifttum: *Sigloch,* AcP 154, 243; *Spindler,* AcP 155, 519; *Schnitzerling,* FamRZ 1958, 444; *Merkert,* NJW 1964, 1050; *Göppinger,* JR 1965, 337; *Birk,* FamRZ 1967, 306; *Dellian,* FamRZ 1969, 365 und *Schwoerer,* a. a. O. 367; *Giesen,* NJW 1972, 225; *Simon,* FamRZ 1972, 485; *Moritz,* ZblJR 1982, 768 (zu Kosten des Besuchsrechts); *Luthin,* FamRZ 1984, 114.

§ 28. Vermögenssorge

Schrifttum: *Merkel,* Beschränkungen des elterlichen Verwaltungsrechts über ererbtes Kindesvermögen, MDR 1964, 113. *Brüggemann,* Elterliche Vermögenssorge – Alte und neue Fragen ZblJR 1980, 53.

Die Vermögenssorge einschließlich der Vertretung in Vermögenssachen ist unverzichtbares Recht und Pflicht beider Eltern.

I. Vermögensverwaltung

1. Der Verwaltung der Eltern unterliegt grundsätzlich das *gesamte Kindesvermögen.* Doch können die Eltern durch Verwaltungsrechte anderer Personen (Pfleger § 1630; Testamentsvollstrecker) beschränkt sein. Ferner ist ihrer Verwaltung entzogen, was dem Kind von Todes wegen oder unentgeltlich als verwaltungsfreies Vermögen zugewendet wird (§ 1638), einschließlich aller Surrogate; zur Verwaltung muß ein Pfleger bestellt werden. In beschränktem Maße ist auch der Arbeitserwerb (§§ 112, 113) der Verwaltung der Eltern entzogen, nämlich soweit die unbeschränkte Geschäftsfähigkeit des Kindes reicht (KGJ 37 A 39).

So kann z. B. das Kind aus seinem Arbeitslohn eine Schadensersatzpflicht gegenüber dem Arbeitgeber begleichen; es braucht nicht das Geld an die Eltern abzuführen, damit diese die Schuld begleichen. Beim selbständigen Erwerbsgeschäft kann das Kind das im Geschäftsbetrieb Erworbene weiter zu neuen Geschäften verwenden. Erst ein aus dem Geschäft herausgezogener Reingewinn unterliegt der Verwaltung der Eltern.

2. Die Eltern können das ihrer Verwaltung unterliegende Vermögen in *Besitz nehmen,* dem Kinde gegenüber kraft des Erziehungsrechts notfalls auch mit Gewalt.

Die Eltern werden dann unmittelbar Besitzer, das Kind bleibt mittelbarer Besitzer. Werden dem Kind einzelne seiner Sachen zum Gebrauch ausgehändigt, so wird es Besitzdiener der Eltern an den eigenen Sachen. Anders nur, wenn die Eltern den Besitz nicht mehr ausüben wollen (z. B. bei den dem auswärts eingeschulten Sohn überlassenen Sachen). Aber auch dann können die Eltern kraft ihres Verwaltungsrechts immer noch die aus dem Besitz des Sohnes sich ergebenden Rechte geltend machen.

Die Eltern können alle erforderlichen tatsächlichen Verwaltungshandlungen vornehmen. Sie haben dabei aber etwaige Anordnungen eines Zuwenders zu beachten (§ 1639). Geld sollen sie nach den Grundsätzen einer wirtschaftlichen Vermögensverwaltung anlegen (§ 1642), soweit es nicht zur Bestreitung von Auslagen bereit zu halten ist.

Die früher vom Gesetz verlangte Anlage von Geld nach den Vorschriften für Mündelgeld ist beseitigt. Das Erfordernis von Ausnahmegenehmigungen für eine andere Anlage belastete die Gerichte; doch tragen nun die Eltern die durch § 1664 freilich gemilderte Verantwortung für eine wirtschaftlich sachgerechte Vermögensverwaltung allein. Zu den häufiger vorkommenden Anordnungen eines Zuwenders gehört auch der ausdrückliche Ausschluß elterlicher Nutznießung an dem Zugewendeten.

3. Die Eltern haben das Recht, das Kind *vermögensrechtlich* zu *vertreten* (§ 1626) und im Namen des Kindes über das Vermögen zu verfügen und zu dem Vermögen gehörende Rechte – auch gerichtlich – geltend zu machen. Sie sind aber darin in mannigfacher Hinsicht beschränkt.

a) Verwerten die Eltern das Kindesvermögen im eigenen Interesse, so machen sie sich schadensersatzpflichtig (§ 1664).

b) Aus dem Vermögen des Kindes können nur die durch sittliche Pflicht und Anstand gebotenen Schenkungen gemacht werden (§ 1641).

c) Die Vertretungsmacht jedes von beiden Eltern ist wegen Interessenkollision wie bei einem Vormund ausgeschlossen (§§ 1629, 1795).

Der Ausschluß der Vertretungsmacht betrifft Rechtsgeschäfte zwischen dem Kind und dem anderen Elternteil oder dem Kind und Verwandten in gerader Linie des das Kind vertretenen Elternteils, Übertragung gesicherter Forderungen gegen einen Elternteil und entsprechende Prozesse. Gestattet sind aber, soweit ein Elternteil bei Geschäften des Kindes mit einem Ehegatten oder Verwandten des Kindes sonst von der Vertretung ausgeschlossen wäre, Erfüllungsgeschäfte sowie solche Geschäfte, welche dem Kind lediglich einen rechtlichen Vorteil bringen (BGH NJW 1975, 1885). Darüber hinaus kann die Vertretungsmacht bei jedem erheblichen Interessengegensatz entzogen werden (§ 1796). Die Judikatur beläßt aber den Eltern die vor Vertretungsakten wie Klagerhebung liegende Entscheidung, ob ein Recht gegen die Eltern (z. B. Pflichtteil) überhaupt geltend gemacht werden soll (BayObLG FamRZ 1963, 578; KG NJW 1966, 1320).

d) Die Vertretungsmacht beider Eltern ist durch § 181 beschränkt, also bei Rechtsgeschäften zwischen nur einem Elternteil oder beiden und einem Kind, oder zwischen von den Eltern vertretenen Kindern. Der Umfang dieser Beschränkung wird entsprechend der umstrittenen Auslegung des § 181 (nach formaler Parteistellung der Beteiligung oder wirklichem Interessengegensatz, Zulässigkeit der Bestellung von Unterbevollmächtigten usw.) unterschiedlich gedeutet. Die Beschränkung spielt vor allem bei Erbauseinandersetzung, Schenkung und Familiengesellschaft eine entscheidende Rolle. Fehlendes elterliches Vertretungsrecht muß mit Bestellung von Pflegern (§ 1909, evtl. für jedes Kind gesondert!) ersetzt werden. Gestattung des Selbstkontrahierens kommt mangels einer zur Gestattung befugten Person nicht in Betracht; auch das Vormundschaftsgericht hat – entgegen einer vielfach vertretenen Meinung (vgl. z. B. Nipperdey, Festschr. Raape S. 305) eine solche Gestattungsbefugnis nicht (BGHZ 21, 234).

Wollen Eltern dem Kind etwas schenken, so kann das beschränkt geschäftsfähige Kind nach § 107 die Schenkung selbst annehmen. Dem Kleinkind könnte nach dem Wortlaut des Gesetzes nur geschenkt werden, nachdem für die Annahme der Schenkung ein Pfleger bestellt wurde! Indessen wird man annehmen müssen, daß, wenn die Eltern nach § 181 Erfüllungsgeschäfte in sich vornehmen können, sie in sich auch alle die Geschäfte vornehmen können, die nicht weniger vorteilhaft sind, also auch Schenkungen (vgl. in diesem Sinne jetzt auch BGH NJW 1975, 1885). Ferner wird man mit der Erwägung helfen können, daß die dem Kleinkind gemachten Gelegenheits-„Geschenke" zu Weihnachten, zum Geburtstag usw. letzten Endes Erfüllung der Unterhaltspflicht darstellen, sofern sie sich im üblichen Rahmen halten (vgl. OLG Rspr. 22,

159). Bei Zuwendungen an das beschränkt geschäftsfähige Kind ist häufiger fraglich, ob die Zuwendung lediglich rechtlichen Vorteil bringt. Für die Nießbrauchbestellung wurde dies angesichts der Verpflichtungen des Nießbrauchers gegenüber dem Eigentümer mit Recht verneint (BFH NJW 1981, 141). Bei der Schenkung von Grundvermögen hält der BGH eine zusammenfassende Betrachtung des dinglichen und schuldrechtlichen Geschäfts für erforderlich (BGHZ 78, 36; z. T. gegen BGHZ 15, 168, wo das Schenkungsversprechen als nur vorteilhaft, die steuerliche Lasten mit sich bringende Grundstücksübereignung dann aber als Erfüllungsgeschäft vom gesetzlichen Vertreter als Insich-Geschäft sollte vorgenommen werden können). Gesamtbewertung wurde auch sonst vorgenommen: Auch die Schenkung eines hypothekenbelasteten Grundstücks oder unter Vorbehalt eines noch für den Schenker zu bestellenden Nießbrauchs wurde für zulässig gehalten (lies RGZ 148, 324; JFG 18, 115). Doch mag bei ernstlichen Zweifeln an der Vertretungsmacht der Eltern vorsorglich ein Pfleger bestellt werden (OLG Saarbrücken DNotZ 1980, 113). Auch die Schenkung eines vermieteten Grundstücks wird über § 107 BGB für möglich gehalten (Jerschke DNotZ 1982, 459), was aber angesichts der Vermieterpflichten fragwürdig ist (§ 571!).

Schrifttum: *v. Lübtow,* Schenkungen der Eltern an ihre minderjährigen Kinder, 1949; *Riedel* JR 1950, 140; *Müller* MDR 1952, 209; *Schneider* BB 1954, 705; *Lange* NJW 1955, 1339. *Klamroth,* Zur Anerkennung von Verträgen zwischen Eltern und minderjährigen Kindern, BB 1975, 525; auch *Jebens* BB 1980, 407.

Häufig ist die *Schenkung eines Gesellschaftsanteils* seitens eines Elternteils an ein Kind. Meist hängen davon steuerliche Vorteile ab. Hier ist zum Abschluß des Vertrages (zumal wegen der persönlichen Haftung) ein Pfleger erforderlich. Außerdem bedarf der Gesellschaftsvertrag vormundschaftsgerichtlicher Genehmigung (unten e). Doch wollten auch bei Erfüllung dieser Erfordernisse die Finanzgerichte solche Gesellschaften nicht anerkennen, wenn nicht für das Kind ein *Dauerpfleger* zur Wahrnehmung seiner Interessen in der Gesellschaft bestellt sei. Die ordentlichen Gerichte verweigern weitgehend die Bestellung solcher Pfleger als überflüssig, weil kein dauernder Interessengegensatz zwischen Eltern und Kindern in der Gesellschaft bestehe. BGHZ 65, 96ff. hat diesen Standpunkt bestätigt, vor allem weil Gesellschafterbeschlüsse regelmäßig gemeinsame Interessen verfolgten und § 181 nicht unterlägen; eine Pflegschaft sei erst bei konkreter Gefährdung des Minderjährigen einzuleiten (lies zur Problematik *Röll,* NJW 1979, 627). Der BFH hat nachgegeben und verlangt keinen Dauerpfleger mehr (Urteile vom 29. 1. 1976, DB 1976, 1041 u. 1088).

e) Die *Genehmigung des Vormundschaftsgerichts* ist wegen der Wichtigkeit der Geschäfte in folgenden Fällen nach §§ 1643, 1821, 1822 erforderlich: zu Geschäften über Grundstücke und Schiffe sowie bestimmten Rechten daran, zu Geschäften über das Vermögen im ganzen, Erbschaften, Erbteile oder Pflichtteile sowie Teile vertraglich gesicherten Erbrechts (BGHZ 83, 44) und Erwerbsgeschäfte, bei Gesellschaftsverträgen, bei Verträgen auf wiederkehrende Leistungen über das 19. Lebensjahr des Kindes hinaus; bei Aufnahme von Kredit, Ausstellung von Schuldverschreibungen, Übernahme fremder Verbindlichkeiten einschließlich Bürgschaft, Erteilung einer Prokura. Die Ermächtigung zu einem selbständigen Erwerbsgeschäft des Kindes (§ 112) ist ebenfalls genehmigungspflichtig. Die Ausschlagung einer Erbschaft ist stets dann genehmigungspflichtig, wenn sie dem Kinde nicht ausschließlich infolge einer Ausschlagung seitens eines das Kind vertretenden Elternteils angefallen ist.

Der Beginn eines neuen Erwerbsgeschäfts auf den Namen des Kindes ohne Genehmigung ist pflichtwidrig, aber wirksam (§ 1645).

Im ehelichen Güterrecht sind insbesondere Ablehnung und Aufhebung der fortgesetzten Gütergemeinschaft sowie Verzicht auf den Kindesanteil genehmigungspflichtig (§§ 1484, 1491, 1492), im Erbrecht Anfechtung des Erbvertrages (§§ 2282, 2290) und Erbverzichtverträge (§ 2347).

Die Eltern können das Erfordernis der Genehmigung auch nicht dadurch umgehen, daß sie dem Kind entsprechende Mittel zur freien Verfügung überlassen (§ 1644, 110).

Die Genehmigung wird vom Vormundschaftsgericht entsprechend dem Interesse des Kindes erteilt oder versagt.

Für die Erteilung der Genehmigung und ihr Wirksamwerden gilt desselbe wie im Vormundschaftsrecht. Siehe dort § 37 III 5.

4. Erwerben die Eltern mit Mitteln des Kindes, so gilt bei beweglichen Sachen und durch Abtretungsvertrag übertragbaren Rechten dingliche *Surrogation* (§ 1646). Das Erworbene wird unmittelbar Eigentum oder Recht des Kindes. Wie die Eltern nach außen hin aufgetreten sind, bleibt belanglos. Der Erwerb wird – entgegen § 164 und anders als nach § 1370 – nur dann nicht Eigentum des Kindes, wenn die Eltern beweisen, daß sie beide nicht für das Kind erwerben wollten.

Die Eltern werden dann aber regelmäßig zum Ersatz der aufgewendeten Mittel oder zur Übertragung des Erworbenen an das Kind verpflichtet sein.

Für Grundstücke gilt das Surrogationsprinzip nicht, weil hier die Eintragung im Grundbuch klarstellt, für wen erworben wurde.

Die Surrogation dient dazu, dem Kind sein Vermögen zu erhalten; denn die Eltern werden oft das Kindesvermögen wie eigenes behandeln und nach außen nicht zum Ausdruck bringen, daß sie für das Kind handeln; dann würden aber nach allgemeinen Regeln nur die Eltern erwerben. Wird teilweise mit Mitteln der Eltern, teilweise mit Mitteln des Kindes erworben, so tritt Miteigentum nach entsprechenden Bruchteilen ein (RGZ 152, 354).

5. Die *Zwangsvollstreckung* in das der elterlichen Verwaltung unterliegende Kindesvermögen bedarf – streng genommen – wegen § 809 ZPO bei dem im Gewahrsam der Eltern befindlichen Vermögen zunächst einer Pfändung der Herausgabeansprüche des Kindes gegen die Eltern und dann eines erneuten Vorgehens gegen die Eltern. Man wird aber in sinngemäßer Anwendung des in ZPO § 739 n.F. enthaltenen Grundgedankens anzunehmen haben, daß die nur familienrechtlich begründeten Besitzrechte der Eltern den Rechten der Gläubiger nachgehen und deshalb über den *Gewahrsam der Eltern* an dem ihrer Verwaltung unterliegenden Kindesvermögen hinweggegangen werden kann.

Die Praxis konnte sich bis 30. 6. 1958 auf ZPO § 746 stützen, welcher ein Urteil gegen das Kind für genügend erklärte. ZPO § 746 sollte aber über die Rechte der bis 30. 6. 1958 bestehenden elterlichen Nutznießung am Kindesvermögen hinweghelfen, und entfiel mit 30. 6. 1958. Wenn die Praxis auf Grund dieser Bestimmung auch über den elterlichen Gewahrsam hinweggegangen ist, so hat sie sich dabei z. T. darauf berufen, daß die Eltern den Gewahrsam am Vermögen des Kindes nur als dessen *gesetzliche*

Vertreter ausübten. Aber einmal sind Besitz- und Gewahrsamsverhältnisse keine Rechtsgeschäfte, so daß Stellvertretung bei ihnen nicht in Betracht kommt. Zum anderen entspricht diese Erklärung nicht der oben dargestellten h. M. über die Besitzverhältnisse am Vermögen des Kindes. Es bleibt also nur diese Erklärung übrig, daß der familienrechtlich begründete Gewahrsam insoweit zwangsvollstreckungsrechtlich (ZPO § 809) unbeachtlich ist – auch wenn keine gesetzliche Vorschrift das ausdrücklich ausspricht! Anders wäre nämlich eine Zwangsvollstreckung in das Kindesvermögen völlig undurchführbar, weil auch mit einer Pfändung von Herausgabeansprüchen des Kindes kaum zu helfen ist; solche Ansprüche bestehen während der Dauer der elterlichen Vermögensverwaltung nicht; sie würden regelmäßig erst bei Volljährigkeit des Kindes entstehen!

II. Nutzungen

1. Das BGB hatte in §§ 1649–1663 dem Vater ein nießbrauchsähnliches Nutzungsrecht am Vermögen des Kindes zugesprochen, welches seit 1. 4. 1953 beiden Eltern gesamthänderisch zustand. Dies *Nutznießungsrecht* ermöglichte eine freie Verwendung der Einkünfte des Kindesvermögens, soweit Überschüsse erzielt wurden, und sollte die Eltern von einer Rechenschaftspflicht über die Nutzungen freistellen. Wenngleich vielfach das Verantwortungsgefühl gegenüber dem Kind die Eltern von eigennütziger Verwendung solcher Nutzungen abgehalten hat, konnte die gesetzliche Regelung doch im Einzelfall sehr zum Nachteil des Kindes ausschlagen. Daher ist das elterliche Nutznießungsrecht mit Wirkung vom 1. 7. 1958 ab beseitigt.

2. Die *Nutzungen des Kindesvermögens* sind jetzt in erster Linie für die *Kosten* der Verwaltung des Vermögens und die *Lasten* dieses Vermögens (z. B. Steuern) zu verwenden, in zweiter Linie für den *Unterhalt* des Kindes (§ 1649 I). Verbleiben dann noch Überschüsse, so können diese für den Unterhalt der Eltern und minderjähriger unverheirateter Geschwister des Kindes im Rahmen der Billigkeit verwendet werden, da es unerfreulich wäre, wenn ein Kind in Reichtum leben könnte, während die übrige Familie darbt (§ 1649 II). Dies Recht auf Verwendung von Kindeseinkünften für die Familie erlischt aber mit der Verheiratung des Kindes, da seine Vermögenseinkünfte dann seiner eigenen Familie zugute kommen sollen.

3. Die Nutzungen des Kindesvermögens sind vor dem Arbeitseinkommen des Kindes für dessen Unterhalt zu verwenden (§ 1649 I). Mit dieser – auf den ersten Blick befremdlichen – Regelung soll vermieden werden, daß die Eltern das Arbeitseinkommen des Kindes für dessen Unterhalt, die Vermögenseinkünfte aber für sich und die Geschwister verwenden.

Ob diese Regelung erforderlich war, ist mindestens zweifelhaft, da das Recht auf Verwendung der Kindeseinkünfte zum eigenen Unterhalt ohnehin nur im Rahmen der Billigkeit besteht, und es bei Zugrundelegen des Gedankens des Gesetzgebers eben unbillig ist, daß die Eltern Vermögenseinkünfte des Kindes für sich verwenden, während das Kind aus seinem Arbeitseinkommen unterhalten wird. Aber andrerseits muß gerade die Richtigkeit dieser Billigkeitserwägung in Zweifel gezogen werden; denn sie setzt sich in gewissem Grade in Widerspruch zu der gesetzgeberischen Erwägung, daß es unerfreulich wäre, wenn ein Kind in guten Verhältnissen ist, während Eltern und Geschwister sich in schlechten befinden. Denn gerade diese Situation wird – bei gutem Arbeitseinkommen des Kindes – durch die gesetzliche Regelung gefördert.

4. Hinsichtlich der Verwendung der Nutzungen sind die Eltern *nur beschränkt rechenschaftspflichtig* (§ 1698 II), nämlich nur insoweit, als Grund zu der Annahme besteht, daß Nutzungen entgegen den gesetzlichen Vorschriften verwendet worden sind.

Diese Sonderregelung der Rechenschaftspflicht nähert das Recht der Verwendung von Nutzungen einerseits der früheren Nutznießung ein wenig an. Andrerseits bringt sie wegen ihrer mangelnden Schärfe manche Unsicherheit mit sich. Denn wann besteht „Grund zu der Annahme" einer mißbräuchlichen Verwendung der Nutzungen? Und wie soll nach 20 Jahren bewiesen werden, ob die Verwendung von überschüssigen Nutzungen für Eltern und Geschwister der Billigkeit entsprach? Diese Unsicherheiten legen es nahe, von dem Recht solcher Verwendung überschüssiger Nutzungen sparsamsten Gebrauch zu machen.

Ist dem Kind Vermögen zugewendet, dabei aber die „Nutznießung" der Eltern ausgeschlossen, so liegt darin eine Beschränkung des elterlichen Verwaltungsrechts (§ 1639) und die Eltern werden dem Kind insoweit rechenschaftspflichtig über die Nutzungen.

III. Ende der Vermögenssorge

Die Vermögenssorge *endigt* außer mit Endigung der ganzen elterlichen Sorge für jeden der Eltern durch seinen Konkurs (§ 1670). Ferner kann die Vermögenssorge ganz oder teilweise entzogen werden (§§ 1666 III, 1667 V). Soweit die Vermögenssorge keinem der Eltern mehr zusteht, ist ein Pfleger zu bestellen, soweit nur ein Elternteil die Vermögenssorge wegen Konkurses verliert, muß das Vormundschaftsgericht entscheiden, ob der andere Elternteil die Vermögenssorge alleine ausüben soll oder ein Pfleger zu bestellen ist (§ 1680), weil der alleine sorgeberechtigte Elternteil vielleicht zu stark unter dem Einfluß des Konkursschuldners stehen könnte, seine Vermögenssorge also den Vermögensinteressen des Kindes widersprechen könnte.

Nach Endigung der Vermögenssorge entsprechen die Pflichten zur Rechnungslegung, Vermögensherausgabe an den Pfleger usw. denen bei Ende der gesamten elterlichen Sorge (§ 1698).

Die Folgen der Beendigung der Vermögenssorge gleichen denen bei Beendigung eines Auftragsverhältnisses: Vermögensherausgabe und Rechnungslegung (§§ 1698, 666 u. 667); Berechtigung zur Fortführung der Geschäfte bis zur Kenntniserlangung (§§ 1698 a, 674 u. 169) und Verpflichtung dazu, bis der Erbe Fürsorge treffen kann (§§ 1698 b, 672).

§ 29. Elterliche Sorge bei Getrenntleben und Eheauflösung

I. Getrenntleben der Eltern

1. Leben die Eltern getrennt, ohne daß die Ehe aufgelöst wäre, so kommt es häufiger vor, daß die Eltern sich darüber einigen, bei welchem Elternteil ein Kind verbleiben und aufwachsen soll. Eine solche *formlose Einigung* ändert im Grundsatz nichts daran, daß beiden Eltern nach wie vor die elterliche Sorge gemeinsam zusteht; sie bedeutet nur, daß der eine Ehegatte dem anderen die *Ausübung* der elterlichen Sorge allein überläßt, so daß dieser Elternteil zufolge eines vorher erteilten Generalkonsenses Erziehungsfragen allein entscheiden kann. Auch die Vertretung des Kindes steht dann diesem Elternteil zu, sei es, weil er ohnehin – etwa aus Gründen der §§ 1673 ff. – alleine die Vertretung hat, sei es, daß eine Vollmachterteilung vom zurücktretenden Elternteil an den anderen vorliegt. Da aber ein Verzicht auf die elterliche Sorge nicht möglich ist, bleibt auch der Ehegatte, welcher dem anderen die Ausübung der elterlichen Sorge alleine überläßt, für die elterliche Sorge verantwortlich. Er kann allenfalls vom Kind später zur Rechenschaft gezogen, vom Vormundschaftsgericht mit regelnden Maßnahmen (§ 1666) bedacht werden. Im übrigen ist die Überlassung der Ausübung der elterlichen Sorge an den anderen Elternteil jederzeit frei widerruflich.

2. Ferner kann die Ausübung der elterlichen Sorge vom Familiengericht dahin geregelt werden, daß die Ausübung der elterlichen Sorge einem Ehegatten alleine (oder jedem Ehegatten nur teilweise) zusteht (§ 1672). Durch diese Entscheidung des Vormundschaftsgerichts wird der andere Elternteil von der Ausübung der elterlichen Sorge förmlich ausgeschlossen und auch von der Verantwortung dafür entlastet. Die Regelung ist dieselbe wie im Falle der Scheidung (s. unten III 3). Ein entsprechender Antrag kann von jedem Ehegatten zu beliebiger Zeit gestellt werden; das Gericht entscheidet von Amts wegen, wenn andernfalls das Kindeswohl gefährdet wäre und die Eltern nicht gewillt oder in der Lage sind, die Gefahr abzuwenden. Die gerichtliche Entscheidung kann sich an eine vorgängige Einigung der Eltern anlehnen; im übrigen ist Leitlinie für die Entscheidung das Wohl des Kindes. Daß dafür die Übertragung der Sorge an einen Elternteil allein erfolgen kann, ist kein Verstoß gegen Art. 6 GG (BVerfG NJW 1982, 983). Die gerichtliche Entscheidung über das Sorgerecht kann erforderlichenfalls mit einer Anordnung der Herausgabe des Kindes von einem Elternteil an den anderen (§ 1632 III) verbunden und diese Entscheidung nach § 33 FGG unmittelbar vollstreckt werden (BGHZ 19, 185; str.). Das Vormundschaftsgericht kann seine Entscheidung im Interesse des Kindes jederzeit ändern

(§ 1696). Bei Einleitung eines Scheidungsverfahrens kann das Familiengericht für die Dauer des Verfahrens die elterliche Sorge einstweilig und anders regeln (ZPO § 620); aber es wird regelmäßig untunlich sein, vor Entscheidung des Eheprozesses eine neue Sorgerechtsregelung zu treffen. Die für das Getrenntleben getroffene Regelung bleibt in Kraft, bis sie durch die mit Scheidung oder sonstiger Auflösung der Ehe erforderlich werdende Neuregelung (ZPO § 623) abgelöst wird.

3. Hat ein Elternteil alleine die gesamte elterliche Sorge oder Personensorge, so verbleibt dem anderen Elternteil das Recht des *persönlichen Umgangs* mit dem Kind (§ 1634). Das Familiengericht kann den Umgang näher regeln. Aber auch dann, wenn keine förmliche Regelung der Ausübung der elterlichen Sorge nach § 1672 vorliegt, kann für jeden Elternteil eine Regelung des persönlichen Umgangs mit dem Kind getroffen werden, sofern sich die Eltern darüber nicht geeinigt haben. Bei der Regelung der Einzelheiten des Verkehrsrechts ist das Gericht frei, vor allem nicht an Bestimmungen des personensorgeberechtigten Elternteils gebunden. Die Entscheidung ist Vollstreckungstitel nach FGG § 33.

Die Ausübung des Rechts eines nicht sorgeberechtigten Elternteils zum Umgang mit dem Kind macht häufig Schwierigkeiten, vor allem wenn der sorgeberechtigte Elternteil sich diesem Umgang widersetzt. § 1634 bestimmt daher ausdrücklich, daß beide Elternteile alles zu unterlassen haben, was das Verhältnis des Kindes zum anderen beeinträchtigt oder die Erziehung erschwert. Häufig sind auch Dritte (Verwandte usw.) gegen den persönlichen Umgang; das Gericht kann auch mit Wirkung gegen sie entscheiden; endlich kann das Gericht zum Wohle des Kindes, falls erforderlich, auch das Recht zum persönlichen Umgang einschränken oder ausschließen.

Neben dem Recht zum persönlichen Umgang steht dem nicht personenberechtigten Elternteil gegen den anderen ein Anspruch auf Auskunft über die persönlichen Verhältnisse des Kindes zu (§ 1634 III); bei Streitigkeiten darüber entscheidet das Vormundschaftsgericht – nicht das Familiengericht (vgl. auch oben § 27 V 2).

4. Mit Getrenntleben der Eltern ändert sich auch die Durchsetzung des Anspruchs auf Unterhalt für die Kinder. Solange die Eltern zusammenleben, beansprucht regelmäßig ein Elternteil vom anderen einen Beitrag zum Familienunterhalt (§ 1360), worin der Beitrag zum Unterhalt der Kinder inbegriffen ist; die Kinder bedürfen einer Geltendmachung ihres eigenen Unterhaltsanspruchs regelmäßig nicht; sie wäre wegen § 1795 (§ 1629) auch nur durch einen Pfleger möglich. Mit Getrenntleben entfällt der Anspruch auf Familienunterhalt (§ 1361). Der Anspruch auf Unterhalt eines Kindes kann jetzt ohne Pfleger von einem Ehegatten im Namen des Kindes, ab Einleitung des Scheidungsverfahrens im eigenen Namen (§ 1629 III), gegen den anderen Ehegatten geltend gemacht werden (§ 1629 II). Zwar muß das Kind grundsätzlich von beiden Eltern vertreten sein; da der zu verklagende Elternteil an der Vertretung des Kindes verhindert ist (§ 1795 Nr. 3), bleibt der andere als vertretungsberechtigt übrig (BGH, NJW 1958, 709). Zwar darf er im allgemeinen das Kind nicht allein vertreten (§ 1629 I), aber die von § 1795 unterstellte

Interessenkollision ist bei Getrenntleben der Eltern hinsichtlich des Unterhaltsanspruchs zu geringfügig, um ins Gewicht zu fallen, so daß es einer ausdrücklichen Sorgerechtsregelung (§ 1672) zugunsten des das klagende Kind vertretenden Elternteils nicht bedarf (§ 1629 II).

Schrifttum: *Göppinger,* JZ 60, 82 u. FamRZ 60, 11; *Krüger,* FamRZ 59, 403; *Wangemann,* NJW 1961, 193; *Blechschmidt,* AcP 160, 237.

II. Eheprozeß

Während eines Eheprozesses kann die elterliche Sorge durch einstweilige Anordnung des Familiengerichts (§ 620 ZPO) einem Ehegatten allein übertragen und auch die Herausgabe des Kindes an diesen angeordnet werden.

Diese ab 1. 7. 1977 geltende Neuregelung ist ein Fortschritt gegenüber dem bisherigen Recht, nach welchem durch einstweilige Anordnung nur die tatsächliche Personensorge (ohne Vertretung) geregelt werden konnte, und die Möglichkeit einer Anordnung der Kindesherausgabe streitig war.

III. Eheauflösung

Bei Auflösung der Ehe durch *Nichtigerklärung, Aufhebung* (§ 37 EheG) oder *Scheidung* wird das Sorgerecht einschließlich des Vertretungsrechts durch das Familiengericht näher geregelt (§ 1671), das bei Scheidungsverfahren auch ohne besonderen Antrag über die elterliche Gewalt mitzuentscheiden hat (ZPO § 623 III) und dann, wenn es von einem übereinstimmenden Vorschlag der Ehegatten über die elterliche Sorge abweichen will, über die elterliche Sorge vorab entscheiden muß (ZPO § 627), über die Scheidung selbst sowie weitere Scheidungsfolgen erst nach Rechtskraft des Beschlusses über die elterliche Sorge entscheiden darf.

Diese Neuregelung verfolgt den Zweck, die Ehegatten vor Überraschungen in der wichtigen Frage der elterlichen Sorge zu bewahren und ihnen die Möglichkeit zu geben, ihren Scheidungsantrag angesichts dessen, was das Gericht für die Kinder für richtig hält, neu zu überdenken. Die gleiche Regelung gilt aber nicht für die Ehenichtigkeits- und Eheaufhebungsklage; hier kann das Familiengericht die Regelung der elterlichen Sorge auch noch nach dem Urteil vornehmen, wobei den Ehegatten zwei Monate Zeit bleibt, einen Vorschlag über die elterliche Sorge zu unterbreiten (§ 1671 VI).

Bei Eheauflösung durch eine Wiederheirat nach unrichtiger Todeserklärung (EheG § 38 II) erfolgt die Sorgerechtsregelung ebenfalls nach § 1671, aber durch das Vormundschaftsgericht (§ 1681 II).

1. Während das BGB (§§ 1635ff.) einem Elternteil schematisch nur die *tatsächliche Personensorge* zuwies, sah § 74 EheG Zuweisung der *gesamten* Personensorge vor. Seitdem die elterliche „Gewalt" vollen Umfangs beiden Eltern zustand, blieben dann aber erhebliche Möglichkeiten des Streits über die gemeinsam auszuübende Vermögenssorge. Daher sah das GleichberGes vor, daß grundsätzlich *die gesamte elterliche Sorge* einem

Ehegatten allein übertragen werden soll. Nur ausnahmsweise ist zum Wohl des Kindes nach Personensorge und Vermögenssorge zwischen den Eltern zu teilen (§ 1671 IV); keinesfalls sind einzelne Angelegenheiten einem Elternteil zuzuweisen (BayObLG NJW 1963, 690). Auch eine zeitliche Teilung hält die Judikatur meist für unzulässig (anders OLG Karlsruhe NJW 1977, 1731). Das Sorgerechtsgesetz hatte sich in Anlehnung an das GleichberGes dahin entschieden, daß die elterliche Sorge grundsätzlich nur einem Ehegatten allein überlassen werden könne, nicht beiden gemeinsam belassen werden dürfe (§ 1671 IV 1). Eine Entscheidung BVerfGE 31, 194ff. schien diese Auffassung zu bestätigen. Nunmehr hat aber das BVerfGer (NJW 1983, 101) diese Beschränkung als mit dem Elternrecht unvereinbar für nichtig erklärt. Daher kann, *wenn beide Eltern es vereinbart haben* und das Kindeswohl dem nicht entgegensteht, die elterliche Sorge beiden Eltern zur weiteren gemeinsamen Ausübung zugewiesen werden.

Die Frage war lange sehr umstritten; Amtsgerichte legten die Frage dem BuVerfGer. vor; auch das KG hatte sich gegen den Text des BGB entschieden (NJW 1980, 2728). Der Familiengerichtstag 1980 hatte dem Gesetzgeber eine Neufassung des § 1671 IV empfohlen. Die jetzt vom BVerfG getroffene Regelung gibt der elterlichen Einigung mehr Spielraum, kann manchen Scheidungsprozeß entlasten. Doch gibt sie möglicherweise mehr Anlaß zu späteren Änderungen der Regelung (§ 1696).

Schrifttum: *Haefter*, Kinder aus geschiedenen Ehen, 1960; *Strätz*, Elterliche Personensorge und Kindeswohl, vornehmlich in der zerbrochenen Familie, FamRZ 1975, 541; *Fehmel*, Ist das Verbot des gemeinsamen elterlichen Sorgerechts nach der Scheidung verfassungswidrig?, FamRZ 1980, 758; *Dieckmann*, Fragwürdige Begründungen im Streit um die Verfassungsgebotenheit einer gemeinsamen elterlichen Sorge nach Scheidung der Elternehe, NJW 1981, 961; *Klußmann*, Der verfassungsgemäße Ausschluß des gemeinsamen Sorgerechts geschiedener Eltern, FamRZ 1982, 118; *Coester*, Sorgerechtsentscheidungen und Grundgesetz, NJW 1981, 961; *Knöpfel*, Zum gemeinsamen Sorgerecht der Eltern nach Scheidung, NJW 1983, 905; *Giesen*, JZ 1983, 301; *Kropholler*, Gemeinsame elterliche Sorge nach der Ehescheidung, JR 1984, 89 u. NJW 1984, 271; *Lemp*, Das gemeinsame Sorgerecht aus kinderpsychiatrischer Sicht, ZblJR 1984, 305 sowie FamRZ 1984, 741; *Hinz*, Elternverantwortung und Kindeswohl – Neue Chancen zu ihrer Verwirklichung durch die Rechtsprechung? ZblJR 1984, 529.

2. Bestimmt das Gericht, daß nur einem Elternteil die elterliche Sorge über ein gemeinschaftliches Kind allein zustehen soll, so besteht das Wesen dieser Entscheidung nicht so sehr darin, daß einem der Eltern die elterliche Sorge zugeteilt wird; denn er besitzt sie ja. Vielmehr wird der andere Elternteil von der Ausübung der elterlichen Sorge ausgeschlossen; ihm verbleibt aber das Recht auf Umgang mit dem Kind (§ 1634; vgl. oben §§ 27 V 2 u. 29 I 2).

3. Oberster Leitsatz für die Entscheidung ist das *Wohl der Kinder*. Das Familiengericht muß prüfen, wo die Kinder am besten und gesündesten aufwachsen, die beste Erziehung und Ausbildung erhalten können. Hierbei sind die Bindungen des Kindes insbes. an seine Eltern und Geschwister zu berücksichtigen. Dabei soll es von einem gemeinsamen Vorschlag

(Einigung!) der Eltern nur abweichen, wenn das Kindeswohl es erfordert. Dieser gemeinsame Vorschlag ist mehr als nur ein Indiz für das, was dem Kindeswohl am besten entspricht; er ist aber keine bindende Verfügung über das Sorgerecht; das Sorgerecht ist der Verfügung der Eltern entzogen. Die Einigung ist nur ein im Hinblick auf das Elternrecht beachtlicher Vorschlag für die künftige Regelung. Die Eltern sind an ihre Einigung bis zur Entscheidung des Gerichts gebunden. Die Einigung kann freilich durch wirksame Anfechtung wegen Willensmängeln oder völligen Fortfalls der Geschäftsgrundlage hinfällig werden; doch liegt letzterer noch nicht vor, wenn ein Ehegatte die vertraglich übernommene Verpflichtung seinerseits nicht erfüllt; ein solcher Umstand kann für das Gericht höchstens Anlaß sein, zu zweifeln, ob die Einigung dem Kindeswohl entspricht.

Die im gemeinsamen Vorschlag liegende Einigung entspricht dem „Einvernehmen" in § 1627 BGB und ist wie dieses nicht Rechtsgeschäft, wohl aber rechtsgeschäftsähnlich (str.); sie kann als Geschäft der tatsächlichen Personensorge auch mit einer minderjährigen Mutter erfolgen.

Macht ein mindestens vierzehn Jahre altes Kind einen von dem elterlichen Vorschlag abweichenden Vorschlag, so ist dies ein Indiz dafür, daß der elterliche Vorschlag möglicherweise nicht voll den Kindesinteressen entspricht oder durch Zugeständnisse in der Unterhaltsfrage oder bei anderen Scheidungsfolgen erkauft ist. Daher entbindet ein solcher Kindesvorschlag das Gericht von der Soll-Bindung an den elterlichen Vorschlag; es entscheidet frei, wie es dem Kindeswohl am besten entspricht.

Diese Regelung des § 1671 ist elastisch und gibt die Möglichkeit, vielen Erfordernissen gerecht zu werden. Die schematische Verteilung der Kinder nach § 1635 a. F. ist mit Recht beseitigt. § 81 EheG von 1938 hatte noch vorgesehen, daß mehrere Kinder zusammen aufwachsen sollen; das kann ein wichtiger Gesichtspunkt für die Entscheidung des Gerichts sein, läßt sich aber kaum als Regelfall hinstellen, wenn die Kinder bei jedem der Ehegatten annähernd gleichgut aufgehoben wären.

4. Bis 30. 6. 1977 galt § 1671 noch in der Fassung, nach welcher mangels einer Einigung der Ehegatten über die Zuteilung der elterlichen Gewalt in erster Linie eine etwaige Scheidungsschuld maßgebend sein sollte. Mit Beseitigung der Scheidung aus Verschulden eines Ehegatten entfiel die Möglichkeit, die Regelung der elterlichen Gewalt an das Scheidungsverschulden anzuknüpfen. Die Neuregelung des 1. EheRG gilt auch für die noch nach EheG geschiedenen Ehen (BGH NJW 1978, 1260).

5. Im Rahmen der vom Gericht getroffenen Regelung kann derjenige Ehegatte, dem das Sorgerecht übertragen wurde, wiederum die Ausübung des Sorgerechts dem anderen Ehegatten jederzeit widerruflich überlassen (RG, JW 1938, 1262); doch kann darin ein Mißbrauch des Sorgerechts liegen, der das Familiengericht zur Entziehung des Sorgerechts und zur Bestellung eines Pflegers oder Vormunds veranlassen kann (§ 1666). Ein entsprechender Elternvorschlag über die Zuweisung der elterlichen Sorge an den einen Ehegatten, Überlassung der Ausübung an den anderen wird als für das Gericht unbeachtlich angesehen von OLG Köln FamRZ 1977, 62.

6. Kommt das Familiengericht zu dem Ergebnis, daß beide Eltern für die Erziehung so untauglich sind, daß eine Gefahr für das Wohl des Kindes entstünde, so kann es beide Eltern von der Ausübung der elterli-

chen Sorge ganz oder teilweise ausschließen und Vormundschaft oder Pflegschaft anordnen. Die Auswahl von Vormund oder Pfleger trifft dann das Vormundschaftsgericht (BGH FamRZ 1981, 1048). Den Eltern verbleibt das Recht zum Umgang mit dem Kind (§ 1634). Keinesfalls endet diese Bestellung eines Vormunds oder Pflegers mit Tod eines Elternteils. Hier erlangt der Überlebende die alleinigen Elternrechte (§ 1681) nur, wenn ihm unter Aufhebung von Vormundschaft oder Pflegschaft die elterliche Sorge wieder übertragen wird. Im übrigen soll erforderlichenfalls das Vormundschaftsgericht dem Kind selbst bei Übertragung des Sorgerechts an einen Elternteil einen Pfleger bestellen; gedacht ist hierbei u. a. an die Geltendmachung von Unterhaltsansprüchen, wenn diese mit solchen des sorgeberechtigten Elternteils konkurrieren.

7. Das Gericht hat seine Entscheidung von Amts wegen zu treffen, und zwar nach FGG (ZPO § 621 n. F.). Es muß das Jugendamt (JWG § 48a) und die geschiedenen Eltern (FGG § 50a) sowie auch die Kinder vor der Entscheidung anhören (FGG § 50b) und zwar grundsätzlich unmittelbar (und nicht nur im Wege der Rechtshilfe). Damit hält das BVerfG (FamRZ 1981, 124) die Kindesrechte für ausreichend gewahrt; ein Pfleger zur Vertretung des Kindes im Sorgerechtsstreit der Eltern ist bis heute nicht vorgesehen (März, FamRZ 1981, 736). Andere Ermittlungen stellt das Gericht nach pflichtgemäßem Ermessen an (FGG § 12), z. B. die Anhörung eines psychologischen Gutachters. Die getroffene Entscheidung kann es jederzeit ändern (§ 1696), soweit es dies im Interesse des Kindes für angezeigt hält. Ein Beschwerderecht steht auch dem Jugendamt zu (FGG § 57).

Die Entscheidung über die elterliche Sorge ist als rechtsgestaltende nicht vollstreckbar. Soll das Kind von dem Ehegatten, welchem die Ausübung der elterlichen Sorge abgesprochen worden ist, an den anderen herausgegeben werden, so muß das Gericht dies in derselben Entscheidung anordnen (§ 1632 III). Erst diese Anordnung ist nach FGG § 33 mit Zwangsgeld vollstreckbar (BGHZ 19, 185; str.). Eine gleichzeitige Regelung des Verkehrsrechts soll im allgemeinen nur erfolgen, wenn eine Ehegatte dies anregt; nur im Scheidungsverfahren kann sie auch ohne solche Anregung erfolgen (ZPO § 623 III).

Schrifttum: *Lempp,* Die Rechtsstellung des Kindes aus geschiedener Ehe aus kinder- und jugendpsychatrischer Sicht, NJW 1972, 315; *Lempp-Wagner,* Untersuchungen über den weiteren Verlauf von Sorgerechts- und Verkehrsregelungsverfahren nach der Begutachtung, FamRZ 1975, 70; *Luthin,* Nochmals: zu den durch das Sorgerechtsverfahren normierten Anhörungspflichten, FamRZ 1981, 1149; *Dickmeis,* Die kinderpsychologische Begutachtung im familiengerichtlichen Verfahren, NJW 1983, 2053; *Lemp,* Das neue Familienrecht aus kinder- und jugendpsychiatrischer Sicht, ZBlJR 1984, 169.

8. Der Unterhalt der Kinder wird ab 1. 7. 1977 vom Familiengericht mit der Ehesache der Eltern mitgeregelt. Dazu kann ein Ehegatte Unterhaltsansprüche der Kinder im Scheidungsverfahren im eigenen Namen mit Wirkung für und gegen das Kind geltend machen (§ 1629).

Der Name des Kindes bleibt von der Scheidung der Eltern unberührt; doch hält die Verwaltungspraxis die Zuweisung der Erziehungsrechte an die ihren früheren Namen wieder annehmende Mutter oft für einen wichtigen Grund, auch dem Kind diesen Namen zu geben (BVerwG StAZ 1976, 161; nicht unbedenklich). Die auch vorkommende Verleihung eines neuen Ehenamens der wiederverheirateten Mutter (BVerwG StAZ 1980, 277) sollte oft besser unterbleiben; sie ordnet das Kind zwar vielleicht äußerlich in die Stiefelternfamilie ein, beseitigt aber in bedenklicher Weise den Namenszusammenhang mit dem derzeit nicht sorgeberechtigten Elternteil, dem das Sorgerecht wieder übertragen werden kann (§§ 1696, 1680, 1681).

IV. Endet die elterliche Sorge durch Tod des Sorgeberechtigten, so geht sie nicht automatisch nach allgemeinen Vorschriften auf den anderen Elternteil über (§ 1681), sondern nur, wenn das Vormundschaftsgericht sie ihm förmlich wieder überträgt, was zu der nützlichen Prüfung nötigt, ob das Sorgerecht des bisher Ausgeschlossenen dem Kindeswohl nicht widerspricht. Ist der Sorgeberechtigte an der Ausübung der elterlichen Sorge verhindert, so ist je nach Art und Dauer der Verhinderung entweder zeitweilig ein Vormund oder wenigstens für bestimmte eilbedürftige Angelegenheiten ein Pfleger zu bestellen. Dasselbe gilt, wenn die elterliche Sorge des Sorgeberechtigten ruht; doch hat hier das Vormundschaftsgericht die Ausübung der elterlichen Sorge dem anderen Elternteil zu übertragen, wenn keine Aussicht besteht, daß der Grund des Ruhens der elterlichen Sorge entfallen wird (§ 1678 II) und die Übertragung dem Kindeswohl nicht widerspricht. Wird dem Sorgeberechtigten das Sorgerecht entzogen (§§ 1666ff.), so gilt entsprechendes (§ 1680 II). Heiratet der sorgeberechtigte Elternteil wieder, so ändert dies an seinem Sorgerecht nichts, kann aber allenfalls Anlaß zu einer ändernden Entscheidung (§ 1696) sein; heiratet er den geschiedenen Ehegatten wieder, so erledigt sich die gerichtliche Regelung durch § 1626 auch ohne förmliche gerichtliche Aufhebung.

§ 30. Elterliche Sorge für nichteheliche Kinder

Die elterliche Sorge für nichteheliche Kinder steht der *Mutter* zu (§ 1705), nicht auch dem Vater. Diese Regelung knüpft an die soziologische Tatsache an, daß manche Väter nicht ermittelt und festgestellt werden, andere am Kind wenig Interesse haben. Auch wenn die Vaterschaft anerkannt oder festgestellt ist, erlangt der Vater die elterliche Sorge neben der Mutter nur, wenn er sie heiratet und damit das Kind legitimiert. Ferner erlangt er die elterliche Sorge alleine, wenn er das Kind adoptiert oder wenn das Kind für ehelich erklärt wird.

I. Elterliche Sorge der Mutter

1. Die Regelung, daß der Mutter grundsätzlich die elterliche Sorge zusteht, gilt seit 1. 7. 1970. Das BGB hatte ursprünglich für die Mutter nur die tatsächliche Personensorge vorgesehen, alle sonstigen Befugnisse

einem Vormund überlassen; doch konnte auch die Mutter selbst zum Vormund ihres Kindes bestellt werden. Erst das FamRÄndG von 1961 brachte die Möglichkeit, der Mutter auf Antrag die elterliche Sorge zu übertragen. Auch die jetzt der Mutter gewährte elterliche Sorge ist im Interesse des Kindes keine uneingeschränkte, da die Mutter sich häufig scheut, die Rechte des Kindes gegenüber dem Vater mit dem nötigen Nachdruck wahrzunehmen. Das Kind erhält für bestimmte Angelegenheiten einen Pfleger (§ 1706); in dessen Wirkungskreis kann die Mutter nicht eingreifen (§ 1630). Nötigenfalls erhält das Kind einen Vormund. Diese Einschränkung der elterlichen Sorge der Mutter wird für verfassungskonform gehalten (OLG Bremen OLGZ 1977, 281), da es vorrangig um den Schutz des Kindes getht (GG Art. 6 V).

2. Die Mutter hat vor allem Recht und Pflicht, das Kind zu versorgen, es zu erziehen, zu beaufsichtigen und seinen Aufenthalt zu bestimmen, und vorbehaltlich der Stellung des Pflegers sein etwaiges Vermögen zu verwalten und das Kind in persönlichen wie vermögensrechtlichen Angelegenheiten zu vertreten. Sie ist darin selbständig und keiner Aufsicht des Jugendamts mehr unterworfen. Doch unterliegt ihre elterliche Sorge auch allen Einschränkungen, denen die elterliche Sorge einer ehelichen Mutter ausgesetzt ist. So können ihr gegebenenfalls Personensorge und Vermögenssorge entzogen werden (§§ 1666, 1667), wobei ihr aber das vom Vormundschaftsgericht (BayObLG MDR 1982, 763) zu regelnde Recht auf Umgang mit dem Kind (§ 1634) erhalten bleibt. Rechtsgeschäfte für das Kind bedürfen möglicherweise vormundschaftsgerichtlicher Genehmigung (§§ 1643, 1821 ff.); die Vertretungsmacht ist gemäß §§ 1629, 1795, 181 beschränkt.

Schrifttum: *Horstmann,* Zum Problem der personenrechtlichen Beziehungen im außerehelichen Eltern-Kind-Verhältnis, 1967, *Becker-Huvale,* FamRZ 1969, 259; *Göppinger,* Elterliche Gewalt über nichteheliche Kinder, FamRZ 1970, 57.

Umstritten ist, ob die Mutter verpflichtet ist, im Interesse des Kindes, insbesondere seiner Unterhaltsansprüche, dem Kind den Vater namhaft zu machen. Die Mutter kann wichtige Gründe haben, den Namen des Vaters nicht preiszugeben. Gründe, die den Interessen des Kindes die Waage halten können. Sie kann daher weder als Zeugin (§ 383 ZPO) noch durch Drohung mit Entziehung der Personensorge (§ 1666) zur Nennung des Vaters gezwungen werden (lies BGH ZblJR 59, 85; RGZ 169, 49 und 158; zweifelnd noch RGZ 167, 291); das Verschweigen des Namens des Vaters ist auch keine strafbare Personenstandsunterdrückung (§ 169 StGB; RGStr. 72, 214); erst die Benennung eines Unbeteiligten oder Abstreiten des Mehrverkehrs kann Personenstandsfälschung und Betrug sein. Verschweigen des Vaters kann aber unter Umständen ein Grund sein, einen Antrag der Mutter auf Abberufung des Pflegers (§ 1707) abzulehnen (BGHZ 82, 173 für den Regelfall; gegen OLG Hamm OLGZ 1982, 8) und führt zur Versagung von Unterhaltsvorschüssen für das Kind nach § 1 III Unterhaltsvorschuß-Ges. Entsprechend kann Sozialhilfe versagt werden, wenn die Mutter sich lediglich auf den Schutz ihrer Intimsphäre beruft, ohne glaubhaft zu machen, daß die Verschweigung des Vaternamens (welche den Regreß nach § 92a BSHG gegen den Erzeuger verhindert) aus achtungswerten Gründen geschieht; es steht der Mutter nicht zu, für den Unterhalt des Kindes beliebig zwischen Inanspruchnahme des Erzeugers und der Sozialhilfe zu wählen (BVerwG NJW 1983, 2594); *Schimpf,* StAZ 1983, 192.

Schrifttum: *Brüggemann,* Intimsphäre und außereheliche Elternschaft Diss. Bonn 1964; *Zenz,* Volle elterliche Gewalt für die Mutter, die den Vater ihres Kindes nicht nennen oder feststellen lassen will? StAZ 1974, 281 u. 314; *Kleineke,* Das Recht auf Feststellung der Abstammung, Diss. 1976; *Sturm,* FamRZ 1982, 1150; *Finger,* FamRZ 1983, 429ff mit Erwiderung von Bosch aaO 433.

3. Ist die Mutter noch minderjährig, so ruht ihre elterliche Sorge (§ 1673 II); es steht ihr lediglich die tatsächliche Personensorge zu; im übrigen hat ein Vormund für das Kind zu sorgen, demgegenüber aber im Bereich der tatsächlichen Personensorge (Aufenthalt, Aufsicht, Erziehung) die Meinung der Mutter vorgeht.

Damit für das Kind sofort gesorgt ist, kann ihm bereits vor der Geburt ein Vormund bestellt werden (§ 1774 S. 2). Ist eine solche Bestellung nicht erfolgt, so wird das Jugendamt mit der Geburt des Kindes (oder mit der nachträglichen Feststellung von dessen Unehelichkeit) automatisch Vormund (§ 1791c). Die minderjährige Mutter kommt als Vormund nicht in Betracht (§ 1781); doch kann der Vater Vormund werden, wenn er am Kind interessiert ist (die Ehe mit der Mutter allenfalls wegen mangelnder elterlicher Einwilligung nach EheG § 3 noch nicht möglich ist).

Wird die Mutter volljährig, so erlangt sie die elterliche Sorge; dann wird der bisherige Vormund automatisch Pfleger für das Kind (§ 1710).

4. Ruht die elterliche Sorge der Mutter wegen einer auf Entmündigung beruhenden Geschäftsunfähigkeit, oder weil sie einen Pfleger für Person und Vermögen erhalten hat, so ist die Rechtslage entsprechend, nur geht in Angelegenheiten der tatsächlichen Personensorge die Meinung des Vormunds der ihrigen vor (§ 1673 II). Ist die Mutter geschäftsunfähig, so hat sie auch das Recht der tatsächlichen Personensorge nicht mehr; alle Rechte stehen dem Vormund zu. Wird die Mutter erst nach Geburt des Kindes geschäftsunfähig oder stirbt sie, so wird das Jugendamt – sofern es Pfleger des Kindes war – automatisch Vormund (§ 1791c II). Werden umgekehrt Entmündigung oder Pflegschaft der Mutter aufgehoben, so daß sie die volle elterliche Sorge erlangt, wird der bisherige Vormund des Kindes automatisch Pfleger (§ 1710).

II. Der Pfleger

1. Von der früheren vormundschaftlichen Fürsorge durch das Jugendamt ist zum Schutz des nichtehelichen Kindes nur die Pflegschaft für die Regelung des Verhältnisses zum Vater verblieben. Mit diesem Abbau des Nichtehelichenschutzes ist die Verantwortung der alleinstehenden Mutter erhöht; sicherlich sind in unserer Epoche gesteigerter Selbständigkeit der Frau viele Frauen der Aufgabe der Betreuung eines unehelichen Kindes gewachsen; vor allem diejenigen, welche das Schicksal, ein nichteheliches Kind zu haben (etwa wegen Unmöglichkeit, zu der erwünschten Heirat zu kommen), bewußt auf sich genommen haben; aber manche Frau, der die bei Geburt eines ehelichen Kindes und seiner Erziehung verbreitete Hilfe der eigenen Familie und der des Mannes fehlt, bleibt schutzbedürftig, wenn insbes. Wege zu Behörden gescheut werden. Darunter kann auch das Kind leiden. Der Beistand (§ 1685), dessen Aufga-

benkreis weiter sein kann als der eines Pflegers für das Kind, ist zu wenig bekannt, um häufiger beantragt zu werden. Deshalb gibt das Gesetz dem Kind von Amts wegen einen Pfleger.

2. *Aufgabe des Pflegers* ist die Regelung des Personenstandes des Kindes, insbes. *Feststellung der Vaterschaft,* Adoption und Legitimation, ferner die *Durchsetzung* vermögensrechtlicher Ansprüche gegen den Vater und väterliche Verwandte, vor allem *von Unterhaltsansprüchen,* Erbrecht und Pflichtteilsrecht (§ 1706). Der Pfleger hat insoweit auch die Rolle eines gesetzlichen Vertreters des Kindes.

Im einzelnen kommen u. a. in Betracht: Erklärung der Zustimmung zur Anerkennung des Kindes durch den Vater (§ 1600 c); Anfechtung der Vaterschaftsanerkennung (§ 1600 g); Erheben der Vaterschafts-Feststellungsklage (§ 1600 n); Antrag auf Ehelicherklärung (§ 1740 a) oder Zustimmung dazu (§ 1726); Zustimmung zur Einbenennung (§ 1618) oder Adoption (§ 1746); Anträge auf behördliche Namensänderung; Geltendmachen der Unterhaltsansprüche gemäß § 1615 a ff.; Einziehung des Unterhalts und seine Weiterleitung an die Mutter, Heim oder Pflegeeltern; aber auch die Geltendmachung von Unterhaltsansprüchen gegen die das Kind nicht pflegende Mutter; Regelung der Erb- und Erbersatzansprüche der §§ 1934 a ff. Dagegen fällt es nicht in den Aufgabenbereich des Pflegers, für die Unterbringung des Kindes in einem Heim oder bei Pflegeeltern zu sorgen oder sozialrechtliche Rentenansprüche geltend zu machen (KG NJW 1971, 944; BSG NJW 1971, 2195).

3. Um Müttern, die zur völlig selbständigen Ausübung der elterlichen Sorge geeignet sind, vor allem auch den Personenstand des Kindes sowie seine Unterhalts- und Erbansprüche regeln können, die *volle Ausübung der elterlichen Sorge* zu ermöglichen, ist vorgesehen, daß auf Antrag der Mutter (und nicht etwa des Pflegers, der sich seines Amtes entledigen möchte) die *Pflegschaft aufgehoben* werden kann (§ 1707). Es kann auch schon vor der Geburt des Kindes angeordnet werden, daß eine Pflegschaft überhaupt nicht eintritt. Endlich kann der Wirkungskreis des Pflegers eingeschränkt werden. Letzteres kommt vor allem in Betracht, wenn die Vaterschafts- und Unterhaltsfrage grundsätzlich geregelt ist und es z. B. nur noch um die Beitreibung des Unterhalts geht. Im Verfahren ist die Mutter eingehend anzuhören (FGG § 50 a I).

Einem entsprechenden Antrag der Mutter hat das Gericht stattzugeben, solange nicht das Kindeswohl entgegensteht. Allerdings kann das Gericht seine Entscheidung auch im Interesse des Kindeswohls jederzeit ändern, d. h. den Pfleger wieder mit früheren Aufgaben bis zu dem gesetzlich vorgesehenen Umfang betrauen. Dagegen wären weitergehende Aufgaben für einen Pfleger unzulässig; das Gericht kann in die Rechte der Mutter sonst nur noch gemäß § 1666 eingreifen.

Der Pfleger kann auch dadurch ausgeschaltet werden, daß die Mutter ihr Kind adoptiert (§ 1741 III) und damit die uneingeschränkte elterliche Sorge erwirbt (§ 1754).

4. Pfleger wird mit der Geburt des Kindes regelmäßig das Jugendamt (§ 1709; Amtspflegschaft). Doch kann auch ein Einzelpfleger bestellt

werden; so schon vor der Geburt des Kindes für den nasciturus (§ 1912) oder mit Wirkung auf das Datum der Geburt des Kindes (§ 1708). Pfleger wird bei Beendigung einer Vormundschaft der bisherige Vormund (§ 1710), insbes. bei Volljährigwerden der nichtehelichen Mutter; umgekehrt kann auch das Jugendamt als Pfleger bei Bedarf automatisch Vormund werden (§ 1791c II). Übergangsrechtlich ist vorgesehen daß dort, wo mit Inkrafttreten des NichtehelG eine Vormundschaft endet, der bisherige Vormund Pfleger des nichtehelichen Kindes wird, insbes. auch der Amtsvormund automatisch Amtspfleger wird (Art. 12 § 7 NichtehelG); war die Mutter Vormund, so erwirbt sie automatisch die volle elterliche Sorge.

Zuständig ist das Jugendamt am gewöhnlichen Aufenthalt des Minderjährigen. Wird der gewöhnliche Aufenthalt des Minderjährigen verlegt, so ist regelmäßig die Abgabe von Amtsvormundschaft oder der Amtspflegeschaft an das Jugendamt des neuen Aufenthalts geboten (BGHZ 70, 52), es sei denn, Vaterschaftsfeststellung und Unterhaltsregelung für das Kind seien noch in der Schwebe.

III. Stellung des Vaters

Ein *Elternrecht* im Sinne von GG Art. 6 wird für den nichtehelichen Vater weitgehend verneint (z. B. BayVerfG StAZ 1963, 157; str.). Das mag dem Verständnis zur Zeit der Schaffung des Grundgesetzes entsprechen. Moderne Tendenzen neigen zur Bejahung eines solchen Elternrechts. Die sehr weitgehende Auslegung, die der europäische Gerichtshof für Menschenrechte der einschlägigen Konvention (die in der Bundesrepublik keinen Verfassungsrang genießt) gegeben hat (Sache Marckx; dazu Jayme NJW 1979, 2425 u. Sturm, FamRZ 1982, 1150), könnte zu einer Revision auch des deutschen positiven Rechts führen, das die aus der natürlichen Blutsverwandschaft folgende Position des Vaters beschränkt, entsprechend seiner normalerweise größeren soziologischen Distanz zum Kind. Der Vater wird an der elterlichen Sorge nicht beteiligt, auch da nicht, wo er sich zum Kinde (etwa durch Anerkennung der Vaterschaft und freiwillige Unterhaltszahlungen) bekennt. Diese Ausschaltung des Vaters ist da, wo die Kindeseltern nicht zusammenleben, ebenso folgerichtig wie die Zuweisung der elterlichen Sorge an einen Elternteil nach Scheidung (§ 1671), will man zum Wohl des Kindes widerstreitende Einflüsse beider Eltern vermeiden. Andrerseits ist es der nichtehelichen Mutter unbenommen, Besuche des Vaters bei seinem Kind und umgekehrt oder Briefverkehr zu gestatten sowie Ratschläge für die Erziehung des Kindes beim Vater einzuholen oder bei Zusammenleben ihn faktisch an der Ausübung der elterlichen Sorge zu beteiligen. Nur hat der Vater *kein Recht* darauf, an der Erziehung beteiligt zu werden. Das BVerfG (NJW 1981, 1201) hält dies für verfassungskonform.

1. Der Vater hat *nicht einmal* das sonst selbst einem von der elterlichen

Sorge ausgeschlossenen Elternteil zustehende *Recht des § 1634* auf persönlichen Umgang mit dem Kind. Vielmehr entscheidet über solchen Umgang der Erziehungsberechtigte, also regelmäßig die Mutter. Verweigert diese dem Vater den Umgang mit dem Kind, so soll das Jugendamt, wenn der Vater Kontakte mit dem Kind wünscht, „in geeigneten Fällen" zwischen Vater und Sorgeberechtigtem vermitteln. Nur wenn bewiesen wird, daß ein persönlicher Umgang des Kindes mit dem Vater dem Kindeswohl dient, kann das Vormundschaftsgericht dem Vater ein Verkehrsrecht widerruflich zusprechen (§ 1711).

2. Gegen die Mutter hat der Vater ein Recht auf Auskunft über die persönlichen Verhältnisse des Kindes nach Maßgabe des § 1634 III. Das Vormundschaftsgericht hat den Vater vor Entscheidungen, die das Kind betreffen, grundsätzlich anzuhören (FGG § 50a II). Nötig ist ferner eine Anhörung des Vaters vor einer Adoption des Kindes durch andere Personen als die Mutter des Kindes; er ist dem Kind näher als Dritte, deren Adoptionsantrag nicht stattzugeben ist, wenn der Vater seinerseits die Ehelicherklärung oder Adoption des Kindes beantragt hat (§ 1747). Der Vater kann aber auch in öffentlich beurkundeter Erklärung ausdrücklich und unwiderruflich auf solche Anträge verzichten und damit das Kind zur Adoption durch Dritte „freigeben". Das Jugendamt (JWG § 51b), hat den Vater, bevor das Kind zur Adoption in Pflege gegeben wird, über seine Rechte aus § 1747 zu beraten; es kann auch die Verzichtserklärung des Vaters beurkunden (JWG § 49 I Nr. 6).

Insgesamt sind die Chancen des Vaters im Vergleich zu seinen Pflichten geringfügig und kaum geeignet, das Verantwortungsgefühl eines Vaters für sein Kind zu heben.

Schrifttum: *R. Scholz,* Benachteiligung des Mannes im Ehe- und Familienrecht?, ZRP 1984, 201.

§ 31. Aufsicht des Vormundschaftsgerichts

Außer den schon erörterten Funktionen des Vormundschaftsgerichts als Schlichtungs- und Entscheidungsorgan zwischen den beiden Eltern (vgl. oben § 26 II 3), als Behörde zur Einsetzung von Vormund, Pfleger (§§ 1629 und 1795, 1630, 1638, 1671, 1672) oder Beistand (§ 1685), als Entscheidungsorgan im Verhältnis von Eltern und Pfleger (§ 1630), oder Eltern und Kindern (§§ 1631a II, 1632 III, mittelbar auch § 1634), als zuständiger Stelle für Erteilung vormundschaftsgerichtlicher Genehmigungen, für Entscheidungen in Sachen der religiösen Erziehung nach RKEG, für Anordnungen über Ausübung des Sorgerechts (§§ 1670 bis 1672, 1674, 1680, 1681) hat das Vormundschaftsgericht eine Reihe von Aufsichtsfunktionen gegenüber der Ausübung der elterlichen Sorge. Es übt hier das in GG Art. 6 vorgesehene „Wächteramt" des Staates aus.

I. Personensorge

1. Bei Gefährdung des Kindes durch Vernachlässigung oder durch Mißbrauch der Personensorge hat das Vormundschaftsgericht alle zur Abwendung der Gefahr erforderlichen Maßnahmen zu treffen (§ 1666). Es kann dem Vater oder der Mutter oder beiden die *Ausübung* der Personensorge ganz oder teilweise *entziehen* und erforderlichenfalls (vgl. unten § 40 I) einen Pfleger bestellen, die Unterbringung des Kindes in einer Familie oder Anstalt, die Erziehungsbeistandschaft oder Fürsorgeerziehung anordnen. Bei Verletzung und Gefährdung des Unterhalts kann auch die Vermögensverwaltung entzogen werden. Es muß dabei aber den Grundsatz der Verhältnismäßigkeit wahren, d. h. gegenüber den Eltern die mildest mögliche Maßnahme wählen, welche zur Wahrung des Kindeswohls genügt (BGHZ 73, 131 u. § 1666 a II n. F.). Eine Trennung des Kindes von seinen Eltern ist nur bei strikter Wahrung des Grundsatzes der Verhältnismäßigkeit noch verfassungskonform (BVerfG NJW 1982, 1379).

Die Vorschrift des § 1666 ist der Angelpunkt für die gesamte Aufsicht und viele Eingriffe des Vormundschaftsgerichts bei der Erziehung des Kindes. Es ist mit die wichtigste Vorschrift des gesamten Kindschaftsrechts.

Das Eingreifen des Vormundschaftsgerichts erforderte nach h. M. Verschulden des Erziehungsberechtigten. Schon BVerfGE 10, 84 hatte formuliert, daß das Wächteramt der staatlichen Gemeinschaft, das vom Vormundschaftsgericht wahrgenommen werde, den Sinn habe, objektive Verletzungen des Wohls des Kindes zu verhüten „unabhängig von einem Verschulden der Eltern". Die Praxis hat diese maßgebliche Interpretation kaum zur Kenntnis genommen. Selbstverständlich ist es zweckmäßig, dem Vormundschaftsgericht ein Eingriffsrecht auch dann zu geben, wenn der Erziehungsberechtigte sich – auch unverschuldet – als zur Erziehung ungeeignet erweist. Die Fürsorgeerziehung, welche einen besonders weitgehenden Eingriff in die elterliche Gewalt darstellt, kann ohne Verschulden eines Elternteils angeordnet werden (JWG § 64); nach Scheidung der Ehe können beide Eltern von der elterlichen Sorge durch Einsetzung von Vormund oder Pfleger ausgeschlossen werden, wenn es notwendig ist, um eine Gefahr für das Wohl des Kindes abzuwenden (§ 1671 V). Das neue Sorgerechtsgesetz hat Voraussetzungen und Arten der Eingriffe ausführlicher geregelt, als dies bisher der Fall war.

Schrifttum: *Höhne*, Gerichtliche Kontrolle elterlicher Fehlentscheidungen, Diss. Frankfurt 1974; *Hinz*, Zu den Voraussetzungen der Trennung eines gesunden Kindes von seinen behinderten Eltern, NJW 1983, 377; *Fehnemann*, Das Verschuldensprinzip in § 1666 BGB und die Rechtsprechung des Bundesverfassungsgerichts, ZblJR 1984, 157.

1. *Voraussetzungen* eines Eingriffs in die elterlichen Sorgerechte sind dreierlei:

a) daß das körperliche, geistige oder seelische Wohl des Kindes gefährdet ist;

b) daß dies durch mißbräuchliche Ausübung der elterlichen Sorge durch Vernachlässigung des Kindes, durch unverschuldetes Versagen der Eltern oder durch Verhalten eines Dritten erfolgt;

c) daß die Eltern nicht gewillt oder nicht in der Lage sind, die Gefahr abzuwenden.

Das Kasuistik zur Frage der Vernachlässigung des Kindes ist unübersehbar. Als Beispiel sei folgendes genannt: mangelnde Gesundheitsfürsorge, mangelnde Berufsausbildung, Fernhalten vom Schulbesuch, übermäßige Züchtigung, Religionszwang, Verletzung der Unterhaltspflicht, Verleitung zu Straftaten, Duldung der Gewerbsunzucht, mangelnde Fürsorge infolge Drogenabhängigkeit eines erziehenden Elternteils, übermäßige Beschränkung des Verkehrs mit Verwandten (insbes. mit den Großeltern, BayObLG NJW 1981, 1380), seelische Gefährdung durch Zusammenleben mit einem anderweit verheirateten Partner usw.

2. Die zu ergreifenden *Maßnahmen* können mannigfacher Art sein. Hervorzuheben sind u. a.:

a) die fürsorgerischen Erziehungshilfen nach JWG (vgl. unten § 34);
b) Maßnahmen gegenüber Dritten (z. B. einem Zuhälter zu untersagen, Kontakt mit einer Minderjährigen zu halten);
c) Ersetzung elterlicher Erklärungen (z. B. Ersetzung der verweigerten elterlichen Einwilligung zu einer Operation des Kindes) nach § 1666 II;
d) Entziehung der Personensorge ganz oder teilweise; doch darf die gesamte Personensorge nur entzogen werden, wenn andere Maßnahmen erfolglos geblieben sind oder wenn anzunehmen ist, daß sie zur Abwendung der Gefahr nicht ausreichen (§ 1666 a II);
e) Maßnahmen der Trennung von der Familie (vgl. dazu GG Art. 6 III) sind nur zulässig, wenn der Gefahr auch nicht durch öffentliche Hilfen begegnet werden kann (§ 1666 a I);
f) Anordnung des Verbleibens in fremder Familienpflege (§ 1632 IV);
g) Entziehung der Vermögenssorge, wenn die Unterhaltspflicht verletzt wurde und für die Zukunft eine Gefährdung des Kindesunterhalts zu besorgen ist (§ 1666 III).

3. Außerhalb der Voraussetzungen des § 1666 wird die Aufsichtsfunktion des Vormundschaftsgerichts ferner daran deutlich, daß die *Unterbringung* des Kindes in einer geschlossenen Anstalt seiner Genehmigung bedarf (§ 1631 b BGB) und daß das Gericht von Amts wegen über *Ausbildung und Beruf* des Kindes entscheiden kann, wenn die Eltern auf Eignung und Neigung des Kindes keine Rücksicht nehmen und dies die Besorgnis begründet, daß damit die Entwicklung des Kindes nachhaltig schwer beeinträchtigt wird (§ 1631 a).

II. Vermögenssorge

Die Kontrolle der Vermögensverwaltung und Nutznießung der Eltern ist – abgesehen von der Genehmigungspflicht bei einzelnen Rechtsgeschäften (§ 1643) – geringfügig.

1. Eine Pflicht zur *Inventarisierung* des Kindesvermögens besteht nach § 1640 für alles Vermögen, welches das Kind von Todes wegen, durch unentgeltliche Zuwendungen, oder anläßlich eines Sterbefalls oder als Unterhaltsabfindung erhält, außer Erblasser oder Zuwendender haben

Abweichendes angeordnet oder der Wert des Vermögenserwerbes übersteigt nicht 10000 DM. Eine Inventarisierungspflicht besteht ferner bei Wiederverheiratung des nach Auflösung der Ehe sorgeberechtigten Elternteils (§ 1683, § 9 EheG), hier mit der Pflicht zur Auseinandersetzung gemeinschaftlichen Vermögens verbunden; endlich auf Anordnung des Vormundschaftsgerichts bei Gefährdung des Kindesvermögens durch Pflichtverletzungen anläßlich Verwaltung und Nutzung (§ 1667) oder durch Vermögensverfall.

Ein unzureichendes Verzeichnis kann auf Anordnung des Vormundschaftsgerichts behördlich ergänzt oder neu aufgenommen werden (§§ 1667 II, 1689).

Diese Rechenschaftspflichten gegenüber dem Vormundschaftsgericht sind von der Rechnungslegung der Eltern gegenüber dem Kind bei Beendigung der Vermögensverwaltung (§ 1698) zu unterscheiden!

2. Bei *Gefährdung des Kindesvermögens* kann das Vormundschaftsgericht auch alle sonst erforderlichen Maßregeln treffen (§ 1667).

Hier nennt das Gesetz insbesondere die Anordnung einer bestimmten (allenfalls „gesperrten") Anlage von Geld, der Hinterlegung von Wertpapieren und Kostbarkeiten, die Auferlegung einer Sicherheitsleistung und Entziehung der Vermögensverwaltung (§§ 1640 IV, 1667 V).

III. Verfahren

Das *Einschreiten des Vormundschaftsgerichts* setzt voraus, daß es von der Gefährdung des Kindes oder seines Vermögens Kenntnis erhält. Zur Anzeige der Gefährdung ist das Jugendamt verpflichtet (JWG § 47a II). Aber auch auf andere Weise, insbesondere durch Anzeige von Verwandten, Erziehern usw. kann das Vormundschaftsgericht Kenntnis erhalten. Von einem Antrag auf Eröffnung des Konkursverfahrens, des Vergleichsverfahrens oder einem Antrag auf Vorlage eines eidesstattlich bekräftigten Vermögensverzeichnisses (ZPO § 807) hat das zuständige Gericht das Vormundschaftsgericht zu unterrichten (§ 1668, der durch das UÄndG gestrichen werden soll). Eine regelmäßige Aufsicht über Erziehung und Vermögensverwaltung findet aber – im Gegensatz zur Vormundschaft – gegenüber Eltern nicht statt.

Das Verfahren des Vormundschaftsgerichts ist im FGG geregelt. Vor jeder Anordnung in Personensorgesachen ist das Jugendamt zu hören (§ 48a JWG). Der Vater und die Mutter müssen grundsätzlich, das Kind muß fallweise gehört werden (näheres FGG §§ 50a–50c u. oben § 29 III 7). Weitere Ermittlungen stellt das Gericht nach pflichtmäßigem Ermessen an (FGG § 12). Einstweilige Anordnungen sind zulässig. Die getroffenen Entscheidungen können jederzeit aufgehoben oder geändert werden (§ 1696). Für Amtspflichtverletzungen haften der Vormundschaftsrichter und der Rechtspfleger dem Kind nach § 839. Bei Eingriffen in die elterliche Sorge eines Elternteils muß die Regelung der Position des anderen erwogen werden (§ 1680).

§ 32. Legitimation nichtehelicher Kinder

Nichteheliche Kinder können auf zwei Wegen die Rechtsstellung ehelicher Kinder erlangen: durch *spätere Ehe* der Eltern oder durch *Verfügung der Staatsgewalt.* Diese Möglichkeit steht nach BGB allen unehelichen Kindern offen, während ausländische Rechte vielfach die Legitimation von Ehebruchskindern ausschließen.

Nach BGB ist zu beachten, daß Kinder aus Ehebruch einer Ehefrau zunächst als eheliche Kinder ihres Ehemannes gelten. Wird wegen des Ehebruchs der Frau die Ehe geschieden, so ist damit allein noch nicht die Möglichkeit gegeben, das Kind zum ehelichen des wirklichen Erzeugers zu machen, selbst wenn die Mutter ihn heiratet. Es bedarf vielmehr erst einer Anfechtung der Ehelichkeit des Kindes, um es zum nichtehelichen Kind zu machen und dann zu legitimieren.

I. Legitimation durch spätere Ehe

Die Legitimation des nichtehelichen Kindes tritt mit der Ehe seiner Eltern ein (§ 1719), auch wenn die Ehe nichtig oder aufhebbar ist.

1. Die Legitimationswirkung tritt ein, wenn der Ehemann der Mutter *Vater* des Kindes ist. Die Vaterschaft ergibt sich nach § 1600a aus der Anerkennung oder gerichtlichen Feststellung; beide machen auch nach außen hin bereits mit der Heirat die Legitimation deutlich. Fehlt es bei der Heirat noch an der Feststellung der Vaterschaft, so muß diese nachgeholt werden, damit die Legitimationswirkungen eintreten. Der Vater kann die Vaterschaft auch jetzt noch anerkennen, das Kind die Feststellung der Vaterschaft gerichtlich betreiben (ZPO § 641), selbst noch nach dem Tode des Vaters (§ 1600n II), wie ein noch nichteheliches Kind. Mit nachträglicher Feststellung der Vaterschaft steht rückwirkend fest, daß die Legitimation bei der Eheschließung eingetreten ist. Feststellungen der Vaterschaft und vor allem Vaterschaftsanerkenntnisse können inhaltlich falsch sein. Da ihnen aber allgemein bindende Wirkung beigelegt ist (§ 1600a), tritt Legitimation auch ein, wenn sie falsch sind. Das Gesetz stellt das Unterkommen des Kindes in einer Vollfamilie höher als die richtige Feststellung seiner Abstammung. Die ,,Stiefkind-Legitimation" vollzieht die Eingliederung des Kindes in eine Vollfamilie schneller und unauffälliger als eine (relativ umständliche) Adoption.

Vor Inkrafttreten des NichtehelG hatte das Vormundschaftsgericht den Eintritt der Legitimation nach PStG § 21a a. F. förmlich festzustellen. Diese Feststellungen gelten nach Art. 12 § 8 weiter und sind nur durch Ehelichkeitsanfechtung wieder zu beseitigen, wenn der Ehemann der Mutter nicht der Erzeuger des Kindes war (OLG Hamburg MDR 1980, 313).

Schrifttum: *Bökelmann,* Zur Reform des Legitimationsrechts, FamRZ 1966, 546; *Dieckmann,* Probleme des Legitimationsrechts, StAZ 1983, 297.

2. Da Familienstand, Name, Wohnsitz, überhaupt die ganze Rechtsstellung des Kindes von der Legitimation abhängt, bedarf es einer Berich-

tigung der Personenstandsbücher. Diese erfolgt auf Grund des Vaterschaftsanerkenntnisses oder des Vaterschafts-Feststellungsurteils in Zusammenhang mit der Heiratsurkunde der Eltern durch den Standesbeamten (PStG § 31). Die früher erforderliche förmliche Feststellung der Legitimation durch das Vormundschaftsgericht ist (für Deutsche) entfallen. Die Berichtigung der Personenstandsbücher ist auch nicht etwa konstitutiv, sondern nur rechtsbekundend. Die dem Kind nun auszustellende Geburtsurkunde weist es als ehelich aus (PStG § 65). Das Kind führt nunmehr den gemeinsamen Familiennamen seiner Eltern (§ 1719). Doch wird dem Kind (das bisher den Mutternamen führte), wenn es das vierzehnte Lebensjahr vollendet hatte, keine Namensänderung mehr aufgedrängt (§ 1720); es erhält einen von seinem bisherigen Namen abweichenden Familiennamen der Eltern nur, wenn es sich der Namensänderung durch eine gegenüber dem Standesbeamten abzugebende, öffentlich beglaubigte Erklärung anschließt (vgl. § 1617).

3. Die Legitimation wirkt aber nur ab Eheschließung der Eltern und nicht auf den Zeitpunkt der Geburt zurück.

a) Die für das nichteheliche Kind bislang bestehende Pflegschaft (§ 1706) oder Vormundschaft (§ 1709) muß aufgehoben werden. Die Aufgaben des Pflegers sind nicht mit der Legitimation von selbst erledigt: er hat noch die Berichtigung der Personenstandsbücher für das Kind zu betreiben (§ 1706 Ziff. 1), allenfalls Ansprüche Dritter zu befriedigen (§ 1706 Ziff. 2) oder Erb- und Pflichtteilsrechte des Kindes zu regeln (§ 1706 Ziff. 3), so daß die Pflegschaft nach § 1919, nicht automatisch nach § 1918 endet; zudem bedarf die Vormundschaft nach ausdrücklicher gesetzlicher Vorschrift förmlicher Aufhebung (§ 1883). Zwischen Eintritt der Legitimationswirkungen und Aufhebung von Pflegschaft oder Vormundschaft bestehen konkurrierende Vertretungsrechte der Eltern einerseits und des Pflegers oder Vormunds andrerseits.

b) Auch wenn die Vaterschaft des Ehemanns der Mutter erst nach dessen Tod festgestellt wird (§ 1600n II), wirkt die Legitimation auf den Zeitpunkt der Eheschließung zurück, macht Vertretungsakte der Eltern wirksam, hat aber vor allem zur Folge, daß das Kind – rechtzeitige Einleitung der Vaterschaftsfeststellung nach § 1934c vorausgesetzt – echter Erbe seines Vaters wird und nicht auf den Erbersatzanspruch des § 1934a beschränkt bleibt.

4. Wird das Vaterschaftsanerkenntnis nachträglich erfolgreich im Klagewege angefochten (§§ 1600f ff.) oder die Vaterschaftsfeststellung im Wiederaufnahmeverfahren wieder beseitigt, so sind die Legitimationswirkungen als nicht eingetreten zu behandeln.

5. Die Wirkungen der Legitimation erstrecken sich nicht nur auf das Kind, sondern auch auf dessen Abkömmlinge, selbst wenn das Kind schon gestorben ist (§ 1722), so daß also auch eine „Legitimierung" von Enkeln und Urenkeln stattfinden kann!

Die Abkömmlinge des unehelichen Kindes erwerben also z. B. gegen die väterlichen Großeltern ein Erbrecht anstelle des Erbersatzanspruchs des § 1934a.

6. Die Legitimation entfaltet ihre Wirkungen auch dann noch, wenn sich der Personenstand des Kindes vor der Legitimation verändert hat.

a) So, wenn das Kind inzwischen geheiratet hat. Doch kann hier eine Namensänderung, d.h. Änderung des vom legitimierten Kind inzwischen geführten Ehenamens, nur erfolgen, wenn die nach § 1720 zum Erwerb des Namens der legitimierenden Eltern erforderliche Erklärung von beiden Eheleuten gemeinsam abgegeben wird; der legitimierte Ehegatte kann nicht etwa seinen neuen Namen dem anderen Ehegatten aufdrängen. Mangels gemeinsamer Erklärung verbleibt es trotz Legitimation eines Ehegatten beim bisher geführten Ehenamen.

b) War das legitimierte Kind zwischenzeitlich von einem Dritten adoptiert worden, so geht das Adoptionsverhältnis vor. Die Legitimation entfaltet ihre Wirkungen nur, wenn das Adoptionsverhältnis aufgehoben wird und das ursprüngliche Verwandtschaftsverhältnis wieder auflebt (§§ 1720, 1764).

c) War das legitimierte Kind von einem seiner natürlichen Eltern adoptiert worden, so entspricht es der Interessenlage, das Kind nunmehr als eheliches seiner beiden Eltern zu behandeln, d.h. der Legitimation den Vorrang vor der früheren Adoption zu geben. Das Gesetz spricht dies nicht offen aus, ermöglicht freilich einen Umkehrschluß aus § 1720. Doch bleibt dabei offen, wieso das mit der Adoption erloschene Verwandtschaftsverhältnis zum anderen Elternteil (§ 1755) wieder hergestellt wird.

7. Legitimationswirkungen hatten auch die 1943–1945 vorgenommenen „nachträglichen Eheschließungen" mit Kriegsgefallenen (vgl. oben § 7 III 6); sie wurden nach 1945 vorzugsweise um der Legitimationswirkung willen anerkannt. Entsprechend ist heute nach Reform des Nichtehelichenrechts eine Legitimation von Brautkindern auf Antrag des Kindes vorgesehen – die sich aber ohne Fiktion der Eheschließung mit dem Verstorbenen durch Verfügung der Staatsgewalt vollzieht (§§ 1740a ff.; vgl. dazu unten II 2). Gelegentlich wird auch versucht, Brautkindern durch Namensänderung den Anschein ehelicher Kinder des Erzeugers zu geben. Solche Namensänderungen können aber einen bedenklichen Eingriff in die Familie des Erzeugers darstellen.

II. Die **Legitimation durch Verfügung der Staatsgewalt** (§ 1723) dient dazu, dem Kind im Verhältnis zu seinem Vater die Rechtsstellung eines ehelichen insbes. da zu verschaffen, wo dies durch eine Eheschließung der Eltern nicht möglich ist (z.B. die Mutter des Kindes ist verstorben oder schwer erkrankt; der Vater ist anderweitig verheiratet). Sie ist insoweit bedeutsam, als das nichteheliche Kind, welches soziologisch meist der Mutterfamilie zugeordnet ist, ausnahmsweise dem Vater näher steht, und dem auch rechtlich Ausdruck verliehen werden soll. Eine Ehelicherklärung im Verhältnis nur zur Mutter kennt das BGB nicht, da die Mutter die elterliche Sorge nach § 1705 ohnehin hat und deren Beschränkungen durch einen Pfleger vom Vormundschaftsgericht aufgehoben werden können (§ 1707), was auch die etwa aus Art. 3 GG gegen § 1723 abzuleitenden Bedenken ausräumt (str.). Erst für den Fall des Todes eines Elternteils kennt das BGB einen Hoheitsakt, durch welchen das Kind die Rechtsstellung eines ehelichen im Verhältnis zu beiden Eltern nachträglich erhält. Das BGB kennt seit 1. 7. 1970 zwei Arten der Ehelicherklärung: auf Antrag des Vaters und auf Antrag des Kindes. Für beide ist der Antrag Sachvoraussetzung und Verfahrensvoraussetzung zugleich.

1. Ehelicherklärung auf Antrag des Vaters

Sie erfordert die *Einwilligung des Kindes;* wenn dieses noch nicht volljährig ist, auch die Einwilligung der Mutter; endlich auch die Einwilligung der Ehefrau des Vaters.

a) Sämtliche Erklärungen sind grundsätzlich *höchstpersönlich* (§ 1728); Stellvertretung ist ausgeschlossen.

Ist der Vater geschäftsunfähig, so kann der Antrag nicht gestellt werden; bei beschränkter Geschäftsfähigkeit ist der Antrag vom Vater persönlich zu stellen; er bedarf der Zustimmung von gesetzlichem Vertreter und Vormundschaftsgericht.

Für ein geschäftsunfähiges oder noch nicht 14 Jahre altes Kind handelt der gesetzliche Vertreter; ist das Kind über 14 Jahre oder geschäftsbeschränkt, so muß dieser der vom Kinde selbst zu erklärenden Einwilligung zustimmen (§ 1729). Im übrigen ist das Kind selbst im Verfahren nach FGG §§ 55c, 50b anzuhören.

An die Einwilligung der Mutter werden geringere Anforderungen gestellt. Sie wird in ihren Rechten am Kind nicht so stark geschützt, wenn es darum geht, dem Kind eine vorteilhaftere Rechtsstellung zu verschaffen. Sie kann bei Geschäftsbeschränktheit allein zustimmen. Bei Geschäftsunfähigkeit kann sie ihre Zustimmung nicht erklären. Aber bei dauernder Unmöglichkeit zur Abgabe der Erklärung (z.B. dauernde Geschäftsunfähigkeit; dauernd unbekannter Aufenthalt) kann von der Zustimmung überhaupt abgesehen werden (§ 1726 III). Da ferner die Möglichkeit besteht, daß die Mutter aus eigensüchtigen Motiven die Zustimmung verweigert, kann die Zustimmung durch das Vormundschaftsgericht ersetzt werden (§ 1727). Doch müssen dazu schwerwiegende Gründe vorliegen und muß die Ersetzung zum Wohl des Kindes erforderlich sein. Hat die Mutter die elterliche Gewalt über das Kind, so müßte sie die Zustimmung für sich und für das Kind erklären. Da es um zwei getrennte Erklärungen einem Dritten (Vormundschaftsgericht) gegenüber geht, ist sie durch § 181 daran nicht gehindert; aber wegen des etwaigen Interessenkonflikts kann der Mutter nach §§ 1629, 1796 insoweit die Vertretung des Kindes entzogen und für das Kind ein Pfleger bestellt werden (vgl. auch RGZ 122, 24).

Für die Ehefrau des Vaters gilt grundsätzlich dasselbe wie bei der Kindesmutter (§§ 1726 III, 1728 III). Doch kann ihre Zustimmung nur ersetzt werden, wenn die häusliche Gemeinschaft der Ehegatten aufgehoben ist; sie darf auch dann nicht ersetzt werden, wenn berechtigte Interessen der Ehefrau und der Familie der Ehelicherklärung entgegenstehen (§ 1727 II). Solche Interessen sind regelmäßig gegeben, wenn der Vater mit einer anderen Frau zusammenlebt und die Ehelicherklärung der mit dieser gezeugten Kinder den Eindruck erwecken könnte, es seien Kinder der Ehefrau des Vaters (vgl. dazu OLG Hamm NJW 1974, 2238 u. MDR 1975, 317; *Beitzke,* Zur Ehelicherklärung von Konkubinatskindern FamRZ 1974, 553; BayObLG NJW 1974, 1145). Anders mit Recht für den Fall, daß die Ehe des Vaters durch seinen Tod aufgelöst wurde OLG Stuttgart FamRZ 1980, 491.

b) Sämtliche Erklärungen müssen notariell beurkundet werden (§ 1730).

Das ist erforderlich wegen der Tragweite der Ehelicherklärung und zur sicheren Feststellung, daß ihre Voraussetzungen vorliegen.

c) Der Antrag des Vaters ist an das Vormundschaftsgericht zu richten; die Einwilligungen sind entweder ebenfalls dorthin oder an den Vater zu richten (§ 1726). Der Antrag des Vaters kann bis zur Entscheidung zurückgenommen werden, und zwar ebenso, wie er zu stellen war (höchstpersönlich). Die Einwilligungen sind unwiderruflich (§ 1726 II).

d) Sachliche Voraussetzung der Ehelicherklärung ist, daß der *Antragsteller der Vater des Kindes* ist, was nach § 1600a festzustellen ist.

Sachliche Voraussetzung der Ehelicherklärung ist ferner, daß das Kind schon geboren ist (KG FamRZ 1984, 98 – mit 92ff) und noch lebt (§ 1733); sonst fehlt es der Ehelicherklärung an ihrem Gegenstand. Eine Ehelicherklärung lediglich zugunsten der Abkömmlinge des Kindes findet nicht statt – im Vergleich zur Legitimation durch nachfolgende Ehe (§ 1722) wenig folgerichtig. Nicht erforderlich ist, daß das Kind noch in jeder Hinsicht den Personenstand eines nichtehelichen Kindes hat. Auch wenn es vom Ehemann der Mutter einbenannt ist, kann es noch mit der Legitimation dem Erzeuger zugeordnet werden.

Der Tod des Vaters steht der Ehelicherklärung nicht entgegen, wenn der Vater sich des Antrages schon entäußert hatte (§ 1733 II; vgl. auch § 130 II). Der Tod der Mutter ist belanglos.

e) Die *Ehelicherklärung* erfolgt durch das *Vormundschaftsgericht* (§ 1723) am Wohnsitz des Vaters (FGG § 43a). Sie muß aus Gründen der Rechtssicherheit wie jeder Status-begründende Akt unbedingt und unbefristet sein (§ 1724). Die Ehelicherklärung ist staatlicher Fürsorgeakt und soll nur erfolgen, wenn sie dem Wohle des Kindes dient; sie ist also ausgeschlossen, wenn der Vater nur der Nachrede entgehen will, ein nichteheliches Kind zu haben. Die Ehelicherklärung ist aber zu versagen, wenn ihr schwerwiegende Gründe entgegenstehen. Diese brauchen nicht nur in der Person des Kindes zu liegen; wird z. B. die Ehelicherklärung eines Kindes aus einem „Rentenkonkubinat" beantragt, so kann die Ehelicherklärung angesichts der möglichen leichten Trennung der Eltern auch den Interessen der Mutter gröblich widersprechen. Dagegen ist die Ehelicherklärung eines Kindes, dessen Eltern wegen eines dauernden unbehebbaren Eheverbots (Verwandtschaft, Bigamie) nicht heiraten können, heute nicht grundsätzlich ausgeschlossen, wenn sie auch meist als anstößig unterbleiben sollte.

Bis zum FamRÄndG war die Ehelicherklärung Justizverwaltungsakt (Zuständigkeit des Landgerichtspräsidenten nach § 10 VO v. 31. 5. 1934) und Gnadenakt. Die Umwandlung in einen Fürsorgeakt des Vormundschaftsgerichts ist sicherlich sachgerecht. Die Zuständigkeit am Wohnsitz des Vaters (aus internationalrechtlichen Erwägungen heraus gewählt) ist nicht unbedingt glücklich, weil mit den Fragen des Kindeswohls das Vormundschaftsgericht am Wohnsitz des Kindes regelmäßig eingehend befaßt war und daher besser unterrichtet ist, und sich das Vormundschaftsgericht wegen der Genehmigung der Zustimmungserklärung des Kindes auch schon mit der Frage beschäftigen muß, ob die Ehelicherklärung dem Kindeswohl dient. Gegen die Ablehnung der Ehelicherklärung ist der Beschwerdeweg nach FGG gegeben (FGG § 56a II).

Die *Ehelicherklärung* wird mit der Bekanntmachung an den Vater (nach seinem Tode an das Kind) wirksam und ist *unanfechtbar!* Sie wird rückwirkend wirkungslos, wenn nachträglich die Vaterschaftsanerkennung erfolgreich angefochten wird (§§ 1600g ff.) oder wenn die Vaterschaftsfeststellung (§ 1600n) etwa im Wiederaufnahmeverfahren aufgehoben wird. Die Ehelicherklärung ist ferner wirkungslos, wenn das für nichtehelich gehaltene Kind in Wirklichkeit ein eheliches Kind aus einer Ehe der Kindesmutter ist. Sie ist dagegen selbst dann wirksam, wenn es an einer sonstigen gesetzlichen Voraussetzung fehlte, z. B. am Antrag des Vaters oder an Einwilligungserklärungen von Beteiligten (§ 1735). Daß die Ehelicherklärung auch dann unabänderlich (FGG § 56a) wirksam sein soll, wenn zu Unrecht angenommen worden ist, die Mutter sei zu einer Zustimmungserklärung dauernd außerstande oder ihr Aufenthalt sei dauernd unbekannt, erscheint wegen Art. 6 GG bedenklich. Selbst eine unzulässige Ehelicherklärung nach Tod des Kindes ist wirksam; nur wenn es dem Kind an Abkömmlingen fehlt, zielt sie ins Leere.

f) Die Ehelicherklärung hat *keine Rückwirkung*. Die Stellung eines ehelichen Kindes wird erst mit der Ehelicherklärung erlangt.

Eine begrenzte Rückwirkung bestimmt nur § 1733 III: falls die Ehelicherklärung nach dem Tode des Vaters erfolgt, so soll sie dieselben Wirkungen haben, als wenn sie schon vor seinem Tode erfolgt wäre. Das für ehelich erklärte Kind erhält demnach das Erbrecht eines ehelichen Kindes.

g) Die Ehelicherklärung wirkt wie die Legitimation durch nachfolgende Ehe auch zugunsten der Abkömmlinge des Kindes und verschafft dem Kind die Stellung eines ehelichen auch im Verhältnis zu den Verwandten des Vaters; mit einer Ehefrau des Vaters wird es verschwägert. Die Wirkungen der Ehelicherklärung entsprechen damit insofern jetzt denen der Legitimation durch nachfolgende Ehe.

Der Vater erlangt die volle *elterliche Sorge* (§ 1736); ihn trifft auch die Unterhaltspflicht (§§ 1739, 1601 ff.). Die Mutter aber verliert die Ausübung der elterlichen Sorge (§ 1738). Der Vater kann von ihr das Kind entsprechend § 1632 im gerichtlichen Verfahren herausverlangen (BGHZ 40, 1).

Die Mutter behält von der Stellung einer ehelichen Mutter nur das Recht zum persönlichen Umgang mit dem Kind (§ 1634; str.). Ihre Unterhaltspflicht bleibt hilfsweise bestehen (§ 1739). Wenn die elterliche Sorge des Vaters ruht oder endigt, oder wenn ihm die Personensorge entzogen wird, so kann das Vormundschaftsgericht der Mutter die Ausübung der elterlichen Sorge wieder übertragen (§ 1738 II).

Das legitimierte Kind erhält den Familiennamen des Vaters (§ 1737) und folgt nach vollendetem fünftem Lebensjahr einer Namensänderung des Vaters nur, wenn es sich ihr durch Erklärung anschließt (§ 1617). War das Kind bei Legitimation bereits verheiratet, so ist für eine etwaige Änderung seines Ehemannes § 1720 entsprechend anzuwenden (BayObLG StAZ 1983, 100).

2. Ehelicherklärung auf Antrag des Kindes

Schrifttum: *Knöpfel,* FamRZ 1966, 282; *Simitis,* FamRZ 1967, 78; *Knur,* FamRZ 1967, 253; *Grasnick,* NJW 1967, 329.

Ein nichtehelich geborenes Kind kann die Rechtsstellung eines durch nachträgliche Eheschließung der Eltern ehelich gewordenen Kindes (§ 1740f) erhalten, wenn seine Eltern verlobt waren und das Verlöbnis der Eltern durch Tod eines Elternteils aufgelöst worden ist; für diesen Fall wird vermutet, daß es nur deshalb nicht mehr zur Eheschließung der Eltern gekommen ist (§ 1740a). Vorauszusetzen ist aber ein Verlöbnis, das bei Tod eines Elternteils auch hätte zur Ehe führen können; die Legitimation ist also ausgeschlossen, wenn ein Elternteil zu dieser Zeit noch verheiratet war. Insoweit schränkt unser Recht die Legitimation von Ehebruchskindern ein. Im übrigen bietet aber die Legitimation auf Antrag des Kindes in Fällen der durch Tod verhinderten Ehe der Eltern einer beschränkten Gruppe von „Brautkindern" die Möglichkeit, die nichteheliche Abstammung zu verdecken.

Fraglich ist die Legitimationsmöglichkeit, wenn einer der „Verlobten" noch minderjährig war und verstarb, bevor die elterliche Zustimmung zum Verlöbnis erteilt war. Die nachträgliche Genehmigung des Verlöbnisses (zwecks Legitimation) sollte auch hier noch möglich sein, aber nicht durch die Erben des Verstorbenen, wie bei einem vermögensrechtlichen Geschäft, sondern entsprechend der personenrechtlichen Natur des Verlöbnisses durch die Eltern des Verstorbenen als Sachwalter von dessen Persönlichkeitsrechten (vgl. auch § 1595a).

a) Auch diese Ehelicherklärung erfolgt durch das Vormundschaftsgericht, so wie die auf Antrag des Vaters. Voraussetzung ist auch hier, daß das Kind vom Bräutigam der Mutter abstammt (§ 1735). Nötig sind gerichtlich oder notariell beurkundeter (§ 1730) Antrag des Kindes und eine entsprechende Einwilligungserklärung des überlebenden Elternteils.

Für ein geschäftsunfähiges oder noch nicht 14 Jahre altes Kind wird der Antrag durch den Pfleger des § 1706, bei Beseitigung der Pflegschaft (§ 1707) durch die Mutter gestellt; das über 14 Jahre alte beschränkt geschäftsfähige Kind stellt den Antrag selbst mit Zustimmung seines gesetzlichen Vertreters (§ 1740c). Vom Vormundschaftsgericht ist das Kind gemäß FGG §§ 55c, 50b zu hören.

Die *Einwilligung des überlebenden Elternteils* ist gegenüber dem Kinde oder gegenüber dem Vormundschaftsgericht zu erklären. Die Mutter kann ohne durch § 181 beschränkt zu sein neben dem durch sie etwa gestellten Antrag des Kindes ihre Einwilligung ans Vormundschaftsgericht erklären. Die Einwilligung des überlebenden Elternteils kann auch bei beschränkter Geschäftsfähigkeit ohne Zustimmung des gesetzlichen Vertreters erklärt werden; bei Geschäftsunfähigkeit oder sonstiger dauernder Unmöglichkeit der Erklärung oder bei dauernd unbekanntem Aufenthalt kann das Zustimmungserfordernis übergangen werden (§ 1740b).

b) *Nach Tod des Vaters* kann das Kind seinen Antrag nur binnen Jahresfrist stellen; war die Vaterschaft noch nicht geklärt, so läuft die Frist erst ab deren Feststellung; war bei Tod des Vaters die Vaterschaft weder anerkannt noch festgestellt, so kann der Antrag auf Ehelicherklärung nur gestellt werden, wenn innerhalb von 6 Monaten nach Tod des Vaters bzw. nach etwaiger späterer Geburt des Kindes auch die Feststellung der Vaterschaft beim Vormundschaftsgericht beantragt worden war (§§ 1740e, 1934c, 1600n).

War der Vater vor Inkrafttreten des NichtehelG verstorben, so konnte das Kind den Antrag jedenfalls noch innerhalb Jahresfrist nach Inkrafttreten des Gesetzes stellen. Ein Erbrecht erwarb das Kind in diesem Fall aber mit der Legitimation nicht (§§ 8, 9 NichtehelG).

c) Das Vormundschaftsgericht hat die *Eltern* des verstorbenen Elternteils (bei dessen nichtehelicher Geburt nur seine Mutter) sowie *eheliche Kinder* des verstorbenen Vaters *anzuhören* (§ 1740d). Die Ehelicherklärung hat dann aber regelmäßig zu erfolgen und ist nur zu versagen, wenn sie dem Wohl des Kindes widerspricht (§ 1740a).

d) Mit der Ehelicherklärung erhält das Kind den Familiennamen des überlebenden Elternteils, um die Namensgleichheit mit diesem herzustellen, falls sie fehlt. Doch ist dem Kind auf einen mit dem Antrag auf Ehelicherklärung zu stellenden weiteren Antrag mit Zustimmung des überlebenden Elternteils vom Gericht der Familienname des verstorbenen Elternteils zu erteilen (§ 1740f.). Da nun aber der überlebende Elternteil ein Interesse daran haben kann, die Namensgleichheit mit dem Kind herzustellen, so ist ihm auf seinen Antrag hin vom Vormundschaftsgericht der Familienname des Kindes zu erteilen. Diese Namenserteilung an den überlebenden Elternteil ist ausgeschlossen, wenn er sich inzwischen anderweitig verheiratet hat (§ 1740g).

Diese wohlabgewogene Regelung wird allen Interessen des überlebenden Elternteils und des Kindes gerecht, setzt freilich die Interessen der Familie des verstorbenen Elternteils hintan.

§ 33. Adoption

Schrifttum: *Baer-Gross,* Adoption und Adoptionsvermittlung, 2. Aufl. 1981; *Lüderitz,* Das neue Adoptionsrecht NJW 1976, 1865; *Engler,* Das neue Adoptionsrecht FamRZ 1976, 584 und in „Praxis des neuen Familienrechts" 1978, 93. R. *Frank,* Grenzen der Adoption 1978. *Roth-Stielow,* Adoptionsgesetz, Adoptionsvermittlungsgesetz, 1976; *Oberloskamp,* Wie adoptiere ich ein Kind? 1980 (mit zahlreichen Einzelnachweisungen); *Kühl-Meyer,* Rechtliche Probleme einer sog. Kaufmutterschaft, ZBlJR 1982, 763; *Barth,* Adoption: Erfordernisse und gesellschaftliche Erfahrungen, ZBlJR 1984, 234; *Bosch,* Entwicklungen und Probleme des Adoptionsrechts, FamRZ 1984, 829.

Durch die *Adoption* (Annahme als Kind) erhält der Adoptierte eine *Rechtsstellung,* die weitgehend der eines *ehelichen Kindes des Annehmenden* entspricht: der Adoptierte wechselt aus der Familie, der er kraft Blutsverwandtschaft entstammt, in eine andere Familie über, zu der ein Verwandtschaftsverhältnis durch Rechtsakt hergestellt wird. Das Gesetz muß hierbei die Interessen der abgebenden und der aufnehmenden Familie sowie die des Kindes gegeneinander abwägen.

I. Allgemeines

1. Die Annahme als Kind erfüllt *wichtige soziale Aufgaben.* Sie kann vor allem Kindern bessere Entwicklungsmöglichkeiten als bei den Blutsverwandten bieten, insbes. Waisen und nichtehelichen Kindern die „familiäre Nestwärme" verschaffen, die in Kinderheimen nicht in gleicher Weise geboten werden kann. Sie kann dem Annehmenden Ersatz für fehlende eigene Abkömmlinge geben, die Sehnsucht nach dem Kind in unfruchtbaren Ehen stillen, dem Annehmenden die Befriedigung verschaffen, mit Betreuung und Erziehung eines Kindes eine nützliche Aufgabe zu erfüllen, ihm auch die Möglichkeit geben, den Nachfolger für Hof, Geschäft oder Lebenswerk heranzubilden.

2. Die Adoption ist eine altüberkommene Rechtseinrichtung. Trotz ihrer germanischen Wurzel in der Wahlkindschaft beruhte ihre Regelung im BGB stärker auf dem römischen Recht, das zwischen der arrogatio (Annahme einer nicht unter väterlicher Gewalt stehenden Person) und der adoptio (Übertragung der väterlichen Gewalt) unterschieden hatte. Neben der „adoptio plena" entwickelte sich die mit geringeren Rechtswirkungen ausgestattete adoptio minus plena; auf diese ging das Recht des BGB in der Fassung von 1900 zurück. Es regelte die Adoption durch Vertrag zwischen Annehmenden und Anzunehmenden mit der Wirkung, daß die Beziehungen des Adoptierten zu seiner Ursprungsfamilie nicht erloschen, und daß zur Familie des Annehmenden nur ein begrenztes Verwandtschaftsverhältnis hergestellt wurde. Diese Regelung genügt unseren heutigen Bedürfnissen nicht mehr, die vorzugsweise auf Fürsorge für alleinstehende Kinder und deren volle Integrierung in die Familie der Annehmenden ausgerichtet sind. Daher erfolgte eine Neuregelung des Adoptionsrechts mit Wirkung vom 1. 1. 1977 durch Gesetz vom 2. 7. 1976 (BGBl. I 1749). Zahlreiche ausländische Staaten haben in den letzten zwei Jahrzehnten ihr Adoptionsrecht ebenfalls reformiert, etliche sind dabei vom überkommenen *Vertragssystem* zu dem (schon bisher im anglo-amerikanischen Recht vorherrschenden) *Dekretsystem* übergegangen.

Von den Bemühungen um Rechtsvereinheitlichung zeugt das europäische Übereinkommen über die Adoption von Kindern vom 24. 4. 1967, das auch von der Bundesrepublik ratifiziert worden ist (BGBl. 1980 II 1093).

3. Die Annahme als Kind erfolgt durch *Fürsorgeakt* des *Vormundschaftsgerichts* (§ 1752), nicht mehr wie bis 31. 12. 1976 durch Vertrag. Dabei ist die Annahme Minderjähriger und Volljähriger nach Voraussetzungen und Wirkungen verschieden. Die Annahme Minderjähriger steht im Vordergrund; sie darf freilich nur erfolgen, wenn sie dem *Wohl* des *Kindes* dient und zu erwarten ist, daß zwischen dem Annehmenden und dem Kind ein *Eltern-Kindesverhältnis* entsteht (§ 1741). Sie erfreut sich besonderer Förderung und Überwachung durch die näher geregelte *Adoptionsvermittlung* (Ges. v. 2. 7. 1976, BGBl. I 1762).

Vermittlung von Personen unter 18 Jahren zur Adoption darf nur durch die von den zuständigen Landesbehörden anerkannten Stellen betrieben werden. Es sind in erster Linie die von Jugendämtern und Landesjugendämtern eingerichteten Adoptionsvermittlungsstellen sowie die zentralen Stellen des Diakonischen Werkes, des Caritasverbandes, der Arbeiterwohlfahrt oder deren angeschlossene Fachverbände, die mit Fachkräften besetzt sein müssen. Verstöße gegen das Vermittlungsmonopol sind als Ordnungswidrigkeit strafbar. Ausgenommen vom Vermittlungsmonopol sind lediglich

Personen, die mit dem Kind bis zum dritten Grad verwandt oder verschwägert sind, oder andere Personen, die in einem Einzelfall unentgeltlich eine Adoptionsgelegenheit nachweisen und davon eine Adoptionsvermittlungsstelle unverzüglich benachrichtigen. Aufgabe der Adoptionsvermittlungsstellen ist es insbes., adoptionswillige Eltern auf ihre Eignung zu prüfen, die Annehmenden, das Kind und seine Eltern zu beraten, auch noch nach Inpflegegabe des Kindes.

Schrifttum: *Tack,* Die Neuordnung des Adoptionsvermittlungsrechts s ZblJR 1977, 1 u. in ,,Praxis des neuen Familienrechts" 1978, 111; *Carspecken,* Probleme des Adoptionsvermittlungsgesetzes ZBlJR 1976, 512.

4. Häufig kann pflegebedürftigen Kindern auch schon dadurch geholfen werden, daß sie ohne Adoptionsaussicht in einer Familie untergebracht werden, zumal Adoptionshindernisse psychologischer oder rechtlicher Art bestehen können. Man begnügt sich dann mit einem Pflegekindervertrag (vgl. unten § 35 IV 4).

II. Voraussetzungen der Adoption

1. Annehmende können ebensogut Ehegatten wie auch unverheiratete Einzelpersonen sein.

a) Die *Kindesannahme durch Ehegatten* gemeinschaftlich verschafft dem Kind die Position eines gemeinsamen ehelichen Kindes und damit volle Integration in die Familie; sie ist der Idealfall der Adoption Minderjähriger. Ein Ehegatte kann aber auch für sich allein adoptieren, wenn es um sein *eigenes nichteheliches Kind* geht oder wenn der andere Ehegatte wegen Geschäftsbeschränktheit kein Kind annehmen kann; dann erhält das Kind die Stellung eines ehelichen Kindes nur im Verhältnis zum Annehmenden. Ein Ehegatte kann ferner allein adoptieren, wenn es um das *Kind des anderen Ehegatten* (ersteheliches oder voreheliches Kind) geht (Stiefkindadoption); dann erhält das Kind die Position eines gemeinsamen ehelichen Kindes beider Ehegatten (§ 1754).

Gelegentlich werden Stiefkinder erst nach dem Tode des Ehegatten (leiblichen Elternteils) adoptiert. Dann erhebt sich die Frage, ob sie auch dann die Position eines gemeinschaftlichen Kindes beider Ehegatten erhalten. Nach dem Wortlaut des Gesetzes ist dies nicht der Fall; dagegen hat sich mit guten Gründen Hellermann (FamRZ 1983, 659) ausgesprochen. Ihre Rechtfertigung findet diese Lösung darin, daß dann die Verwandtschaftsverhältnisse des Kindes mit der leiblichen Familie nicht abgeschnitten werden, wofür bei der Stiefkindadoption keine Notwendigkeit besteht.

Dagegen ist die Adoption eines gemeinschaftlichen ehelichen Kindes durch einen Ehegatten allein schon deshalb ausgeschlossen, weil das bereits bestehende Kindschaftsverhältnis nicht nochmals hergestellt werden kann. Das Bedürfnis nach Alleinadoption durch einen Elternteil wird gelegentlich behauptet, um nach Scheidung oder bei Getrenntleben den anderen Ehegatten für immer von der Möglichkeit der Erlangung des Sorgerechts auszuschließen; die Praxis gibt dem mit Recht nicht nach. Entsprechend kann auch das eheliche Kind eines geschiedenen Ehegatten nicht von ihm und seinem neuen Ehegatten als gemeinschaftliches Kind adoptiert werden. Ausgeschlossen ist ferner eine gemeinschaftliche Adoption durch nur unverheiratet zusammenlebende Personen. Sie würde auch wegen der Möglichkeit des jederzeitigen formlosen Auseinandergehens solcher Adoptierender meist nicht im Interesse des Kindes liegen.

b) Die Kindesannahme durch eine unverheiratete Person wird nicht immer ebensosehr im Kindesinteresse liegen, wie die durch Ehegatten, kann aber doch auch dem Kindeswohl dienen. Ausdrücklich zugelassen ist sie für Vater und Mutter eines nichtehelichen Kindes.

Bei Adoption durch die Mutter des nichtehelichen Kindes werden mit der Adoption der Pfleger (§ 1706) und der Vater (§ 1711) von der Mitwirkung bei der Sorge für das Kind ausgeschaltet; bei der Adoption durch den Vater wird die Mutter ausgeschaltet. Das könnte auch durch Legitimation (§ 1723ff.) erfolgen; letztere setzt aber die förmliche Vaterschaftsfeststellung voraus und hat geringere Wirkungen, weil sie nur das mütterliche Sorgerecht (§ 1738) und nicht das ganze Verwandtschaftsverhältnis (§ 1755) beseitigt.

c) Ebenso wie die Annahme des eigenen nichtehelichen Kindes ist auch sonst die Annahme von Verwandten grundsätzlich zulässig.

Gleichwohl ist Verwandtenadoption nicht immer erwünscht. Das nicht nur wegen gelegentlich unlauterer Motive (Erlangung von mehr Kindergeld u. dergl.), sondern wegen der Verwirrung der Verwandtschaftsverhältnisse. So wird bei der Adoption durch die mütterlichen Großeltern die Kindesmutter Schwester ihres eigenen Kindes. Das kann auch zu psychologischen Belastungen für das Kind führen. Daher ist bei Verwandtenadoptionen besonders sorgfältige Prüfung angebracht, ob die Adoption dem Kindeswohl dient. Das Gesetz berücksichtigt die Verwandtenadoption nur in vereinzelten Bestimmungen (§§ 1755, 1756, 1772, 1925 IV).

d) Da niemand – außer zu einem Elternpaar – in mehreren Kindschaftsverhältnissen stehen kann, ist eine weitere Kindesannahme solange ausgeschlossen, als das bisherige Annahmeverhältnis besteht (§ 1742). Mehrere Adoptionsverhältnisse können aber nacheinander bestehen. Ist ein Adoptionsverhältnis aufgehoben, so kann der Angenommene erneut adoptiert werden. Dasselbe muß gelten, wenn das erste Adoptionsverhältnis durch Tod des (oder der) Adoptierenden sein Ende gefunden hat (BayObLG, FamRZ, 1960, 165).

Die h. M. wollte früher für den letzteren Fall die Möglichkeit einer erneuten Adoption nicht zugeben, weil das Adoptionsverhältnis noch bestehe, z. B. das Adoptivkind weiter den Namen des Adoptierenden führe. Aber hierbei handelt es sich nur um Nachwirkungen des an sich erloschenen Kindschaftsverhältnisses. Auch bei der Ehe hindert ja die Fortführung des ersten Ehenamens durch die Witwe nicht die erneute Verehelichung. Lies zur „Zweitadoption" auch *Engler*, FamRZ 1969, 183.

2. Der Annehmende muß *voll geschäftsfähig* sein (§ 1743 IV). Nur eine vollwertige Persönlichkeit gewährleistet dem Angenommenen den nötigen Schutz und ein wirkliches Eltern-Kindesverhältnis. Auch kann der Adoptionsantrag als höchstpersönliches Geschäft nicht durch einen Vertreter gestellt werden (§ 1752 II).

3. *Mindestalter* ist für den Annehmenden im Grundsatz 25 Jahre (§ 1743). Damit sollen Wohlüberlegtheit des Entschlusses des Annehmenden und etwas größere Lebenserfahrung des Erziehers für das familienfremde Kind gewährleistet werden. Doch genügt es bei der Adoption durch ein Ehepaar, wenn einer der Ehegatten 25 Jahre, der andere 21 Jahre alt ist. Ferner kann man das eigene nichteheliche Kind oder das Kind des Ehegatten (Stiefkind) schon mit 21 Jahren annehmen.

Die Voraussetzungen sind zwingend; eine Befreiung davon ist nicht mehr vorgesehen. Ein bestimmter Altersabstand zwischen Annehmendem und Kind ist nicht ausdrücklich vorgesehen, ergibt sich aber daraus, daß der Annehmende mindestens 25 Jahre alt sein muß, das Kind höchstens 17 Jahre alt sein darf, im übrigen aus dem Erfordernis der Herstellung eines echten Eltern-Kindes-Verhältnisses.

4. *Interessenabwägung* zwischen der Familie des Annehmenden und dem Kind (bei der vermögensrechtliche Interessen nicht ausschlaggebend sein dürfen) fordert, daß die leiblichen Kinder nicht durch das angenommene Kind gefährdet sein dürfen, das anzunehmende Kind (und seine etwaigen Kinder) aber auch nicht durch leibliche Kinder des Annehmenden (§ 1745).

Das BGB a.F. ließ Adoption nur zu, wenn der Annehmende keine leiblichen Abkommen hatte; dann erübrigte sich eine solche Interessenabwägung. Doch war dann mit Ges. v. 8. 8. 1950 eine Befreiungsmöglichkeit eingeführt worden, weil es dem Adoptivkind nützlich sein kann, nicht als Einzelkind aufzuwachsen, und auch Einzelkinder durch Adoptivgeschwister gefördert werden können. Andererseits sind wechselseitige Beeinträchtigungen nicht auszuschließen. Beeinträchtigung künftiger Erbrechte soll nicht wesentlich sein; Unterhaltsverknappung kann gelegentlich wesentlich werden.

5. *Einwilligungen* aller unmittelbar Beteiligten sind zum Antrag des (oder der) Annehmenden erforderlich.

a) Entscheidend ist zunächst die Einwilligung des *Kindes*, die für das geschäftsunfähige oder noch nicht 14 Jahre alte Kind vom gesetzlichen Vertreter erteilt wird, sonst vom Kind selbst mit Zustimmung seines gesetzlichen Vertreters (§ 1746). Doch kann das 14 Jahre alte Kind seine Einwilligung auch ohne Zustimmung des gesetzlichen Vertreters widerrufen. Vom Vormundschaftsgericht ist das Kind gemäß FGG §§ 55c, 50b anzuhören.

b) Ferner ist *elterliche Einwilligung* nötig: beim ehelichen Kind die beider Eltern, beim nichtehelichen die der Mutter. Um aber überstürzte und unüberlegte Einwilligungen zu vermeiden, kann die Einwilligung erst dann wirksam erteilt werden, wenn das Kind acht Wochen alt ist (§ 1747).

Das Einwilligungserfordernis folgt aus dem allgemeinen Elternrecht und ist von der elterlichen Sorge unabhängig; es besteht also auch, wenn die elterliche Sorge wegen Trennung oder Scheidung einem Elternteil allein zugewiesen (§§ 1671, 1672) oder nach § 1666 entzogen ist.

Die Überlegungsfrist ist gegenüber dem bisherigen Recht (3 Monate) gekürzt worden, weil es im Interesse des Kleinstkindes liegt, möglichst früh zu seinen „endgültigen" Eltern zu kommen, seine „Bezugspersonen" frühzeitig zu erhalten.

Die Einwilligung der Eltern kann nicht schlechthin, zu einer beliebigen Adoption gegeben werden (Blankoadoption); die bloße „Freigabe" des Kindes zur Adoption ist wegen mangelnder Bestimmtheit der Einwilligung nicht wirksam. Andererseits dient es der vollen Integration des Kindes in die Adoptivfamilie und der dazu zweckmäßigen völligen Lösung der Beziehungen zur Abstammungsfamilie, daß die Eltern die Annehmenden nicht kennen. Die Einwilligung kann darum wirksam auch ohne Kenntnis der Person der Annehmenden erteilt werden, wenn nur die Annehmenden als solche schon feststehen (sogen. *Incognitoadoption*), § 1747 III (gebilligt von BVerfGE 24, 52). Das wird praktisch so durchgeführt, daß die Eltern der Adoption durch die unter Nr. x in der Liste einer bestimmten Adoptionsvermittlungsstelle verzeichnete Person (oder Personen) zustimmen.

Eine förmliche Einwilligung des *nichtehelichen Vaters* ist nicht erforderlich. Sie käme auch nur in Betracht, wenn er festgestellt ist (§ 1600a). Aber er ist nicht einmal mehr – wie bisher (§ 1747a) – vom Vormundschaftsgericht anzuhören. Andererseits ist eine Adoption durch eine andere Person als die Mutter nicht auszusprechen, wenn der Vater seinerseits die Legitimation oder Adoption des Kindes beantragt oder die Kindesmutter geehlicht hat. *Über seinen Vorrang* vor Dritten *hat ihn das Jugendamt zu beraten* (JWG § 51b). Der Vater kann auf Legitimation und Adoption des Kindes durch öffentlich beurkundete Erklärung (auch beim Jugendamt, JWG § 49 I Nr. 6) verzichten und damit das Kind für Dritte „freigeben". Dieser Verzicht wird erst mit Zugang einer Ausfertigung der Erklärung ans Vormundschaftsgericht wirksam und ist dann unwiderruflich (§ 1747 II), was freilich – wenn das Kind nicht anderweitig adoptiert wird – eine spätere Legitimation oder Adoption durch den Vater nicht hindert, wenn sie dem Kindeswohl dient; mit dem Verzicht geht nur der Vorrang verloren. In dem Verzicht ist auch nicht etwa die (weitergehende) väterliche Zustimmung zur Adoption durch Dritte enthalten, auf die es allerdings nur ankommt, wenn der Erzeuger die Kindesmutter vor der Adoption durch Dritte geheiratet und damit das Kind legitimiert hat (lehrreich OLG Hamm FamRZ 1982, 845 und NJW 1983, 1741).

Daß der Vater nicht vom Vormundschaftsgericht, sondern vom Jugendamt anzuhören ist, hängt damit zusammen, daß der Vater nicht erst unmittelbar vor der Adoption angehört werden soll, sondern schon bevor das Kind Adoptionswilligen in Pflege gegeben wird, und vermieden werden soll, daß das Kind wegen des Vorrangs des Vaters aus der Pflegestelle wieder herausgenommen wird. Lehrreich ist in dieser Hinsicht der Fall BayObLG FamRZ 1983, 532, in welchem anscheinend versäumt worden war, den Vater des Kindes vor anderweitiger Inpflegegabe anzuhören.

Ist bei Stellung des Adoptionsantrages ein Verfahren auf Feststellung der Vaterschaft anhängig, so hindert dies die Adoption nicht; die Interessen desjenigen, der die Vaterschaft bestreitet, sind nicht vorrangig zu wahren. Andererseits setzt die Adoption dem Vaterschaftsprozeß nicht notwendig ein Ende, da jedenfalls für die mögliche Wiederaufhebung der Adoption ein Interesse an der Klärung der Abstammung bestehen kann; auch können weiterbestehende sozialrechtliche Ansprüche (§ 1755) zur Feststellung der Vaterschaft nötigen. Zum Problem der Vaterschaftsfeststellung bei Adoption: *Barth*, ZBlJR 1984, 68.

c) Zur Annahme eines Kindes durch einen Ehegatten allein ist die *Einwilligung des anderen Ehegatten*, zur Annahme eines Verheirateten ist die Einwilligung seines Ehegatten erforderlich (§ 1749).

6. Die *Einwilligung* des Kindes ist immer nötig, die von Eltern des Kindes oder Ehegatten des Annehmenden oder des Kindes ist *nicht erforderlich*, soweit der Betreffende zur Abgabe der Erklärung dauernd außerstande oder sein Aufenthalt dauernd unbekannt ist (§§ 1747 IV, 1749 III).

Im übrigen können fehlende (insbes. verweigerte) Einwilligungen *vormundschaftsgerichtlich ersetzt* werden, nicht allerdings beim Ehegatten des zu Adoptierenden.

a) Die Einwilligung des Ehegatten des Annehmenden kann auf Antrag des Annehmenden ersetzt werden, darf aber nicht ersetzt werden, wenn berechtigte Interessen des Ehegatten und (!) der Familie der Annahme entgegenstehen. (§ 1749).

b) Soweit das Kind persönlich einzuwilligen hat oder ein Elternteil oder beide Eltern gesetzliche Vertreter sind, kann die Einwilligung nicht ersetzt werden; doch kann bei gesetzlicher Vertretung des Kindes durch Vormund oder Pfleger das Vormundschaftsgericht die Einwilligung oder die Zustimmung zur Einwilligung des schon 14 Jahre alten Kindes ersetzen, wenn diese ohne triftigen Grund verweigert wird. Über das Antragsrecht hierfür schweigt das Gesetz; offenbar können Annehmender und Kind die Ersetzung anregen.

c) Das Vormundschaftsgericht kann auf Antrag des Kindes (evtl. vertreten durch einen Pfleger!) die Einwilligung eines Elternteils ersetzen, wenn dieser seine Pflichten gegenüber dem Kind dauernd gröblich verletzt oder gezeigt hat, daß ihm das Kind gleichgültig ist, und das Unterbleiben der Adoption dem Kinde zum unverhältnismäßigen Nachteil gereichen würde (§ 1748). Diese früher in der Judikatur umstrittene (KG FamRZ 1957, 184), dann gesetzlich geregelte und von BVerfGE 24, 119 gebilligte Ersetzbarkeit elterlicher Einwilligung ist seit Ges. vom 14. 8. 1973 in erweitertem Maße zugelassen. Auch bei schweren geistigen Gebrechen, welche Eltern zur Pflege und Erziehung des Kindes untauglich machen, kann die Einwilligung ersetzt werden. Bei Gleichgültigkeit, welche nicht zugleich schwere Pflichtverletzung ist, hat die Ersetzung der Einwilligung eine Beratung der Eltern durch das Jugendamt vorauszugehen. Die Erweiterung der Möglichkeit von Ersetzungen elterlicher Einwilligung hat zum Ziel, Kinder aus Heimen heraus in Familien zu bringen. Die Ersetzung der elterlichen Einwilligung ist Richtersache (§ 14 Ziff. 3f RpflG).

Schrifttum: Zur Nieden, Ersetzung der elterlichen Einwilligung im künftigen Adoptionsrecht, NJW 1961, 638; *Kränzlein,* Zu den Einwilligungen bei der Annahme an Kindes Statt, Festschrift Nottarp 1961, 111; *Göppinger,* Eingriffe des Vormundschaftsgerichts in das Elternrecht, FamRZ 1959, 397 u. 1968, 302; *Engler,* Zum Erfordernis der elterlichen Einwilligung in die Adoption, FamRZ 1969, 63; *Delljan,* Die Einwilligung Dritter zum Adoptionsvertrag, NJW 1969, 1332; gegen letzteren mit Recht *Engler,* NJW 1969, 1999; *Oberloskamp,* Zur Ersetzung der elterlichen Adoptionseinwilligung, FamRZ 1973, 286.

7. Der *Adoptionsantrag* und die erforderlichen *Einwilligungen* bedürfen *notarieller Beurkundung.* Jede Erklärung ist erst wirksam (aber dann auch unwiderruflich), wenn eine Ausfertigung (nicht nur eine beglaubigte Abschrift) der Erklärung dem *Vormundschaftsgericht* zugegangen ist. Aus Rechtssicherheitsgründen sind Bedingung und Zeitbestimmung ausgeschlossen (§§ 1750, 1752).

Für die Zustimmung des gesetzlichen Vertreters zur selbständigen Erklärung des Kindes ist auffälligerweise Gleiches nicht vorgeschrieben. Die Zustimmung kann also auch gegenüber dem Kind erklärt sein und bedarf nicht der Beurkundung; aber sie muß dem Vormundschaftsgericht nachgewiesen werden (§ 182; § 111 analog?). Rechtssicherheitsgründe verlangen aber jedenfalls, daß auch diese Zustimmung unbedingt und unbefristet ist.

Sämtliche Erklärungen sind *höchstpersönlich;* Stellvertretung ist beim Antragsteller schlechthin ausgeschlossen, beim Kind bis zu 14 Jahren zugelassen (vgl. oben 5a) und erforderlich. Bei Eltern und Ehegatten ist sie im Falle beschränkter Geschäftsfähigkeit weder erforderlich noch möglich (§ 1750); bei dauernder Geschäftsunfähigkeit entfällt deren Zustimmungserfordernis (vgl. oben 6).

Das Erfordernis einer Vertretung des noch nicht voll geschäftsfähigen Kindes oder der Zustimmung des Vertreters zur eigenen Erklärung des Kindes läßt die Frage aufkommen, ob dann, wenn ein Elternteil, der selbst seine Zustimmung erklärt, das Kind auch vertreten kann (§§ 1795, 181?). Da die Erklärungen nicht im gegenseitigen Verhältnis von Eltern und Kind, sondern grundsätzlich gegenüber dem Vormundschaftsgericht, also nur parallel diesem gegenüber abgegeben werden, besteht ein Vertretungsverbot nicht. So auch dann nicht, wenn ein Ehegatte das Kind des anderen annimmt (BGH NJW 1980, 1746 gegen 1971, 841). Es bedarf auch eines Vertretungsverbots nicht, weil das Zustandekommen der Adoption ohnehin der Kontrolle des Vormundschaftsgerichts darauf unterliegt, ob die Adoption dem Kindeswohl dient. Die Frage ist indessen sehr streitig; wie hier *Lüderitz,* MünchKomm. 5 zu § 1746, *Roth-Stielow,* NJW 1978, 203; OLG Hamm NJW 1979, 49; BayObLG DNotZ 1981, 442; anders z. B. *Engler,* Rpfleger 1977, 274.

8. Der *Adoptionsantrag* kann bis zur Verfügung der Adoption (§ 1750 IV), bei Tod des Antragstellers aber nicht mehr durch die Erben *zurückgenommen* werden. Ein Widerruf der vom gesetzlichen Vertreter des Kindes für dieses erklärten Einwilligung ist nicht vorgesehen; doch kann das noch nicht 14 Jahre alte Kind seine Einwilligung ohne Zustimmung des gesetzlichen Vertreters in öffentlich beurkundeter Form (Beurkundung auch durchs Jugendamt, JWG § 49 I Nr. 5) widerrufen, weil bei ihm die Möglichkeit einer Fehlentscheidung eher als beim gesetzlichen Vertreter zu befürchten ist und es selbst im Laufe des Pflegeverhältnisses (unten III) möglicherweise feststellt, daß es zu den Adoptiveltern nicht paßt. Die Einwilligung von Eltern und Ehegatten ist unwiderruflich (§ 1750 II). Aber alle *Einwilligungen verlieren ihre Kraft,* wenn der Adoptionsantrag zurückgenommen oder die Annahme versagt wird (§ 1750 IV). Die Einwilligung jedes Elternteils verliert außerdem ihre Kraft, wenn das Kind nicht binnen 3 Jahren nach Einwilligung adoptiert ist – womit sich praktisch auch die Bedeutung der übrigen Einwilligungen erledigt, wenn es nicht zu erneuter elterlicher Einwilligung in die gleiche Adoption kommt.

III. Vorausgehendes Pflegeverhältnis

1. Die Annahme soll in der Regel erst ausgesprochen werden, wenn der Annehmende das Kind *angemessene Zeit in Pflege* gehabt hat (§ 1744). Dies Erfordernis einer ,,Eingewöhnungszeit“ für Annehmenden und Kind dient dazu, Fehlschläge bei der Adoption tunlichst auszuschalten, zumal das Adoptionsverhältnis nur unter sehr engen Voraussetzungen wieder aufgehoben werden kann (§§ 1760ff.).

Eine *Frist* für das Pflegeverhältnis ist nicht festgesetzt. Sie hängt im Einzelfall davon ab, wie lange Zeit erforderlich ist, um beurteilen zu können, ob sich das Kind bei seinen neuen Eltern sachgerecht einlebt und der Adoption eine Erfolgsprognose für das Entstehen eines Eltern-Kindesverhältnisses gestellt werden kann. Über die Dauer des Pflegeverhältnisses entscheidet letztlich das Vormundschaftsgericht, welches darüber die Adoptionsvermittlungsstelle (§ 56d FGG n.F.), hilfsweise das Jugendamt (JWG § 48a) anhört. Die Zeit des Pflegeverhältnisses kann auch ganz entfallen (Sollvorschrift!); es wird von ihr möglicherweise bei Auslandsadoptionen abgesehen werden. Eine besondere Pflegezeit ist jedenfalls überflüssig, wenn das Kind bei den Adoptiveltern ohnehin schon länger lebt, so etwa im Fall der Adoption des nichtehelichen Kindes durch seine Mutter.

2. Damit das Kind nicht *während des Pflegeverhältnisses* zwischen zwei Familien steht, die Pflegeeltern nicht etwa plötzlichen Herausgabeansprüchen der leiblichen Eltern ausgesetzt sind und das Kind nicht einem schädlichen mehrfachen Wechsel seiner erzieherischen Bezugspersonen ausgesetzt wird, ist eine *Sonderregelung für die elterliche Sorge* vorgesehen. Mit der Einwilligung eines Elternteils in die Adoption (oder der Ersetzung der Einwilligung) ruht die elterliche Sorge dieses Elternteils einschließlich des Rechts zum persönlichen Umgang mit dem Kind (§ 1634). Sofern nicht bereits ein Vormund bestellt ist, wird das Jugendamt kraft Gesetzes *Amtsvormund* (§ 1751) und erhält über den Eintritt der Vormundschaft eine Bescheinigung.

Es liegt auf der Hand, daß diese Bestimmung nur bei Adoption durch familienfremde Personen sinnvoll ist. Nimmt eine Mutter ihr eigenes nichteheliches Kind an, so kann deshalb ihre schon gegebene elterliche Sorge nicht zum Ruhen kommen. Entsprechendes gilt wenn ein Ehegatte das Kind des anderen annimmt, damit es deren gemeinschaftliches Kind wird (§ 1751 II). Zu Zweifeln hat die Bestimmung Anlaß gegeben, daß eine Pflegschaft neben der neu eintretenden Amtsvormundschaft bestehen bleibe. Nichts spricht dafür, daß die Pflegschaft in der Vormundschaft aufgehe. Eine Pflegschaft ist neben der Vormundschaft rechtlich möglich (§ 1794), und Kontinuitätsgründe sprechen für Aufrechterhaltung der Amtspflegschaft (§ 1706). Die Vormundschaft hat hier nur Subsidiaritätsrang zur Ersetzung ruhender elterlicher Sorge. Insbes. bedarf es der Fortdauer der Amtspflegschaft für den Fall, daß die Adoption nicht zustandekommt.

Die Vormundschaft über das Kind dauert so lange an, bis das Pflegeverhältnis durch die vorgesehene Adoption beendet wird. Scheitert die Adoption, weil der Antrag zurückgenommen oder die Adoption verweigert wird, oder kommt sie nicht innerhalb von drei Jahren seit Erteilung der elterlichen Einwilligung zustande, so hat das Vormundschaftsgericht dem Elternteil, dessen elterliche Sorge ruhte, die elterliche Gewalt zu übertragen, wenn und soweit dies dem Kindeswohl nicht widerspricht (§ 1751 III).

Diese Terminologie ist ungenau und entspricht nicht der sonstigen Terminologie des Gesetzes in §§ 1673ff. Wenn die elterliche Sorge nur ruhte und nicht entzogen war, so brauchte sie nicht neu übertragen zu werden. Offenbar soll nur die Befugnis zur Wiederausübung der elterlichen Sorge übertragen werden.

3. Auch die *Unterhaltspflicht* ändert sich während des Pflegeverhältnisses. Sobald die Kindeseltern die Einwilligung in die Adoption erteilt haben und der Annehmende auch das Kind mit dem Ziel der Adoption in seine Obhut übernommen hat, ist der Annehmende (trotz noch fehlender

Verwandtschaft) dem Kind vor den Verwandten des Kindes unterhaltspflichtig (§ 1751 IV) und hat gegen die Verwandten des Kindes auch keinen Regreß, es sei denn für rückständigen Unterhalt (BGH NJW 1981, 2298).

Wenn jemand sein eigenes nichteheliches Kind annimmt, so verstärkt sich nur die eigene Unterhaltspflicht unter Zurückdrängung der Unterhaltspflicht des anderen Elternteils zur vollen Unterhaltspflicht.

Nimmt ein Ehegatte das Kind des anderen an, so sind beide Ehegatten dem Kind vor sonstigen Verwandten des Kindes unterhaltspflichtig; hier teilt sich die Unterhaltspflicht des einen Elternteils auf die künftigen beiden Elternteile auf. Da die Unterhaltspflicht sozusagen in Vorwegnahme der künftigen, durch Adoption zu begründenden Verwandtschaft besteht, dürfte sie bei beiden Eltern analog § 1606 III nur pro rata bestehen; das Kind steht während des Pflegeverhältnisses nicht etwa durch Gesamtschuld der Eltern besser als nach erfolgter Adoption.

IV. Verfahren des Vormundschaftsgerichts

1. *Zuständig*, die Annahme als Kind auszusprechen, ist das *Gericht am Wohnsitz oder Aufenthalt des Annehmenden*, hilfsweise des Kindes zur Zeit der Antragstellung oder der Betrauung eines Notars damit, hilfsweise auch das Gericht in Berlin-Schöneberg (FGG § 43 b). Es hat das Vorliegen aller formellen und materiellen *Voraussetzungen der Adoption zu prüfen* und alle dazu erforderlichen Ermittlungen anzustellen (FGG § 12). Wesentliches ergibt sich schon aus Antrag und Einwilligungen. Darüberhinaus ist zu prüfen, ob ein etwaiger nichtehelicher Vater nicht mit Vorrang adoptionsberechtigt wäre (§§ 1747 mit JWG § 51 b), sind die Interessen von Kindern des Annehmenden gegen die des Anzunehmenden abzuwägen (§ 1745). Fehlt eine ersetzbare Einwilligung oder Zustimmung, so ist über deren Ersetzung zu befinden. Die Ersetzung wird erst mit der Rechtskraft wirksam, muß daher vor Ausspruch der Adoption erfolgen (FGG § 53 n. F.), um die sofortige Beschwerde (FGG § 60) offen zu halten.

2. Die entscheidende Frage geht dahin, ob die Adoption dem *Kindeswohl* dient und ein echtes *Eltern-Kindesverhältnis* entstehen wird (§ 1741). Die Absicht, ein wirkliches Familienband herzustellen kann fehlen, wenn die Adoption nur vorgenommen wird, um dem Anzunehmenden den Namen oder die Staatsangehörigkeit des Annehmenden zu vermitteln, oder um Erbschaftssteuern zu sparen oder dem Anzunehmenden Asylrecht zu verschaffen.

Doch kann die Adoption nicht schon deshalb versagt werden, weil solche Nebenfolgen mit beabsichtigt waren (BGHZ 35, 75).

Bei den häufigen Adoptionswünschen von mit der Kindesmutter unverehelicht zusammenlebenden Männern wird das Vormundschaftsgericht zu bedenken haben, wie leicht eine solche Verbindung lösbar ist, und daß die Mutter bei Adoption des Kindes durch den Mann allein ihre Rechte an dem Kind verlieren würde, oft im Gegensatz zur tatsächlichen Fortführung der Erziehung.

Vor allem die Frage, ob die Adoption dem Kindeswohl dient, wird das Gericht anhand des *Berichts der Adoptionsvermittlungsstelle*, evtl. des Jugendamtes (FGG § 56d) prüfen. Qualität der Pflegestelle und Einleben des Kindes dort sind dabei wesentliche Faktoren. Das Gericht kann auch mit dem noch nicht vierzehnjährigen Kind (das seine Einwilligung noch nicht selbständig erklären kann) Fühlung nehmen (FGG § 55c). Wenn der Annehmende oder das Kind nicht die deutsche Staatsangehörigkeit oder Wohnsitz oder gewöhnlichen Aufenthalt außerhalb der Bundesrepublik hat, ist außerdem die zentrale Adoptionsstelle des Landesjugendamtes zu hören (JWG § 48b).

Ermittlungen über Adoptiveltern oder Kinder im Ausland werden sich häufig in zweckmäßiger Weise über die deutsche Zweigstelle des Internationalen Sozialdienstes anstellen lassen.

3. In dem *Beschluß*, welcher die Adoption ausspricht, ist auf Antrag auch über *Namensfragen* mit zu entscheiden (§ 1757 II; vgl. unten VI). Er ist näher zu begründen (FGG § 56e) und wird mit der Zustellung an den Annehmenden wirksam. Er ist unanfechtbar und unabänderbar, auch wenn es an der einen oder anderen Adoptionsvoraussetzung gefehlt haben sollte oder eine unzulässige Namensregelung verfügt wurde (BayObLG StAZ 1979, 121). Doch kann über einen im Beschluß übergangenen Antrag auf Namensänderung noch nachträglich entschieden werden (OLG Hamm, StAZ 1983, 200) und kann eine fehlerhafte Namensentscheidung durch öffentlichrechtliche Namensänderung korrigiert werden (BayObLG StAZ 1980, 65); neuerdings läßt das OLG Köln (StAZ 1982, 278) gegen einen die Änderung des Vornamens ablehnenden Adoptionsbeschluß die Beschwerde zu, da es sich hier nur um eine „Nebenentscheidung" handle, während es sich nach § 1757 II um einen integrierten Bestandteil der Adoptionsverfügung handelt. Im übrigen bringt nur die eng eingegrenzte Möglichkeit der Wiederaufhebung der Adoption (§§ 1760ff.) Korrekturmöglichkeiten.

Erfolgt der Adoptionsausspruch nach Tod des Kindes, so zielt er ins Leere; eine Annahme nur mit Wirkung für etwaige Kindeskinder gibt es nicht; diese müßten unmittelbar adoptiert werden. Nach Tod des Annehmenden kann die Adoption noch ausgesprochen werden, wenn der Annehmende den Antrag beim Gericht eingereicht oder den Notar mit der Einreichung des Antrags betraut hatte (§ 1753); der Beschluß wird dann mit Zustellung an das Kind wirksam (FGG § 56e) und hat die gleiche Wirkung, wie wenn die Adoption vor dem Tode des Annehmenden erfolgt wäre. Das Kind erwirbt also mit postmortaler Adoption ein Erbrecht.

Der Beschluß ist dem Standesbeamten zur Beischreibung im Geburtenbuch mitzuteilen (PStG § 30). Die Eintragung ist nur rechtbekundend. Da es verschiedene Adoptionsarten mit unterschiedlichen Wirkungen gibt (Minderjährigenadoption, Volljährigenadoption) muß der gerichtliche Beschluß die Vorschriften, auf welche er sich im

Einzelfall stützt, genau bezeichnen, um dem Standesbeamten eine entsprechende Eintragung zu ermöglichen. Der Standesbeamte hat dabei die Adoptionsentscheidung nicht nachzuprüfen. Lediglich bei der selten vorliegenden absoluten Nichtigkeit der amtsgerichtlichen Verfügung kann er die Beischreibung der Adoption verweigern (BayObLG StAZ 1980, 65).

V. Wirkungen der Adoption

Mit der Adoption erhält das angenommene Kind die *rechtliche Stellung eines ehelichen Kindes des (bzw. der) Annehmenden (§ 1754)*, erhalten die Annehmenden die Rechtsposition leiblicher Eltern (d. h. auch Elternrechte entsprechend GG Art. 6).

1. Das Kind wird voll in die Familie des (bzw. der) Annehmenden integriert. Es wird mit den Verwandten des (bzw. der) Annehmenden ebenfalls verwandt, ohne daß diese gefragt werden oder sich dagegen wehren können. Insbes. betroffen sind die Eltern der Annehmenden, die nun plötzlich ein Enkelkind mit Unterhaltsansprüchen und Erbrecht haben. Die Rechtsfolgen sind vom Gesetz zwingend so angeordnet, um das Kind voll in die Familie der Annehmenden zu integrieren (sogen. Volladoption). Anders nur bei der Adoption Volljähriger, wo der Adoptierte nur mit dem Adoptierenden, nicht aber mit dessen Verwandten verwandt oder Ehegatten verschwägert würde (§ 1770).

Da das Kind nicht in zwei Familien gleichzeitig stehen kann und die *Beziehungen zur Ursprungsfamilie* das neue Familienverhältnis beeinträchtigen könnten, „*erlöschen*" das Verwandtschaftsverhältnis des Kindes und seiner Abkömmlinge zu den bisherigen Verwandten (§ 1755).

Das Gesetz spricht von „Erlöschen" schlechthin. Abgesehen davon, daß ein Erlöschen des natürlichen Elternrechts an dem Kind (GG Art. 6!) eine unbefriedigende Vorstellung ist, bleiben positivrechtlich Eheverbot (EheG § 4) und Beischlafsverbot (StGB § 173) erhalten. Vor allem lebt das Verwandtschaftsverhältnis bei Aufhebung der Adoption wieder auf (§ 1764) und gilt es bei Eheschließung der natürlichen Kindeseltern, von denen einer das Kind adoptiert hatte, zugunsten einer Legitimation als weiterbestehend (§ 1719).

Ruhen der Verwandtschaft trifft die Sache eher. Abgesehen davon gelten von dem „Erlöschen" etliche Ausnahmen:

a) zugunsten von Renten und Waisengeldansprüchen (§ 1755 I);
b) wenn ein Ehegatte das nichteheliche Kind seines Ehegatten annimmt (Stiefkindadoption), so erlöschen nur die Verwandschaftsbeziehungen zu dem außenstehenden Elternteil des Kindes (§ 1755 II);
c) sind die Annehmenden mit dem Kind im zweiten oder dritten Grade verwandt (Adoption innerhalb der Familie, z. B. durch Onkel oder Tante), so erlischt nur das Verwandtschaftsverhältnis zu den Eltern des Kindes, nicht zu den übrigen Verwandten (§ 1756 I), zu denen es die Verwandtschaft mit der Adoption ohnehin wiedergewinnen würde; doch wandeln sich möglicherweise die Verwandtschaftsgrade (bisherige Geschwister können Vettern und Basen werden! eingehend dazu *Dieckmann* ZblJR 1980, 567ff.);
d) nimmt ein Ehegatte das eheliche Kind seines Ehegatten an, dessen Ehe durch Tod aufgelöst worden ist (Stiefkindadoption bei Halbwaisen), so erlischt das Verwandtschaftsverhältnis zu den Verwandten des verstorbenen Elternteils nicht (§ 1756 II) – eine m. E. im Verhältnis zum Grundsatz des § 1755 nicht ganz folgerichtige Lösung;

e) bei der Adoption Volljähriger, wo die bisherigen Verwandtschaftsverhältnisse grundsätzlich unberührt bleiben (§ 1770 II).

Die erbrechtlichen Folgen der Fälle c) und d) sind in § 1925 IV besonders geregelt.

2. Das minderjährige ausländische Adoptivkind erwirbt mit der Adoption kraft Gesetzes die deutsche *Staatsangehörigkeit* des Annehmenden (§§ 3 Ziff. 3, 6 neu des RuStAnghGes.). Entsprechend verliert das deutsche Kind, das von einem Ausländer angenommen wird, die deutsche Staatsangehörigkeit, wenn es die ausländische des Annehmenden erwirbt und es nicht mit einem Elternteil deutscher Staatsangehörigkeit verwandt bleibt (§ 27 a. a. O.).

3. Das minderjährige Adoptivkind erwirbt den *Wohnsitz* des Annehmenden (§ 11).

4. Das Kind erhält als „*Geburtsnamen*" den Familiennamen des (bzw. der) Annehmenden (§ 1757). Doch kann das Vormundschaftsgericht auf Antrag des Annehmenden mit Einwilligung des Kindes (nach § 1746) aus schwerwiegenden Gründen zum Wohl des Kindes dem neuen Familiennamen den bisherigen Namen des Kindes anfügen oder dem Kind gar einen neuen Vornamen verleihen.

Der neue Vorname für das Kind wird u. a. dann in Betracht kommen, wenn es in eine Familie adoptiert wird, wo bereits ein Kind gleichen Namens vorhanden ist oder wo der bisherige fremdländische Vorname die Integration des Kindes in die neue Familie und den neuen Lebenskreis beeinträchtigen würde. Die Beifügung des bisherigen Familiennamens zum neuen kommt am ehesten in denjenigen Fällen in Betracht, in welchen das Verwandtschaftsverhältnis zur Ursprungsfamilie nicht voll erlischt. Lehnt das Vormundschaftsgericht eine Änderung des Vornamens ab, weil es an einem schwerwiegenden Grund fehlt (und weil schon das Kleinkind sich mit seinem Vornamen identifiziert und die Namensänderung das Kind psychisch beeinträchtigen kann), so bleibt formell noch die Namensänderung durch die Verwaltungsbehörde (§ 11 NamÄndG) offen. Sie sollte aber sinnvollerweise nur erfolgen, wenn seit der ablehnenden Entscheidung des Vormundschaftsgerichts neue Gründe für die Namensänderung aufgetreten sind. Wegen der Frage nach Rechtsmitteln gegen eine die Vornamensänderung ablehnende Entscheidung vgl. oben IV 3.

5. Das Adoptivkind und seine Abkömmlinge haben Unterhaltsansprüche und Erbrecht im Verhältnis zum Annehmenden und seinen Verwandten. Umgekehrt gilt Entsprechendes, eine Folge der durch „Volladoption" begründeten vollen Verwandtschaft. Der Annehmende (oder die Annehmenden) haben auch gegenüber dem angenommenen Kind die volle elterliche Sorge mit allen Rechten und Pflichten. Sozialrechtliche Leistungen für das Adoptivkind werden denen für eheliche Kinder durch ein neues Gesetz angeglichen (Gesetzentwurf BR-Drucks. 139/84; auch in DAV 1984, 784).

Schrifttum: *Ruthe,* Zum Unterhaltsanspruch des adoptierten Kindes FamRZ 1977, 30; *Zopfs,* Kein Regelunterhalt nach der Adoption, FamRZ 1979, 385; *Ruthe,* Die unterhaltsrechtlichen Wirkungen der Volladoption, FamRZ 1979, 388. BT-Drucks 8/1495 Bericht über Maßnahmen der Bundesregierung zur rechtlichen Gleichstellung von ehelichen Kindern und Adoptivkindern sowie von leiblichen Eltern und Adoptiveltern. – Zu den verwickelten erbrechtlichen Folgen bei Stiefkindadoptionen *Schmitt-Kammler*, FamRZ 1978, 578 und *Dittmann*, Rpfleger 1978, 277.

VI. Aufhebung der Adoption

Das Adoptionsverhältnis wird *kraft Gesetzes* aufgehoben, wenn ein Annehmender mit dem Angenommenen oder einem seiner Abkömmlinge entgegen EheG § 4 die Ehe schließt (§ 1766). Im übrigen kann es nur durch *Entscheidung des Vormundschaftsgerichts* aufgehoben werden, wenn der Antrag oder eine wesentliche Einwilligung fehlte (§ 1760) oder die Aufhebung aus schwerwiegenden Gründen im Interesse des Kindeswohls erforderlich ist (§ 1763). Dagegen können die Adoptiveltern das Annahmeverhältnis nicht etwa wegen einer unvorhersehbaren Fehlentwicklung des Kindes zur Aufhebung bringen! Vertragliche Aufhebung einer gerichtlich verfügten Adoption ist ausgeschlossen (§ 1759).

Schrifttum: *Behn,* Die Aufhebung des Adoptionsverhältnisses, ZBlJR 1977, 463; *Bosch,* Die gescheiterte Adoption, FamRZ 1978, 656.

1. Die Aufhebung einer fehlerhaften Adoption ist möglich, wenn es an einem wirksamen *Antrag oder* an der wirksamen *Einwilligung* des Kindes oder eines Elternteils *fehlte;* Übergehen der nötigen Einwilligung des Ehegatten von Annehmendem oder Anzunehmendem rechtfertigt dagegen die Aufhebung nicht. Antrag oder Einwilligung sind nur dann unwirksam, wenn es an der nötigen *Geschäftsfähigkeit* für die Erklärung fehlte, wenn Eltern die Einwilligungserklärung *verfrüht* (vor Ablauf der Achtwochenfrist des § 1747 III) abgaben, bei *Geschäftsirrtum* (nicht Eigenschaftsirrtum!), *arglistiger Täuschung* oder *Drohung.* Mangel der nötigen Beurkundung oder unzulässige Stellvertretung werden durch den Adoptionsbeschluß geheilt und rechtfertigen die Aufhebung nicht; unter Täuschungen sind solche über Vermögensverhältnisse oder von Außenstehenden (weder zur Antragstellung noch zur Einwilligung oder zur Vermittlung der Annahme Befugten) verübte ebenfalls unbeachtlich.

Daß Irrtum, Täuschung und Drohung hier als Unwirksamkeitsgründe und nicht als „Anfechtungsgründe" der Erklärung behandelt werden, hängt damit zusammen, daß die Unwirksamkeit ohnehin erst durch einen Adoptionsaufhebungsantrag geltend gemacht werden muß, in welchem die „Anfechtung" wegen Willensmangels enthalten ist.

2. Den Antrag auf Aufhebung kann – in notariell beurkundeter Form – nur stellen, wessen Adoptionsantrag oder Einwilligung fehlerhaft war oder übergangen wurde (§ 1762). Der *Antrag ist höchstpersönlich* und kann nicht durch einen Vertreter gestellt werden; in der Geschäftsfähigkeit beschränkte Personen und das über 14 Jahre alte Kind stellen den Antrag persönlich ohne Zustimmung des gesetzlichen Vertreters; für

das jüngere Kind bedarf es eines vom Aufhebungsgericht zu bestellenden Verfahrenspflegers (FGG § 56f. II), wenn der am Verfahren auch beteiligte Annehmende sein gesetzlicher Vertreter ist (Interessenkollision). Der Antrag kann nur innerhalb eines Jahres seit Fortfall der Geschäftsunfähigkeit, seit fristgerechter Zulässigkeit der Einwilligung (§ 1747 III) bzw. seit Entdeckung von Irrtum oder Täuschung bzw. Fortfall der durch Drohung geschaffenen Zwangslage gestellt werden.

3. Die fehlerhafte Adoption kann *geheilt* werden, so daß mit der Heilung die Möglichkeit der Wiederaufhebung entfällt.

a) Mit Ablauf von *drei Jahren* seit der Adoption heilen sämtliche Fehler (§ 1762 II); Wiederaufhebung ist nur noch aus schwerwiegenden Gründen zum Wohl des Kindes möglich (§ 1763).

b) Fehler heilen auch mit Ablauf der *Jahresfrist* zur Stellung des Aufhebungsantrages.

c) Fehler heilen auch schon vor Fristablauf mit *Nachholung* des förmlichen Antrags oder der förmlichen Einwilligung, oder mit *formloser Bestätigung* des Einverständnisses mit der Adoption (§ 1760 III u. V. entgegen § 141; vgl. Heilung der aufhebbaren Ehe).

d) Die Aufhebung ist ausgeschlossen, wenn eine übergangene oder unwirksame Einwilligung bei Ausspruch der Annahme hätte ersetzt werden können, oder wenn bei Entscheidung über den Aufhebungsantrag die Voraussetzungen der Ersetzung vorliegen (§ 1761 I).

4. *Zuständig* zur Adoptionsaufhebung ist nach FGG § 43b das *Gericht am Wohnsitz des Annehmenden* zur Zeit der Antragstellung. Über den Aufhebungsantrag ist mündlich zu verhandeln. Antragsteller, Annehmender und Kind, im Falle seiner Minderjährigkeit sein Pfleger und das Jugendamt sind dazu zu laden (FGG § 56f). Das Gericht darf dann das Annahmeverhältnis nicht aufheben, wenn das Kindeswohl durch die Aufhebung erheblich gefährdet würde – es sei denn, daß überwiegende Interessen des Annehmenden die Aufhebung erfordern; überwiegende Interessen übergangener leiblicher Eltern geben nicht den Ausschlag! (§ 1761 II). Der Beschluß, mit welchem das Annahmeverhältnis aufgehoben wird, ist mit sofortiger Beschwerde anfechtbar (FGG § 60) und wird erst mit der Rechtskraft wirksam; gegen die Ablehnung der Aufhebung ist die einfache Beschwerde gegeben.

5. Die *Aufhebung* der Adoption wirkt *nur für die Zukunft* (§ 1764). Das Verwandtschaftsverhältnis zur Adoptivfamilie erlischt. Nur die erworbene Staatsangehörigkeit bleibt erhalten; der durch Adoption erworbene Familienname geht verloren; das Kind hat wieder seinen ursprünglichen Geburtsnamen zu führen (§ 1765); der Vorname bleibt unverändert. Davon gelten indessen Ausnahmen:

a) Abkömmlinge des Kindes folgen ab vollendetem 5. Lebensjahr dem Namenswechsel nur mit ihrer Zustimmung (§ 1617).

b) Auf einen Antrag des Kindes, für den die Regeln über die Einwilligung in die Adoption (§ 1746) gelten, kann das Vormundschaftsgericht bei berechtigtem Interesse des Kindes anordnen, daß es den durch Adoption erworbenen Familiennamen beibehält.

c) Hat das Adoptivkind inzwischen geheiratet und ist der Adoptivname Ehename geworden, so hat das Vormundschaftsgericht auf gemeinsamen Antrag beider Ehegatten hin anzuordnen, daß die Ehegatten als Ehenamen den Geburtsnamen führen, den das Kind vor der Annahme geführt hat. Wiederum nehmen etwaige Abkömmlinge des Kindes am Namenswechsel nur mit ihrer Zustimmung teil, wenn sie schon 5 Jahre alt sind.

Das *Verwandtschaftsverhältnis* des Kindes und seiner Abkömmlinge zu den leiblichen Verwandten *lebt wieder auf* (§ 1764 III); doch gilt für die elterliche Sorge besonders: Sie ist nur mit gerichtlicher Entscheidung von den leiblichen Eltern wieder ausübbar und darf ihnen nur zurückübertragen werden, wenn und soweit dies dem Kindeswohl nicht widerspricht; andernfalls ist ein Vormund oder Pfleger zu bestellen (§ 1764 IV).

Die Aufhebung der Adoption kann auch noch nach Tod des Antragstellers erfolgen (§ 1764 I), wenn Antragsteller Annehmender oder Kind waren. Die Aufhebung hat dann die gleiche Wirkung, wie wenn sie vor dem Tod des Antragstellers erfolgt wäre (insbes. Beseitigung des Erbrechts).

6. Soll die Adoption eines minderjährigen Kindes zu seinem eigenen Wohl wiederaufgehoben werden (§ 1763), so kann das Gericht von Amts wegen tätig werden; es wird meist dazu durch Berichte eines Beteiligten, des Jugendamtes oder der Schule angeregt werden. War das Kind von einem Ehepaar angenommen, so ist die Ehescheidung als solche noch kein schwerwiegender Grund zur Aufhebung der Adoption. Eine Sorgerechtsregelung ist wie bei leiblichen Kindern möglich. Doch kann das Annahmeverhältnis im Verhältnis zu nur einem Ehegatten aufgehoben werden, wenn der andere Ehegatte bereit ist, die Pflege und Erziehung des Kindes zu übernehmen und wenn die Ausübung der elterlichen Gewalt durch ihn dem Wohl des Kindes nicht widersprechen würde.

In diesem Fall wird das Verwandtschaftsverhältnis nur zu demjenigen Annehmenden gelöst, im Verhältnis zu dem das Adoptionsverhältnis aufgehoben wird; im Verhältnis zum Ehegatten bleibt das Adoptionsverhältnis erhalten; daher bleibt auch der durch Adoption erworbene Familienname bestehen und lebt das Verwandtschaftsverhältnis zu den leiblichen Eltern nicht wieder auf. Hatte ein Elternteil ein Kind des anderen angenommen und wird dies Annahmeverhältnis wieder aufgehoben, so gewinnt das Eltern-Kindesverhältnis zum natürlichen Elternteil seinen früheren vollen Inhalt wieder (so mit Recht OLG Celle, FamRZ 1982, 197).

Sonst darf das Annahmeverhältnis nur aufgehoben werden, wenn entweder ein leiblicher Elternteil bereit ist, Pflege und Erziehung des Kindes zu übernehmen und die Ausübung der elterlichen Gewalt durch ihn dem Kindeswohl nicht widersprechen würde, oder wenn die Aufhebung eine erneute Adoption des Kindes ermöglichen soll.

In letzterem Fall kommt eine Rückübertragung der elterlichen Gewalt nach Adoptionsaufhebung auf die leiblichen Eltern nicht in Betracht; vielmehr ist bis zur neuen Adoption ein Vormund zu bestellen.

VII. Adoption Volljähriger

Sie erfüllt nicht denselben Fürsorgezweck wie die Adoption Minderjähriger und ist leicht Mißbräuchen ausgesetzt (etwa zum Erwerb von Namen und Staatsangehörigkeit des Annehmenden, zur Einsparung von Erbschaftssteuern oder zu erleichterter Erlangung von Asylrecht). Manche ausländische Rechte gestatten sie daher überhaupt nicht; das BGB hatte sie unbeschränkt zugelassen, das FamRÄndG von 1961 sie auf Fälle begrenzt, in denen sie „sittlich gerechtfertigt" ist. Das neue Adoptionsrecht folgt dieser Linie (§ 1767). Sittliche Rechtfertigung ist insbes. anzunehmen, wenn zwischen Annehmenden und Anzunehmenden bereits ein Eltern-Kindesverhältnis besteht, wenn also z. B. ein langjähriges Pflegekindverhältnis legalisiert werden soll. Andererseits drängt sich bei Adoptionsanträgen für asylsuchende Ausländer der Verdacht auf, daß hier kein echtes Eltern-Kindverhältnis begründet werden soll (vgl. die Entscheidungen von KG, OLG Köln und BayObLG FamRZ 1982, 641–645). Ein bestimmter Altersabstand zwischen Annehmendem und Anzunehmendem ist nicht vorgeschrieben. Doch gehört ein angemessener Altersabstand zu der Annahme, daß sich ein Eltern-Kindverhältnis entwickelt hat oder entwickeln wird, wie auch zur „sittlichen Rechtfertigung" der Adoption. Insbesondere die Adoption einer sehr pflegebedürftigen Person, die älter ist als der Annehmende, führt nicht zu einem Eltern-Kindverhältnis; hier sind andere Fürsorgeformen angebracht.

Die Vorschriften über die Annahme Minderjähriger gelten weitgehend sinngemäß, aber mit einigen Abweichungen.

1. Die Adoption setzt hier einen *Antrag des Annehmenden und des Anzunehmenden* voraus (§ 1768); letzterer wird bei Geschäftsunfähigkeit vom gesetzlichen Vertreter gestellt. Bei beschränkter Geschäftsfähigkeit stellt der Anzunehmende den Antrag mit Zustimmung des gesetzlichen Vertreters; diese Zustimmung kann notfalls gerichtlich ersetzt werden (§ 1746 III). Elterliche Zustimmung ist beim Volljährigen ebensowenig erforderlich wie ein vorausgehendes Pflegeverhältnis. Aber eine Abwägung der einer Adoption entgegenstehenden Interessen der schon vorhandenen Kinder des Annehmenden oder des Anzunehmenden ist auch hier erforderlich (§ 1769; ähnlich § 1745).

2. Die *Wirkungen der Adoption* erstrecken sich nicht auf den Ehegatten und die Verwandten des Annehmenden. Sie beschränken sich auf das Verhältnis zwischen dem Annehmenden und dem Anzunehmenden und dessen Ankömmlingen (§ 1770). Die Staatsangehörigkeit bleibt unbeeinflußt; der Name des Adoptierenden wird jedoch erworben; die Anfü-

gung des bisherigen Familiennamens an den neuen kann vom Vormundschaftsgericht auf Antrag verfügt werden. Die Verwandtschaftsbeziehungen des Angenommenen zu seiner Ursprungsfamilie werden hier – im Gegensatz zum Minderjährigen – nicht abgebrochen. Der Angenommene steht also gewissermaßen in zwei Familien, mit allen Folgen hinsichtlich mehrfacher Unterhaltspflicht und mehrfachem Erbrecht. Was jedoch die Unterhaltsberechtigung des Angenommenen angeht, so ist der Annehmende ihm und seinen Abkömmlingen vor den leiblichen Verwandten zum Unterhalt verpflichtet.

3. Das *Vormundschaftsgericht* kann aber auf Antrag des Annehmenden und des Anzunehmenden im Adoptionsbeschluß die *Annahmewirkungen anders bestimmen,* nämlich im Sinne einer Volladoption, wie bei einer Adoption eines Minderjährigen oder eines verwandten Minderjährigen: wenn nämlich ein minderjähriger Bruder oder eine minderjährige Schwester des Anzunehmenden von dem Annehmenden als Kind angenommen worden ist oder gleichzeitig angenommen wird (Gleichbehandlung aller Adoptierten); wenn der Anzunehmende bereits als Minderjähriger in die Familie des Annehmenden aufgenommen worden ist; endlich wenn der Annehmende sein eigenes nichteheliches Kind oder das Kind seines Ehegatten annimmt. In den letzteren Fällen soll nicht entscheidend sein, daß die Adoption erst so spät vorgenommen wird (§ 1772).

4. In den Fällen der Volladoption eines Volljährigen (oben 3) kann das Annahmeverhältnis nur wegen mangelndem oder fehlterhaftem Antrag (§ 1760) aufgehoben werden. In den übrigen Fällen kann die *Volljährigenadoption* auch *bei Vorliegen eines wichtigen Grundes* auf Antrag des Annehmenden und des Angenommenen wieder *aufgehoben werden* (§ 1771; BayObLG MDR 1978, 579).

VIII. Übergangsrecht

1. War bei Inkraftreten des neuen Adoptionsrechts am 1. 1. 1977 der nach bisherigem Recht angenommene volljährig, so gilt nunmehr das neue Recht über die Annahme Volljähriger, aber ohne automatische Erstreckung der Adoption auf Abkömmlinge, und unter Fortführung des bisher geführten Namens. Für Erbfälle vor Inkrafttreten des neuen Rechts gilt das alte Recht, für neuere Erbfälle gilt neues Recht. Doch behält ein unter altem Recht geschlossener Vertrag über den Ausschluß des Erbrechts des Angenommenen seine Wirkung dahin, daß auch der Annehmende (§ 1759 a. F.) kein Erbrecht hat. Die Aufhebbarkeit der Adoption richtet sich nach neuem Recht; doch beginnen die dafür maßgeblichen Fristen erst mit dessen Inkrafttreten zu laufen. Ein nach bisherigem Recht sittenwidriger und damit nichtiger Adoptionsvertrag konnte nicht die Wirkungen eines Adoptionsverhältnisses neuen Rechts erlangen; seiner förmlichen Aufhebung bedurfte es deshalb nicht (a. M. OLG Köln NJW 1980, 63 u. *Lüderitz* NJW 1980, 1088).

2. War bei Inkrafttreten des neuen Rechts das angenommene Kind minderjährig, so galt bis 31. 12. 1977 noch das bisherige Recht, dann wurde das Adoptionsverhältnis kraft Gesetzes dem neuen Recht unterstellt, so daß das Verwandtschaftsverhältnis zu den leiblichen Eltern erlosch. Doch konnten Annehmender, Kind, jeder leibliche Elternteil oder die nichteheliche Mutter durch eine notariell beurkundete Erklärung ge-

genüber dem Amtsgericht in Berlin-Schöneberg erklären, daß die neuen Vorschriften nicht angewandt werden sollen; die Erklärung war öffentlich beglaubigt widerrufbar; sie war im übrigen allen anderen Erklärungsberechtigten (für das minderjährige Kind dem Jugendamt) bekanntzugeben. Es gilt dann ab 1. 1. 1978 das neue Recht über die Annahme Volljähriger.

3. Schwebende Anträge auf Bestätigung eines Adoptionsvertrages waren, wenn vor dem 1. 1. 1977 bei Gericht gestellt, nach altem Recht weiterzubehandeln (BGH NJW 1979, 216). Eine schon erteilte Einwilligung zur Adoption gilt als Einwilligung zu einer Adoption nach neuem Recht, wenn der einwilligende Elternteil nicht bis 31. 12. 1977 dem Amtsgericht in Berlin-Schöneberg erklärt, daß die Vorschriften des neuen Rechts über die Annahme Minderjähriger nicht angewendet werden sollen; dann kommen die Vorschriften des neuen Rechts über die Annahme Volljähriger zur Anwendung. Andernfalls werden ab 1. 1. 1978 die Vorschriften des neuen Rechts über die Annahme Minderjähriger angewendet.

4. Ein bestehendes Adoptionsverhältnis nach altem Recht kann durch eine neue Adoption förmlich dem neuen Recht unterstellt werden.

5. Das vor Inkrafttreten des neuen Rechts von einem Deutschen adoptierte und noch minderjährige Kind kann, wenn sein Annahmeverhältnis neuem Recht untersteht, bis 31. 12. 1979 für die deutsche Staatsangehörigkeit optieren.

Schrifttum: *Kemp,* Die Übergangsvorschriften des Gesetzes über die Annahme als Kind DNotZ 1976, 646ff.

§ 34. Fürsorgerische Erziehungshilfen

Schrifttum: Kommentare zum JWG von *Friedeberg-Polligkeit-Giese,* 3. Aufl. 1972, *Potrykus,* 2. Aufl. 1972, *Krug,* 1972ff., *Riedel,* 4. Aufl. 1965; *Jans-Happe,* 2. Aufl. 1971. Erläuterung des JWG auch in den BGB-Kommentaren von *Palandt, Staudinger-Göppinger* u. *Soergel-Siebert*; *Happe,* Hat sich das JWG überlebt? FamRZ 1981, 635; *Franz,* Maßnahmen nach den §§ 1666, 1666a BGB und die Fürsorgeerziehung, FamRZ 1982, 349; *Kolarzik,* Freiwillige Erziehungshilfe, ZblJR 1982, 779.

Für den Fall des Versagens der elterlichen Erziehung hat das JWG fürsorgerische Erziehungshilfen vorgesehen, um einerseits staatliche Jugendfürsorge in ausreichendem Maße zu gewähren, zum anderen aber auch den Grundsatz zu befolgen, daß Eingriffe in die elterliche Erziehung, namentlich Zwangseingriffe des Staates, nur auf Grund von gesetzlichen Anordnungen erfolgen sollen.

Vgl. dazu Weim. Verf. Art. 109; Art. 6 GG und die meisten westdeutschen Landesverf.; schwächer dagegen Art. 31 Verf. der DDR von 1949 u. Art. 38 der Verf. von 1968. Zum tatsächlichen Umfang der deutschen Öffentlichen Jugendhilfe vgl. die Statistik ZblJR 1981, 386.

Das JWG hatte ursprünglich *Schutzaufsicht* und *Fürsorgeerziehung* vorgesehen; im Zug einer stärkeren Aktivierung der Zusammenarbeit von Eltern und fürsorgerischer Hilfe behandelt das Gesetz jetzt die *Erziehungsbeistandschaft, Freiwillige Erziehungshilfe* und *Fürsorgeerziehung.* Die ersteren Maßnahmen sind zu ergreifen, wenn die leibliche, geistige oder seelische Entwicklung eines Minderjährigen gefährdet oder geschädigt ist (JWG §§ 55, 62). Dagegen dient die Fürsorgeerziehung dem Schutz vor

Verwahrlosung oder deren Beseitigung (JWG § 64). Erziehungsbeistandschaft und Fürsorgeerziehung können als Nebenfolgen eines Strafverfahrens in Betracht kommen (JGG §§ 8ff.), aber auch ohne Rücksicht auf ein schwebendes Strafverfahren selbständig angeordnet werden.

Eine umfassende Neuregelung durch ein „Jugendhilfegesetz" ist seit 1973 in Diskussion. Der Bundestag verabschiedete am 23. 5. 1980 den Gesetzentwurf der Bundesregierung. Das Gesetz scheiterte aber im Bundesrat (näher dazu *Wiesner* ZblJR 1980, 455). Ein neuer Entwurf wird voraussichtlich im neunten Bundestag eingebracht.

I. Die **Erziehungsbeistandschaft** wird zur Beseitigung einer *Gefährdung* oder *Schädigung* des Minderjährigen angeordnet, wenn sie ausreichend ist, d. h. weitergehende Maßnahmen nicht erforderlich und die Erziehungsberechtigten bereit sind, die Durchführung der freiwilligen Erziehungshilfe zu fördern. Sie kann in erster Linie auf Antrag des Erziehungsberechtigten vom Jugendamt selbst durch Bestellung des Beistandes eingesetzt werden (JWG § 56); dann ist das Jugendamt auch für ihre Wiederaufhebung zuständig (JWG § 61). Sie kann aber auch auf Antrag jedes Personensorgeberechtigten oder des Jugendamtes durch das Vormundschaftsgericht (JWG § 57) oder im Strafverfahren durch das Jugendgericht (JGG §§ 9, 12) angeordnet werden.

1. Vor Beschlußfassung sind Antragsberechtigte und der Minderjährige zu hören. Der Beschluß ist den Antragsberechtigten und dem über 14 Jahre alten Minderjährigen bekanntzugeben; letzterem ist aber die Begründung insoweit vorzuenthalten, als sich aus ihrem Inhalt Nachteile für die Erziehung ergeben könnten (JWG § 57).

2. Die Aufgaben des Erziehungsbeistandes bestehen in Unterstützung des Personensorgeberechtigten bei der Erziehung und Beratung des Minderjährigen, insbes. bei der Verwendung des Arbeitsverdienstes. Die vermögensrechtlichen Befugnisse des Beistandes sind darauf beschränkt; im übrigen wird die Tätigkeit des Personensorgeberechtigten zwar durch den Beistand beschränkt, aber ohne Eingriff in die gesetzliche Vertretung oder andere nach außen hin wirkende Akte; Einwilligung in die Eheschließung oder zur Operation sind weiterhin vom Personensorgeberechtigten selbst zu erklären.

Der Beistand hat (unter Einschränkung des Grundrechts der Unverletzlichkeit der Wohnung, GG Art. 13) Recht auf Zutritt zum Minderjährigen und auf Auskunft gegen Personensorgeberechtigte, Arbeitgeber, Lehrer usw. (JWG §§ 58, 59). Er hat dem Jugendamt und dem Vormundschaftsgericht zu berichten, wird dafür seinerseits auch vom Jugendamt unterstützt.

3. Die Erziehungsbeistandschaft endet mit Volljährigkeit oder ausdrücklicher Aufhebung. Letztere hat auch zu erfolgen, wenn zu den weitergehenden Maßnahmen der freiwilligen Erziehungsbeihilfe oder Fürsorgeerziehung übergegangen wird (JWG § 61).

II. Die **Freiwillige Erziehungshilfe** dient der Vermeidung von über die Beistandschaft hinausgehenden Maßnahmen wie der Fürsorgeerziehung;

sie setzt aber voraus, daß die Eltern bereit sind, die Erziehungshilfe nicht nur zu dulden, sondern aktiv zu fördern, allenfalls ihre Sorgerechte teilweise oder ganz anderen zur Ausübung zu überlassen (etwa bei Heimunterbringung). Die Freiwillige Erziehungshilfe wird auf schriftlichen Antrag der Personensorgeberechtigten (also beider Eltern!) vom Landesjugendamt nach Maßgabe landesrechtlicher Vorschriften gewährt (JWG §§ 63, 72, 74). Sie ist auf Antrag auch nur eines Personensorgeberechtigten auch wieder aufzuheben (JWG § 75 III). Im übrigen gelten weitgehend die Grundsätze der Fürsorgeerziehung.

Der Entwurf eines Jugendhilfegesetzes will die freiwillige Erziehungshilfe in der bisherigen Form beseitigen. Zur Problematik lies *Kolarzik* ZblJR 1978, 346.

III. Die **Fürsorgeerziehung** ist das äußerste Erziehungsmittel. Sie kommt nur in Betracht, wenn andere Erziehungsmöglichkeiten versagen (JWG § 64).

Fürsorgeerziehung ist demnach ausgeschlossen, wenn z. B. bei Kindern aus geschiedenen Ehen die Übertragung des Sorgerechts an den anderen Elternteil oder die Bestellung eines Pflegers genügt (BGHZ 73, 131; kritisch dazu *Carspecken,* ZblJR 1979, 434); sie ist ebenfalls ausgeschlossen, wenn einfache vormundschaftsgerichtliche Maßnahmen nach § 1666 I ausreichen würden, mögen sie auch zu einer Heimunterbringung durch den Sorgerechtspfleger führen (BGH NJW 1979, 813); insbes. darf keine vorläufige Fürsorgeerziehung angeordnet werden, wenn es ersichtlich nicht zu einer endgültigen Anordnung kommen wird, sondern andere Maßnahmen genügen werden. Eine Trennung des Kindes von den Eltern ist nur bei Wahrung des Grundsatzes der Verhältnismäßigkeit noch verfassungsgemäß (BVerfG NJW 1982, 1379).

1. Die Fürsorgeerziehung setzt voraus, daß der Jugendliche *noch* der Erziehung untersteht, *noch nicht 17 Jahre* alt und noch erziehbar ist (§ 64 JWG). Bei einer verheirateten minderjährigen Ehefrau soll trotz Wegfalls der tatsächlichen elterlichen Personensorge (§ 1633) und trotz GG Art. 6 die Fürsorgeerziehung noch angeordnet werden können (BGHZ 49, 308; bedenklich).

Eine untere Altersgrenze ist nicht gesetzt. Fürsorgeerziehung ist also schon in jüngsten Jahren möglich (vgl. BGHZ 21, 178). Ausnahmsweise darf die Fürsorgeerziehung auch noch nach Vollendung des 17. Lebensjahres angeordnet werden, wenn vorher bereits vorläufige Fürsorgeerziehung bestand (JWG § 67 IV).

2. Die Fürsorgeerziehung wird vom Vormundschaftsgericht von Amts wegen oder auf Antrag des Jugendamtes (auch wenn es Amtsvormund des Betroffenen ist, BayObLG NJW 1962, 964), des Landesjugendamtes oder eines Personensorgeberechtigten angeordnet (§ 65 JWG), allenfalls zuerst als vorläufige. Da sie das äußerste Erziehungsmittel ist, kann das Vormundschaftsgericht statt der beantragten Fürsorgeerziehung andere Maßnahmen gemäß § 1666 anordnen, wenn diese ausreichen (BGHZ 73, 131). Im Verfahren sind außer dem Jugendamt der Minderjährige und die Personensorgeberechtigten zu hören; auch ärztliche Untersuchung und Anstaltsunterbringung zur Beobachtung können angeordnet werden (JWG § 66). Jugendamt und Landesjugendamt sind bei Ablehnung ihrer Anträge beschwerdeberechtigt (BGHZ 42, 109).

Das Verfahren kann auch ausgesetzt werden (§ 68 JWG). Oft übt schon die Androhung der Fürsorgeerziehung einen günstigen Einfluß auf den Jugendlichen oder seine

Erziehungsberechtigten aus. Es kann auch die vorläufige Fürsorgeerziehung angeordnet werden bis zur endgültigen Feststellung, ob die Voraussetzungen der Fürsorgeerziehung wirklich vorliegen (§ 67 JWG).

Der begründete Beschluß über die Fürsorgeerziehung ist denselben Personen zuzustellen, denen auch die Erziehungsbeistandschaft bekanntzumachen ist. Gegen den Beschluß ist sofortige Beschwerde gegeben; trotzdem wird er nicht materiell rechtskräftig, sondern es kann bei veränderter Sachlage auch erneut und abweichend entschieden werden (JFG 20, 55). Ist Fürsorgeerziehung einmal angeordnet, so werden alle Einzelmaßnahmen von den zuständigen Verwaltungsbehörden ohne weitere gerichtliche Anordnung vollstreckt (OLG Frankfurt, NJW 1971, 849).

3. Die Fürsorgeerziehung erfolgt entweder durch *Unterbringung* in einer anderen *Familie* oder in einer *Anstalt*. Nur ausnahmsweise kann die Fürsorgeerziehung in der eigenen Familie unter öffentlicher Aufsicht erfolgen (§ 69 JWG). Das Landesjugendamt, in dessen Händen die Durchführung der Fürsorgeerziehung liegt (JWG § 20), bestimmt den Aufenthalt des Minderjährigen, dessen Grundrechte der persönlichen Freiheit und Freizügigkeit (GG Art. 2, 11) insoweit ausdrücklich eingeschränkt sind.

Die Unterbringung hat das Bekenntnis des Minderjährigen zu berücksichtigen. Dem Erziehungsberechtigten muß der Ort der Unterbringung unverzüglich mitgeteilt werden (JWG § 71 IV), ebenso den Eltern; doch kann das Vormundschaftsgericht auf Antrag des Landesjugendamts Abweichendes anordnen, wenn durch die Mitteilung der Erziehungszweck gefährdet würde.

Die Fürsorgeerziehung ist vor allem ein Eingriff in die tatsächliche Personensorge. Die Vermögenssorge und gesetzliche Vertretung dagegen bleiben im wesentlichen unberührt. Das Maß der Eingriffe in die elterliche Gewalt ist im JWG nicht näher geregelt. Die Eingriffe können nicht weiter gehen, als der Zweck der Fürsorgeerziehung es erfordert. So steht z. B. das Recht der Zustimmung zur Eheschließung (EheG § 3) weiterhin allein den Eltern zu (str., lies Potrykus ZblJR 1968, 100), mag auch die Fürsorgeerziehungsbehörde kraft ihres Aufenthaltsbestimmungsrechts die Eheschließung verhindern können und dürfen. Doch kann die Fürsorgeerziehungsbehörde für ihre Zöglinge Arbeitsverträge abschließen.

4. Die Fürsorgeerziehung endet regelmäßig mit der Volljährigkeit oder mit ihrer Aufhebung (§ 75 JWG).

Die Aufhebung kann wegen Zweckerreichung erfolgen. Sie ist auch widerruflich möglich; die Aussicht auf einen etwaigen Widerruf kann den Zögling möglicherweise günstig beeinflussen. Wenn fachärztlich nachgewiesene geistige oder seelische Regelwidrigkeiten eine anderweitige Hilfe für den Minderjährigen erforderlich machen, darf die Fürsorgeerziehung erst aufgehoben werden, wenn die anderweitigen Hilfsmaßnahmen sichergestellt sind.

Für die Wiederaufhebung der Fürsorgeerziehung bestehen zum Teil einander überschneidende Befugnisse des Vormundschaftsgerichts und der Fürsorgeerziehungsbehörde (§ 75 JWG). Es ist fortlaufend von Amts wegen zu prüfen, ob Anlaß zur Wiederaufhebung besteht. Im übrigen haben Jugendamt, Landesjugendamt, Personensorgeberechtigte, sowie ab Vollendung des 14. Lebensjahres auch der Minderjährige selbst Antragsrechte.

5. Die Durchführung der Fürsorgeerziehung ist unter Strafschutz gestellt (§ 86 JWG).

6. Die Kosten der öffentlichen Jugendhilfe tragen deren Träger nach Landesrecht, soweit nicht dem Minderjährigen selbst und seinen Eltern die Aufbringung der Kosten aus ihrem Einkommen oder Vermögen zuzumuten ist (JWG §§ 81 ff). Zu freiwilliger Erziehungshilfe und Fürsorgeerziehung können diese Personen sofort zu einem Kostenbeitrag herangezogen werden (JWG § 85). Im übrigen kommt ein Rückgriff entsprechend den Vorschriften §§ 90, 91 BSHG in Betracht (JWG § 82). Sind Erziehungshilfen durch schädigende Handlungen Dritter veranlaßt, so gehen nach SGB § 116 X die Regreßansprüche des Geschädigten automatisch auf den Träger der Erziehungshilfe über (vgl. BGH NJW 1984, 2580).

Vormundschaftsrecht

§ 35. Vormundschaft und Behörden

Schrifttum: *Wedermann,* Das deutsche Vormundschaftsrecht, 1929; *Boschan,* Die Vormundschaft, Handbuch für den Vormund, 1956; *Bienwald,* Vormundschafts- und Pflegschaftsrecht in der sozialen Arbeit, 1982.

Vormundschaft ist die unter staatlicher Aufsicht gehandhabte Fürsorge für Person und Vermögen jemandes, der außerstande ist, seine Angelegenheiten selbst zu besorgen.

Die Vormundschaft bietet einen Ersatz insbesondere für fehlende elterliche Fürsorge, sie sorgt aber auch für selbständige Volljährige, die entmündigt sind. Sie hat sich aus der Schutzgewalt der Sippe (Munt) heraus entwickelt und gehört deshalb mit ins Familienrecht, mögen aus ihr, ebenso wie sonst aus familienrechtlichen Rechtsverhältnissen, auch schuldrechtliche Rechtsbeziehungen entspringen.

I. *Geschichte.* Das römische Recht hatte neben der eigentlichen Vormundschaft über Frauen und impuberes, der tutela, noch die cura entwickelt, die ursprünglich nur für Wahnsinnige und Verschwender galt, dann auch zur Verhinderung der Übervorteilung der puberes minores diente, und schließlich auf Gebrechliche und bestimmte Vermögensmassen ausgedehnt wurde. Als Vormund wirkte ursprünglich die agnatische Familie durch ihr Oberhaupt. Erst mit dem Testament kommt der bestellte besondere tutor auf, der alsbald unter obrigkeitliche, insbesondere kaiserliche Aufsicht und Obervormundschaft gestellt wird.

Auch das deutsche Recht kannte neben der allmählich zurücktretenden Geschlechtsvormundschaft die Vormundschaft für Jugendliche ohne väterliche Fürsorge, die ursprünglich in manchen Gegenden schon früh (12. Jahr) endete. Als Vormund wirkt der nächste Schwertmage, doch hat oft die Mutter vor ihm den Vorrang. Die Sippe als ursprüngliche Trägerin der Vormundschaft wird bald auf bloße Oberaufsicht beschränkt. Allmählich geht die Obervormundschaft – seit dem 13. Jahrh. – auf den König und die Städte über. Die Vormundschaft wird staatliche Verwaltungsaufgabe; der Vormund braucht nicht mehr der nächste Verwandte zu sein und kann auch anders bestimmt werden. Reichspolizeiordnungen von 1548 und 1577 regeln bereits das Vormundschaftswesen. Die weitere Regelung erfolgt durch mannigfaltige und vom römischen Recht nicht allzu stark beeinflußte Landesrechte. Von ihnen hat das ALR die staatlichen Aufsichtsbefugnisse stark ausgedehnt, die Vormundschaft fast zur reinen Verwaltungsaufgabe gemacht. Demgegenüber ist die preußische Vormundschaftsordnung von 1875 wieder zu stärkerer Selbständigkeit des Vormunds zurückgekehrt. Auf ihr beruht das BGB.

Neben der Vormundschaft war das Institut der Kuratel entwickelt worden, das sich auf einzelne fürsorgebedürftige Angelegenheiten beschränkte. Das BGB hat dies als Pflegschaft übernommen.

II. Das Vormundschaftsgericht. Das BGB hat die Ausübung der staatlichen Obervormundschaft als Verwaltungsaufgabe den Vormundschaftsgerichten übertragen, welche aber auch über die eigentliche Vormundschaft hinausgehende Aufgaben haben (z. B. Befreiung von Eheverboten, Ersetzung von nach Ehegüterrecht erforderlichen Zustimmungen usw.).

Zuständig in Vormundschaftssachen ist das Gericht am Wohnsitz oder Aufenthalt des Mündels (§ 36 FGG), hilfsweise das Gericht, in dessen Bezirk ein Fürsorgebedürfnis auftritt (FGG §§ 40–42). Das 1. EheRG weist mit Wirkung vom 1. 7. 1977 einen Teil der bisherigen Vormundschaftssachen (Regelung der elterlichen Gewalt in bestimmten Fällen, Verkehrsrecht des nicht sorgeberechtigten Elternteils mit dem Kind, Kindesherausgabe an den anderen Elternteil) den Familiengerichten zu (GVG § 23b n. F.) und ermächtigt die Landesregierungen, den Familiengerichten weitere Vormundschaftssachen zuzuweisen.

Diese Zuweisung wird sich für weitere Fälle der Regelung der elterlichen Sorge als nur für die mit Getrenntleben und Scheidung zusammenhängenden empfehlen, da die Fälle der §§ 1666–1670, 1673 ff. häufig mit grundsätzlich dem Familiengericht zugewiesenen Fällen zusammenhängen. Es könnte z. B. als mißlich empfunden werden, daß nach § 1671 V zwar die Anordnung einer Vormundschaft dem Familiengericht, dagegen die Auswahl des Vormunds dem Vormundschaftsgericht zusteht (BGH FamRZ 1981, 1048).

Soweit die Familiengerichte bisherige Vormundschaftssachen zu regeln haben, entscheiden sie nach FGG (ZPO § 621 a n. F.).

1. Art. 147 EGBGB hat an Stelle der Vormundschaftsgerichte die Betrauung anderer Behörden mit den vormundschaftlichen Aufgaben nach Landesrecht zugelassen: z. B. die Bezirksnotariate in Württemberg. Die Beseitigung dieser Besonderheiten war durch VO vom 10. 6. 1936 vorgesehen, ist aber noch nicht durchgeführt. In der DDR sind durch VO vom 15. 10. 1952 die Vormundschaftssachen auf die Räte der Kreise übertragen.

2. Beim Vormundschaftsgericht wird grundsätzlich der Rechtspfleger tätig; doch sind in ausführlicher Aufzählung alle wichtigeren Maßnahmen dem Richter vorbehalten (§§ 3, 14 Rechtspflegergesetz vom 5. 11. 1969).

3. Das Vormundschaftsgericht ist grundsätzlich *Aufsichts- und Entscheidungsorgan;* nur ausnahmsweise hat es selbst den *Mündel* zu vertreten und in Ermangelung eines Vormundes oder bei seiner Verhinderung selbst die notwendigen Maßnahmen zu treffen (§§ 1844, 1846, 1897, 1915; vgl. auch § 1693). Seine Entscheidungen sind überwiegend verwaltend, häufig aber auch streitentscheidend (z. B. § 1797). Auch die Streitentscheidungen sind nicht immer rechtsfeststellend, sondern häufig rechtsgestaltend. Wie in der ganzen freiwilligen Gerichtsbarkeit ist die Tätigkeit auch hier mehr die einer Verwaltungsbehörde als die eines Gerichts.

4. Das Vormundschaftsgericht wird *von Amts wegen* tätig (§ 1774). Damit es vom Erfordernis des Eingreifens Kenntnis erhält, bestehen zahlreiche Pflichten, es entsprechend zu unterrichten: so insbesondere für den Standesbeamten (§ 48 FGG), das Jugendamt (§ 47 JWG) und das Prozeßgericht (§ 50 FGG). Vormund, Gegenvormund und deren Erben sind zur Anzeige des Todes von Vormund oder Gegenvormund verpflichtet (§§ 1894, 1895). Der Gegenvormund hat dem Vormundschaftsgericht Pflichtwidrigkeiten des Vormunds anzuzeigen (§§ 1799, 1850).

Das Erfordernis einer Pflegschaft haben der elterliche Sorgeberechtigte und der Vormund anzuzeigen (§ 1909 II).

5. Die *Entscheidungen* des Vormundschaftsgerichts unterstehen den allgemeinen Regeln des FGG, die insbes. bei unstreitigen Verfahren denen über Verwaltungsakte nahestehen. Sie können schlechthin nichtig sein; so z. B. bei Entscheidungen, die das Vormundschaftsgericht wesensgemäß gar nicht treffen kann, wie Bestellung eines Vormundes für einen Verein oder einen Toten, oder die Bestellung einer Person zum Vormund, die zu diesem Amte unfähig ist (§ 1780).

Ist die Bestellung eines Vormundes nichtig, etwa weil ein Untauglicher zum Vormund bestellt wurde, so will der BGH (FamRZ 56, 378) Dritte in ihrem Vertrauen auf die Wirksamkeit der Bestellung analog § 32 FGG schützen. Das ist nicht unbedenklich, weil der Schutz Dritter im Einzelfall dem Mündel nachteilig sein kann. Noch weniger wird man den guten Glauben daran schützen können, daß das Jugendamt dort Amtsvormund geworden sei, wo es diese Stellung nicht kraft Gesetzes erwirbt wie bei Ausländern (str.).

Dagegen ist die Bestellung eines Vormundes für jemand, der keines Vormundes bedarf, wirksam (str. wegen § 1882); es liegt darin auch keine vorläufige Vormundschaft und damit beschränkte Entmündigung (§§ 1906, 114). Vielmehr können Vormund und „Mündel" nebeneinander wirksam handeln, wie wenn ein voll Geschäftsfähiger einem Dritten Vollmacht erteilt. Ebenso ist auch die Bestellung eines Pflegers selbst dann wirksam, wenn nicht alle Voraussetzungen einer Pflegschaft vorlagen (BGHZ 33, 201); sie ist aber aufhebbar (BGHZ 41, 303); die zwischenzeitlich vom Pfleger vorgenommenen Akte bleiben gültig. Wird für eine bereits bevormundete Person abermals ein Vormund bestellt, so entsteht ebenso wie beim Vormund für denjenigen, der keines Vormundes bedarf, doppelte Handlungszuständigkeit. Die h. L. nimmt irrig Mitvormundschaft (§ 1797) an, obwohl die (irrige) mehrmalige Bestellung von Einzelvormündern eben nur Einzelvormünder nebeneinander bestellt und nicht Vormünder, von denen jeder an die Mitwirkung des anderen gebunden ist.

Nichtig sind dagegen vormundschaftsgerichtliche Entscheidungen oder Verfügungen, die von einem sachlich unzuständigen Gericht (z. B. einem Arbeitsgericht) ausgehen; ebenso Entscheidungen, die der Rechtspfleger statt des Richters trifft (§ 8 IV RpflG). Vgl. zum Ganzen: *Habscheid*, Fehlerhafte Entscheidungen in der freiwilligen Gerichtsbarkeit, NJW 1966, 1787.

Die Entscheidungen des Vormundschaftsgerichts unterliegen teils der einfachen (§ 57 FGG), teils der sofortigen *Beschwerde* (§ 60 FGG).

6. Das Vormundschaftsgericht hört in einem Verfahren, das die Personen- oder Vermögenssorge für ein Kind betrifft, die Eltern (näheres FGG § 50a), das Kind (näheres FGG § 50b), gegebenenfalls auch eine Pflegeperson (FGG § 50c) an und soll vor allen von ihm zu treffenden wichtigeren Entscheidungen das Jugendamt und tunlichst Verwandte und Verschwägerte des Mündels anhören (§§ 1847, 1779). Es hat alle Ermittlungen anzustellen, die nach seinem pflichtmäßigen Ermessen erforderlich sind (§ 12 FGG). Die Anhörung des Jugendamtes ist in bestimmten Fällen zwingend (vgl. § 48a JWG); ohne sie dürfen nur bei Gefahr im Verzug einstweilige Anordnungen getroffen werden.

7. Verletzen der Vormundschaftsrichter oder Rechtspfleger ihre Amtspflichten, so machen sie sich damit gegenüber dem Mündel nach § 839

schadensersatzpflichtig (vgl. auch GG Art. 34). Dabei soll die Ersatzpflicht durch mitwirkendes Verschulden des Vormundes oder Pflegers gemindert werden können, soweit der Mündel für den Vormund namentlich hinsichtlich einer Schadensabwendungspflicht einzutreten hat (§§ 254 II, 278). Das gilt aber nicht bei Unterschlagungen des Vormundes, die durch mangelnde Aufsicht des Vormundschaftsgerichts gefördert sind, da hier keine dem Mündel zurechenbare Möglichkeit der Schadensabwendung besteht (BGHZ 33, 138 mit problematischer Begründung; bestätigt in BGHZ 68, 151); man sollte auch sonst nicht dem Mündel die Fehler des Vormunds im Verhältnis zum Aufsichtsorgan zurechnen. Im übrigen hat der wirksam in Anspruch genommene Fiskus gegen den Vormund einen Regreß nach § 841.

III. Der in §§ 1858–1881 als erweitertes Vormundschaftsgericht ausgestaltete *Familienrat* ist mit Wirkung vom 1. 1. 1980 an beseitigt.

IV. Die **Jugendämter** sind Jugendwohlfahrtsbehörden und durch das Reichsgesetz für Jugendwohlfahrt vom 9. 7. 1922 errichtet worden.

Schrifttum: Vgl. zu § 34. Ferner: *Zarbock,* Die Bedeutung der Amtsvormundschaft nach den Reformen im Familien- und Kindschaftsrecht, in „Praxis des neuen Familienrechts" 1978, 15; *Bienwald,* Zur Auswahl von Vormündern und Pflegern durch das Jugendamt, ZblJR 1980, 497.

Sie werden nach Maßgabe des Landesrechts (zufolge BVerfGE 22, 210) regelmäßig für jede Stadt bzw. jeden Landkreis errichtet. Über ihnen stehen – nach Maßgabe der landesrechtlichen Ausführungsgesetze – die Landesjugendämter und die obersten Landesbehörden (JWG §§ 19–23); zur Beratung der Bundesregierung in grundsätzlichen Fragen der Jugendhilfe ist ein Bundesjugendkuratorium eingerichtet (JWG § 26). Das Jugendamt besteht aus dem Jugendwohlfahrtsausschuß als beratendem und beschließendem Organ sowie der Verwaltung des Jugendamtes. Von letzterer können freie Vereinigungen der Jugendwohlfahrt, Jugendverbände oder einzelne in der Jugendpflege erfahrene Männer und Frauen aus allen Volkskreisen zur Mitarbeit herangezogen werden (JWG § 18). Hauptamtlich sollen nur entsprechend vorgebildete Personen angestellt werden (JWG § 16).

Die Zuständigkeit der Jugendämter auf dem Gebiet der Jugendwohlfahrtspflege ist grundsätzlich eine generelle, soweit nicht die Zuständigkeit anderer Behörden oder der Schulen in Betracht kommt (JWG § 2 II). Sie geht von der Beratung in Erziehungsfragen, Aufsicht über die Arbeit von Jugendlichen, Unterstützung vorbeugender Maßnahmen der Polizeibehörden, Jugendgerichtshilfe bis zu Freizeithilfe, politischer Bildung und internationaler Begegnung! Die elterliche Erziehung soll überwacht, ergänzt und notfalls ersetzt werden. Es handelt sich um eine fürsorgende Verwaltungstätigkeit des Staates. Das Jugendwohlfahrtsrecht ist demnach in erster Linie *Verwaltungsrecht,* aber eng mit dem Privatrecht verflochten. So sehr aber das Gesetz die behördliche Tätigkeit eingehend regelt, kommt nach der Regelung der Novelle von 1961 den Behörden doch nur eine subsidiäre Stellung zu; die freie Jugendhilfe einschließlich der konfessionellen Verbände und Kirchen soll den Vorrang vor dem Jugendamt haben, ja von den Jugendbehörden unterstützt werden (JWG §§ 5ff.). Die Ersetzung des JWG durch ein „Jugendhilfegesetz" war vorgesehen (Referentenentwurf 3. Aufl. 1978; Reg-Entw. BR-Drucks. 8/517 mit BT-Drucks. 8/2571; dazu *Happe,* ZRP 1979, 110; Schlipphak ZblJR 1980, 468).

Für das Familienrecht kommen insbes. folgende Aufgaben der Jugendämter in Betracht:

1. Sie haben geeignete Personen als Vormund, Beistand, Pfleger vorzuschlagen (§ 1849, JWG § 47), alleinstehende Elternteile sowie Eltern, die ein Kind zur Adoption weggeben wollen, zu beraten (§§ 51ff. JWG), Vormünder zu überwachen, dem Vormundschaftsgericht von dem Ergehen der Mündel, von Gefährdung des Mündelvermögens und von Pflichtwidrigkeiten der Vormünder Mitteilung zu machen (§ 1850). Umgekehrt erhalten sie vom Vormundschaftsgericht Nachricht über alle angeordneten Vormundschaften (§ 1851; JWG § 47b).

2. Die Jugendämter haben sich vor Entscheidungen des Vormundschaftsgerichts zur Sache zu äußern und das *Vormundschaftsgericht* bei allen Maßnahmen zu *unterstützen* (§§ 48ff. JWG), insbes. Erziehungsmaßnahmen (§ 1631 Abs. 3) durchzuführen und bei Regelung des Verkehrs eines Kindes mit einem nicht sorgeberechtigten Elternteil §§ 1634, 1711 II) mitzuwirken. In den einschlägigen Verfahren nach FGG können die Jugendämter Beschwerde nicht nur einlegen, wenn sie selbst Antragsteller waren (FGG § 20), sondern stets auch im Interesse des Kindeswohls (FGG § 57 I Nr. 9; vgl. KG FamRZ 1982, 955).

3. Die Jugendämter können selbst *Vormund* oder Pfleger sein. Die Jugendämter sind *kraft Gesetzes* Pfleger oder Vormund für alle Nichtehelichen ihres Bezirkes (§§ 1709, 1791c); sie müssen die Ausübung der Vormundschaft oder Pflegschaft durch Einzelverfügung des Leiters des Jugendamtes einzelnen Beamten oder Angestellten übertragen (§ 37 JWG). Nur die so bestellten Amtsträger haben alle die einzelnen Mündel betreffenden Entscheidungen zu treffen, und nur sie können die Mündel wirksam vertreten; Vertretungsakte anderer (z. B. des Leiters der Verwaltung des Jugendamtes) bedeuten Vertretung ohne Vertretungsmacht. Die Jugendämter können sich auch durch einen vom Vormundschaftsgericht bestellten Einzelvormund ablösen lassen (§ 1887); sie sollen dies aber nur tun, wenn das dem Wohl des Mündels förderlich erscheint; der Einzelvormund ist keineswegs grundsätzlich dem Jugendamt vorzuziehen (teilw. abweichend BayObLG, NJW 1961, 1117); auch bedarf seine persönliche Eignung besonders sorgfältiger Prüfung. Im übrigen können Jugendämter fallweise zum Vormund, Gegenvormund oder Pfleger bestellt werden (JWG §§ 45, 54a), wenn kein geeigneter Einzelvormund verfügbar ist (sog. bestellte Amtsvormundschaft).

4. Den Jugendämtern obliegt die Aufsicht über Heime (JWG §§ 78ff.) und der Schutz der **Pflegekinder** (§§ 27ff. JWG), d. i. der Kinder unter 16 Jahren, die sich dauernd oder regelmäßig für einen Teil des Tages in fremder Pflege befinden.

Die Aufnahme von Pflegekindern bedarf einer Konzession des Jugendamtes (§ 28 JWG). Die Erteilung der Konzession steht im pflichtmäßigen Ermessen des Jugendamtes; es besteht kein Anspruch auf die Erlaubnis, wenn das Wohl des Pflegekindes gewährleistet ist (anders OVG Berlin,

NJW 1961, 893); denn das Jugendamt muß die Freiheit haben, unter mehreren geeigneten Stellen die zweckmäßigste auszuwählen. Von der Konzessionspflicht ist befreit, wer bis zum 3. Grad verwandte oder verschwägerte eheliche Kinder unentgeltlich und nicht gewohnheitsmäßig aufnimmt, oder wer Kinder anläßlich ihres auswärtigen Schulbesuchs für einen Teil des Tages aufnimmt, oder wer solche Kinder dauernd aufnimmt und dafür unter Aufsicht der Schule steht, wer Minderjährige unentgeltlich für weniger als 6 Wochen in Pflege nimmt, Arbeitgeber und Lehrherren bei behördlicher Überwachung der Pflegestelle (§ 27 JWG), oder wem ein Kind von einer Behörde in Pflege gegeben wird.

Pflegekinder unterstehen der Aufsicht des Jugendamtes (§ 31 JWG), welches Pflegekinder wegnehmen und anderweitig unterbringen kann (§ 33 JWG). Pflegeeltern haben dem Jugendamt bestimmte Mitteilungen zu machen (§ 32 JWG). Verstöße gegen die Vorschriften des JWG sind als Ordnungswidrigkeit strafbar (§ 88 JWG).

Der Pflegekindervertrag ist der Vertrag zwischen dem Erziehungsberechtigten und den Pflegeeltern über die Pflege und Erziehung des Kindes; er hat weder im BGB noch im JWG eine Regelung gefunden. Er unterliegt allgemeinen schuldrechtlichen Regeln des BGB und ist ein gemischter Vertrag, der neben schuldrechtlichen Elementen des Werkvertrages, Dienstvertrages und der Miete als familienrechtlichen Bestandteil die jederzeit widerrufliche Übertragung der *Ausübung* der Personensorge enthält. Geben die Eltern das Kind für längere Zeit in Familienpflege, so kann auf ihren Antrag das Vormundschaftsgericht Angelegenheiten der elterlichen Sorge (nicht die gesamte Sorge!) auf die Pflegeperson übertragen, womit die Pflegeperson formell die Rechte und Pflichten eines Pflegers (§ 1915) erhält und die Eltern insoweit von ihrer Verantwortung entlastet werden (§ 1630). Lebt ein Kind länger in Familienpflege und wollen die Eltern das Kind von der Pflegeperson wegnehmen, so kann das Vormundschaftsgericht unter den Voraussetzungen des § 1666 anordnen, daß das Kind bei der Pflegeperson verbleibt (§ 1632 IV). Zum Vormund können Pflegeeltern nur bestellt werden, wenn Anlaß zur Anordnung einer Vormundschaft besteht oder Vormundschaft kraft Gesetzes eingetreten ist. Für einen weiteren Ausbau und eine eingehendere rechtliche Absicherung der Stellung von Pflegekindern hat sich der 54. Deutsche Juristentag 1982 ausgesprochen (Abdruck der Beschlüsse FamRZ 1982, 1177).

Schrifttum: *Zimmermann,* Grundsätzliches zum Dauerpflegevertrag, ZblJR Bd. 41 (1954) S. 288, 319ff.; *Erna Corte,* Das Pflegekinderwesen, Handbuch für den Vormund 2. Aufl. 1956 Heft 5; *Schwab-Zenz,* Soll die Rechtsstellung der Pflegekinder unter besonderer Berücksichtigung des Familien-, Sozial- und Jugendrechts neu geregelt werden? Gutachten zum 54. Dt. Juristentag 1982; *Holzhauer,* Die Neuregelung des Pflegekindverhältnisses, ZRP 1982, 222; Vorschläge der AGJ zur gesetzlichen Neuregelung des Pflegekinderwesens im BGB, AGJ-Mitteilungen 1979, 61ff.; *Baer,* Die neuen Regelungen des Rechts der elterlichen Sorge für das „Dauerpflegekind", FamRZ

1982, 221 ff.; *Simon,* Soll die Rechtsstellung der Pflegekinder unter besonderer Berücksichtigung des Familien-, Sozial- und Jugendrechts neu geregelt werden? NJW 1982, 1673; *Gleißl-Suttner,* Zur Rechtsstellung der Pflegeeltern nach neuem Recht, FamRZ 1982, 122; *Wiesner,* Pflegeeltern und Steuerfiskus, DAV 1982, 850.

5. Die Jugendämter haben weitreichende Funktionen bei der Anordnung, Ausführung und Wiederaufhebung von Erziehungsbeistandschaft, freiwilliger Erziehungshilfe und Fürsorgeerziehung (vgl. oben § 34).

§ 36. Anordnung und Ende der Vormundschaft

1. Beginn der Vormundschaft

Voraussetzung der Vormundschaft ist ein *Bedürfnis* dafür. Dieses liegt bei Volljährigen vor, wenn sie entmündigt sind, bei Minderjährigen, wenn sie nicht unter elterlicher Sorge stehen oder keiner von beiden Eltern zu ihrer Vertretung befugt ist (§ 1773).

Hier sind verschiedene Fälle möglich:

a) Die Eltern eines ehelichen Kindes sind beide tot, für tot erklärt, oder die elterliche Sorge ist ihnen entzogen (§ 1666). Oder die elterliche Sorge des Vaters ruht und die Mutter ist tot oder es ist ihr die elterliche Sorge entzogen. Oder die elterliche Sorge des Vaters ist bei fortbestehender Ehe entzogen und es ist mit dem Kindeswohl nicht vereinbar, daß die Muter die elterliche Sorge ausübt, weil sie zu sehr unter dem Einfluß des Vaters steht (§ 1680). Oder die Mutter verliert nach Tod des Vaters die elterliche Sorge. Oder bei Scheidung, Aufhebung oder Nichtigerklärung der Ehe erweist sich keiner der Ehegatten als zur Ausübung der elterlichen Sorgerechte hinreichend geeignet (§ 1671 V).

b) Nichteheliche Kinder minderjähriger Mütter (§§ 1705, 1673 II) und Findelkinder (§ 1773 II).

Bei nichtehelichen Kindern einer minderjährigen oder sonst nicht voll geschäftsfähigen Mutter tritt die Vormundschaft des Jugendamts kraft Gesetzes mit der Geburt oder der rechtskräftigen Feststellung der Nichtehelichkeit von selbst ein (§ 1791 c); die Amtsvormundschaft tritt ferner automatisch ein, wenn das Jugendamt bisher Pfleger eines nichtehelichen Kindes war und dieses nunmehr (etwa wegen Todes der Mutter) eines Vormundes bedarf (§ 1791 c II); endlich tritt Amtsvormundschaft kraft Gesetzes ein, wenn die Eltern der Adoption ihres Kindes zugestimmt haben (§ 1751), die Adoption aber noch nicht verfügt worden ist. In den übrigen Fällen muß die Vormundschaft vom Gericht angeordnet werden (§ 1774), und zwar ausdrücklich (OGH, NJW 49, 64). Doch kann auch schon vor der Geburt eines Kindes (auch eines nichtehelichen) ein Vormund bestellt werden; seine Bestellung wird dann unmittelbar mit der Geburt wirksam. Für den nasciturus sorgt der Pfleger nach § 1912.

II. Ende der Vormundschaft

1. Die Vormundschaft endet *kraft Gesetzes* von selbst mit dem Fortfall ihrer Voraussetzungen (§ 1882), also:

a) bei Volljährigen mit Aufhebung der Entmündigung, mit Tod, Todeserklärung oder Feststellung der Todeszeit (§ 1884 II);

b) bei Minderjährigen mit Volljährigkeit, Tod, Todeserklärung oder Feststellung der Todeszeit (§ 1884 II) des Mündels; ferner mit Eintritt einer elterlichen Sorge, sei es, daß die noch minderjährige Mutter sie erstmals voll erlangt (vgl. insbes. §§ 1705, 1673 II) wenn sie volljährig wird, sei es daß die Eltern diese wiedererlangen (§§ 1674, 1681, 1696), daß der Familienstand des Findelkindes ermittelt wird oder daß der Mündel adoptiert oder legitimiert wird.

Wird der Mündel durch nachfolgende Ehe legitimiert, so bedarf es allerdings noch der Prüfung, ob die Legitimationswirkungen wirklich eingetreten sind (§§ 1600a, 1719). Daher endigt die Vormundschaft hier nur, wenn das Vormundschaftsgericht die Vormundschaft aufhebt (§ 1883).

2. Die Vormundschaft endet mit ihrer Aufhebung durch das Gericht. Das Gericht kann die Vormundschaft aufheben, wenn der Mündel verschollen (§ 1884) ist; eine förmliche Todeserkärung ist dazu nicht erforderlich; es hat aber die Vormundschaft aufzuheben, sobald es von der Legitimation erfährt (§ 1883).

III. Bestellung des Vormundes

Neben der Anordnung der Vormundschaft bedarf es – soweit nicht gesetzliche Amtsvormundschaft eintritt – auch noch der *Bestellung des Vormundes;* beides erfolgt freilich meist in einer einheitlichen Verfügung des Vormundschaftsgerichts. Bei der Auswahl des Vormundes ist das Gericht nicht frei, sondern durch eine ganze Anzahl gesetzlicher Regeln gebunden.

1. *Unfähig* zum Vormund ist, wer geschäftsunfähig oder kraft endgültiger Entmündigung beschränkt geschäftsfähig ist (§ 1780); eine trotzdem erfolgende Bestellung zum Vormund ist nichtig.

2. *Untauglich* zum Vormund sind: Minderjährige, Gemeinschuldner während des Konkursverfahrens, Personen, die unter vorläufige Vormundschaft gestellt sind oder einen Vermögenspfleger erhalten haben (§§ 1781, 1906, 1910), ferner Beamte oder Religionsdiener, denen die (nur aus wichtigem Grund versagbare) Erlaubnis ihrer vorgesetzten Dienststelle fehlt (§ 1784; § 65 BBG).

Zur Vormundschaft über einen bestimmten Mündel ist untauglich, wer durch Anordnung des Vaters oder der Mutter von der Vormundschaft durch letztwillige Verfügung wirksam ausgeschlossen ist (§ 1782). Bei einander widersprechenden Anordnungen der Eltern gilt die Anordnung des zuletzt verstorbenen Elternteils.

Die gleichwohl erfolgte Bestellung zum Vormund ist in allen diesen Fällen wirksam, kann aber jederzeit widerrufen werden.

Weitere Beschränkungen bestehen nicht. Insbesondere können auch Frauen zum Vormund bestellt werden; § 1783 ist aufgehoben.

3. Unter den Personen, die hiernach zum Vormund tauglich sind, sollen bestimmte Personen vor anderen den *Vorrang* haben; sie sind in bestimmter Rangfolge zum Vormund „*berufen*". Sie haben demnach ein Recht auf Bestellung zum Vormund; bei Übergehung steht ihnen die sofortige Beschwerde zu (§ 60 FGG).

In der Rangfolge geht die gewillkürte Einsetzung eines Vormundes den nächsten Familienangehörigen vor! Zum Vormund ist nur berufen, wen der Vater oder die Mutter – sofern ihnen zur Zeit des Todes die Vertretung des Kindes zustand – durch letztwillige Verfügung eingesetzt haben (§§ 1776, 1777). Wenn Vater und Mutter verschiedene Personen benannt haben, so geht die Benennung durch den zuletzt verstorbenen Elternteil vor. Die früher zum Vormund berufenen Großväter (seit 1. 4. 1953 Großeltern) väterlicherseits und mütterlicherseits schieden mit 1. 7. 1958 aus dem Kreis der Berufenen aus. Das Recht, jemanden ohne Benennung eines anderen Vormundes von der Vormundschaft auszuschließen, steht Eltern nicht zu. Der von den Eltern Ausgeschlossene *soll* lediglich nicht bestellt werden.

Übergehung der Berufenen ist zulässig nur bei deren Unfähigkeit oder Untauglichkeit nach §§ 1780–1784, bei Verhinderung an der Übernahme oder Verzögerung der Übernahme, aber auch bei Gefährdung der Interessen des Mündels (§ 1778), nicht aber schon, wenn der berufene Vormund ein anderes religiöses Bekenntnis (§ 1779 II) als der Mündel hat (JFG 18, 325). Endlich kann ein Berufener übergangen werden, wenn der schon vierzehnjährige und nicht geschäftsunfähige Mündel der Bestellung widerspricht. Verwandte und Verschwägerte sind vorher zu hören (§ 1779 III), Eltern und Mündel ebenso (FGG § 50b IV).

Vor den zum Vormund Berufenen *darf* aber für einen minderjährigen Ehegatten der andere Ehegatte (§ 1778 III), für jeden Minderjährigen das Jugendamt (§ 41 JWG) zum Vormund bestellt werden.

4. Ist kein berufener Vormund vorhanden, so hat das Vormundschaftsgericht nach Anhörung des Jugendamtes nach pflichtgemäßem Ermessen einen geeigneten *Vormund auszusuchen* (§ 1779). Dabei sind schon wegen GG Art. 6 in erster Linie Verwandte oder Verschwägerte des Mündels zu berücksichtigen; sodann ist auf das religiöse Bekenntnis des Mündels zu achten; doch ist die Bestellung eines konfessionsfremden Vormundes wirksam; Art. 3 III GG steht dieser Regelung nicht entgegen.

Ist kein geeigneter Einzelvormund vorhanden, so darf auch ein vom Landesjugendamt für geeignet erklärter rechtsfähiger Verein mit seiner Einwilligung zum Vormund bestellt werden (sogen. Vereinsvormundschaft); die Bestellung ist auch zulässig, wenn die Eltern den Verein als Vormund benannt haben. Die Führung der Vormundschaft erfolgt durch einzelne Mitglieder des Vereins. Doch sind Personen, die den Mündel als Erzieher in einem Heim des Vereins betreuen, von der Ausübung der Vormundschaft ausgeschlossen, damit eine Überwachung durch eine weitere Person gewährleistet ist (§ 1791 a).

Wenn ein geeigneter Einzelvormund nicht vorhanden ist, kann stets auch das Jugendamt zum Vormund bestellt werden (sogen. bestellte Amtsvormundschaft); doch kann es von den Eltern weder benannt noch ausgeschlossen werden; es ist zwingend Reservevormund (§ 1791 b).

Ist der Mündel nichtehelich, so steht es im Ermessen des Vormundschaftsgerichts, ob sein Vater, dessen Verwandte und deren Ehegatten berücksichtigt werden sollen (§ 1779 II 3); wegen der geringeren Bindung zum Mündel haben diese Personen kein Recht auf Bestellung zum Vormund. Wenn das Gericht sie nach seinem Ermessen übergehen kann, wird es infolgedessen auch statt ihrer das Jugendamt bestellen können.

Werden Verwandte oder Verschwägerte bei der Auswahl des Vormundes übergangen, so haben sie kein selbständiges Beschwerderecht, weil sie keinen Anspruch auf Bestellung zum Vormund haben. Sie können aber so wie jeder, der ein Interesse am Wohlergehen des Mündels hat, Beschwerde einlegen (FGG § 57 Ziff. 9; JFG 14, 42).

5. Wer zum Vormund berufen ist, braucht das Amt nicht zu übernehmen. Wer aber vom Vormundschaftsgericht ausgewählt wurde, ist (mit Ausnahme eines Vereins) *verpflichtet,* das Amt des Vormundes zu übernehmen (§ 1785), selbst wenn ihn dies in persönliche Konflikte führt.

Dabei kann das Vormundschaftsgericht auch einen Berufenen, der ausgeschlagen hatte, als Vormund auswählen, so daß der Berufene auf diesem Wege zur Annahme des Amtes verpflichtet wird.

a) Die Verpflichtung ist selbstverständlich ausgeschlossen, wenn der Ausgewählte zum Vormund unfähig oder untauglich ist. Bei Bestellung Beschwerdemöglichkeit (§ 60 FGG).

b) Die Vormundschaft kann aber vor Bestellung zum Vormund *abgelehnt* werden (einredeähnliches Gegenrecht; § 1786):

von einer Frau (trotz GG Art. 3 nicht einem Mann; KG JW 1969, 432) mit zwei schulpflichtigen Kindern oder bei sonstiger Erschwerung der Vormundschaftsführung durch Fürsorge für ihre Familie; sonst von jedermann bei mehr als vier minderjährigen ehelichen Kindern (Ziff. 1 u. 3);

wegen Alters (60 Jahre), Krankheit oder Gebrechen (Ziff. 2 u. 4);

wegen zu großer Beschwernis bei Inanspruchnahme durch Fürsorge für die Familie (Ziff 1), entferntem Wohnsitz (Ziff. 5), Bestellung neben einem anderen Vormund oder Führung von mehr als einer Vormundschaft oder Pflegschaft (Ziff. 7 u. 8);

wegen des entgegengebrachten Mißtrauens, wenn ein Verlangen nach Sicherheitsleistung (§ 1844) gestellt wird (Ziff. 6).

Wer sich unbegründet weigert, die Vormundschaft zu übernehmen, kann – auch wenn die Entscheidung über seine Weigerung noch nicht rechtskräftig ist – durch Zwangsgeld zur Übernahme des Amtes angehalten werden; außerdem haftet er auf Schadensersatz (§§ 1787, 1788).

Zwangsgeld kann – nach Androhung (§ 33 FGG) – in wöchentlichen Abständen dreimal bis zu 1000 DM verhängt werden. Weiterer Zwang ist nicht zulässig. Ein gezwungener Vormund würde meist kein guter Vormund sein.

6. Grundsätzlich wird für jeden Mündel ein Vormund bestellt. Für mehrere Geschwister soll aber im Regelfall ein *gemeinsamer* Vormund bestellt werden (§ 1775).

Davon kann aber abgewichen werden; so z. B. bei verschiedener Religionszugehörigkeit der Mündel, bei sehr schwieriger Vermögensverwaltung, insbesondere bei gegensätzlichen Vermögensinteressen der Geschwister. Bei gelegentlichen Interessenkollisionen genügt die fallweise Bestellung von Pflegern nach § 1909 (z. B. für die Erbauseinandersetzung).

7. Es können auch für einen Mündel *mehrere* Vormünder bestellt werden.

a) Diese Vormünder können als *Mitvormünder* gleichen Rang haben. Sie führen dann die Vormundschaft gemeinsam oder jeder für das ihm zugewiesene Aufgabengebiet; Meinungsverschiedenheiten entscheidet das Vormundschaftsgericht (§ 1797).

Neben einem Vormund, der kraft Gesetzes zur Vormundschaft berufen ist, darf ein Mitvormund nur mit dessen Zustimmung bestellt werden (§ 1778 IV). Im übrigen kann bei Vollwaisen die Mitvormundschaft eines Ehepaares sachgerecht sein (vgl. *Reinhart*, FamRZ 1981, 7).

b) Dem Vormund kann auch ein *Gegenvormund* bestellt werden; bei jeder größeren Vermögensverwaltung soll er bestellt werden (§ 1792); doch können vertretungsberechtigte Eltern einen Gegenvormund letztwillig ausschließen (*befreite Vormundschaft;* §§ 1852, 1855, 1856).

Neben einem Amtsvormund wird kein Gegenvormund bestellt, wohl aber neben dem Vereinsvormund.

Auf die Auswahl und Bestellung des Gegenvormundes finden die allgemeinen Grundsätze über die Auswahl von Vormündern Anwendung; auch das Jugendamt kann Gegenvormund sein.

Der Gegenvormund hat die allgemeine Pflicht, die Interessen des Mündels zu wahren (BGH NJW 56, 789) und fungiert als Kontrollorgan gegenüber dem Vormund (§§ 1792, 1799, 1802, 1854 III). Zu mancherlei Geschäften des Vormundes ist die Genehmigung des Gegenvormundes nötig (§§ 1809, 1812, 1813); das Vormundschaftsgericht soll vor Erteilung vormundschaftsgerichtlicher Genehmigungen den Gegenvormund hören (§ 1826); der Gegenvormund hat die Rechnung des Vormundes zu prüfen (§§ 1842, 1891).

8. Der berufene oder ausgewählte Vormund (auch Mitvormund und Gegenvormund) wird vom Vormundschaftsgericht durch der Mitwirkung des Vormundes bedürftigen Akt zum Vormund bestellt (§ 1789).

Die Bestellung untersteht insoweit gleichen Regeln wie Verwaltungsakte. Es versteht sich daher von selbst, daß auch ein Vorbehalt des Widerrufs möglich ist (§ 1790), insbesondere für den Fall, daß der zum Vormund Berufene zeitweilig an der Übernahme des Amtes verhindert ist (§ 1778), die Bestellung deshalb nur eine vorläufige sein soll.

Bestandteil der Bestellung ist die Verpflichtung des Vormundes. Aber auch wenn sie fehlt, ist die Bestellung wirksam. Die Verpflichtung soll mittels Handschlag an Eides Statt erfolgen (§ 1789); beim Jugendamt genügt schriftliche Verfügung (§ 1791 b II).

Aus Rechtssicherheitsgründen muß die Bestellung unbedingt sein; Befristung dürfte dagegen zulässig sein. Ob eine Verpflichtung für alle künftig noch zu übernehmenden Vormundschaften zulässig ist, wird unterschiedlich beurteilt (vgl. Damrau RPfleger 1984, 48 gegen Goerke Rpfleger 1982, 169).

9. Der Vormund erhält als Ausweis eine *Bestallung*. Diese ist aber nur deklaratorisch und genießt keinerlei besonderen Glauben wie etwa der Erbschein (Näheres § 1791). Ebensowenig genießt öffentlichen Glauben die dem Jugendamt gegebene schriftliche Verfügung (§ 1791 b II) oder die Bescheinigung über den Eintritt der Amtsvormundschaft (§ 1791 c III; § 1751 I 4).

IV. Beendigung der Vormundstätigkeit

Das Amt des Vormundes endet mit Ende der Vormundschaft überhaupt, mit Tod des Vormundes, seiner Todeserklärung, seiner Entmündigung oder mit Eintritt seiner Geschäftsunfähigkeit (§§ 1885, 1780), vor allem aber mit seiner Entlassung, die ebenso wie die Bestellung ein Verwaltungsakt des Vormundschaftsgerichts ist und nur nach Anhörung des Vormunds erfolgen soll.

Entlassungsgründe sind: Untauglichkeit des Vormundes (§§ 1886, 1888), gleichgültig, ob sie schon bei der Bestellung vorlag und nur übersehen wurde oder ob sie nachträglich eintrat;

Bestellung ohne Rücksicht auf Verwandte (§ 1779 II; KG JFG 18, 325);

Gefährdung der Mündelinteressen, auch wenn sie eine rein objektive ist (Unfähigkeit des Vormunds) und den Vormund kein Verschulden trifft, stets aber pflichtwidriges Verhalten des Vormunds (§ 1886);

Antrag des Vormunds bei Vorliegen eines wichtigen Grundes, insbesondere nachträgliches Bekanntwerden oder Eintritt eines Grundes zur Ablehnung der Vormundschaft (§ 1889; vgl. §§ 626, 671);

Eintritt des Falles, für den die Entlassung ausdrücklich vorbehalten war (§ 1790):

Verlangen eines zum Vormund Berufenen nach Bestellung zum Vormund (§ 1778 II).

Diese Grundsätze über die Beendigung des Amtes des Vormundes gelten nicht ohne weiteres für die Amtsvormundschaft und Vereinsvormundschaft. Jugendamt oder Verein können nicht wegen Pflichtwidrigkeit oder Untauglichkeit nach § 1886 entlassen werden, wohl aber wenn es im Mündelinteresse erforderlich ist (§ 1887); der Verein auch, wenn ihm die Anerkennung durch das Landesjugendamt entzogen wird; dann wird er zum Vormund untauglich. Der Verein muß auf Antrag aus wichtigem Grund entlassen werden; das Jugendamt nicht! Hier kommt die Ablösung durch einen Einzelvormund nach § 1887 in Frage. Jugendamt oder Verein sollen einen dahingehenden Antrag stellen, wenn dies dem Wohl des Mündels dient und ein geeigneter Einzelvormund vorhanden ist; auch der 14 Jahre alte Mündel ist zu einem dahingehenden Antrag berechtigt. Haben Jugendamt oder Verein einen dahingehenden Antrag gestellt, ist ein geeigneter Einzelvormund vorhanden, so sind sie auch zu entlassen, wenn das Wohl des Mündels nicht entgegensteht (§ 1889 II).

Nach Beendigung seines Amtes ist der Vormund ebenso wie der Inhaber der elterlichen Sorge auch weiterhin zur Geschäftsführung und Vertretung berechtigt, bis er von der Beendigung des Amtes erfährt, und nach Tod des Mündels bei dringlichen Geschäften zur Geschäftsführung verpflichtet, bis die Erben selbst Fürsorge treffen können (§§ 1893, 1698a, 1698b; vgl. auch §§ 672, 674, 169). Bestallung, bestellende Verfügung oder Bescheinigung über die Amtsvormundschaft sind nach Beendigung des Amtes dem Vormundschaftsgericht zurückzugeben (§ 1893 II).

Eine teilweise Entlassung des Vormundes gibt es nicht (KG, JFG 17, 31), nur eine Beschränkung seiner Rechtsstellung durch Entziehung einzelner Befugnisse (§ 1796) oder Einsetzung eines Pfleger, und zwar in entsprechender Anwendung der §§ 1666, 1666a, 1667 Abs. 1 u. 5, 1696 (vgl. § 1837 III).

§ 37. Führung der Vormundschaft

Schrifttum: *O. Möhring,* Vermögensverwaltung in Vormundschafts- und Nachlaßsachen, 6. Aufl. 1981; *Krüger,* Übt das Jugendamt als Amtsvormund öffentliche Gewalt aus?, JZ 1955, 634.

Das privatrechtliche Amt des Vormundes ist *höchstpersönlich* und unübertragbar (KGJ 46, 63). Auch die Jugendämter üben als Vormünder ein privatrechtliches Amt aus; ihre Tätigkeit unterliegt insoweit nicht verwaltungsgerichtlicher Kontrolle, allenfalls vormundschaftsgerichtlicher; dem entspricht auch die Haftungsregelung (vgl. unten § 38 II). Für die ,,persönliche" Führung der Vormundschaft ist dadurch gesorgt, daß nach JWG § 37 die einzelnen Vormundschaften bestimmten Bediensteten des Jugendamts übertragen werden müssen.

Der Vormund hat ebenso wie der Inhaber der elterlichen Sorge *Personensorge, Vermögenssorge* und das Recht zur *Vertretung* des Mündels. Aber ebenso wie beim elterlichen Sorgeberechtigten muß sein Aufgabenkreis nicht notwendig alle diese Gebiete umfassen. Vielmehr kann der Vormund in mehrfacher Hinsicht eingeschränkt sein; so z. B. kraft Gesetzes durch das Personensorgerecht der minderjährigen (§ 1673 II) ehelichen oder nichtehelichen Mutter, neben welcher der Vormund hinsichtlich der Personensorge auf die Stellung eines Beistandes beschränkt ist; oder etwa durch Bestellung eines Mitvormundes, eines Gegenvormundes oder eines Pflegers für bestimmte Angelegenheiten (§ 1794). Insgesamt hat der Vormund durch verstärkte Aufsicht des Vormundschaftsgerichts eine weniger selbständige Stellung als Eltern, deren Rechtsposition seine Stellung nachgebildet ist.

I. Der Vormund ist **gesetzlicher Vertreter** des Mündels (§ 1793). Der Mündel haftet in außerdeliktischen Schuldverhältnissen für sein Verschulden nach § 278. Der Vormund kann kraft seiner Vertretungsmacht auch an Dritte Vollmachten im Namen des Mündels erteilen, selbst über die Dauer seines Amtes hinaus.

Die Vertretungsmacht des Vormunds kann beschränkt sein:

1. Wegen *Interessenkollision* bei Geschäften zwischen seinem Ehegatten

und seinen Verwandten einerseits und dem Mündel andererseits sowie bei Verfügungen über gesicherte Forderungen gegenüber sich selbst (§ 1795), ferner wenn ihm das Vormundschaftsgericht die Vertretung wegen der Interessenkollison entzieht (§ 1796). Auch die Vorschrift des § 181 ist zu beachten; sie hindert Geschäfte zwischen Vormund und Mündel. Doch gelten alle diese Beschränkungen nicht, wenn das Geschäft dem Mündel lediglich rechtliche Vorteile bringt (BGH NJW 1975, 1885; teleologische Reduktion). Bei einer Erbauseinandersetzung zwischen mehreren Geschwistern, die denselben Vormund haben, muß grundsätzlich eine Bestellung von Pflegern erfolgen. Selbst wenn man annimmt, es könne das Vormundschaftsgericht zufolge § 1846 dem Vormund gestatten, bei Geschäften der Mündel untereinander alle Mündel zu vertreten (anders der Plenarbeschluß RGZ 71, 162 und BGHZ 21, 234), deckt der Wortlaut des Gesetzes dies nur, wenn es im Interesse des Mündels *erforderlich* ist, was selten zutrifft.

2. *Schenkungen* kann der Vormund aus dem Mündelvermögen nur machen, soweit sie einer sittlichen Pflicht oder Anstandsrücksicht entsprechen (§ 1804; § 1641); andere sind nach h. M. nichtig.

3. Der Vormund hat keine Vertretungsmacht, soweit der *Mündel selbständig* ist (§§ 112, 113).

Soweit der Vormund seine Vertretungsmacht überschreitet, gelten die allgemeinen Sätze über den vollmachtlosen Vertreter (§§ 177–179), wenn nicht die besonderen Sätze über die vormundschaftsgerichtliche Genehmigung (§§ 1828ff.) eingreifen. Auch die allgemeinen Grundsätze über den Mißbrauch der Vertretungsmacht sind anwendbar.

Das Tätigwerden des Vormunds für den Mündel ist bei vielen Geschäften durch das Erfordernis einer *Genehmigung des Gegenvormunds* oder des *Vormundschaftsgerichts* eingeschränkt.

II. 1. Recht und Pflicht der **Personensorge** des Vormunds entspricht der elterlichen Sorge (§ 1800). Er hat also das Recht zur Erziehung, zur Aufenthaltsbestimmung und zum Verlangen auf Herausgabe des Mündels; er kann auch den Verkehr des Kindes mit dessen Eltern regeln, sofern diesen das Sorgerecht entzogen ist (RGZ 153, 238). Zur Aufenthaltsbestimmung durch den Vormund gehört grundsätzlich auch die etwa erforderliche Anstaltsunterbringung (Geistesschwache usw.!). Nachdem aber das BVerfG (E 10, 302) die Vormundschaft zu einer Angelegenheit der öffentlichen Fürsorge gestempelt und damit die Anstaltsunterbringung nach Art. 104 GG von einer richterlichen Entscheidung abhängig gemacht hat, ist nach § 1800 n. F. jede Unterbringung des Mündels, die mit einer Freiheitsentziehung verbunden ist, von vormundschaftsgerichtlicher Genehmigung abhängig, obwohl die Entscheidung des BVerfG die Unterbringung zu Erziehungszwecken nicht ausdrücklich mit umfaßt.

Die Entscheidung des BVerfG, welche den neuen § 1800 veranlaßt hat, steht im Gegensatz zu der herkömmlichen Auffassung der Vormundschaft als eines privatrechtlichen Amtes. Die Einordnung unter die öffentliche Fürsorge müßte folgerichtig dazu führen, daß für Fehlgriffe des Vormundes nach § 839, GG Art. 34 der Staat zu haften hat! Diese Folgerung ist aber noch nicht gezogen, vgl. § 1833 und unten § 38 II. Die Problematik ist dadurch entschärft worden, daß das Sorgerechtsgesetz von 1979 auch die von Eltern veranlaßte Anstaltsunterbringung eines Kindes vormundschaftsgerichtlicher Genehmigung unterworfen hat (vgl. oben § 27 IV) – womit sich die öffentlichrechtliche Argumentation für die Vormundschaft erübrigt. Daher begnügt sich auch die letzte Fassung des § 1800 damit, auf § 1631 b zu verweisen. Im Verfahren ist der Mündel persönlich zu hören (FGG §§ 64 a, 64 g).

Schrifttum: Randenborgh, Die Bedeutung des § 1800 Abs. 2 BGB für die freiwillige Erziehungshilfe ZblJR 1963, 40 u. 67 ff.; Lindacher FamRZ 1964, 116. *Prahl,* NJW 1964, 530; *Niemann,* ZblJR 1979, 156 u. 1980, 74.

Zu Eingriffen in die Integrität des Körpers (Operation, Sterilisation) hat der Mündel die Einwilligung selbst zu erteilen, wenn er hinreichend einsichtsfähig ist (BGHZ 29, 36). Soweit er das nicht ist, kommt es auf die Einwilligung des Vormundes an; einer Genehmigung des Vormundschaftsgerichts bedarf er dazu nicht (lies OLG Hamm NJW 1983, 2095).

2. Wenn der Vormund anderen Bekenntnisses ist als der Mündel, so kann ihm die *religiöse Erziehung* entzogen und einem Pfleger übertragen werden (§ 1801).

Dem Jugendamt oder Verein kann die religiöse Erziehung nicht entzogen werden, aber sie haben bei Unterbringung des Mündels auf dessen Bekenntnis oder die Weltanschauung des Mündels und seiner Familie Rücksicht zu nehmen. Im übrigen bedarf der Vormund zur Bestimmung des religiösen Bekenntnisses des Mündels stets der Genehmigung des Vormundschaftsgerichts (§ 3 RKEG).

3. Das Vormundschaftsgericht kann, wenn dies im Interesse des Mündels geboten ist, dessen *Unterbringung* in einer *Familie* oder *Erziehungsanstalt* anordnen (§ 1838). Damit wird dem Vormund das Erziehungsrecht genommen und auf den Pflegevater oder die Pflegemutter oder den Anstaltsvorstand übertragen, die insoweit die Stellung eines Pflegers gewinnen.

Die Anordnung ist auch gegen den Willen des Vormundes möglich. Daß dem Vormund irgendeine Pflichtverletzung vorzuwerfen ist, muß nicht der Fall sein. Wenn das Kind aber trotz Vormundschaft in seiner Familie aufwuchs, so darf es von ihr zufolge GG Art. 6 III nur mit Zustimmung des Vormundes oder bei dessen Versagen getrennt werden (im einzelnen str.). Steht die Personensorge einem Elternteil zu, so müssen die Voraussetzungen der Entziehung des Sorgerechts nach § 1666 gegeben sein. Das Vormundschaftsgericht kann gemäß § 1838 insbesondere auch die Erziehungsbeistandschaft oder Fürsorgeerziehung anordnen. Bei Unterbringung ist auf Religion oder Weltanschauung des Mündels und seiner Familie Rücksicht zu nehmen.

4. Zu einer Anzahl persönlicher Angelegenheiten des Mündels bedarf der Vormund der Genehmigung des Vormundschaftsgerichts, so bei Ehelicherklärung (§ 1729 I), zum Antrag auf Todeserklärung des Mündels (§ 16 VerschG; nicht aber zur Beschwerde gegen die Todeserklä-

rung: BGHZ 18, 389) und zur Anfechtung der Ehelichkeit eines Kindes (§ 640b ZPO), auch zur Anerkennung der Vaterschaft eines geschäftsunfähigen Mündels zu dessen nichtehelichen Kind (§ 1600d), ferner zur Bestimmung der Religion des Mündels (§ 3 RKEG), zum Antrag auf Entlassung aus der deutschen Staatsangehörigkeit (§ 19 RuStAG) und zur Namensänderung (Verwaltungsvorschrift der Bundesregierung zum Namensänderungsgesetz i. d. F. von 1980).

III. Die **Vermögenssorge** des Vormunds beschränkt sich auf die Vermögensverwaltung. Ein Nutznießungsrecht steht ihm nicht zu. In der Verwaltung ist er stärker beschränkt als sorgeberechtigte Eltern, da von ihm nicht erwartet werden kann, daß er dieselbe Liebe und Hingabe aufbringt wie diese. Insbesondere unterliegt er einer strengeren Aufsicht des Vormundschaftsgerichts.

1. Grundsätzlich unterliegt der Verwaltung des Vormundes *das ganze Mündelvermögen,* außer dem, was dem Mündel zu eigener Verwendung überlassen ist (§ 110). Ausgeschlossen ist ferner, was dem Mündel mit der Bestimmung zugewendet wurde, daß die Verwaltung des Vormundes ausgeschlossen sein soll; hier ist ein Pfleger zu bestellen (§§ 1638 analog mit 1803, 1909, 1794).

Der Vormund hat das seiner Verwaltung unterliegende Vermögen auf Kosten des Mündels zu inventarisieren (Näheres § 1802).

2. Der Vormund ist berechtigt, das Mündelvermögen *in Besitz zu nehmen.* Gegenüber dem Mündel darf er insoweit sogar gewaltsam vorgehen; gegen Dritte muß er notfalls auf Herausgabe klagen.

Der Vormund wird regelmäßig unmittelbarer, der Mündel mittelbarer Besitzer. Bei Sachen in Besitz dritter Personen entsteht ein mehrfach gestufter Besitz; hier erwirbt der Vormund unmittelbar kraft seines Verwaltungsrechts die Stellung eines mittelbaren Besitzers gegenüber dem Dritten.

3. Die Pflicht zur Verwaltung des Mündelvermögens ergibt vor allem, daß der Vormund für sachgemäße und sichere *Anlage des Vermögens* zu sorgen hat.

a) Verwendung des Vermögens für sich oder den Gegenvormund ist dem Vormund verboten (§ 1805). Soweit der Vormund verfügen kann, ist zwar solche Verwendung rechtlich wirksam, macht aber den Vormund schadensersatzpflichtig (§ 1833). Verwendetes Geld hat er jedenfalls zu verzinsen (§ 1834).

b) Ist bei *Zuwendungen* an den Mündel eine besondere Bestimmung über die Verwendung des Zugewendeten getroffen worden, so darf der Vormund nur mit Zustimmung des Zuwenders oder Genehmigung des Vormundschaftsgerichts von diesen Anordnungen abweichen (§ 1803).

c) *Geld,* das bei Eintritt der Vormundschaft oder bei Erwerb noch nicht angelegt ist (KG JW 1968, 1836) und nicht für die laufenden Verwaltungsgeschäfte oder den Unterhalt des Mündels benötigt wird, ist „mündelsicher" anzulegen (§§ 1806–1808), doch soll das Vormundschaftsgericht dem Vormund auch eine andere Anlegung, die den Grundsätzen einer wirtschaftlichen Vermögensverwaltung entspricht, gestatten (§ 1811).

Das Gesetz sieht als „mündelsicher" insbesondere Hypotheken und andere gesicherte Forderungen an, ferner Pfandbriefe und verbriefte Forderungen gegen öffentliche Körperschaften sowie Sparkassenguthaben. Einzelheiten ergeben sich aus Bekanntmachungen der Bundesregierung mit Zustimmung des Bundesrats (§ 1807 mit Entscheid vom 21. 6. 1950 – BGBl. 262; VO vom 7. 5. 1940 – RGBl. I 756 u. VO vom 18. 3. 1941 – RGBl. I 156). Auch die Landesgesetzgebung hat hier zu näherer Regelung Spielraum (§ 1807 II; vgl. z. B. Art. 67 BayAGBGB v. 20. 12. 1982). Das Jugendamt darf Geld auch bei der eigenen Trägerkörperschaft anlegen.

Nur hilfsweise ist dem Vormund Anlegung des Geldes bei einer Bank gestattet (§ 1808); immer aber kann solche Anlegung mit Genehmigung des Vormundschaftsgerichts erfolgen; dabei geht die heutige Tendenz teilweise dahin, die Anlegung auch bei der Postsparkasse (FamRZ 1960, 93) oder Großbanken (LG Hannover, NJW 1966, 661) zu gestatten, auch wenn dies keine besonderen Vorteile gegenüber der Anlage bei einer Sparkasse bietet (vgl. LG Mannheim NJW 1962, 1017; anders KG NJW 1968, 55 u. 943; OLG Frankfurt Rpfleger 1984, 147 betr. Volksbanken). Die Genehmigung ist insbesondere auch erforderlich zu der in wirtschaftlich unsicheren Zeiten zweckmäßigen Anlegung des Geldes in Aktien oder Sachwerten oder zur Beteiligung an Unternehmungen, Investmentfonds usw.

Schrifttum: *Lindacher,* Mündelgeldanlage bei Nichtsparkassen BB 1963, 1242; *Stöber,* Rpfleger 1965, 100; *Sprengel,* Betr. 1965, 1205; *Jürgens,* Betr. 1241; *Sichtermann,* Recht der Mündelsicherheit, 3. Aufl. 1980; *Klotz,* die rechtstatsächliche und rechtspolitische Bedeutung der Vorschriften über die Anlage von Mündelgeld, 1966; *Schütz* WM 1967, 738; *Schwennicke* WM 1967, 1054; *Sturm* DB 1976, 605; *Christian,* Alte und neue Formen der Anlegung von Mündelgeld, ZBlJR 1981, 287.

Die Anlegung des Geldes soll nur mit Genehmigung des Gegenvormundes oder Vormundschaftsgerichts erfolgen (§ 1810). Geld ist auf einer Bank oder Sparkasse so anzulegen, daß es zur Abhebung der Genehmigung des Gegenvormundes bedarf (Sperrvermerk! § 1809); bei schon angelegtem Geld ist nachträglich der Sperrvermerk zu veranlassen. Die Anlegung hat auf den Namen des Mündels, nicht des Vormundes zu erfolgen. Anders nur beim Jugendamt, wo die Vollstreckungserschwerungen gegenüber öffentlichen Körperschaften einen Zugriff Dritter auf die für den Vormund (Trägerkörperschaft des Jugendamts) angelegten Gelder verhindert; das ermöglicht die wirtschaftlich vorteilhafte Anlegung von Mündelgeldern auf Sammelkonten.

d) *Inhaberpapiere* nebst Erneuerungsscheinen, außer Banknoten und Zins- oder Gewinnanteilscheinen, sind stets, sonstige Wertpapiere und Kostbarkeiten nur auf besondere Anordnung des Vormundschaftsgerichts mit Sperrvermerk zugunsten des Vormundschaftsgerichts zu hinterlegen (§§ 1814, 1816).

Inhaberpapiere kann der Vormund statt dessen auch auf den Namen des Mündels umschreiben lassen (§ 1815); bei Forderungen gegen Bund oder Land entspricht dem die Umwandlung in Buchforderungen, die vom Vormundschaftsgericht angeordnet werden kann. Stets muß auch solche Umschreibung mit Sperrvermerk zugunsten des Vormundschaftsgerichts erfolgen.

Damit bedarf der Vormund zur Verfügung über alle die derart gesperrten Forderungen und Werte der Genehmigung des Vormundschaftsgerichts; auch schon die Verpflichtungsgeschäfte sind genehmigungsbedürftig (§§ 1819, 1820). Doch darf die Genehmigung nur verweigert werden, wenn die beabsichtigte Verwendung pflichtwidrig wäre (JFG 12, 111). Ausnahmsweise kann das Vormundschaftsgericht auch vom Erfordernis der gesperrten Anlegung befreien (§ 1817).

Bei Prüfung der Frage, ob von Sperrmaßnahmen abzusehen ist, muß sich das Vormundschaftsgericht den Zweck der Sperrung vor Augen halten. Der Zweck liegt nicht so sehr in der Sicherstellung der Werte gegen den Zugriff Dritter (Diebstahl) als in dem Schutz gegen voreilige oder pflichtwidrige Verfügungen des Vormundes.

e) Die vertretungsberechtigten Eltern können den Vormund von Beschränkungen in der Anlage des Mündelvermögens *befreien* (§§ 1852, 1853), und die im Zusammenhang mit der Benennung eines Vormundes (§ 1777) erfolgende Ausschließung eines Gegenvormundes ist zugleich als solche Befreiung anzusehen; doch kann das Vormundschaftsgericht im Interesse des Mündels diese Befreiung wieder aufheben (§ 1857).

Das Vormundschaftsgericht wird dazu besonders dann Veranlassung haben, wenn nicht der von den Eltern benannte Vormund das Amt übernimmt oder der bestellte Vormund sich als nicht hinreichend gewandt oder zuverlässig erweist.

Dem Jugendamt und einem Verein stehen die zulässigen Befreiungen kraft Gesetzes zu (§ 1857a).

f) Zur Vermögensverwaltung gehört es auch, den Mündel vor drückenden Schulden zu bewahren. Es besteht aber deshalb noch keine generelle Verpflichtung, für den Mündel eine Haftpflichtversicherung abzuschließen (BGHZ 77, 224), außer besondere Eigenschaften oder Lebensverhältnisse des Mündels erfordern dies.

4. Der Vormund bedarf der *Genehmigung des Gegenvormundes* nicht nur zur Anlage von Mündelgeld und zur Verfügung über das Angelegte zufolge des Sperrvermerks (§§ 1809, 1810; vgl. oben 3d), sondern auch zur Verfügung über Forderungen und Wertpapiere (§ 1812).

Davon gelten Ausnahmen bei Ansprüchen, die nicht auf Geld oder Wertpapiere gehen; bei Geldansprüchen nur, wenn es sich um Beträge unter 300 DM, Nutzungen, Kosten oder Nebenleistungen handelt oder um Geld, das ohne Sperrvermerk angelegt war (§ 1813); doch ist das Regel-Ausnahmeverhältnis der §§ 1812, 1813 in erster Linie auf die Kontrolle von Kapitalanlagen ausgerichtet. Die Praxis läßt daher den Einzug der monatlichen Rente eines Bevormundeten genehmigungsfrei (BSG MDR 1982, 698).

Der Katalog der genehmigungsbedürftigen Geschäfte ist verhältnismäßig willkürlich. Der Vormund kann danach z. B. eine bewegliche Sache des Mündels verkaufen und dem Vertragsgegner übereignen, er kann aber nicht ohne Genehmigung die Kaufpreisforderung einziehen! Er bedarf der Genehmigung auch dann, wenn der Mündel zu der Verfügung vertraglich oder gesetzlich verpflichtet ist. Die Summe von 300 DM (ursprünglich alte M!) liegt seit fast 100 Jahren fest und entspricht nicht mehr den heutigen Währungsverhältnissen. Undeutlich und daher umstritten ist auch, welch ein „Verfügungsbegriff" in § 1812 enthalten ist und welche Geschäfte demgemäß genehmigungspflichtig sind (lies dazu *Damrau* FamRZ 1984, 842).

Die Genehmigung des Gegenvormunds wird durch die des Vormundschaftsgerichts ersetzt (§§ 1810, 1812); solche Ersetzung ist nötig, wenn kein Mitvormund oder Gegenvormund bestellt ist (§§ 1810, 1812).

5. Die *Genehmigung des Vormundschaftsgerichts* ist außer in den Fällen, wo sie die des Gegenvormundes zu ersetzen hat, bei vielen weittragenderen Geschäften vorgeschrieben, so daß die grundsätzliche Selbständigkeit des Vormundes jedenfalls in der Vermögensverwaltung nicht allzuweit greift.

a) Zu Geschäften über *Vermögensgesamtheiten* bedarf es der Genehmigung des Vormundschaftsgerichts.

Das Gesetz nennt hier die Verpflichtung, über das Vermögen im ganzen (d. h. als Gesamtheit in dem Bewußtsein beider Beteiligten, daß es – von geringfügigen persönlichen Gebrauchsgegenständen abgesehen – um das Ganze geht) oder über eine Erbschaft zu verfügen (§ 1822 Ziff. 1). Eine Verfügung als solche bedarf hier nicht der Genehmigung, weil es Verfügungen über Sachgesamtheiten nicht gibt. Die Verfügung über die einzelnen Gegenstände ist genehmigungsfrei.

Hierher gehört ferner die Verfügung über einen Erbteil (möglich nach § 2033) und die Verpflichtung zu dieser Verfügung (§ 1922 II).

Dazu gehört ferner Abschluß eines Erbvertrages (§ 2275), Anfechtung (§ 2282) und Aufhebung (§§ 2290, 2291) des Erbvertrages und Erbverzichtvertrages (§ 2347), die Ausschlagung von Erbschaft, Erbteil oder Vermächtnis, Pflichtteilsverzicht und Erbteilung (§ 1822 Ziff. 2).

Endlich gehören hierher der Abschluß eines Ehevertrages (§ 1411), Ablehnung und Aufhebung der fortgesetzten Gütergemeinschaft (§§ 1484 II, 1492 III) sowie Verzicht des Abkömmlings auf seinen Anteil am Gesamtgut (§ 1491 III).

b) Die Genehmigung ist nötig zu Geschäften über *Grundstücke* und *Schiffe* (§ 1821).

Hierher gehören sowohl Verpflichtungs- als auch Verfügungsgeschäfte über ein Grundstück, einen Übereignungsanspruch oder über Rechte an Grundstücken, ausgenommen unentgeltlicher Erwerb und Rechtsgeschäfte über Hypotheken, Grundschulden und Rentenschulden. Nach dem Wortlaut des Gesetzes wären auch Entgegennahme einer Auflassung und Bestellung einer Restkaufgeldhypothek genehmigungspflichtig; die Praxis stellt sie aber frei (RGZ 108, 356), weil die Entgegennahme der Auflassung nicht nachteilig ist, die Belegung des Grundstückskaufpreises mit Restkaufgeldhypothek das Vermögen des Mündels nicht mindert. Ebensowenig unterliegt die Zwangsvollstreckung einer Genehmigungspflicht.

Schrifttum: *Mohr,* RPfleger 1981, 175; *Klüsener,* Rpfleger 1981, 461.

c) Die Genehmigung ist nötig, wenn dem Mündel der selbständige Betrieb eines *Erwerbsgeschäfts* erlaubt werden soll (§ 112), bei entgeltlichem Erwerb oder Veräußerung eines Erwerbsgeschäfts (auch Anteil an der OHG oder KG, RGZ 122, 370); oder einem auf ein Erwerbsgeschäft gerichteten Gesellschaftsvertrag (§ 1822 Ziff. 3) für Kapitalgesellschaft oder Personalgesellschaft, auch zur lediglich kapitalmäßigen Beteiligung als Kommanditist (BGHZ 17, 160) oder zur Neuaufnahme eines Gesellschafters in eine schon bestehende Personalgesellschaft (verneinend freilich BGHZ 38, 21), zum Ausscheiden aus der Personalgesellschaft, nicht aber zum vertragsmäßigen Ausscheiden eines Mitgesellschafters (BGH,

NJW 1961, 724), da dieser auch durch Kündigung ausscheiden könnte, und nach verbreiteter, nicht unbedenklicher Ansicht auch nicht zu sonstigen Änderungen des Gesellschaftsvertrages (OLG Frankfurt BB 1968, 764; lies auch BGH NJW 71, 375 betr. Aufnahme eines stillen Gesellschafters in eine KG, an welcher ein Minderjähriger beteiligt ist). Genehmigungsfrei dürfte auch die Beteiligung an einem fremden Erwerbsgeschäft als stiller Gesellschafter sein (zweifelnd BGH JZ 1957, 382), da der Minderjährige das Geschäft nicht betreibt; anders aber wenn er am Verlust beteiligt ist (OLG Hamm DB 1974, 424); genehmigungsfrei ist auch der Erwerb voll eingezahlter Anteile an einer bereits bestehenden AG oder GmbH (str.).

Ein neues *Erwerbsgeschäft* soll nicht ohne Genehmigung des Vormundschaftsgerichts begonnen, ein bestehendes nicht aufgelöst werden (§ 1823).

d) Zu *langfristigen Bindungen* verschiedener Art bedarf es ebenfalls der Genehmigung.

Hierher gehören Pachtverträge über ein Landgut oder über einen Gewerbebetrieb, gleich ob der Mündel Verpächter oder Pächter ist (§ 1822 Ziff. 4); Miet- und Pachtverträge (nicht aber der gesetzliche Eintritt in bestehende Mietverhältnisse kraft Grundstückserwerbs nach § 571), sowie andere Verträge auf wiederkehrende Leistungen (z. B. Lebensversicherung, BGHZ 28, 79; Leibrente, BGH FamRZ 1969, 209; Unterhaltsverpflichtungen – hinsichtlich der Anerkennung der Unterhaltspflicht durch nichteheliche Väter freilich streitig, vgl. *Niclas* ZblJR 1970, 40 u. oben § 22 II 4) über das 19. Lebensjahr des Mündels hinaus (§ 1822 Ziff. 5); Verträge über Dienstleistungen des Mündels auf länger als ein Jahr (§ 1822 Ziff. 7); Lehrverträge (§ 1822 Ziff. 6). Die ungenehmigten Verträge sind nicht notwendig unwirksam, sondern können – wenn die Parteien es bei Kenntnis der Rechtslage so gewollt hätten – für die beschränkte Zeit gültig sein, für welche es keiner Genehmigung bedarf. Genehmigungsfrei sind auch Vollmachten über die Volljährigkeit hinaus, wenn der Minderjährige sie nach Volljährigkeit frei widerrufen kann.

e) Die Genehmigung ist ferner nötig zu *riskanten Vermögensgeschäften* wie Kreditaufnahme (§ 1822 Ziff. 8), auch Teilzahlungskredite, Begebung eines Wechsels oder Schecks oder Ausstellung von Schuldverschreibungen (§ 1822 Ziff. 9), Erteilung einer Prokura (§ 1822 Ziff. 11), bei Vergleichen oder Schiedsverträgen, außer bei einem Streitwert bis zu 300 DM (§ 1822 Ziff. 12), bei Aufgabe von Sicherheiten oder Eingehung einer Verpflichtung hierzu (§ 1822 Ziff. 13) und bei Übernahme fremder Verbindlichkeiten (§ 1822 Ziff. 10).

Wie weit der Begriff der Übernahme fremder Verbindlichkeiten zu fassen ist, kann zweifelhaft sein. Sicher gehören hierher Bürgschaft und Schuldübernahme, wohl auch Verpfändung und Sicherungsübereignung (RG, HRR 1936, 336; str.). Dagegen sind die Fälle, wo Übernahme fremder Verbindlichkeiten nicht Gegenstand, sondern erst Folge des Geschäfts ist, wie bei Vereinbarung eines Güterstandes oder Beitritt zu einer Gesellschaft oder Genossenschaft (BGHZ 41, 71) oder bei Grundstückserwerb (BGH NJW 1983, 1780), nicht hierher zu zählen (str.); hier greifen allenfalls andere Genehmigungserfordernisse ein (s. oben a, c, d). Der Beitritt zu einer Genossenschaft gehört auch deshalb nicht unter die genehmigungsbedürftigen Geschäfte nach Ziff. 10, weil er höchstens interne Nachschußpflichten des einzelnen Genossen, aber keine unmittelbare Außenhaftung begründet. Ebensowenig gehört hierher die Hypothekenübernahme in Anrechnung auf den Kaufpreis (RGZ 110, 175), da es sich hier nur um eine besondere Form der Begleichung des Kaufpreises, also um ein echtes Umsatzgeschäft handelt. Die Genehmigung ist sinngemäß nur so weit erforderlich, als es sich um eine für den Mündel *wirtschaftlich* fremde Schuld handelt (RGZ 158, 215). Daher ist das Eingehen einer gesamtschuldnerischen Verpflichtung genehmigungspflichtig (BGHZ 60, 385).

Schrifttum: *Paulick,* FamRZ 1966, 526; *Kümpel,* NJW 1966, 2092; *Hörter,* MDR 1968, 547; *Friess,* DB 1969, 957; *Winkler,* ZGR 1973, 177; *Zettel,* JuS 1982, 751.

IV. Vormundschaftsgerichtliche Genehmigungen und solche des *Gegenvormunds* sind grundsätzlich nur in den gesetzlich vorgesehenen Fällen erforderlich. So ist z. B. keine Genehmigung für Prozeßführung nötig, nicht einmal da, wo Prozeßhandlungen (z. B. Klageverzicht nach § 306 ZPO) Wirkungen haben können, welche materiellrechtlichen und genehmigungsbedürftigen Verfügungen nahekommen (lies BGH JZ 1956, 62). Die Notwendigkeit einer Genehmigung kann auch nicht vertraglich vereinbart werden.

Ausgenommen ist die gesetzlich vorgesehene Vereinbarung eines Sperrvermerks (§§ 1809, 1814). Im übrigen mag der Vormund sich hüten, die Genehmigung von Gegenvormund oder Vormundschaftsgericht vertraglich zu vereinbaren; das Vormundschaftsgericht *muß,* der Gegenvormund *kann* die Genehmigung als unzulässig ablehnen.

Genehmigungen von Gegenvormund und Vormundschaftsgericht sind auch da erforderlich, wo es sich darum handelt, eine gesetzliche Verpflichtung zu erfüllen (z. B. gemäß §§ 812, 823 BGB eine Forderung abzutreten oder ein Grundstück zu übereignen) oder wenn der Mündel auf Leistung von Geld oder Abgabe einer Willenserklärung verurteilt werden soll.

Das Vormundschaftsgericht darf aber die Genehmigung nicht ausschließlich aus dem Grunde versagen, daß der Anspruch gegen den Mündel nicht bestehe. Über diese Frage hat gegebenenfalls das Prozeßgericht zu entscheiden. Hier muß das Vormundschaftsgericht allenfalls die Genehmigung für den Fall rechtskräftiger Verurteilung erteilen. Ist die Verurteilung ohne Einholung der vormundschaftsgerichtlichen Genehmigung erfolgt, so verbleibt es dabei; es ist ohne Genehmigung vollstreckbar. Es steht dem Vormundschaftsgericht nicht zu, das Urteil daraufhin nachzuprüfen, ob es sachlich richtig oder etwa erschlichen sei (str.).

1. Die Genehmigungen sind erforderlich, gleichgültig ob der Vormund selbst, ein Unterbevollmächtigter oder etwa der Mündel handelt. Auch die Zustimmung zu Handlungen des Mündels oder die Untervollmacht für genehmigungsbedürftige Geschäfte bedürfen der Genehmigung. Der Vormund kann die Genehmigungspflicht insbesondere nicht dadurch umgehen, daß er Gegenstände, deren Veräußerung der Genehmigung unterliegt, dem Mündel zur Erfüllung von Verträgen überläßt (§§ 1824, 110).

2. Die vormundschaftsgerichtliche Genehmigung betrifft nicht die Tätigkeit des Vormundes, sondern das Geschäft als solches. Sie wird im

Regelfall für ein einzelnes Geschäft erteilt. Für Kreditaufnahmen, Übernahme fremder Verbindlichkeiten und zur Ausstellung von Wechseln oder Schuldverschreibungen kann aber auch eine *allgemeine Genehmigung* erteilt werden. Das ist häufig bei Betrieb eines Geschäfts für den Mündel dringend erforderlich (§ 1825).

3. Die vormundschaftsgerichtliche Genehmigung ist ergänzender Bestandteil des Rechtsgeschäfts und wird durch einen Akt der freiwilligen Gerichtsbarkeit erteilt.

a) Ein förmlicher Antrag ist nach dem Gesetz nicht erforderlich. Anregen kann die Genehmigung jeder, der ein rechtliches Interesse an ihr hat. Der Vormund ist nicht gehalten, die vormundschaftsgerichtliche Genehmigung zu beantragen, wenn er sie nicht für zweckmäßig hält; er darf sogar dem Vormundschaftsgericht alle Umstände mitteilen, die für die Versagung der Genehmigung wesentlich sind (BGHZ 54, 71); dies kann nach Lage des Falles sogar seine Pflicht sein.

Das Vormundschaftsgericht soll vor seiner Entscheidung tunlichst den Gegenvormund hören (§ 1826), ferner Verwandte und Verschwägerte des Mündels (§ 1847), das Jugendamt (§ 48 JWG) und in bestimmten Fällen auch den Mündel selbst (Näheres FGG §§ 50a, 50b).

Bei Erteilung der Genehmigung hat das Vormundschaftsgericht nicht nur zu prüfen, ob das Geschäft im Interesse des Mündels liegt, sondern es muß auch prüfen, ob das Geschäft erlaubt und nicht etwa sittenwidrig ist (KG, JW 1938, 1600); es darf aber mit seiner Entscheidung nicht in Befugnisse des Prozeßgerichts eingreifen.

b) Die Genehmigung kann unter einer aufschiebenen *Bedingung* erteilt werden; sie wird dann nicht vor Eintritt der Bedingung wirksam.

Auflösende Bedingungen sind aus Gründen der Rechtssicherheit für unzulässig zu halten. Dagegen sind Auflagen zulässig; bei einer Auflage ist – im Gegensatz zur aufschiebenden Bedingung – die Genehmigung sofort wirksam; die Erfüllung der Auflage kann nur mit Zwangsgeld erzwungen werden (KG, JW 1935, 1440). Es kann aber auch eine Genehmigung mit anderem Inhalt als erbeten erteilt werden; dann wird die Genehmigung nur bedeutsam, wenn das Rechtsgeschäft im Sinne der erteilten Genehmigung abgeändert wird. Die Genehmigung kann auch nur wirksam erteilt werden, solange Vormundschaft oder Pflegschaft nicht aufgehoben oder kraft Gesetzes erloschen sind.

c) Die Genehmigung des obligatorischen Geschäfts deckt auch das dingliche Geschäft (DNotZ 1983, 369) und umgekehrt (RGZ 130, 148), weshalb das Vormundschaftsgericht bei Genehmigung des dinglichen Geschäfts sich über die obligatorische Grundlage der Verfügung unterrichten muß. Die Genehmigung deckt das Geschäft nur so, wie es dem Vormundschaftsgericht unterbreitet ist. Die dem Vormundschaftsgericht nicht mit unterbreiteten Nebenabreden werden von der Genehmigung nicht gedeckt (RGZ 99, 72)! Daher kann teilweise und damit zufolge § 139 auch völlige Unwirksamkeit des Geschäfts eintreten!

d) Teilt das Vormundschaftsgericht dem Gesuchsteller mit, eine Genehmigung sei nicht erforderlich (sogen. Negativattest), und ist diese Stellungnahme unzutreffend, so ersetzt sie die Genehmigung nicht, weil das Vormundschaftsgericht die bei Genehmigungsbedürftigkeit nötigen Erwägungen über das Wohl des Mündels nicht angestellt hat. Im Gegensatz zu anderen Fällen des Negativattestes kann das Vertrauen Dritter in das Attest nicht geschützt werden, weil der Minderjährigenschutz vorgeht (BGHZ 44, 325). Das Gericht muß daher über die Genehmigung schon dann entscheiden, wenn das Geschäft nur möglicherweise der Genehmigung bedarf (BayObLG MDR 1963, 201).

e) Die Genehmigung wird erst durch *Mitteilung an den Vormund* wirksam (§ 1828).

Die Regeln der §§ 182ff. sind hier unanwendbar. Die Mitteilung der Genehmigung vom Vormundschaftsgericht an einen Erklärungsgegner des Vormundes ist also bedeutungslos! Der Grund zu dieser Regelung liegt darin, daß der Vormund die Möglichkeit haben soll, die Genehmigung des Vormundschaftsgerichts anzufechten (RGZ 130, 151).

Die Genehmigung heißt hier – im Gegensatz zu §§ 182ff. – auch dann Genehmigung, wenn sie – wie es grundsätzlich der Fall sein soll – *vor* Vornahme des genehmigungspflichtigen Geschäfts erteilt wird.

4. a) Liegt die Genehmigung des Vormundschaftsgerichts vor, so ist ein Rechtsgeschäft des Vormundes wirksam; einer Mitteilung der Genehmigung an den Geschäftsgegner bedarf es nicht.

Nur bei einseitigen Rechtsgeschäften kann der Erklärungsgegner verlangen, daß ihm die Genehmigung vorgelegt wird. Erfolgt die Vorlegung nicht, so kann er das Rechtsgeschäft – aber nur sofort, nicht mehr später – zurückweisen (§ 1831).

b) *Fehlt die Genehmigung* des Vormundschaftsgerichts, so sind *einseitige Rechtsgeschäfte* des Vormunds schlechthin *unwirksam* (§ 1831; vgl. § 111). *Verträge* dagegen sind, ähnlich den Verträgen Minderjähriger, *schwebend unwirksam* (§ 1829). Sie können dadurch mit Rückwirkung auf den Zeitpunkt ihres Abschlusses (RGZ 142, 62) wirksam werden, daß die Genehmigung nachträglich erteilt wird *und* der Vormund die Genehmigung dem Vertragsgegner mitteilt (§ 1829). Das gilt für schuldrechtliche Verträge ebensogut wie für dingliche (z. B. Hypothekenbestellung!).

Das Erfordernis der Mitteilung der vormundschaftsgerichtlichen Genehmigung an den Vertragsgegner wird oft übersehen; Richter, Anwälte und Notare müssen deshalb das Publikum darüber belehren (BGHZ 19, 5). Es dient dazu, daß der Vormund, welcher die Genehmigung erhalten hat, immer noch die Möglichkeit haben soll, das Geschäft dadurch zu Fall zu bringen, daß er die Genehmigung dem Vertragsgegner nicht mitteilt (RGZ 130, 151). Die Mitteilung der Genehmigung braucht aber nicht ausdrücklich zu erfolgen; es genügt jedes schlüssige Verhalten, welches dem Gegner gegenüber zum Ausdruck bringt, daß der Vormund am genehmigten Vertrag festhalten will (BGHZ 15, 97). Auch wenn man – wie der BGH – diese Mitteilung nicht als rechtsgeschäftliche Erklärung wertet, dürften rechtsgeschäftliche Regeln auf sie anwendbar sein; Anfechtung ist also möglich. Der Vormund kann auch den einen Vertrag beurkundenden Notar ermächtigen, die Genehmigung vom Gericht zu empfangen und dem Gegner mitzuteilen. Hat auch der Gegner den Notar zum Empfang der Mitteilung ermächtigt, so vollzieht der Notar die Mitteilung bei sich selbst (entspr. § 181), so daß keine weiteren Handlungen der Vertragschließenden nötig sind (BayObLG DNotZ 1983, 369); doch muß der Notar den Vorgang der „Mitteilung" aktenkundig machen (OLG Zweibrücken DNotZ 1971, 731).

Der Gegner kann auf die Mitteilung nicht wirksam verzichten. Er kann aber den Vormund zur Mitteilung der Genehmigung auffordern (§ 1829 II) mit der Wirkung, daß bei ihrem Ausbleiben nach 14 Tagen die Genehmigung als verweigert gilt. Dadurch erhält der Gegner die nötige Klarheit. Denn mit Versagung der Genehmigung und ihrer Mitteilung wird er vom Vertrag frei (RGZ 130, 228). Zum Widerruf des Geschäfts ist der Gegner – strenger als nach § 109! – nur dann berechtigt, wenn der Vormund wahrheitswidrig die Genehmigung behauptet hatte und er selbst ihr Fehlen nicht kannte. Ein eigenes Recht auf Genehmigung des Geschäfts hat der Gegner nicht. Im übrigen ist er auf Ansprüche gegen den Vormund nach § 179 angewiesen (§ 1830).

Nach Beendigung der Vormundschaft kann der Mündel noch nicht genehmigte Verträge selbständig genehmigen (§ 1829 III; vgl. § 108 III).

c) Das Vormundschaftsgericht kann die Genehmigung noch so lange ändern und zurücknehmen, als die Genehmigung nicht Dritten gegenüber wirksam geworden ist (FGG § 55), also bei einer vorher nachgesuchten Genehmigung bis zur Vornahme des Rechtsgeschäfts, bei der nachträglichen Genehmigung bis zur Mitteilung der Genehmigung an den Erklärungsgegner. Danach kann die Genehmigung auch im Falle ihrer Erschleichung nicht zurückgenommen werden; es kommen höchstens Maßnahmen gegen den Vormund in Betracht. Hat der Vormund arglistig mit dem Vertragspartner in dessen Kenntnis zum Nachteil des Mündels abgeschlossen, so ist der Vertrag nach § 138 nichtig, die erschlichene Genehmigung gegenstandslos.

5. Auf die Genehmigung des *Gegenvormunds* sind die Regeln über die vormundschaftsgerichtliche Genehmigung entsprechend anzuwenden (§ 1832).

Auch sie richtet sich daher nicht nach §§ 182ff., sondern wird nur durch Mitteilung an den Vormund wirksam und muß im Falle nachträglicher Genehmigung vom Vormund dem Geschäftsgegner mitgeteilt werden!

Schrifttum: *Weimar,* Die Bedeutung der vormundschaftsgerichtlichen Genehmigung für die Geschäfte der Kreditinstitute, 1966; *Wangemann,* NJW 1955, 531; *Zunft,* NJW 1959, 289; *Müller,* JR 1962, 326 z. 441; *Meyer-Stolte,* Rpfleger 1967, 294.

§ 38. Stellung des Vormundes

I. Aufsicht des Vormundschaftsgerichts

Der Vormund ist *grundsätzlich selbständig* und unterliegt der Aufsicht des Vormundschaftsgerichts nur so weit, als dies ausdrücklich bestimmt ist. Er hat seine Aufgaben grundsätzlich persönlich wahrzunehmen.

Das hindert nicht, daß er Dritte Personen dabei einschaltet: weibliche Personen zur Betreuung von Kleinkindern, Steuerberater bei Vermögensverwaltung usw.

1. Der Vormund hat nach *pflichtmäßigem Ermessen* zu handeln. Das Vormundschaftsgericht kann ihn dabei beraten, aber nicht mit bindenden Weisungen versehen, selbst wenn der Vormund dies zur Minderung seiner Verantwortlichkeit wünschen sollte. Das Vormundschaftsgericht darf nur im Interesse des Mündels und nur bei Pflichtwidrigkeiten des Vor-

mundes einschreiten (§ 1837); nur bei solchen kann es „Anordnungen" erlassen, zu deren Durchsetzung es gegen den Vormund (außer gegen das Jugendamt oder einen Verein) auch Zwangsgeld verhängen darf. Es kann dem Vormund einzelne Befugnisse entziehen (entsprechend §§ 1666 ff.) und kann notfalls den Vormund entlassen (§ 1886). Unmittelbar eigene Maßnahmen kann das Vormundschaftsgericht nur dahingehend treffen, daß der Mündel zum Zweck der Erziehung in einer Familie oder Anstalt untergebracht wird (§ 1838).

Das Vormundschaftsgericht hat stets nur die Interessen des Kindes, nicht etwa der Verwandten des Kindes zu wahren. Dritte können, soweit nicht ausdrücklich ihre eigenen Rechte anerkannt sind, gegen Verfügungen des Vormundschaftsgerichts auch nur Beschwerde einlegen, um das Interesse des Mündels zu wahren (§ 57 Nr. 9 FGG).

2. Das Vormundschaftsgericht kann vom Vormund und Gegenvormund jederzeit *Auskunft* über die persönlichen Verhältnisse des Mündels verlangen (§ 1839); üblich ist periodische Berichterstattung. Das Jugendamt hat nach § 1850 das Vormundschaftsgericht in seiner Kontrolle zu unterstützen und auf Erfordern über das persönliche Verhalten und Ergehen des Mündels Auskunft zu erteilen.

3. Über die Vermögensverwaltung hat der Vormund gegenüber dem Vormundschaftsgericht (auch öffentlich-rechtliche Verpflichtung) in Zeitabständen von 1 bis 3 Jahren, je nach Umfang der Vermögensverwaltung, *Rechnung zu legen* (§§ 1840 ff., nicht 259).

Die Rechnung ist eine geordnete Zusammenstellung von Einnahmen und Ausgaben nebst den Belegen, bei Erwerbsgeschäften die Bilanz (§ 1841). Die Rechnung ist zunächst vom Gegenvormund zu prüfen (§ 1842). Dann wird sie vom Vormundschaftsgericht – meist mit Hilfe eines Rechnungsbeamten – geprüft (§ 1843). Das Vormundschaftsgericht kann Berichtigung, Ergänzung, Vorlage weiterer Bücher und Belege, nicht aber die Ableistung des Offenbarungseides vom Vormund verlangen. Eine Entlastung des Vormundes findet nicht statt. Vielmehr hat der Vormundschaftsrichter den Vormund durch geeignete Gebote zu einer ordnungsmäßigen Vermögensverwaltung anzuhalten (§ 1837). Er kann vom Vormund allenfalls die Stellung einer Sicherheit verlangen (§ 1844), da dem Mündel nicht wie in manchen fremden Rechten eine gesetzliche Hypothek am Vermögen des Vormunds zusteht. Ersatzansprüche gegen den Vormund wegen seiner Verwaltung können sofort geltend gemacht werden (§ 1843 II); dem Mündel muß dafür ein Pfleger bestellt werden (§ 1909), während bei der Sicherheitsleistung das Vormundschaftsgericht selbst den Mündel vertritt (§ 1844 II).

Das Vormundschaftsgericht kann zur Sicherstellung des Mündels auch eine Sicherungshypothek auf einem Grundstück des Vormunds eintragen lassen (§ 54 FGG).

Die vertretungsberechtigten Eltern können durch letztwillige Anordnung den Vormund von der Pflicht zur Rechnungslegung „befreien". In diesem Fall braucht der Vormund nur alle 2–5 Jahre eine Übersicht über den Vermögensbestand einzureichen (§ 1854). Von der Sicherheitsleistungspflicht können die Eltern den Vormund nicht befreien.

Amts- und Vereinsvormund leisten keine Sicherheit (§ 1844).

4. Das Vormundschaftsgericht prüft ferner das vom Vormund errichtete Inventar über das Mündelvermögen (§ 1802 III). Sind Eltern zum Vormund bestellt, so haben sie wie als Inhaber der elterlichen Gewalt auch im Falle der Wiederverheiratung ein Vermögensverzeichnis einzureichen (§§ 1845, 1683).

5. Nach Beendigung seines Amtes hat der Vormund die Bestallung zurückzugeben (§ 1893 II).

6. Das Vormundschaftsgericht kann den Vormund durch *Zwangsgeld* bis zu 1000 DM nach vorheriger Anordnung (§ 33 FGG) zur Befolgung seiner Anordnungen anhalten (§ 1837 II). Dies Zwangsmittel ist nicht mehr zulässig, wenn die verlangte Handlung nicht mehr vorgenommen werden kann. Es ist aber noch nach Beendigung des Amtes des Vormundes zulässig, wenn dieser Abwicklungspflichtigen (Rechnungslegung, Rückgabe der Bestallung) zu erfüllen hat.

Auch die Sicherheitsleistung kann das Vormundschaftsgericht durch Zwangsgeld durchzusetzen versuchen. Doch kann sich der Vormund der Sicherheitsleistung dadurch entziehen, daß er das Amt ablehnt (§ 1786) oder Entlassung begehrt (§ 1889).

Gegen den Amts- oder Vereinsvormund findet keine Festsetzung von Zwangsgeld statt (§ 1837 II).

Schrifttum: *Birkenfeld,* Rechnungslegung und Rechnungsprüfung in Vormundschafts- und Nachlaßsachen, FamRZ 1976, 197.

II. Rechtsverhältnis zwischen Vormund und Mündel

Das familienrechtliche Amt des Vormundes (oben § 37) erschöpft sich nicht in Personensorge und Vermögenssorge; es enthält zugleich ein *gesetzliches Dauerschuldverhältnis,* das eine *Geschäftsbesorgung* zum Gegenstand hat.

1. Der Vormund und der Gegenvormund (BGH NJW 56, 789) *haften* dem Mündel – strenger als die Eltern – für *jedes* Verschulden bei Führung der Vormundschaft auf Schadenersatz (§§ 1833, 276); angesichts ihrer grundsätzlichen Selbständigkeit entlastet es sie nicht, daß das Vormundschaftsgericht ein nachteiliges Rechtsgeschäft genehmigt hatte (BGH JZ 1964, 324). Bei Heranziehung Dritter wird im Zweifel nur für Auswahlverschulden, nicht nach § 278 gehaftet (str.). Im Fall der Amtsvormundschaft haftet die Körperschaft, bei welcher das Jugendamt errichtet wurde, und zwar aufgrund § 1833, GG Art. 34 (in weiterem Umfang als über § 839! BGHZ 9, 255). Der Mündel kann die Ansprüche auch schon während der Dauer der Vormundschaft geltend machen (arg. § 1843 II).

Hat der Vormund Dritte zur Betreuung des Mündels mit herangezogen, so haftet er im allgemeinen nur für deren ordnungsmäßige Auswahl. Läßt er aber durch Dritte Angelegenheiten erledigen, zu deren persönlicher Besorgung er dem Mündel verpflichtet ist, so muß er für Dritte vollen Umfangs einstehen (§ 278); siehe auch RGZ 76, 185.

Schrifttum: *Brüggemann,* Die Haftung des Amtsvormunds (in: Neues Unehelichenrecht in Sicht, Schriften des Deutschen Instituts für Vormundschaftswesen Bd. 2, 1961); *Schreiber,* Die Haftung des Vormundes, AcP 1978, 533.

2. Der Vormund (Gegenvormund, Beistand) hat gegen den Mündel einen Anspruch auf Ersatz seiner *Aufwendungen,* die er subjektiv für erforderlich halten durfte (§§ 1835, 670) einschließlich der von ihm dafür

verauslagten Umsatzsteuer (KG Rpfleger 1983, 150). Er kann sich unmittelbar aus dem Mündelvermögen befriedigen (§ 181). Bei Mittellosigkeit des Mündels besteht ein Anspruch auf Vorschuß und Ersatz aus der Staatskasse entsprechend den Vorschriften über die Erstattung barer Auslagen von Zeugen. Werden aber einem Staatsbürger in großem Umfang Vormundschaften und Pflegschaften über mittellose Personen übertragen und kann er solche Aufgaben nur im Rahmen seiner Berufsausübung wahrnehmen (Rechtsanwalt), so sind ihm auch Zeitaufwand und Bürounkosten zu erstatten (BVerfG NJW 1980, 2179).

Kritik an den sich daraus ergebenden Ungleichheiten zwischen Einzelvormund, Berufsvormund und Amtsvormund, zwischen Vormundschaften mit und ohne Personensorge und Vormundschaften für vermögende und ärmere Mündel übt mit Recht *Damrau,* Fschr. Mühl 1981, 123ff. Zur Verjährung der Ersatzansprüche *Damrau,* Rpfleger 1983, 93.

Einen Anspruch auf eine *Vergütung* hat der Vormund nicht, doch kann das Vormundschaftsgericht nach Umfang der Geschäfte bei Leistungsfähigkeit des Mündelsvermögens (wozu auch laufende Einkünfte wie Renten gehören) eine Vergütung bewilligen (§ 1836), selbst wenn dem Vormund keine Vermögensverwaltung oblag (RGZ 147, 317). Die Höhe der Vergütung bestimmt sich nach Billigkeit (RGZ 149, 172). Schuldner der Vergütung ist der Mündel; daher ist er vor deren Festsetzung zu hören (Rpfleger 1982, 473); doch können bei dessen Vermögenslosigkeit Auslagen und Rechtsanwaltsgebühren aus der Staatskasse ersetzt werden. Die Festsetzung der Vergütung durch das Vormundschaftsgericht ist noch kein Vollstreckungstitel, sondern berechtigt den Vormund lediglich, die Vergütung dem von ihm etwa verwalteten Vermögen zu entnehmen; gegen den Mündel selbst muß der Vormund notfalls gerichtlich vorgehen. Regelmäßig wird die Vergütungsfrage im Zusammenhang mit der Rechnungslegung, spätestens bei Beendigung der Vormundschaft erledigt.

Das Jugendamt oder ein Verein hat keinen Anspruch auf Vergütung; ein Anspruch auf Auslagenersatz besteht nur, soweit das Mündelvermögen reicht; allgemeine Verwaltungskosten werden nicht ersetzt (§§ 1836 III, 1835 IV).

3. Nach Beendigung seines Amtes hat der Vormund dem Mündel das verwaltete *Vermögen herauszugeben* und über die bisherige Verwaltung *Rechnung zu legen* (§ 1890). Die Rechnungslegungspflicht obliegt auch dem Jugendamt und ist von der gegenüber dem Vormundschaftsgericht verschieden.

Die Rechnung ist erst vom Gegenvormund zu prüfen, der auch dem Mündel über das Vermögen Auskunft zu geben hat (§ 1891). Dann wird die Rechnung dem Vormundschaftsgericht vorgelegt, welches nunmehr die Entlastung des Mündels zu vermitteln und zu beurkunden hat. Der Vormund hat aber keinen Anspruch auf Entlastung, und das Vormundschaftsgericht wird dem Mündel nicht zureden können, vorschnell eine solche Erklärung abzugeben. Der Mündel, welcher die Rechnungslegung nicht anerkennt, kann vom Vormund die Leistung des Offenbarungseides verlangen (§§ 259, 260).

Ist die Vormundschaft als solche beendet, so nimmt der Mündel oder sein Erbe die

Rechte selber wahr. Ist nur der Vormund durch einen anderen abgelöst, so wird bei der Abnahme der Rechnung der Mündel durch den neuen Vormund vertreten.

Die Herausgabe des Vermögens ist vom Mündel selber zu betreiben. Das Vormundschaftsgericht kann nicht die Herausgabe des verwalteten Vermögens an den Mündel anordnen.

4. Die gegenseitigen Ansprüche verjähren in 30 Jahren. Ihre Geltendmachung muß vor dem Prozeßgericht erfolgen; hier ist der Gerichtsstand der Vermögensverwaltung (§ 31 ZPO) zu beachten.

§ 39. Vormundschaft über Volljährige

Schrifttum: *Meyer/Schüler-Springorum,* Zur Vormundschaft über psychisch Kranke, FamRZ 1968, 575; *Meyer-Stolte,* Personensorge des Vormundes eines Volljährigen, Rpfleger 1979, 10; *Helle,* Zwangsbefugnisse des Vormunds Erwachsener, FamRZ 1984, 639.

1. Endgültige Vormundschaft

Die Vormundschaft ist als *endgültige* anzuordnen, wenn ein Volljähriger entmündigt worden ist (§ 1896); das Vormundschaftsgericht ist an den Entmündigungsbeschluß gebunden (BayObLG NJW 1981, 2524). Die Vormundschaft endet von selbst mit Aufhebung der Entmündigung (§ 1882).

1. Für die *Berufung zum Vormund* gelten hier von der Vormundschaft über Minderjährige abweichende Sätze. Berufen sind nur der Vater und die Mutter (in gleichem Rang), sofern nicht das Kind von einem Dritten adoptiert wurde (§ 1899); der Bestellung eines Elternteils zum Vormund kann der Mündel nicht widersprechen. Eine Berufung kraft letztwilliger Benennung ist ausgeschlossen (§ 1898). Vor den Eltern darf aber – ohne daß er einen Anspruch darauf hätte – der Ehegatte des Mündels zum Vormund bestellt werden (§ 1900); daraus folgt, daß auch bei Ausfall der Eltern vorzugsweise die Eignung des Ehegatten zum Vormund zu prüfen ist. Die Bestellung eines Jugendamts zum Vormund, früher unzulässig (BayObLG FamRZ 1962, 536), ist jetzt möglich (JWG § 54a); doch können die Länder andere Behörden an die Stelle setzen (§ 1897 S. 2). Angesichts der Wichtigkeit einer richtigen Auswahl des Vormunds sind Verwandte und der Mündel (FGG § 50b IV) vorher zu hören (§ 1847), zumal außer dem Ehegatten auch Verwandte in erster Linie als Vormund in Betracht zu ziehen sind (§ 1779).

Vgl. für Bayern VO v. 3. 7. 79 (GVBl. S. 164) über die Zuständigkeit der kreisfreien Gemeinden und Landkreise für die Vormundschaften; für Baden-Württemberg VO v. 21. 7. 1970 (GBl. S. 407).

2. Bei *Führung der Vormundschaft* ist die *Personensorge* auch über einen Verheirateten vollen Umfangs, d. h. ohne Rücksicht auf die tatsächliche

Fürsorge durch den Ehegatten gegeben (§ 1901 II); im übrigen aber muß sich die Personensorge auf die notwendigen Maßnahmen beschränken; sie wird bei einer Entmündigung wegen Verschwendung geringer sein als bei der wegen Trunksucht, bei dieser wieder geringer als bei der wegen Geisteskrankheit; ein Erziehungsrecht gegenüber Volljährigen besteht nicht. Auch kann eine etwa erforderliche Anstaltsunterbringung gegen den Willen des Mündels nicht ohne richterliche Anordnung (Art. 104 GG) erfolgen (BVerfG NJW 1960, 811 gegen BGHZ 17, 108; jetzt § 1800, vgl. oben § 37 II). Doch kann der Vormund die Aufhebung der Entmündigung beantragen.

In Eheprozessen (§ 607 ZPO) sowie bei Anfechtung der Ehelichkeit eines Kindes (§ 1595) ist der beschränkt Geschäftsfähige selbst prozeßfähig; für den Geschäftsunfähigen kann der Vormund die Klage nur mit Genehmigung des Vormundschaftsgerichts erheben.

Auf dem Gebiet der *Vermögenssorge* sind über die sonstigen Bindungen hinaus Versprechen und Gewähren einer Ausstattung sowie Verträge über wiederkehrende Leistungen (Miete, Pacht) auf die Dauer von mehr als vier Jahren für den Vormund der Genehmigung des Vormundschaftsgerichts bedürftig (§ 1902).

3. Für Vater und Mutter ist – wenn sie bei Minderjährigkeit zur Vermögensverwaltung berechtigt wären – die Vormundschaft grundsätzlich eine befreite, sofern nicht das Vormundschaftsgericht im Interesse des Mündels die Befreiung wieder aufhebt (§ 1903). Dem Vater wie der Mutter ist jedoch auf Antrag ein Gegenvormund zu bestellen (§ 1904), was einer Beseitigung der Befreiungen gleichsteht.

4. Im übrigen gelten für die Vormundschaft über Volljährige dieselben Regeln wie für die Vormundschaft über Minderjährige (§ 1897).

II. Vorläufige Vormundschaft

Die Vormundschaft über Volljährige kann auch eine *vorläufige* sein. Ist die Entmündigung eines Volljährigen beantragt, so ist das Entmündigungsgericht (anders als das Gericht im Eheprozeß nach § 620 n. F. ZPO) *nicht* zu vorläufigen Maßnahmen befugt. Vielmehr muß es das Vormundschaftsgericht benachrichtigen (§ 657 ZPO), welches eine vorläufige Vormundschaft anordnen kann, wenn ein Entmündigungsgrund wahrscheinlich ist und es die Vormundschaft zur Abwendung einer erheblichen Gefährdung der Person oder des Vermögens des Volljährigen für erforderlich erachtet. Diese kommt in ihrer *Wirkung einer Entmündigung* wegen Geisteschwäche gleich (§§ 1906, 114) und ist daher Sache des Richters (§ 14 Nr. 4 RpflG). Die vorläufige Vormundschaft bleibt bestehen, bis die Entmündigung rechtskräftig abgelehnt oder auf Grund der Entmündigung der endgültige Vormund bestellt ist; sie kann aber auch schon vorher nach Ermessen des Vormundschaftsgerichts aufgehoben werden (§ 1908).

Bei der Auswahl des Vormundes ist das Vormundschaftsgericht hier völlig frei (§ 1907); es wird aber tunlichst den bestellen, der bei endgültiger Entmündigung zum Vormund berufen wäre. Im übrigen finden die Regeln der Vormundschaft über Minderjährige Anwendung. Die Wirkungen der vorläufigen Vormundschaft bleiben für die Zeit, in der diese angeordnet war, auch dann bestehen, wenn es zu keiner endgültigen Entmündigung kommt (§ 115; § 61 FGG). Gegen die Anordnung der vorläufigen Vormundschaft muß selbst ein Geschäftsunfähiger gemäß den in BGHZ 70, 252 entwickelten Grundsätzen Beschwerde einlegen können; doch schränkt die Praxis dies Recht gegenüber sonstigen Maßnahmen (z. B. Auswahl des Vormunds) ein (lies BayObLG MDR 1969, 145).

§ 40. Pflegschaft

Schrifttum: *Boschan,* Die Pflegschaft, Handbuch für den Vormund (1956)

Die Pflegschaft ist in ihren Hauptanwendungsfällen eine *vormundschaftliche Fürsorge* aus anderen Gründen als wegen Fehlens oder Beschränkung der Geschäftsfähigkeit: vor allem bei Ausfall der normalen elterlichen oder vormundschaftlichen Fürsorge aus rechtlichen oder tatsächlichen Gründen, insbes. auch wegen Interessenkollision. So ist sie als Ergänzungs- oder Ersatzpflegschaft (§§ 1909, 1630), als Sorgerechtspflegschaft (§§ 1671 V, 1680 II), Amtspflegschaft für nichtehelich Geborene (§ 1706), Pflegschaft für eine Leibesfrucht (§ 1912), Gebrechlichkeitspflegschaft (§ 1910) und Abwesenheitspflegschaft (§ 1911) vorgesehen. Der Pfleger hat – im Gegensatz zum Vormund – nicht für alle Angelegenheiten des Pfleglings, sondern nur für einen durch den Akt der Bestellung genau *begrenzten Kreis* von *Angelegenheiten* zu sorgen. Der Pfleger kann nicht nur für Geschäfte einer bestimmten, fürsorgebedürftigen *Person,* sondern auch für ein *Vermögen* eingesetzt werden (Sachpflegschaft); die Pflegschaft ist aber auf die gesetzlich dafür vorgesehenen Fälle beschränkt. Pflegschaften sind freilich auch außerhalb des Familienrechts (Erbrecht!) und vielfach außerhalb des BGB vorgesehen. Die Vorschriften des BGB sind in letzteren Fällen nur mit Vorsicht heranzuziehen, so insbes. bei den Pflegschaften nach ZPO (§§ 57, 58, 494 II, 668, 679 III, 686 II, 779 II, 787) und ZVG (§§ 6, 7, 135, 157 II) oder SGG § 72.

Die Pflegschaft bedarf – außer im Falle der kraft Gesetzes eintretenden Amtspflegschaft (§ 1709) – stets ausdrücklicher Anordnung (§ 1774), die nur in den vom Gesetz vorgesehenen Fällen bei Vorliegen eines Rechtsschutzinteresses ergehen darf. Dies ist von Amts wegen zu prüfen. Es gelten im übrigen die für die Vormundschaft geltenden Rechtssätze entsprechend (§ 1915). Einzelne Abweichungen gelten für die verschiedenen Pflegschaftsfälle.

Von der Anordnung der Pflegschaft ist die Bestellung des Pflegers zu unterscheiden, auch wenn beides vielfach in einem Beschluß zusammengefaßt wird. Bei der Auswahl des Pflegers ist nach § 1779 zu verfahren und sind außer der durch Pflegschaft zu schützenden Person die dort genannten weiteren Personen zu hören. Eine Gegenpflegschaft ist jedoch nicht erforderlich (§ 1915), wenn auch möglich. Der Pfleger haftet für die Erledigung seiner Aufgaben dem Pflegling ebenso wie der Vormund. Eine Vergütung neben Ersatz seiner Aufwendungen kann ein Pfleger – ebenso wie ein Vormund – nur auf Anordnung des Vormundschaftsgerichts erhalten (BGH FamRZ 1963, 356).

In vielen Fällen ist der Pflegling nicht in der *Geschäftsfähigkeit* beschränkt. Daraus ergibt sich, daß Pfleger und Pflegling nebeneinander Geschäfte abschließen können. Wenn sich diese widersprechen, so gilt dasselbe, wie wenn Geschäftsherr und Bevollmächtigter einander widersprechende Geschäfte schließen. Der Pfleger ist insofern kein echter gesetzlicher Vertreter, als er (außer im Prozeß, ZPO § 53) nicht notwendig ausschließliche Vertretungsmacht hat; gleichwohl hat er im Rahmen seines Wirkungskreises im Ergebnis die Stellung eines gesetzlichen Vertreters. Der Pflegling haftet also insoweit für den Pfleger (§ 278). Andererseits steht der Pfleger beim voll geschäftsfähigem Pflegling diesem nur zur Seite. Bei Widerspruch des Pfleglings geht dessen Willen vor und hat der Pfleger die entsprechende Tätigkeit zu unterlassen (OLGZ 1981, 104).

Die Beendigung der Pflegschaft ist nach Arten der Pflegschaft verschieden. Stets endet eine nur zur Erledigung einer bestimmten Angelegenheit angeordnete Pflegschaft mit der Erledigung der Angelegenheit (§ 1918 III), jede Pflegschaft mit Ausnahme der Abwesenheitspflegschaft auch notwendig mit Tod des Pfleglings (JFG 17, 333); sonst endet die Pflegschaft mit ihrer förmlichen Aufhebung (§§ 1919; 1707 Nr. 2). Doch kann auch ohne förmliche Beendigung der Pflegschaft der Pfleger entlassen werden, z. B. wegen Unfähigkeit oder Pflichtwidrigkeit (§ 1886); doch ist der Pfleger vorher anzuhören (OLGZ 1981, 20).

Der Pfleger ist nach Ende der Pflegschaft zur Fortführung der Geschäfte berechtigt bis er von der Beendigung der Pflegschaft erfährt (§ 1893). Eine Verpflichtung zur vorläufigen Fortführung der Pflegschaft besteht aber nur nach dem Tod des Mündels, nicht in den übrigen Fällen (RG, DR 1940, 726).

I. Ergänzungspflegschaft

Neben dem elterlichen Gewalthaber oder Vormund ist ein Pfleger *für solche Angelgenheiten* zu bestellen, *für welche Eltern oder Vormund nicht zu sorgen vermögen* (§ 1909), sei es aus tatsächlichen oder aus rechtlichen Gründen.

Hier kommen einmal die Geschäfte in Betracht, bei denen der elterliche Gewalthaber oder Vormund kraft Gesetzes wegen Interessenkollision verhindert ist (§§ 1795, 1796, 181), also Geschäfte zwischen Vater oder Mutter und Kind, Vormund und Mündel, Anfechtung der Ehelichkeit des Kindes (JFG 19, 55), Erbauseinandersetzung zwischen mehreren Mündeln desselben Vormunds, Pfleger für Minderjährige als Mitgesellschafter neben einem Elternteil (OLG Frankfurt NJW 1973, 2113) usw. (sogen. Kollisionspfleger). Dem steht der Pfleger nahe, welchen nach § 1706 das nichteheliche Kind bekommt, um seine Abstammung feststellen zu lassen und die Unterhaltsansprüche gegen den Erzeuger geltend zu machen – eine Wahrnehmung von Rechten, welcher der sonst mit der elterlichen Gewalt ausgestatteten nichtehelichen Mutter wegen ihren intimen persönlichen Beziehungen zum Vater nicht zugemutet wird. Tatsächliche Verhinderung kann bei Abwesenheit und Krankheit, aber auch bei mangelnder Sachkunde für ein besonders schwieriges Geschäft vorliegen.

Ferner ist an die Fälle zu denken, wo kraft Bestimmung eines Zuwenders das Zugewendete nicht vom gesetzlichen Vertreter verwaltet werden soll (§§ 1638, 1803, 1909 I 2) sowie an die Sorgerechtspflegschaft des § 1671.

Ein Pfleger kann auch in Betracht kommen, wo einzelne Angelegenheiten dem elterlichen Gewalthaber entzogen sind (§§ 1666, 1670), z. B. Pfleger zur Regelung des Schulbesuchs (BVerfG, MDR 55, 23) oder wo das Sorgerecht kraft Gesetzes entfällt (Vermögenssorge bei Konkurs des Sorgeberechtigten, § 1670).

Das Gesetz zählt hierher auch den Fall, daß ein Vormund noch nicht bestellt werden kann; dann ist vorläufig ein Pfleger zu bestellen. Sinngemäß können diesem Pfleger nicht alle Aufgaben des Vormundes übertragen werden, denn sonst läge doch eine (freilich nur vorläufige, und von den erschwerenden Auswahlgrundsätzen für einen Vormund befreite) Vormundschaft vor; dem Pfleger werden hier nur die dringenden Geschäfte – je nach dem Bedürfnis – zu übertragen sein (§ 1909 III; *Ersatzpflegschaft)*, so daß auch die Wirkungen einer vorläufigen Vormundschaft (§ 1906) allein mit Einsetzung des Ersatzpflegers noch nicht eintreten.

1. Soweit die Pflegschaft nicht kraft Gesetzes eintritt (§ 1709), ist das *Bedürfnis* nach einer derartigen Pflegschaft vom elterlichen Gewalthaber oder Vormund dem Vormundschaftsgericht *anzuzeigen* (§ 1909 II) und vom Vormundschaftsgericht zu überprüfen. Die Pflegschaftsanordnung ist abzulehnen, wenn verständigerweise eine Interessenkollision verneint werden muß, oder Maßnahmen eines Pflegers nicht erforderlich oder zwecklos wären, oder wenn die Pflegschaftsanordnung ausschließlich den Interessen Dritter, nicht aber denen des Pfleglings dienen würde.

2. Die Grundsätze über *Berufung* zum Vormund haben hier keine Geltung (§ 1916). Das Gericht kann den Pfleger frei auswählen.

Der Grund dafür liegt darin, daß die von den Eltern bezeichneten Personen möglicherweise auch einer der Parteien zu nahestehen, um eine Interessenkollision auszuschließen. Aber auch für den den Vormund vorläufig ersetzenden Pfleger gilt diese Regel eigentümlicherweise; hier wird aber das Bedürfnis nach der Pflegschaft meist darauf beruhen, daß die zum Vormund berufenen Personen das Amt nicht übernehmen können, so daß eine Berücksichtigung der Berufenen ohnehin nicht in Betracht kommt. Auch das Jugendamt kann zum Pfleger bestellt werden (JWG § 45).

Ist aber eine Pflegschaft für zugewendetes verwaltungsfreies Vermögen anzuordnen, so sind Bestimmungen des Zuwenders über die Person des Pflegers zu berücksichtigen. Ein solcher Pfleger kann auch wie ein befreiter Vormund von den Vorschriften über Vermögensanlage und Rechnungslegung durch Anordnung des Zuwenders befreit werden (§ 1917); doch kann das Vormundschaftsgericht bei Gefährdung der Interessen des Pfleglings die Befreiungen wieder aufheben.

3. Eine Pflegschaft kann nach § 1630 auch dadurch eingerichtet werden, daß das Vormundschaftsgericht dann, wenn ein Kind für längere Zeit in Familienpflege gegeben wird, auf Antrag der Eltern den Pflegeeltern einzelne Angelegenheiten der elterlichen Sorge überträgt, um damit den Pflegeeltern die Ausübung der Sorge für das Kind zu erleichtern. Diese Pflegschaft endet sinngemäß damit, daß das Kind aus der Pflegestelle zurückgenommen wird (§ 1918 III).

4. Die Ergänzungspflegschaft *endet* mit der Beendigung der elterlichen Gewalt oder Vormundschaft (§ 1918); war sie nur zur Erledigung einer einzelnen Angelegenheit eingeleitet (z. B. Abschluß eines bestimmten Vertrages, Anfechtung der Ehelichkeit), so endet sie von selbst mit der Erledigung der Angelegenheit (§ 1918 III). Im übrigen kann sie bei Fortfall des Bedürfnisses jederzeit aufgehoben werden (§ 1919).

Die Ersatzpflegschaft endet mit ihrer ausdrücklichen Aufhebung, es sei denn, daß der Pfleger nur für eine einzelne Angelegenheit bestellt war und diese erledigt ist.

Vielfach wird angenommen, die Ersatzpflegschaft ende schon mit der Einsetzung eines Vormundes. Indessen ist das kein gesetzlicher Beendigungsgrund, genausowenig wie die Bestellung eines neuen Vormundes etwa automatisch das Amt des vorigen beendet. Vielmehr ist bei Einsetzung des Vormundes nur das Bedürfnis für die Pflegschaft entfallen und sie muß nun ausdrücklich aufgehoben werden (§ 1919).

5. Für einen *Entmündigten* kann vom Prozeßgericht für das Entmündigungsverfahren eine Ergänzungspflegschaft angeordnet werden, insbesondere wenn der gesetzliche Vertreter die Rechte des Entmündigten nicht wahrnehmen will oder ein Interessengegensatz zwischen ihm und dem Entmündigten besteht (§§ 668, 679 III, 686 II ZPO).

6. Eine besondere Ersatzpflegschaft ist im Prozeß möglich, wenn eine *nicht prozeßfähige Partei* ohne gesetzlichen Vertreter ist (§ 57 ZPO). Die Pflegschaft dauert, bis der gesetzliche Vertreter den Prozeß übernimmt oder der Prozeß erledigt ist.

II. Pflegschaft für eine Leibesfrucht

1. Eine Leibesfrucht kann einen Pfleger *zur Wahrung ihrer künftigen Rechte* erhalten, soweit nicht der künftige elterliche Sorgeberechtigte diese Rechte wahrnehmen kann (§ 1912).

Beispiele: Pfleger für die Zustimmung zur vorgeburtlichen Anerkennung eines Kindes (§§ 1600b II, 1600c) oder Geltendmachung von Unterhaltsansprüchen (§ 1615o); Pfleger zur Wahrung eines Erbrechts (§ 1923 II) vor Beeinträchtigungen oder zur Geltendmachung erbrechtlicher Ansprüche (§§ 1934a, 1934c, 2174) oder von Schadensersatzansprüchen (§§ 823, 844 II 2).

Diese Pflegschaft *endet* mit der Geburt des Kindes (§ 1918 II), sofern die Angelegenheit nicht schon vorher erledigt ist (§ 1918 III).

Ist die Angelegenheit, für die der Pfleger bestellt wurde, mit Geburt des Kindes noch nicht erledigt, so bedarf es auch weiterhin des Pflegers, da die Pflegschaft ja gerade unter der Voraussetzung eingeleitet ist, daß der elterliche Gewalthaber hier nicht für das Kind handeln kann! Es wäre formalistisch, hier erneute Bestellung des Pflegers zu fordern. Die Bestimmung des § 1918 II konnte nur einen Sinn haben für den Pfleger eines nichtehelichen Kindes, der durch den Vormund abgelöst werden sollte; hier ist aber das BGB durch das NichtehelG überholt. § 1918 II sollte daher beseitigt werden.

2. Für die Leibesfrucht einer *unverehelichten Mutter* kann, wenn anzunehmen ist, daß das Kind nichtehelich zur Welt kommen wird, auf Antrag des Jugendamts oder der werdenden Mutter ein Pfleger bestellt werden, um das Jugendamt als Amtspfleger auszuschalten und an seine Stelle einen individuell ausgesuchten Pfleger zu setzen (§ 1708). Dieser wird dann anstelle des Jugendamts Pfleger mit der Geburt des Kindes. Der Pfleger ist aber nicht zu bestellen, falls für das Kind (etwa wegen Minderjährigkeit der Mutter) ein Vormund erforderlich würde. Hier verbleibt es bei der Amtsvormundschaft.

III. Gebrechlichkeitspflegschaft

Schrifttum: *Diamand,* Vorläufige Vormundschaft und Gebrechlichkeitspflegschaft als Ersatzformen der Entmündigung, 1931; *Röhl,* Prozeßfähigkeit Geisteskranker JZ 1956, 309; *Dunz,* JZ 1960, 475; *Maurer,* FamRZ 1960, 480; *Schüler-Springorum,* FamRZ 1961, 300; *Franke,* NJW 1962, 1755; *Pickel,* NJW 1965, 338; *In der Beeck-Wuttke,* Geistige Gebrechlichkeit und § 1910 BGB, NJW 1968, 1165; *Gernhuber,* Der Senior und sein Zwangsvermögenspfleger, FamRZ 1976, 189; *Müller-Freienfels,* Die Altersvorsorge-Vollmacht, Fschr. Coing 1982, 395; *Hendel,* Die Gebrechlichkeitspflegschaft – eine taugliche Ersatzform für die Entmündigung? FamRZ 1982, 1058; *Lehr,* Gebrechlichkeitspflegschaft, FamRZ 1982, 1169.

1. Gebrechlichkeitspflegschaft kommt sowohl wegen körperlicher wie auch wegen geistiger Gebrechen in Betracht. Bei *körperlichen Gebrechen* Volljähriger, mag es sich um Blindheit, Taubheit, Stummheit handeln, liegt kein Entmündigungsgrund vor und kommt deshalb eine Vormundschaft nicht in Betracht. Dem Gebrechlichen kann nur mit einer Pflegschaft geholfen werden, die entweder *Totalpflegschaft* (für alle Angelegenheiten, d. h. für Person und Vermögen, § 1910 Abs. 1) oder *Teilpflegschaft* (für bestimmte einzelne seiner Angelegenheiten, § 1910 Abs. 2) sein kann. Bei *geistigen Gebrechen* kann eine Pflegschaft höchstens zur Besorgung einzelner Angelegenheiten angeordnet werden; hier ist sie als mildere Maßnahme häufig der Entmündigung und Einleitung einer Vormundschaft vorzuziehen (BGHZ 41, 106). Sind dagegen alle Angelegenheiten fürsorgebedürftig, so ist Entmündigung und Bestellung eines Vormunds angezeigt – mag es sich um Geisteskrankheit oder Geistesschwäche (§ 6) handeln (BGH FamRZ 1961, 370). Trunksucht und Rauschgiftsucht rechtfertigen als solche keine Pflegschaft, sondern nur die Entmündigung (§ 6); anders, wenn sie auf Gebrechen beruhen oder solche zur Folge haben. Ein Pfleger kann aber im Bedarfsfalle auch neben einem schon vorhandenen Vormund bestellt werden, etwa bei dem wegen Geistesschwäche beschränkt Entmündigten, wenn es um höchstpersönliche Geschäfte geht, für welche der Entmündigte selbst geschäftsfähig bleibt (z. B. ZPO § 607: Ehesachen), in denen er aber wegen Gebrechen nicht tätig werden kann (BGHZ 41, 303).

2. Ein förmlicher Antrag ist nicht erforderlich; der Vormundschaftsrichter (§ 14 Nr. 4 RPflG) kann die Pflegschaft auch von Amts wegen anordnen. Die Pflegschaft darf nur insoweit angeordnet werden, als das Bedürfnis infolge des Gebrechens reicht; sie bedarf grundsätzlich der vorherigen Zustimmung des Betroffenen (§ 1910 III); die Zustimmung darf nur übergangen werden, wenn eine Verständigung mit dem Gebrechlichen nicht möglich ist, d. h. bei geistigen Gebrechen, wenn er auch nur einen „natürlichen" (nicht rechtsgeschäftlichen) Willen nicht mehr zu äußern vermag. Sie ist auch zulässig bei völlig Geschäftsunfähigen, wenn nur einzelne ihrer Angelegenheiten der Fürsorge bedürfen. In letzteren Fällen entsteht praktisch eine „*Zwangspflegschaft*". Die Praxis nimmt das in Kauf, weil das Verfahren der Anordnung und Aufhebung der Pflegschaft flexibler ist, als das Entmündigungsverfahren, welches mit mehr förmlichen Garantien (ZPO §§ 652ff.) ausgestattet ist; die Praxis rechtfertigt dies Pflegschaftsverfahren damit, daß es bei ordnungsmäßiger Durchführung „im ganzen gesehen gleich wirksame Rechtsgarantien" biete (BGHZ 70, 260 nach BVerfG NJW 1965, 2051).

3. Die Pflegschaft dient primär nur den Interessen des Gebrechlichen, nicht Dritter; die Praxis neigt gleichwohl zur Pflegschaftsanordnung im Interesse Dritter, z. B. für die Scheidungsklage des anderen Ehegatten (BayObLG NJW 1966, 662), häufig mit der Begründung, daß damit die sonst notwendige Entmündigung des Pfleglings vermieden würde (zuletzt OLG Hamm MDR 1968, 1011); doch hätte ein Gläubiger kein Recht, den Entmündigungsantrag zu stellen – allenfalls der Staatsanwalt (ZPO § 646).

Die Praxis läßt den Gebrechlichkeitspfleger auch zwecks Zustellung von Willenserklärungen (EheG § 26 II) zu, nicht aber für die Ableistung des Offenbarungseides, weil dies Fürsorge für den Gläubiger wäre (KG JW 1933, 2067); andererseits kann ein für die Vermögensangelegenheiten des Pfleglings eingesetzter Pfleger auch zur Ableistung des Offenbarungseids für den Pflegling berufen sein (KG NJW 1968, 2245).

4. Durch die Pflegschaft wird, auch wenn sie für Person und Vermögen besteht, die Geschäftsfähigkeit des Gebrechlichen nicht beeinträchtigt; sie bedeutet keine Entmündigung; der Pflegling kann insbes. seinen Aufenthalt auch weiter frei bestimmen (str.; lies dazu Röhl JZ 1956, 311), selbst wenn die Aufenthaltsbestimmung in den Aufgabenkreis des Pflegers einbezogen ist (anders und bedenklich BayObLG JZ 1962, 444; der Pfleger ist dem Pflegling nur beigeordnet, nicht „übergeordnet"). Ein geschäftsfähiger Pflegling kann daher vom Pfleger nicht gegen seinen eigenen Willen in einer Anstalt untergebracht werden (BGHZ 48, 147). Der Pfleger ist – soweit sein Aufgabenkreis reicht – Vertreter des Gebrechlichen; dieser kann aber neben dem Pfleger auch selber handeln. Widersprechende Geschäfte sind hier ebensogut möglich wie bei einer rechtsgeschäftlichen Bevollmächtigung und sind ebenso zu behandeln

(BGHZ 41, 306). Das Geschäft des Pflegers hat nicht etwa den Vorrang. Nur im Prozeß handelt der Pfleger allein (§ 53 ZPO).

Wenn auch die Gebrechen, deretwegen die Pflegschaft bestellt wurde, die Geschäftsfähigkeit des Pfleglings nicht beeinträchtigen, knüpft das Gesetz doch an die durch Pflegschaftsbestellung dokumentierten Gebrechen gewisse Beschränkungen in der Wahrnehmung vor allem der Interessen anderer an. Wer einen Vermögenspfleger erhalten hat, ist unfähig, Testamentsvollstrecker zu sein (§ 2201), untauglich zum Beistand (§ 1691), Vormund (§ 1781 Nr. 2), Gegenvormund (§ 1792 IV) oder Pfleger (§ 1915). Wer einen Pfleger für Person und Vermögen erhalten hat, dessen elterliche Sorge ruht wie bei einem Geschäftsbeschränkten (§ 1673 II).

5. Die Gebrechlichkeitspflegschaft ist aufzuheben, wenn das Bedürfnis entfallen ist (§ 1919) oder der Gebrechliche die Aufhebung beantragt (§ 1920). Sie endigt von selbst mit dem Tode des Gebrechlichen (KG, DFG 38, 174), bei Anordnung für eine einzelne Angelegenheit mit deren Erledigung (§ 1918).

Verfahrensmäßig ist die Anhörung des Gebrechlichen als „Beteiligten" wie auch schon wegen GG Art. 1 (Menschenwürde) und 103 selbst dann unerläßlich, wenn er wegen Geschäftsunfähigkeit keine rechtlich erhebliche Zustimmungserklärung (§ 1910) abgeben kann. Demgemäß kann selbst der Geschäfsunfähige Beschwerde (FGG §§ 19, 27) einlegen (BGHZ 70, 252) und die Aufhebung der Pflegschaft „anregen".

Es erscheint freilich wenig folgerichtig, daß der Geschäftsunfähige zwar ein Beschwerderecht, aber kein Antragsrecht haben soll. Indessen ist die Praxis zu dieser Lösung genötigt, weil nach § 1920 dem förmlichen Antrag auf Aufhebung der Pflegschaft stattgegeben werden müßte, was namentlich bei Geschäftsunfähigen nicht immer sachgerecht wäre und zu deren eigenem Nachteil ein Entmündigungsverfahren zur Folge haben könnte; andererseits will die Praxis so dem Pflegling möglichst weite Rechte geben, ohne von der „Zwangspflegschaft" absehen zu müssen.

Eine Gebrechlichkeitspflegschaft des öffentlichen Rechts ist die Pflegschaft zum Zwecke der *Zwangspensionierung* eines *Beamten* (§ 44 BBG und die Landesbeamtengesetze). Hier wird der Pfleger im Verfahren gesetzlicher Vertreter des Beamten und schließt dessen eigenes Tätigwerden aus.

IV. Abwesenheitspflegschaft

Schrifttum: *Sachs*, NJW 1948, 367; *Bettermann*, MDR 1949, 94; *Arnold*, NJW 1949, 248 u. MDR 1949, 600; *Riedel*, JR 1949, 272; *Jansen*, DNotZ 1954, 592; *Müller*, NJW 1956, 652.

Sie ist für einen Volljährigen einzuleiten, wenn er unbekannten Aufenthalts ist oder sein Aufenthalt zwar bekannt, er aber an der Rückkehr und Besorgung seiner Angelegenheiten verhindert ist.

1. Die Pflegschaft ist nur einzuleiten, wenn Vermögensangelegenheiten der Fürsorge bedürfen (§ 1911). Sie dient dem Interesse des Abwesenden, nicht seiner Gläubiger (str). Der Grund, warum eine Fürsorge erforderlich ist, kann verschiedenartig sein. Es kann sein, daß im Interesse des Abwesenden ein Rechtsgeschäft vorgenommen werden muß; selbst wenn er Fürsorge etwa durch Bestellung eines Bevollmächtigten getroffen hat,

kann sich ein Fürsorgebedürfnis daraus ergeben, daß die Vollmacht widerrufen werden muß (§ 1911).

Unzulässig ist die Abwesenheitspflegschaft für die Erledigung persönlicher Angelegenheiten wie den Ehescheidungsprozeß (RGZ 126, 161), die Ehelichkeitsanfechtungsklage (OLG Koblenz FamRZ 1974, 222) oder die Anerkennung der Vaterschaft.

Unzulässig wäre eine Abwesenheitspflegschaft nur zu dem Zwecke, den Abwesenden wegen einer Schuld zu verklagen. Hier genügen im allgemeinen die Vorschriften über die öffentliche Zustellung der Klage (§§ 203 ff. ZPO); eine Abwesenheitspflegschaft zugunsten der Gläubiger wäre unzulässig (OGH. BZ ZJBl. 1948, 182).

Das Bedürfnis eines Gläubigers, den Abwesenden zu verklagen, schließt aber nicht schlechthin aus, daß damit gleichzeitig ein Fürsorgebedürfnis auch für den Abwesenden selbst gegeben ist. So wird den Interessen des Abwesenden häufiger besser damit gedient, daß er in einem gegen ihn gerichteten vermögensrechtlichen Prozeß durch den Pfleger vertreten wird, als daß nach öffentlicher Zustellung Versäumnisurteil ergeht.

2. Der Grund der Abwesenheit ist gleichgültig; es kann sich um Gefangenschaft, Emigration, Forschungsreise oder ständigen ausländischen Wohnsitz handeln. Ebenso ist gleichgültig der Grund, aus dem die Angelegenheiten nicht besorgt werden können, weshalb also insbesondere die Nachrichtenverbindung abgerissen ist; ob der Abwesende von sich aus keine Nachricht geben will oder ob er durch höhere Gewalt verhindert ist. Die Pflegschaft ist auch dann wirksam eingeleitet, wenn unbekannt blieb, daß der Abwesende schon gestorben war. Der Pfleger handelt dann mit Wirkung für und gegen die Erben. Nach der Todeserklärung ist die Pflegschaft ausgeschlossen.

Viel erörtert war nach Kriegsende die Abwesenheitspflegschaft für Vermißte. Nach dem Gesagten ist sie auch dann noch zulässig, wenn sich aus §§ 9 u. 10 VerschG keine Lebensvermutung mehr ergibt. Die neuere Rspr. (BGHZ 5, 240 ff.) schließt sie aber dann aus, wenn es um nach Ablauf der Lebensvermutungen neu entstandene Vermögensangelegenheiten geht, insbes. um neuen Erbanfall. Hier ist eine Nachlaßpflegschaft angebracht.

3. Die Abwesenheitspflegschaft *endet* von selbst bei Beschränkung auf eine einzelne Angelegenheit mit ihrer Erledigung (§ 1918 III), im übrigen mit der Todeserklärung oder Festsetzung der Todeszeit (§ 1921 III), welche auch der Pfleger beantragen darf (§ 16 VerschGes.; BGHZ 18, 389). Sonst kann sie nur durch Aufhebung enden. Die Aufhebung hat zu erfolgen, wenn das Bedürfnis entfallen ist (§§ 1921 I, 1919); dazu zählt auch der Tod des Pfleglings (§ 1921 II); aber im Gegensatz zur Todeserklärung besteht hier die Pflegschaft bis zur ausdrücklichen Aufhebung weiter.

Der Grund für diese Regelung liegt darin, daß der Tod des Abwesenden meist erst sehr verspätet bekannt wird. Die Pflegschaft mit dem Tode enden zu lassen würde bedeuten, daß viele vom Pfleger zwischen Tod und Eintreffen der Todesnachricht geschlossene Geschäfte der Vertretungsmacht des Pflegers ermangeln könnten. Indessen wäre der Pfleger auch nach allgemeinen Vorschriften zur Fortführung seiner Geschäfte befugt (§§ 1893, 1698 a); aber danach könnte die Gültigkeit bei jedem Geschäft anders zu beurteilen sein; durch § 1921 II wird eine klare, einheitliche Grenze gesetzt.

4. Ein besonderes Bedürfnis nach Abwesenheitspflegschaften hat sich im Verlauf des *Krieges* und der sich daran anschließenden Ereignisse

ergeben, da viele im Ausland lebende Personen oder feindliche Staatsangehörige an der Betreuung ihres inländischen Vermögens verhindert waren. Daher sind erweiterte Möglichkeiten zur Einsetzung von Abwesenheitspflegern geschaffen worden (VO vom 11. 10. 1939 u. 18. 10. 1939; VO vom 22. 1. 1940 u. 16. 4. 1942). Bemerkenswert ist daran vor allem, daß hiernach auch Pfleger für juristische Personen eingesetzt werden konnten, ja allenfalls für einzelne ihrer Organe. In Anlehnung an die VO vom 16. 4. 1942 sind für die Nachkriegszeit für mehrere Länder und Zonen verschiedene Sondervorschriften über Abwesenheitspflegschaften ergangen. Letztere sind aufgehoben durch § 22 und ersetzt durch § 10 des „*Zuständigkeitsergänzungsgesetzes*“ v. 7. 8. 1952 (BGBl. I 407). Danach kann für natürliche Personen, Gesellschaften und juristische Personen (evtl. deren Organe) ein *Pfleger* schon dann bestellt werden, wenn die Verbindung zu deren Aufenthaltsort so unterbrochen oder erschwert ist, daß Vermögensangelegenheiten in der Bundesrepublik nicht ordnungsgemäß erledigt werden können.

5. Weitere Fälle der Abwesenheitspflegschaft ergeben sich aus dem öffentlichen Recht. So ist im *Strafverfahren* gegen Jugendliche, wenn dem Erziehungsberechtigten und gesetzlichen Vertreter ihre Rechte entzogen wurden, ein Pfleger durch das Vormundschaftsgericht zu bestellen (§ 67 JGG).

6. Besondere Abwesenheitspfleger können bestellt werden zur *Auseinandersetzung einer Erbschaft* oder des Gesamtguts einer fortgesetzten Gütergemeinschaft, wenn einer der Beteiligten unbekannten Aufenthaltes ist (§§ 88, 99 FGG).

V. Pflegschaft für unbekannte Beteiligte

Für einen noch unbekannten Beteiligten – sei es, daß er der Person nach unbekannt ist, sei es, daß noch unbekannt ist, wer von mehreren bekannten Personen der wirklich Beteiligte ist, insbesondere für einen noch unbekannten Nacherben, kann ein Pfleger eingesetzt werden, soweit dies zur Wahrnehmung seiner Angelegenheiten erforderlich ist (§ 1913). Diese Pflegschaft endet mit Erledigung der Angelegenheit oder mit Bekanntwerden des Berechtigten (§§ 1918, 1919).

Es muß sich hier stets um die Wahrnehmung einer schon vorhandenen Angelegenheit handeln. Es gibt keine Pflegerbestellung, z. B. zum Abschluß eines Kaufvertrages für eine erst später zu bestimmende Vertragspartei. Entgegen BGHZ 19, 57 gibt es auch keinen Pfleger für das Vermögen eines mitgliedlos gewordenen Vereins. Wenn der Verein (nach BGH) erloschen ist, kann er keinen Pfleger mehr erhalten; die in der Satzung benannten Anfallberechtigten bedürfen, jedenfalls wenn sie bekannt sind, keines Pflegers.

Besondere Pflegschaften für unbekannte Beteiligte sind im Prozeßrecht vorgesehen, so im *Beweissicherungsverfahren* (§ 494 II ZPO) und zur Geltendmachung von Rechten gegen ein *herrenloses Grundstück* (§§ 58, 787 ZPO), für das sonst die Bestellung eines Pflegers abgelehnt wird (KGJ 50, 50).

VI. Erbrechtliche Pflegschaften

1. Die **Nachlaßpflegschaft** ist eine Angelegenheit des Nachlaßgerichts (§ 1962). Sie wird – außer bei Ausländernachlässen – vom Rechtspfleger (§§ 3, 16 Z. 1 RPflG) angeordnet. Sie ist zur Sicherung des Nachlasses anzuordnen, oder wenn der Erbe unbekannt, oder zwar bekannt ist, aber die Erbschaft noch nicht angenommen hat oder ungewiß ist, ob er die Erbschaft angenommen hat (§ 1960). Auch hier ist die Anordnung der Pflegschaft von einem Bedürfnis abhängig. Dieses ist aber nicht nur nach den Interessen des Erben zu beurteilen; zur gerichtlichen Geltendmachung eines Anspruchs gegen den Nachlaß muß das Nachlaßgericht auf Antrag einen Pfleger bestellen (§ 1961).

Die Sachlage ist hier anders als bei der Abwesenheitspflegschaft, da die Gläubiger mit der öffentlichen Zustellung allein nicht auskommen können, weil diese sich gegen eine bestimmte Person richten muß, es hier aber gerade an der Bestimmtheit fehlt. Da hilft die Pflegerbestellung aus. – Die Sachlage ist übrigens ähnlich bei der Pflegschaft für einen noch unbekannten Beteiligten; doch hat da das Gesetz eine Berücksichtigung der Gläubigerinteressen nicht vorgesehen.

Der Nachlaßpfleger vertritt den zukünftigen endgültigen Erben im Hinblick auf den Nachlaß. Er ist nur dem Erben gegenüber verantwortlich, nicht etwa den Nachlaßgläubigern (str.), denen er nur Auskunft schuldet (§ 2012).

Die Nachlaßpflegschaft *endet* von selbst mit Erledigung der Angelegenheit, für die sie angeordnet wurde (§ 1918). Sie endet aber nicht von selbst mit der Feststellung der Erben, sondern sie muß ausdrücklich aufgehoben werden (§ 1919; RGZ 154, 114).

In der Zwangsvollstreckung kann vom Vollstreckungsgericht zum Zwecke der Zwangsvollstreckung in einen Nachlaß ein besonderer Pfleger bestellt werden, solange kein allgemeiner Nachlaßpfleger oder Testamentsvollstrecker vorhanden ist (§ 779 II ZPO).

2. Die **Nachlaßverwaltung** ist eine Pflegschaft zur Befriedigung der Nachlaßgläubiger (§ 1975) und wird vom Nachlaßgericht auf Antrag von Erbe oder Nachlaßgläubiger angeordnet (§ 1981). Der „Pfleger" hat eine dem Konkursverwalter ähnliche Stellung insofern, als er allein das Recht zur Verwaltung des Nachlasses und zur Verfügung über ihn erhält (§ 1984) und der Erbe (anders als neben dem Nachlaßpfleger) insoweit ausgeschaltet wird. Die Nachlaßverwaltung endet mit der Eröffnung des Nachlaßkonkurses (§ 1988) oder des Vergleichsverfahrens (§ 113 Nr. 4 VerglO); sie ist aufzuheben mangels Masse (§ 1988 II) oder mit Erledigung ihres Zwecks (§ 1919), bei Befriedigung der Gläubiger oder Erschöpfung der Masse, bei Einverständnis der Gläubiger oder wenn die Erbenstellung des bisherigen Erben durch Ausschlagung oder Nacherbfall entfällt.

VII. Die **Pflegschaft für ein Sammelvermögen** ist die einzige im BGB geregelte Sachpflegschaft (§ 1914). Das durch eine öffentliche Sammlung für einen bestimmten Zweck zusammengebrachte Vermögen kann juristische Person sein, wenn es sich um eine genehmigte Stiftung handelt. Es können auch alle Spender zusammen eine Gesellschaft bilden. Im Regelfall ist aber das Gesammelte den Veranstaltern der Sammlung für den Sammlungszweck zu treuen Händen übereignet; es handelt sich also um ein fiduziarisches Sondervermögen. Sind nun die Inhaber dieses Sondervermögens, die zur Verwaltung und Verwendung berufenen Personen weggefallen, so kann für das Vermögen ein Pfleger bestellt werden, der das Sammelvermögen dem vorbestimmten Zweck zuzuführen hat (BGH NJW 1972, 2302). Mit Erledigung seiner Aufgabe erlischt die Pflegschaft von selbst (lies dazu *Laux*, JZ 1953, 214).

Gesetzesverzeichnis

Die fetten Zahlen bedeuten die Paragraphen des Gesetzes, die mageren die Paragraphen dieses Buches und deren Unterabschnitte; die kursiv gesetzten Ziffern bezeichnen die Hauptfundstellen

Ehegesetz

JWG

Sachverzeichnis

Die Zahlen bedeuten die Paragraphen dieses Buches und deren Unterabschnitte. Die Hauptfundstellen sind kursiv gedruckt.